Christoph Linzbach / Uwe Lübking /
Stephanie Scholz / Bernd Schulte (Hrsg.)

Globalisierung und Europäisches Sozialmodell

Nomos

Die Deutsche Nationalbibliothek verzeichnet diese Publikation in der Deutschen Nationalbibliografie; detaillierte bibliografische Daten sind im Internet über http://www.d-nb.de abrufbar.

ISBN 978-3-8329-2845-2

1. Auflage 2007

Inhaltsverzeichnis

Vorwort

50 Jahre Römische Verträge - 50 Jahre Integration in Europa. Die deutsche Ratspräsidentschaft fällt in ein Jahr, das Anlass zur Freude gibt, aber auch zur Sorge. Und letztlich zur Hoffnung. Hinter uns liegen sechs Jahrzehnte des Friedens und eines heute scheinbar selbstverständlichen Miteinanders der Nationen Europas. Immer weitere Schritte der Integration haben diesen Prozess gekennzeichnet, der Binnenmarkt, der wegweisende Vertrag von Maastricht, die Währungsunion und nicht zuletzt, mehr als symbolisch, der generelle Wegfall von Kontrollen beim Überschreiten von Binnengrenzen in "Schengen-Land." In der gesamten EU herrscht ein Bewusstsein der Menschen, grenzüberschreitend aufeinander angewiesen zu sein: Europa gelingt gemeinsam – als Einheit in Vielfalt.

Doch vor den Regierungen Europas liegen große Aufgaben. Gesellschaftliche und weltwirtschaftliche Umbrüche haben in der Europäischen Union Problemlagen erzeugt, die nach politischer Entschlossenheit und weit reichenden Lösungsansätzen verlangen: 15 Prozent der europäischen Jugendlichen sind ohne Schulabschluss. Im Jahr 2005 war in der EU fast jeder fünfte Jugendliche arbeitslos. Es werden immer weniger Kinder geboren: Frankreich bildet eine der weinigen Ausnahmen. Weit dahinter kommt Deutschland, mit der Erwartung erheblicher Herausforderungen bei Fortsetzung der gegenwärtigen Trends. Hoffnung macht, dass in der Familienpolitik in Deutschland ein Pradigmenwechsel gelungen ist. Gleichzeitig ist aber ein hoher Anteil der älteren Arbeitnehmer in Europa aus dem Erwerbsleben ausgegrenzt. Die Gleichstellung der Geschlechter im Sinne gleicher Erwerbs- und Entfaltungschancen ist in der EU zu Anfang des 21. Jahrhunderts noch nicht erreicht.

Diese Problemlagen bestimmen auch die Agenda der deutschen EU-Ratspräsidentschaft im ersten Halbjahr 2007. Es gilt, die Ratspräsidentschaft zu wirkungsvollen Denkanstößen in den Bereichen der Familien- Gleichstellungs-, Senioren- und Jugendpolitik zu nutzen. Unter dem Motto "Den demografischen Wandel als Chance begreifen und Chancengleichheit für alle in Beruf und Gesellschaft fördern" wurde ein intensiver europaweiter Informationsaustausch angeregt. Mit der "Europäischen Allianz für Familien" wird ein Diskussionsrahmen über Familienfreundlichkeit als Standortfaktor in der EU geschaffen. Ziel ist hier, im transnationalen Verbund der EU-Länder ein gesellschaftliches Klima zu fördern, das ein Leben mit Kindern als Kernaufgabe der Politik begünstigt. Darüber hinaus arbeitet das BMFSFJ intensiv an der Umsetzung des Europäischen Jahres der Chancengleichheit 2007, zu der es flankierend eine nationale Strategie entwickelt hat. Während der EU-Ratspräsidentschaft wurden zudem Vorschläge zur Umsetzung des EU-Vertragskapitels "Bildung und Ausbildung von Frauen" vorgelegt, die sich an der Aktionsplattform der Weltfrauenkonferenz von Peking und ihres Follow-up-Prozesses orientieren. Mit dem Thema „Wirtschaftskraft Alter“ wird auf EU-Ebene eine neue wichtige Diskussion eingeleitet, die auch zu einer Verbesserung des Altersbildes beitragen soll. Die Jugenpolitik ist bereits ein auf der europäischen Ebene etabliertes Politikfeld. Die deutsche Ratspräsidentschaft will hier ebenfalls neue Anstöße geben.

Diese Maßnahmen sollen auch die erneuerte Lissabon-Strategie für Wachstum und nachhaltige Entwicklung mit Leben erfüllen. Wir brauchen in der Umsetzung der Lissabonstrategie eine Stärkung der sozialpolitischen Dimension.

Der vorliegende Autorenband, dessen Herstellung vom Bundesministerium für Familie, Senioren, Frauen und Jugend gefördert wurde, will zum geschilderten Themenbereich Konzepte und Ideen vorlegen und dabei die europäische mit der internationalen Ebene verbinden. Denn der beständige Wandel unserer Gesellschaften findet in Zeiten der Globalisierung im internationalen Zusammenhang statt.

Wir, die Herausgebenden, danken Herrn Dr. Johannes Heisig für die kompetente Betreuung dieser Publikation. Und wir danken Frau Maria-Carola Bürker, die mit großer Umsicht und Geduld die organisatorischen Fäden stets zusammenhielt.

Berlin, im Juni 2007
Christoph Linzbach, Stephanie Scholz, Bernd Schulte und Uwe Lübking

Einführung

Christoph Linzbach, Uwe Lübking, Stephanie Scholz und Bernd Schulte

»Globalisierung und Europäisches Sozialmodell«

1. Überblick

1.1 Zielsetzung dieses Autorenbandes

Globalisierung stellt einen alle Staaten und Gesellschaften erfassenden Prozess der wirtschaftlichen und gesellschaftlichen Veränderung dar, der sich im trans- und internationalen Maßstab vollzieht und auch die politischen Beziehungen der Staaten zueinander erheblich beeinflusst. Sie manifestiert sich in einer viel umfangreicheren und schnelleren Verfügbarkeit von Gütern und Informationen sowie höherer Mobilität von Menschen. Dieser Prozess hat in allen Teilen der Welt erhebliche Zuwächse an Einkommen, Qualifikationen und Lebensqualität erzeugt, was erst durch die sukzessive – und in ihrer Zielsetzung nicht abgeschlossene – Liberalisierung des Handels ermöglicht wurde. Gerade zahlreiche Länder Asiens, Lateinamerikas und Afrikas konnten durch Öffnung ihrer Märkte und Eingliederung in den Welthandel große Wohlfahrtsgewinne erzielen.

Mit Globalisierung werden auch negative Entwicklungen verbunden, insbesondere die Ausbeutung von Arbeitnehmern außerhalb der westlichen Industriestaaten, Billigimporte aus Schwellenländern, massive Verarmung und soziale Ausgrenzung sowie die Zerstörung natürlicher Lebensräume. Während einige negative Entwicklungen mit Erscheinungsformen der Globalisierung in Verbindung gebracht werden können, erscheinen pauschale Schuldzuweisungen zumeist verfehlt. Denn eine Vielzahl von Problemen wie demographischer Wandel im Norden, Bevölkerungsexplosion im Süden, Arbeitsplatzverluste durch Rationalisierung sowie Marginalisierung von Ethnien durch Gewaltregimes sind zwar Phänomene der Gegenwart, nicht notwendigerweise aber Folgen von Globalisierung.

Vor diesem Hintergrund will der vorliegende Autorenband zwei Verknüpfungen herstellen und eine Synthese versuchen. Auf der ersten Ebene stehen die Sozialsysteme der Europäischen Union – selbst ein Hauptakteur der Globalisierung und gleichzeitig unter dem Druck des wirtschaftlichen und demographischen Wandels; auf der zweiten erscheint die Globalisierung, mit ihren positiven wie auch negativen Folgen, als Diskussionsgegenstand, Politikanlass und Triebkraft der Transformation in der EU; auf der dritten: Die Etablierung internationaler sozialer Standards als Versuch einer Antwort auf die negativen Folgen von Globalisierung, beispielsweise auf das Phänomen globaler Produktionsketten, die im außereuropäischen Raum am oberen Ende zu Arbeitsplatzabbau und am unteren Ende zu Verhältnissen führen, die in europäischer Betrachtungsweise oftmals als Ausbeutung erscheinen. Gerade die Europäische Union mit ihrem spezifischen Sozialmodell – die Fragen nach seiner Definierbarkeit, seinen politischen Inhalten und seinen EUrechtlichen Aspekten sind weitere Gegenstände dieses Autorenbandes – hat ein grundlegendes Interesse an kodifizierten und global durchsetzbaren Sozialstandards: Dies trägt dazu bei, Standortvorteile zu nivellieren, die außereuropäische Regionen gegenüber den Ländern der Europäischen Union besitzen. Langfristig manifestieren sich positive Effekte auf allen wirtschaftlichen Entwicklungsstufen: Verbesserte Arbeits- und Lebensbedingungen in Entwicklungs- und Schwellenländern reduzieren die einseitig auf das Ausnutzen von Lohn- und Preisdifferentialen konzentrierte Standortkonkurrenz und schaffen Nachhaltigkeit durch komplexe wirtschaftliche Strukturen im Land selbst, die weniger von der Einordnung in globale Handels- und Wertschöpfungsketten abhängig sind.

So verbindet die erste Verknüpfung politische und institutionelle Dimensionen der Globalisierung, die zweite die europäische und die internationale Ebene. Als Synthese will der Autorenband Antworten auf die Frage geben, wie die Europäische Union in den relevanten internationalen Institutionen Fortschritte für soziale Standardisierung erzielen kann. Sie übt gewichtigen Einfluss aus, zusammen mit den in Europa und Nordamerika ansässigen sozialen NGO's, ist aber gleichwohl auf die Kooperation mit anderen Weltregionen angewiesen. Somit werden die Europäische Union und ihre Mitgliedstaaten die Parallelität von Anpassung an und Mitgestaltung von Globalisierung fortsetzen.

Ein kohärenter wirtschafts- und sozialpolitischer Ansatz der EU könnte ihre Handlungsfähigkeit auf internationaler Ebene bei der Festlegung und politischen Operationalisierung von Sozialstandards einschließlich der Arbeitstandards noch erhöhen. Somit erscheint es nahe liegend, dass die Koexistenz von unterschiedlichen Sozialstaatsentwürfen in der Europäischen Union für die bislang noch nicht zufriedenstellenden Ergebnisse der Bemühungen um sozialpolitische Konsensbildung auf internationaler Ebene mitursächlich ist. Die Europäische Union und ihre Mitgliedstaaten haben erst begonnen, die dreifache Aufgabe der Sozialstaatsreform im Inneren, der Annäherung ihrer vielfältigen Sozialstaatsausprägungen sowie der Formulierung sozialpolitischer Interessen nach außen entschlossen anzugehen. Darauf Bezug nehmend arbeitet der vorliegende Autorenband heraus, dass die Potenziale für die weitere Entwicklung und Konsolidierung des europäischen Sozialmodells erheblich sind sowie dass auf internationaler Ebene große Chancen für eine engere sozialpolitische Kooperation bestehen. Nach Analyse der hier relevanten Konstellationen kommt das Aufzeigen von Handlungsoptionen als weiter führende Zielsetzung hinzu.

1.2 Vier Abschnitte

Der Autorenband gliedert sich in vier Abschnitte. Im einleitenden Abschnitt, *Globalisierung als Herausforderung*, wird der Versuch unternommen, den Problemkomplex Globalisierung durch Betrachtung aus drei Politikperspektiven zu strukturieren: Sozialstaat, Wirtschaftspolitik, Gleichstellung. Aus jedem dieser Blickwinkel ergeben sich ein spezifisches Verständnis von Globalisierung und spezifische Lösungsansätze.

Im zweiten Abschnitt, *Globalisierung und Europäische Union*, wird ihr Einfluss auf mehrere Politikfelder der Europäischen Union untersucht. Aspekte hierbei sind der politische Diskurs um Globalisierung in der EU, der Binnenmarkt, das institutionelle Gefüge der EU sowie Politikansätze zur Antizipation der „Herausforderung Globalisierung" in den Institutionen des Sozialstaats sowie die sektorenübergreifende „Lissabon-Strategie". Aus allen diesen Aspekten ergeben sich auch Reform- und Orientierungsbedarfe für die gewichtigen zivilgesellschaftlichen Akteure des sozialen Bereichs. Ein Beitrag hierzu aus Stakeholder-Sicht schließt dieses Kapitel ab.

Im dritten Abschnitt, *Die Auswirkungen der Globalisierung auf die Sozialsysteme der EU-Mitgliedstaaten*, werden vier Politikfelder untersucht, auf denen die Folgen des wirtschaftlichen und gesellschaftlichen Wandels nach innovativen Lösungsansätzen verlangen: Chancen durch Einwanderung, demographischer Wandel, wachsende soziale Ausgrenzung sowie der Mismatch von beruflichen Qualifikationen und Anforderungen stellen miteinander verknüpfte Probleme dar, die Europa im Zeitalter der Globalisierung vor neue Reformaufgaben stellen. Das wirtschafts- und sozialpolitische Instrumentarium aus der Blütezeit des Wohlfahrtstaats reicht offenbar nicht mehr aus. Wie aber bei engem finanziellen Spielraum des Staates auf Politikfeldern erfolgreich agieren, die als besonders ausgabenintensiv gelten? Vier Beiträge versuchen, hierauf Antworten zu geben.

Der vierte Abschnitt, *Internationalisierung sozialer Rechte und Standards als Antwort auf die Globalisierung*, will die Verknüpfung der europäischen mit der internationalen Ebene herstellen. Untersucht werden die Anstrengungen, soziale Rechte, Sozialstandards im weiteren sowie Arbeitstandards im engeren Sinne als global geltende Normen festzusetzen, ihnen zur Anwendung zu verhelfen, oder – das Gegenteil – diese Bemühungen zu bremsen, teils um entgegen stehende wirtschaftspolitische Konzepte durchzusetzen, teils um nationalstaatliche Handlungsfreiheit zu bewahren. Schauplätze dieser Anstrengungen sind mehrere internationale Organisationen: Die Vereinten Nationen, insbesondere ihre Unterorganisationen ECOSOC (Wirtschafts- und Sozialrat) und ILO (Internationale Arbeitsorganisation), der IWF (Internationaler Währungsfonds) und die Weltbank, die WTO (Welthandelsorganisation) sowie die OECD (Organisation für Wirtschaftliche Zusammenarbeit und Entwicklung). Multinationale Unternehmen, die Standorte an verschiedenen Stufen globaler Wertschöpfungsketten in ihrer Struktur vereinen, wirken maßgeblich an der Diskussion, Normierung und Überwachung von sozialen Standards mit. Dieser Aspekt, bereits in den vorangehenden Beiträgen mitberücksichtigt, wird abschließend aus der Sicht eines Praktikers detaillierter betrachtet.

Den Schlusspunkt des Autorenbandes setzt ein Denkanstoß: Sozialstaat, Wohlfahrt, Globalisierung und Gerechtigkeit – all dies werde institutionell gedacht, dabei jedoch die Eigeninitiative des Individuums nicht ausreichend berücksichtigt. Eine neuer Politikansatz, der individuelles Empowerment und sozialstaatliche Solidarität verbindet, könne diese Hürde überwinden.

2. Zu den Beiträgen im einzelnen
2.1 „Globalisierung als Herausforderung“

Der Zweck des Sozialstaats, so die Autoren **Berthold und Neumann**, bestehe in der Einwerbung der Zustimmung von Benachteiligten zum marktwirtschaftlichen System. Die Benachteiligung sei unvermeidbare Konsequenz der unterschiedlichen Qualifikationen, die zur Lohndifferenzierung führe. Für den Staat ergeben sich daraus im wesentlichen zwei Politikoptionen: Er kann die Höhe der Löhne regulieren bzw. diese Regulierung an substaatliche Akteure delegieren, oder zu Instrumenten der Umverteilung greifen, sei es zwischen Einkommensgruppen oder zwischen Regionen.

Einer Übertragung des Umverteilungsparadigmas von der nationalstaatlichen auf die globale Ebene mit Hilfe sozialer Mindeststandards stehen die Autoren skeptisch gegenüber. Denn die Entwicklungsländer könnten die bislang diskutierten Standards nur dann umsetzen, wenn sie neue Erwerbsquellen erschließen.

Für die Zukunft erwarten die Autoren eine größere inter- und innersystemische Konkurrenz, die gerade die Industrienationen mit entwickeltem Sozialstaat vor große Herausforderungen stelle. Als nahe liegende Optionen, so die Autoren, würden ein Downsizing des Sozialstaats und eine Auswanderung von Menschen mit geringen Erwerbschancen diskutiert. Die Autoren verwerfen diese Optionen und sprechen sich für eine Agglomerationsstrategie aus: Ballungsräume mit Hochtechnologie und Spitzenqualifikationen generieren zusätzliches Einkommen und neue Beschäftigung, was auch geringer Qualifizierten zu Gute kommt. Diese Strategie stelle eine bessere Alternative zu Transfers in die Entwicklungsländer dar, da der Migrationsdruck durch die Agglomerationszentren aufgefangen werden könne.

Brigitte Young betrachtet Globalisierung aus einem dezidiert anderen Blickwinkel: Wirtschaftliche Umbrüche haben geschlechtspezifische Auswirkungen. Beispielsweise seien in Osteuropa überdurchschnittlich viele Frauen von neuer Armut betroffen. Die Gender-Dimension von Globalisierung begegne jedoch in den Wirtschaftswissenschaften einem kollektiven Schweigen. Statt Befassung mit den tatsächlichen Interessen der Menschen und insbesondere der Frauen werde ein *homo oeconomicus* als Leitmotiv propagiert. Diese Idealfigur sei formell geschlechtsneutral, tatsächlich aber in Anlehnung an überzeichnete männliche Leistungskriterien konstruiert. Hinter dieser Genderblindheit stünden Herrschaftsinteressen, die wesentlich auf die Niederhaltung von Partizipationsinteressen gerichtet sind. Dies liege hinter einem Begriffsinstrumentarium verborgen, das durch geschlechtsneutrale Aggregate geprägt sei. Die gesamte *care economy* oder Reproduktionswirtschaft bleibe hierbei unberücksichtigt, so dass diese überwiegend von Frauen erbrachten Leistungen nicht als wirtschaftliche Tätigkeit zählten: Sie gingen in keine volkswirtschaftliche Gesamtrechnung ein.

Zur Rolle der Europäischen Union nimmt die Autorin eine kritische Haltung ein: Die EU stelle sich als Vorreiterin der Gleichstellung dar, was durch formale Übernahme von Gender Mainstreaming als Querschnittsaufgabe in das Vertragsrecht dokumentiert wurde. Die Fakten sprächen jedoch dagegen: Die Re-Privatisierung von sozialen Dienstleistungen treffe ganz überwiegend Frauen. Ferner stünden die Stabilitätsziele der EU zum Mainstreaming-Ansatz im Widerspruch.

Als alternative Sichtweise stellt Young das Konzept der feministischen Makroökonomie vor. In diesem Konzept würden Produktion und Reproduktion gleichermaßen berücksichtigt. Es solle dazu beitragen, die einseitigen neoklassischen Aggregate zu überwinden und eine ganzheitliche Sicht auf die Volkswirtschaften zu ermöglichen.

Klaus Schrader sieht, wie auch Berthold und Neumann, die hochentwickelten Volkswirtschaften der EU unter großem Anpassungsdruck. Die Auswirkungen der Globalisierung verlangten einen neuen Arbeitnehmertypus: Flexibel, entscheidungsfähig, hochqualifiziert und beständig bestrebt, das eigene Humankapital zu erweitern. Vor diesem Hintergrund könne die Politik wählen, entweder allen Chancen auf Teilhabe am Wohlstand zu eröffnen, oder primär Besitzstände zu wahren und Gefahren für die bestehende soziale Ordnung zu vergrößern.

Kein Lösungsansatz sei allerdings für das Problem des negativen Wettbewerbs um niedrige Standards, des *race to the bottom*, erkennbar. Die EU als Großakteur zeige hier bislang keine Handlungsfähigkeit. Zwar sei der Systemwettbewerb innerhalb der EU und zu anderen Nationen grundsätzlich positiv zu bewerten, da er zu größerer Informationsgewinnung führe. Allerdings seien die sozialen Folgen dieses Wettbewerbs erheblich.

Nicht zur politischen Disposition sollte der Freihandel stehen, um Auswirkungen der Globalisierung zu beeinflussen. Protektionismus stelle einen gefährlichen Anachronismus dar. Sogar die Europäische Union konterkariere teilweise ihre vorgebliche Freihandelsorientierung durch die Dienstleistungsrichtlinie, in dem sie sich gegenüber Dienstleistungen von außerhalb der EU abgrenze.

Schrader diskutiert daraufhin mehrere Politikfelder, auf denen internationale Koordination stattfindet, beispielsweise den Umweltbereich, um die Optionen für internationale Sozialstandards als Antwort auf die Globalisierung auszuloten. Internationale Koordination sei nicht per se gut oder schlecht, sondern erzeuge auf unterschiedlichen Politikfeldern unterschiedliche Ergebnisse. Bei Sozialstandards müsse einem Protektionismus der sie anwendenden Staaten vorgebeugt werden, da sie die Standards als Rechtfertigung für Marktzutrittsbarrieren verwenden könnten. Als notwendige Ergänzung schlägt Schrader die Förderung der Humankapitalbildung vor: Dies solle jenen zu Gute kommen, welche dem eingangs genannten Arbeitnehmertypus nicht aus eigener Kraft gerecht werden können.

2.2 „Globalisierung und Europäische Union“

Nach diesen drei einführenden Beiträgen beginnt die detailliertere Erörterung von einzelnen Aspekten. **Josef Janning** betrachtet den politischen Diskurs um Globalisierung in der Europäischen Union. Hier sei ein paradoxes Verhalten festzustellen: Einerseits sei die EU ein Hauptverursacher der wirtschaftlichen

Globalisierung, in dem sie weit überproportional am Welthandel teilnehme, andererseits profilierten ihre Eliten sich als Skeptiker gegenüber dieser Entwicklung. Es waren europäische Handelsnationen, welche die Freihandelsdoktrin aufstellten und bis in die Gegenwart offensiv vertraten. Jetzt rückten mehrere EU-Staaten von dieser Position ab, da der Freihandel sich erstmals zuungunsten westeuropäischer Volkswirtschaften auswirke.

Im öffentlichen Diskurs sei insbesondere seit 2002 ein starkes Anwachsen der Vorbehalte festzustellen, die in ihrer Heftigkeit wie ein Ablehnungsreflex wirkten – bei mehrheitlich positiver Einstellung zuvor. Gleichzeitig werde die Idee eines europäischen Gesellschafts- oder Sozialmodells stärker betont. Diese Idee beruhe auf der Absicht, sich gegenüber dem Globalisierungsphänomen zu positionieren und abzugrenzen, was in Epochen der Unsicherheit darüber, was „zeitgemäß" und „zukunftsfähig" ist, nachvollziehbar sei. Maßgebliche Inspiration zu diesen Überlegungen gebe die EU-Kommission.

Gleichwohl gehe es den integrationsfreundlichen Eliten einschließlich der Kommission nicht um Abschottung, sondern um die Selbstverständigung nach innen: Gefragt sei ein Begründungszusammenhang, um wirtschafts- und sozialpolitische Reformen in mehreren EU-Staaten rechtfertigend zu unterstützen bzw. um den hierfür kritisierten Führungseliten Argumente an die Hand zu geben. Diese Eliten seien mit einem starken Perzeptionswandel der Bevölkerung konfrontiert: Vor 20 bis 25 Jahren wurde der EG-Binnenmarkt als große soziale Errungenschaft betrachtet; heute gelte er Teilen der Bevölkerung als „neoliberale Fehlkonstruktion". Hier lasse sich feststellen, dass die Diskussion von einer Umdeutung der Begriffe gelenkt werde. Da in der Politik Begriffe besetzt und mit Inhalten und Wertungen verknüpft würden, musste diese Umbewertung zu einer Überreaktion der EU-Nationen führen, die durch die reale wirtschaftliche Lage nicht gerechtfertigt sei.

Martin Schulte untersucht den Zusammenhang zwischen Globalisierung und den Arbeitsmärkten in der Europäischen Union. Hierbei stellt der Autor fest, dass die nordeuropäischen Staaten die Standortkonkurrenz mit den neuen Industriestaaten Ostasiens besser bewältigten als die west- und südeuropäischen EU-Mitglieder. Dies liege auch an den unterschiedlichen Anpassungsstrategien gegenüber dieser Konkurrenz: Während die letztgenannten trotz zunehmender Arbeitsmengen eine sukzessive Schlechterstellung der Arbeitnehmer hingenommen hätten, setzten die skandinavischen und angelsächsischen Länder auf erhöhte Bildungsanstrengungen sowie die Adaption der bestehenden Qualifikationen an die gegenwärtigen Anforderungen. In diesen Ländern seien zudem eine geringere Arbeits- und Kapitalmarktregulierung festzustellen, sowie geringere Abgaben auf Arbeitseinkommen.

Die breite Bevölkerung habe zudem mehrheitlich Überzeugungen, die sich beschäftigungsfördernd auswirkten, was insbesondere Einstellungen zu Flexibilität, sozialer Mobilität und den (zeit- und kostenintensivem) Erwerb neuer Qualifikationen betreffe. Folglich seien die Arbeitslosenquoten in Nordeuropa am niedrigsten; sie verhielten sich zudem gegenläufig zum Arbeitsvolumen: Die Nordeuropäer arbeiteten mehr und weniger Personen blieben vom Arbeitsmarkt ausgegrenzt.

Zudem bestehe in den nördlichen EU-Ländern eine größere Dienstleistungsorientierung: Mehr Menschen seien bereit, Leistungen wie Kinderbetreuung oder Krankenpflege marktmäßig zu erwerben als sie über ein staatlich reguliertes Versorgungssystem zu beziehen.

Die Lösung für die EU-Staaten mit größerem Reformdruck bestehe in erhöhter Anpassungsbereitschaft an das skandinavische Modell, auch wenn dies keinen Königsweg darstelle. Zudem sei lebenslange Weiterqualifikation, parallel zu flexibleren Arbeitsmärkten alternativlos. .

Daniel Göler untersucht die Perspektiven des Lissabon-Prozesses, der im Jahr 2000 vom Europäischen Rat als Reformstrategie für die EU beschlossen und beim Midterm-Review von 2005 zum Teil umgestaltet wurde. Heute erscheint die Lissabon-Strategie oft als ein wenig realitätstaugliches Konzept. Im Jahr 2000 herrschten jedoch sehr günstige Rahmenbedingungen in der gerade geschaffenen Euro-Zone. Somit erschienen die Politikziele der Marktliberalisierung, des Ausbaus der technologischen Infrastruktur sowie erhöhter Bildungsinvestitionen als erreichbar bzw. finanzierbar. Ab etwa 2002 wurde der Binnenmarkt zum Objekt heftiger Kritik und die Lösungskompetenz der EU-Institutionen angezweifelt. Zudem wiesen die EU-Länder stark unterschiedliche Wachstumsraten auf, was eine einheitliche Reformstrategie unmöglich mache.

Um die Lissabon-Strategie mit Substanz zu erfüllen, hätte die EU zu einer nachhaltigen Umschichtung ihrer Ausgaben gelangen müssen: Weg vom dominanten Agrarsektor, hin zu den Zukunftsbereichen Bildung, Forschung und (technologische) Entwicklung. Stattdessen blieb die Lissabon-Strategie auf Fortschrittsberichte sowie (u.a.) auf Leitlinien zur Beschäftigungspolitik beschränkt. In diese Richtung ginge auch die Umgestaltung von 2005: Nun werde „Jobs, Jobs, Jobs“ als Oberziel vorangestellt. Diese deklaratorische Politik würde in mehreren EU-Staaten, darunter Deutschland, durch Einschränkungen sozialer Leistungen bzw. Schaffung von Anreizen zur Arbeitsaufnahme sekundiert. Diese Reformen seien bislang nicht geeignet gewesen, der Lissabon-Strategie eine bessere Wahrnehmung in den Bevölkerungen der EU zu verschaffen.

Im Zuge der Lissabon-Strategie sei vielmehr deutlich geworden, dass bei Fehlen einheitlicher Wirtschafts-, Sozial- und Beschäftigungspolitiken der Anspruch einer EU-weiten Reformstrategie nicht zu erfüllen ist. Somit sei eine Kohärenz dieser Politiken auf Basis unterschiedlicher Systemstrukturen als gemäßigtere Zielsetzung für die Zukunft vorzuziehen.

Peter Becker wendet sich der Behandlung des Phänomens Globalisierung im europäischen Mehrebenensystem zu, das durch Interaktion von substaatlicher, nationaler und Unionsebene geprägt wird. In diesem Zusammenhang stellt Becker fest, dass in den nationalen Diskursen eine Verdrängung der wirtschaftlichen und sozialen Umbruchprozesse und deren Ersetzung durch den vermeintlichen Faktor Globalisierung häufig anzutreffen sei. Somit würde Globalisierung zu einem nützlichen Begründungszusammenhang, der die Befassung mit selbst verursachten gesellschaftlichen Veränderungen vermeidbar mache.

Das Gefühl von Machtlosigkeit, ein Kontinuum des Betroffenseins von Globalisierung, verhindere hierbei, das eigentliche Problem zu erkennen, das in der „negativen Integration" in der EU bestehe: Immer weitere Regelungsbereiche würden durch vorgebliche Integration der nationalstaatlichen Kompetenz entzogen, aber nicht in eine neue Kompetenzgrundlage auf EU-Ebene überführt. Im Ergebnis betreibe die EU eine Ent-Mächtigung der Politik, was ihrer Doktrin der betont *freien* Marktwirtschaft entspreche. Diese Entwicklung sei durch den gewachsenen Problemdruck in Folge der großen Beitrittsrunde von 2004 sehr deutlich geworden.

Zukünftig müssten De-Regulierungen auf staatlicher oder substaatlicher Ebene von gleichwertiger Re-Regulierung auf Unionsebene gefolgt werden, einschließlich eines regulativen Nachholbedarfs in Politikbereichen mit bereits erfolgter Negativintegration. Hier sei die Aufgabe gestellt, die EU-Organe im Hinblick auf ihre Potenziale zu überprüfen, um die Logik der negativen Integration zu durchbrechen. Sinnvoller Weise solle dabei die Sozialpolitik als neue Regelungsmaterie entdeckt werden; weitere aktive Integrationspolitik erforderten der Umwelt- und der Verbraucherschutz.

Silke Übelmesser betrachtet die Modernisierung der Sozialsysteme vor dem Hintergrund der Globalisierung und geht von der grundsätzlichen Feststellung aus, dass der Bedarf nach absichernder Politik in Zeiten der Auflösung lange etablierter Gewissheiten steige. In der Gegenwart stünden die Staaten der EU vor der großen Aufgabe, ihre Sozialsysteme als solche unter den veränderten Bedingungen zu erhalten.

Kann die EU hierbei eine Rolle spielen? Dies erscheine schwierig angesichts des langen Weges, der bis zur Verankerung erster sozialpolitischer Regelungen auf EU-Ebene zurückgelegt werden musste. Hierbei ging es noch nicht um gemeinsame Sozialpolitik, sondern um die Zielstellung, Freizügigkeit zwischen den einzelnen Sozialsystemen herzustellen. Dadurch sollten EU-Bürger von einem Mitgliedstaat in einen anderen wechseln können, ohne Nachteile bei der sozialen Absicherung und beim Zugang zu sozialen Dienstleistungen hinnehmen zu müssen. Eine vollständige Freizügigkeit nach diesen Kriterien sei auch heute noch nicht erreicht.

Für die nähere Zukunft stelle sich die Aufgabe, den Migrationshügel aus der Osterweiterung von 2004 zu kompensieren, der durch Übergangsfristen in den Beitrittsverträgen zeitlich verschoben wurde. Hinzu trete die Anpassung der Rentensysteme. Auf diese wirkten nicht allein der demographische Wandel, sondern auch veränderte Lebens- und Migrationsformen ein.

Ungeeignet sei eine vollständige Vereinheitlichung der Lebens- und Arbeitsbedingungen zwischen den EU-Staaten. Dadurch würden Migrationsanreize beseitigt, zudem wirke sich ein maßvoller Wettbewerb zwischen den Sozialsystemen positiv auf die Reformbereitschaft einzelner EU-Staaten aus. Zu befürchten sei zu starke Vereinheitlichung jedoch gegenwärtig nicht, denn die Integration der Sozialsysteme habe sich über Ansätze noch nicht hinausentwickelt.

Bernd Schlüter und **Stephanie Scholz** unternehmen eine institutionelle Betrachtung eines Teilbereichs der EU-Sozialsysteme: Sie untersuchen den Rollenwandel der Wohlfahrtspflege in der Europäischen Union, der sowohl durch gesellschaftliche Veränderungen, als auch durch die Rechtsetzungen auf EU-Ebene vorangetrieben wird. Ziel dieses Beitrages ist es, die Auswirkungen der EU-Integration auf die Institutionen der Wohlfahrtspflege aufzuzeigen, was deren sich wandelndes Verhältnis zum Staat und zur EU-Ebene einschließt.

Die Wohlfahrtspflege, so Schlüter und Scholz, weise EU-weit eine noch größere Vielfalt auf als die Sozialsysteme im Allgemeinen. Eine sozialpolitische Orientierung für diese stark unterschiedlichen Strukturen habe der Entwurf des EU-Verfassungsvertrages geboten. Gleichwohl sei die Konsensbildung hier schwierig, was sich an den letztlich nicht erfolgreichen Bemühungen, einen Gottesbezug im Entwurfstext zu verankern, gezeigt habe.

Die sozialen Dienste von allgemeinem Interesse (DAI) sind ein Teil der Daseinsvorsorge. Das EU-Recht verwende hier eine marktwirtschaftlich geprägte Sichtweise. Es gehe auf EU-Ebene vorrangig um Konformität mit dem Wettbewerbs-Paradigma, um die Zulässigkeit von staatlichen Interventionen in diesen Sektor sowie auch grundsätzlich um die Definition dieser Dienstleistungen einschließlich – dies ein besonders spannungsgeladenes Feld – der Verortung einzelner Arten sozialer Dienstleistungen im wirtschaftlichen, nichtwirtschaftlichen oder gewissermaßen einem „sowohl-als-auch"-Bereich.

Schlüter und Scholz diskutieren darauf die Kompetenzen der EU im Sozial- und Gesundheitswesen. Hierfür sind die EU-Vertragstexte, das durch Kommission und EU-Parlament gesetzte Sekundärrecht sowie die Rechtsprechung des Europäischen Gerichtshofs relevant. Die Wohlfahrtsverbände seien aufgrund ihrer Sozialanwaltschaft zur Parteinahme zu Gunsten der Klienten, d.h. der Bezieher sozialer Dienstleistungen aufgerufen.

Weitere Aspekte in diesem Beitrag stellen Details des Wettbewerbs- und des Beihilfenrechts in der EU dar. Geboten sei, dass die rechtlichen und institutionellen Bedingungen für soziale Dienstleistungen stärker vereinheitlicht werden. Ein Anfang sei mit der Methode der Offenen Koordinierung gemacht.

2.3 „Die Auswirkungen der Globalisierung auf die Sozialsysteme der EU-Mitgliedstaaten"

Der dritte Abschnitt beginnt mit dem Beitrag von **Dietrich Thränhardt** zur Migration in die Europäische Union. Thränhardt führt aus, dass Europa nach dem 2. Weltkrieg zum Einwanderungskontinent geworden sei, wovon auch Spanien und Italien, unabhängig von der Arbeitsmigration aus diesen Ländern nach Deutschland, stark betroffen gewesen seien. In jüngster Zeit, von 2000 bis 2005, habe EU-Europa mit knapp über 1 Mio. Zuwanderer fast den gleichen Wanderungsgewinn erzielt wie die USA und Kanada (zusammen 1,3 Mio.).

Im Gegensatz zu Nordamerika sei das Ideal des Melting Pot in Europa kaum etabliert, so dass keine prinzipiell positive Einstellung zur Einwanderung vorherrsche. Es gebe zwar verschiedenste Formen der Zuwanderung in bestimmte europäische Länder – Gastarbeiter-Wellen, Aufnahme von Bewohnern früherer Kolonien, Armutsmigration aus Afrika – aber die abwehrende Grundeinstellung der europäischen Zuwanderungstaaten sei generell vorhanden.

Die mangelnde Integration der Migranten, die aus dieser Einstellung resultiere, führe nun dazu, dass Zuwanderung in Europa das demographische Problem in keiner Weise gemildert habe. Die angestammten Europäer hätten vielmehr die betrübliche Aussicht, dass ihr Kontinent zum Seniorenheim der Welt werde. Diese Entwicklung werde von einer immer stärkeren Delegierung der niedrigqualifizierten Tätigkeiten an Migranten, und insbesondere an solche mit schlechterer Rechtstellung, begleitet sein. Demgegenüber würde der Melting Pot USA seine Bevölkerung im 21. Jahrhundert verdoppeln.

Für die Zukunft würde der Anteil illegaler Zuwanderer wachsen. Dies könne zu einem Ausufern der ausbeutungsanfälligen Beschäftigungsverhältnisse führen. Nachdem der Zusammenhalt der Gesellschaften in der EU ohnehin bereits auf die Probe gestellt sei, drohe jetzt noch mehr ein Auseinanderbrechen entlang ethnischer und religiöser Zugehörigkeit. Eine einheitliche EU-Migrationspolitik, die das Integrationsproblem bewältigen könne, sei bislang nicht in Sicht.

Gertraud Koch befasst sich mit der Reform des Bildungswesens, die in der Europäischen Union seit Konzipierung der Lissabon-Strategie als besonders wichtige Voraussetzung betrachtet wurde, um in Zeiten der Globalisierung bestehen zu können. „Wissen" sei hierbei zum Catchword der Gegenwart geworden: Allseits in der EU werde die Entwicklung zur Wissensgesellschaft angestrebt. Investition in Humanressourcen, lebensbegleitendes Lernen und schließlich die Reform des Bildungswesens seien die Chiffren, deren Richtigkeit und Notwendigkeit allgemein akzeptiert würden. Damit sei aber nicht gesagt, welche Ziele und Zwecke eigentlich verfolgt werden sollten. Insbesondere bleibe die Vermutung, dass vermeintliche Sachzwänge der Globalisierung angeführt werden, um bestimmte politische Interessen durchzusetzen.

Bei Bildungsreformen der Gegenwart müsse hinterfragt werden, ob tatsächlich ein *trade-off* zwischen Chancengleichheit und Differenzierung bestehe, ebenso wie ein *trade-off* zwischen Persönlichkeitsentwicklung und Berufsqualifikation. Die jeweils erstgenannten Ziele prägten die Bildungspolitik der Sechziger bis Achtziger Jahre, während die letztgenannten eher heute als zukunftsfähig betrachtet würden. Eine Synthese zwischen diesen Werte-Polen sei schwierig, aber nicht unmöglich. Ein Lösungsansatz könne im Leitbild des frei handelnden und selbstbestimmenden Individuums gefunden werden: So gebildete Persönlichkeiten könnten den Herausforderungen der Globalisierung am besten begegnen.

Ilona Ostner wendet sich Fragen der Gleichstellungs- und Familienpolitik vor dem Hintergrund des demographischen Wandels zu. Der Beitrag thematisiert eingangs den weit reichenden Wandel der Geschlechterverhältnisse in den Ländern der EU, der durch die höhere Erwerbsbeteiligung von Frauen und ihre erheblich verbesserte Rechtstellung geprägt werde. Allerdings werde die Entwicklung zu tatsächlicher Gleichstellung der Geschlechter durch eine Sozialpolitik des „Familismus“ gebremst. Diese ziele auf die Stillegung weiblicher Arbeitskraft und die Abdrängung der Frauen „in die Familie.“ Hierbei würde ein Zusammenhang zwischen einer niedrigen Erwerbstätigkeit von Müttern und einer vermeintlich familienfreundlichen Gesellschaft konstruiert.

Diese Strategie erweise sich aber als kontraproduktiv: Hausmütter könnten heute nicht mehr die Qualifikationen vermitteln, die für das Hineinwachsen in die Arbeitswelt der Gegenwart erforderlich seien. Gerade in Deutschland scheitere diese Strategie auch wegen der sinkenden Heiratsneigung und des geringen Kinderwunsches; dies resultiere in einer niedrigen Geburtenrate. In Frankreich und Skandinavien lägen sowohl Kinderwunsch als auch Geburtenrate höher. Dies demonstriere, dass nicht Stillegung, sondern Förderung weiblicher Erwerbstätigkeit die Geburtenrate erhöhe.

Aufgrund dieser Sachlage setze sich auch in den bislang konservativ-familistischen Ländern der EU eine Politik der Entfamilisierung durch, die vom nordeuropäischen Zwei-Vollverdiener-Familienmodell inspiriert werde. Dieser neue Politikansatz ordne das Verhältnis von Eltern und Staat neu: Der Staat beanspruche, die Entwicklung der Kinder mehr als bisher mitzugestalten, gewissermaßen „die Kinder zu sozialisieren“.

Dieser neue „Pro-Natalismus“ werde in Deutschland mit dem Elterngeld unterstrichen: Gerade hochqualifizierte Frauen sollen zur Mutterschaft veranlasst werden, um das nachwachsende Erwerbspersonenpotenzial für die sich wandelnden Arbeitsmärkte zu verbessern.

Wolfgang Strengmann-Kuhn betrachtet das gewachsene Problem der Armut und sozialen Ausgrenzung in der Europäischen Union. Erstmals mit der Lissabon-Strategie sei diesbezüglich ein Politikziel formuliert worden. Allerdings müsse gerade nach der Revision von 2005 hinterfragt werden, ob die Jobs-Strategie tatsächlich zur Armutsbekämpfung geeignet sei.

Strengmann-Kuhn diskutiert darauf hin mehrere Ansätze auf EU-Ebene, mit denen Armut und soziale Ausgrenzung zunächst als Problemstellung erfasst und dann zum Gegenstand des Informationsaustausches geworden sind: Die Offene Methode der Koordinierung, die Aktionspläne zur sozialen Eingliederung („NAP-Inclusion“) sowie die Laeken-Indikatoren vom Dezember 2001. Der Autor gliedert das Armutsproblem nach Alter (Kinder, Erwachsene mittleren Alters, Senioren), Geschlecht und sozialem Status. Im Querschnitt wird der Zusammenhang von Armut und Sozialausgaben untersucht. Abschließend wird festgestellt, dass eine starke Zunahme der Armut stattgefunden habe. Die nationalen Sozialpolitiken in der Europäischen Union sollten gerade die Reduktion der großen Kinderarmut als dringliche Aufgabe betrachten, so die Empfehlung von Strengmann-Kuhn.

2.4 *„Internationalisierung sozialer Rechte und Standards als Antwort auf die Globalisierung"*

Der vierte Buchabschnitt beginnt mit einem Überblick über die Problematik internationaler sozialer Rechte und Standards, den **Angelika Nußberger** bereitstellt. Vorbereitend für die nachfolgenden Beiträge werden die bisherigen Anstrengungen sowie Erfolge und Misserfolge auf dem Weg zu Normierungen im sozialen Bereich dargestellt.

Nußberger erläutert, dass eine Kodifizierung sozialer Rechte und Ansprüche auf internationaler Ebene sogar früher begonnen habe als auf nationaler. Denn bereits in der Neuzeit habe ein transnationales Bewusstsein der Bildungseliten von Grund- und Menschenrechten bestanden. Die Befassung damit wurde jedoch gerade im 19. Jahrhundert bzw. im Zeitalter der Nationalstaaten durch den abgrenzend wirkenden Nationalismus überlagert. Auch die Freihandelsdoktrin wirkte gegen eine Einmischung in die wirtschaftlichen und sozialen Binnenverhältnisse anderer Staaten.

Diese Haltung habe sich zu Beginn des 20. Jahrhunderts geändert: Mit den immer größeren und technisch perfektionierten Streitkräften wurde ein direkter Bezug zwischen Lebens- und Arbeitsbedingungen und militärischer Stärke eines Landes erkannt. Hieran knüpfte sich bereits vor dem Ersten Weltkrieg die Idee, durch soziale Mindeststandards dem potenziellen Gegner eine deutlich schlechtere Behandlung seiner Arbeitskräfte (und Investition des „Ausbeutungsgewinns" in die Armee) unmöglich zu machen.

Die Debatte um Sozial- und Arbeitstandards seit den Neunziger Jahren wirke als Neuauflage der Auseinandersetzungen aus der Vergangenheit. Vor diesem Hintergrund diskutiert Nußberger die Beiträge der Internationalen Arbeitsorganisation (ILO), des Wirtschafts- und Sozialrats der Vereinten Nationen (ECOSOC) sowie des Europarats zur Etablierung solcher Normen. Sowohl in völkerrechtlichen Verträgen kodifiziertes Recht, als auch Gewohnheitsrecht und Richterrecht, schließlich auch Verhaltenskodizes und Soft Law werden dabei untersucht. Der Beitrag schließt mit einer Kritik der neuen Orientierung der ILO, die sich in der Declaration on Fundamental Principles of Rights at Work von 1998 manifestierte.

Johannes Heisig betrachtet den Teilaspekt der internationalen Arbeitstandards und berücksichtigt dabei die auf diesem Gebiet umfangreichen Aktivitäten von Nichtregierungsorganisationen. Die Frage der Arbeitstandards habe in der globalisierten Ökonomie besondere Bedeutung, weil zwischen Formen der Ausbeutung von Arbeitnehmern am unteren Ende der globalen Produktionsketten und Verlust von Arbeitsplätzen mit niedrigerem Qualifikationsprofil am oberen Ende Zusammenhänge bestünden. Diese Entwicklung folge dem Gesetz, dass die Produktion zu den niedrigsten Faktorkosten wandert, wenn die rechtlichen Rahmenbedingungen und niedrige Transportkosten dies begünstigen. Als Beispiel wird auf die Unternehmensgeschichte des Sportartikelherstellers Nike Bezug genommen.

Die ILO mit ihrem auf Konsens orientierten Politikansatz habe bislang keine weit reichenden Fortschritte erzielt, da sie nur wenig Einfluss auf konkrete Missstände nehmen könne. Aber auch für NGO's sei es schwierig, sich in diesem Politikfeld zu positionieren, da starke wirtschaftliche Interessen von Staaten berührt seien. Konzentriere eine NGO sich auf Einzelfälle, werde ihr Aktionismus vorgehalten, trete sie für das Ziel verbesserter Arbeitstandards im Allgemeinen ein, bringe ihr dies zwar Anerkennung, aber nur begrenzte politische Relevanz. Auf diese Einstellung träfen NGO's in den Vereinten Nationen.

Nach einer allgemeinen Darstellung der Problematik von Arbeitstandards untersucht der Beitrag die Bemühungen von NGO's, ihre Stellung in den VN zu festigen. Abschließend wird Standardisierung als Chance zur Verbesserung von Arbeitsbedingungen diskutiert: Durch objektive Kriterien solle dadurch Transparenz und Druck erzeugt werden, ohne dass NGO's in beständigen Auseinandersetzungen mit Regierungen ihre Kräfte verbrauchen müssten.

Tobias Reichert konzentriert seinen Beitrag auf die internationalen Institutionen ILO und WTO. Er hinterfragt kritisch deren Rolle bei der Verbesserung von Sozial- und Arbeitstandards und kommt zu dem Ergebnis, dass die mangelnde Kooperation beider Organisationen für die bislang feststellbare Entkoppelung von Handelsliberalisierung und Arbeitnehmerrechten mitverantwortlich sei.

Reichert betrachtet zunächst das Regelwerk und die Klageverfahren der ILO. Hierfür seien die Kernarbeitsnormen, die Sozialklauseln sowie die genannte ILO-Deklaration von 1998 maßgeblich. Als Beispiele untersucht der Autor die Aktivitäten der ILO gegenüber Myanmar und Kambodscha, darüber hinaus als transnationale Regelungsmaterie auch die ILO-Konvention zur Arbeit auf See.

Durch die WTO könne eine indirekte Etablierung von Arbeitstandards stattfinden: Einerseits durch ihre Sanktionsmechanismen, andererseits durch Mitwirkung an der Setzung von Kernarbeitsnormen. Jedoch seien die jüngsten WTO-Ministerkonferenzen ohne Durchbruch geblieben. Leichte Fortschritte seien lediglich durch die Allgemeinen Präferenzsysteme (APS) erzielt worden; insbesondere von Bedeutung sei der Schiedspruch der WTO zur Klage Indiens gegen die APS von 2002. Diese Fortschritte reichten aber nicht aus. Als Fazit sei hier festzuhalten, dass eine nachhaltigere Finanzierung der ILO-Programme am meisten bewirken könne. Auch künftig könne von einem gemeinsamen Vorgehen beider Organisationen, deren politische Zielsetzungen zu unterschiedlich seien, nicht ausgegangen werden.

Rainer Schweickert und **Manfred Wiebelt** betrachten die Reformprogramme des Internationalen Währungsfonds (IWF) und der Weltbank. Dabei werden insbesondere die Wandlung der zu Grunde liegenden Reformkonzeption seit Ende der Achtziger Jahre sowie die Neubetonung der sozialen Dimension analysiert.

Die Autoren schildern die vehemente Kritik an den Strukturanpassungsprogrammen bzw. am Konzept der makroökonomischen Stabilisierung. Diese, so die Kritiker des IWF, seien unsozial gewesen, da sie zur Verarmung gerade der unteren Einkommenschichten geführt hätten. Erfolge seien nur vereinzelt festzustellen; generell könne nicht ein positiver *trickle-down*-Effekt durch die sozialen Schichtungen hindurch festgestellt werden. Makroökonomische Indikatoren seien ungeeignet, um diesbezügliche Erfolge messen zu können.

Kann es demgegenüber eine „Strukturanpassung mit menschlichem Antlitz" geben? Dies hinterfragen die Autoren ebenso wie die generelle Reformierbarkeit des Anpassungskonzepts sowie die Tauglichkeit des Washington Consensus als neue Kompromisslinie zwischen der ursprünglichen IWF-Ideologie und einem sozial geprägten Politikansatz. Die Aussichten hierfür seien skeptisch zu beurteilen. Denn die Ausrichtung der IWF-Programme am wirtschaftswissenschaftlichen Konsens der Achtziger Jahre sei noch nicht zu überwinden, was eine Vernachlässigung des informellen Sektors einschließe.

Nach Diskussion von Beispielen für Armutsbekämpfung in Lateinamerika und der Entschuldungsinitiative der Hoch Verschuldeten Armen Länder (HIPC) kommen die Autoren zu dem Schluss, dass die Qualität staatlicher Institutionen als Voraussetzung für ein alle Schichten erfassendes Wirtschaftswachstum stärker berücksichtigt werden müsse. Auch die konkreten Umstände des Einzelfalls seien stärker zu beachten.

Jürgen Stetten und **Frank Schröder** analysieren die Beiträge des Wirtschafts- und Sozialrats (ECOSOC) und der ihm zugeordneten Sozialentwicklungskommission (SEK) für die Etablierung und Umsetzung sozialpolitischer Ziele auf globaler Ebene. Ausgangsthese der Autoren ist, dass die Vereinten Nationen (VN) im Prozess der Gestaltung der wirtschaftlichen Globalisierung bislang eher ein Schattendasein fristeten. Mit dem Weltsozialgipfel in Kopenhagen (1995) und der Konferenz über Entwicklungsfinanzierung in Monterrey (2002) seien zwar viel beachtete Programmatiken geschaffen worden, aber es fehle dem ECOSOC und der SEK an politischer Relevanz. Letzteres Gremium wurde für den Follow-up-Prozess nach Kopenhagen eingerichtet, sei aber auf die Rolle eines eher stillen Expertenkreises beschränkt geblieben.

Vor diesem Hintergrund fragen die Autoren, nach einer Analyse der Defizite von ECOSOC und SEK, ob Chancen für eine erfolgreiche Umgestaltung dieser Institutionen bestehen. Dabei gehen sie ausführlicher auf die Interessenlage Europas ein. Bisherige Reformbemühungen seien nicht erfolgreich gewesen. Zudem habe sich das ECOSOC bei seiner sozialpolitischen Ausrichtung in jüngerer Zeit stark gewandelt, was im Technologiesprung vormaliger Entwicklungsländer, u.a. Indiens und Chinas, begründet liege. Der VN-Weltgipfel vom September 2005 habe das ECOSOC zumindest deklaratorisch aufgewertet. Demgegenüber sei die SEK über mehrere Jahre durch eher sachfremde Streitigkeiten behindert worden, u.a. dem Konflikt zwischen den USA und der G77-Gruppe um eine Reform der VN-Administration.

Darüber hinaus behandeln die Autoren das Verhältnis von Nichtregierungsorganisationen zum ECOSOC. Obwohl die NGO's für den Zutritt zu VN-Gremien generell auf Kooperation mit dem ECOSOC angewiesen seien, bleibe das inhaltliche Interesse gering. Vielmehr seien die NGO's auf jene Institutionen konzentriert, die öffentliche Aufmerksamkeit besäßen, insbesondere IWF, Weltbank und WTO. Gegenüber diesen Institutionen, in denen das Prinzip „one state – one vote" keine Bedeutung habe, hätten zahlreiche NGO's eine Negativ-Agenda aufgebaut. Hieraus ergäben sich für das ECOSOC aber Chancen: Es gelte, die richtigen Lehren aus dem Bedeutungsverlust von IWF, Weltbank und WTO zu ziehen und gemeinsam mit den NGO's zu einer sozialpolitischen Positiv-Agenda zurückzukehren. Hierfür müsste das thematische Blickfeld des ECOSOC erweitert werden.

Frank Schulz-Nieswandt und **Remi Maier-Rigaud** analysieren die Rolle der Organisation für Wirtschaftliche Zusammenarbeit und Entwicklung (OECD) bei der Etablierung von Sozialstandards auf globaler Ebene. Hierbei hinterfragen die Autoren die Kritik von NGO's, die der OECD nahezu einstimmig Ökonomismus vorwerfen.

Der Beitrag beginnt mit der Feststellung, dass die OECD kein Machtträger sei, sondern ein Ideengeber, der seinen Einfluss mit *best practice*-Vergleichen und *peer reviews* ausübe. Daher solle untersucht werden, welche Positionen die OECD zur Globalisierung und zu europäischen sozialen Fragen beziehe, wobei die Bereiche Arbeitsmarkt-Partizipation und Altersversorgung mit zu berücksichtigen seien.

Die Autoren vertreten die These, dass die OECD vom neoklassischen Paradigma beherrscht sei. Sie habe dadurch inzwischen ihre Rolle als *innovativer* Ideengeber verloren, da ihre Ideen nicht mehr zeitgemäß seien, während das *tringular paradigm* der OECD – Wirtschaftswachstum, soziale Stabilität und politische Stabilität – im Grundsatz gültig bleibe. In einen starken Widerspruch begebe sich die OECD durch die Favorisierung mikroökonomischer Anreize, die aber nicht zu den makroökonomischen Bedingungen in den Volkswirtschaften bzw. auf den Arbeitsmärkten der EU-Staaten passten. Die OECD trete für einen so bezeichneten aktivierenden Sozialstaat ein und verlange von der Sozialpolitik die Lösung gesamtwirtschaftlicher Probleme. Dies sei ein inkonsistenter Ansatz, so das Urteil der Autoren. Auf EU-Ebene stünde die neoliberale Ausrichtung der OECD im Widerspruch zur Vergrundrechtlichung von sozialen Ansprüchen. Die EU-Kommission stütze die Positionen der OECD und befinde sich folglich ebenso im Konflikt mit der Mehrheit der Mitgliedstaaten um Grundfragen der Sozialpolitik. Abschließend gelangen die Autoren zu der Feststellung, dass die OECD zwar dem ökonomiewissenschaftlichen Mainstream folge, aber keine zukunftsweisenden Ideen bereitstellen würde.

Joachim Bitterlich schildert aus der Sicht eines Praktikers die Rolle von multinationalen Unternehmen (MNU) bei der Etablierung und Umsetzung von Corporate Social Responsibility (CSR). Nach Bitterlichs Darstellung haben MNU's, stärker als früher, zur Beachtung internationaler sozialer Normen keine Alternative. Insbesondere die stark expandierten elektronischen Medien und spezialisierte NGO's hätten ihren Blick darauf gerichtet.

Bitterlich diskutiert im Folgenden CSR als Führungsaufgabe von MNU's. Hierbei falle eine Vielfalt von Berichts- und Meldepflichten an, die durch den dahinter stehenden Regelungsgehalt nicht gerechtfertigt seien. Was die Wahl geeigneter Maßnahmen anbetreffe, seien karitative Stiftungen allein nicht ausreichend; vielmehr müsse ein konkreter Nutzen für die Beschäftigten entstehen.

Multinationale Unternehmen sollten sich nach Ansicht des Autors stärker in die Debatten um die wirtschaftliche und soziale Ordnung in der EU einbringen. Bislang sei diese Debatte durch politische Institutionen dominiert. Hierbei sei ein Widerspruch festzustellen: Regierungen verhielten sich liberal bzw. nicht-dirigistisch auf der Unionsebene, aber sehr dirigistisch auf nationaler Ebene, was gerade am Beispiel Frankreich deutlich werde.

Ferner diskutiert der Autor den CSR-Politikansatz der EU-Kommission. Kritisch wird dazu angemerkt, dass aus unternehmerischer Sicht klare Regelungen den zahlreichen politisch-moralischen Programmsätzen vorzuziehen seien. Auf internationaler Ebene biete der vom früheren Generalsekretär der VN, Kofi Annan, entworfene Global Compact ein geeignetes Konzept, allerdings sei auch dabei unsicher, ob mit Freiwilligkeit ähnliche Ergebnisse wie durch verbindliche Normen erreichbar seien. Kritisch müsse gleichwohl die uneingeschränkte Berechtigung von NGO's hinterfragt werden, als CSR-Kontrollinstanz gegenüber Unternehmen aufzutreten. Denn niemand kontrolliere die NGO's, für die schon im Vorhinein eine Redlichkeitsvermutung gelte. Mit Beispielen aus der CSR-bezogenen Tätigkeit von *Véolia International* wird dieser Beitrag abgeschlossen.

2.5 „Ausblick"

Den Schlusspunkt bildet der Beitrag von **Heiner Keupp**, der als Ausblick eine alternative Sichtweise des Spannungsverhältnisses von sozialer bzw. institutioneller Fürsorge und individueller Initiative entwirft. Keupp führt eingangs aus, dass eine neue Perspektive für die Sozialpolitik jenseits des Schaukampfes von sozialdemokratischem und neoliberalem Modell erforderlich sei. Als Beispiel für eine innovative Definition von Menschenwürde stellt Keupp das Mehrgenerationenhaus in Salzgitter vor, das als Vorbild für das heute breiter diskutierte gleichnamige Konzept gedient habe.

Die Gesellschaft, so Keupp, befinde sich in einem dramatischen Umbruch: Es bilde sich eine „Diktatur der Fitten" heraus. Diese Entwicklung stehe für das moderne Paradigma des omnipotenten Super-Individuums, das des Sozialstaats nicht bedürfe und ihn als Belastung betrachte. Andererseits sei das Fürsorgeparadigma, das große Teile der Bevölkerung als „Kinder in Not" begreife, für die wachsende Distanz der Starken zum Sozialstaat mitverantwortlich. Das „Kinder-in-Not"-Konzept sei darauf festgelegt, Not zu lokalisieren und ihr professionell abzuhelfen, wobei die Klienten die Rolle von quasi-Objekten hätten.

Menschenwürdiger sei es demgegenüber, die Potenziale der einzelnen stärker zu aktivieren. Empowerment sei in diesem Zusammenhang ein Konzept, um erlernte Hilflosigkeit zu überwinden. Einzelne Personen sollten nicht länger als „beschädigtes Leben" verortet und daraus eine lebenslange Hilfsbedürftigkeit abgeleitet werden. Hierbei sei bürgerschaftliches Engagement als Quelle für eine selbstständige Lebensführung zu betrachten, die karitative Leistungen entbehrlich machen könne. In dieser Sichtweise liege eine radikale Subsidiarität, die protestantische Wurzeln von Empowerment erkennen lasse.

Globalisierung als Herausforderung

Norbert Berthold
Michael Neumann

Europas Sozialstaaten im Schatten der Globalisierung

1. Einleitende Bemerkungen

Bedingt vor allem durch den rasanten technischen Fortschritt in Informations- und Kommunikationstechnologien und die fortschreitende Öffnung der Märkte ist seit Mitte der 80er Jahre eine zunehmende Globalisierung der Handelsströme festzustellen. Nicht nur absolut wächst der internationale Handel stetig, auch der Anteil des Außenhandels am Bruttosozialprodukt steigt in den meisten Staaten kontinuierlich an. Produkt- und Dienstleistungsmärkte haben sich internationalisiert. Die Mobilität von Kapital, insbesondere von Finanzkapital, hat dramatisch zugenommen.

Diese Globalisierung geht nach Ansicht von Ökonomen mit Wohlstandsgewinnen einher. Von Teilen der Bevölkerung wird sie jedoch negativ wahrgenommen und mit Ängsten betrachtet. Traditionelle Heckscher-Ohlin-Samuelson-Modelle der Außenwirtschaftslehre können einiges zur Erklärung der Hintergründe hierfür beisteuern. Sie erklären Spezialisierungsmuster einzelner Volkswirtschaften im interindustriellen Handel, und sie gelangen zu der auch in der Öffentlichkeit wahrgenommenen Konsequenz zunehmender Lohndifferentiale zwischen hoch- und geringqualifizierter Arbeit.

Als Folge der globalisierungsbedingten Spezialisierungen und des technischen Fortschritts haben sich die Qualifikationsanforderungen an die Arbeitnehmer in den Industriestaaten Europas deutlich geändert. Die Herstellung von Produkten, die auf einfacher Arbeit basieren, wird in Niedriglohnländer ausgelagert, die hier über komparative Vorteile verfügen. Geringqualifizierte in den europäischen Industriestaaten müssen damit entweder zumindest relativ zu den Höherqualifizierten Lohneinbußen hinnehmen, oder sie sehen sich mit steigender Arbeitslosigkeit konfrontiert. Viele werden unter oder an die relative Armutsgrenze gedrückt, und sie beziehen daher zunehmend sozialstaatliche Leistungen als Ergänzung oder zur alleinigen Sicherung ihrer Existenz.

Damit aber ist ein gewaltiger Druck auf die sozialstaatliche Absicherung in Europas Industrienationen entstanden. Ein gut ausgebautes soziales System, das entsprechend hohe Kosten verursacht, wird jedoch in der Öffentlichkeit häufig als Wettbewerbsnachteil im internationalen Handel hingestellt. Dieser Beitrag beschäftigt sich damit, inwiefern und wo der Schatten der Globalisierung auf den Sozialstaat fällt und welche Probleme dies dem Sozialstaat in Europa bereitet. Kapitel 2 beschreibt kurz die Sozialpolitik in den Ländern der Europäischen Union und weist auf Unterschiede zwischen ihnen hin, Kapitel 3 behandelt die Frage sozialer Mindeststandards und Kapitel 4 die interpersonellen Umverteilungsfragen. Der Beitrag schließt mit einigen abschließenden Bemerkungen.

2. *Das europäische Modell des Sozialstaates*

Ein Sozialstaat ist die Gesamtheit jener Institutionen, mit der Risiken gemildert und materielle Unterschiede, die sich als Folge des Marktprozesses manifestieren, teilweise ausgeglichen werden. Durch Versicherungs- oder Umverteilungslösungen können auch Personen, die nur wenig Einkommen in einem marktwirtschaftlichen System generieren, an seinen Früchten und Errungenschaften teilhaben. Der Sozialstaat darf dabei keinesfalls nur als altruistisches Konzept einer Armenhilfe verstanden werden. Er ist vielmehr essentiell für den Zusammenhalt reicherer Gesellschaften, um die Zustimmung auch ihrer ärmeren Mitglieder für ein marktwirtschaftliches System zu erhalten. Wenn aber aufgrund der Globalisierung die Einkommensschere der Marktlösung auseinander geht, so ist der Sozialstaat nicht nur unter Druck, er ist auch zunehmend gefordert, will man das marktwirtschaftliche System in den Industriestaaten Europas generell erhalten.

Sozialstaat ist dabei nicht gleich Sozialstaat. Allein die Wohlfahrtsstaaten Europas unterscheiden sich sowohl in der Intensität ihrer Korrektur marktwirtschaftlicher Ergebnisse als auch in den von ihnen gewählten Instrumenten. Regulierungen, die ohne staatliche Ausgaben auskommen (z.B. Mindestlöhne), sind hierbei von mit einem Budget ausgestatteten Umverteilungsmaßnahmen und Versicherungsleistungen zu unterscheiden. Auch wenn man wie Esping-Andersen (1990) Staaten zu Typen zusammenfassen kann, um die Unterschiede besser zu verdeutlichen, bietet sich hier zur Darstellung der Gemeinsamkeiten eher eine Systematisierung der sozialstaatlichen Möglichkeiten an, die zur Ausgestaltung des Sozialstaats genutzt werden können (vgl. Abb. 1).

Abb. 1: Dimensionen sozialstaatlichen Handelns

Regulierungen und Sozialstandards

- Mindeststandards am Arbeitsmarkt (z.B. Arbeitsschutz; Arbeitszeit)
- Tarifvertragsfreiheit
- Mitbestimmung

⇕

Soziale Sicherungssysteme und Direkte Umverteilung

- Systeme der sozialen Sicherung (z.B. Alterssicherung; Arbeitslosenversicherung)
- Steuersystem (z.B. Steuerprogression)
- Interregionale Umverteilung (z.B. Finanzausgleich; Strukturfonds)

Die Europäische Union ist nur mit einem relativ geringen Budget ausgestattet, so dass sich ihre Kompetenzen eher im Bereich der staatlichen Regulierungen als in der direkten Umverteilung finden lassen. Nur in ihrer Regionalpolitik ist mit dem Europäischen Sozialfonds ein Instrument implementiert, das indirekt ebenfalls soziale Aufgaben erfüllt. Gemeinsam mit den anderen Strukturfonds dient er dazu, rückständigen Regionen dabei zu helfen ihren wirtschaftlichen Rückstand aufzuholen. Auch hier sollen also Unterschiede im Lebensstandard beseitigt werden, deren Angleichung man Marktkräften nicht oder nur begrenzt zutraut.

Interpersonelle Umverteilung sowie die Sozialversicherungen sind hingegen Angelegenheiten der EU-Mitgliedsstaaten. Auch wenn es hier große Unterschiede in der Intensität und genauen Ausgestaltung gibt, so haben doch alle europäischen Staaten gesetzliche Systeme der sozialen Sicherung, insbes. Rentenversicherung, Krankenversicherung, Arbeitslosenversicherung sowie Programme zur Sicherung des Existenzminimums. Das Ausmaß gewünschter sozialstaatlicher Sicherung ist dabei abhängig vom jeweiligen Volkseinkommen. Ärmere Staaten verwenden nicht nur absolut, sondern auch relativ weniger Geld für ihre sozialen Sicherungssysteme (vgl. Abb. 2).

Abb. 2: Sozialausgaben der OECD-Staaten anteilig am jeweiligen BIP pro Kopf (R^2=0,35)
OECD-Staaten für 2001 (ohne Türkei)

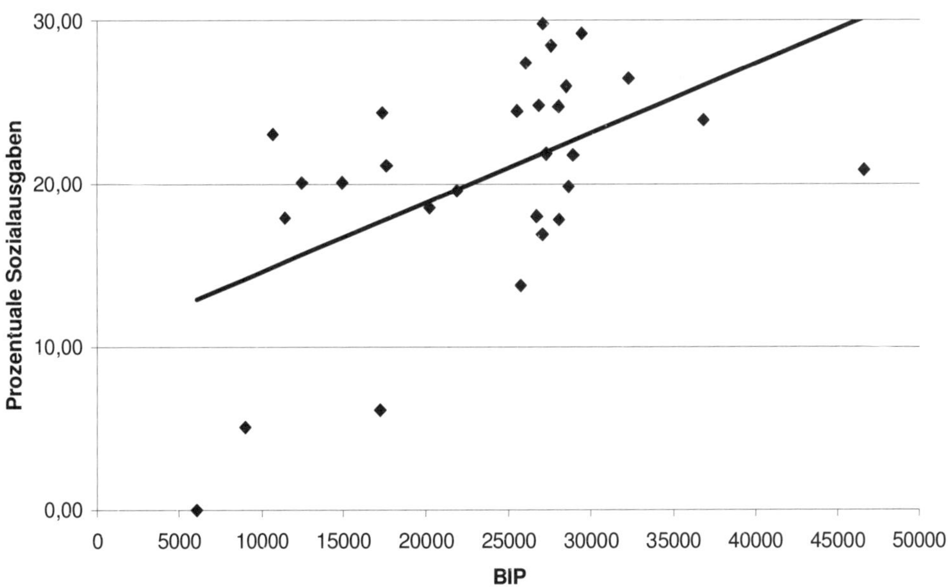

Quelle: OECD Statistikportal; Eigene Darstellung

Staaten, die ihren Bürgern geringere soziale Aufstiegsmöglichkeiten bieten, neigen zu höheren Umverteilungsausgaben, während hohe soziale Mobilität mit geringerem Umverteilungsbudget einhergeht (Benabou/Ok, 2000; Alesina/La Ferrara, 2000). Die Finanzierung der entsprechenden Leistungen ist ebenso unterschiedlich. Während Deutschland die Leistungen hauptsächlich über Sozialversicherungsbeiträge erhebt, finanzieren Dänemark, Großbritannien oder Irland sie über Steuern respektive den Staatshaushalt. Die positiven wie negativen Folgen sozialstaatlicher Leistungen sind letztlich in ihrer Quantität unbeobachtbar. Weder lässt sich messen, welchen Beitrag eine als gerecht empfundene Einkommensverteilung für die Sicherung des sozialen Friedens leistet, noch, welche Anreizverluste sich beim Einzelnen ergeben, wenn er fehlendes Markteinkommen durch sozialstaatliche Einnahmen substituieren kann. Ein „richtiges" oder effizientes Ausmaß an Sozialstaat herzuleiten ist daher nicht möglich, und die Tatsache, dass die Globalisierung zu einer Einschränkung sozialstaatlicher Leistungen führen kann, ist nicht generell zu verurteilen.

3. *Globalisierung und soziale Mindeststandards*

Um in einer globalisierten Welt überleben zu können, sind Unternehmen gezwungen, ihre Kosten zu minimieren. Die Einhaltung sozialer Standards am Arbeitsmarkt verursacht höhere Arbeitskosten. Aus diesem Grund werden in vielen Ländern der Welt soziale, ökologische und in einigen Ländern sogar menschenrechtliche Standards nicht eingehalten, deren Einhaltung Europäer heutzutage für nahezu selbstverständlich halten. Dies ist bedauerlich. Es beantwortet aber noch nicht die Frage, wie man dieser Tatsache abhelfen kann. Die OECD hat Leitsätze für multinationale Unternehmen erlassen, die EU-Kommission setzt auf freiwillige Vereinbarungen zur Corporate Social Responsibility. Freiwillige Codices ersetzen bisher fehlende gesetzliche Vorschriften zur weltweiten Einhaltung von Mindeststandards.

Innerhalb der EU hingegen existiert mittlerweile eine beträchtliche Menge gemeinsamer Regelungen und Standards vor allem für den Arbeitsmarkt. Aufbauend auf der Sozialcharta von 1989, dem Maastrichter Vertrag von 1993 und dem Vertrag von Amsterdam 1997 wurden ein Vielzahl von Richtlinien erlassen, die von den Nationalstaaten zwingend in deren Recht umgesetzt werden müssen. Diese beeinträchtigen die nationalen Regulierungskompetenzen zum Teil erheblich. Sie regeln Aspekte wie den technischen Arbeitsschutz, sie harmonisieren Arbeitsbedingungen, u.a. Höchstarbeitszeiten, den Schutz besonders schutzbedürftiger Arbeitnehmer (z.B. Jugendliche), und sie schreiben die Chancengleichheit der Geschlechter vor. Für letztere wird sogar der Grundsatz „gleiches Entgelt für gleiche Arbeit" festgesetzt.

Bessere und gerechtere Arbeitsbedingungen sind ein wichtiges Ziel in einer entwickelten Gesellschaft. Insofern kann und wird eine ökonomisch prosperierende

Volkswirtschaft über kurz oder lang auch soziale Mindeststandards einführen. Viele können bereits auf Unternehmensebene vereinbart werden, da sie auch im Unternehmen mehr Nutzen als Kosten stiften oder durch entsprechenden Lohnverzicht der Angestellten finanziert werden. In einer demokratischen Gesellschaftsordnung wird dies auf entsprechende Präferenzäußerungen der Wähler hin im Zweifelsfall auch auf staatlicher Ebene geschehen. In einem diktatorischen Regime wird man auf diese Weise versuchen, dem politischen Druck eines aufstrebenden Bürgertums auszuweichen. Ein reicherer Staat wird sich dabei – analog zu den Sozialausgaben – höhere Standards leisten können, ein ärmerer Staat wird geringere Standards wählen. Schon aus altruistischen Motiven ist es aus der Sicht der in den reicheren Staaten lebenden Menschen wünschenswert, dass auch in den anderen Staaten die Standards auf einem Niveau liegen, die Menschen in reicheren Staaten als menschenwürdig erachten.

Dementsprechend wird auch immer wieder die zwingende Einführung von sozialen Mindeststandards weltweit gerade von den reichen europäischen Industriestaaten gefordert. Dabei wird außer dem Recht auf ein menschenwürdiges Leben als Begründung gerne noch ein zweites Argument vorgebracht. Ausländische Konkurrenz sei unfair und gehe auf Kosten der Industrie des eigenen Staates, wenn sie Kostenvorteile generiere, die auf Sozialdumping beruhen. Dabei wird Sozialdumping üblicherweise mit geringeren Standards am Arbeitsmarkt gleichgesetzt – auch wenn Dumpingtatbestände sich eigentlich auf den Verkauf zu Preisen unterhalb der eigenen Produktionskosten beziehen. Man verdächtigt das ärmere Ausland, in punkto Effizienz zwar nicht mithalten zu können, dies aber über eine unfaire Regelung der Standards zu kompensieren.

Da es keine übergeordneten Institutionen zur Einhaltung eines fairen Wettbewerbs gibt, ist die Logik dieses Argumentes auf den ersten Blick einleuchtend. Zur Verhinderung einer solchen Dumping-Konkurrenz werden dann protektionistische Maßnahmen empfohlen. Vorgeschobenes Ziel ist dabei die Rettung der heimischen Arbeitsplätze. Mit der Angst der heimischen Bevölkerung vor unfairer Konkurrenz in Verbindung mit dadurch bedingten Arbeitsplatzverlusten sowie mit dem Versprechen, das Ziel zu fördern, in anderen Ländern der Welt Menschen ein menschenwürdiges Leben zu schaffen, haben die Befürworter internationaler sozialer Mindeststandards zwei weitreichende Argumente.

Beide Argumente sind jedoch trügerisch. Konkurrenz aus dem Ausland als Gefahr zu empfinden, bloß weil sie Produkte zu günstigeren Preisen anbietet, ist unsinnig. Eben genau diese Tatsache sorgt dafür, dass weltweit Konsumenten gleiche Produkte günstiger kaufen können, also einen Wohlfahrtsgewinn haben. Grund hierfür ist die Spezialisierung der Länder auf ihre komparativen Vorteile. Daraus profitieren Länder unterschiedlich. Viele ärmere Länder werden sich auf die Produktion jener Güter spezialisieren, bei denen sie ihre komparativen Vorteile aus der extensiven Nutzung jenes Faktors ziehen, über den sie reichlich verfügen: eben auf Produkte aus einfacher Arbeit. Dabei kann es vorkommen, dass Personen Arbeitszeiten in Kauf nehmen müssen, die weit oberhalb der in der EU vorgeschriebenen Obergrenze liegen. Es kann zudem sogar notwendig werden, Kinderarbeit einzusetzen, um auch mit deren Einkommen die Lebensgrundlage des Haushaltes zu erwirtschaften. Viele arme Länder verfügen nicht über die notwendigen Ressourcen, um per Umverteilung das Marktergebnis zu korrigieren und allen Mitgliedern ihrer Gesellschaft ein menschenwürdiges Leben zu ermöglichen. Und die meisten der dortigen Haushalte verfügen über kein Kapital und auch kein ausreichendes Bildungsniveau, um sich über daraus resultierendes Einkommen ihr Dasein zu sichern. Folglich werden sie versuchen, den einzigen Produktionsfaktor, über den sie verfügen, Arbeit, im Markt unterzubringen.

Wenn es nach den Dumping-Gegnern geht, wird ihnen dies zu einem großen Teil per Mindeststandards oder Protektionismus untersagt. Nicht nur wird in Industriestaaten alles getan, um Kapital im Inland zu halten (auch hier wird jede Abwanderung beklagt); Interessengruppen in den Industrieländern versuchen zum Schutz der heimischen Produktion zudem auch noch, den Menschen in ärmeren Ländern ihren Arbeitseinsatz zu begrenzen. Handelsbeschränkungen oder freiwilliger Boykott von Waren, die aus Ländern kommen, welche auch auf Kinderarbeit setzen, sind aber weder für die dortigen Arbeitsanbieter noch für die heimischen Konsumenten von Vorteil. Damit soll keineswegs impliziert werden, dass Kinderarbeit zu tolerieren oder gar gutzuheißen ist. Wenn man jedoch dieses Problem lösen möchte, darf man keine internationalen Mindeststandards festsetzen, sondern muss dafür sorgen, dass entsprechend Not leidende Haushalte andere Möglichkeiten zur Einkommenssicherung erhalten. Soll dies nicht in einer permanenten Umverteilung enden, wäre z.B. der Finanzierung einer großangelegten Bildungsoffensive von Seiten der EU klar der Vorzug zu geben. Davon hätten langfristig sowohl die ärmeren Länder als auch die Industriestaaten Europas Vorteile, wird doch mit wachsendem weltweitem Humankapital der produzierte Kuchen größer und die Handelsspezialisierung weiter zunehmen. Damit aber werden die Weltmarktpreise weiter fallen, und der europäische Konsument profitiert hiervon ebenfalls.

Einige Ökonomen bringen beim Thema Mindeststandards den Marktversagens-tatbestand der externen Effekte in die Diskussion ein (vgl. Brown/Deardorff/Stern, 1996). Hier wird allerdings eine Analogie zum Thema Mindeststandards im Umweltschutzbereich gezogen, wo keine zu finden ist. Um der weltweiten Umweltzerstörung vorzubeugen, ist eine internationale Regelung notwendig, da sich der Schaden, den ein Land verursacht, auch auf andere Länder auswirkt. Solche internationalen externen Effekte fallen aber im Bereich der Sozialpolitik nicht an: Wenn ein Arbeitnehmer in einem anderen Land aufgrund fehlender Mindest-standards ausgebeutet wird, so verursacht das in Europa eben keine Folgewirkungen – abgesehen vom psychologischen Effekt des Bedauerns. Eine direkte Hilfeleistung an die betreffende Person wirkt hier aber besser als ein Mindeststandard, der diese Person in ihren Einkommenserzielungsmöglichkeiten einschränkt.

Nun treffen die Vorwürfe zum Sozialdumping zumeist auch weniger die ausländischen Arbeitsanbieter als vielmehr die dort operierenden multinationalen Unternehmen sowie die jeweiligen Regierungen. Den Unternehmen wird vorgeworfen, ihre Produktion in solche Länder zu verlagern, die über geringe Standards oder keine Standards verfügen, um so Kosten zu sparen. Das ist richtig, aber die Nutzung solcher Möglichkeiten ist schließlich genau die Aufgabe eines Unternehmers. Es ist allenfalls zu hinterfragen, warum so wenige Unternehmen die Chance nutzen, in einem Niedriglohnland zu produzieren. Denn ohne die Anwesenheit solcher multinationalen Unternehmen würde es den Menschen dieser Länder noch schlechter ergehen. Die Anwesenheit solcher ausländischer Unternehmen steigert nämlich empirisch gesehen das Lohnniveau in den fraglichen Staaten und verbessert damit zumindest langfristig auch die Arbeitsbedingungen (Brown/ Deardorff/Stern, 2003). Stiege – dank Investitionen in die Bildung zum Beispiel – die Anzahl der Unternehmen an, würde automatisch auch deren Ausbeutungspotenzial schwinden, da sie ihre lokalen Monopolstellungen verlieren. Man sollte multinationale Unternehmen also allenfalls ermutigen, in den dortigen Ländern zu investieren und die Lohnkostenvorteile auszunutzen.

Den Regierungen dieser Staaten wird von Seiten der Industriestaaten gerne vorgeworfen, nichts gegen die Ausbeutung ihrer Bevölkerung zu unternehmen oder diese sogar noch aktiv zu unterstützen, um so auf dem Weltmarkt zu Dumpingpreisen anbieten zu können. Dieser Fall wäre – wenn er tatsächlich die Wünsche der eigenen Arbeitnehmer nicht berücksichtigt –als externer Effekt zu betrachten, diesmal allerdings nicht zu Lasten anderer Nationen, sondern zu Lasten der eigenen Bevölkerung bzw. Arbeitnehmerschaft. Sollte der Fall gegeben sein (und damit ein nationaler Mindeststandard effizient sein), und sollte die Folge eine Niedriglohnkonkurrenz basierend auf Sozialdumping sein, ist dies für die Wohlfahrt der reicheren Industriestaaten Europas jedoch keinesfalls nachteilig, sondern sogar

Abb. 3: Einseitige Institutionalisierung effizienter sozialer Mindeststandards

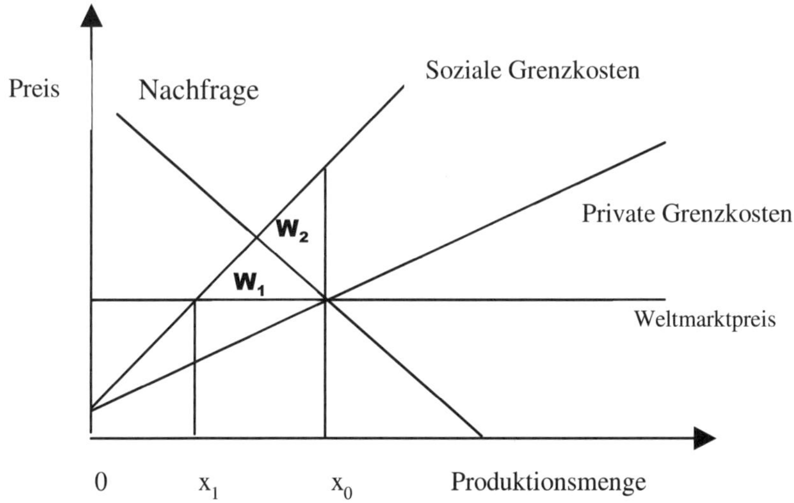

mit einem Wohlfahrtsgewinn verbunden (vgl. Abb. 3). Eine einseitige Internalisierung des externen Effektes in Europa ist hier besonders vorteilhaft.

Beide Länder mögen in der Produktion des dargestellten Gutes keine originären komparativen Vorteile haben. Private Grenzkosten und soziale Grenzkosten in der Produktion unterscheiden sich, im Produktionsprozess werden folglich Kosten auf die Gesellschaft externalisiert. Das dargestellte Industrieland sei ein kleines Land, von strategischen Handelsgewinnen sei hier also abgesehen. Die (Inlands-)nachfrage hat den üblichen fallenden Verlauf aufgrund abnehmenden Grenznutzens. Internalisiert das Land seine zusätzlich zu den privaten Grenzkosten anfallenden Kosten einseitig, wird der Anteil eigener Produktion kleiner ausfallen. Die Produktionsmenge sinkt auf x_1, die Differenz zu x_0 wird vom Ausland importiert. Dieses spezialisiert sich damit auf das dargestellte Gut, die komparativen Vorteile entstehen durch die Nichtinternalisierung der externen Effekte dort. Im Inland gehen Arbeitsplätze verloren. Es entsteht durch die Minderung der gesellschaftlichen Zusatzkosten indes ein Wohlfahrtsgewinn von $W_1 + W_2$. Die Konsumentenrente bleibt dank Weltmarktbezuges gleich, und der soziale Schutz aus den Standards (die Fläche zwischen privaten und sozialen Grenzkosten) überwiegt den Rückgang der Produzentenrente. Dies ist natürlich nur der Fall, wenn der Sozialstandard tatsächlich einen externen Effekt bekämpft. Da die Produktion ins Ausland abwandert, wird hier nun auch der externe Effekt getragen. Es ist also zum eigenen Vorteil einer Gesellschaft, solche Produkte im Ausland anfertigen zu lassen und dann zu importieren.

Erheben beide Länder (und damit im Beispiel der graphischen Analyse die gesamte Welt) gleichzeitig einen effizienten sozialen Mindeststandard, wird der Wohlfahrtsgewinn ob der Weltmarktpreiserhöhung im Inland geringer ausfallen. Die Produzentenrente steigt zwar, da der Produktionsmengenrückgang geringer ausfällt als bei einseitiger Regulierung. Dafür geht jedoch Konsumentenrente verloren, und es verbleibt mit W_2 lediglich eines der im einseitigen Regulierungsfall diagnostizierten Dreiecke als Wohlfahrtsgewinn.

Abb. 4: Beidseitige Internalisierung der externen Effekte

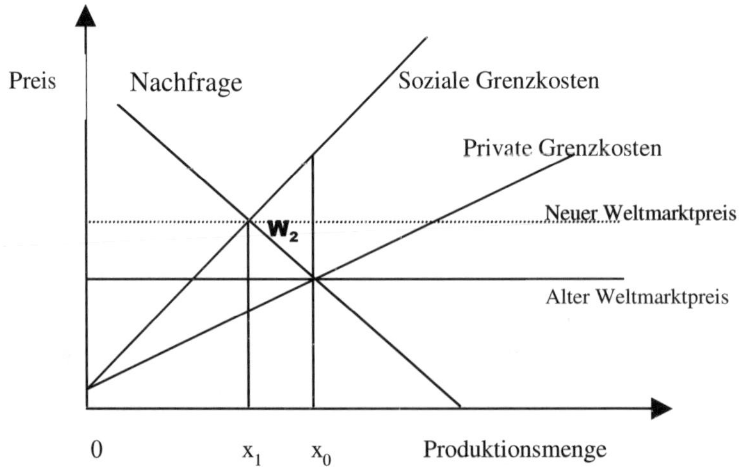

Einseitige effiziente soziale Mindeststandards bringen einen Industriestaat folglich keineswegs um seinen Wohlstand. Dumpingvorwürfe sind unter diesem Gesichtspunkt gegenstandslos (Berthold/Hilpert, 1999). Im Allgemeinen dürften die Dumpingvorwürfe jedoch in der Tat darauf beruhen, dass andere Länder sich aufgrund ihrer Armut europäische Sozialstandards einfach nicht leisten können bzw. leisten wollen. Länder, die mit geringeren Arbeitskosten auskommen müssen, wählen auch niedrigere Standards (Rodrik, 1996; Krüger, 1997) Man hilft weder ihnen noch der europäischen Bevölkerung, wenn man ihnen ihre komparativen Vorteile im Außenhandel nimmt. Man sollte sie lieber verstärkt in den internationalen Handel einbeziehen, damit sie schneller wachsen und sich dann ebenfalls höhere Standards leisten können. Geringe Standards zum Start ihres Anpassungsprozesses sind dazu sogar zwingend notwendig (Sinn, 2001; Sinn/Ochel, 2003).

4. Globalisierung, soziale Sicherung und Umverteilung

Neben den Sozialstandards wird auch den hohen Sozialausgaben der europäischen Industriestaaten häufig kein langes Leben im sich verschärfenden internationalen Wettbewerb vorausgesagt. In Deutschland fallen hierunter vor allem die staatlichen Leistungen für die Bereiche Alter (und Hinterbliebene), Gesundheit, Ehe und Familie sowie Beschäftigung, die zusammen ungefähr ein Drittel des Bruttoinlandsproduktes vereinnahmen. Die Sozialleistungsquote ist dabei im Zeitablauf deutlich gewachsen, 1970 erreichte sie ein Viertel des BIP, 1987 überstieg sie die 30%-Marke. Aufgrund des BIP-Wachstums stiegen die Sozialausgaben selbst noch deutlicher an. Ihr Anstieg ist aufgeschlüsselt nach Funktionen seit 1990 abgebildet (Abb. 5).

Nun ist der stetige Anstieg in Deutschland kein Gegenbeweis für die These einer generellen Abnahme der Sozialleistungen im Globalisierungszeitalter. Während man für die EU einen leichten Rückgang seit Ende der 90er Jahre erkennen kann, ist dies für die OECD Staaten insgesamt aber nicht der Fall (vgl. Abb. 6).

Wirtschaftswissenschaftliche Autoren sind sich denn auch uneins hinsichtlich einer Globalisierungswirkung auf den Sozialstaat. Einige glauben nicht an eine bedeutende Wirkung, andere befürchten ein Race to the Bottom, wiederum andere meinen sogar, ein Race to the Top zu erkennen[1]. Race to the Bottom (Abwärts-Wettlauf) bezeichnet dabei eine Abwärtsspirale, welche den Abbau von Standards und staatlichen Leistungen im globalisierten Wettbewerb staatlicher Institutionen kennzeichnet. Race to the Top soll als Begriff lediglich verdeutlichen, dass es keine Abwärtsspirale gibt, sondern, im Gegenteil, die staatlichen Leistungen bzw. Stan-

1 Vgl. zu dieser Diskussion etwa Sinn (1998), Boeri (2000), Brueckner (2000) und Bertola (2006).

Abb. 5: Entwicklung der Sozialausgaben in Deutschland

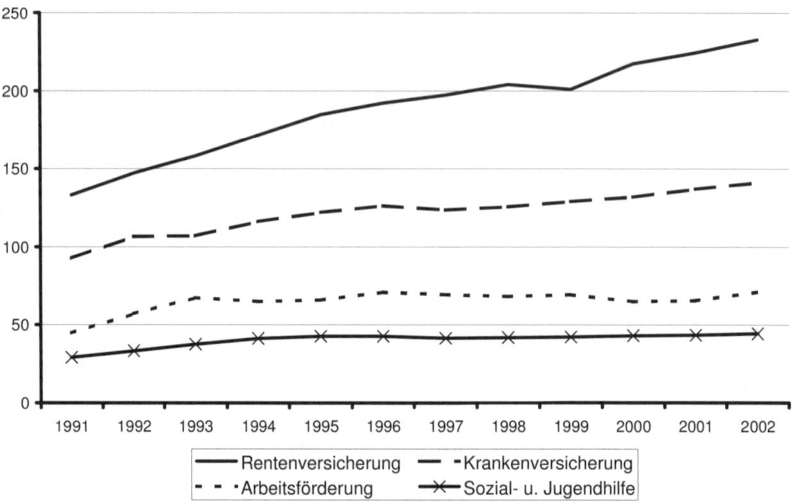

Quelle: Arbeits- und Sozialstatistik des Bundesministeriums für Gesundheit und Soziale Sicherung (2005)

dards sogar ansteigen.

Einer generalisierten Betrachtung der Auswirkungen der Globalisierung auf die Sozialausgabenentwicklung ist dabei ohnehin eine Absage zu erteilen. Viele Leistungen der gesetzlichen Sozialversicherungen orientieren sich am Äquivalenzprinzip: Wer mehr einzahlt, erhält auch mehr zurück. Da bei den meisten Wählern der Wunsch nach staatlicher Absicherung vorhanden ist, werden sie auch in einer globalisierten Welt bereit sein, die Finanzierung sozialstaatlicher Versicherungsleistungen zu schultern, solange sie davon hinterher nur selbst profitieren. Problematisch ist der Erhalt der sozialen Sicherung nur im Bereich von Umverteilungsleistungen. Diese finden sich sowohl in den einzelnen Bereichen der sozialen Sicherung als auch im Steuersystem. Die staatliche Garantie eines Existenzminimums ist somit ein Beispiel für sozialstaatliche Umverteilung, die aufgrund der Globalisierung in Probleme gerät.

Marktergebnisse hinsichtlich der Einkommensverteilung sind – wenn sie nicht staatlich korrigiert werden – zwar möglicherweise effizient, decken sich aber selten mit herrschenden Gerechtigkeitsvorstellungen. Ob ihrer schlechten Ausstattung mit Produktionsfaktoren können manche Menschen sich nicht aus eigener Kraft ein Existenzminimum erwirtschaften. Staatliche Umverteilung an solche bedürftige Individuen wird in den Ländern Westeuropas als Aufgabe des Sozialstaates angesehen. Die Mehrzahl der Wähler hat eine deutliche Präferenz zumindest für eine

Abb. 6: Internationale Sozialausgabenentwicklung

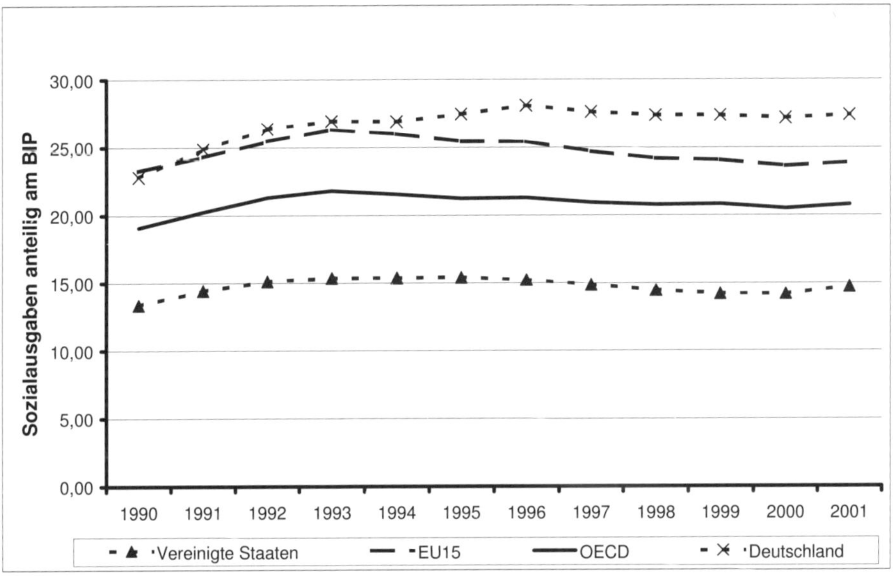

Quelle: OECD Statistikportal; Eigene Darstellung

Existenzminimumsicherung sowie eine Versicherung gegen Arbeitslosigkeit, in vielen ihrer Mitgliedstaaten existiert zudem noch eine Arbeitslosenhilfe.

Auch die meisten Ökonomen befürworten ein gewisses Ausmaß an Umverteilung an ärmere Bevölkerungsgruppen. Interpersonelle Umverteilung kommt nicht nur dem einzelnen unterstützten Individuum zugute, sondern auch der Gesellschaft insgesamt. Als Gründe hierfür werden in der Literatur üblicherweise einerseits altruistische Präferenzen (bzw. interdependente Nutzenfunktionen) und andererseits die Sicherung des sozialen Friedens angeführt (Hochman/Rodgers, 1969; Brennan, 1973). Die Erklärungen, warum eine Gesellschaft sich mehrheitlich für ein ausgebautes Umverteilungssystem an Arbeitslose oder Bedürftige entscheidet, sind notwendig, um den Charakter der Umverteilung zu verstehen und damit auch zu evaluieren, ob diese Umverteilung bei anhaltender Globalisierung weiterhin möglich sein wird. Beide Gründe, Altruismus wie sozialer Frieden, sind von ihrem Grundprinzip her als öffentliche Güter zu verstehen. Ist die Nutzeninterdependenz derart, dass der Einzelne sich besser stellt, wenn einem Bedürftigen Hilfe zuteil wird unabhängig davon, ob er selbst ihm hilft oder jemand anders, so herrscht Nichtrivalität im Konsum hinsichtlich der Nutzensteigerung des Bedürftigen. Auch Nichtausschließbarkeit ist gegeben. Gleiches gilt bei der Gewährleistung des sozialen Friedens. Niemand kann ausgeschlossen werden, und es liegt Nichtrivalität vor. Die

Bereitstellung öffentlicher Güter aber wird auch von liberalen Ökonomen dem Staat als Aufgabenbereich zugewiesen, da ihre private Finanzierung zu Trittbrettfahrerverhalten und einer gesellschaftlich unerwünscht geringen Menge an Umverteilung führen würde.

Ein drittes Argument für Umverteilung an Bedürftige ist das der Möglichkeit, sich durch dieses staatliche Instrument gegen nichtversicherbare Lebenseinkommensrisiken abzudecken. Bei Risikoaversion werden Individuen nicht privatversicherbare Risiken durch staatliche Umverteilung zu mindern versuchen. Dabei dürften junge Menschen tendenziell zahlungswilliger als alte Menschen sein, da sie weniger Kenntnisse über ihren weiteren Lebensweg haben als alte Menschen.

In den Industriestaaten Westeuropas springt der Sozialstaat mit Lohnersatzleistungen ein (Arbeitslosengeld, Arbeitslosenhilfe, Invaliditätsversicherung, Frührente oder Sozialhilfe sind entsprechend genutzte Instrumente), wenn der Markt kein ausreichendes Arbeitseinkommen hergibt. Die hohen Sozialleistungen sind nicht nur mit enormen Finanzierungslasten verbunden, sie sind auch ein Grund für die hohe Massenarbeitslosigkeit, unter der viele europäische Staaten leiden. Lohnersatzzahlungen erzeugen ein Einkommen für Freizeit, sie senken die Opportunitätskosten der Freizeitnachfrage und verbilligen folglich den Freizeitkonsum. Daher generieren hohe Lohnersatzzahlungen hohe individuelle Mindestlohnansprüche an eine Beschäftigung, die von privaten Arbeitgebern nicht immer zu befriedigen sind. Arbeiter, deren Produktivität den geforderten Lohn nicht rechtfertigt, sind von Arbeitslosigkeit bedroht.

Zwar ist dieses Problem nicht neu, die Öffnung der osteuropäischen Staaten sowie Chinas zur Marktwirtschaft haben ihm allerdings eine neue Dimension gegeben. Da die Sozialleistungen in diesen Ländern geringer ausfallen, gilt dies auch für Anspruchslöhne, Lohnniveau und Lohnnebenkosten (Sinn/Ochel, 2003). Damit können dort ansässige Unternehmer die westeuropäischen Anbieter in punkto Arbeitskosten unterbieten. Finanzkapital und Direktinvestitionen wandern ab, um mit den günstigeren Arbeitskräften in den Niedriglohnländern zusammenzuarbeiten. In Staaten wie Deutschland war die Reaktion eine Spezialisierung auf kapitalintensive Produkte, was wiederum Jobs kostete. Zudem wird befürchtet, es drohe eine Zuwanderung gering qualifizierter Arbeitskräfte, da sowohl das Lohnniveau als auch die soziale Sicherung in Deutschland höher ausfallen. Die Abwanderung an Kapital und die Zuwanderung an einfacher Arbeit übe daher einen gewaltigen Druck sowohl auf die Löhne als auch auf die Umverteilungsleistungen aus.

Dass es bei zunehmender Freizügigkeit zu einer Erosion der Transferleistungen kommen wird, ist nicht zu bestreiten. Dies liegt indes weniger an Problemen auf der Finanzierungsseite als vielmehr an den Transferempfängern. Die Nettozahler sind hinsichtlich der zum Erhalt des Existenzminimums notwendigen Transfers in der Überzahl, sie können und werden bei einem Anstieg der Empfängeranzahl im politischen Prozess die Zahlungen einschränken. Die derzeitige Diskussion in Deutschland spiegelt dies bereits wider. Potenziellen Transferempfängern bleibt stets als Alternative die Auswanderung. Sie wandern unter der Annahme weitgehender Mobilität in jenes System, welches ihnen die höchste Umverteilung bietet. Sozialtourismus setzt ein[2]. In der Folge werden alle Staaten bestrebt sein, die Unterstützungszahlungen zu reduzieren. Unterbieten sie die anderen Staaten, entfallen ihnen die Kosten der Umverteilung, da die Empfänger abwandern. Der Nutzen aber stellt sich ein: Man hat keine Armen mehr im eigenen System. Daher ist zu erwarten, dass sich die Systeme anfangen zu unterbieten, ein Race to the Bottom tritt ein, und das Existenzminimum kann letztlich in keinem der Systeme mehr bereitgestellt werden. Selbst die in der Bevölkerung mit großem Konsens gewünschte Umverteilung wird nicht mehr bereitgestellt. Ein solcher unkoordinierter Wettbewerb der Sozialsysteme ohne vorgegebenen Ordnungsrahmen versagt, da die Kosten für die Transfers durch Senkungen des Parameters Transferhöhe externalisiert werden können (Sinn, 1998). Dies ist generell finanzwissenschaftliche Lehrmeinung, und sie bietet bei vollständiger Mobilität in der Tat ein in sich schlüssiges Szenario.

Die Realität indes genügt nicht den üblicherweise getroffenen Annahmen. Die Mobilität in Europa ist nicht sehr hoch (Bentivogli/Pagano, 1999; Tassinopoulos/Werner, 1999; Braunerhjelm et al., 2000). Schon daher lässt sich bislang eine deutliche Tendenz zum Race to the Bottom nicht erkennen. Hinzukommt, dass es keinesfalls einen Zwang für aufnehmende Länder gibt, einreisende Transferempfänger zu alimentieren – dies ist nicht einmal in der EU der Fall, obwohl dort die Freizügigkeit im Arbeitnehmerbereich großgeschrieben wird. Hochqualifizierte wandern zudem eher als Geringqualifizierte, und sie tragen eher zum Erwirtschaften der vom Sozialstaat benötigten Mittel bei. Anlass der Wanderung ist bei ihnen weniger die Existenz einer besseren sozialen Absicherung, sondern der Anreiz über ein hohes Arbeitseinkommen. Erstaunlicherweise verteilen sich Hochqualifizierte dabei nicht entsprechend ihrer Knappheit im Raum, sondern bilden Agglomerationsräume. Die Europäische Union hat dies längst erkannt. Sie nutzt auch mit den Strukturfonds bereits seit den 80er Jahren ein Instrument zur Förderung der rückständigen Gebiete.

Agglomerationsprozesse werden – ähnlich wie das befürchtete Race to the Bottom – als sich selbst verstärkende Prozesse beschrieben (Braunerhjelm et al., 2000). Zuwanderung erhöht die Marktgröße sowie die Produktvielfalt, beides lockt Nachfrage in einen regionalen Markt. Zusätzliche Nachfrage zieht weiteres Angebot nach sich, was wiederum Marktgröße und Produktvielfalt erhöht und Nachfrage attrahiert. Übersteigen diese agglomerativen Wirkungen die Nachteile aus steigender Konkurrenz im Agglomerationsraum, wird zugewandert, und zwar sowohl von Nachfragern wie Anbietern. Dies gilt auf Güter- wie Faktormärkten. Lediglich immobile Produktionszweige (wie die Landwirtschaft) und immobile Faktoren (in

2 Für dieses Symptom lässt sich auch empirische Evidenz finden. Mehrere Untersuchungen zeigen für die USA, dass die Wohnortwahl für die Armen signifikant von den Wohlfahrtszahlungen abhängt. Vgl. Borjas, 1999; Feld, 2000.

Agglomerationsmodellen zumeist einfache Arbeit) bleiben in der entstehenden Peripherie zurück. Humankapital- wie Sachkapitaleigner leben lieber im Agglomerationsraum. Als Faktoranbieter sehen sie sich hier einer größeren Nachfrage und damit einem höheren Einkommen gegenüber, als Nachfrager profitieren sie von der größeren Produktvielfalt des Marktes. Baldwin/Krugman (2004) beschreiben diesen Vorteil als Agglomerationsrente und stellen ihn in Abhängigkeit von der Möglichkeit grenzüberschreitender Warentransfers als glockenförmige Kurve da (Abb.7). Die Kurve geht in ihrem gesamten Verlauf von einer Agglomeration der mobilen Faktoren in einem Gebiet aus.

Abb. 7: Agglomerationsrente und Besteuerungspotential

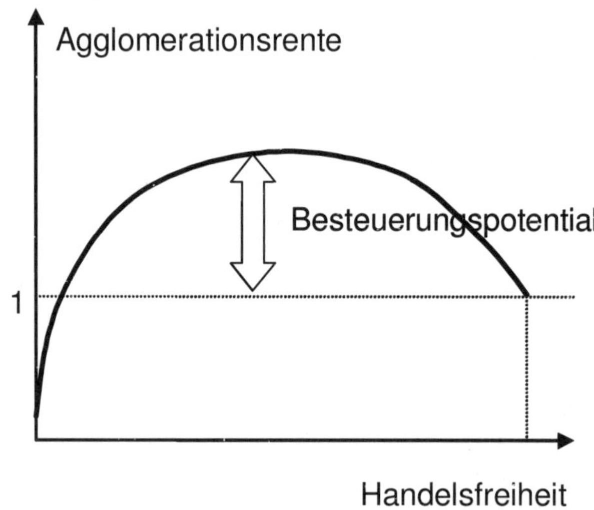

Beim Wert 1 ist der Nutzen im Agglomerationsgebiet und in der Peripherie identisch. Ist die Handelsfreiheit sehr gering, ist eine Belieferung der Peripherie aus dem Agglomerationsgebiet zu teuer, der Nutzen in der Peripherie ist höher und die Rente (definiert aus Nutzen des Aufenthalts im Agglomerationsgebiet in Relation zum Nutzen in der Peripherie) daher kleiner. Steigt die Handelsfreiheit, lohnt sich die Agglomeration zunehmend. Es entsteht eine Agglomerationsrente. Diese Agglomerationsrente kann besteuert werden, ohne dass es zu einer Abwanderung in andere Gebiete kommt.

Die Industrienationen Westeuropas besitzen solche Agglomerationsräume – sie haben jene Gebiete, auf die Zuwanderungsdruck von außen ausgeübt wird. Zwar wandern nicht nur wie im Modell die mobilen Hochqualifizierten zu, sondern auch einfache Arbeit und potenzielle Transferempfänger. Doch die Einkommensunterschiede insbesondere in den Zentren Westeuropas zu ärmeren Staaten außerhalb der

EU sind enorm und sprechen für agglomerationsbedingte Unterschiede (Braunerhjelm et al., 2000; Ciccone, 2002). Eine Beteiligung des Sozialstaates an der Agglomerationsrente ist insofern unproblematisch. Die ärmeren Staaten können ihre Steuern gar nicht so weit senken, als dass das Humankapital nicht in die europäischen oder amerikanischen Zentren strömen würde. Die Finanzierung des Sozialstaates im Agglomerationsraum macht mit zunehmender Ballung und wirtschaftlicher Dynamik immer weniger Probleme.

Die Frage ist erstens, ob die Bürger in den Agglomerationszentren die Sozialtransfers weiterhin zahlen werden, und zweitens, ob sie die Lohnspreizung nicht den Marktgegebenheiten anpassen müssen. Hier sind mehrere Szenarien möglich: Zum einen kann das Agglomerationsgebiet seine Grenze für gering qualifizierte Arbeitswillige und potenzielle Transferempfänger aus anderen Staaten schließen. Dieses Szenario ist von hoher Relevanz. Die EU beschränkt sehr restriktiv Zuwanderung etwa aus den afrikanischen Staaten, sie zieht nicht nur bildlich hohe Zäune um das Unionsgebiet. Einzelne EU-Staaten, Deutschland an vorderster Front, versuchen gleiches auch innerhalb Europas. Aus Sorge vor einer Zuwanderung aus Osteuropa versucht man, Geringqualifizierten den Zugang nach Deutschland zu erschweren. Auf diese Weise kann man das Angebot an Geringqualifizierten klein halten. Die geringe Lohnspreizung kann aufrechterhalten werden, die Transfers können in bisheriger Höhe weiter gezahlt werden. Die hohen Lohnkosten für Geringqualifizierte im Agglomerationsgebiet bilden allerdings einen Wettbewerbsnachteil, der die Ballungsvorteile überwiegen kann. Dann kommt es zur Abwanderung von Unternehmen in die Niedriglohnländer der Peripherie. Beschränkt man die Freizügigkeit, um ein überhöhtes Lohnniveau und hohe Transfers aufrechtzuerhalten, droht sogar im Extremfall eine komplette Verlagerung des Ballungsraumes. Zudem muss mit einem permanenten massiven Zuwanderungsdruck an den Grenzen gerechnet werden.

Zweitens kann man die Geringqualifizierten auch zuwandern lassen. Dies wird zu Lohnsenkungen führen. Die bisherige Lohnspreizung wird sich so nicht halten lassen, sie wird größer werden. Werden den Zuwanderern ob ihrer Nationalität die Transfers verweigert, ist Sozialtourismus nicht möglich. Allerdings wird dies bei hoher Zuwanderung auf Dauer zu einem Problem für den sozialen Frieden werden. Lässt man die Zuwanderung auch in die Transfersysteme zu, droht das angesprochene Problem eines Race to the Bottom. Für die EU als Ganzes ist ein solches Race to the Bottom indes kein Problem. Die EU wird als Agglomerationsraum ohnehin ein wesentlich höheres Existenzminimum garantieren können als umliegende Staaten. Mit einer Senkung von Transferleistungen können daher auf diese Staaten keine negativen externen Effekte ausgeübt werden, allein ob ihrer beherrschenden Stellung im Bereich Umverteilung ist der EU Trittbrettfahrerverhalten nicht möglich. Im Endeffekt wird die EU von der Freizügigkeit sowohl profitieren, da sie die Agglomerationsvorteile der Zuwande-rung nutzen kann, als auch mit den Nachteilen erhöhten Transferbedarfs leben müssen.

Eine dritte Möglichkeit ist interregionale Umverteilung an ärmere Staaten. Diese

Möglichkeit wird ebenso bereits heute ausgeübt. Die EU unterstützt ihre strukturschwachen Gebiete mit finanziellen Mitteln. Auch in andere Kontinente fließen finanzielle Mittel in Form von Krediten oder als direkte Transfers zur Entwicklungshilfe. Die Strukturhilfen werden innerhalb Europas sogar trotz Freizügigkeit und Freihandel gezahlt, ohne dass es zu Abwanderung aus den Agglomerationsgebieten oder einer Abschwächung der Agglomerationsvorteile kommt – ein klarer Beweis, dass Umverteilungsleistungen nach wie vor möglich sind. Die Globalisierung und die sich bildenden Agglomerationsrenten vergrößern möglicherweise den Umverteilungsspielraum sogar noch, anstatt ihn einzuschränken. Dabei soll hier nicht zugunsten interregionaler Umverteilung argumentiert werden – die Fehlanreize von Strukturfonds und Entwicklungshilfeleistungen sind dafür viel zu bedeutend (Berthold/Neumann, 2005). Nichtsdestotrotz ist ein intensiver Gebrauch interregionaler Umverteilung im Globalisierungszeitalter auch in der Zukunft möglich.

5. Abschließende Bemerkungen

Globalisierung beeinflusst ohne Zweifel den Sozialstaat. Europäische Sozialstaaten, wie wir sie heute kennen, werden sich wandeln. Die Globalisierung wird zu wirtschaftlichen Agglomerationsräumen und relativ ärmeren Peripheriegebieten führen. Die Agglomerationsgebiete werden höhere soziale Mindeststandards setzen. Sie werden sich auch eine bessere soziale Absicherung und mehr Umverteilung leisten können. Europas Bevölkerung darf sich glücklich schätzen, über bedeutende Agglomerationsräume zu verfügen. Einen solchen Agglomerationsraum muss man pflegen, und dazu gehört die Aufnahme weiterer Personen ins Agglomerationsgebiet. Zwar sind Hochqualifizierte hier diejenigen, auf die es ankommt – doch den Staat entscheiden zu lassen, welche Personen das Wirtschaftsgeschehen benötigt, hat in der Historie selten funktioniert. Üblicherweise funktioniert es besser, dies über Entlohnungsanreize am Markt zu regeln. Dafür ist internationale Freizügigkeit für alle Personen erforderlich. Hochqualifizierte aber werden nur dann in die europäischen Zentren strömen, wenn sie sich hier wohl fühlen. Dazu gehört ein funktionierendes System sozialer Sicherung, zu dem auch sie Zugang haben – inklusive sozialen Mindeststandards und staatlicher Mindestsicherung. Diese muss man folglich auch den Zuwanderern zahlen. Eine Grenze zu ziehen zwischen den gewünschten Hochqualifizierten und den unerwünschten Geringqualifizierten dürfte hier unmöglich sein.

Die soziale Sicherung kann dabei vorübergehend in eine Krise geraten. Die Transfers müssen möglicherweise gesenkt werden. Dies gilt, wenn zu viele Geringqualifizierte relativ schnell zuströmen und die Sozialsysteme belasten. Doch auch diesen kann man – investiert man entsprechend in ihre Bildung – zu Humankapital verhelfen, und somit kann man später von ihnen (oder ihren Kindern) als Transferzahlern profitieren. Insbesondere vor dem Hintergrund des demographischen Wandels in vielen EU-Staaten ist dieser Punkt zu bedenken. Erhält sich eine Region oder ein Staat aber seine Agglomerationsvorteile bzw. baut sie sogar aus, sind eine weitere Finanzierung der sozialen Sicherungssysteme sowie die Beibehaltung höherer sozialer Mindeststandards weiterhin möglich. Möglicherweise fällt die Absicherung sogar in Zukunft noch höher aus als gegenwärtig. Zwingende Voraussetzung dafür aber ist der Erhalt des Agglomerationsraumes. Und dafür müssen derzeit Unternehmen wie mobile Produktionsfaktoren gehalten werden und die Arbeitskräfte aus Niedriglohnländern hereingelassen werden. Die existierende geringe Lohnspreizung in Staaten wie Deutschland freilich wird dies wohl nicht überleben – es sei denn, die Geringqualifizierten erhalten eine bessere Ausbildung.

Literaturverzeichnis

Alesina, A. und E. La Ferrara (2005): Preferences for Redistribution in the Land of Opportunities, Journal of public economics, Bd. 89, 5/6, S.897-931.

Baldwin, R. E. und P. Krugman (2004): Agglomeration, Integration and Tax Harmonisation, European Economic Review, Bd. 48, S.1-23.

Bénabou, R. und E. A. Ok (2001): Social Mobility and the Demand for Redistribution: The POUM Hypothesis, The Quarterly Journal of Economics, Bd. 116, 2, S.447-487.

Bentivogli, C. und P. Pagano (1999): Regional Disparities and Labour Mobility: The Euro-11 versus USA, Labour: Review of Labour Economics and Industrial Relations, 13 (3), S.737-760.

Bertola, G. (2006): Social and Labor Market Policies in a Growing EU, Diskussionspapier;
URL: http://www.personalweb.unito.it/Giuseppe.Bertola/BertolaSEPR.pdf

Berthold, N. und J. Hilpert (1998): Sozialstandards unter globalem Druck: Erhalten, senken, erhöhen?, in: Globalisierung der Wirtschaft: Ursachen, Formen, Konsequenzen, S.127-156.

Berthold, N. und M. Neumann (2005): Europäische Regionalpolitik: Gift für rückständige Regionen?, Vierteljahrshefte zur Wirtschaftsforschung, Bd. 74, 1, S.47-65.

Boeri, T. (2000): Social Europe: Dramatic Visions and Real Complexity, CEPR Discussion Paper 2371, London.

Borjas, G.J. (1999): Immigration and Welfare Magnets, Journal of Labor Economics 17, S.607-637.

Braunerhjelm, P. et al. (2000): Integration and the Regions of Europe: How the Right Policies Can Prevent Polarization, CEPR, London.

Brennan, G. (1973): Pareto Desirable Redistribution: The Non-Altruistic Dimension, Public Choice, Vol. 14, S.43-67.

Brown, D.K., A.V. Deardorff and R.M. Stern (1996): International Labor Standards and Trade: A Theoretical Analysis, in: Bhagwati, J. und R.E. and Hudec (hrsg.): Fair Trade and Harmonization, Cambridge Ma/London, S.227-280.

Brown, D.K., A.V. Deardorff and R.M. Stern (2003): The effects of multinational production on wages and working conditions in developing countries, nber Working Paper 9669, Cambridge MA.

Brueckner, J. (2000): Welfare Reform and the Race to the Bottom: Theory and Evidence, Southern Economic Journal, 66 (3), S. 505-525.

Ciccone, Antonio (2002): Agglomeration Effects in Europe, European Economic Review, Vol. 46, 2, S.213-227.

Esping-Andersen, G. (1990): The Three Worlds of Welfare Capitalism, Princeton.

Feld, L.P. (2000): Fiskalischer Wettbewerb und Einkommensumverteilung, Perspektiven der Wirtschaftspolitik, Bd. 1, 2, S.181-198.

Hochmann, H.M. und J.D. Rodgers (1969): Pareto Optimal Redistribution, American Economic Review, 59, S.542-557

Krueger, A.B. (1997): International Labor Standards and Trade, in: Michael Bruno andBoris Pleskovic (eds.): Annual World Bank Conference on Development Economics 1996, Washington (DC), S. 281-302.

Rodrik, D. (1996): Labor Standards in International Trade: Do They Matter and What Do We Do About Them? , in: Lawrence, R. Z., D. Rodrik und J. Whalley (eds.): Emerging Agenda for Global Trade: High Stakes for Developing Countries, Overseas Development Council, Policy Essay No. 20, Washington (DC), S. 35-77.

Sinn, H.W. (1998): European Integration and the Future of the Welfare State, Swedish Economic Policy Review, Vol. 5, S.113-132.

Sinn, H.W. (2001): Social Dumping in the Transformation Process?, NBER Working Paper 8364, Cambridge MA.

Sinn, H.W. und W. Ochel (2003): Social Union, Convergence and Migration, Journal of common market studies, Bd. 41 (2003), 5, S.869-896.

Tassinopoulos, A. und H. Werner (1999): To Move or not to Move: Migration of Labour in the European Union, IAB Labour Market Research Topics No. 35.

Brigitte Young

Globalisierung aus gleichstellungspolitischer Sicht

1. Globaler Strukturwandel und Geschlechtergerechtigkeit

Die derzeitige Restrukturierung der globalen Ökonomie ist gekennzeichnet durch Brüche und radikale Veränderungen der bestehenden wirtschaftlichen, politischen, rechtlichen, ökologischen, kulturellen und geschlechtspezifischen Ordnungen in Industriestaaten sowie auch in Entwicklungsländern, bei denen sich auch nationale politische und ökonomische Räume zunehmend entgrenzen. Mit der Globalisierung verbinden sich bei den Menschen Hoffnungen, aber auch Ängste. Ob man die Globalisierung positiv betrachtet, hat mit dem Einfluss der Akteure auf die globale Gestaltbarkeit zu tun. Wer sich machtlos und ausgegrenzt fühlt, und das ist wohl die Mehrheit, bei dem überwiegt die Angst, der Beschleunigung des Strukturwandels nicht gewachsen zu sein. Gewinner sind umgekehrt diejenigen, die sich nicht nur rasch an die Beschleunigung anpassen, sondern auch die Richtung des Strukturwandels zu ihren Gunsten mitbestimmen können. Der Grund für die unterschiedlichen Sichtweisen der Globalisierung liegt hauptsächlich darin, dass es sowohl Gewinner als auch Verlierer gibt, und zwar sowohl innerhalb nationaler Volkswirtschaften als auch zwischen diesen (Deutscher Bundestag 2002).

Auffallend und in der Zwischenzeit durch viele wissenschaftliche Arbeiten und Berichte der Vereinten Nationen und der Weltbank belegt, ist die Tatsache, dass vielfach insbesondere Frauen zunehmend in neue, oft bedrohliche und entwürdigende Abhängigkeiten geraten (UNDP 2000, 2003, 2004; 2005; UN 2005; World Bank 2006; World Bank/IMF 2006). Weltweit ist zu beobachten, dass sich die Globalisierung zum Teil sehr ungleich auf die konkreten Lebens- und Arbeitsverhältnisse von Frauen und Männern auswirkt, wodurch insbesondere viele arme Frauen in Entwicklungs- und ehemaligen Ostblockländern, zunehmend auch in Industrieländern Gefahr laufen, sowohl kurz- als auch langfristig eher zu den Verliererinnen der Globalisierung zu zählen (Bakker 1994; Bakker/Gill 2003; Cagatay/Elson/Grown 1995; Grown/Elson/Cagatay 2000; Benería 2003; Sassen 1998; Young/Hoppe 2004). Dass Globalisierung sich auf einem geschlechtsspezifischen Terrain abspielt, bedeutet jedoch nicht, dass alle Frauen zu den Verliererinnen und alle Männer zu den Gewinnern der Globalisierung gehören. Entsprechend dem UNIFEM Report „Progress of the World's Women 2000“ und dem neuen Bericht aus dem Jahre 2002 machen Frauen mit der Globalisierung sehr unterschiedliche Erfahrungen. So hat die Globalisierung vor allem für gut ausgebildete Frauen auch zunehmend in Entwicklungsländern die Beschäftigungsmöglichkeiten insbesondere im Dienstleistungsbereich erhöht. Gleichzeitig hat sie die existierenden Ungleichheiten und Unsicherheiten, die für Frauen aus der

Zunahme von informeller Arbeit und Privatisierungsprozessen erwachsen, in vielen Teilen der Welt verstärkt. Dies gilt besonders für Frauen, die durch ethnische, religiöse, sozial-ökonomische und rassistische Diskriminierung zusätzlichen Ausbeutungsverhältnissen ausgesetzt sind (UNIFEM 2000; Elson/Keklik 2002). Dieser Widersprüchlichkeit, Ungleichzeitigkeit und diesen Brüchen in veränderten Arbeits- und Lebensverhältnissen wird eine geschlechtspezifische Analyse, die die Globalisierung als unabwendbares Schicksal darstellt und deren Folgen auf Ausgrenzungsprozesse reduziert, ebenso wenig gerecht, wie eine Beschreibung, die nur die Chancen der zukünftigen Entwicklung thematisiert.

Dass die Globalisierung ein durch und durch geschlechtspezifischer Prozess ist, der aber in den dominanten wissenschaftlichen Diskursen weiterhin durch ein „konzeptionelles Schweigen" ausgeblendet wird, hat zur Folge, dass die Restrukturierung meist in geschlechtsneutralem Wirtschaftsvokabular und realitätsfernen Modellen artikuliert wird. Dadurch werden die Erfahrungen von Frauen und marginalisierten Gesellschaftsgruppen im hegemonialen Diskurs der „Globalisierung von oben" ausgegrenzt. Gleichzeitig werden aber auch alternative und transformative Strategien von feministischen Ökonominnen und internationalen sowie lokalen Frauenbewegungen und deren Forderungen, die „Frauenrechte als Menschenrechte" in den ökonomischen Theorien und Praktiken zu verankern, ausgeblendet (Bakker 1994; Elson 2003; Young 2002).

Um die geschlechtspezifischen Widersprüchlichkeiten und Brüche der Globalisierung aufzuzeigen, wird im nächsten Teil der Zusammenstoß zweier parallel existierender globaler Diskurse mit unterschiedlichen Logiken aufgezeigt. Einerseits findet man einen weitverbreiteten Diskurs über die Kampagne für mehr Demokratie und die Einhaltung der Menschenrechte, die mit der Forderung nach Gendergerechtigkeit seit der 4. Beijing Frauenkonferenz im Jahre 1995 und dem Ansatz von „Gender Mainstreaming" verbunden ist. Andererseits konkurriert diese Logik der Menschenrechte mit der globalen Logik des verschärften internationalen Wettbewerbs. Die weltweite Durchsetzung der hegemonialen Effizienzlogik hat aber zur Folge, dass das Streben nach Gendergerechtigkeit und nachhaltiger Entwicklung in wichtigen Aspekten konterkariert und in vielen Fällen sogar unterminiert wird. Im Anschluss daran werden die Folgen dieser parallel existierenden Logiken anhand der europäischen Beschäftigungspolitik und der Erreichung der Millenniumsziele kurz skizziert. Im letzten Teil wird dann ein alternativer ökonomischer Ansatz des „Engendering der Makroökonomie" vorgestellt, der die abstrakten Annahmen eines autonomen, rationalen, profitmaximierenden homo oeconomicus mit einem Subjektbegriff des Individuums ersetzt, dessen Handlungen und Präferenzen in sozialen, politischen und kulturellen Zusammenhängen eingebettet und dementsprechend zu analysieren ist.

Ziel dieses Aufsatzes ist zu zeigen, dass erstens die Genderblindheit in den Debatten über den globalen Strukturwandel Frauendiskriminierung perpetuiert, sie zweitens zu einer Fehlinterpretation der Gründe für die weitverbreitete Armut führt und drittens eine Fehlallokation der gesellschaftlichen Ressourcen zur Folge hat und damit den gesamtgesellschaftlichen und globalen Wohlstand verringert.

2. *Die Logik der Menschenrechte und die Logik der ökonomischen Effizienz*

Menschenrechtsdiskurse und Praktiken

Mit den internationalen Verträgen und Konventionen zu Menschenrechten, insbesondere seit der „Allgemeinen Erklärung der Menschenrechte" von 1948, ist ein international verbindliches Regelwerk geschaffen worden, um Diskriminierung politisch zu beseitigen. Die UN-Aktivitäten lassen sich dabei in drei Phasen unterteilen: Eine Anfangsphase zwischen 1945 und 1975, in der die rechtliche Grundlage zur Gleichstellung zwischen Frauen und Männern und zum Verbot der Diskriminierung geschaffen wurde, die dann mit der Dekade der Frau, den Weltfrauenkonferenzen und der Verabschiedung der Konvention über die Beseitigung jeder Form von Diskriminierung der Frauen (CEDAW) zwischen 1975 und 1985 ihren Höhepunkt erreichte. Diese Aktivitäten mündeten dann in die 4. Weltfrauenkonferenz in Beijing und der Verabschiedung der Beijinger Erklärung und Aktionsplattform durch 189 Staaten im Jahre 1995. In all den weiteren Weltkonferenzen und Folgekonferenzen zwischen 1993 und 2005 wurde die zentrale Rolle der Frau im Prozess der Nachhaltigkeit (Rio 1992),[1] Frauenrechte als Menschenrechte (Wien 1993) und ein eigenständiges Recht auf Selbstbestimmung über ihren eigenen Körper (Kairo 1994) in internationalen Verträgen verankert (Elson 2003; Deutscher Frauenrat 2005).

Dass die Garantie der Menschenrechte bereits seit 1948 mit dem Recht auf politische Rahmenbedingungen für den Abbau von Diskriminierung besteht, zeigt vor allem, dass der reine Marktmechanismus eben nicht ausreicht, um Diskriminierung abzubauen. So erwähnt zum Beispielt die Präambel der Charta der Vereinten Nationen in Artikel 2 die Gleichberechtigung von Mann und Frau. Des Weiteren wird in Artikel 28 darauf hingewiesen, dass „Jeder Anspruch auf eine soziale und internationale Ordnung [hat], in der die in dieser Erklärung verkündeten Rechte und Freiheiten voll verwirklicht werden können".[2] Verbunden mit Artikel 22 wird in dieser Charta über die individuellen Rechte hinausgegangen und eingefordert, die Rahmenbedingungen (enabling environment) so zu gestalten, dass die Menschenrechte realisiert werden können. Artikel 22 besagt nämlich: „Jeder hat als Mitglied der Gesellschaft das Recht auf soziale Sicherheit und Anspruch darauf, durch innerstaatliche Maßnahmen und internationale Zusammenarbeit sowie unter

1 Umweltgipfel von Rio de Janeiro 1992, die Wiener Menschenrechtskonferenz 1993, die Bevölkerungskonferenz in Kairo 1994, die UN-Habitatkonferenz in Istanbul 1996, sowie Beijing + 5 in 2000 und Beijing + 10 in 2005.

2 www.unhchr.ch/udhr/lang/ger/pdf (abgerufen am 20.06.2005).

Berücksichtigung der Organisation und der Mittel jedes Staates in den Genuss der wirtschaftlichen, sozialen und kulturellen Rechte zu gelangen, die für seine Würde und die freie Entwicklung seiner Persönlichkeit unentbehrlich sind" (siehe Fn. 2).

Außerdem haben drei Viertel der Mitgliedsstaaten der Vereinten Nationen in der Zwischenzeit die Konvention über die Beseitigung jeder Form von Diskriminierung der Frauen unterzeichnet (CEDAW). Diese Konvention fordert Regierungen auf, jegliche Verletzung der Menschenrechte der Frauen zu beseitigen und aktiv auf die Förderung und den Schutz dieser Rechte hinzuwirken (UN 1996). Des Weiteren hat die Weltkonferenz zu Menschenrechten in Wien im Jahre 1993 eindeutig bekräftigt, dass die Menschenrechte der Frau während ihres ganzen Lebens ein unveräusserlicher, integraler und unteilbarer Bestandteil der allgemeinen Menschenrechte sind.[3] Dass die Rechte der Frau Menschenrechte sind und „dass die Machtgleichstellung der Frau und ihre gleichberechtigte und volle Teilhabe an allen Bereichen der Gesellschaft, so auch ihre Teilhabe an den Entscheidungsprozessen und ihr Zugang zu Macht, für die Herbeiführung von Gleichberechtigung, Entwicklung und Frieden von grundlegender Wichtigkeit sind",[4] wurde dann in der „Beijing Erklärung und Aktionsplattform" auf der 4. Weltfrauenkonferenz im Jahre 1995 durch 189 Staaten verabschiedet. Die Aktionsplattform nennt Ziele und Maßnahmen für zwölf wichtige Bereiche, wie zum Beispiel Wirtschaft, Armut, Gewalt und Umwelt, um die Diskriminierung der Frauen zu beenden. Insbesondere das Prinzip Gender Mainstreaming wurde als politische Strategie in der Beijing Aktionsplattform verankert. Gender Mainstreaming bedeutet, dass die an politischer Gestaltung beteiligten Akteure den Blickwinkel der Gleichstellung zwischen Frauen und Männern in allen Bereichen und auf allen Ebenen von Entscheidungsprozessen einnehmen (UN 1996).

Die verankerten Rechte in den Verträgen, Chartas und Konventionen sind somit an politische Verpflichtungen von Regierungen gebunden, Rahmenbedingungen so zu gestalten, dass sie den mangelnden Zugang zu Bildung und Ausbildung, Einstellung und Entlohnung, den diskriminierenden Zugang zu Produktivressourcen wie z.B. Land, Kapital, Güter und Dienstleistungen, Beschäftigungsmöglichkeiten, Märkten und zum Handel, sowie die ungleiche Verteilung der Verantwortung im Rahmen von Gremien wie Handels- und Finanzministerien, Wirtschaftskommissionen, Wirtschaftsforschungsinstituten und die ungleiche Mitwirkung in internationalen Organisationen wie der WTO, dem Internationalen Währungsfonds und der Weltbank beseitigen. Des Weiteren wurden dann im Jahr 2000 von 184 Staats- und Regierungschefs die Millennium-Entwicklungsziele der Vereinten Nationen beschlossen. Zu den acht Entwicklungszielen gehören neben einer Halbierung der

3 www.unhchr.ch/huridocda/huridocda.nsf/(Symbol)/A.CONF.157.23En? (abgerufen am 20.06. 200-5).

4 www.womnet.de/content/peking/index-peking.htm (abgerufen am 20.06.2005)

extremen Armut und des Hungers sowie der Verwirklichung einer allgemeinen Grundschulausbildung auch die Förderung der Geschlechtergleichstellung.[5]

Zweifelsohne ist die erhobene Forderung nach und Verankerung von „Frauenrechten als Menschenrechte" eine hart erkämpfte Errungenschaft von dezentral und lokal organisierten Frauenbewegungen und internationalen Frauen-NGOs, die die Interessen und Stimmen der „Globalisierung von unten" repräsentieren (Goetz 2003; Ruppert 2001/2). Besonders die stärkere Integration von Nicht-Regierungsorganisationen als Mitglieder in offiziellen Regierungsdelegatio-nen während der 1990er Jahre verhalf den Frauen-NGOs zu mehr Einfluss auf staatliche Politik. Alleine die rund 35.000 Frauen, die parallel zur offiziellen Beijing Konferenz aus der ganzen Welt am NGO-Forum teilnahmen, verstärkten den Druck auf die Regierungen und auf die Vereinten Nationen, die rechtliche, soziale, politische und ökonomische Rolle der Frau weltweit zu stärken.

„Globalisierung von Oben": Die Logik der ökonomischen Effizienz

Die neoliberale Agenda, die in den 1970er Jahren begann und seit Anfang der 1980er Jahre den ökonomischen Diskurs der Globalisierung dominiert, geht von der Prämisse aus, dass der Weg zu mehr Wohlstand und privatem Reichtum die Reduzierung der Staatstätigkeiten, die Stärkung des Privateigentums und die Entfesselung der Marktkräfte ist. Dieser Diskurs wird stark geprägt von den hochbezahlten Wissensträgern der neuen, ortsunabhängigen, wissensintensiven globalen Elite. Die ortsgebundene Arbeitsgesellschaft, die zunehmend in prekäre, sozialstaatlich und gewerkschaftlich unabgesicherte Sektoren verdrängt wird, spielt in diesen Diskursen der globalen Elite nur insofern eine Rolle, als sich der globale Wettbewerb mehr und mehr zu einem Kostenwettbewerb im Lohnsektor gestaltet (Sassen 1998). Der Imperativ der Kapitalverwertung drängt aber nicht nur auf die Erschließung neuer Märkte, sondern ins Visier geraten zunehmend auch die öffentlichen Dienste und die Daseinsvorsorge. Besonders das WTO- Dienstleistungsabkommen (GATS) beweist aufs Neue die widersprüchlichen gegenüberstehenden Logiken der Profitmaximierung und der Bedürfnisse der Menschen nach sozialer Sicherheit und staatlich organisierten Sicherheitssystemen durch öffentliche Güter (Young 2006).

Neoklassische Ökonomen gehen nämlich von der theoretischen Annahme aus, dass die makroökonomische Ebene der Weltwirtschaft allein von geschlechtsneutralen Aggregaten der Wirtschaft wie Zinssätzen, Inflationsraten, Zahlungsbilanzen und Wechselkursen determiniert wird. Weder Mann noch Frau kommen als Geschlecht in dieser gängigen Sichtweise vor. Dass eine Politik der restriktiven

5 Die anderen Ziele sind: Senkung der Kindersterblichkeit, Verbesserung der Gesundheit von Müttern, Bekämpfung von HIV/Aids, Malaria und anderen Krankheiten, Sicherung der ökologischen Nachhaltigkeit und Aufbau einer weltweiten Entwicklungspartnerschaft (www.un.org/millenium - abgerufen am 20. März 2006).

Geldstabilität negative Auswirkungen auf die Arbeitsmarktpolitik, die Sozialpolitik und die Fiskalpolitik hat und damit diese Politiken unterschiedliche Auswirkungen auf Frauen und Männer haben, wird in der Tradition der „VWL-Makroökonomie" (Maier 2005) ignoriert. Feministische Ökonominnen haben demgegenüber in den letzten Jahren darauf hingewiesen, dass die Veränderungen zu mehr Privatisierung von öffentlichen Gütern, die Kürzungen der Sozialleistungen, die Flexibilisierung der Arbeitsmärkte und die generelle „Ökonomisierung des Staates", in der der Staat dem gleichen Rationalkalkül wie ökonomische Akteure unterworfen wird, durchaus geschlechtsspezifische Auswirkungen aufweisen, die dem Gender Mainstreaming-Ansatz und den Frauenrechten in den Konventionen und internationalen Verträgen eklatant widersprechen (Bakker/Gill 2003; Elson 2003; Elson and Cagatay 2000; Young 2002).

Der geschlechtsspezifische Bias in den ökonomischen Annahmen zeigt sich zum Beispiel in der Forderung nach dem geschlechtslosen „flexiblen Mensch" (Sennett 1998) in der Kultur des neuen Kapitalismus, der auf der Prämisse eines autonomen Individuums und rationalen Wahlhandlungen fußt. Die scheinbare Geschlechtslosigkeit des homo oeconomicus erweist sich aber als eine Fiktion. Die ihm zugeschriebenen Eigenschaften wie nutzenmaximierend, rational, objektiv und autonom werden vor allem mit männlichen (und westlichen) Eigenschaften assoziiert. Die geschlechtslosen Individuen als Träger der ökonomischen Entwicklung sind in diesem Modell in der Lage, in ökonomischen Entscheidungen rationale Wahlhandlungen zu treffen – wobei rational bedeutet, die Kosten bzw. den entgangenen Nutzen gegen den erwarteten Nutzen abzuwägen. Die Sphäre des Haushalts, in dem Güter und Dienstleistungen in der Regel von Frauen erbracht werden, wird als nicht-monetäre Produktion im Bruttosozialprodukt nicht berücksichtigt und der Bereich der Reproduktion als Teil der Gesellschaft somit aus den Marktprozessen ausgeblendet (Maier 1993).

Feministische Ökonominnen haben aber in Bezug auf die Restrukturierung des Sozialstaates darauf hingewiesen, dass die Ausgrenzung der Versorgungsökonomie aus dem Theoriegebäude der Neoklassik zur Folge hat, dass die reproduktive Sphäre und die damit verbundene Arbeitskraft der Frau als unendlich elastisch angesehen wird. Die Annahme der unendlichen Elastizität von der Arbeitskraft der Frau bedeutet erstens, dass die nicht-monetäre reproduktive Ökonomie in diesem abstrakten Theoriegebäude keinen Einfluss auf die monetäre Marktökonomie hat und zweitens, dass die negativen Konsequenzen des makroökonomischen Strukturwandels zu Lasten der Frau und des Haushaltssektors abgeladen werden ohne die Frage zu stellen, ob in der globalen Ökonomie die Versorgungsökonomie die Funktion des Auffangbeckens für die makroökonomischen Störungen überhaupt noch erfüllen kann. Die Forderung, soziale Leistungen zu privatisieren, setzt nämlich eine Genderordnung voraus, die die geschlechtsspezifische Trennung von Privat und Öffentlich zur Bedingung hat, die aber wiederum durch die neue internationale Arbeitsteilung in der Globalisierung immer mehr in Frage gestellt wird (Young 1998).

Die Asymmetrie der Macht der Geschlechter und die Setzung des Männlichen als Norm ist nicht nur „das Elend der Neoklassik" (Maier 1993). Diese neoklassischen Annahmen bilden den Kern der makroökonomischen Zusammenhänge wie Preisentwicklung, Beschäftigung, Verteilung des gesellschaftlichen Reichtums, Arbeitslosigkeit, Löhne und Zugang zu finanziellen, politischen, wirtschaftlichen Ressourcen. Deshalb ist es auch nicht verwunderlich, dass die wissenschaftliche Forderung nach dem „Engendering der Makroökonomie" besonders nach den negativen Auswirkungen der Strukturanpassungsprogramme des Internationalen Währungsfonds und der Weltbank auf die ärmeren Bevölkerungsschichten vieler Entwicklungsländer (Benería 2003) Anfang der 1990er Jahre erhoben wurde.

3. *Wenn die ökonomische Effizienzlogik dominiert: Millenniumsziele und Europäische Beschäftigungspolitik*

Millenniumsziele im Kontext der neo-liberalen Effizienzlogik

Im Jahr 2000 haben 184 Staats- und Regierungschefs die Millennium Entwicklungsziele der Vereinten Nationen beschlossen. Im Jahre 2002 fand dann die UN-Konferenz „Finanzen für Entwicklung" in Monterrey (Mexiko) statt, um die finanziellen Ressourcen für die Implementierung der Millenniumsziele zu mobilisieren. Das Endresultat der Konferenz war ernüchternd. Die Kernempfehlung an die Entwicklungsländer für die Finanzierung bestand vor allem in der Entwicklung von Rahmenbedingungen, um Auslandsinvestitionen ins Land zu holen sowie die innerstaatlichen Regelungen abzubauen, um die Märkte für eine Handelsliberalisierung zu öffnen (Deutscher Bundestag 2002a).

Frauenorganisationen haben auf die Widersprüchlichkeit in den Zielen der Entwicklungsfinanzierung im Abschlussdokument der Monterrey Konferenz hingewiesen. Einerseits sind sie auf eine holistische, nachhaltige, gendersensitive und auf Menschen bezogene Entwicklung ausgerichtet, andererseits steht diesen Forderungen eine starke Fokussierung auf die Liberalisierung von Märkten gegenüber. Genderspezifische Hinweise kommen im Abschlussdokument nur am Rande vor. So werden zwar Budgetanalysen aus der Genderperspektive eingefordert, andererseits werden Frauen jedoch in Zusammenhang mit Mikrokrediten nicht einmal erwähnt, obwohl sie die überwiegende Mehrheit jener darstellen, die Bedarf an Mikrokrediten haben (Floro 2002).

Wenn die Liberalisierung der Märkte die Armut in den Entwicklungsländern reduzieren soll, dann muss erstens danach gefragt werden, ob die Mittel geeignet sind um die Ziele auch tatsächlich zu erreichen. Wird mit der Öffnung der Märkte eine Privatisierung von öffentlichen Gütern wie z.B. Grundbildung, Wasserversorgung, Nahrungssicherheit oder Krankenversorgung angestrebt, dann trifft diese

Strategie vor allem die Schutzlosen. Werden Fragen der Handelsliberalisierung aus der Geschlechterperspektive thematisiert, treten Frauen als wichtige Akteurinnen bei der Konsumtion von öffentlichen Gütern auf. Wenn diese über den Markt bereitgestellt werden, bedeutet dies für viele, dass sie die öffentlichen Güter nicht mehr als Rechte eines Bürgers oder Bürgerin beanspruchen können, sondern sie als Konsumenten auf dem Markt kaufen müssen. Zweitens ist ökonomische Effizienz nicht mit sozialer Effizienz gleichzusetzen. „Es gibt andere Formen, andere Rationalitäten und Logiken, die nichts mit dem Markt zu tun haben, insbesondere, die den Menschen in den Mittelpunkt von dessen Rationalität stellen“ (Amin 2004: 818). Deshalb kann auch ökonomische Effizienz nicht das Hauptargument für makroökonomische Stabilitätskriterien sein, sondern die Bedürfnisse der Menschen nach „sozialer Effizienz“ müssen über den Kriterien der Profitmaximierung stehen.

Dies kann wiederum nur erreicht werden, wenn die unterschiedlichen Lebensrealitäten von Frauen und Männern, insbesondere deren Tätigkeiten in der formellen Wirtschaft, in der Subsistenzwirtschaft und im informellen Sektor, reproduktiven Arbeiten und Aufgaben rund um Haushalt und Familie und das oftmals hohe Engagement in der Gemeinde und in NGOs, das in der Regel als Erweiterung von reproduktiven Tätigkeiten angesehen wird, analysiert wird. Ein weiteres Element, das in Analysen und Planungen einzubeziehen ist, betrifft die benachteiligte Position der Frau durch traditionelle kulturelle Werte und Normen und ihr oft unzureichender oder fehlender Zugang zu Entscheidungspositionen, Infrastruktur und Ressourcen. Ohne weitreichende Veränderungen in diesem Bereich werden die Milleniumsziele eine abstrakte Versprechung ohne jegliche Chance für realistische Verwirklichung bleiben. Der Human Development Bericht von 2004 hat bereits darauf hingewiesen, dass beim derzeitigen Entwicklungstempo das Milleniumsziel, allen Kindern grundlegende Schulbildung zu garantieren, statt 2015 erst im Jahre 2129 und das Ziel der Senkung der Kindersterblichkeit um zwei Drittel im Jahre 2106 verwirklicht werden würden (UNDP 2004).

Widerspruch zwischen Gender Mainstreaming und stabilitätsorientierter europäischer Makroökonomie

Auch in der Europäischen Union prallen diese widersprüchlichen Logiken aufeinander. In Lissabon haben die Staats- und Regierungschefs der Europäischen Union im Jahre 2000 voller Zuversicht beschlossen, Europa bis zum Jahr 2010 zum wettbewerbsfähigsten und dynamischsten wissensbasierten Wirtschaftsraum der Welt zu machen. Die Erhöhung der EU-Beschäftigungsquote von Frauen auf 60 % bis zum Jahr 2010 spielte darin eine entscheidende Rolle.[6] Der im Frühjahr 2004 vorgelegte Jahresbericht der EU-Kommission über die Gleichstellung von Frauen

6 http://www.bundesregierung.de/artikel-,413.473047/Die-Lissabon-Strategie.htm

und Männern im Berufsleben sieht aber eher düster aus. Die EU-Kommission beklagt markante geschlechterspezifische Ungleichheiten. So hat sich laut der EU-Studie seit Mitte der 90er Jahre die Lage für berufstätige Frauen in Europa kaum verbessert. Zwar habe sich die Beschäftigungsquote von Frauen zuletzt auf 55,6 % erhöht (50 % Anfang der 90er Jahre), aber trotz einer besseren Ausbildung sind sie nach wie vor schlechter bezahlt und öfter arbeitslos als Männer. Besonders das Einkommensgefälle ist alarmierend. Männer bekamen danach im Jahr 2001 im EU-Durchschnitt 16 % mehr Gehalt als Frauen. Die größte Einkommenskluft stellte der Jahresbericht in Deutschland und Großbritannien mit jeweils rund 20 Prozent fest. Besonders extrem klaffen die Gehälter von männlichen und weiblichen Erwerbstätigen im Privatsektor auseinander, aber die geschlechtsspezifischen Unterschiede sind auch im öffentlichen Sektor gravierend. Auch bei der Erreichung der beim Gipfel in Barcelona 2003 festgelegten Kinderbetreuungsziele (bis zum Jahr 2010 soll es für 90 % der Kinder zwischen drei Jahren und dem Schuleintrittsalter Betreuungsmöglichkeiten geben) muss die Aufgabe zwischen Frauen und Männern gerechter geteilt werden (Kommission der EU 2004).

In den Schlussfolgerungen des Berichts wird der Europäische Rat ersucht, die Mitgliedstaaten eindringlich dazu aufzufordern, ihre Anstrengungen zur Förderung der Gleichstellung von Frauen und Männern zu verstärken. Besonders wichtig ist hier die Annahme eines Richtlinienvorschlags auf der Grundlage von Artikel 13 im Amsterdamer Vertrag (1997). Dieser Artikel untersagt erstmals die geschlechterspezifische Diskriminierung außerhalb des Arbeitsmarktes und fordert die Verwirklichung des Grundsatzes der Gleichbehandlung von Frauen und Männern beim Zugang zu und bei der Versorgung mit Gütern und Dienstleistungen (Rat der EU 2004). Diese geschlechtspezifischen Unterschiede, so der Bericht, gefährden auch die internationale Wettbewerbsfähigkeit der EU. Um der Verpflichtung zur Beseitigung von Ungleichheiten und zur Förderung der Gleichstellung von Männern und Frauen gerecht zu werden, wird die Umsetzung des Gender-Mainstreaming in die Praxis noch stärker gefordert (EG 2004). Nach dem Amsterdamer Vertrag sind EU-Mitgliedstaaten verpflichtet, die Gleichstellung von Frauen und Männern zu einer Querschnittsaufgabe ihrer Politiken zu machen. Dies wurde auf dem Gipfel von Lissabon 2000 bekräftigt; beschlossen wurden quantitative Vorgaben, die auf eine Steigerung der Beschäftigungsquote von heute 61 % auf 70 % bis 2010 abzielen, wobei die Frauenbeschäftigungsquote vom heutigen Durchschnitt (51 %) bis 2010 auf über 60 % steigen soll (Kommission der EU 2004). Gender Mainstreaming soll zur vollen Integration der Frauen in die politische, wirtschaftliche und soziale Entwicklung führen. Mit dieser Soll-Vorgabe zur Gleichstellung von Frauen und Männern als Auftrag für alle Politikbereiche ist zum ersten Mal seit der Ratifizierung der Römischen Verträge im Jahr 1957 die Gleichstellung der Geschlechter als Querschnittssaufgabe für alle Politikbereiche präzisiert worden (Rust 2005; Young 2005).

Mit der Verankerung von Gender Mainstreaming spielt die EU eine Vorreiterrolle für die meisten europäischen Länder. Problematisch ist aber die widersprüchliche Zielsetzung der EU: einerseits eine beschäftigungspolitische Priorität der Gleichstellung und Chancengleichheit für Frauen und Männer, bei gleichzeitigen restriktiven Vorgaben im Rahmen der Wirtschafts- und Währungsunion, die den fiskalpolitischen Handlungskorridor der Nationalstaaten einschränken und der Bewältigung der hohen Arbeitslosigkeit in den EU-Mitgliedsstaaten entgegenwirken. Dies bedeutet, dass die EU sich zwar in wachsendem Maße mit Gleichstellung und Chancengleichheit befasst, die tatsächlichen geschlechtsspezifischen Maßnahmen aber durchaus mit dem politischen Projekt der neoliberalen marktförmigen Integration einhergehen, das sie stark konterkariert.

Im Regelwerk der Stabilitätspolitik wird Gender Mainstreaming nicht einmal erwähnt, sondern hier wird von einem geschlechtslosen homo oeconomicus abstrahiert. Geschlechteraspekte kommen diesbezüglich nur im Zusammenhang mit dem Arbeitsmarkt vor. Keine Erwähnung finden sie in der öffentlichen Steuer- und Haushaltspolitik, der Geld- und Zinspolitik, der Währungspolitik, sowie der Handels- oder Agrarpolitik. Ganz in der Tradition der gängigen makroökonomischen Lehre werden Geschlechterverhältnisse als irrelevant betrachtet. Die Auswirkungen der stabilitätsorientierten Strategie der Europäischen Zentralbank durch den Maastrichter Vertrag sind aber alles andere als genderneutral (Young 2005).[7]

Der Maastrichter Vertrag verpflichtet die Gremien der EZB, vor allem das Ziel der Preisstabilität radikal zu verfolgen. Andere wirtschaftspolitische Ziele werden dabei untergeordnet. Ausgeblendet wird in dem Stabilitätspakt, den Wim Duisenberg (2004) in einem Interview „als ein Geschenk des Himmels" bezeichnet hatte, der tendenzielle Bias gegen eine wachstumsorientierte und beschäftigungspolitische Wirtschaftspolitik und die zunehmende Tendenz zu einer Privatisierung von öffentlicher Infrastruktur und Dienstleistungen. Um jeglicher Inflationsgefahr frühzeitig vorzubeugen, wird über den Hebel der Zinspolitik das (öffentlich verfügbare) Geld knapp gehalten. Die EU-Mitgliedstaaten sind durch diese restriktive Zinspolitik gezwungen, in ihren öffentlichen Haushalten erhebliche Einsparungen vorzunehmen, die sich zu einem Wachstums- und Beschäftigungshemmnis in der gesamten Union entwickelt haben (Europäische Memorandum Gruppe 2004). Die makroökonomischen Rahmenbedingungen haben nicht nur negative gesamtgesellschaftliche Auswirkungen auf die Beschäftigungspolitik. Sie

7 Diese ausschließlich monetär und fiskalpolitisch ausgerichteten Kriterien sehen vor, dass der öffentliche Schuldenstand nicht mehr als 60 Prozent des nominalen Bruttoinlandsprodukts und das jährliche öffentliche Defizit nicht mehr als 3 Prozent des nominalen Bruttoinlandsprodukts betragen. Die Inflationsrate (gemessen an den Verbraucherpreisen) darf nicht mehr als 1,5 Prozentpunkte über dem Preisanstieg der drei preisstabilsten Länder liegen, und Renditen langfristiger Staatsschuldverschreibungen dürfen nur um zwei Prozentpunkte höher sein als im Durchschnitt der drei preisstabilsten Länder (Giordano/Persaud 1998).

verkörpern auch eine ungerechte soziale Zusammensetzung, da vor allem an der Sozialpolitik gespart wird. Frauen werden durch die öffentlichen Sparmaßnahmen und durch den Abbau von Dienstleistungsstellen im öffentlichen Sektor, die im keynesianischen Wohlfahrtsstaat die Integration der Frauen in den Arbeitsmarkt erst möglich machte, besonders hart getroffen. Erstens bedeutet die Reduzierung öffentlicher Dienstleistungen, dass diese Leistungen wieder der nicht-monetären privaten Sphäre zugeordnet werden. Zweitens baut die Reprivatisierung dieser Dienstleistungen alte Zugangsschranken wieder auf. Besonders für unter- und unqualifizierte weibliche Arbeitskräfte ist die Verfügbarkeit staatlicher Kinderbetreuung maßgebend für die Entscheidung zwischen „außerhäuslicher Arbeit" und einer „nicht bezahlten Hausarbeit" (Elson/Cagatay 2000).

Wenn einerseits in den Verträgen von Amsterdam und Luxemburg (1998) eine Verstärkung der Maßnahmen zur Förderung der Chancengleichheit von Frauen und Männern (Säule 4) und das Prinzip der gleichen Bezahlung für Männer und Frauen für „gleiche Arbeit oder gleichwertige Arbeit" verankert werden und der Rat damit ermächtigt wird,[8] positive Maßnahmen (Aktionsprogramme) zu ergreifen, um Nachteile in beruflichen Aktivitäten auszugleichen, aber andererseits diese progressive Beschäftigungspolitik im Kontext einer geschlechtslosen makroökonomischen Stabilitätspolitik verfolgt wird, dann kann mit Sicherheit davon ausgegangen werden, dass die Logik der Effizienz sich gegen die Frauenrechte durchsetzt. Solange nämlich in der traditionellen Ökonomie die Effizienzsteigerung nur durch die Steigerung des Bruttosozialprodukts bemessen wird, ist es nicht verwunderlich, dass nach dieser Interpretation es effizient sein kann, wenn Teile der Gesellschaft aus den Marktprozessen ausgeschlossen sind, öffentliche Güter begrenzt und über den Markt angeboten werden, wenn die Spreizung zwischen Arm und Reich global zunimmt oder auch wenn ein Teil der Erwerbstätigen massiv Überstunden leistet, während der andere keine bezahlte Arbeit mehr findet.

Das „Elend mit neoklassischen Annahmen" besteht in ihrer Methodik. Die weitverbreitete Orientierung des Mainstreams auf formalisierte und mathematisch berechenbare Modelle bedeutet erstens, dass andere Methoden als unseriös abgestempelt und verpönt werden und das mit dieser mathematischen Scheingenauigkeit suggeriert wird, dass die Zusammenhänge zwischen menschlichen und technischen Vorgängen kalkulierbar sind. Der erste Schritt auf dem Weg zu einer anderen Prioritätensetzung ist ein alternatives Verständnis vom „homo oeconomicus". Nur wenn wir akzeptieren, dass alle ökonomischen Prozesse eine Vielzahl von intendierten und nicht intendierten sozialen Konsequenzen haben, kann von einem auf Menschen bezogenen Ansatz der Ökonomie gesprochen werden (Sen 199

8 Die anderen drei Säulen der in Luxemburg festgelegten Leitlinien sind, Säule 1: Verbesserung der Beschäftigungsfähigkeit durch Investitionen ins Humankapital, Säule 2: Entwicklung des Unternehmensgeistes, Säule 3: Förderung der Anpassungsfähigkeit der Unternehmen und ihrer Beschäftigten (Ziegler 2001).

9). Demnach müssen die globalen Rahmenbedingungen einer ökonomischen Governance nach dem Prinzip der sozialen Effizienz und nicht der ökonomischen Effizienz gestaltet werden.

4. Was versteht man unter einer alternativen feministischen Makroökonomie?

Das Verdienst der feministischen Makroökonomie besteht darin, es sich zur Aufgabe gemacht zu haben, die „gender-blinden" Modelle der Neoklassik aufzubrechen und die sozialen Belange mit den makroökonomischen Analysen zu verknüpfen. Die feministische Makroökonomie ist eine Reaktion auf die globalen,[9] ökonomischen Ereignisse der 1990er Jahre: die asiatische Finanzkrise (1997/98), die Auswirkungen der Handelsliberalisierung (NAFTA, WTO) sowie der „Washington Konsensus" und die damit verbundenen restriktiven Auflagen der Strukturanpassungsprogramme (SAPs) für verschuldete Länder.[10,11] Diese makroökonomischen Effekte führten bei den feministischen Ökonominnen zu der Einsicht: „Makroökonomie ist wichtig"! Denn es wurde deutlich, dass sozio-ökonomische Aktivitäten und Spielräume auf der Mikro- und Meso-Ebene in entscheidendem Maße von makroökonomischen Faktoren bestimmt werden. Gerade die ärmeren Frauen aus dem Süden gingen zunehmend als Leidtragende aus den globalen ökonomischen Umbrüchen hervor. Die soziale Exklusion und zunehmende Marginalisierung der ärmeren Bevölkerungsschichten im Zuge der globalen, ökonomischen Transformation, die in den makroökonomischen Theorien ausgeblendet werden, führten zu einer Suche nach alternativen Ansätzen. Statt den Akzent auf stabile makroökonomische Eckdaten – wie z.B. Preisstabilität und Haushaltskonsolidierung – zu fokussieren, setzten feministische Ökonominnen den Akzent auf soziale Belange (Elson/Çağatay 2000).

Die beiden Autorinnen entwickelten im Gegensatz zu der neoliberalen Fokussierung auf ökonomische Effizienz und globalen Wettbewerb einen transformativen Ansatz der Makroökonomie, der „soziale Aspekte" in die makroökonomischen Theorien integriert. Transformativ bedeutet nicht nur, soziale und geschlechtspezifische Komponenten zu den makroökonomischen Prämissen hinzuzufügen, sondern es bedeutet, die simplizistischen Annahmen, verkörpert im

9 Siehe dazu die Studien u.a. von Diane Elson und Nilüfer Çağatay 2000; Isabella Bakker 1994; 2003; Lourdes Beneria 2003; Shirin Rai 2002 sowie die Beiträge des Journals *Feminist Economics,* und den Forschungsbeitrag „Engendering der Makroökonomie" von Brigitte Young, in: *femina politica,* Heft 1/2002.

10 „North-American-Free-Trade-Agreement" mit Kanada und Mexiko, verabschiedet vom US-Kongress im Jahre 1993; Welthandelsorganisation, gegründet 1995.

11 Der Internationale Währungsfonds, das US-amerikanische Finanzministerium und die Weltbank haben zur Bekämpfung der Schuldenkrise in Lateinamerika in den 1980er Jahren ein Programm der makroökonomischen Stabilisierung durchgesetzt, das seitdem als „Washington Konsensus" bekannt ist.

Konzept des „homo oeconomicus", im Kontext der globalen Herausforderungen neu zu deuten und mit substanziellen Freiheiten und Lebensqualität in Einklang zu bringen. Dieser Ansatz geht von der Prämisse aus,

„[...]that all macroeconomic policies are enacted within a certain set of distributive relations and institutional structures; and that all of macroeconomic policies entail a variety of social outcomes which need to be made explicit. According to such an outlook, „soundness" of macroeconomic policies would be judged not on market-based criteria per se, but in terms of whether they ultimately succeed in bringing societies closer to achieving social justice" (Elson/Çağatay 2000: 1348).

In den makroökonomischen Modellen wird die Interdependenz zwischen den von der Makroanalyse berücksichtigten (das über den Markt vermittelte Bruttosozialprodukt) und den nicht berücksichtigten (nicht marktvermittelten) Leistungen, die für die Produktion menschlicher Ressourcen wichtig sind, ignoriert. Gerade an dieser Schnittstelle wird aber das Geschlecht relevant, denn die Ausblendung dieser Faktoren führt dazu, dass Frauen und deren unbezahlte Arbeiten in der „care economy" unsichtbar bleiben. Feministische Makroökonominnen konstatieren deshalb, dass sich die Berechnung des Wohlstandes einer Gesellschaft nicht auf die privatwirtschaftliche Güterproduktion reduzieren lässt. Vielmehr setzt sich eine Ökonomie aus vier Wirtschaftsbereichen zusammen:

- Waren- und Dienstleistungswirtschaft des Privatsektors
- staatliche Dienstleistungsökonomie
- Reproduktionswirtschaft („care economy"): Meist unbezahlter und auf Voluntärarbeit basierender Sektor (NGOs, ehrenamtliche Tätigkeiten) (Bakker/Elson 1998; Young 2002; Deutscher Bundestag 2002).

Die holistische Darstellung der Gesamtwirtschaft und die damit verbundene Aufhebung der geschlechtspezifischen Trennung zwischen Öffentlichkeit und Privatheit hatte zur Folge, dass feministische Makroökonominnen den auf den häuslichen Sektor reduzierten Begriff der „Care"-Ökonomie um den Begriff der „sozialen Reproduktion" ergänzten. Die Definition der sozialen Reproduktion umfasst nach Isabella Bakker drei zentrale Dimensionen: Erstens die biologische Reproduktion, zweitens die Reproduktion der Arbeitskraft und drittens die Reproduktion der Versorgungs- und Fürsorgebelange. Dabei bezieht sich die biologische Reproduktion auf das Gebären von Kindern. Auch wenn dies ebenfalls eine zentrale Bedeutung für die Reproduktion der Arbeitskraft hat, so kann die biologische Reproduktion dennoch begrifflich von der Reproduktion der Arbeitskraft differenziert werden. Denn während die biologische Reproduktion auf die physische Entwicklung von Menschen abhebt, ist mit der Reproduktion der Arbeitskraft die alltägliche, kontinuierlich in den Haushalten geleistete, unbezahlte Arbeit gemeint, die zu großen Teilen von Frauen übernommen wird. Als dritte Differenzierung gibt es in der feministischen Literatur Verweise darauf, dass sich bestimmte Aspekte der sozialen Reproduktionsarbeit von anderen Arbeiten unterscheiden. Diese Aktivitäten haben einen intrinsischen Wert, der über den strikten Arbeitsprozess hinausgeht (Bakker 2003: 77f).

Aus dieser Diskussion folgen zwei Konsequenzen. Erstens ist die soziale Reproduktion ein integraler Bestandteil der Ökonomie und unmittelbar verbunden mit der Sphäre der Produktion. Zweitens stellt sich heraus, dass das Verhältnis zwischen Produktion und sozialer Reproduktion über die reine Funktionalität hinaus geht und im historischen Kontext in Verbindung mit den jeweiligen Wirtschaftsmodellen verstanden werden muss (Bakker 2003: 78). Schematisch lässt sich die strukturelle Betrachtung der Zusammenhänge zwischen Produktion und sozialer Reproduktion wie folgt darstellen:

Abb. 1: Holistische Ökonomie (UNIFEM 2000: 26)

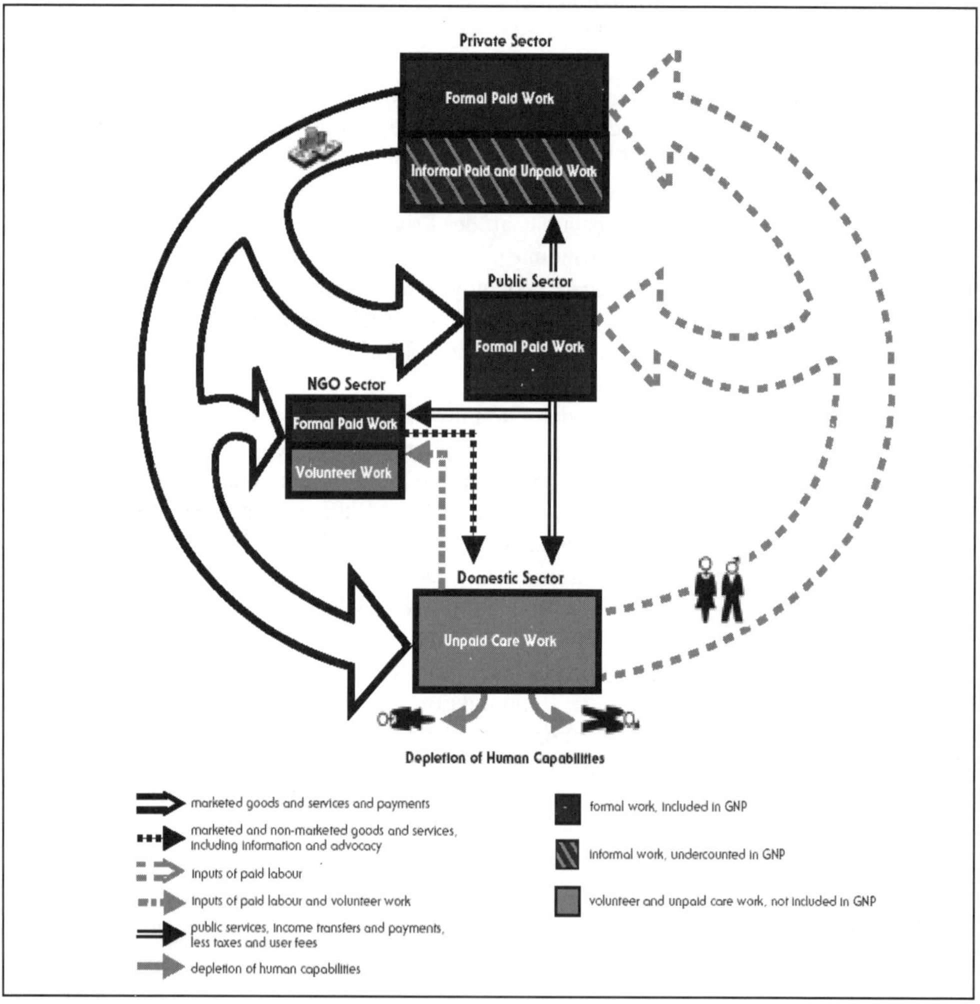

Die vier Sektoren sind sowohl durch marktbezogene als auch nicht marktbezogene Kanäle miteinander verbunden. Der häusliche Sektor stellt Menschen als Arbeitskräfte für alle anderen Sektoren zur Verfügung, der private Sektor verkauft Güter und Dienstleistungen an alle anderen Sektoren. Der öffentliche Sektor nimmt einerseits Steuern und Gebühren von den anderen Sektoren ein und stellt andererseits Einkommenstransfers und öffentliche Dienstleistungen bereit. Der NGO-Sektor bietet Dienstleistungen für den häuslichen Sektor an, wie z.B. Gesundheits-, Bildungs-, Kultur-, Freizeit- und soziale Dienstleistungen (UNIFEM 2000: 26).

Abb. 2: Produktion und soziale Reproduktion. in der globalen Ökonomie (UNIFEM 2000:30)

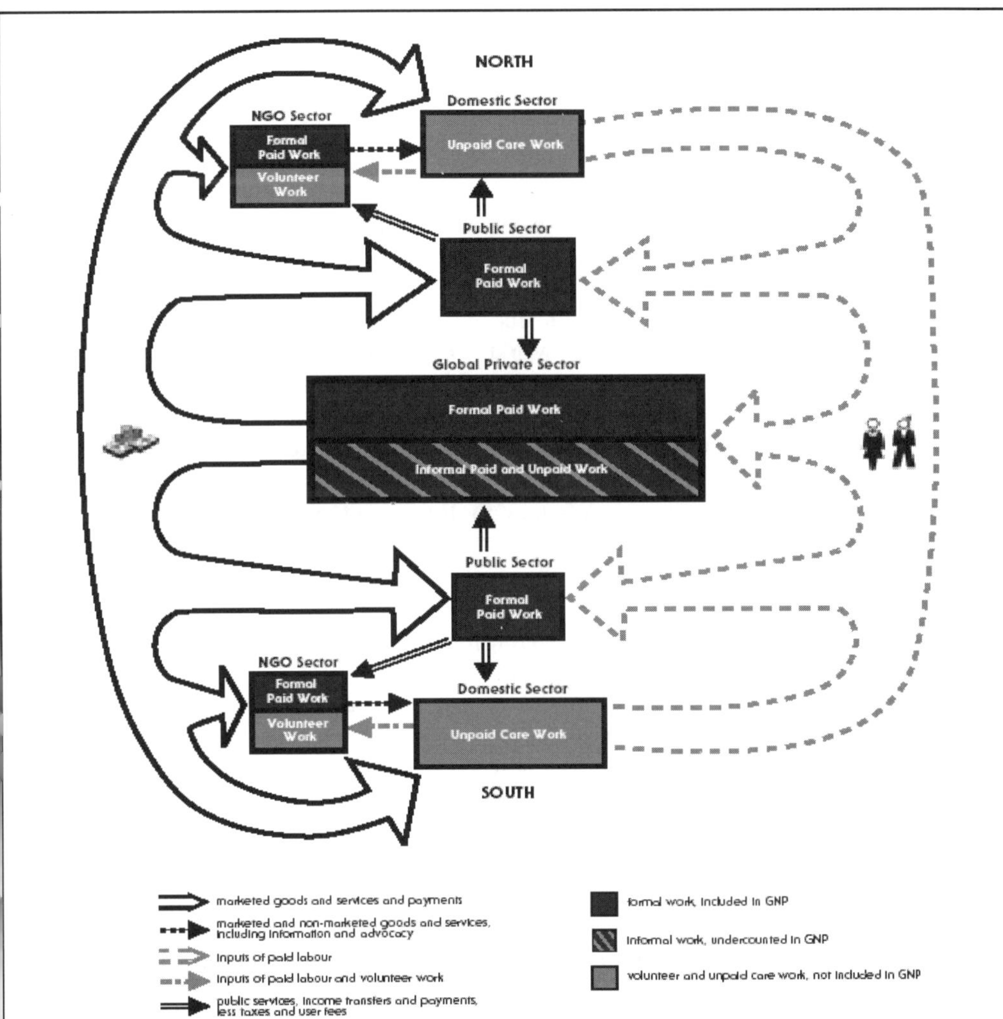

Diane Elson, von der diese schematische Darstellung stammt, betont, dass diese vier Sektoren in einer globalisierten Wirtschaft als Tätigkeitsbereiche von Frauen und Männern zwar weiterhin zutreffen, dass aber im Zuge der Globalisierung eine erhebliche Verschiebung der Sektoren stattfindet. Der private Sektor entwickelt sich zum *globalen,* privaten Sektor, in dem auch die informelle, bezahlte Arbeit immer mehr an Bedeutung gewinnt.

Im Vergleich dazu verliert der öffentliche Sektor in den westlichen Industriestaaten und in den Entwicklungsländern durch die Liberalisierungsprozesse und Privatisierungspolitiken an Bedeutung. Diese Veränderungen gehen im Wesentlichen auf zwei Prozesse zurück: auf der einen Seite sind sie das Ergebnis der Reduktion staatlicher Kontrollen im Handels- und Investmentbereich und auf der anderen Seite des zunehmenden Einflusses der neuen Informations- und Kommunikationstechnologien (UNIFEM: 29).

Feministische Politikökonominnen fordern, dass die Leistung einer Volkswirtschaft auch anhand ihrer Gesundheitsdienste, ihrer Bildungsangebote und des speziellen Sektors der Versorgungswirtschaft (Reproduktion und sozialer Zusammenhalt) bewertet wird (Bakker/Elson 1998). Sie fordern ferner, dass die Märkte einer demokratischen Kontrolle unterzogen werden. Mit der globalen Umstrukturierung wurden die demokratischen Kontrollinstanzen über ökonomische Entscheidungen weitgehend von der nationalen Ebene auf die transnationale und internationale Ebene verlagert. Das neue institutionelle Gefüge, bestehend aus Internationalem Währungsfonds, Weltbank, Welthandelsorganisation, der Europäischen Union und der Organisation für Wirtschaftliche Zusammenarbeit und Entwicklung, will die Tugenden des Marktes nicht nur verkörpern: Dieses institutionelle Gefüge verfügt über eigene globale Netzwerke, Apparate und grenzüberschreitende Handelsmöglichkeiten, die keiner demokratischen Kontrolle unterworfen sind. Die Demokratisierung dieser Institutionen und der Abbau von geschlechtsspezifischen Biases in der traditionellen Wirtschaftswissenschaft ist ein zentrales Element eines transformativen Ansatzes in Bezug auf eine alternative Makroökonomie.

5. *Resümee und Ausblick auf neue Herausforderungen*

Drei Argumentationsstränge wurden in diesem Aufsatz verfolgt. Im ersten Schritt wurden zwei parallel existierende aber zusammenprallende Diskurse mit unterschiedlichen Logiken aufgezeigt. Diese stark polarisierenden globalen Diskurse der Menschenrechtslogik und der ökonomischen Effizienzlogik repräsentieren einerseits die „Globalisierung von oben" und andererseits die dezentralen zivilgesellschaftlichen Bewegungen der „Globalisierung von unten". In diesem „clash of globalizations" zwischen der Logik der Menschenrechte und der Logik der ökonomischen Effizienz scheint es kaum Berührungspunkte zu geben. Trotz der immer häufigeren Kampagnen für mehr soziale Verantwortung von transnationalen

Unternehmen in der internationalen Arbeitsteilung, wie z.B. im Rahmen des von der UN initiierten Global Compact, entscheidet die Logik der Profitmaximierung im Endeffekt über die Entwicklungen in Produktion und Konsumtion, in Ökonomie und Politik, auf den Finanzmärkten und in der Ökologie. Anstelle einer an Menschen orientierten Wirtschaft gilt eine Logik des Wettbewerbs. Dies bedeutet, dass einerseits Frauenrechte und Chancengleichheiten immer mehr in internationalen Verträgen, Chartas und Konventionen verankert sind, diese aber durch den verschärften Wettbewerb auf den globalen Märkten nur als Randerscheinung oder als sich „gut verkaufende" Werbekampagne im Diskurs der Effizienzlogik auftauchen.

Deshalb ist es auch nicht verwunderlich, dass, wie im zweiten Schritt gezeigt wurde, die Ziele der Milleniumsrunde und der Chancengleichheit auf dem europäischen Arbeitsmarkt die anvisierte Benchmark nicht erreichen. Verwunderlich ist vielmehr die Tatsache, dass trotz der Hiobsbotschaften im Bereich der weltweiten Reduzierung der Armut und der Gleichstellung der Geschlechter die traditionellen wirtschaftlichen Modelle von den Ökonomen nicht überdacht werden. Ein auf mathematische Formeln reduziertes methodisches Vorgehen von komplexen sozialen und gesellschaftlichen Zusammenhängen generiert verzerrte Daten und davon abgeleitete Fehlinterpretationen. Solange die Prämissen der Neoklassik nicht revidiert werden, werden die daraus abgeleiteten Handlungsstrategien nicht zum erhofften Durchbruch in der Reduzierung der Armut und der Erhöhung der Chancengleichheit für Frauen führen. Diese ökonomischen Modelle produzieren zwar die Erwartung von immer mehr globalem Reichtum, aber erhöhen dadurch nicht die Verteilungschancen für die ärmeren und ausgegrenzten Bevölkerungsschichten.

Im letzten Teil wurden dann die Eckpfeiler eines transformativen Ansatzes, der als feministische Makroökonomie international in den 1990er Jahren besonders durch die Organisation International Association of Feminist Economists weltweit bekannt wurde, vorgestellt. Feministische Ökonominnen versuchen mit dem Instrumentarium der Wirtschaftswissenschaften unter Einbezug sozialwissenschaftlicher Methoden und Theorien die Wirtschaft als eine gesamtgesellschaftliche Interaktion und Wechselbeziehung zwischen monetären und nicht monetären Bereichen zu analysieren und damit die geschlechtsinduzierte Diskriminierung und Marginalisierung von Frauen zu überwinden.

Die zukünftige theoretische Herausforderung für feministische Politökonominnen besteht darin, die Finanzmärkte in ihre Analysen zu integrieren. Die Liberalisierung der Finanzmärkte und die damit verbundene Privatisierung des Staates haben gravierende Auswirkungen auf die Bereitstellung von öffentlichen Gütern und tangieren damit maßgeblich die Geschlechterverhältnisse. In dieser Herausforderung geht es nicht nur um die unterschiedlichen Auswirkungen der globalen liberalisierten Finanzmärkte auf Frauen und Männer, wie wichtig diese Frage auch immer sein mag. Es geht vielmehr um die Wechselwirkungen: Beeinflussen die jeweiligen Gender-Verhältnisse die Finanzmarkt- und Handelsposition eines Landes, und wirken sich Änderungen in diesen Bereichen, insbesondere die Liberalisierung der globalen Finanzmärkte und des Handels, auf die Gender-Verhältnisse aus? Diese Fragestellung impliziert eine sowohl ontologische als auch epistemologische Herausforderung, da – im Gegensatz zur Mikroökonomie – Frauen ebenso wie Männer in den makroökonomischen Theorien nicht vorkommen.

Feministinnen haben sich bisher kaum an diese Frage herangewagt. Diane Elson forderte deshalb ihre Kolleginnen auf dem Jahreskongress der „International Feminist Association" (IAFFE) an der Universität Oxford im Jahr 2004 zu einem Paradigmenwechsel auf, der die drei Dimensionen „Finanzen – Produktion – soziale Reproduktion" verknüpft (Elson 2004). Erst zögerlich findet ein Umdenken in der feministischen Makroökonomie statt. Ungeachtet der derzeitigen „Untertheoretisierung" des Nexus „Handelsliberalisierung – Finanzen – soziale Reproduktion" kann davon ausgegangen werden, dass die globalen Handels- und Finanzmarktliberalisierungsmaßnahmen, die derzeit in der WTO, der EU und dem IWF lanciert werden, mit weit reichenden, geschlechtsspezifischen Veränderungen auf der sozioökonomischen Ebene der Nationalstaaten verbunden sind.

Literaturverzeichnis

Amin, Samir, Der kapitalistische Genozid, in: Blätter für deutsche und internationale Politik, 7/2004: 817-824.

Bakker, Isabella (Hrsg.). The Strategic Silence. Gender and Economic Policy, London: Zed Books. 1994.

Bakker, Isabella/Elson, Diane. Für ein Budget, das mit Frauen rechnet. Ansätze zu einer makroökonomischen Analyse von Staatsbudgets aus Frauensicht, in: Olympe, Nr. 9:1998: 50-61.

Bakker, Isabella/Gill, Stephen (Hrsg.), Power, Production and Social Reproduction. Hamsphire: Palgrave 2003.

Benería, Lourdes. Gender, Development, and Globalization. Economics as if all People Mattered. New York: Routledge. 2003.

Cagatay, Nilufer, Elson, Diane and Grown, Caren, Gender, Adjustment and Macroeconomics. World Development. Vol. 23:11. Special Issue. 1995.

Deutscher Bundestag, Schlussbericht der Enquete-Kommission, Globalisierung der Weltwirtschaft – Herausforderungen und Antworten, Drucksache 14/9200, Juni 2002.

Deutscher Bundestag. Enquete-Kommission, Globalisierung der Weltwirtschaft, Bericht: International Conference on Financing for Development. Revised Draft Outcome prepared by the Facilitator (Dokument 14/139a) 2002a.

Deutscher Frauenrat. Schon abgehakt? Zehn Jahre 4. Weltfrauenkonferenz – Zehn Jahre Pekinger Aktionsplattform. Aktionshandbuch. Berlin: Deutscher Frauenrat. 2005

Duisenberg, Wim. Der Stabilitätspakt ist ein Geschenk des Himmels. FAZ-Interview, in: Frankfurter Allgemeine Zeitung, 12.11.2004.

Elson, Diane. Gender Justice, Human Rights, and Neo-liberal Economic Policies, in: Maxine Molyneux and Shahra Razavi (Hrsg.)., Gender Justice, Development and Rights, Oxford: Oxford University Press. 2003

Elson, Diane, Cagatay, Nilufer. The Social Content of Macroeconomic Policics, in: World Development Report 2000, 28,7: 1347-1364.

Elson, Diane. Feminist Economics Challenges Mainstream Macroeconomics, in: International Association for Feminist Economics. Newsletter. 14:3:2004: 6-9.

Elson, Diane, Keklik, Hande. Progress of the World's Women 2002. Vol. 2, New York: UNIFEM

Europäische Memorandum-Gruppe. Vollbeschäftigung, Wohlfahrt und ein starker öffentlicher Sektor – Demokratische Herausforderungen in einer erweiterten Union.www.memo-europe.uni-bremen.de/downloads/EuroMemo_Deutsch_Langfassung_2004.pdf

Floro, Maria, Gender Concerns on the Draft Outcome of the International Conference on Financing for Development, unpubl. Paper. March 2002.

Giordano, Francesco/Persaud, Sharda. The Political Economy of Monetary Union. Towards the Euro, London/New York: Routledge. 1998.

Goetz, Anne Marie. National women's machinery: state-based institutions to advocate for gender equality. In: Shirin Rai (Hrsg.): Mainstreaming gender, democratizing the state? Institutional Mechanisms for the Advancement of Women. Manchester: Manchester University Press.

Grown, Caren, Elson, Diane, Cagatay Nilufer. Introduction: Growth, Trade, Finance and Gender Inequality, in: World Development, 28/7, 2000: 1145-1156.

Kommission der Europäischen Gemeinschaften. Bericht zur Gleichstellung von Frau und Mann 2004. KOM (2004) 115 endgültig.
URL:http://europa.eu.int.comm/employment_social/news/2004/feb/com_2004_115_de.pdf (abgerufen 2.5.2005).

Maier, Friederike, Europäische Wirtschafts- und Beschäftigungspolitik und die Geschlechterfrage, in: Frauenakademie München (Hg.), Dokumentation der Veranstaltung „Zukunft Europas: Perspektiven einer genderbewussten Ökonomie in der erweiterten Europäischen Union", Fachgespräch 16.12.2003, www.frauenakademie.de/dokument/fachgespr/fach1.htm#maier (abgerufen am 3.05.2005).

Maier, Friederike, Homo Oeconomicus. Zur geschlechtsspezifischen Konstruktion der Wirtschaftswissenschaften, in: PROKLA 93, 1993:4: 551571.

Rai, Shirin M. Gender and the Political Economy of Development. Cambridge: Polity Press. 2002.

Rat der Europäischen Union, Richtlinie 2004/113/EG zur Verwirklichung des Grundsatzes der Gleichbehandlung von Männern und Frauen, beim Zugang zu und bei der Versorgung mit Gütern und Dienstleistungen, Art. 13, in: Amtsblatt Nr. L 373 vom 21.12.2004, S. 37-43.

Ruppert, Uta. Von Frauenbewegungen zu Frauenorganisationen, von Empowerment zu FrauenMenschenrechten. Über das Globalwerden internationaler Frauenbewegungspolitik, in: Österreichische Zeitschrift für Politikwissenschaft, 2001/2: 203-219.

Rust, Ursula. Rechtliche Grundlagen und Praktische Umsetzung Europäischer Gleichstellungspolitik, in: Annette Jünnemann/Carmen Klement (Hrsg.)., Die Gleichstellungspolitik in der Europäischen Union, Baden-Baden: Nomos.

Sassen, Saskia. Überlegungen zu einer feministischen Analyse der globalen Wirtschaft, in: PROKLA 111, Juni 1998: 199-216

Sen, Amartya. Ökonomie für den Menschen. Wege zu Gerechtigkeit und Solidarität in der Marktwirtschaft. München: Carl Hanser Verlag. 2000.

Sennett, Richard. Der flexible Mensch. Die Kultur des neuen Kapitalismus. Berlin: Berlin Verlag. 1998.

UNDP, Human Development Report 2005. International Cooperation at a Crossroad. New York

UNDP. Human Development Report 2004. Cultural Liberty in Today's Diverse World. New York.

UNDP, 2003. Making Global Trade Work for People. London: Earthscan Publication

UNDP, Human Development Report 2000. Human Rights and Human Development. New York

UNIFEM. Progress of the World's Women 2000. New York: UNIFEM

United Nations, Weltsozialbericht 2005: Das Schicksal der Ungleichheit. New York

United Nations. The World's Women 2005(a). Progress in Statistics. New York

United Nations. Platform for Action and the Beijing Declaration. New York: UN. 1996

World Bank, World Development Report 2006: Equity and Development. Washington, D.C.

World Bank and IMF. Global Monitoring Report 2006. Strengthening Mutual Accountability – Aid, Trade and Governance. Washington, D.C.

Young, Brigitte (Hrsg.), Politökonomie der Dienstleistungsliberalisierung (GATS) und Gender: EU und China. Baden-Baden- Nomos (im Erscheinen).

Young, Brigitte. Widersprüche zwischen der europäischen Makroökonomie und Gender Mainstreaming. Unüberwindbare Widersprüche? in: Annette Jünemann/Carmen Klement (Hrsg.), Die Gleichstellungspolitik in der Europäischen Union. Baden-Baden: Nomos. 2005.

Young, Brigitte. Engendering der Makroökonomie, Gastherausgeberin Schwerpunkt. Femina politica. Heft 1/2002.

Young, Brigitte. Genderregime und Staat in der globalen Netzwerkökonomie, in: PROKLA 111, Juni 1998: 175-198.
Young, Brigitte, Hoppe Hella. Globalisierung: Aus Sicht der feministischen Makroökonomie. In: Ruth Becker, Beate Kortendiek (Hrsg.)., Handbuch Frauen- und Geschlechterforschung. Theorie, Methoden, Empirie, Wiesbaden: VS-Verlag. 2004.
Ziegler, Astrid. Europäische Beschäftigungsstrategie und Gender Mainstreaming – Neue Impulse für die Frauenförderung in Sicht? In: WSI-Mitteilungen 2001,5: 337-343.

Klaus Schrader

Globalisierung aus wirtschaftspolitischer Sicht

1. Einleitung

In den Wirtschaftsstrukturen der Industrieländer vollzieht sich seit den Neunziger Jahren ein tief greifender Umbruch. Veränderungen des globalen Faktorangebots, dynamische Entwicklungen in den internationalen Marktstrukturen, das Entstehen weltweiter Produktionsnetzwerke und technologische Umwälzungen stellen die Anpassungsfähigkeiten der nationalen Volkswirtschaften vor völlig neuartige Herausforderungen. Der hieraus resultierende Anpassungsdruck lastet dabei sowohl auf den Unternehmen als auch auf den Arbeitnehmern. So gibt es kaum einen Unternehmensbereich, in dem kein Umstrukturierungsbedarf besteht: Organisationsstrukturen dezentralisieren sich, geographische Entfernung verliert an Bedeutung, die Beziehungen zu Kunden, Lieferanten und Wettbewerbern wandeln sich nachhaltig, der Produktionsprozess erfährt sowohl technologisch als auch organisatorisch grundlegende Veränderungen, und die Erhöhung der Effizienz wird im Innovationsprozess zu einer Überlebensnotwendigkeit.

Die Anpassungserfordernisse in den Unternehmen führen gleichzeitig zu neuen Anforderungen an die Qualifikation der Arbeitskräfte in den Industrieländern. Geringer qualifizierte Arbeitnehmer werden immer weniger benötigt. Gefragt sind in zunehmendem Maße gut ausgebildete, flexibel einsatzfähige und zu selbständiger Entscheidung befähigte Mitarbeiter. Die Notwendigkeit einer stetigen Akkumulation neuen Humankapitals nimmt ständig zu.

Diese Herausforderungen, die häufig unter dem Stichwort „Globalisierung" subsumiert werden, haben in der öffentlichen Diskussion, wie sie in Deutschland, aber auch in anderen Industrieländern, geführt wird, vielfältige Ängste ausgelöst. Vor allem wird befürchtet, dass die Globalisierung von Märkten und Unternehmensstrukturen die Beschäftigungschancen inländischer Arbeitnehmer nachhaltig beeinträchtigt. So stellen die zunehmende weltwirtschaftliche Integration und der damit verbundene tief gehende wirtschaftliche Strukturwandel völlig neue Anforderungen an die Wirtschaftspolitik: Lassen sich wirtschaftspolitische Handlungsebenen und Strategien finden, um die Globalisierung so zu steuern, dass es nur Gewinner und keine Verlierer gibt? Sollte es eine Arbeitsteilung zwischen einer neu zu entwickelnden globalen Wirtschaftspolitik und den nationalen Wirtschaftspolitiken geben? Nach welchen Kriterien sollte eine solche Arbeitsteilung etabliert werden?

Eng mit der Frage einer „angemessenen" Arbeitsteilung zwischen globaler und nationaler Wirtschaftspolitik ist die Frage nach dem strategischen Ziel der Wirtschaftspolitik, das heißt nach ihrer grundsätzlichen Ausrichtung zu stellen: Einerseits kann das globale wirtschaftspolitische Handeln auf die Förderung des internationalen Wettbewerbs und die Überwindung von Ineffizienzen in der globalen Arbeitsteilung ausgerichtet werden. Dahinter steht die Idee, dass jedem die Teilhabe an der weltwirtschaftlichen Integration und den daraus resultierenden Integrationsgewinnen möglich werden sollte. Hierzu komplementär wäre eine nationale Wirtschaftspolitik, die hausgemachten Fehlentwicklungen entgegenwirkt. Dort wo die Teilhabe an der Globalisierung aufgrund mangelnder Wettbewerbsfähigkeit nicht oder nur eingeschränkt möglich ist, sollte die nationale Wirtschaftspolitik die institutionellen Voraussetzungen für die Entwicklung wettbewerbsfähiger Strukturen schaffen.

Andererseits ist ein wirtschaftspolitischer Denkansatz vorstellbar, der den Globalisierungstendenzen defensiv, wenn nicht gar ablehnend gegenübersteht. Hier geht es in erster Linie um den Schutz von Besitzständen verschiedenster Art: Seien es nationale Errungenschaften, wie etwa Arbeits- und Sozialstandards, marktbeherrschende Stellungen auf bislang geschützten Märkten, Machtpositionen politischer und gesellschaftlicher Interessengruppen oder der Bestandsschutz für Produktionen und Arbeitsplätze, die bislang die unbestrittenen Kernkompetenzen eines Standorts symbolisierten. Eine auf Abschottung ausgerichtete nationale Wirtschaftpolitik würde die internationale Politikkoordination in ihrem Sinne für Handlungsfelder nutzen, die sich ihrer Regelungskompetenz entziehen.

Vor diesem Hintergrund soll nachfolgend zum einen erörtert werden, welche Möglichkeiten und Grenzen eine globale Wirtschaftspolitik überhaupt haben könnte. Dazu sollen Kriterien für die internationale Politikkoordination vorgestellt werden, die helfen sollen, geeignete Handlungsfelder für die globalen Wirtschaftspolitiker zu identifizieren. Dar Handlungsbedarf auf gegenwärtigen und potenziellen Feldern internationaler Koordination soll kritisch geprüft werden. Zum anderen wird auf die Herausforderungen der nationalen Wirtschaftpolitik im Zeitalter der Globalisierung eingegangen. Es wird dargestellt, wie diesen begegnet werden kann.

2. Möglichkeiten und Grenzen einer globalen Wirtschaftspolitik

2.1 Kriterien für eine internationale Politikkoordination

Die Internationalisierung wirtschaftlicher Aktivitäten führt dazu, dass der Handlungsspielraum der nationalen Wirtschaftspolitik zunehmend schrumpft. So sind die Akteure auf den nationalen Märkten aufgrund der weltweiten Liberalisierung von Güter- und Faktormärkten und deren globaler Vernetzung mehr und mehr in der Lage, einem nationalen, aber auch einem supranationalen Ordnungsrahmen, wie etwa dem der Europäischen Union (EU), auszuweichen. Aus diesen Ausweichmanövern können Wohlfahrtsverluste resultieren, wenn zum Beispiel teure nationale Umweltstandards durch die Auslagerung umweltintensiver Produktionen in Länder mit einer weniger restriktiven Umweltpolitik umgangen werden. Eine nationale Wirtschaftspolitik kann zudem nicht verhindern, dass andere Länder durch außenwirtschaftliche Protektion die internationale Arbeitsteilung empfindlich stören und damit ebenfalls weltweite Wohlfahrtsverluste verursachen. Eine wohlfahrtsteigernde Öffnung der Märkte kann hingegen nur international koordiniert erfolgen. Des weiteren kann es auch als Bedrohung angesehen werden, wenn aufgrund niedrigerer Arbeits- und Sozialstandards der Handelspartner die Sozialsysteme hochentwickelter Industrieländer unter Druck geraten. Der Gedanke an internationale Mindeststandards zur Abwehr der Konkurrenz aus „Billiglohnlän-dern" ist dann nahe liegend.

Vor diesem Hintergrund erscheint der Ruf nach einer internationalen Koordination der Wirtschaftspolitik, also nach „Global Governance", nachvollziehbar: Tatsächliche oder vermeintliche Wohlfahrtsverluste der beschriebenen Art könnten verhindert werden. Diese Koordination könnte durch eine Abstimmung nationaler Politiken oder die Übertragung nationaler Kompetenzen auf supranationale Organisationen erfolgen (vgl. etwa Cooper 1983).[1] Doch besteht hierbei ein grundsätzliches Dilemma: Einerseits können durch eine internationale Politikkoordination Ineffizienzen verringert und damit die Wohlfahrt gesteigert werden. Andererseits bedeutet Koordination auch, dass der internationale Wettbewerb der Systeme abnimmt und damit der Druck auf die nationale Wirtschaftspolitik nachlässt, einen wettbewerbsfähigen Ordnungsrahmen bereitzustellen – Wohlfahrtsverluste sind die Folge. Der Systemwettbewerb als Entdeckungsverfahren im Hayekschen Sinne (Hayek 1968) würde teilweise ausgeschaltet werden. Daher spricht vieles dafür, die internationale Politikkoordination auf Felder zu beschränken, wo per saldo ein Wohlfahrtsgewinn zu erwarten ist, der Nutzen der Koordination also die Kosten durch einen Verlust an Systemwettbewerb übersteigt.

Geeignete Entscheidungskriterien für eine internationale Politikkoordination in diesem Sinne entwickelt Klodt (2005): Zum einen hängen die Wohlfahrtseffekte der Koordination von den Kosten grenzüberschreitender Auswirkungen nationaler Wirtschaftspolitik ab – je höher die Kosten nationaler Regeln für die internationale Gemeinschaft sind, desto wahrscheinlicher ist ein positiver Wohlfahrtseffekt durch internationale Koordination. Zum anderen kann als Entscheidungskriterium das Ausmaß des Wissens über ein optimales Regelwerk herangezogen werden. Je größer das vorhandene Wissen über eine optimale Regel ist, desto weniger wird ein Systemwettbewerb zur Informationsgewinnung benötigt – die Unsicherheit über die optimale Regel ist gering und die internationale Koordination fällt entsprechend leicht. Demnach kann als Faustregel gelten: Die Wohlfahrtsgewinne aus einer internationalen Politikkoordination sind umso höher, je höher die grenzüberschreitenden Kosten nationaler Regulierungen für die internationale Gemeinschaft sind und je ge-

1 Als Leitlinie für eine effiziente Kompetenzverteilung im Rahmen der internationalen Koordination bietet sich das Subsidiaritätsprinzip an: Kompetenzen sind dann auf zentrale, supranationale Institutionen zu verlagern, wenn mit nationalen Institutionen nicht oder nur zu höheren Kosten supranationale öffentliche Güter erstellt bzw. internationale externe Effekte internalisiert werden können (vgl. etwa Rothenberg 1970 und Oates 1972).

ringer die Unsicherheit darüber ist, wie eine wohlfahrtsverbessernde internationale Koordination beschaffen sein muss.

2.2 Handlungsfelder internationaler Koordination

Die hier vorgestellten Kriterien für eine internationale Koordination der Wirtschaftspolitik können bei der Auswahl der Politikfelder helfen, auf denen eine Koordination wohlfahrtssteigernd wirkt. Eine Einzelfallprüfung ist unumgänglich, wenn auch die Koordinierungswünsche zahlreich und vielfältig sind. Die Dimension des „Prüfungsbedarfs" kann exemplarisch anhand des Berichts der Enquete-Kommission „Globalisierung der Weltwirtschaft" des Deutschen Bundestags erahnt werden: Es werden 200 zum großen Teil wirtschaftspolitisch relevante Handlungsempfehlungen für eine internationale Koordination gegeben (Deutscher Bundestag 2002). Daher sollen nachfolgend nur einige wichtige Handlungsfelder exemplarisch herausgegriffen werden.

2.2.1 Öffnung der Märkte statt Protektion

Ein Handlungsfeld, wo die Wohlfahrtskosten nationaler Regeln hoch sind und die Unsicherheit über ein optimales Regelwerk gering ist, ist der internationale Austausch von Gütern und Dienstleistungen. Protektionismus in jeder Form verringert die Wohlfahrt der betroffenen Länder, indem Spezialisierungsvorteile nicht genutzt werden können und der Druck des internationalen Wettbewerbs fehlt, durch eine ständige Strukturanpassung die Effizienz und damit die Wettbewerbsfähigkeit der Produktionsstrukturen sichern zu müssen. Das heißt, dass an die Stelle einer nationalen, merkantilistischen Außenhandelspolitik eine internationale Koordination treten sollte, die auf eine Öffnung der Märkte abzielt und damit die Wohlfahrt der beteiligten Länder steigert. Dieser Weg wurde durch die Verhandlungsrunden des GATT (General Agreement on Trade and Tariffs) und seiner Nachfolgerin, der WTO (World Trade Organisation), beschritten: Es wurde zwar keine Freihandelsordnung etabliert, der Protektionismus in Gestalt von tarifären und nicht-tarifären Handelshemmnissen jedoch spürbar abgebaut; die Kontrolle der Außenhandelspolitik der beteiligten Länder auf ihre Vertragstreue wurde durch die WTO institutionalisiert (Schrader 1997: 249 ff.).

Doch die gegenwärtige „Doha-Runde" zeigt auch, dass es hartnäckige Reste von Protektionismus gibt, bei denen die internationale Koordination auf heftigen Widerstand stößt. So ist in der vorausgegangenen „Uruguay-Runde" für die Bereiche Landwirtschaft, Textilien und Bekleidung keine Einigung über eine Handelsliberalisierung erzielt worden. Vor allem beim Handel mit landwirtschaftlichen Produkten stoßen die Interessen von Industrie- und Entwicklungsländern weitgehend unversöhnlich aufeinander. Dabei sind es gerade die Ärmsten der Armen, die von einer Handelsliberalisierung profitieren würden (Anderson, van der Mensbrugghe 2006) – dies wäre ein substantieller Beitrag zur Armutsbekämpfung, die gerade in den reichen Industrieländern als moralische Verpflichtung beschworen wird. Darüber hinaus verlieren die bisherigen Vereinbarungen an Wert, wenn das Interesse an ihrer effektiven Kontrolle nur begrenzt ist, worauf die dünne Personaldecke der WTO hindeutet.

Während die internationale Politikkoordination bei der Öffnung der Gütermärkte nach Jahrzehnten Erfolge aufweisen kann, zeigt sich ein ganz anderes Bild bei der Öffnung der Dienstleistungsmärkte. Hier ist die Einsicht in eine wohlfahrtsteigernde Wirkung einer internationalen Koordination, die auf Marktöffnung abzielt, nicht so weit gediehen – die nationalen „Schmerzschwellen" scheinen wesentlich niedriger zu sein. Die Öffnung der Binnenmärkte für ausländische Dienstleister wird häufig als zu tief gehender Eingriff in den nationalen Ordnungsrahmen angesehen. Dies zeigt sich bei den schleppenden Verhandlungen innerhalb des GATS (General Agreement on Trade in Services) ebenso wie bei dem Versuch der EU, wenigstens im Rahmen des Europäischen Binnenmarkts einen freien Dienstleistungsverkehr zustande zu bringen. So ist durch das GATS erstmals die Meistbegünstigungsklausel für den Dienstleistungshandel hinzugefügt worden: Wenn Unternehmen einer Branche aus einem Land freien Marktzutritt erhalten, kann Unternehmen derselben Branche aus anderen WTO-Mitgliedsländern ebenfalls nicht der Marktzutritt verwehrt werden. Allerdings gibt es im GATS keinen Anspruch auf Gegenseitigkeit, die anderen Länder müssen ihrerseits nicht die entsprechenden Märkte öffnen. Des weiteren dürfen ausländische Anbieter in einem weit gefassten Bereich öffentlicher Dienstleistungen ausgeschlossen werden. Zudem entscheiden die Mitgliedstaaten, welche Dienstleistungsbereiche in welchem Umfang liberalisiert werden sollen (vgl. etwa Martin 2006: 3 ff).

Exemplarisch für die politischen Widerstände gegen eine internationale Koordination des Dienstleistungshandels ist insbesondere der Versuch der EU-Kommission anzusehen, die Dienstleistungsfreiheit in einer EU der 25 herzustellen. Zu diesem Zweck wurde im Jahr 2004 der Entwurf einer „Richtlinie über Dienstleistungen im Binnenmarkt" von der EU-Kommission vorgelegt. Ziel dieser Dienstleistungsrichtlinie ist es, Hindernisse für den freien Dienstleistungsverkehr zwischen den Mitgliedsländern und für die Niederlassung von Dienstleistern aus EU-Staaten zu beseitigen. Zum Reizwort hat sich dabei das „Herkunftslandprinzip" entwickelt, das gewährleisten soll, dass ein Dienstleister in jedem EU-Land prinzipiell nach den Regeln seines Herkunftslandes tätig werden kann, ohne weitere Auflagen erfüllen zu müssen. Auch die Vielzahl der vorgesehenen Ausnahmen von diesem Prinzip konnte die politischen Akteure, insbesondere in Deutschland, nicht beruhigen. Inzwischen hat das Europäische Parlament das Herkunftslandprinzip aus dem Entwurf gestrichen und zudem weitere Ausnahmen von der Dienstleistungsfreiheit vorgeschlagen (Europäisches Parlament 2006). Somit soll die europäische Koordination des Dienstleistungsverkehrs weitgehend dem Bestimmungslandprinzip folgen, das Dienstleistungsangebote nur zu inländischen Bedingungen zulässt und die Nutzung von Spezialisierungsvorteilen weitgehend verhindert. Auf diese Weise sollen inländische Arbeits- und Sozialstandards sowie weitere Regulierungen, die den Markteintritt erschweren, verteidigt werden. Die offensichtlichen Wohlfahrtsgewinne aus einem freien Dienstleistungsverkehr spielen keine Rolle[2] – selbst nicht in einer Staatengemeinschaft wie der EU, die sich eigentlich dem Ziel der Dienstleistungsfreiheit verpflichtet hat und für deren Durchsetzung über die notwendigen supranationalen Institutionen verfügt. Ungleich schwerer dürfte es daher fallen, gegen nationale Egoismen und Klientelinteressen eine globale Dienstleistungsfreiheit durchzusetzen.

Schließlich kann die internationale Koordination zur Öffnung von Märkten beitragen, wenn sie gegen privatwirtschaftliche Beschränkungen des internationalen Wettbewerbs vorgeht. Aufgrund großer Unterschiede in der Wettbewerbspolitik und der eingeschränkten Regelungskompetenz nationaler Wettbewerbsbehörden kann es jenseits der Landesgrenzen zum Aufbau wirtschaftlicher Machtstellungen kommen. Multinationale Unternehmen sind in der Lage, Märkte zu monopolisieren, ohne dass eine nationale Monopol- oder Kartellkontrolle dies verhindern könnte. Internationale Koordination auf dem Gebiet der Wettbewerbspolitik bedeutet jedoch keineswegs ein Ausschalten des Systemwettbewerbs. Es wäre bereits viel erreicht, wenn es multinationale Vereinbarungen über Mindestnormen des Wettbewerbsrechts geben würde und sich die Länder wechselseitig wettbewerbsrechtliche Kompetenzen einräumten. So wäre ein Verbot von Kartellen, die den Wettbewerb auch in Partnerländern beeinträchtigen, ein wichtiger Grundstein der wettbewerbspolitischen Koordination (vgl. dazu etwa Nunnenkamp 1998: 18 und Klodt 2004).

2.2.2 *Der internationale Schutz der Umwelt*

Ein weiteres klassisches Handlungsfeld internationaler Politikkoordination ist die Umweltpolitik. Hier geht es um die Internalisierung global wirkender, negativer externer Effekte, die sich in Gestalt von grenzüberschreitenden Umweltschäden zeigen. Die Koordination muss dahin wirken, dass die Nutzung der Ressource Umwelt bei den Produzenten von Umweltschadstoffen, wie etwa Treibhausgasen, unmittelbar zu Kosten führt. Dadurch sollen Anreize zur Kostenreduzierung entstehen, so dass die Produktion von Umweltschadstoffen letztendlich eingeschränkt wird (vgl. etwa Siebert 2005: 219 f.). Die Koordination auf diesem Handlungsfeld sollte sich auf die Festlegung von Zielgrößen beschränken, keineswegs aber die Instrumente vorschreiben, wie diese Ziele zu erreichen sind. Dem Systemwettbewerb bliebe auf diese Weise ein ausreichend großer Spielraum.

Eines der bekanntesten Ergebnisse internationaler Umweltpolitik ist das von einer großen Zahl von Ländern ratifizierte, 2005 in Kraft gesetzte Kyoto-Protokoll. Dieses setzt Emissionshöchstgrenzen für diverse Treibhausgase fest, die im Durchschnitt der Jahre 2008 bis 2012 nicht überschritten werden dürfen. Eine solche Vereinbarung ist allerdings nur dann wirksam, wenn wichtige Emittenten der

2 Zu den Wohlfahrtseffekten eines Gemeinsamen Marktes vgl. etwa Baldwin, Francois und Portes (1997) sowie Wessels und Diedrichs (2006).

Gegenwart und Zukunft gleichermaßen eingebunden sind. Und darin besteht das Problem: Der größte Emittent von Treibhausgasen, die Vereinigten Staaten, haben sich 2001 aus dem Kyoto-Prozess zurückgezogen, und mehrere große Schwellenländer haben ebenfalls die Teilnahme verweigert. So erfasste 2002 das Kyoto-Protokoll nur 30 Prozent der weltweiten Emissionen. Zudem stellt die nur mäßige Teilnahme von Schwellen- und Entwicklungsländern ein großes Zukunftsproblem dar: Bis 2020 sollen schätzungsweise 50 Prozent der weltweiten Emissionen auf Entwicklungsländer entfallen. So reicht es keineswegs aus, nur die Industrienationen auf die Einhaltung von Emissionshöchstgrenzen zu verpflichten, und auch die Bindungsfrist der Zielvereinbarung müsste weit über das Jahr 2012 hinausreichen, damit ein nachhaltiger Koordinationserfolg erzielt werden kann (vgl. etwa Olmstead, Stavins 2006 und Nordhaus 2006).

Eine erfolgreiche Koordination zur weltweiten Verringerung von Treibhausgasen ist nur dann möglich, wenn die überwiegende Mehrheit der Länder ohne Vorbehalte und Einschränkungen einem Abkommen über Emissionshöchstgrenzen beitritt. Dazu bedarf es Anreize, die jedem Land eine Teilnahme vorteilhaft erscheinen lassen. Umgekehrt sollte es für Nicht-Teilnehmer unvorteilhaft erscheinen, sich auf die Produktion umweltintensiver Güter zu spezialisieren und so einen Entwicklungspfad einzuschlagen, der später zu höheren Ausstiegskosten führt. Es ist daher vor allem ein Interessenausgleich zwischen den traditionellen Industrieländern und den Schwellen- und Entwicklungsländern herzustellen. Letztere müssten Anreize der Art erhalten, dass sie von vornherein auf Emissionsrechte und eine umweltintensive Industrialisierung verzichten könnten. Das heisst, dass die westlichen Industrienationen diese Länder kompensieren müssten, sei es durch Zahlungen oder die Bereitstellung umweltschonender Technologien, um ihre relativ starke Präferenz für eine saubere Umwelt durchsetzen zu können (vgl. Klodt 2005: 136 f.).

2.2.3 Die Stabilisierung internationaler Währungs- und Finanzmärkte

Nach den Währungskrisen der Neunziger Jahre in Mexiko, Südostasien, Russland und Brasilien ist der Ruf nach einer internationalen Finanzmarktordnung wieder lauter geworden. Hausgemachte Währungs- und Finanzkrisen in Schwellen- und Transformationsländern können zu heftigen Wechselkursschwankungen und Verzerrungen der relativen Preise führen, in deren Gefolge die betroffenen Länder und ihre Handelspartner realwirtschaftliche Verluste erleiden. Dabei zeigt sich ein typischer Krisenablauf: Im Boom fließt zuerst in großem Umfang internationales Kapital in ein Land und stabilisiert dessen Währung. Allerdings fehlt es in der Folgezeit an effizienten Finanzmarktinstitutionen – insbesondere an einer funktionierenden Bankenaufsicht und einer Eigenkapitalvorsorge – sowie an einer stabilitätsorientierten Ausgabenpolitik des Staates. Dadurch sinkt das Vertrauen der Anleger, die sich sukzessive zurückziehen. Ein zunehmender Druck auf die Währung und weitere Kapitalabflüsse sind die Folge, was letztendlich in Kapitalflucht und einem Absturz des Wechselkurses mündet. Die Regierung kann mit eigenen Instrumenten nicht mehr gegensteuern und die verbliebenen internationalen Anleger erleiden Vermögensschäden.

Daher liegt der Gedanke an eine internationale Politikkoordination zur Vermeidung von Währungs- und Finanzkrisen nahe, zumal der nationalen Wirtschaftspolitik geeignete Mittel für die Krisenabwehr zu fehlen scheinen. Doch ist fraglich, ob die internationale Koordination an den wirklichen Krisenursachen ansetzen kann, wie die Diskussion um die beiden am häufigsten vorgeschlagenen Problemlösungen verdeutlicht: Zum einen wird eine Tobin-Steuer vorgeschlagen, mit der alle grenzüberschreitenden Finanztransaktionen belegt werden sollen. Eine solche, auf einen Vorschlag Tobins (1974, 1978) zurückgehende Steuer soll vor allem den kurzfristigen internationalen Kapitalverkehr einschränken. Denn es wird unterstellt, dass es spekulative Anleger bzw. Devisenspekulanten sind, die Währungskrisen auslösen und anders als Anleger langfristigen Kapitals keine oder nur geringe Wohlfahrtsgewinne generieren (Bhagwati 1998).

Allerdings wird gerade diese Krisenanalyse bezweifelt: Zwar ist anzunehmen, dass durch eine Tobin-Steuer die Wechselkursvolatilität verringert würde, die daraus resultierenden Wohlfahrtswirkungen sind allerdings begrenzt. Denn empirische Studien zeigen, dass gemäßigte Wechselkursschwankungen nur geringe realwirtschaftliche Effekte haben (vgl. etwa Goldstein 1995). Anders sieht es bei tief gehenden Währungskrisen aus, wo auch eine Tobin-Steuer die Kapitalflucht nicht verhindern kann. In einer Krisensituation werden auch langfristige Kapitalanlagen abgezogen, um Vermögensverluste zu begrenzen, so dass eine Transfersteuer unter diesen Umständen kein Mobilitätshindernis wäre, wie auch die jüngsten Währungskrisen belegen.

Als Alternative zur Tobin-Steuer wird daher zum anderen eine gewichtigere Koordinatorenrolle für den Internationalen Währungsfonds (IWF) genannt. Bislang war dieser aufgrund seiner begrenzten Ressourcen nicht in der Lage, in Währungskrisen über Beistandskredite einen unter Druck geratenen Wechselkurs wirkungsvoll zu stützen. Die Schlussfolgerungen aus dem Scheitern des IWF sind allerdings konträr: Einerseits wird seine Auflösung gefordert, da er mehr schaden als nutzen würde. Es wäre eine Verschwendung öffentlicher Gelder, private Anleger für spekulative Investitionen zu kompensieren, also ihre Verluste quasi zu sozialisieren; es wird unterstellt, dass viele Anlagen ohne einen möglichen Rückgriff auf den IWF gar nicht getätigt worden wären. Andererseits wird eine substantielle Aufstockung seiner Mittel gefordert, um in Währungskrisen sämtliche private Kapitalabflüsse kompensieren zu können. Dies wäre nichts anderes als eine kostenlose Vollkaskoversicherung für internationale Kapitalanlagen.[3]

Eine Abschaffung des IWF wäre sicherlich gerechtfertigt, wenn er nur als ein ungeeignetes Instrument zur Bekämpfung von Währungskrisen angesehen würde. Dies

3 Zu dieser Diskussion vgl. etwa die gegensätzlichen Positionen von Vaubel (1996) und Meltzer (1998) sowie Fischer (1999).

übersieht allerdings etwa seine Rolle als Begleiter von Reformprozessen, die er über Beratung und Stabilitätshilfen wesentlich unterstützen kann (vgl. Krueger 1998). Eine reine Aufstockung der Mittel für IWF-Interventionen wäre umgekehrt ebenfalls kontraproduktiv: Um in einer Währungskrise wirkungsvoll intervenieren zu können, wären Mittel in einem Ausmaß notwendig, das für die Mitgliedsländer weder tragbar noch verantwortbar wäre. Denn die Ursachen von Währungskrisen können fast ausnahmslos in den Defiziten nationaler Regulierungen und Institutionen, wie in einer mangelhaften Finanzaufsicht, gesehen werden. Ohne ein hohes Niveau bei den nationalen Sicherungsmaßnahmen zur Abwehr von Währungskrisen würden die IWF-Mittel in einem Fass ohne Boden versickern. Internationale Steuergelder würden der Verteidigung von überhöhten Wechselkursen dienen, die von den betroffenen Ländern zu verantworten sind. Ergänzend zu einer stabilitätsorientierten nationalen Finanzmarktordnung wird demzufolge vorgeschlagen, unter Koordination des IWF neben „öffentlichen Mitteln" auch private Gelder von Banken und Investmentfonds für die Krisenvorbeugung einzusetzen, um die Sozialisierung von Anlageverlusten zu vermeiden (vgl. etwa Nunnenkamp 1998: 19 ff. und Klodt 1998: 17 ff.).

Die hier beschriebenen Probleme einer internationalen Koordination bei Währungs- und Finanzkrisen machen eines deutlich: Wenn Krisen, die sich zu einem internationalen Flächenbrand entwickeln, hausgemacht sind, helfen keine internationalen ad-hoc-Maßnahmen, die nur an den Krisensymptomen ansetzen. Es wäre sinnvoller und im Einklang mit dem Subsidiaritätsprinzip, wenn auf nationaler Ebene Regulierungsdefizite abgestellt und eine Politik der makroökonomischen Stabilisierung verfolgt würde. Internationale Politikkoordination kann lediglich ergänzend die nationale Selbstverpflichtung auf einheitliche Mindeststandards zur Krisenprävention durchsetzen helfen. Auf diese Weise ließe sich vermeiden, dass einzelne Länder als „Trittbrettfahrer" die internationale Hilfe nutzen, um eigene wirtschaftspolitische Fehler kompensieren zu lassen.

2.2.4 Die Internationalisierung von Arbeits- und Sozialstandards

Auf der Agenda der internationalen Politikkoordination steht auch der Bereich der Arbeits- und Sozialstandards. So wird etwa als Gegenstand einer möglichen internationalen Politikkoordination von interessierten Gruppen u.a. die Lohnpolitik genannt. Industrieländer wie Deutschland erfahren seit Jahrzehnten, dass arbeits- und damit lohnintensive Produktionen in Schwellen- und Entwicklungsländern mit relativ niedrigem Lohnniveau verlagert werden – ein Prozess, der sich im Zuge der Globalisierung beschleunigt hat. Daraus resultiert die Forderung nach internationalen Mindestlöhnen und der Angleichung der sonstigen Arbeitsbedingungen. Doch ist ein Koordinationsbedarf mehr als fraglich: In den geringen Lohnkosten, vor allem für standardisierte Arbeitsleistungen, spiegeln sich abweichende Faktorausstattungen, institutionelle Rahmenbedingungen und Entwicklungsniveaus wider, die Spezialisierungsvorteile begründen. Daher ist die Lohnpolitik ein klassisches Beispiel für ein Handlungsfeld, wo internationale Koordination wohlfahrtsmindernd wäre. Koordination würde den Wettbewerb ausschalten und einem wohlfahrtsmehrenden internationalen Austausch von Gütern und Dienstleistungen die Grundlage entziehen. Hier ist die nationale Wirtschaftspolitik gefordert, Rahmenbedingungen auf dem Arbeitsmarkt zu schaffen, die den Unternehmen eines Landes die erfolgreiche Teilnahme am internationalen Wettbewerb ermöglichen und damit auch zur Attraktivität des Standorts beitragen.

Etwas anders gelagert ist die Frage internationaler Sozialstandards im Rahmen der Armutsbekämpfung. Vor allem in den reichen Industrieländern mit hochentwickelten Sozialsystemen wird die soziale Situation in Schwellen- und Entwicklungsländern als verbesserungswürdig angesehen und Abhilfe gefordert. Es wird der Standpunkt vertreten, dass die dortigen Regierungen zur Einführung von sozialen Mindeststandards gebracht werden sollten, seien es existenzsichernde Mindestlöhne oder ein Verbot von Kinderarbeit. Als Sanktionsinstrumente werden Handelsbeschränkungen für Güter vorgeschlagen, die nicht unter den Bedingungen akzeptabel erscheinender Sozialstandards hergestellt worden sind. Übersehen wird allerdings, dass durch solche Maßnahmen der Protektionismus wieder wachsen und letztendlich denjenigen schaden würde, denen vorgeblich geholfen werden soll. Zudem ist der Verdacht nicht von der Hand zu weisen, dass die Befürworter hoher Sozialstandards auch ein Interesse daran haben, sich unliebsamer Konkurrenz zu entledigen.

Doch wo liegt die Lösung für eine Anhebung der Sozialstandards in den Entwicklungsländern auf ein allgemein akzeptables Niveau? Zum einen sollte es Ziel der internationalen Politikkoordination sein, über die Öffnung der Märkte (s.o.) Aufholprozesse in Gang zu setzen, welche die materiellen Grundlagen für eine Überwindung sozialer Missstände schaffen. Zum anderen können internationale (Nichtregierungs)Organisationen in den Entwicklungsländern Überzeugungsarbeit leisten, aus teilweise traditionellen Sozialstrukturen auszubrechen. Zum Beispiel könnte die soziale Situation von Kindern über Bildungsangebote oder Kompensationszahlungen für deren Eltern verbessert werden. Das zugrunde liegende Prinzip müsste allerdings Kooperation statt Konfrontation sein (vgl. Bhagwati 2003: 37-40).

3. Herausforderungen für die nationale Wirtschaftspolitik

3.1 Der internationale Wettbewerb um Arbeitsplätze

Die eingeschränkten Möglichkeiten und die Probleme internationaler Politikkoordination verdeutlichen, dass den Herausforderungen der Globalisierung auch durch wirtschaftspolitische Weichenstellungen auf nationaler Ebene begegnet werden muss. In Industrieländern wie Deutschland und den anderen EU-Staaten ergeben sich wirtschaftspolitische Handlungsfelder aus der Natur des Strukturwandels, den die Globalisierung angestoßen hat. Die zunehmende Globalisierung von Märkten und Unternehmensstrukturen einerseits sowie die fortschreitende europäische Integration nach dem Ende der politischen und wirtschaftlichen Teilung Europas andererseits haben dazu geführt, dass sich das Bild der Wertschöpfungsprozesse in der europäischen Industrie nachhaltig gewandelt hat. Statt einstmals vornehmlich inländischer oder rein westeuropäischer Zulieferer- und Abnehmerbeziehungen dominieren heute mehr und mehr internationale Produktionsnetzwerke, bei denen Wertschöpfungsaktivitäten an Standorte jenseits der Grenzen verlagert werden, um Faktorkostenunterschiede optimal zu nutzen. Diese modernen Netzwerke umfassen zunehmend sowohl Standorte in den Transformationsstaaten Mittel- und Osteuropas als auch in den dynamischen Volkswirt-schaften Asiens.

Hintergrund dieser Entwicklung ist eine Vielzahl von Wirkungsmechanismen, die zu einer Verringerung der ökonomischen Entfernung zwischen Standorten geführt haben: Dazu zählen erstens der Abbau von institutionellen Hemmnissen für den Waren-, Dienstleistungs- und Kapitalverkehr, der sowohl aus den globalen Welthandelsrunden als auch aus der europäischen Integration resultiert; zweitens der technische Fortschritt bei Transport und Logistik mit der Folge deutlich geringerer Raumüberwindungskosten; drittens Umwälzungen in den modernen Informations- und Kommunikationstechnologien, die den Aufbau von globalen Firmennetzwerken und die effektive Koordination räumlich entfernter Produktionsstätten erst ermöglicht haben; viertens neue Produktionsverfahren, welche die Zerlegung bislang räumlich eng verzahnter Elemente der Wertschöpfungsketten gestatten; und fünftens nicht zuletzt der Fall des Eisernen Vorhangs, der den Anstoß zur jüngsten Erweiterungsrunde der EU gegeben hat.

Diese Faktoren haben zusätzliche Möglichkeiten für eine räumliche Dispersion von Produktionsaktivitäten über Landesgrenzen hinweg eröffnet, die von den europäischen Industrieunternehmen zunehmend genutzt werden. Zahlreiche Wertschöpfungsaktivitäten haben sich dabei als räumlich über die Grenzen verlager- und dennoch kontrollierbar erweisen. So werden inzwischen an Standorten in den neuen Mitgliedstaaten der EU auch höherwertige Produkte hergestellt, von denen man bisher geglaubt hat, sie gehörten zur Domäne der hochentwickelten westeuropäischen Volkswirtschaften. Arbeits- und rohstoffintensive Produktionen sind darüber hinaus schon lange an Standorte außerhalb der EU, vor allem nach Asien, abgewandert. Der strukturelle Anpassungsdruck an den industriellen Produktionsstandorten Westeuropas hat sich dadurch spürbar erhöht (vgl. dazu Laaser und Schrader 2005a, b). Damit stellt sich die Frage, welche industriellen Aktivitäten noch zum Kernbestand der traditionellen Standorte in Westeuropa gezählt werden können, was deren künftige Rolle in der internationalen Arbeitsteilung sein könnte und wie konkurrenzfähige Standortbedingungen beschaffen sein müssten.

Die empirischen Analysen verdeutlichen, dass vor allem bei humankapitalintensiven Produktionen Spezialisierungsvorteile bestehen. Das heißt, dass insbesondere die Akkumulation des zukünftig benötigten Humankapitals gefördert bzw. erleichtert werden muss. Entsprechend wird die Bildungspolitik im Zeitalter der Globalisierung ein entscheidender Standortfaktor in den Industrieländern sein. Ein Lohnwettbewerb um arbeitsintensive und nur wenig technologieintensive Produktionen mit Schwellen- und Entwicklungsländern ist hingegen weniger vielversprechend. Dennoch kann auch die Lohngestaltung einen Beitrag zur Beschäftigungssicherung im globalen Wettbewerb leisten. Am Beispiel Deutschlands lassen sich diese Ansatzpunkte nationaler Wirtschaftspolitik illustrieren.

3.2 Wirtschaftspolitische Antworten auf die Globalisierung

3.2.1 Die Förderung der Humankapitalbildung

Analysen der Globalisierungsprozesse machen deutlich, dass der dadurch bedingte Strukturwandel zunehmend das akkumulierte Humankapital und das spezifische Wissen von Arbeitskräften mit relativ einfachen Qualifikationen entwertet.[4] Vor allem die intensivere interindustrielle Arbeitsteilung – der Austausch von Gütern verschiedener Industrien – und die Globalisierung von Unternehmensstrukturen, hat in den letzten beiden Dekaden eine stetige Schrumpfung des Industriesektors in humankapitalreichen Ländern bewirkt. Da die Industrie – vor allem das Verarbeitende Gewerbe – typischerweise der Sektor einer Volkswirtschaft ist, in dem einfache Arbeit von ungelernten oder angelernten Beschäftigten aufgrund der engen Komplementarität zwischen Mensch und Maschine relativ gut entlohnt wird, bedeutet die relative Schrumpfung der Industrie eine Abwertung der rein physischen Arbeitskraft im Vergleich zu qualifiziertem Humankapital. Von der intraindustriellen Arbeitsteilung – dem Austausch von Gütern derselben Produktkategorie, wie zum Beispiel Autos gegen Autos – werden dagegen vor allem die mittleren Qualifikationsgruppen, insbesondere fachspezifisch eng ausgebildete Facharbeiter, betroffen. Der zunehmende Qualitätswettbewerb verlangt eine ständige Aufwertung und Erweiterung der Produktpalette und erfordert ein hohes Maß an fachlicher Flexibilität von den Arbeitnehmern. Die in eng definierten Fachausbildungen erworbenen Qualifikationen verlieren im Zuge dieses Anpassungsprozesses stetig an Wert und müssen daher kontinuierlich durch fachübergreifende Fertigkeiten ergänzt werden. Auch der aus der Umsetzung technischen Wissens in neue Produktionsprozesse resultierende Produktivitätsfortschritt ist in der Tendenz arbeitssparend und entwertet insbesondere relativ einfache Fertigkeiten.

Eine solche Abwertung spezifischer Qualifikationen von der Seite der Arbeitsnachfrage her ist dann kaum problematisch, wenn sich auch die Struktur des Arbeitsangebots den erhöhten Erfordernissen qualitativ und quantitativ anpasst. Das ist dann der Fall, wenn sich durch den graduellen Generationswechsel das durchschnittliche Qualifikationsniveau der Arbeitskräfte verbessert und die Randgruppe der gering qualifizierten Arbeitskräfte, die gut bezahlte Arbeitsplätze für ungelernte oder angelernte Arbeit nachfragt, immer kleiner wird.

Eine solche Anpassung des Arbeitsangebots an die Arbeitsnachfrage ist langfristig allerdings nur dann gewährleistet, wenn das Bildungssystem eines Landes auf Veränderungen der Wirtschaftsstruktur flexibel reagiert. Dies ist dann der Fall, wenn

4 Vgl. ausführlich Kleinert et al. (2000) zu den Globalisierungsfolgen in Industrieländern, insbesondere in Deutschland.

es sich in seinen Schwerpunkten und Anforderungsprofilen möglichst vorausgreifend den wirtschaftlichen Entwicklungen anpasst. So werden für die jeweils auszubildende Generation künftiger Arbeitnehmer gute Voraussetzungen geschaffen, um am Markt relativ hoch bewertetes Humankapital zu bilden und ein hohes Maß an Flexibilität und Mobilität zu sichern, die einer allzu raschen Abwertung dieses Humankapitals entgegenwirken. Eine Bildungspolitik, die diesen Anforderungen genügt, kann wesentlich dazu beitragen, den durch den globalen Strukturwandel ausgelösten Anpassungsdruck abzufedern. Im Hinblick auf die zunehmende Konkurrenz aus arbeitsreichen Ländern der Weltwirtschaft gilt es insbesondere Jugendliche, die eines Tages von Rationalisierung und Strukturwandel besonders hart getroffen sein könnten, den Weg in eine bessere Allgemein- und Berufsbildung zu ebnen, um ein hohes Maß an beruflicher Flexibilität sicherzustellen. Der Trend in der deutschen Bildungspolitik scheint seit den achtziger Jahren jedoch in die entgegengesetzte Richtung gegangen zu sein: Es wird allgemein beklagt, dass die Hauptschule als unteres Segment der Ausbildungshierarchie zunehmend qualitativ ausblutet und so einer Dualisierung des Arbeitsangebotes in Qualifizierte und Nichtqualifizierte Vorschub leistet.

Der zunehmende globale Qualitätswettbewerb sorgt zudem für immer kürzer werdende Produktzyklen, die eine besondere qualifikatorische Flexibilität von den Arbeitnehmern verlagen. Im Zuge der immer rascheren Entwertung spezifischen Humankapitals kommt der allgemeinen Grundausbildung als Voraussetzung für eine stetige Wissenserneuerung der Arbeitnehmer wieder eine größere Bedeutung zu als der engen beruflichen Flexibilisierung. Damit ändern sich auch die Anforderungen an das Berufsbildungssystem in Deutschland. Zusammen mit den Fachhochschulen und den Universitäten wird das duale Berufsbildungssystem in Deutschland vielfach als ein wesentlicher Faktor für die starke deutsche Wettbewerbsposition in der Vergangenheit betrachtet.[5] Doch werden in Deutschland zunehmend Stimmen laut, die das deutsche System der beruflichen Bildung als zu stark differenziert und zu wenig allgemein bildend beurteilen. Es stellt sich die Frage, inwieweit ein Ausbildungssystem, welches in so starkem Maße die Erstausbildung und frühzeitige professionelle Spezialisierung am Anfang des Erwerbslebens betont, den Qualifizierungsanforderungen einer durch raschen technologischen Wandel und veränderte Organisationsstrukturen geprägten Wirtschaft gerecht werden kann.

Ein rascher technologischer Wandel und eine hiermit verbundene stetige Entwertung spezifischen Humankapitals verkürzen die Amortisationsperioden der beruflichen Ausbildungsinvestitionen und verringern so die Bereitschaft bei Arbeitnehmern und Unternehmen, Investitionen in die berufliche Erstausbildung vorzunehmen. Die berufliche Spezialisierung auf ein relativ enges Spektrum an Qualifikationen und Fähigkeiten erschwert darüber hinaus die Einführung innovativer Formen der Ar-

5 Vgl. unter anderem Dertouzos et al. (1989), Porter (1998) und Smyser (1993).

beitsorganisation, die eine Befähigung zur berufsfeldübergreifenden Kommunikation und Aufgabenintegration erfordern. Schließlich bergen die im deutschen System der beruflichen Bildung angelegte frühzeitige Festlegung auf ein relativ eng definiertes Bündel an Kompetenzen und die damit verbundenen Einkommens- und Statusansprüche die Gefahr, dass sich Widerstand gegen den notwendigen technologischen Wandel formiert. Denn dieser geht mit einer zumindest partiellen Entwertung beruflicher Erstqualifikationen einher.[6]

Eine Richtungsänderung in der Bildungspolitik von der Vermittlung relativ enger, fachspezifischer Kenntnisse hin zu einer stärkeren Betonung fachübergreifender Lehrinhalte wird ihre Wirkungen allerdings erst in der langen Frist entfalten können. Es ist daher zu erwarten, dass auch in absehbarer Zukunft die durch den weltwirtschaftlichen Strukturwandel bedingte Humankapitalintensivierung der Arbeitsnachfrage der „generativen" Veränderung de Arbeitsangebots vorauseilen wird. Um in dieser Phase des generativen Wechsels die Arbeitslosigkeit geringer qualifizierter Arbeitskräfte so gering wie möglich zu halten, gilt es einerseits, das Angebot an Fort- und Weiterbildungsmaßnahmen zu verdichten (Stichwort „lebenslanges Lernen"), und andererseits, die Lohnstruktur in Deutschland flexibler als bisher zu gestalten.

3.2.2 Die Notwendigkeit wettbewerbsfähiger Löhne

Auch wenn der Lohnwettbewerb mit Schwellen- und Entwicklungsländern nicht zu gewinnen ist, kann in einem Industrieland wie Deutschland die Lohnfindung einen erheblichen Beitrag zur Wettbewerbsfähigkeit des Standorts leisten. Gefordert sind sowohl die Politik als auch die Interessenvertreter auf der Arbeitgeber- und der Arbeitnehmerseite. Eine besondere Bedeutung kommt der qualifikatorischen Lohnstruktur zu, denn in Deutschland sind die Geringqualifizierten stark überdurchschnittlich von der Arbeitslosigkeit betroffen. Dennoch ist hier die qualifikatorische Lohndifferenzierung zwischen Personen mit hoher und geringer Qualifikation bzw. mit mittlerer und geringer Qualifikation zurückgegangen. Die Entwicklung dieser Differenzierung hat daher die Wirkungen des Strukturwandels in der internationalen Arbeitsteilung eher noch verstärkt als gedämpft. Ein wesentlicher Grund für diese Tendenz dürften die institutionellen Rigiditäten am Arbeitsmarkt sein, die dadurch in ihrer Wirkung verstärkt werden, dass der Lohnfindungsspielraum in Tarifverhandlungen durch den stetig steigenden Steuer- und Abgabenteil mehr und mehr eingeschränkt wurde.

Neben einer stärker nach Qualifikation ausdifferenzierten Lohnstruktur kann auch deren Flexibilisierung nach Branchen und Regionen dazu beitragen, die Wirkungen des weltwirtschaftlichen Strukturwandels in der Phase eines generativen

6 Zu den Herausforderungen an die Bildungspolitik vgl. ausführlich Dicke (1999) und Foders (2001).

Wechsels im Arbeitsangebot abzufedern. Die branchenmäßigen und regionalen Lohnstrukturen müssten so flexibel sein, dass schwere Strukturkrisen, die auf bestimmte arbeitsintensive Wirtschaftsbranchen konzentriert sind, in ihrer Beschäftigungswirkung gemindert werden können. Dies würde die Zahl der entlassenen immobilen Industriearbeiter, die anderenfalls nur schwer wieder in den Arbeitsmarkt zu integrieren wären, begrenzen. Darüber hinaus hätten vergleichsweise mobile Industriearbeiter, die leichter eine alternative Beschäftigung finden, einen finanziellen Anreiz, in Wachstumsbranchen zu wechseln. Eine größere Lohndifferenzierung zwischen den Branchen würde den Arbeitsplatzabbau dämpfen und die Mobilität der Arbeitnehmer erhöhen.

Schließlich sollte in jenen Regionen mit einer dauerhaft überdurchschnittlichen Arbeitslosigkeit das Lohnniveau gegenüber dem Landesdurchschnitt sinken. Denn ein relativ niedriges Lohnniveau erhöht die Profitabilität von Investitionen und schafft auf diese Weise die Voraussetzungen, um das für einen überdurchschnittlichen Abbau der Arbeitslosigkeit nötige Sachkapital zu attrahieren. Soweit einzelne Gruppen von Beschäftigten mit höheren Qualifikationen von einer Abwanderung aus der Region abgehalten werden sollen, müsste diese allgemeine Lohndifferenzierung zwischen den Regionen mit einer Lohndifferenzierung nach qualifikationsbedingter Knappheit innerhalb der jeweiligen Region einhergehen.[7]

4. Einige Schlussbemerkungen

Die zunehmende Globalisierung der Wirtschaftsstrukturen erfordert ohne Frage auch eine globale Dimension der Wirtschaftspolitik. Doch es wäre eine Illusion zu glauben, dass man „Global Governance“ bzw. die internationale Politikordnung als Reparaturbetrieb für Unzulänglichkeiten der nationalen Wirtschaftspolitik nutzen könnte. Die Konsensfindung über globale wirtschaftspolitische Weichenstellungen ist nur dann möglich, wenn für alle Beteiligten die Vorteile offensichtlich sind. Die Beseitigung von Marktzugangsbarrieren oder die effiziente Nutzung der immer knapper werdenden Ressource Umwelt kann zu solchen Globalisierungsgewinnen führen. Notwendige Bedingung für Erfolge ist allerdings die Bereitschaft zu einem fairen Interessenausgleich, die angesichts nationaler Egoismen bei den WTO-Verhandlungen oder beim Kyoto-Prozess nicht sehr ausgeprägt zu sein scheint. Auf klassischen Feldern der internationalen Politikkoordinierung besteht damit immer noch ein ungenutzter Handlungsspielraum mit einem entsprechend großen Potential an Globalisierungsgewinnen.

In einem hohen Maß können insbesondere die europäischen Industrieländer von dem intensiven internationalen Austausch von Gütern und Dienstleistungen profitieren. Gleichzeitig besteht auch in diesen Ländern die Gefahr, dass einzelne Gruppen

7 Vgl. im Einzelnen Siebert (1995: 123 ff.).

zu Globalisierungsverlierern werden. Vor allem trifft dies für geringqualifizierte Arbeitskräfte zu, deren Arbeitsplätze zunehmend in Länder mit niedrigerem Lohnniveau abwandern. Hier kann eine globale Wirtschaftspolitik keinen Bestandsschutz garantieren – Abschottung und Protektion würden vielmehr Wohlfahrtsverluste in die Höhe treiben. Eine vorausschauende nationale Wirtschaftspolitik müsste Schadensprophylaxe treiben – Stichworte sind Bildungspolitik und Arbeitsmarktregulierung – und im übrigen den Weg für eine Teilhabe am Globalisierungsprozess ebnen.

Literaturverzeichnis

Anderson, Kym, Will, Martin, van der Mensbrugghe, Dominique (2006). Doha Merchandise Trade Reform: What is at Stake for Developing Countries? The World Bank Economic Review 20 (2): 169–195.

Baldwin, Richard E., Joseph F. Francois, Richard Portes (1997). The Costs and Benefits of Eastern Enlargement: The Impact on the EU and Central Europe. Economic Policy: A European Forum 24: 127–176.

Bhagwati, Jagdish (1998). The Capital Myth – The Difference between Trade in Widgets and Dollars. Foreign Affairs 77 (3): 7–12.

Bhagwati, Jagdish (2003). Coping with Anti-Globalization. In Siebert, Horst (Hrsg.), Global Governance: An Architecture for the World Economy. Berlin.

Cooper, Richard (1983). Economic Interdependence and Coordination of Economic Policies. Harvard Institute of Economic Research, Discussion Paper 1003.

Dertouzos, Michael L., Richard K. Lester, Robert M. Solow (1989). Made in America: Regaining the Productive Edge. Cambridge, Mass.

Deutscher Bundestag (2002). Schlussbericht der Enquete-Kommission „Globalisierung der Weltwirtschaft". Opladen.

Dicke, Hugo (1999). Fortbildung in Europa: Systeme, Strukturen, Ergebnisse. Baden-Baden.

Europäisches Parlament (2006). Freier Dienstleistungsverkehr: Ein großer Schritt nach vorne für den freien Dienstleistungsverkehr. Dokument vom 22.02.2006, http://www.europarl.eu.int/ news/public/story_page/056-5374-093-04-14-909-20060220STO05373-2006-03-04-2006/ default_de.htm vom 16.03.06

Fischer, Stanley (1999). On the Need for an International Lender of Last Resort. Washington, D.C.

Foders, Federico (2001). Bildungspolitik für den Standort Deutschland. Kieler Studien 311. Berlin.

Goldstein, Morris A. (1995). The Exchange Rate System and the IMF: A Modest Agenda. Policy Analyses in International Economics 39. Institute for International Economcis, Washington, D.C.

Hayek, Friedrich August von (1968). Der Wettbewerb als Entdeckungsverfahren. Kieler Vorträge 56. Institut für Weltwirtschaft, Kiel.

Kleinert, Jörn, Axel Schimmelpfennig, Klaus Schrader, Jürgen Stehn (2000). Globalisierung, Strukturwandel und Beschäftigung. Kieler Studien 308. Tübingen.

Klodt, Henning (1999). Internationale Politikkoordination: Leitlinien für den globalen Wirtschaftspolitiker. Institut für Weltwirtschaft, Kieler Diskussionsbeiträge 343, Kiel.

Klodt, Henning (2004). Towards a Global Competition Order. Academia, Sankt Augustin.

Klodt, Henning (2005). Global Economic Policy for the Modern World Economy. Journal of European Economy 4 (2): 132–141.

Krueger, Anne O. (1998). Whither the World Bank and the IMF? Journal of Economic Literature 36 (4): 1983–2020.

Laaser, Claus-Friedrich, Klaus Schrader (2005a). Handelspartner Polen: In der EU angekommen? Die Weltwirtschaft 2: 197–221.

Laaser, Claus-Friedrich, Klaus Schrader (2005b). Aufstrebende Standorte im Zentrum Europas: Die Rolle der Slowakei und der Tschechischen Republik auf dem Europäischen Binnenmarkt. Die Weltwirtschaft 4: 449–384.

Martin, Philip L. (2006). GATS, Migration, and Labor Standards. International Institute for Labour Studies, Discussion Paper 165, Genf.

Meltzer, Allan H. (1998). Asian Problems and the IMF. Cato Journal 17 (3): 267–274.

Nordhaus, William D. (2006). After Kyoto: Alternative Mechanisms to Control Global Warming. American Economic Review 96 (2): 31–34.

Nunnenkamp, Peter (1998). Wirtschaftliche Aufholprozesse und "Globalisierungskrisen" in Entwicklungsländern: Implikationen für die nationale Wirtschaftspolitik und den globalen Ordnungsrahmen. Institut für Weltwirtschaft, Kieler Diskussionsbeiträge 328, Kiel.

Oates, Wallace E. (1972). Fiscal Federalism. New York.

Olmstead, Sheila M., Robert N. Stavins (2006). An International Policy Architecture for the Post-Kyoto Era. American Economic Review 96 (2): 35–38.

Porter, Michael E. (1998). The Competitive Advantage of Nations. Basingstoke, Hampshire.

Rothenberg, Jerome (1970). Local Decentralization and the Theory of Optimal Government. In Margolis, Lusius (Hrsg.), The Analysis of Public Output. New York: 31–64.

Schrader, Klaus (1997). Die Außenwirtschaftsordnung oder die internationale Verflechtung der Sozialen Marktwirtschaft. In Rüther, Günther (Hrsg.), Ökologische und Soziale Marktwirtschaft. Bonn.

Siebert, Horst (1995). Geht den Deutschen die Arbeit aus? Wege zu mehr Beschäftigung. München.
Siebert, Horst (2005). Economics of the Environment: Theory and Policy. 6. Aufl., Berlin.
Smyser, W.R. (1993). The German Economy: Colossus at the Cross Roads. New York.
Tobin, James (1974). The New Economics One Decade Older. Princeton.
Tobin, James (1978). A Proposal for International Monetary Reform. Eastern Economic Journal 4 (314): 153–159.
Vaubel, Roland (1996). The Political Economy of International Money and Finance. In F. Capie (Hrsg.), Monetary Economics in the 1990s: The Henry Thornton Lectures. Basingstoke, Hampshire.
Wessels, Wolfgang, Udo Diedrichs (Hrsg.) (2006), Die neue Europäische Union: im vitalen Interesse Deutschlands? Studie zu Kosten und Nutzen der Europäischen Union für die Bundesrepublik Deutschland, Berlin.

Globalisierung und Europäische Union

Josef Janning

Globalisierung als Instrument des politischen Diskurses

Es erscheint schon paradox: Da beflügelt die Globalisierungskritik etwa in Frankreich die Ablehnung des Europäischen Verfassungsvertrages wegen dessen vermeintlich neoliberaler Geringschätzung des europäischen Sozialmodells – während doch die hier zusammentreffenden Phänomene allesamt Erfindungen Europas sind.[1] Auf der einen Seite kennzeichnet Globalisierung die Welt in politischer, wirtschaftlicher wie gesellschaftlicher Hinsicht spätestens seit den Tagen des europäischen Imperialismus; auf der anderen Seite entstanden in teilweiser Parallelität dazu die Wohlfahrtstaatskonzepte der Industriegesellschaft. Der Verfassungsvertrag schließlich ist ein so genuin europäisches Projekt wie das der Integration insgesamt und als solches Teil eines Verflechtungsprozesses, dessen Wirkung gerade darin besteht, das Überleben der kleinräumigen Staaten- und Gesellschaftswelt Europas zu sichern und gleichzeitig die Skalenerträge wirtschaftlicher Integration zu nutzen. In diesem Sinne wäre die Marktintegration Europas eine Globalisierung mit europäischem Gesicht, das heißt auch unter den Vorzeichen eines sozialen Ausgleichs, der für den Integrationsprozess nicht weniger elementar ist als die Marktintegration selbst.

Globalisierung jenseits des Europäischen Binnenmarktes steht – in Verlängerung dieses Arguments – demnach für die Freizügigkeit von Menschen, Kapital, Waren und Dienstleistungen, aber nicht, oder noch nicht, für ein System der Aushandlung und Verankerung öffentlicher Güter auf dem neuen *level playing field*. Es ist dieser Unterschied, welcher die europäische Debatte über die Sozial- und Gesellschaftsmodelle antreibt, gewissermaßen als Versuch der Vergewisserung der Europäer über die spezifische Qualität ihrer regionalen Integration.

Doch nicht nur die Globalisierung als solche, sondern bereits ihre Wahrnehmung in den Teilräumen der heutigen EU wirkt sich direkt im europäischen Mehrebenensystem aus. Noch vor wenigen Jahren waren in Europa mit dem Begriff der Globalisierung positive Assoziationen verbunden: Viele setzten auf wirtschaftliche Dynamik durch eine Vergrößerung der Märkte, glaubten die globalen sozialen Ungleichheiten zumindest partiell aufheben zu können und waren überzeugt von der Steuerbarkeit des Prozesses. Heute wird Globalisierung in der Wahrnehmung vieler Europäer zur Chiffre für Standortkonkurrenz, Arbeitslosigkeit und das Unvermögen des Staates, wirtschaftliche Dynamik zu entfachen und soziale Risiken abzusichern.

1 Für wertvolle Hinweise und sachkundige Recherche danke ich Dr. Dominik Hierlemann, Europa-Experte im Themenfeld Internationale Verständigung der Bertelsmann Stiftung.

Ein genereller Bedeutungsverlust des Politischen aufgrund der zunehmenden Macht von in globalen Fusionswellen entstandenen Unternehmen scheint für sie die nächste Folge dieser Entwicklung zu sein.

In der öffentlichen Diskussion wird rasch ein kausaler Zusammenhang gezogen zwischen der Globalisierung und dem Rückgang des staatlich verbürgten sozialen Schutzes des einzelnen. Tatsächlich ist die Beziehung wesentlich vielschichtiger: Der Umbau der sozialen Sicherungssysteme auf nationaler Ebene resultiert nur zu einem geringen Teil aus den Zwängen der Globalisierung. Doch die Politik begründet gerne unpopuläre politische Maßnahmen mit dem Hinweis auf die Kräfte der Globalisierung und dem Zwang zur Anpassung innerhalb eines gesamteuropäischen Prozesses. Das Ergebnis dieser von den Medien aufgenommenen Argumentation ist, dass die europäischen Bürger nicht nur unzufrieden mit der unvermeidlichen weltwirtschaftlichen Verflechtung sind, sondern der EU die Mitschuld an negativen wirtschaftlichen und sozialen Entwicklungen geben.

Die Europadebatte landet deshalb in einem sozialpolitischen Paradox: Die EU wird als Agent der Globalisierung wahrgenommen, während sie in Wirklichkeit Agent der Wohlfahrtstaaten bzw. der sozialen Marktwirtschaften in Europa ist, um die Schattenseiten der Globalisierung abzupuffern oder unvorteilhafte Entwicklungen von Beginn an zu verhindern. Die EU fängt die Fliehkräfte der wirtschaftlichen Dynamik der Globalisierung ein und ist nicht nur aus steuerungstheoretischer Perspektive ein „sicherer Hafen" für bedrohte Nationalstaaten (STARBATY 2001), sondern ermöglicht ihren Mitgliedstaaten ökonomische Prosperität und die Durchsetzung wirtschaftlicher Interessen im globalen Rahmen – sie macht Europas Staaten erst globalisierungsfähig.

1. Impulse und Reflexe: Die Globalisierungsdebatte in Europa

Globalismus ist das Resultat der weltweit leichteren und schnelleren Verfügbarkeit von Arbeit, Kapital, Waren, Wissen und Technologie und deren Umsetzung in Kontinente überspannende Interdependenz (KEOHANE/NYE 2001), Globalisierung steht für den Prozess zunehmender Interdependenz. Die Interaktion zwischen außerordentlichen technologischen Innovationen mit der weltweiten Reichweite von Marktwirtschaft verleiht dem Wandel eine Geschwindigkeit, Unvermeidbarkeit und Kraft, die er vorher nicht hatte (HUTON/ GIDDENS 2001). Die globale Wirtschaftsentwicklung scheint nicht mehr linear, sondern in Sprüngen zu verlaufen. Gleichwohl ist es oft nicht die Globalisierung selbst, sondern es sind Ideen und Vorstellungen über sie und ihre Auswirkungen, die zu den Effekten führen, die dem Globalisierungsprozess zugeschrieben werden. So wird die eigentliche Erklärung für die Veränderungen zu einer politischen Kraft, die den Zustand mit herbeiführt, den sie eigentlich beschreibt.

Von Bedeutung für die Frage der europäischen Sozialmodelldebatte ist hier weniger der Prozess als solcher als vielmehr seine Wahrnehmung und Deutung im europäischen öffentlichen Diskurs. Eine Analyse der entsprechenden demoskopischen Befunde zeigt die ganze Ambivalenz der Wahrnehmungen, die sowohl im zeitlichen Querschnitt als auch mit Blick auf die europäische Staatenwelt stark differieren.[2]

Noch im Oktober 2003 sprachen sich 63% der Unionsbürger der damaligen EU-15 für die Globalisierung aus, 62% waren davon überzeugt, dass die Globalisierung effektiv kontrolliert und geregelt werden könne und 61% vertrauten der EU, dass sie in der Lage sei, die Globalisierung in eine positive Richtung zu steuern (FLASH EUROBAROMETER 151b). Schaut man sich die damaligen Zahlen im Ländervergleich an, fällt auf, dass insbesondere die Deutschen (45%) und mehr noch die Franzosen (49%) im Gegensatz zum überwiegenden Rest der Meinung waren, dass die EU zu wenig Einfluss auf den Prozess der Globalisierung habe. Wurde hingegen nicht nach der Quantität, sondern der Qualität der Gestaltungsfähigkeit gefragt, also nach dem Vertrauen in den Einfluss der EU auf die Globalisierung, fielen die Ergebnisse fundamental anders aus: Während die Portugiesen in ihrem EU-Vertrauen mit 81%, die Iren mit 76% und die Franzosen mit 70% weit über dem EU-15-Durchschnitt von 61% lagen, die Deutschen mit 58% knapp darunter, waren die Briten die einzige europäische Nation, die mit 49% zu 47% der EU mehr Misstrauen als Vertrauen in ihrer Globalisierungsrolle entgegenbrachten. Dennoch: Alles in allem wurde 2003 trotz zahlreicher Unterschiede in Detailbeurteilungen sowohl die Globalisierung als auch die Rolle der Europäischen Union in diesem Prozess nahezu in allen damaligen Mitgliedstaaten positiv beurteilt.

Innerhalb von knapp drei Jahren hat sich die Beurteilung der Europäer – insbesondere in den älteren Mitgliedstaaten – stark verändert. So macht sich nun eine relative Mehrheit in der früheren EU-15 Sorgen über die Folgen der Globalisierung (49%) (SPEZIAL-EUROBAROMETER 251, Mai 2006). In den zehn neuen EU-Mitgliedstaaten ist das Verhältnis nach wie vor umgekehrt. Hier sehen 42% der Bewohner das Phänomen positiv. Die veränderte Wahrnehmung der Globalisierung zeigt sich besonders deutlich bei der Beurteilung der wirtschaftlichen Entwicklung. Während 2003 56% der Bürger der EU-15 gute Chancen aufgrund der Globalisierung für die Beschäftigung und die Unternehmen im eigenen Land sahen, waren es 2006 nur noch 37%, was einem Rückgang von 19 Punkten entspricht.[3] Nur elf der 25 Mitgliedstaaten sehen in der Globalisierung primär Chancen für nationale Unternehmen. Die Dänen (77%), gefolgt von den Schweden (54%), bewerten die Konsequenzen der Globalisierung der Wirtschaft am positivsten. Franzosen (72%), Griechen (72%) und Belgier (64%) haben große Sorgen.

2 Das Eurobarometer ist eine in regelmäßigen Abständen von der EU-Kommission in Auftrag gegebene Meinungsumfrage in den Mitgliedsländern und Beitrittskandidaten der EU zu den zentralen Fragen europäischer Politik.

3 In diesem Fall kann ein direkter Vergleich zwischen den Ergebnissen der Umfragen von 2003 und 2006 gezogen werden, da die Fragen nahezu identisch waren. Bei den meisten anderen Fragen ist diese Vergleichbarkeit aufgrund unterschiedlicher Fragen nicht gewährleistet.

Die Beurteilung, ob die EU ihre Bürger vor den negativen Auswirkungen der Globalisierung schützt, unterlag ebenfalls einem Wandel (EUROBAROMETER 64, Juni 2006). 34% der Unionsbürger waren im Juni 2006 der Ansicht, die EU schütze sie, 47% stimmten dem nicht zu. Insbesondere die Deutschen sehen die Rolle der EU sehr kritisch (63% meinen, die EU schützt nicht), die Franzosen (58%) haben nur eine unwesentlich bessere Meinung. Dagegen übertrifft auf Malta und Zypern, in Italien, Irland, Estland, Spanien und Litauen die Zahl der Befragten, nach deren Ansicht die EU sie vor den negativen Auswirkungen der Globalisierung schützt, die der Menschen, die dem nicht zustimmen. Auffällig ist insbesondere, dass in Italien, das neben Deutschland und Frankreich schon seit geraumer Zeit zu den wirtschaftlichen Sorgenkindern Europas gehört, lediglich 38% der Meinung sind, die EU schütze nicht. Italien hat im Vergleich zu anderen EU-Kernländern immer noch ein ausgesprochen positives Bild von der Rolle der EU in der Globalisierung.

Globalisierung wird innerhalb der EU – und in besonderem Maße in der EU-15 – zunehmend mit Arbeitsplatz- und Firmenverlagerungen in andere Länder verbunden. Wieder zeigen sich innerhalb der EU-15 große Unterschiede: So assoziieren weit weniger Briten und Italiener dieses Phänomen mit der Globalisierung als etwa Franzosen, Griechen, Belgier oder Deutsche. Einige Länder heben sich sogar deutlich von dieser Beurteilung ab: Die Niederländer, Dänen und Schweden sehen Globalisierung viel stärker als Chance zur Erschließung neuer Märkte für die heimische Industrie (EUROBAROMETER 64, Juni 2006).

Jene Länder, die am härtesten von Arbeitsplatzverlagerungen im produzierenden Gewerbe und bei Dienstleistungen sowie von der Integration von Arbeitsplatzsuchenden aus den neuen EU-Mitgliedstaaten betroffen sind, wie etwa Großbritannien, sind gegenüber der Globalisierung dennoch positiv eingestellt. In Frankreich hingegen, das unter Bezug auf die offiziellen Statistiken wesentlich weniger von diesem Problem tangiert ist, sind die Proteste gegen die Globalisierung und deren Folgen wesentlich stärker.

Allein die unterschiedliche ökonomische Leistungsfähigkeit der EU-Staaten kann diese Varianz in der öffentlichen Reaktion nicht erklären. Als entscheidendes Kriterium für die Beurteilung scheint weniger die wirtschaftliche Wirkung von Arbeitsplatzverlagerungen relevant zu sein als vielmehr institutionelle Anpassungen in den nationalen politischen Systemen, die entweder durchgeführt oder versäumt wurden, sowie der – legitimierende – öffentliche Diskurs darüber (SCHMIDT 2006). Ein erfolgreicher Diskurs erhört die Reformkapazität, denn die Bürger werden überzeugt, dass Schwierigkeiten angegangen werden müssen. Er beinhaltet eine Idee, aber ebenso normative Argumente zur Notwendigkeit von Reformen, und versucht damit den Reformprozess zu legitimieren (vgl. SCHMIDT/ RADAELLI 2004).

Anhand ausgewählter Länderbeispiele lässt sich aufzeigen, wie der von den politischen Akteuren mitgestaltete öffentliche Diskurs das Wahrnehmungsverhalten und die Einstellung der Öffentlichkeit gegenüber der Globalisierung mit beeinflusst hat (vgl. SCHMIDT 2006). In Großbritannien war es das Leitmotiv des „dritten Weges“, das New Labour und der Blair-Regierung in ihren Anfangsjahren zur

Unterstützung ihrer Wirtschafts- und Sozialreformen diente. Der Globalisierung wurde in dieser Debatte eine positive Rolle zugeschrieben, da sie statt alter Abhängigkeiten neue Möglichkeiten eröffne. Die Blair-Rhetorik ist geprägt von positiven Globalisierungsassoziationen und der Verdeutlichung von inneren Reformnotwendigkeiten. „Die Globalisierung", so Blair im Februar 2006 in seiner Rede zur Zukunft Europas an der Universität Oxford, „verursacht nicht nur immense wirtschaftliche und soziale Umwälzungen überall in Europa. Sie zwingt die europäischen Nationen auch dazu, der wahren Natur der ökonomischen Herausforderung, der sie gegenüberstehen, ins Auge zu sehen: sie kommt nicht von innerhalb Europas, sondern von außen – von China, Indien und den neuen Schwellenländern in Asien. (...) Kurz und gut, Europa muss die Globalisierung annehmen, sonst wird es zu Grunde gehen."

In Irland wird die Globalisierung als neue Realität diskutiert, als nicht verhandelbare Bedingung, die erst das irische Wirtschaftswunder und den Status als „keltischer Tigerstaat" Europas ermöglichte (vgl. HAY/ SMITH 2005). Schweden und die Niederlande können auf eine noch ältere Tradition des „pro-globalen Diskurses" verweisen. Die Tatsache, dass diese Länder nach dem Zweiten Weltkrieg ihren wirtschaftlichen Aufstieg ihren offenen Ökonomien verdankten, gestattet es heute, Globalisierung als eine „Conditio sine qua non" darzustellen.

Die hohen Zustimmungsraten zur Globalisierung und insbesondere das Vertrauen in das Gestaltungspotenzial der EU in Italien hängt unmittelbar mit der Unzufriedenheit der Italiener mit der Funktionsweise ihres politischen Systems zusammen. Die Globalisierung soll hier die Rationalität und Effektivität der nationalen Akteure und Entscheidungsprozeduren erhöhen.

In Frankreich dagegen fehlt bis heute ein positiv gefärbter Globalisierungsdiskurs. Die Einschätzung, dass die EU im Sog der Globalisierung einen neoliberalen Kurs verfolge, wird selbst von Repräsentanten der bürgerlichen Mitte indirekt geteilt. So betonte Staatspräsident Chirac im Vorfeld des Referendums über die Europäische Verfassung wiederholt, dass er Frankreich schützen werde, indem er in der EU gegen den „ultra-neo-Liberalismus der Angelsachsen" kämpfe. Damit verstärkte Chirac im Ergebnis eher die Wahrnehmung, dass die Globalisierung über Europa bedrohlich nach Frankreich dringe, als diese Sorge zu dämpfen (vgl. SCHMIDT 2006).

In Deutschland wurde Globalisierung lange Zeit als Chance wahrgenommen. Eine wichtige Rolle spielte dabei, dass Deutschlands Zukunft als Exportnation nicht zuletzt von der Wirtschaftskraft der Zielländer deutscher Exportgüter abhängt. Der Glaube an Produkte „Made in Germany" und die Erfahrung als globaler Wettbewerber ließ Deutschland, obwohl es sich der Schwierigkeiten eines Hochlohnlandes im Laufe der 1990er Jahre nach und nach bewusst zu werden begann, den ökonomischen Prozess der Globalisierung positiv wahrnehmen. Die zunehmende Brisanz der wirtschaftlichen Situation, bemerkbar durch Massenentlassungen großer Unternehmen, Arbeitsplatzverlagerungen und kontinuierlich steigende Arbeitslosenzahlen, erklärt zum Teil den Stimmungsumschwung in Deutschland.

Hinzu kommt, dass die innenpolitische Debatte über notwendige Wirtschafts- und Sozialreformen mit einem Negativbild der Globalisierung vermengt wurde. Die Polarisierung innerhalb der Parteienlandschaft nahm zu, die Schärfe der rhetorischen Auseinandersetzung zwischen Regierung und Opposition tat ein übriges; schließlich besiegelten die Gründung der Linkspartei und ihr Einzug in den Bundestag 2005 die Spaltung der politischen Linken und verschafften einer populistischen Globalisierungskritik eine dauerhafte öffentliche Bühne.

Dieser Überblick über die Wahrnehmungs- und Interpretationsmuster der Globalisierung in der EU bleibt Momentaufnahme, wenn er nicht im Kontext der veränderten Wahrnehmung der EU insgesamt gesehen wird. Über alle Politikfelder hinweg lässt sich seit den neunziger Jahren eine Verschiebung hin zu einer stärker nutzenorientierten und national gefärbten Betrachtungsweise der Europapolitik beobachten. Offenbar entfaltet der schwindende Außendruck die in der Heterogenität der EU-Mitglieder angelegten zentrifugalen Tendenzen, und offenbar löst die Wahrnehmung von Nutzenkalkülen auf Seiten anderer Akteure unter den heutigen Bedingungen der Integration ebenfalls Nutzenkalküle aus. Auf den Fall der Mauer reagierte die französische Politik nach einer Schrecksekunde noch mit dem Drängen auf tiefere Integration – heute dürfte eine ähnliche Zäsur wohl eher das Insistieren auf Vetopositionen beflügeln. So verwundert kaum, dass angesichts der großen Erweiterung nach Osten die neue Heterogenität zuerst als Konkurrenz der „polnischen Klempner“ empfunden wurde. Auf der mentalen Landkarte der Europäer scheint der Raum der Solidarität deutlich kleiner zu sein als die tatsächliche Ausdehnung der EU-25. Dies Phänomen ist nicht neu – es hat bereits die Süderweiterung begleitet; doch der Kontext wie die Größenordnung, in der es sich 2004 wiederholte, traf die Europäer unvorbereitet.

Stellt man einmal exogene, durch den Prozess der Globalisierung selbst initiierte Anpassungsimpulse dem endogenen Reformbedarf post-industrieller Wohlfahrtstaaten gegenüber, so wird schnell ersichtlich, dass in der heutigen Globalisierungskritik die Externalisierung innerer Ängste und Reformverweigerung ebenso steckt wie in der Globalisierungsschwärmerei der Versuch der Aushebelung bestehender Regelungen über öffentliche Güter – eine doppelte Instrumentalisierung mit diskursverwirrender Wirkung.

Zu den externen Faktoren lassen sich folgende Punkte zählen (vgl. EUROPÄISCHE KOMMISSION 2005, SAPIR 2005, BERTELSMANN STIFTUNG 2006):

- Das Entstehen neuer Handelsgiganten: Vor 20 Jahren kamen gerade einmal 10% der Industriegüter aus Entwicklungs- und Schwellenländern. Bis 2020 könnte allein der Anteil von China und Indien 50% erreichen.
- China und Indien ziehen Forschungsinvestitionen an und streifen ihr Image als „Billiglohn- und Billigproduktländer“ ab. Inzwischen kann Indien nahezu jede wissensbasierte Dienstleistung effektiver und preiswerter als europäische Länder anbieten. Aufgrund des Sprachfaktors sind insbesondere Dienstleistungen in Großbritannien gefährdet.

- Lohnkostenunterschiede zwischen Europa und ausgewählten asiatischen Ländern sind hoch und lassen Arbeitsplatzverlagerungen attraktiv erscheinen. Die arbeitsintensive Produktion wird in den kommenden Jahrzehnten weiter ostwärts ziehen; für den westlichen „blue collar worker" beginnen noch härtere Zeiten.
- Die Akquisitionsmacht asiatischer Akteure steigt: Die Übernahme des europäischen Arcelor-Konzerns durch den indischen Stahlmagnaten Lakshmi Mittal gehört zu den prominentesten Beispielen. Die beträchtliche Anhäufung von Devisenreserven in asiatischen Zentralbanken erhöht deren Einfluss auf den internationalen Kapitalmärkten.
- Die weltweite Nachfrage nach Energie steigt: Der Bedarf an Erdgas wird sich in den kommenden 25 Jahren nahezu verdoppeln. Allein China wird seinen Verbrauch jährlich um sieben Prozent steigern.

Diese Entwicklungen fordern die Staaten Europas heraus. Doch in welcher Situation würden sich die europäischen Staaten heute befinden, hätte es keine derart extreme Verdichtung der globalen Ökonomie in den vergangenen Jahren gegeben? Zahlreiche der Probleme, denen sich die europäischen Gesellschaften ausgesetzt sehen, wären dieselben. Es gibt ein ganzes Bündel endogener gesellschaftlicher Wandlungsprozesse, das Europas sozialstaatliche Ordnungen aus dem Gleichgewicht bringt. Zahlreiche strukturverändernde Entwicklungen verlaufen endogen. Dazu zählen insbesondere die Umkehrung der Alterspyramide durch geringe Geburtenrate und wachsende Lebenserwartung, wobei gewandelte Geschlechterrollen und die Veränderung von Familienstrukturen verstärkend hinzukommen (vgl. auch ESPING-ANDERSEN 2006). Schon heute sind die gesellschaftlichen Konflikte der kommenden Jahre absehbar: Wissen und fundierte Ausbildung sind zum gesellschaftlichen Ausschlusskriterium geworden, Immigrantenkinder bleiben benachteiligt und das soziale Gefälle zwischen Familien nimmt zu. Die soziale Durchlässigkeit der Gesellschaft nimmt tendenziell ab, die Kluft zwischen „working-poor" und „working-rich"-Haushalten vergrößert sich. Es hat zudem den Anschein, als bildeten sich stabile Unterschichtmilieus heraus, denen der Anschluss an die gesellschaftliche Entwicklung und ein sozialer Aufstieg nicht mehr gelingt. Nicht zuletzt wird der Generationenkonflikt an Schärfe gewinnen: Die zusätzlich notwendigen Aufwendungen für die Rentenkassen werden in Europa auf fünf Prozent des BSP innerhalb der kommende vier Jahrzehnte geschätzt. Auch wenn BECK (2006) die gegenwärtige Debatte um die Bevölkerungsentwicklung als „falschen Alarmismus" relativiert, ist Demographie nicht nur eine gesellschaftspolitische, sondern ganz wesentlich eine wirtschaftliche Größe mit Auswirkungen auf das Erwerbspersonenpotenzial, den Konsum, Investitionen, die Innovationsfähigkeit von Gesellschaften und die Finanzierung der sozialen Sicherungssysteme.

Hinzu kommen ökonomische Fehlentwicklungen bzw. Problemlagen in Europa: die strukturell hohe Erwerbslosenrate, die jahrelange Vergrößerung des Defizits in den Staatshaushalten, das schwache wirtschaftliche Wachstum sowie in zahlreichen Ländern die beträchtliche Zunahme der Staats-, Steuer-, Abgaben- und Sozialleistungsquote. Das im Vergleich zu den USA niedrigere BSP in Europa resultiert zu einem Drittel aus der durchschnittlich niedrigeren Arbeitsproduktivität, zu einem Drittel aus kürzeren europäischen Arbeitszeiten und zu einem weiteren Drittel aus der niedrigeren Erwerbsquote (GIDDENS 2006). Die Erwerbsquote von Arbeitnehmern über 55 Jahren beträgt in der EU 40%, verglichen mit 60% in den Vereinigten Staaten und 62% in Japan. Die Aufzählung macht deutlich, dass die Gesellschaften Europas trotz großer Umwälzungen und Modernisierungen noch immer durch starke Traditionslinien und frühere Arrangements des gesellschaftlichen und sozialen Ausgleichs geprägt werden.

2. *Konjunktur einer Metapher: Das Europäische Gesellschafts-, Sozial- und Wirtschaftsmodell*

Vor dem Hintergrund der skizzierten Lage scheint es fast folgerichtig, dass trotz der breit geführten Debatte keine klare begriffliche und konzeptionelle Bestimmung des Europäischen Gesellschafts-, Wirtschafts- und Sozialmodells existiert. Kaum ein Begriff der gegenwärtigen öffentlichen Debatte in Europa wird von seinen Protagonisten so unterschiedlich aufgefasst. Während die wiederholte Verwendung des Begriffs die Existenz eines solchen Modells suggeriert, zeigt jede Inhaltanalyse politischer Rhetorik in Europa, dass es sich eher um eine Projektionsfläche recht unterschiedlicher Modellüberlegungen handelt und häufig genug um einen Begriffscontainer wie der Begriff der „Europäischen Union" selbst – eine Chiffre für eine bewusst unscharf bestimmte Ambition, in die jeder die ihm eigenen Inhalte hineinlesen konnte.[4]

Die Entwicklung der Integration in Europa begünstigt diese Unschärfe, denn sie folgt keinem einheitlichen ordnungspolitischen Leitbild Einerseits bedeutete die europäische Integration, von Beginn an die Entfaltung von selbstregulierenden Märkten, von Preisbildungsprozessen, und der langsamen, graduellen Modernisierung des von ALBERT (1991) so beschriebenen „rheinischen Systems" administrierter Preise und strukturkonservierender Absprachen zwischen nationalen Eliten. Wettbewerbsrecht und nicht Sozialrecht, Privatisierung und nicht Expansion der Staatsaufgaben standen im Mittelpunkt dieses Teils europäischer Politik. Andererseits stand neben der Marktentfaltung seit den Gründungstagen die staatliche Lenkung der Wirtschaft in den damaligen Schlüsselbereichen der Montanindustrie und der Landwirtschaft. Seit den frühen Jahren enthielt dieser Dualismus ein doppeltes soziales Versprechen: Einerseits Wohlstandszuwachs durch Marktintegration, andererseits wirtschaftliche und soziale Sicherheit für den

4 Als eindrucksvoll, aber gleichwohl ergebnislos in Erinnerung bleibt der informelle Sondergipfel der Staats- und Regierungschefs der EU am 27. Oktober 2005 auf Schloss Hampton Court bei London, auf dem um über die Globalisierung und ihre Folgen für das Europäische Wirtschafts- und Sozialmodell diskutiert werden sollte.

ländlichen Raum und die alten Industrien. Das „soziale Europa" war längst ein Thema, lange bevor das „europäische Sozialmodell" in den 1980er Jahren in der französischen Debatte aufkam. Bereits Ende der 1960er Jahre wurde im Kontext der Pläne für eine künftige Wirtschafts- und Währungsunion der Gedanke der „Sozialunion" debattiert – eine im Kern deutsch-französische Initiative, die maßgeblich von deutscher Seite und dem damaligen Bundeskanzler Willy Brandt vorangetrieben wurde (WEINSTOCK 1973). Anfang der neunziger Jahre, in der Folge des Vertrags von Maastricht, wurde im Bewusstsein der sich vergrößernden Kluft zwischen der Wirtschafts- und Währungspolitik, die immer mehr auf europäischer Ebene organisiert wurde, und der Sozialpolitik, die weitgehend auf der nationalen Ebene verharrte, angedacht, ein sozialpolitisches Äquivalent zur Wirtschafts- und Währungsunion auf Unionsebene zu errichten (DÄUBLER 1989). Gemessen an diesen Plänen ist der tatsächliche Ertrag gering geblieben: Die Sozialpolitik ist immer noch das am stärksten auf der nationalstaatlichen Ebene verankerte Politikfeld.[5]

Vielfach wird das Europäische Sozialmodell als Ergebnis einer säkularen Entwicklung dargestellt, die in Europa unterschiedlichen Pfaden folgte, im Kern aber in Reaktion auf die gleiche Lage aus Urbanisierung, industrieller Revolution und sozialer Frage eine historisch gewachsene Sozialstaatlichkeit hervorbrachte (etwa SCHULTE 2004). Die EUROPÄISCHE KOMMISSION (2005) betont in ihrer Beschreibung des Sozialmodells die Bedeutung gemeinsamer Werte, die im internationalen Vergleich hohen Erwartungen an den öffentlichen Sektor, die Ergänzung der nationalen um eine europäische Dimension und die starke Tradition des sozialen Dialogs. GIDDENS (2006) nennt fünf Erkennungsmerkmale europäischer Sozialstaatlichkeit: Erstens ein entwickelter und interventionsfähiger Staat, zweitens ein robustes Sozialsystem, das effektiven Schutz bietet, drittens die Begrenzung oder Eindämmung wirtschaftlicher und anderer Formen von Ungleichheit, viertens die Schlüsselrolle der Sozialpartner und fünftens die Bedingung, dass jede dieser Eigenschaften so wirken muss, dass sie zur Ausweitung von Wohlstand und zur Schaffung von Arbeitsplätzen beiträgt.

Ein Charakteristikum vieler Definitionsversuche in der aktuellen Debatte ist der Versuch der Abgrenzung Europas gegenüber den USA und einem amerikanischen Modell sozialen und wirtschaftlichen Handelns. Gerade der europäisch-amerikanische Vergleich zeigt jedoch, dass der Begriff des Sozialmodells unscharf und bisweilen irreführend ist. ALBER (2006) belegt, dass die Vielfalt innerhalb der EU häufig größer ist als der Abstand zwischen dem europäischen Mittelwert und den USA. In den EU-Mitgliedstaaten gebe es keinen Kranz an Gemeinsamkeiten, den alle gemeinsam hätten. Vielmehr verblasse der Unterschied zu den USA angesichts der Unterschiedlichkeit in Europa. Vor diesem Hintergrund erscheint das Spezifi-

5 DÄUBLER (2004) zufolge werden mindestens 95% aller Fragen des Sozial- und Arbeitsrechts auf nationaler Ebene entschieden.

sche eines Europäischen Sozialmodells vor allem in der Behauptung von Sozialstaatlichkeit selbst zu liegen.

Wird in der europäischen Öffentlichkeit immer noch über ein einheitliches Europäisches Wirtschafts- und Sozialmodell diskutiert, so unterscheidet die vergleichende Wohlfahrtstaatsforschung seit der Arbeit von ESPING-ANDERSEN (1989) unterschiedliche Wohlfahrtstaatstypen bzw. -familien. Der *angelsächsische, liberale Typus* mit Irland und Großbritannien zeichnet sich durch eine Konzentration der sozialpolitischen Programme auf bedürftige Personen aus. Die Steuerlast ist niedrig, die Arbeitsmarktregulierung schwach ausgeprägt. Im *zentraleuropäischen, konservativen Typus* (Deutschland, Frankreich, Belgien) dominiert die Sozialversicherung den Sozialstaat; der Faktor Arbeit wird stark belastet. Merkmal des *nordischen, sozialdemokratischen Modells* (Schweden, Dänemark, Finnland) ist eine umfassende steuerbasierte soziale Sicherung mit ausgedehnten Erwerbsmöglichkeiten. Die vierte Familie bilden die südeuropäischen Länder.[6] Im *mediterranen Typus* des rudimentären Wohlfahrtstaats ist der Sozialstaat aufgrund des Bezugs auf das Subsidiaritätsprinzip weniger ausgeprägt – eine große Rolle spielt die innerfamiliäre Unterstützung.

Diese, in jüngster Zeit wieder vermehrt aufgegriffene Typologie (etwa SAPIR 2005), erscheint in der sozialen Wirklichkeit vielfach gebrochen. Die neuen mittel- und osteuropäischen EU-Staaten lassen sich keinem der traditionellen Typen zuordnen. Die Unterschiede zwischen den Familien verschwimmen und in ihnen grenzen sich die Mitglieder oft stark von ihren vermeintlichen „Geschwistern" ab. So hat Portugal zahlreiche angelsächsische Elemente übernommen und Dänemark liegt gemessen an den Nettoausgaben für Sozialleistungen sogar hinter Großbritannien. Dennoch ergibt ein Vergleich wirtschaftlicher und sozialer Kennzahlen der vier Gruppen, dass in den vergangenen Jahren insbesondere die Länder des nordisch-sozialdemokratischen und des angelsächsisch-liberalen Modells wirtschaftliche Dynamik und Reformen ermöglichten. Die Länder des kontinentalen und mediterranen Modells, die zusammen für zwei Drittel des BIP der EU-25 stehen, liegen bei Wachstum und Arbeitslosigkeit deutlich zurück. Genau genommen sind es die EU-Kernländer Deutschland, Frankreich und Italien, deren wirtschaftliche Erneuerung ansteht: Diese drei Staaten machen mit rund 200 Mio. Einwohnern knapp 45% der EU-Gesamtbevölkerung aus.

Im Licht der konzeptionellen Debatten erscheint weder die Übertragung eines der vier Modelle auf die anderen, noch die Entwicklung eines fünften, eindeutig europäischen Modells Erfolg versprechend und realistisch. Vielmehr geht es um die Frage, was und wie die einzelnen europäischen Länder voneinander lernen können. Ähnliche Politiken können in den jeweiligen landesspezifischen Kontexten unterschiedliche Ergebnisse produzieren. Wollen reformbereite Länder erfolgreiche Politiken übernehmen, dann müssen sie diese ihrem jeweiligen institutionellen

6 Die Identifizierung dieses Typus wird FERRARA (1998) zugeschrieben

nationalen Rahmen anpassen.[7] So wäre etwa der direkte Transfer der nordischen Erfahrungen auf die großen europäischen Problemwirtschaften wenig erfolgversprechend. Die hohe Steuerquote bewirkt, dass der Privatverbrauch in den skandinavischen Ländern langsamer steigt als im OECD-Durchschnitt. Während das für die kleinen, sehr offenen Volkswirtschaften Dänemarks, Finnlands und Schwedens weniger problematisch ist, ist der Privatverbrauch in den bevölkerungsreichen Ländern die wichtigste Nachfragekomponente. Der Erfolg Skandinaviens ist eine Kombination aus *Gegebenheiten* wie die Offenheit und geringe Größe der Ökonomien, das gewachsene Vertrauen in die Fürsorgefunktion des Staates sowie Naturressourcen in Schweden und Finnland, letztlich auch *genuine Leistungen* wie der hohe Bildungsstand, die Anpassungsfähigkeit im internationalen Wettbewerb und die effiziente Verwaltung und Steuerung staatlicher Zuwendungen (HISHOW 2005). Weitere genuine Erfolgsfaktoren sind die Schnelligkeit der Verbreitung von Informationstechnologie, die Investition in die Betreuung und Bildung von Kleinkindern, die Flexibilität des Arbeitsmarktes und die Entwicklung neuer Formen der sozialen Sicherung. Die Beschäftigungsquote ist dort hoch, wo lohnbezogene Sozialabgaben niedrig sind (vgl. DÖRING 2006 und LIDDLE 2006). Wichtig erscheinen ebenso die erfolgreiche Integration von Einwanderern sowie eine längere Lebensarbeitszeit.[8] Entgegen des weit verbreiteten Urteils, die geringe Ungleichheitsrate der skandinavischen Gesellschaften sei die Folge von Umverteilung durch Steuerung und Sozialtransfers, ist das erreichte Maß an Gleichheit vielmehr auf das durchdachte Investieren in ihr Humanvermögen zurückzuführen (GIDDENS 2006).

Die Integration von Einwanderern könnte ein Beispiel dafür sein, wie künftig das Soziale im europäischen Modell zu definieren wäre. Nicht der Erhalt oder Schutz von materiellen Privilegien gälte als sozial, sondern die Befähigung zur Integration in die Gesellschaft und der Zugang zu Bildung. Um für notwendige Akzeptanz in der Bevölkerung zu sorgen, müsste etwa gewährleistet sein, dass die Einwanderer aus allen Bildungsgruppen stammen und dass sie nicht von Anfang an mit dem vollen Zugang zu allen Sozialleistungen rechnen können (vgl. ROSSI 2003 und SÜSSMUTH/WEIDENFELD 2005).

Die Erkenntnis, dass veränderte soziale, demographische und ökonomische Rahmenbedingungen zu einem Ausbau der Sozialinvestitionen im Bildungswesen führen müssen, scheint quer durch alle politischen Lager weitgehend Zustimmung zu finden. Auch darüber, dass die Lissabon-Strategie die richtigen Ziele und

7 Gerade die Methode der offenen Koordinierung, der von der EU institutionalisierte Länder vergleichende Lernprozess, muss dies berücksichtigen.

8 Schweden hat eine Beschäftigungsquote von nahezu 70 % bei den 55- bis 64-Jährigen. Finnland zeigt, wie durch eine konsequente Beschäftigungspolitik die Erwerbsbeteiligung Älterer verbessert werden kann. 1989 wurde das *National Programme for Ageing Workers* ins Leben gerufen. Die Erwerbsquote Älterer stieg von 1995 bis heute um mehr als 16 Prozentpunkte an, und liegt damit zehn Prozent über dem EU-Durchschnitt (BERTELSMANN STIFTUNG 2006)

Maßnahmen benennt, besteht Konsens. Dass der bisherige Lissabon-Prozess dennoch hinter den Zielen zurückbleibt und die Ermittlung der „best practices" lahmt, liegt vor allem am mangelnden, institutionell gesicherten Durchsetzungsvermögen der Europäischen Kommission und dem mangelnden Willen der Mitgliedstaaten, sich an die Prozessergebnisse zu binden. Das zeigt sich etwa an der Ablehnung des Europäischen Rats von Vorschlägen des „naming" und „shaming" (also der öffentlichen Rüge derjenigen Länder, die die Lissabon-Messlatte unterschreiten). An der Notwendigkeit der Koordinierung struktureller, nationaler Reformen durch die europäische Ebene hat dies nichts geändert. Ein zentrales Argument für diese Koordinierung ist die Interdependenz der EU-Mitgliedstaaten. Sie zeigt sich durch *spill over*-Effekte etwa im Bereich von Forschung und Entwicklung, wo landesspezifische Ausgaben im Resultat allen anderen europäischen Ländern zugute kommen. Ebenso wirken sich Wirtschaftstrukturreformen in der Eurozone durch eine Veränderung des Zinsniveaus auf alle Euroländer aus (vgl. SAPIR 2005 und FERRY/ SAPIR 2006).

3. Europas Wirtschafts- und Sozialmodell als Katalysator für Veränderungen

Funktional betrachtet versuchen die Regierungen Europas den Verlust an materieller Steuerungsfähigkeit durch das Poolen ihrer Kompetenz auf europäischer Ebene zu kompensieren. Die politische Integration dient als Mittel zur Rückgewinnung von Souveränität auf höherem Niveau. Diese alte Logik der Integration gilt in politischer, aber auch in wirtschaftlicher Hinsicht auch für die Verarbeitung von Globalisierung.

Die Gründung der Europäischen Gemeinschaften sowie das spätere Binnenmarktprogramm sollten Wachstum und Innovationen entfachen und die europäischen Staaten in einem globalen Markt wettbewerbsfähig machen. Nach Berechnungen der Europäischen Kommission konnten in den ersten zehn Jahren des Binnenmarkts rund 2,5 Millionen Arbeitsplätze geschaffen werden, die ohne Öffnung der Grenzen nicht entstanden wären. Der wirtschaftliche Erfolg der EU ist folglich auch ein sozialer Erfolg.

Die Ausgestaltung der Sozialpolitik blieb dagegen weitgehend den Mitgliedstaaten überlassen. In Anlehnung an die These vom Demokratiedefizit wurde der EU deshalb ein „sozialpolitisches Defizit" (SCHMID 2002) attestiert. Dennoch kann seit Mitte der 1980er Jahre eine Ausweitung der EU-Kompetenzen beobachtet werden.[9] Allerdings sind Elemente distributiver Politik nach wie vor von geringer Bedeutung. So beliefen sich die Ausgaben für den Europäischen Sozialfonds – ein Instrument zur Qualifizierung von Arbeitslosen oder von Arbeitslosigkeit bedrohten Personen –

9 Eine ausführliche Darstellung zur Entfaltung der europäischen Sozialpolitik bietet SCHULZ (2003).

zwar von 2000 bis 2006 auf rund 60 Milliarden Euro, doch im Vergleich zu den nationalen Sozialbudgets ist dieser Betrag relativ gering. Stattdessen steht mit der Verständigung auf arbeits- und sozialrechtliche Standards etwa zu Arbeitsbedingungen, den sozialen Schutz der Arbeitnehmer, Chancengleichheit und Gleichbehandlung regulative Politik im Vordergrund. Der Verfassungsvertrag würde, wenn er in Kraft treten kann, daran zunächst nur wenig ändern, die sozialpolitisch relevanten Bestimmungen sind primär von symbolisch-deklaratorischer Bedeutung Auf lange Sicht könnte das „soziale Gesicht" Europas dennoch neue Konturen erhalten. Durch die komplette Übernahme der Grundrechtecharta in den Vertrag könnten die EU-Bürger ihre sozialen Grundrechte immerhin vor dem Europäischen Gerichtshof einklagen, was diesem durch seine Rechtsprechung eine Weiterentwicklung der sozialen Dimension europäischer Integration erlauben würde (BRUSIS 2005).

Mit Blick auf die weiter oben skizzierte Wahrnehmung verwundert nicht, dass die im Integrationsprozess faktisch wie normativ enthaltenen sozialen Faktoren die Globalisierungskritik an Europa nicht aufzuheben vermögen. Nicht primär aus inhaltlicher Sachlogik, sondern gerade im Bemühen, eine rein defensive Kommunikationshaltung zu überwinden, hat deshalb die Kommission Ende 2005 die Einrichtung eines Europäischen Globalisierungsfonds vorgeschlagen. Ziel des mit 500 Millionen Euro jährlich ausgestatteten Fonds wäre es, „die Solidarität der Union mit Arbeitnehmern zu demonstrieren, die durch eine Handelsliberalisierung arbeitslos geworden sind" und diese wieder in den Arbeitsmarkt einzugliedern (EUROPÄISCHE KOMMISSION 2006). Mit solchen Maßnahmen sollen die EU-Bürger davon überzeugt werden, dass die EU die negativen Folgen der Globalisierung abfedern kann. Mit dem Globalisierungsfonds würde die EU die deklaratorische Ebene in der Europäischen Sozialpolitik verlassen und „real money" (TSOUKALIS 2006) in die Hände nehmen – wenn auch das Volumen im Vergleich zu den nationalen Sozialbudgets sehr klein bleibt.

Unabhängig davon, wie effizient der Fonds letzten Endes tatsächlich wird, wie viel Bürokratie er fordert und wie die Auswahl der Betroffenen stattfindet, ist das Ziel der EU, aus dem Teufelskreis der Negativkommunikation auszubrechen, mit Maßnahmen dieser Art wohl nicht erreichbar. Die EU dürfte vielmehr solange in der Defensive bleiben, wie sie materielle Ängste nicht zerstreuen und Besitzstandsinteressen nicht erfüllen kann. Europa benötigte vielmehr einen diskursiv und politisch pro-aktiven Zugang zum Umgang mit Globalisierung. Anstatt den kommunikativen und politischen Versuch zu unternehmen, sich dem Einfluss der Globalisierung und ihrer Schattenseiten zu entziehen bzw. diese aufzuhellen, wäre der Fokus auf die erreichten und erreichbaren Vorteile des Zusammenschlusses der europäischen Staaten in der EU zu legen.

Jacques Delors hat die Einheitliche Europäische Akte, mit der vor zwanzig Jahren die Vollendung des Binnenmarktes eingeleitet wurde, als „sozial" verstanden. Die schiere Größe des EU-Binnenmarkts ist für die Mitgliedstaaten und ihre Unternehmen ein Vorteil, der sich in Skalenerträgen bei der Erzeugung privater und öffentlicher Güter ausdrückt. Durch die Schaffung des Binnenmarktes konnten Größen- und Verbundvorteile in der industriellen Produktion realisiert werden. In der Luft- und Raumfahrt hat dies beispielsweise erst eine nachhaltige Investitionstätigkeit bewirkt. Der Binnenmarkt fördert die Anwendbarkeit und direkte Umsetzbarkeit neuer technologischer Erfindungen und steigert dadurch die internationale Konkurrenzfähigkeit der Unternehmen. Zwar mögen für Unternehmen die Grenzerträge in boomenden Märkten höher ausfallen, aber die Skalenerträge im heimischen – in diesem Fall europäischen – Markt werden benötigt, um sich in einem neuen Markt etablieren zu können.

Auch der Euro mäßigt die globalen Kräfte. Die Euro-Länder sind seit seiner Einführung weniger Wechselkursrisiken ausgesetzt, wie auch die Gefahr von Währungskrisen, die durch verfehlte Wirtschaftspolitiken einzelner EU-Staaten ansonsten absehbar wären, vermindert wurde. Indem die EU Unsicherheiten für die europäische Wirtschaft reduziert, hilft sie den europäischen Wohlfahrtstaaten, ihre finanzielle Basis zu sichern. Der Euro wie der Binnenmarkt sind Elemente für die EU-Mitgliedstaaten, um die Veränderungen der Globalisierung zu nutzen. Auch bei der Suche nach globalen Regelungen für globalisierungsbegleitende Prozesse, etwa beim Handel oder bei globalen Gesundheits- und Sicherheitsgefährdungen, bliebe der Einfluss der EU-Mitgliedstaaten alleine minimal.

Sieht man die Diskussion um ein Europäisches Sozialmodell aus einer „Globalisierungsbrille", die den regulierenden und mäßigenden Einfluss der EU hervorhebt, kann sie zu einem Katalysator für wirtschaftliche und politische Reformen auf europäischer und insbesondere nationaler Ebene werden. Noch ist die Sozialmodelldebatte und die Analyse der „Sozialstaatswerdung" zu stark auf die Sozialpolitik konzentriert (KNELANGEN 2005). Erst die Wechselbeziehung mit anderen Integrationsprojekten ermöglicht es, die Bedeutung von Sozialpolitik für die europäische Integration zu verorten.

Die Instrumentalisierung der EU in der Globalisierungsdebatte wie die Aufladung der Brüsseler Akteursebene leben von der Vermischung der Verantwortlichkeiten und einer mangelnden Zuordnung von Entscheidung und Legitimation. Diese Präzisierung leitet der Verfassungsvertrag zumindest ein. Die primäre Rolle der EU ist es nicht, ein eigenes Europäisches Sozialmodell zu definieren und anschließend global zu behaupten. Sie kann sich stattdessen auf die Verwirklichung bestehender Ziele, wie sie in der Lissabon-Agenda formuliert sind, konzentrieren. Das bedeutet auch, dass nicht der Ausgleich des wirtschaftlichen und sozialen Gefälles unter den Mitgliedstaaten erste Priorität besitzt, sondern die gemeinsame Wettbewerbsfähigkeit im globalen Maßstab. In der Vollendung des Binnenmarkts für Dienstleistungen, Energie und Finanzdienstleistungen verbirgt sich ein wirtschaftliches Potential, das die EU in einem veränderten, positiven Globalisierungsdiskurs herausstellen muss. Die Entwicklung Spaniens und Irlands zeigt exemplarisch, dass die Instrumente des sozialen Ausgleichs in der EU dann am wirksamsten greifen, wenn sie eine Entfaltung der wirtschaftlichen Dynamik unterstützen können, anstatt sie ersetzen zu müssen.

In der Globalisierungs- und Sozialmodelldiskussion steckt die Chance, neue Lernfelder zu erschließen. Aus der bisherigen Debatte um ein Europäisches Wirtschafts- und Sozialmodell lassen sich beispielsweise schon heute politische Maßnahmen in drei Bereichen ableiten: Erstens eine *aktive Arbeitsmarktpolitik*, die in Skandinavien unter dem Stichwort „flexicurity“ verankert wurde. Zweites „*Befähigung*“ im Sinne einer aktivierenden Politik: So verstandene Sozialpolitik setzt an der Stelle ein, wo den Menschen die notwendigen Ressourcen an die Hand gegeben werden, um sich im Markt behaupten zu können. Dies umfasst gezielte Maßnahmen zur besseren Integration von ethnischen Minderheiten und Einwanderern ebenso wie die politische Entschlossenheit, gesellschaftlichen Aufstieg zu ermöglichen und zu fördern. Der dritte Bereich ließe sich als *generationengerechte Bildungsinvestition* umschreiben und umfasst Punkte wie die gezielte Erhöhungen der Ausgaben für Wissenschaft, Technologie und Hochschulbildung, eine Umverteilung der Mittel zugunsten der nachkommenden Generationen sowie die Fokussierung der Ausgaben für Ältere auf Formen des Lernens und der Weiterqualifikation. In der Wissensgesellschaft von heute kommt den Bereichen Forschung und Ausbildung eine Schlüsselfunktion zu. Sie bilden den „Standortfaktor Nummer eins“, der für mehr Arbeitsplätze und soziale Gerechtigkeit sorgt.

Das europäische Gesellschafts-, Wirtschafts- und Sozialmodell wird sich in dem Maße konkretisieren, wie die EU-Mitgliedstaaten ihre Handlungsfähigkeit in der nationalen Sozialpolitik wiederherstellen. Sozialstaatliche Politik ist nicht mehr die verbleibende Bastion nationaler Regie. Die unterschiedlichen Ansätze stehen in einem schärferen Wettbewerb miteinander. Schon jetzt kommt der Diskussion um das Sozialmodell das Verdienst zu, diesen Vergleich und Wettbewerb um die besten politischen Lösungen in Europa gefördert zu haben. Nun liegt es an den Mitgliedstaaten selbst, ob sie einen neuen diskursiven Zugang zum Globalisierungsprozess finden wollen und damit die Relation von globalen, europäischen und nationalen Herausforderungen zurechtrücken.

Literaturverzeichnis

Alber, Jens, 2006: Das „europäische Sozialmodell“ und die USA. In: Leviathan, 34. Jahrgang, Heft 2, 208-241

Albert, Michel, 1991: Capitalisme contre Capitalisme. Paris

Beck, Ulrich, 2006: Falscher Alarmismus. Der Streit um die Bevölkerungsentwicklung. In: Süddeutsche Zeitung, 11. August 2006

Bertelsmann Stiftung 2006: Neue Kräfte in Asien – Rückwirkungen für Europa. Diskussionspapier zu den wirtschaftlichen, politischen und kulturellen Folgen

des „Pazifischen Jahrhunderts". Gütersloh
Däubler, Wolfgang, (Hrsg.), 1989: Sozialstaat EG? Die andere Dimension des Binnenmarktes, Gütersloh
Däubler, Wolfgang, 2004: Die Europäische Union als Wirtschafts- und Sozialgemeinschaft. In: Weidenfeld, Werner (Hrsg.): Europa-Handbuch. 3. aktuali-sierte und überarbeitete Neuauflage, Gütersloh
Döring, Diether, 2006: Der verlorene Charme des Sozialstaats. In: Frankfurter Allgemeine Zeitung, 5. August 2006, 13
Esping-Andersen, Gosta, 1989: The three political economies of the welfare state. Canadian Review of Sociology and Anthropology, 26. Jahrgang, Heft 1, 10-36
Esping-Andersen, Gosta, 2006: Warum brauchen wir eine Reform des Sozialstaats? Gosta Esping-Andersen beantwortet von Jens Alber gestellte Fragen. In: Leviathan, 34. Jahrgang, Heft 1, 61-81
Europäische Kommission 2005: Mitteilung der Kommission an das Europäische Parlament, den Rat, den Europäischen Wirtschafts- und Sozialausschuss und den Ausschuss der Regionen. Europäische Werte in der globalisierten Welt. Beitrag der Kommission zur Tagung der Staats- und Regierungschefs im Oktober
Europäische Kommission, 2006: Vorschlag für eine Verordnung des Europäischen Parlaments und des Rates zur Einrichtung des Europäischen Fonds für die Anpassung an die Globalisierung.
Ferrara, Maurizio, 1998: Le Trappole del Welfare. Bologna
Giddens, Anthony, 2006: Die Zukunft des Europäischen Sozialmodells. In: Friedrich Ebert Stiftung. Internationale Politikanalyse, März 2006
Hay, Colin/ Smith, Nicola J., 2005: The Political Discourse of Globalization and European Integration in the UK and Ireland. In: West European Politics, Volume 28, Nr. 1, 124-158
Hishow, Ognian N., 2005: Das Wirtschafts- und Sozialmodell der nordischen EU-Mitglieder. SWP-Aktuell 47, November 2005
Huton, Will/ Giddens, Anthony (Hrsg.), 2001: Die Zukunft des globalen Kapitalismus, Frankfurt a. M./ New York Keohane, Robert O. and Joseph S. Nye, Jr. 2001: Power and Interdependence. 3. Auflage : New York
Knelangen, Wilhem, 2005: Sozialstaatswerdung" Europas? Integrationstheoretische Überlegungen zur Entwicklung der EU-Sozialpolitik. In: Baum-Ceisig, Alexandra/Faber, Anne (Hrsg.): Soziales Europa? Perspektiven des Wohlfahrtsstaates im Kontext von Europäisierung und Globalisierung. Wiesbaden, 20-44.
Liddle, Roger, 2006: Equipping Europe for Globalisation: what can be done at the EU level. In: Policy Network: The Hampton Court Agenda: a Social Model for Europe. London, 21-26
Pisani-Ferry, Jean/ Sapir, André, 2006: Last Exit to Lisbon. Bruegel Policy Brief, Issue 2006/02, März 2006
Sapir, André, 2005: Globalisation and the Reform of European Social Models. Bruegel Policy Brief, Issue 2005/1, November 2005
Schmid, Josef, 2002: Wohlfahrtsstaaten im Vergleich. Soziale Sicherung in Europa.

Organisation, Finanzierung, Leistungen und Probleme. 2. Auflage, Opladen
Schmidt, Vivien A./ Radaelli, Claudio, 2004: Conceptual and Methodological Issues in Policy Change in Europe. In: West European Politics, Vol. 27, Nr. 4, 1-28
Schmidt, Vivien A., 2006: Social Contract under Siege: National Responses to Globalized and Europeanized Production in Europe. Paper prepared for presentation for the conference. "The New Global Division of Labour: Winners and Losers from Offshore Outsourcing." Center for Global Initiatives, Mt Holyoke College, South Hadley MA (March 3-4, 2006)
Schulte, Bernd, 2004: Die Entwicklung der Sozialpolitik der Europäischen Union und ihr Beitrag zur Konstituierung des europäischen Sozialmodells. In: Kaelble, Hartmut/ Schmid, Günther (Hrsg.): Das europäische Sozialmodell. Auf dem Weg zum transnationalen Sozialstaat. Berlin, 75-103
Schulz, Otto, 2003: Grundlagen und Perspektiven einer europäischen Sozialpolitik: die Verhandlungen und Ergebnisse der Regierungskonferenzen von Maastricht, Amsterdam und Nizza. Köln u. a.
Starbatty, Joachim, 2001: Globalisierung und die EU als „safe haven". Ordnungspolitische Anmerkungen und Einführung zum Kongress von Hanns Martin Schleyer-Stiftung und Ehlerding Stiftung.
URL:http://w210.ub.uni-tuebingen.de/dbt/volltexte/2005/1951/pdf/211.pdf search=%22Globalisierung%20STarbatty%22
Süssmuth, Rita / Weidenfeld, Werner, 2005: Managing integration: the European Union's responsibilities towards immigrants. Gütersloh
Tsoukalis, Loukas, 2006: Why we need a Globalisation Adjustment Fund. In: Policy Network: The Hampton Court Agenda: a Social Model for Europe. London, 81-88
Weinstock, Ulrich u.a. (Hrsg) 1973: Neun für Europa. Die EWG als Motor europäischer Integration. Düsseldorf

Martin Schulte

Globalisierung und Europäische Union: Auswirkungen auf die Arbeitsmärkte

Aufgrund der fortschreitenden Globalisierung konkurrieren die Erwerbsbevölkerungen der früh industrialisierten Länder unmittelbar mit denen der aufstrebenden Schwellenländer Asiens und Osteuropas um Investitionen und Arbeitsplätze. Besonders betroffen sind hiervon die Länder der früheren EU-15, die mit den osteuropäischen Mitgliedstaaten wesentliche Konkurrenten in ihren institutionellen Rahmen eingebunden haben.

Zwar sind alle Erwerbsbevölkerungen der EU-15 diesem internationalen Wettbewerb gleichermaßen ausgesetzt. Dennoch bewältigen die nordeuropäischen Staaten die Herausforderung besser als die west- und südeuropäischen Länder. Dies zeigt nicht zuletzt eine höhere Beschäftigungs- und niedrigere Arbeitslosenquote. Zurückzuführen ist dies auf anpassungsfähigere Arbeitsmärkte sowie beschäftigungsfördernde Sicht- und Verhaltensweisen.

Angesichts des sich künftig weiter verschärfenden internationalen Wettbewerbs stehen somit vor allem die west- und südeuropäischen EU-Länder vor der Aufgabe, ihren institutionellen Rahmen zu reformieren. Auch wenn es hierfür keinen Königsweg gibt, können sie von den nordeuropäischen Ländern lernen.

Globalisierung bedrängt Erwerbsbevölkerungen Europas

Der wirtschaftliche Aufstieg der westeuropäischen EU-Staaten nach dem Zweiten Weltkrieg wäre ohne die zunehmende internationale Verflechtung ihrer Volkswirtschaften nicht möglich gewesen. Allerdings haben sich in den letzten 15 Jahren die Rahmenbedingungen der Globalisierung grundlegend gewandelt. Durch die Einbeziehung bevölkerungsreicher Niedriglohnländer in die internationale Arbeitsteilung hat der weltweite Wettbewerb um Investitionen und Arbeitsplätze erheblich an Schärfe gewonnen.

Intensivierung des Wettbewerbs

Ursprünglich konzentrierten sich Produktion und Handel hochwertiger Waren- und Dienstleistungen fast ausschließlich auf Nordamerika, Westeuropa und Japan. Länder außerhalb dieser Triade traten lediglich als Rohstofflieferanten und begrenzt als Absatzmärkte, nicht aber als Produzenten von handelbaren Industriegütern und Dienstleistungen in Erscheinung. Dies änderte sich in den 1980er Jahren. Infolge wirtschaftspolitischer Reformen und internationaler Handelsabkommen wurden nach und nach große Schwellenländer wie China, Indien, Indonesien, Brasilien und

Mexiko in die internationale Arbeitsteilung eingebunden. Durch den Fall des Eisernen Vorhangs kam in den 1990er Jahren der gesamte Osten Europas hinzu. Damit umfasst der Weltmarkt heute über 4 Milliarden Menschen.

Für die Unternehmen aus den früh industrialisierten Ländern haben sich hierdurch die Absatzmärkte erheblich vergrößert. Der Wert der aus den 15 westlichen EU-Ländern ausgeführten Güter und Dienstleistungen stieg zwischen 1991 und 2005 von 1.500 auf 3.700 Mrd. Euro, somit um weit mehr als das Doppelte an.[1] In vielen Ländern bilden die Exporte die Hauptstütze des Wirtschaftswachstums. Zugleich profitieren die Verbraucher von günstigen Importen. Vor allem die Preise für Bekleidung, Unterhaltungselektronik sowie Haushaltsgeräte sind in den letzten Jahren sogar gesunken.[2] Insgesamt nimmt hierdurch der Wohlstand der europäischen Bevölkerungen zu. Zwischen 1991 und 2005 stieg der Realwert des Bruttoinlandsprodukts je Einwohner um ein Viertel. Allerdings entfällt ein abnehmender Teil dieser Wohlstandsmehrung auf Arbeitseinkommen aus abhängiger Beschäftigung. Die Lohnquote ging im gleichen Zeitraum von 62,3 auf 58,5 Prozent zurück.[3] Vor allem unterdurchschnittlich qualifizierte Arbeitskräfte partizipieren immer weniger an der wirtschaftlichen Entwicklung.

Ursächlich hierfür ist der im Zuge der Globalisierung stark zunehmende internationale Wettbewerb. Dieser Wettbewerb wird nicht nur zwischen Unternehmen, sondern vor allem auch zwischen Erwerbsbevölkerungen ausgetragen. Unternehmen sichern sich ihre Wettbewerbsfähigkeit, indem sie Produktion, Verwaltung sowie Forschung und Entwicklung jeweils dort ansiedeln, wo sie die besten Konditionen vorfinden. Dadurch konkurrieren die rund 190 Millionen Erwerbspersonen[4] in den Ländern der EU-15 mit den knapp 2 Milliarden Erwerbspersonen[5] in den aufstrebenden Ländern unmittelbar um Investitionen und Arbeitsplätze.

Faktor Arbeit rückt in den Focus

Dabei rückt zunehmend der Preis für den Faktor Arbeit in den Mittelpunkt. Kapital und technisches Wissen sind hoch mobil und daher weltweit zu immer ähnlicheren Konditionen verfügbar. Insbesondere der Preis für Kapital hat sich

1 Vgl. Europäische Kommission (AMECO), eigene Berechnung.

2 Während beispielsweise in Deutschland die Verbraucherpreise zwischen 2000 und 2005 insgesamt um 8,3 Prozent gestiegen sind, gingen die Preise für Bekleidung und Textilien um 1,6 und die für Elektrogeräte sogar um 25 Prozent zurück. Vgl. Statistisches Bundesamt (2006), S. 30.

3 Hier Arbeitnehmerentgelt in Prozent des nominalen Bruttoinlandsprodukts. Vgl. Europäische Kommission (AMECO).

4 Vgl. Europäische Kommission (AMECO).

5 Eigene Schätzung auf Basis einer Erwerbspersonenquote von 65 Prozent bezogen auf die Bevölkerungen im Alter zwischen 15 und 65 Jahren in Südamerika, Osteuropa und Süd-Ost-Asien. Vgl. UN (2005).

global weitgehend angenähert.[6] Auch beim technischen Wissen holen viele Schwellenländer infolge von Technologietransfers im Rahmen ausländischer Direktinvestitionen sowie hoher öffentlicher und privater Forschungs- und Entwicklungsausgaben zügig auf. Taiwan, Südkorea, Singapur, Malaysia, Indien und Tschechien verfügen in der Elektrotechnik, der Softwareentwicklung und der Automobilfertigung über weltweit führende High-Tech-Standorte.[7] Zudem gleichen sich Bildungs- und Qualifikationsstand der Erwerbsbevölkerungen sowie die Ausstattung mit Infrastruktur in vielen asiatischen Schwellen- und osteuropäischen EU-Ländern allmählich den westlichen Standards an.[8] Die Leistungsfähigkeit öffentlicher Institutionen erreicht in einigen dieser Länder bereits heute das Niveau südeuropäischer EU-Staaten wie Spanien, Griechenland und Italien.[9]

Insgesamt verringern die Erwerbsbevölkerungen der spät industrialisierten Länder dadurch ihren Rückstand bei der Arbeitsproduktivität und der Qualität der gefertigten Güter und Dienstleistungen. Bei Waren wie Bekleidung, DVD-Spielern, PCs, Mobilfunktelefonen, Computer-Chips, Baustahl und Containerschiffen gibt es heute keine erkennbaren Unterschiede mehr – mit Ausnahme des meist erheblich niedrigeren Preises. Dieser ist im Wesentlichen auf deutlich niedrigere Arbeitsentgelte in Asien und Osteuropa zurückzuführen.

Arbeit ist im Vergleich zu anderen Produktionsfaktoren wesentlich immobiler. Zudem verhindern in den früh industrialisierten Ländern höhere Preisniveaus sowie Regulierungen wie gesetzliche oder tarifliche Mindestlöhne, dass Zuwanderung zu allzu starken Lohnsenkungen führt. Die Folge ist ein im globalen Maßstab steiles Gefälle bei den Arbeitskosten. Wie Abbildung 1 zeigt, zahlt Siemens für Hilfs- und Facharbeiter in Großbritannien und Deutschland pro Stunde rund vier- bis fünfmal so viel wie in den osteuropäischen EU-Staaten Ungarn und Polen. Im Vergleich zu Indien betragen die Arbeitskosten das Zehn- bis Elffache und zu Rumänien und China sogar das Fünfzehn- bis Neunzehnfache. Zwar verringern sich bei hoch qualifizierten Elektro- und Softwareingenieuren die Abstände, aber auch hier liegen die Arbeitskosten im Vergleich zu den osteuropäischen EU-Staaten noch immer doppelt bis dreimal, zu Rumänien und China fünf- bis sechsmal und zu Indien zehn- bis elfmal so hoch. Zudem schließt sich die Lücke bei den Arbeitskosten – wie Tabelle 1 zeigt – nur langsam. Im Vergleich zu einigen Schwellenländern hat sich

6 In zahlreichen osteuropäischen und großen asiatischen Ländern, wie China und Indien, haben sich die nominalen Kreditzinsen seit Mitte der 1990er Jahre kontinuierlich denen der Eurozone angenähert und sie teilweise unterschritten. Trotz sich ebenfalls angleichender Inflationsraten liegen die Realzinsen vielfach sogar unter dem europäischen Niveau. Vgl. IMF (2004).

7 Diese Länder belegen zugleich fordere Plätze im Technologieranking des World Economic Forum (2005), Technology Index.

8 Allein in China verlassen jedes Jahr zehnmal mehr hoch qualifizierte Ingenieure die Universitäten als in Deutschland. Vgl. Stecher (2004), S. 6.

9 Vgl. Qualitätsranking öffentlicher Institutionen des World Economic Forum (2005), Public Institutions Index.

der Abstand Westdeutschlands und vor allem Großbritanniens in den letzten Jahren im Gegenteil sogar noch vergrößert.

Abbildung 1: Arbeitskosten pro Stunde im internationalen Vergleich 2004

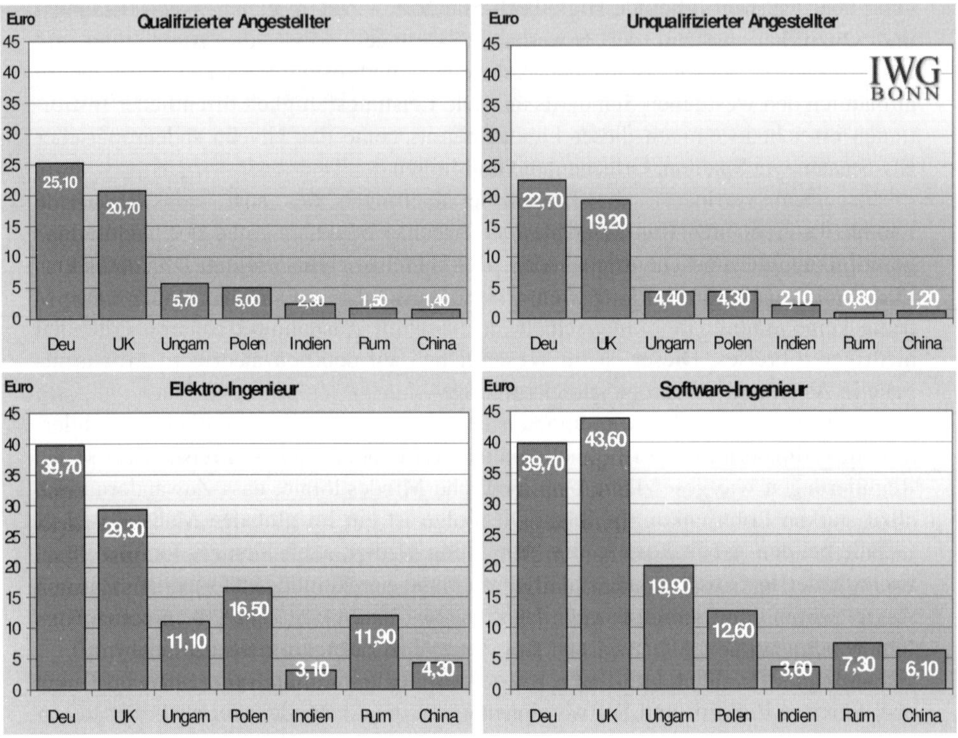

Angestellter mit 2 bis 3 Jahren Berufserfahrung. Quellen: Stecher (2004) , S. 5 / Siemens International Labour Costs-Survey 2004.

Anpassungsstrategien der Unternehmen

Um den Wettbewerbsnachteil durch hohe Arbeitskosten an Standorten innerhalb der EU-15 auszugleichen, verfolgen Unternehmen im Wesentlichen zwei Strategien. Einerseits konzentrieren sie hier verstärkt die Fertigung besonders hochwertiger Produkte und Dienstleistungen, wie Spezialtextilien, Edelstahl, U-Boote, Finanzdienste und Unternehmensberatung, bzw. sie erschließen neue Geschäftsfelder, wie die Gentechnik oder Solarenergie. Hier verfügen sie nach wie vor über technologische Wissensvorsprünge und können auf dem Weltmarkt hohe Renditen erzielen. Die Fertigung von Standardware wird dagegen an den Heimatstandorten aufgegeben und entweder in Niedriglohnländer verlagert oder ganz der ausländischen Konkurrenz überlassen.

Allerdings steht die Spezialisierungs- und Innovationsstrategie nicht allen Unternehmen offen bzw. sie reicht alleine nicht aus, um Kostennachteile zu beseitigen. Insbesondere gilt dies, da neue Produkte immer schneller von Konkurrenten aus Niedriglohnländern kopiert werden.

Tabelle 1: Arbeitskosten pro Stunde in der Industrie in Deutschland und Großbritannien relativ zu ausgewählten Schwellenländern 1996/2004 (auf US-$-Basis)

	1996	2004	1996	2004
Land	Westdeutschland = 100		Großbritannien = 100	
Korea	26,4	33,6	58,2	46,3
Singapur	26,4	22,1	58,2	30,6
Taiwan	19,5	17,4	43,0	24,1
Brasilien	18,4	8,7	40,5	12,0
Tschech. Republik	9,8	16,1	21,5	22,2

Quellen: US Department of Labor / Bureau of Labor Statistics (2006), Berechnung IWG BONN.

Daher sind die Unternehmen andererseits bemüht, an ihren europäischen Standorten die Arbeitskosten zu senken. Hierbei wenden sie ein Bündel von Maßnahmen an. Personal wird eingespart, indem Fertigung automatisiert, ins Ausland verlagert oder an externe Zulieferer ausgegliedert wird. Während dies bisher vor allem einfache, industrielle Tätigkeiten betraf, gilt dies heute zunehmend auch für anspruchsvollere Tätigkeiten, insbesondere im Verwaltungsbereich von Industrie- und Dienstleistungsunternehmen.[10]

Bei der verbleibenden Kernbelegschaft wird der Arbeitseinsatz durch flexible Arbeitszeiten und gewinnabhängige Entlohnung optimiert. Im Rahmen von Vereinbarungen zur Standortsicherung kommt es zu Lohnkürzungen und/oder Arbeitszeitverlängerungen ohne Lohnausgleich. Die verkleinerten Kernbelegschaften werden zudem durch einen flexiblen Rand aus Teilzeit-, geringfügig und

10 Laut einer aktuellen Studie von A. T. Kearney GmbH (2006) dürften auf diese Weise allein in Deutschland in den kommenden Jahren 100.000 Arbeitsplätze in den Verwaltungen deutscher Unternehmen verloren gehen.

befristet Beschäftigten, Zeitarbeitnehmern, freien Mitarbeiten, Volontären und Praktikanten ergänzt.[11] Deren Entgelte sind meist geringer und vor allem können sie je nach Auftragslage relativ schnell und kostengünstig eingestellt bzw. entlassen werden.

Anpassungsfähigere Arbeitsmärkte in Nordeuropa

Von den Anpassungsstrategien der Unternehmen sind alle Erwerbsbevölkerungen in der EU-15 gleichermaßen betroffen. Allerdings gelingt es – gemessen an Niveau und Entwicklung von Beschäftigung und Arbeitslosigkeit – den angelsächsischen und skandinavischen im Vergleich zu den west- und südeuropäischen Ländern besser, die Herausforderungen der Globalisierung zu meistern. Ursächlich hierfür sind ein höheres Qualifikationsniveau, geringere Arbeits-, Güter- und Kapitalmarktregulierung, geringere Abgaben auf Arbeitseinkommen sowie beschäftigungsfördernde Sicht- und Verhaltensweisen der Wohn- und Erwerbsbevölkerungen. Zwar verfügen auch west- und südeuropäische Länder auf einigen dieser Gebiete über ähnlich günstige Rahmenbedingungen. Oft werden diese aber durch eine Vielzahl hemmender Faktoren an anderer Stelle konterkariert.

Günstigere Arbeitsmarktlage und -entwicklung

EU-weit nimmt die Erwerbstätigkeit seit der Rezession Anfang der 1990er Jahre kontinuierlich zu. Von 1993 bis 2005 erhöhte sich der Anteil der Erwerbstätigen an der Bevölkerung im erwerbsfähigen Alter von 60,1 auf 65,2 Prozent um fünf Prozentpunkte bzw. reichlich acht Prozent.[12] Allerdings überzeichnet dieser allgemeine Anstieg die tatsächliche Arbeitsnachfrage der Unternehmen. Das von den Erwerbstätigen geleistete Arbeitsvolumen nahm aufgrund von Arbeitszeitverkürzungen und zunehmender Teilzeitbeschäftigung geringer zu. Je Einwohner im erwerbsfähigen Alter stieg es zwischen 1993 und 2004 von 1.010 auf 1.050 Stunden nämlich nur um 40 Stunden bzw. knapp vier Prozent an.

11 Der Anteil Teilzeitbeschäftigter an allen Erwerbstätigen in der EU-15 stieg von 13,1 Prozent 1985 auf 19,4 Prozent 2004, der von Beschäftigten mit befristeten Arbeitsverträgen von 8,3 auf 13,6 Prozent im gleichen Zeitraum. Vgl. Europäische Kommission (2005), S. 261. Der Anteil der Zeitarbeitnehmer nahm bezogen auf 11 westeuropäische EU-Länder von 1,3 Prozent 1996 auf 2,1 Prozent 2004 zu. Eigene Berechnung: Datenbasis vgl. Ciett (2005) und Europäische Kommission (2005), S. 261ff.

12 Vgl. Europäische Kommission/Eurostat (Strukturindikatoren).

Abbildung 2: Entwicklung des Arbeitsvolumens in Europa

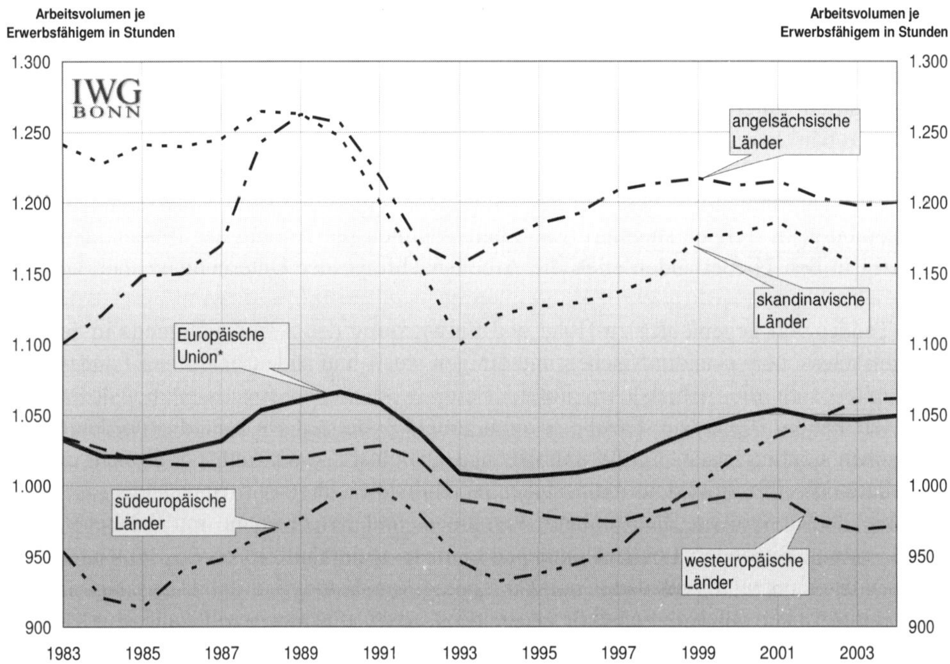

Arbeitsvolumen: Jährlich geleistete Arbeitsstunden der Erwerbstätigen. Eigene Berechnung. Aufgrund unterschiedlicher statistischer Erfassungsmethoden sind Niveauunterschiede nur eingeschränkt vergleichbar.
Erwerbsfähige: Bevölkerung im Alter zwischen 15 und 64 Jahren.
Angelsächsische Länder: Irland, Großbritannien; Skandinavische Länder: Dänemark, Finnland, Schweden; Südeuropäische Länder: Griechenland, Italien, Spanien, Portugal; Westeuropäische Länder: Belgien, Deutschland, Frankreich, Luxemburg, Niederlande, ohne Österreich.
*ohne Österreich wegen unvollständiger Daten.
Quellen: OECD (CDE-Datenbank), Stand Juni 2005, Europäische Kommission (AMECO), IWG BONN.

Dahinter stehen aber, wie Abbildung 2 veranschaulicht, regional sehr unterschiedliche Niveaus und Entwicklungen. Überdurchschnittlich hoch ist das Arbeitsvolumen je Erwerbsfähigem in den beiden angelsächsischen Ländern. Vor allem gilt das für Großbritannien. Nirgends in Europa fragen Unternehmen mehr Arbeit nach als auf der Insel.

Ebenfalls deutlich über dem europäischen Durchschnitt ist das Arbeitsvolumen in den skandinavischen Ländern. Zwar brach die Arbeitsnachfrage dort Anfang der 1990er Jahre konjunkturbedingt wesentlich stärker ein als im übrigen Europa. Nachfolgend stieg sie aber insbesondere in Dänemark und Finnland wieder stark an.

In den südeuropäischen Ländern lag das Arbeitsvolumen mit Ausnahme Portugals lange deutlich unter dem europäischen Mittel. Seit 2000 hat jedoch auch Spanien infolge der seit Anfang der 1990er Jahre kontinuierlich steigenden Arbeitsnachfrage ein überdurchschnittliches Niveau. Ebenso konnte Italien fast bis zum europäischen Mittelwert aufschließen. Kaum Zuwächse verzeichneten hingegen Portugal und Griechenland.

Deutlich unterdurchschnittlich ist dagegen das Arbeitsvolumen in fast allen westeuropäischen Ländern. Hier hat lediglich Österreich ein überdurchschnittliches Niveau. Vor allem in Deutschland und Frankreich geht die Arbeitsnachfrage seit 15 Jahren fast ununterbrochen zurück. Schwächer gilt dies für Österreich und Luxemburg. In Belgien stagniert das Arbeitsvolumen seit Anfang der 1990er Jahre. Einzig in den Niederlanden stieg die Arbeitsnachfrage der Unternehmen merklich an.

Tendenziell gegenläufig zu Höhe und Entwicklung des Arbeitsvolumens in den angelsächsischen, skandinavischen und einigen west- und südeuropäischen Ländern verhalten sich die Arbeitslosenquoten. Europaweit die niedrigsten Arbeitslosenquoten hatten 2005, wie Tabelle 2 zeigt, mit 4,3 bis 4,8 Prozent die nordeuropäischen Länder Irland, Großbritannien und Dänemark sowie mit 4,7 Prozent die Niederlande. Die höchsten Arbeitslosenquoten wiesen die west- und südeuropäischen Länder Spanien, Deutschland, Frankreich und Griechenland mit 9,2 bis 9,8 Prozent auf. Besonders hoch ist in diesen Ländern zudem mit 40 bis 60 Prozent der Anteil der Langzeitarbeitslosen.

Die stärksten Rückgänge bei den Arbeitslosenquoten hatten, wie Tabelle 2 weiter verdeutlicht, zwischen 1993 und 2005 Spanien sowie die nordeuropäischen Länder Irland, Finnland, Großbritannien und Dänemark. Gestiegen ist die Arbeitslosigkeit in den west- und südeuropäischen Ländern Deutschland, Portugal, Luxemburg, Griechenland und Österreich.

Höheres Qualifikationsniveau

Die hohe Arbeitsnachfrage in den nordeuropäischen Ländern wird durch ein überdurchschnittlich hohes Qualifikationsniveau ihrer Erwerbsbevölkerungen gestützt. Dadurch können die Unternehmen ihre Spezialisierungs- und Innovationsstrategie erfolgreich umsetzen. Rund 80 Prozent der Bevölkerung zwischen 25 und 64 Jahren haben in Skandinavien mindestens einen schulischen bzw. beruflichen Ausbildungsabschluss der Sekundarstufe II. Mit rund einem Fünftel verfügt vor allem ein hoher Anteil der Erwerbsbevölkerung über eine akademische Ausbildung.

Tabelle 2: Arbeitslosenquoten und Anteil der Langzeitarbeitslosen in den Ländern der EU-15 1993/2005

Angaben in Prozent

	EU	A	B	DK	D	EL	E	F	FIN	IRL	I	L	NL	P	S	UK
2005	7,9	5,2	8,4	4,8	9,5	9,8	9,2	9,7	8,4	4,3	7,7	4,5	4,7	7,6	7,8[3]	4,7
1993	10,0	4,0	8,6	9,6	7,7	8,6	18,6	11,1	16,4	15,6	9,8	2,6	6,2	5,6	9,0	10,0
2005/ 1993[1]	-2,1	1,2	-0,2	-4,8	1,8	1,2	-9,4	-2,4	-8,0	-11,3	-2,1	1,9	-1,5	2,0	-1,2	-5,3
LZA-Quote[2]	44,8	24,9	52,7	22,7	54,4	59,6	36,0	43,2	21,9	21,1	53,8	20,3	35,0	49,9	n.v.	16,9

1) Veränderung in Prozentpunkten; 2) Anteil der Arbeitslosen, die ein Jahr und länger ohne Beschäftigung sind, in Prozent aller Arbeitslosen;

3) Werte für Schweden vorläufig.

Quellen: Europäische Kommission/Eurostat (Strukturindikatoren); OECD (2005).

Letzteres gilt auch für die angelsächsischen Länder.[13]

Vor allem sichern die angelsächsischen und skandinavischen Länder kontinuierlich den wachsenden Bedarf der Wirtschaft an hoch qualifizierten Fachkräften. So steigt der Akademikeranteil bei nachrückenden, jüngeren Jahrgängen weiter an. Besonders ausgeprägt ist dieser Trend zur Höherqualifizierung in Irland und Finnland. In vielen west- und südeuropäischen Ländern vollzieht er sich dagegen von niedrigerem Niveau ausgehend langsamer oder ist sogar, wie in Deutschland, Österreich oder Italien, ins Stocken geraten.[14] Außerdem bilden sich die Erwerbspersonen in den nordeuropäischen Ländern wesentlich häufiger fort und passen so

13 Der Anteil von Personen im Alter von 25 bis 64 Jahren mit Bildungsabschluss im Tertiärbereich betrug 2002 in Dänemark 23, in Großbritannien 19, in Schweden 18 und in Finnland und Irland je16 Prozent. In Deutschland waren es nur 13, in Frankreich 12 und in Italien 10 Prozent. Vgl. BMBF (2005), S. 461.

14 Der Anteil von Personen mit Bildungsabschluss im Tertiärbereich lag 2002 in Finnland und Irland in der Altersgruppe der 25- bis 34-Jährigen mit 21 bzw. 23 Prozent deutlich über dem der 45- bis 54-Jährigen mit 14 bzw. 12 Prozent. In Italien stieg der Akademikeranteil in der jüngeren gegenüber der älteren Altersgruppe kaum von 10 auf nur 11 Prozent an, in Österreich stagnierte er bei 7 Prozent und in Deutschland ging er sogar von 14 auf 13 Prozent zurück. Vgl. BMBF (2005), S. 461.

ihr Qualifikationsniveau den wandelnden Bedürfnissen der Unternehmen an.[15] Dies ist umso wichtiger, da immer häufiger auch anspruchsvollere Tätigkeiten von Verlagerung und Rationalisierung bedroht sind. Denn auch in den Niedriglohnländern verbessert sich das Qualifikationsniveau kontinuierlich.

Insgesamt erhöhen die nordeuropäischen Länder damit die Chance auf die Ansiedlung wertschöpfungsintensiver Industrie- und Dienstleistungsunternehmen. Dagegen gefährden viele west- und vor allem südeuropäische Länder aufgrund unzureichender Aus- und Weiterbildungsanstrengungen ihr Lohn- und Wohlstandsniveau.

Abbildung 3 veranschaulicht, wie das hohe Qualifikationsniveau maßgeblich zum hohen Beschäftigungsstand in diesen Ländern beiträgt.

Abbildung 3: Qualifikation und Erwerbstätigkeit (Erl. umseitig)

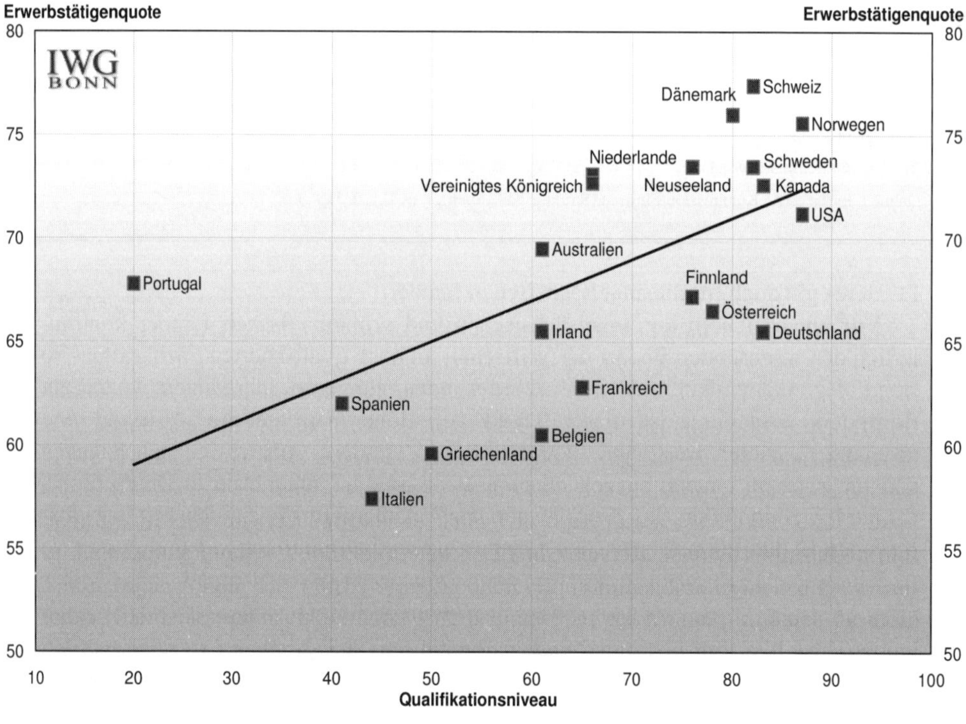

15 2005 nahmen in Schweden 34,7 Prozent, in Großbritannien 29,1 Prozent, in Dänemark 27,6 Prozent und in Finnland 24,8 Prozent der Bevölkerung im Alter von 25 bis 64 Jahren an einer Aus- und Weiterbildungsmaßnahme teil. Im Durchschnitt der EU-15 waren es nur 12,1 Prozent. Vgl. Europäische Kommission/Eurostat (Strukturindikatoren).

Erwerbstätigenquote: Erwerbstätige in Prozent der Bevölkerung im Alter zwischen 15 und 64 Jahren (2004);
Qualifikationsniveau: Anteil der Bevölkerung im Alter von 25 bis 64 Jahren mit mindestens einem Abschluss der Sekundarstufe II in Prozent der gesamten Bevölkerung im gleichen Alter (2002).
Quellen: OECD (2005), BMBF (2005), IWG BONN.

Geringere gesamtwirtschaftliche Regulierung

Wie Abbildung 4 zeigt, fördert in den nordeuropäischen Ländern zudem die geringere Regulierung der Produkt-, Dienstleistungs-, Kapital- und Arbeitsmärkte sowie des Bildungs- und Innovationssystems den hohen Beschäftigungsstand. Großbritannien, Dänemark, Finnland, Irland und Schweden weisen in diesen Bereichen die niedrigste Regulierungsintensität in ganz Europa auf. Dagegen behindern Vorschriften und bürokratische Hemmnisse in den west- und südeuropäi-

Abbildung 4: Gesamtwirtschaftliche Regulierung und Erwerbstätigkeit

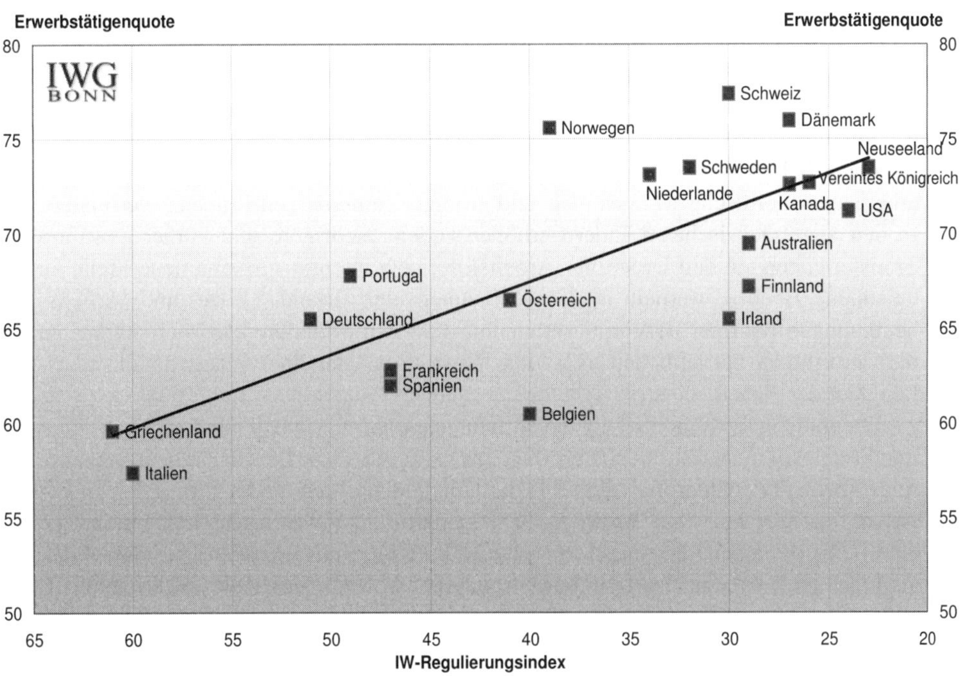

Erwerbstätigenquote: Erwerbstätige in Prozent der Bevölkerung zwischen 15 und 64 Jahren (2004).
IW-Regulierungsindex: Misst die Regulierung auf den Güter-, Kapital- und Arbeitsmärkten sowie im Bildungs- und Innovationssystem. Je höher der Wert, desto umfassender die Regulierung.
Quellen: OECD (2005); Enste/Hardege (2006), IWG BONN.

schen EU-Staaten unternehmerisches Handeln. Dort können Unternehmen schwerer neue Geschäftsfelder erschließen, Innovationen zur Marktreife bringen, risikoreiche Transaktionen finanzieren oder den Personalbestand der Auftragslage anpassen. Geringerer Wettbewerb, etwa auf den Energie-, Nachrichten- und Transportmärkten, verteuert die Produktionskosten und entzieht den privaten Haushalten Kaufkraft.

Dadurch entstehen gerade innovativen Unternehmen im internationalen Wettbewerb erhebliche Nachteile. Aber auch im Bereich einfacher unternehmens- wie konsumentenbezogener Dienstleistungen begrenzen bürokratische Hemmnisse neue Beschäftigung. Dies führt nicht zuletzt dazu, dass die aus den hoch effizienten Industrieunternehmen ausgeschiedenen gering qualifizierten Arbeitskräfte nur unzureichende Beschäftigungsalternativen im Dienstleistungssektor finden.

Flexiblere Arbeitsmärkte

Insbesondere flexible Arbeitsmärkte, wie sie vor allem in Großbritannien, Irland und Dänemark vorzufinden sind, erleichtern es den Unternehmen, ihre Anpassungsstrategien an die Globalisierung beschäftigungswirksam umzusetzen. Zwar werden Arbeitskräfte in deregulierten Arbeitsmärkten häufiger arbeitslos. Doch finden sie schneller neue Beschäftigung.[16] Vor allem in Aufschwungphasen stocken die Unternehmen ihren Personalbestand früher und höher auf. Wie Abbildung 5 zeigt, geht die Dauer der Arbeitslosigkeit bei geringerem Kündigungsschutz und abnehmender Regulierung von Arbeitsverhältnissen deutlich zurück.

Zusätzlich wird Langzeitarbeitslosigkeit in diesen Ländern durch aktivierende arbeitsmarktpolitische Maßnahmen und strenge Zumutbarkeitskriterien verhindert. In den angelsächsischen Ländern erhöhen zudem niedrigere und kürzer gewährte Transferleistungen den Druck auf Arbeitslose, sich intensiv um eine neue Stelle zu bemühen. Ebenso werden in Großbritannien und Irland Löhne und Arbeitsbedingungen häufiger dezentral verhandelt. Folglich orientieren sie sich stärker an der jeweiligen betrieblichen (Gewinn-)Lage bzw. der individuellen Leistungsfähigkeit der Arbeitnehmer.

Ebenfalls relativ flexibel ist der Arbeitsmarkt in den Niederlanden. Über stark regulierte Arbeitsmärkte verfügen dagegen nach wie vor Deutschland und Frankreich sowie die südeuropäischen Länder. Im Durchschnitt findet hier jeder zweite Arbeitslose ein Jahr und länger keine Beschäftigung. Insbesondere in Frankreich nahm die Arbeitsmarktregulierung in den vergangenen Jahren sogar gegen den allgemeinen Trend zu,[17] was mit einem deutlichen Rückgang der Arbeitsnachfrage einherging.

16 Vgl. OECD (2004), S. 61ff.

17 Zu Arbeitsmarktreformen im internationalen Vergleich siehe Eichhorst (2005), S. 30ff.

Abbildung 5: Regulierung von Arbeitsverhältnissen und Langzeitarbeitslosigkeit

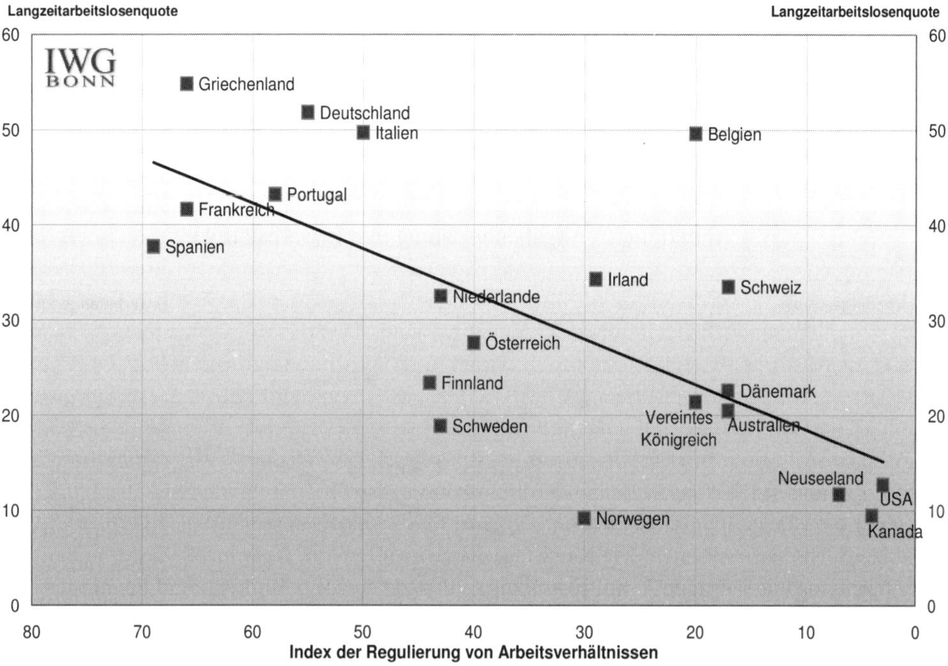

Langzeitarbeitslosigkeit: Anteil der Arbeitslosen, die ein Jahr und länger ohne Beschäftigung sind, in Prozent aller Arbeitslosen.
Regulierung von Arbeitsverhältnissen: Der Rigidity of Employment Index der Weltbank misst die Strenge der Regeln zu Kündigungsschutz, befristeter Beschäftigung, Zeitarbeit etc. (2004). Je geringer der Wert, desto geringer die Regulierung.
Quellen: OECD (2005); Weltbank (2005), IWG BONN.

Geringere Abgabenbelastung von Arbeitseinkommen

Förderlich für den hohen gesamtwirtschaftlichen Arbeitseinsatz in den angelsächsischen Ländern ist die vergleichsweise geringe Abgabenbelastung von Arbeitseinkommen, insbesondere durch niedrige Sozialbeiträge. Dies begrenzt einerseits die Lohnzusatzkosten der Unternehmen. Dadurch sinkt deren Anreiz, Arbeitsplätze wegzurationalisieren oder in Niedriglohnländer zu verlagern. Andererseits verringert es den Einkommensentzug der Arbeitskräfte. Damit steigt deren Anreiz, auch gering entlohnte Arbeit anzunehmen. Letzteres wird in Großbritannien zusätzlich durch Steuergutschriften gefördert.[18]

18 Geringverdiener werden dort im Rahmen einer negativen Einkommenssteuer (Tax Credits) durch Zuschüsse gefördert.

Besonders stark werden Arbeitseinkommen, wie Abbildung 6 verdeutlicht, dagegen wiederum in Belgien, Frankreich und Deutschland belastet. Vor allem müssen dort die Arbeitgeber hohe Sozialbeiträge entrichten, was insbesondere geringproduktive Arbeit unrentabel macht. Nicht zuletzt deshalb haben Deutschland mit 20,5 Prozent sowie Frankreich und Belgien mit je 12 Prozent die höchsten Arbeitslosenquoten gering qualifizierter Arbeitskräfte in der EU-15.[19]

Abbildung 6: Abgabenbelastung und Erwerbstätigkeit

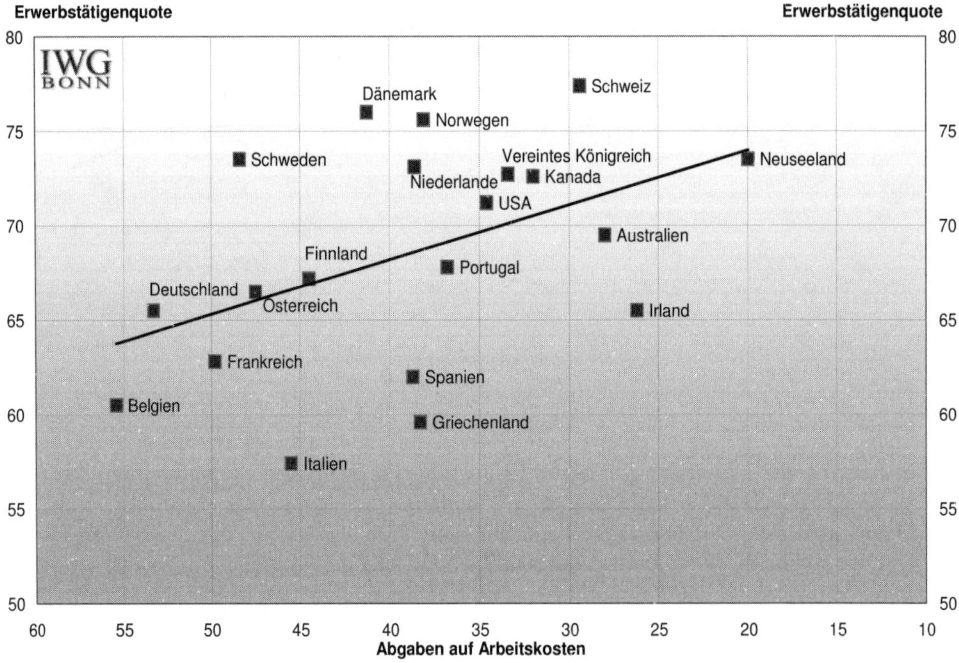

Erwerbstätigenquote: Erwerbstätige in Prozent der Bevölkerung zwischen 15 und 64 Jahren (2004); Abgaben auf Arbeitskosten: Steuern und Sozialbeiträge der Arbeitnehmer und Arbeitgeber abzüglich sozialer Transfers in Prozent des Arbeitnehmerentgelts eines Durchschnittsverdieners im produzierenden Gewerbe (2004)
Quellen: OECD (2005); OECD (2005a), IWG BONN.

19 Vgl. OECD (2005), S. 260f.

Relativ niedrig sind die Abgaben auf Arbeit auch in den südeuropäischen Ländern. Vor allem gilt das für geringe Arbeitseinkommen.[20] In Kombination mit niedrigen Löhnen dürfte dies in den vergangenen Jahren wesentlich die Arbeitsnachfrage in beschäftigungsintensiven Bereichen wie der Landwirtschaft,[21] dem Tourismus sowie der Industrie gestützt haben.[22]

Die vier südeuropäischen Länder haben die niedrigsten industriellen Arbeitskosten in der EU-15.[23] In Portugal liegen sie mit durchschnittlich sieben Euro pro Stunde kaum über denen Tschechiens, Ungarns und Polens.[24] Dadurch konnten sich arbeitsintensive Industriebranchen, wie die Bekleidungs-, Schuh-, Möbel- und Nahrungsmittelindustrie, halten. Zudem haben viele internationale Konzerne, etwa der Automobil- und Elektroindustrie, in diesen Ländern verlängerte Werkbänke für weniger wertschöpfungsintensive Tätigkeiten. Daher ist anders als im übrigen Europa die Industriebeschäftigung in den letzten 15 Jahren nicht bzw. kaum zurückgegangen. Die Anteile von jeweils rund 30 Prozent an allen Erwerbstätigen in Portugal, Spanien und Italien sind die höchsten in Westeuropa (EU-15 = 24 Prozent 2004).[25] Bezogen auf das Arbeitsvolumen dürfte der Anteil aufgrund der geringen Verbreitung von Teilzeitbeschäftigung in der Industrie sogar noch größer sein.

Allerdings zahlen die Erwerbstätigen für die Konzentration auf arbeitsintensive Tätigkeiten im Rahmen der internationalen Arbeitsteilung einen hohen Preis. Nirgends in Europa sind die Reallöhne je Arbeitnehmer seit Anfang der 1990er Jahre langsamer gewachsen als in Italien und Spanien. In Spanien lagen sie 2005 sogar unter dem Niveau von 1991.[26] In Portugal haben die Reallöhne trotz des ohnehin geringen Niveaus nach 2001 nur um 0,7 Prozent zugelegt.[27] Dieser

20 Bei der Abgabenbelastung eines Alleinstehenden, der zwei Drittel des Durchschnittseinkommens eines Industriearbeiters verdient, folgen Portugal, Griechenland und Spanien nach Irland und Großbritannien auf den Rängen 3 bis 5. Italien liegt auf dem 9. Platz. Mit 41 Prozent Steuern und Sozialbeiträgen ist dort die Belastung aber noch immer deutlich geringer als in Belgien, Deutschland und Schweden mit je rund 48 Prozent. Vgl. OECD (2005a).

21 2004 hatte die Landwirtschaft in den vier südeuropäischen EU-Ländern Beschäftigungsanteile von 6 bis 12 Prozent, gegenüber 4 Prozent im Durchschnitt der 15 EU-Staaten. Vgl. Europäische Kommission (2005), S. 261ff.

22 Die Landwirtschaft profitiert zudem von hohen finanziellen Zuwendungen im Rahmen der europäischen Agrarpolitik.

23 2005 betrugen sie pro Stunde in Portugal durchschnittlich 7,37 Euro, in Griechenland 11,11 Euro, in Spanien 17,25 Euro und in Italien 17,71 Euro. Zum Vergleich betrugen sie in Frankreich 21,38 Euro, in Westdeutschland 27,87 Euro und in Dänemark 28,33 Euro. Vgl. IW-Köln (2006), S. 4f.

24 Vgl. auch Abbildung 1.

25 Vgl. Europäische Kommission (2005), S. 261ff.

26 In Italien stieg das Arbeitnehmerentgelt je Arbeitnehmer von 1991 bis 2005 um real 2,1 Prozent. Im gewichteten Mittel der EU-15 waren es 16,7 Prozent. In Spanien gingen die realen Arbeitnehmerentgelte je Arbeitnehmer um 0,3 Prozent zurück. Vgl. Europäische Kommission (AMECO), eigene Berechnung.

27 Vgl. Europäische Kommission (AMECO), eigene Berechnung.

Lohndruck wird aufgrund der Konkurrenz aus den osteuropäischen und asiatischen Schwellenländern künftig weiter zunehmen. Nicht zuletzt deshalb erzwangen Spanien und Italien im Anschluss an den Beitritt Chinas zur WTO Obergrenzen für Textil- und Schuhimporte in die EU.

Beschäftigungsfördernde Sicht- und Verhaltensweisen

In den angelsächsischen und skandinavischen Staaten wird die Beschäftigung zudem durch bestimmte Sicht- und Verhaltensweisen der Wohn- und Erwerbsbevölkerungen gestützt. Im Vergleich zu den west- und südeuropäischen Ländern ist hier die Bereitschaft der privaten Haushalte größer, Leistungen, etwa für Erziehung, Bildung, Haushalt oder Freizeit, über Erwerbsarbeit fremd erbringen zu lassen. In den west- und südeuropäischen Ländern werden sie häufiger in Eigenarbeit oder auch gar nicht getätigt.

Während diese Dienste in Großbritannien und Irland vor allem über den Markt bezogen werden, stellt sie in den skandinavischen Ländern häufiger der Staat bereit. Vor allem gilt das für den Bereich öffentlicher Dienstleistungen, wie beispielsweise dem Bildungswesen. Mit 8,3, 7,4 und 6,6 Prozent des Bruttoinlandsprodukts lagen 2003 die staatlichen Bildungsausgaben in Dänemark, Schweden und Finnland erheblich über denen Italiens, Spaniens und Deutschlands von 5,2, 4,3 und 4,2 Prozent.[28] Damit schaffen diese Länder nicht nur öffentliche Beschäftigung in Kindergärten, Schulen, Universitäten und Forschungseinrichtungen. Zugleich sichern sie ein hohes Qualifikationsniveau ihrer Erwerbsbevölkerungen.[29] Anders als im übrigen Europa sind die Bevölkerungen in Skandinavien auch bereit, die für die Versorgung mit staatlichen Dienstleistungen erforderlichen hohen Abgabenlasten zu tragen.

Zudem haben die Erwerbsbevölkerungen Nordeuropas eine ausgeprägtere Arbeitsorientierung. Führungskräfte großer Unternehmen bescheinigen ihren Mitarbeitern in den angelsächsischen und skandinavischen Ländern eine im internationalen Vergleich hohe „Arbeitsmotivation.“[30] Hiervon zeugt nicht zuletzt die hohe Aus- und Weiterbildungsbereitschaft der nordeuropäischen Erwerbsbevölkerungen.[31] Dies geht insbesondere in den angelsächsischen Ländern mit einer größeren Bereitschaft einher, selbst ein Unternehmen zu gründen, und damit sich und anderen einen Arbeitsplatz zu schaffen. Besonders schwach ausgeprägt ist die Risikofreudigkeit dagegen in Deutschland.[32] Auch ist die Erwerbsneigung von Frauen in den nordeuropäischen Ländern – mit Ausnahme Irlands – wesentlich höher als im übrigen Europa. In Nordeuropa wurde das traditionelle Familienbild

28 Vgl. Ottnad (2006), S. 30.

29 Die skandinavischen Länder belegten in den PISA-Tests meist überdurchschnittliche Ränge. Vgl. OECD (2003).

30 Vgl. IMD (2003), Tab. 3.2.07.

31 Vgl. weiter oben „Höheres Qualifikationsniveau“

32 Zum internationalen Gründungsgeschehen vgl. Sternberg u.a. (2006).

früher aufgegeben. In den skandinavischen Ländern ging dies mit dem Ausbau staatlicher Einrichtungen einher, welche die Vereinbarkeit von Beruf und Familie fördern sollen.[33]

Wachsender Reformbedarf, insbesondere in den west- und südeuropäischen Ländern

Künftig dürfte die fortschreitende Globalisierung den weltweiten Wettbewerb um Investitionen und Arbeitsplätze weiter verschärfen. Dies zwingt die Erwerbsbevölkerungen der früh industrialisierten Länder Europas zu wesentlich stärkerer Anpassung an die sich wandelnden Bedingungen. Vor allem gilt das für die west- und südeuropäischen Länder, die schon heute große Probleme auf dem Arbeitsmarkt haben. Diese können von den nordeuropäischen Ländern lernen, die zumindest bisher besser mit den Herausforderungen der Globalisierung zurecht gekommen sind.

Weltweit wird Arbeit immer verfügbarer

Arbeit – insbesondere günstige Arbeit – wird weltweit immer verfügbarer werden. Dadurch dürfte sich der Wettbewerbsdruck auf die Erwerbsbevölkerungen Europas weiter erhöhen. Zwar steigen in den Schwellenländern die Löhne stärker an als in den früh industrialisierten Staaten. Vermutlich werden auch viele spät industrialisierte Länder zumindest rudimentäre Arbeits- und Sozialschutzsysteme aufbauen. Aber auch dann werden sich Arbeitskosten und -bedingungen im globalen Maßstab noch lange erheblich unterscheiden – nicht zuletzt auch deshalb, weil immer neue Länder und Regionen in die internationale Arbeitsteilung einbezogen werden. Allein bis 2020 wird das weltweite Arbeitskräfteangebot um mindestens eine halbe Milliarde Menschen zunehmen.[34] Diese Zunahme betrifft ausschließlich die Erwerbsbevölkerungen der Niedriglohnländer.[35] Selbst bei hohen Wachstumsraten und weiter zunehmender beruflicher Qualifikation werden deren Arbeitsmärkte so viele zusätzliche Arbeitskräfte nur schwer aufnehmen können. Insbesondere gilt dies, da auch in diesen Ländern verstärkt Rationalisierungspotentiale genutzt werden. Bereits heute

33 Die hohe Arbeitsorientierung von Frauen in den skandinavischen Ländern zeigt sich insbesondere im direkten Vergleich mit Frankreich. Auch Französinnen können auf eine sehr gute Infrastruktur zurückgreifen, die es ihnen erleichtert, Beruf und Kindererziehung zu vereinbaren. Dennoch ist ihre Erwerbstätigenquote sowohl im EU-weiten Vergleich, als auch im Vergleich zu Männern deutlich niedriger als in Dänemark, Finnland oder Schweden. Vgl. OECD (2006), S. 248f.

34 Hierbei ist unterstellt, dass die Erwerbspersonenquote der Welt bis 2020 auf dem gegenwärtigen Stand von 65,7 Prozent verharrt. Den Berechnungen liegt die Erwerbsfähigen-Projektion der UNO (mittlere Variante) zugrunde. Vgl. UN (2005).

35 In den früh industrialisierten Ländern wird die Abnahme von Erwerbsfähigen in Europa und Japan durch die Zunahme von Erwerbsfähigen in Nordamerika in etwa kompensiert.

sind trotz hoher Wachstumsraten 30 Prozent der asiatischen Arbeitskräfte arbeitslos oder unterbeschäftigt.[36] Auf Lateinamerika und Afrika trifft dies in noch höherem Maße zu.

Kein Königsweg für Reformen

Folglich müssen die Erwerbsbevölkerungen der EU-15 die institutionellen Rahmenbedingungen ihrer Arbeitsmärkte so verändern, dass Unternehmen auch in Zeiten fortschreitender Globalisierung bei ihnen investieren und ihre Erwerbsarbeit nachfragen.

Dabei muss nicht jedes Land den gleichen Reformpfad beschreiten. Anders als die angelsächsischen vereinen beispielsweise die skandinavischen Länder wettbewerbsfähige Arbeitsmärkte mit hohen Sozialschutzstandards. Voraussetzung hierfür ist jedoch, dass einerseits Bürger und Unternehmen bereit sind, die damit verbundenen hohen Abgabenlasten zu tragen. Leistungskürzungen sowie hohe Schwarzmarktanteile[37] weisen darauf hin, dass auch für die skandinavischen Steuer- und Beitragszahler Belastungsgrenzen erreicht sind. Ferner müssen günstige Rahmenbedingungen in anderen Bereichen die beschäftigungshemmenden Effekte hoher Abgabenlasten kompensieren.[38]

Entscheidend ist also ein in seiner Gesamtheit anpassungsfähiger Arbeitsmarkt. Für die west- und südeuropäischen Staaten heißt das, dass sie an mehreren Stellschrauben gleichzeitig drehen müssen. Einzelne, in die richtige Richtung weisende Maßnahmen werden erfolglos bleiben, wenn sie nicht durch weitere in anderen Bereichen gestützt werden.[39]

Zunehmende Anpassungszwänge

Für die Erwerbsbevölkerungen der europäischen Länder gehen arbeitsmarktpolitische Reformen mit wachsenden Anpassungszwängen einher. Zwar haben sie in wettbewerbsfähigen Arbeitsmärkten größere Beschäftigungschancen. Vor allem sinkt das Risiko längerer Arbeitslosigkeit erheblich. Auch entwickeln sich die Realeinkommen – bei allerdings stärker zunehmender Spreizung – dynamischer.

36 Vgl. Asian Development Bank (2006).

37 Die skandinavischen Länder hatten 2005 nach den südeuropäischen Ländern und Belgien die höchsten Schwarzmarktanteile von 21 führenden westlichen Industrieländern. Vgl. Enste/Schneider (2006), S. 10.

38 Zudem entwickelt sich auch in Skandinavien der Arbeitsmarkt dort günstiger, wo gesamtwirtschaftliche Regulierung, Staatstätigkeit und Abgabenbelastung geringer sowie die Arbeitsmärkte flexibler sind. Schweden, das in diesen Bereichen hinter Dänemark und Finnland zurücksteht, hatte in den 1990er Jahren die geringsten Beschäftigungszuwächse. Die Arbeitslosenquote steigt seit 2001 ununterbrochen und erreichte 2005 mit 7,8 Prozent den europäischen Durchschnitt. Insofern besteht auch hier wachsender Reform-bedarf (Europäische Kommission/Eurostat (Strukturindikatoren).

39 Zur Bedeutung einer konsistenten arbeitsmarktpolitischen Strategie für eine bessere Beschäftigungslage vgl. auch Wahl/Schulte (2005).

Dafür müssen sie aber gegebenenfalls häufiger den Arbeitsplatz wechseln, in arbeits- und sozialrechtlich weniger abgesicherten Arbeitsverhältnissen arbeiten, selbständige Erwerbstätigkeit ausüben oder kürzere Phasen der Arbeitslosigkeit überbrücken.

Größere Bildungsanstrengungen

Insbesondere zwingt sie die rückläufige Nachfrage nach einfacher Arbeit, insgesamt höhere Bildungsabschlüsse anzustreben und dafür in jüngeren Jahren auf Erwerbseinkommen zu verzichten. Vor allem müssen sie sich im Laufe ihres Erwerbslebens kontinuierlich fortbilden und so ihr berufliches Know-how den sich immer schneller wandelnden Bedürfnissen der Unternehmen anpassen. Nur mit technologischen Wissensvorsprüngen lassen sich im internationalen Wettbewerb hohe Löhne rechtfertigen. Dies ist insbesondere angesichts des demographischen Wandels angebracht. Nach 2010 überschreiten mehr und mehr Erwerbspersonen das 45. Lebensjahr und werden damit nach Definition der deutschen Bundesagentur für Arbeit ältere Arbeitskräfte sein. Zugleich rücken aufgrund niedriger Geburtenraten immer weniger junge und motivierte Arbeitskräfte nach. In Europa konkurrieren damit künftig im Mittel erheblich ältere Arbeitskräfte mit wesentlich jüngeren, zahlenmäßig wachsenden und zunehmend besser ausgebildeten in den aufstrebenden Schwellenländern.[40]

Mehr Flexibilität

Zudem verlangen anpassungsfähige Arbeitsmärkte von den Erwerbspersonen mehr Flexibilität. Bei niedrigerem und kürzer gewährtem Arbeitslosengeld, der stärkeren Anrechnung von Vermögen, verpflichtenden Arbeits- oder Ausbildungsangeboten, strengeren Zumutbarkeitskriterien und Einschnitten bei mangelnder Kooperation werden sie häufiger Stellen akzeptieren müssen, die weiter entfernt, schlechter bezahlt und/oder inhaltlich weniger interessant sind bzw. nicht der eigenen beruflichen Qualifikation entsprechen.

Statt lebenslanger Anstellung werden viele Arbeitskräfte häufiger den Arbeitgeber wechseln. Denn ein geringerer Kündigungsschutz von unbefristeten Arbeitsverhältnissen, wie in Dänemark, Großbritannien und Irland, oder von befristeter Beschäftigung und Zeitarbeit, wie in den Niederlanden, erhöhen das Entlassungsrisiko bei Auftragsausfällen und individuellem Fehlverhalten.

Schließlich werden für Arbeitnehmer Einkommen und Arbeitszeiten immer weniger kalkulierbar. Denn kollektive Vereinbarungen werden durch betriebliche oder individuelle Abmachungen, beispielsweise über gewinnabhängige Entlohnung, Leistungszulagen, Lohnkürzungen, Arbeitszeitkonten, regulärer Samstagsarbeit und vieles mehr ergänzt oder abgelöst.[41] Insgesamt führen diese Entwicklungen zu

40 Zur Alterung der Erwerbsbevölkerung vgl. Wahl (2006), S. 3 ff.
41 Vgl. Europäische Kommission (2003), S. 81.

wachsender Ungleichheit von Löhnen und Arbeitsbedingungen.[42]

Weniger staatliche, mehr private Absicherung

Schließlich zwingt der Wettbewerb bei den Arbeitskosten, die Abgabenlast auf den Faktor Arbeit zu reduzieren bzw. zu begrenzen. Dies bedeutet tendenziell kleinere Spielräume für eine umfassende staatliche Absicherung der Erwerbs- und Wohnbevölkerung im Rahmen der sozialen Sicherungssysteme. Dies gilt insbesondere in Verbindung mit der demographischen Alterung. Selbstbehalte und private Vorsorge für Alter, Krankheit und Pflegebedürftigkeit werden weiter an Bedeutung gewinnen. Dies verlangt von den privaten Haushalten nicht nur zusätzlichen Sparaufwand, sondern sie müssen auch individuell passende Vorsorgeprodukte aussuchen. An die Stelle staatlicher Fürsorge tritt mehr und mehr privat verantwortete Vorsorge. In vielen Fällen wird dies angesichts der Alterung der Bevölkerung allenfalls reichen, um einen weiteren Anstieg der Abgabenlast zu verhindern. Das gilt auch dann, falls, wie in den skandinavischen Ländern, ein wachsender Teil der sozialen Sicherung über Konsumsteuern finanziert werden sollte.[43]

Literaturverzeichnis

Asian Development Bank (2006): Asia must Focus on Job Creation to Sustain Growth, Says New Book, 27. April.
URL: www.adb.org/media/printer.asp?articleD=9757

A. T. Kearney GmbH (2006): Industrialisierung der betrieblichen Verwaltungsfunktionen. Offshoring – Phänomen mit Halbwertszeit? München.

Bundesministerium für Bildung und Forschung (2005): Grund- und Strukturdaten 2005. Bonn, Berlin.

Ciett, International Organisation of Private Employment Agencies (2005): Agency Work Statistics for 2004. Brüssel.

Eichhorst, Werner (2005): Im internationalen Vergleich. So reformieren unsere Nachbarn und Partner ihren Arbeitsmarkt. In: IAB-Forum 1/05, S. 30-35.

Enste, Dominik H./ Hardege, Stefan (2006): Regulierung und Beschäftigung – eine

42 Länder mit flexiblen Arbeitsmärkten wie Großbritannien, Irland und die Niederlande haben in der EU-15 die größte Lohnspreizung. Auch in Dänemark, welches von den skandinavischen Ländern die liberalste Arbeitsmarktregulierung hat, ist die Lohnspreizung wesentlich größer als in Finnland und Schweden. Vgl. Europäische Kommission (2005), S. 188.

43 Trotz den in Europa mit Abstand höchsten Mehrwertsteuersätzen von 25 Prozent in Dänemark und Schweden sowie 22 Prozent in Finnland erreichen dort die Abgaben auf Arbeitseinkommen trotzdem ein leicht überdurchschnittliches Niveau.

empirische Wirkungsanalyse für 22 OECD-Länder. In: IW-Trends 2/2006, S. 33-46.
Enste, Dominik H./ Schneider, Friedrich (2006): Schattenwirtschaft und irreguläre Beschäftigung: Irrtümer, Zusammenhänge, Lösungen. Universität Linz. Unter: www.economics.uni-linz.ac.at
Europäische Kommission (div. Jahre): Employment in Europe. Luxemburg.
Europäische Kommission (AMECO). URL: http://ec.europa.eu/economy_finance/indicators/annual_macro_economic_database/ameco_en.htm
Europäische Kommission/Eurostat (Strukturindikatoren): Unter: http://epp.eurostat.ec.europa.eu/portal/page?_pageid=1090,30070682,1090_33076576&_dad=portal&_schema=PORTAL
International Monetary Fund (2004): International Financial Statistics. Yearbook 2004. Washington D.C.
International Institute of Management Development (2003): The World Competitiveness Yearbook 2003, Lausanne.
Institut der deutschen Wirtschaft, Köln (2006): Arbeitskosten international. Kaum Entlastung für die deutsche Industrie. In: iwd, Nr. 32, 10. August, S. 4-5.
OECD (div. Jahre): Employment Outlook. Paris.
OECD (2005a): Taxing Wages. Paris.
OECD (2003): Learning for Tomorrow – First Results from PISA. Paris.
OECD (CDE-Datenbank): OECD's Corporate Data Environment. Unter: http://www1.oecd.org/scripts/cde/default.asp
Ottnad, Adrian (2006): Steigende Abgaben – sinkende Leistungen. Die Politik auf schmalem Grad. München.
Statistisches Bundesamt (2006): Im Blickpunkt: Preise in Deutschland 2006. Wiesbaden.
Stecher, Bernd (2004): Transnationale Risiko- und Technologiegesellschaft versus ökonomischer lokaler Patriotismus. Foresight Impuls-Konferenz, 26. November, München.
Sternberg, Rolf / Brixy, Udo / Schlapfner, Jan-Florian (2006): Global Entrepreneurship Monitor – Unternehmensgründung im weltweiten Vergleich, Länderbericht Deutschland 2005, Hannover, Nürnberg.
United Nations (2005): World Population Prospects: The 2004 Revision. Unter: http://esa.un.org/unpp/
U.S. Department of Labor / Bureau of Labor Statistics (2006): Hourly Compensation Costs of Production Workers in Manufacturing. 32 Countries or Areas, 22 Manufacturing Industries, 1992-2004, June, Washington D.C.
Wahl, Stefanie (2006): Spürbare Alterung der Erwerbsbevölkerung bis 2010. In: IWG aktuell, Nr. 2, S. 3-6.
Wahl, Stefanie / Schulte, Martin (2005): Arbeitslosigkeit abbauen – von Besseren lernen! Hintergründe der Beschäftigungsunterschiede in Deutschland, Österreich und der Schweiz. München.

Weltbank (2005): Doing Business in 2005, Washington D.C.
World Economic Forum (2005): Growth Competitiveness Report 2003-2004, Genf.

Peter Becker

Schutz oder Motor - Das europäische Mehrebenensystem im Prozess der ökonomischen Globalisierung

Mittlerweile kommt kaum eine politische Debatte ohne einen Rekurs auf die Globalisierung und deren negative Folgen aus – auch nicht die Diskussionen über die Fortsetzung des europäischen Integrationsprozesses. Insbesondere die kontroverse Referendumsdebatte in Frankreich war geprägt von der Sorge der Kritiker,[1] dass der Europäische Verfassungsvertrag und die weitere Vertiefung der Integration der Globalisierung und der neoliberalen Wirtschaftspolitik Vorschub leisten werde und dies dann zum Abbau sozialstaatlicher Errungenschaften führe.[2] Dabei vermischten sich die grundsätzliche Ablehnung der ökonomischen Globalisierung mit der Kritik an der weiteren wirtschaftlichen Integration im europäischen Binnenmarkt und der Sorge vor den Konsequenzen der EU-Osterweiterung. «Globalisierung» wurde zum Synonym für eine bedrohliche Modernisierung und der europäische Binnenmarkt wurde als eine Art „Laboratorium",[3] oder als „die wichtigste Facette" der Globalisierung wahrgenommen.[4]

Der belgische Premierminister Guy Verhofstadt hat in seinem Manifest zur „Gründung der Vereinigten Staaten von Europa" versucht,[5] diese Dominanz der Angst und der Ablehnung bei den Bürgerinnen und Bürger in der EU zu erklären: „Von der Begeisterung für das europäische Projekt scheint schlagartig nicht mehr

1 Vgl. zur französischen Referendumsdebatte Daniela Schwarzer, Tauziehen um die EU-Verfassung in Frankreich, SWP-Aktuell 54, Berlin November 2004 sowie Andreas Maurer u.a., Ratifikationsverfahren zum EU-Verfassungsvertrag, SWP- Diskussionspapier, Mai 2005.

2 Vgl. Joachim Schild, Ein Sieg der Angst – das gescheiterte französische Verfassungsreferendum, in: Integration, 28. Jg., H. 3, 2005, S., 187-200. Schild konstatiert eine grundsätzliche Abkehr vom europäischen Integrationsprozess: „Vielmehr wird die Europäische Union zunehmend zur Projektionsfläche für Zukunftsängste von Bürgern in alternden Gesellschaften, die sich durch Tempo und Richtung des ökonomischen, gesellschaftlichen, politischen und kulturellen Wandels überfordert fühlen. Die Union steht in den Augen vieler ihrer Bürger für permanenten politischen Gestaltungswandel, für unsichere äußere Grenzen, für eine Verschärfung wirtschaftlicher Konkurrenz und eine Verlängerung negativer Globalisierungsfolgen nach innen, für sozialen Abstieg und den Verlust wohlfahrtsstaatlicher Absicherungen." (S. 187).

3 Michel Kreile, Globalisierung und europäische Integration, in: Wolfgang Merkel/Andreas Busch (Hrsg.), Demokratie in Ost und West, Frankfurt/M. 1999, S. 605-623, S. 608.

4 Vgl. Arne Heise, European Economic Governance – Wirtschaftspolitik jenseits der Nationalstaaten, in: Wirtschaftsdienst 2005, Nr. 4, S. 230-237, S. 230.

5 Guy Verhofstadt, Die Vereinigten Staaten von Europa. Manifest für ein neues Europa, Eupen 2006. Verhofstadt kommt zu der Schlussfolgerung, dass sich die EU heute an einem Scheideweg befinde und sich entscheiden müsse zwischen einem Europa der Nationalstaaten in einer reinen Freihandelszone oder einem föderalen Europa.

viel übrig zu sein. Sie ist Gleichgültigkeit und Angst gewichen. Angst vor dem ‚polnischen Klempner', der dem gemeinen Bürger die Arbeit wegnimmt. Angst vor der Abwanderung der eigenen Firma in einen der neuen Mitgliedstaaten. Angst vor den südostasiatischen Volkswirtschaften oder den chinesischen Textilien, die unseren Unternehmen den Garaus machen. Aber auch Angst vor dem organisierten Verbrechen, dem in einem erweiterten Europa Tür und Tor geöffnet sind."

Aber entsprechen diese Ängste und Vorbehalte gegenüber dem europäischen Integrationsprozess auch den Tatsachen? Erkennbar sind zumindest zwei Konstanten in den öffentlichen Diskursen über die Auswirkungen der ökonomischen Globalisierung auf die Europäische Union:[6] Erstens wird meist nicht zwischen den Auswirkungen der ökonomischen Globalisierung und der Integration in den europäischen Binnenmarkt differenziert. Vielmehr werden die negativen Auswirkungen offener Märkte und eines verschärften Standortwettbewerbs sowohl auf die Globalisierung als auch den europäischen Binnenmarkt zurückgeführt. Zweitens führt die Betonung der negativen Folgen der ökonomischen Globalisierung dazu, dass die Chancen und die positiven Effekte der globalisierten Ökonomie für die EU und ihre Mitgliedstaaten in der Wahrnehmung der Bürgerinnen und Bürger von ihren Ängsten überlagert werden. Oftmals wird vergessen, dass die Europäer zu den „Gewinnern" der ökonomischen Globalisierung zählen und dass der europäische Binnenmarkt ein wirkungsvolles Instrument ist,[7] um die Herausforderungen der Globalisierung zu bestehen.[8]

1. Deutungsmuster der Globalisierung: Unausweichliche „Entmächtigung" oder regulierbare Modernisierung?

Zweifellos ist die Globalisierung eine der zentralen wirtschafts-, sozial- und gesellschaftspolitischen Herausforderungen für die Europäische Union und ihre Mitgliedstaaten. In der Bewertung durch Jürgen Habermas geht mit dem Prozess der Globalisierung nicht nur eine „Entgrenzung" von Ökonomie, Gesellschaft und Kultur einher und berührt damit die „Existenzvoraussetzungen des europäischen Staatensystems", sondern auch die „Entmächtigung des Nationalstaates".[9] Die Nationalstaaten verlieren demzufolge zunehmend ihre Fähigkeit, durch regulierende wirtschaftspolitische Eingriffe die Wirtschaft zu steuern, Wachstum zu stimulieren

6 Vgl. hierzu auch Colin Hay/Ben Rosamond, Globalization, European integration and the discursive construction of economic imperatives, in: Journal of European Public Policy, 2002, Vol. 9, No. 2, S. 147-167.

7 Vgl. Economic Policy Committee, Responding to the challenges of globalisation, in: European Economy, No. 21, December 2005.

8 Vgl. André Sapir, Globalization and the reform of the European social models, in: Journal of Common Market Studies, 2006, Vol. 44, No. 2, S. 369-390.

9 Jürgen Habermas, Der europäische Nationalstaat unter dem Druck der Globalisierung, in: Blätter für deutsche und internationale Politik, 4/1999, S. 425-436, S. 427.

und ihre Steuerressourcen auszuschöpfen. Schlimmer noch, die nationalstaatlichen Regierungen müssen in einem harten Standortwettbewerb untereinander konkurrieren. Folge dieses Wettbewerbs sind die umfassende Deregulierung der Märkte, die Senkung der Steuer- und Abgabenbelastung für Unternehmen und schließlich die Absenkung sozialstaatlicher Leistungen. Damit einher geht dann die fortgesetzte Ökonomisierung und Privatisierung bei der Bereitstellung öffentlicher Güter. Dieser Primat der Ökonomie verbunden mit der Entgrenzung wirtschaftlicher Aktivitäten und der Dynamik des Standort- und Regulierungswettbewerbs führt zu einem Rückbau des europäischen Wohlfahrtsstaates. Der europäische Integrationsprozess spielt in diesem Szenario die Rolle des Antreibers und Verstärkers.[10]

Die Europäische Kommission kommt in ihrer Analyse der Rolle der Europäischen Union in der „globalisierten Welt" hingegen zu einem anderen, insgesamt durchaus positiven Ergebnis. Die EU sei „ein erfolgreiches Beispiel von ‚Globalisierung' auf regionaler Ebene"; sie bilde „eine entscheidende mittlere Ebene" zwischen den Zwängen der internationalen Regeln und der Notwendigkeit nationalen Handelns. „Sie bildet den richtigen Rahmen für effektive Regulierung und Solidarität, in dem die Vorteile der regionalen Integration eine bessere Chance bieten, Vorteile aus der Globalisierung zu ziehen."[11] Die Kommission spricht sich in ihrer Mitteilung zur Vorbereitung des informellen Gipfels der europäischen Staats- und Regierungschefs am 27. Oktober 2005 im britischen Hampton Court zwar für weitere Reformanstrengungen auf gemeinschaftlicher und einzelstaatlicher Ebene zur Förderung von Wachstum und Beschäftigung aus. Die derzeitigen wirtschaftlichen und sozialen Konzepte seien nicht in der Lage, Arbeitslosigkeit, langsames Wachstum, Armut und soziale Ungerechtigkeit zu beseitigen. Deshalb seien die Mitgliedstaaten, die europäischen Organe und die Sozialpartner aufgefordert, enger zusammen zu arbeiten, um gemeinsame Lösungen für gemeinsame Probleme zu finden. Doch trotz dieses Modernisierungs- und Reformbedarfs zeigt sie sich davon überzeugt, dass die EU „die Früchte der Globalisierung ernten" werde.

Die Europäische Kommission betont insbesondere die mit der Globalisierung verbundenen Chancen, während jedoch die Mehrzahl der Bürgerinnen und Bürger in der EU Ängste mit dem Begriff der Globalisierung verbinden und ein eher negatives Bild haben.[12] Zwar bewerteten noch 2003 63% der befragten Unionsbürgerinnen und -bürger in der EU-15 Globalisierung im Sinne einer weltweiten Öffnung von Märkten grundsätzlich positiv, aber 79% waren der Meinung, dass die Kritikpunkte

10 Vgl. Fritz W. Scharpf, Economic integration, democracy and the welfare state, in: Journal of European Public Policy, 1997, Vol. 4, No. 1, S. 18-36.

11 Europäische Kommission, Europäische Werte in der globalisierten Welt. Beitrag der Kommission zur Tagung der Staats- und Regierungschefs am 27. Oktober 2005, KOM (2005) 525 endg., vom 20.10.2005, S. 13.

12 Vgl. Special Eurobarometer No 215, Wave 62.1, Lisbon, Februar 2005 (Befragungszeitraum November 2004), S. 31ff.

von globalisierungskritischen Gruppen (wie etwa Attac) zu beachten seien.[13] Die Dominanz der Ängste vor den Globalisierungsfolgen zeigt sich insbesondere daran, dass der erste Gedanke, den die Bürgerinnen und Bürger mit dem Begriff „Globalisierung“ verbinden, die Verlagerung von Unternehmen und damit der Verlust von Arbeitsplätzen ist.[14]

In der publizistischen Debatte wird dabei wie selbstverständlich vorausgesetzt, dass der Prozess der ökonomischen Globalisierung die politischen Möglichkeiten der Nationalstaaten zur Regulierung und (Be)Steuerung von Kapital, Unternehmen und Produktionsprozessen zwangsläufig und unwiderruflich einschränkt. Diese These wird inzwischen in der politikwissenschaftlichen Debatte differenzierter betrachtet.[15] Dabei werden gemeinhin drei Deutungsmuster unterschieden:

1. Die Ökonomisierungsthese: Die Verfechter dieser These argumentieren, dass die Merkmale der Globalisierung, wie das steigende Volumen weltweit gehandelter Güter, die erhöhte globale Mobilität des Produktionsfaktors Kapital, der dynamische technologische Fortschritt insbesondere im Bereich der Kommunikations- und Informationstechnologie, der zu einer engen Vernetzung von Märkten geführt hat, unausweichlich zum Verlust staatlicher Steuerungsfähigkeit führe. In der globalisierten Wirtschaft seien nationalstaatliche Eingriffe zur wirtschafts- und finanzpolitischen Regulierung sowie zur sozialpolitischen Kompensation wirkungslos. Die Konsequenz dieser nicht aufzuhaltenden Entwicklung sei ein „race to the bottom“ zwischen den Staaten um das niedrigste Regulierungs- und Besteuerungsniveau und der Abbau des Wohlfahrtstaates.

2. Die Politisierungsthese: Diese These geht davon aus, dass zwar die ökonomischen, sozialen, politischen, gesellschaftlichen und kulturellen Veränderungen des internationalen Umfelds für die Gestaltung nationaler Politik durchaus festzustellen

13 Vgl. Flash Eurobarometer No. 151 b, Globalisation, November 2003 (Befragungszeitraum Oktober 2003).

14 Auf die Frage, was ihnen zuerst in den Sinn kommt, wenn sie den Begriff „Globalisierung“ hören, antworteten 36% der Befragten mit Unternehmensverlagerung (‚Delocalisation'), 18% mit neuen Möglichkeiten für nationale Unternehmen, 13% mit ausländischen Investitionen in ihrem Land und 5% mit anderen Begriffen. Die Furcht vor Unternehmensverlagerungen ist mit 56% in Frankreich am höchsten, gefolgt von Österreich (47%) und Deutschland (45%). Sh. Special Eurobarometer, Lisbon, a.a.O.

15 Vgl. zur politikwissenschaftlichen Diskussion Philipp Genschel, Globalisierung als Problem, als Lösung und als Staffage, in: Gunther Hellmann/Klaus-Dieter Wolf/Michael Zürn (Hrsg.), Die neuen internationalen Beziehungen. Forschungsstand und Perspektiven in Deutschland, Baden-Baden 2003, S. 429-464, Edgar Grande/Thomas Risse, Bridging the Gap. Konzeptionelle Anforderungen an die politikwissenschaftliche Analyse von Globalisierungsprozessen, in: Zeitschrift für internationale Beziehungen, 7. Jg., H.2, S. 235-266; Philipp Genschel, Globalization and the welfare state, in: Journal of European Public Policy, Vol. 11, No. 4, 2004, S. 613-636; Melanie Morisse-Schilbach, Globalisierung und These vom Souveränitätsverlust des Staates – Forschungsstand und Perspektive, Dresdner Arbeitspapiere Internationale Beziehungen (DAP), Nr. 13, Dresden 2005 jeweils mit umfassenden Literaturangaben.

sind. Aber das Ausmaß dieser Veränderungen sei nicht so stark und so umfassend, als dass die Nationalstaaten nicht auf diese Veränderungen mit autonomen Entscheidungen reagieren könnten. Ein Verlust nationalstaatlicher Souveränität und Handlungsfähigkeit sei jedenfalls nicht zu befürchten.

3. Die Transformationsthese: Mittlerweile hat sich zwischen den hier skizzierten Polen der politikwissenschaftlichen Globalisierungsdebatte eine dritte, vermittelnde Position etabliert. Diese erkennt die Veränderungen des internationalen Umfelds durch die Globalisierung an und misst auch dem Ausmaß dieser Veränderungen einen hohen Einfluss auf die Handlungsfähigkeit der Nationalstaaten bei. Jedoch bedingen die Folgen der Globalisierung keinen einseitigen Verlust nationalstaatlicher Handlungs- und Politikfähigkeit, sondern zunächst nur eine Veränderung des Handlungsumfeldes und damit einher gehend eine Veränderung der Politiken. Der Nationalstaat sieht sich gezwungen, seine Souveränität im Verbund mit anderen Nationalstaaten neu zu definieren, um gemeinsam auf die Herausforderungen der Globalisierung reagieren zu können. Globalisierung führt deshalb zu regionaler Kooperation und Integration.

Eine besondere Rolle im Rahmen dieser Debatte über die unterschiedlichen Deutungsmuster spielt die Verlagerung von Souveränität sowohl auf die Ebene unterhalb des Nationalstaates als auch auf die europäische Ebene oder auf andere internationale und supranationale Organisationen.[16] Der globale Standortwettbewerb lässt zwischen den Nationalstaaten ein einzelstaatliches, autonomes Vorgehen immer weniger erfolgversprechend und attraktiv erscheinen; die Anreize zu internationaler Abstimmung sowie regionaler Kooperation und Integration der Nationalstaaten sind deutlich stärker. Stefan A. Schirm spricht deshalb von der „*driving force*“ der globalen Ökonomie für neue Formen und Institutionen der regionalen Wirtschaftskooperation.[17]

Insbesondere der europäische Integrationsprozess und die Schaffung des europäischen Binnenmarktes werden in diesem Zusammenhang immer wieder als Europas Antwort auf die Herausforderung der ökonomischen Globalisierung interpretiert. Erst die „Angst, Europa werde im globalen Wettbewerb abgehängt“[18], also die Erwartung einer schlechteren Position im weltwirtschaftlichen Umfeld, habe der ökonomischen Integrations in Form des Binnenmarktprogramms eine neue Dynamik verliehen. Die Mitgliedstaaten der EU waren unter dem zunehmenden Wettbewerbsdruck der Globalisierung bereit, zu Gunsten der EU auf nationalstaatliche Steuerungs- und Regulierungsinstrumente zu verzichten, um ihre gemeinsame Regelungsfähigkeit im Wettbewerb mit anderen Staaten oder Staatengruppen zu sichern oder

16 Vgl. J.B.D. Simonis, European integration and the erosion of the nation state, in: International Journal of social economics, 1995, Vol. 22, No. 7, S. 50-58.

17 Vgl. Stefan A. Schirm, Transnationale Globalisierung und regionale Kooperation. Ein politikökonomischer Ansatz zur Erklärung internationaler Zusammenarbeit in Europa und den Amerikas, in: Zeitschrift für internationale Beziehungen, 4. Jg., 1997, H. 1, S. 69-106, S. 76.

18 Ebda.

zurück zu gewinnen.[19] Die EU und der europäische Binnenmarkt stellen aus diesem Blickwinkel keine Herausforderung für den Fortbestand des europäischen Wohlfahrtstaates und für die Gültigkeit des ihm zu Grunde liegenden Modells dar, sondern im Gegenteil, sie bilden den Bezugsrahmen für dessen Reform und Modernisierung. Nicht zuletzt deshalb war und bleibt die EU auch attraktiv für andere europäische Nationalstaaten, die inzwischen EU-Mitglieder geworden sind oder sich um die Mitgliedschaft in der EU bemühen.[20]

Der freiwillige Verzicht auf nationalstaatliche Souveränität und Autonomie, verbunden mit der Integration in einen größeren europäischen Verbund mit supranationalen Entscheidungsstrukturen, erleichtert demnach die notwendigen Anpassungen nationaler Wirtschafts- und Sozialpolitiken an die Anforderungen der ökonomischen Globalisierung.

2. Deutungsmuster der EU: Das europäische Mehrebenensystem - Globalisierung im Kleinformat?

Eine Vielzahl unterschiedlicher politischer Konzepte und wissenschaftlicher Deutungsmuster begleitet die Entwicklung der europäischen Integration seit ihren Anfängen. Zu keinem Zeitpunkt jedoch wurde ein eindeutig definierter Endzustand der europäischen Integration oder ein für alle verpflichtendes Leitbild für die Europäische Union unter den Mitgliedstaaten vereinbart. Diese Offenheit der Finalität des Integrationsprozesses erlaubte es, mit der EU divergierende Leitbilder zu verbinden: „Bundesstaat" vs. „Staatenbund" oder „Vereinigte Staaten von Europa" vs. „Europa der Nationalstaaten".

Wesentlich für die Erklärung europäischer Strukturentwicklungen ist dabei die Beachtung des Prozesscharakters der EU, wie er in den Verträgen niedergelegt ist; der mit den Verträgen eröffnete Handlungsspielraum für europäische und nationale Akteure war von Anfang an dynamisch angelegt. Der Vertrag zur Gründung der Europäischen Gemeinschaft für Kohle und Stahl (EGKS - Montanunion) sowie die beiden Gründungsverträge zur Europäischen Wirtschaftsgemeinschaft (EWG) und zur Europäischen Atomgemeinschaft (EURATOM) begründeten einen zunächst zweckgemeinschaftlich organisierten Rahmen zur supranationalen und zwischenstaatlichen Zusammenarbeit.

Durch die funktionale Ambivalenz der ersten Integrationsschritte blieb der institutionelle und funktionale Differenzierungs- und Wachstumstrend über fünf Jahrzehnte hinweg weitgehend ungebrochen. Mit den letzten vier Vertragsreformen

19 Vgl. Michael Zürn, Über den Staat und die Demokratie im europäischen Mehrebenensystem, in: Politische Vierteljahresschrift, 1996, 37. Jg., H.1, S. 27-55.

20 Vgl. Helen Wallace, EU enlargement: A neglected subject, in: Maria Green Cowles/Michael Smith (Hrsg.), The State of the European Union, Risks, Reform, Resistance, and Revival, Vol. 5, Oxford 2000, S. 149-163, S. 159.

(Luxemburg, Maastricht, Amsterdam und Nizza) haben die Staats- und Regierungschefs den Gesamtumfang der in den EU-Organen zu behandelnden Politikfelder deutlich vergrößert und weiter ausdifferenziert. Diese Wachstums- und Differenzierungstrends des EU-Systems sind hierbei primär als nationalstaatliche Reaktionen auf strukturelle Entwicklungen und Stabilitätsbedingungen des westeuropäischen Staates der Nachkriegszeit zu verstehen. Die funktionalen, institutionellen und verfahrensmäßigen Integrationstrends sind damit Produkt sowohl rationaler Interessendefinition nationaler Akteure als auch der spezifischen Entwicklungslogik der am Politikzyklus beteiligten Institutionen. Gemeinsame Problemlagen werden gemeinsam, aber nicht uniform angegangen.

Parallel zu dieser materiellen Europäisierung immer neuer Politikfelder wächst auch der zentripetale inner- und zwischenstaatliche Druck auf Teilnahme und Mitgestaltung im politischen System der EU. Europaabgeordnete, nationale Parlamente, nationale Verfassungsgerichte, Fachministerien, Regionen, Kommunen, Verbände und Unternehmen sowie zivilgesellschaftliche Interessengruppen drängen verstärkt auf Mitsprache. Die Komplexität der Verfahren und die Differenzierung der Gremien mit Teilnehmern mehrerer Ebenen nehmen – auch nach dem Vertrag von Nizza – stetig zu.

Seit Beginn des europäischen Integrationsprozesses wurde ein reichhaltiges Tableau an Begriffen und Etikettierungen entwickelt, um das besondere Phänomen der Europäischen Union zu erfassen. Ihre Struktur wurde als Staatenverbund, hierarchisches oder polyzentrisches System gekennzeichnet. Begriffe wie „föderale Union neuen Typs“,[21] „Föderation sui generis“ (Heinrich Schneider), „Supranationale Union souveräner Staaten“ (Werner Maihofer), „Staatenverbund“ (Bundesverfassungsgericht), „Konkordanzsystem“ (Donald J. Puchala), „postmoderner Nationalstaat“ (James A. Caporaso), „Quasi-Staat“ (William Wallace), „fusionierter Föderalstaat“ (Wolfgang Wessels), „regulativer Staat“ (Giandomenico Majone), schließlich als ein im Entstehen begriffenes „condominium“ (Philippe Schmitter) oder, metaphorisch, „Supernova“ (Josef Isensee) sind Beispiele der Interpretationsoffenheit oder der „produktiven Mehrdeutigkeit“.[22] Alle diese Bezeichnungen grenzen die Europäische Union gegenüber dem Ordnungsmodell „Nationalstaat“ sowie anderen Formen regionaler Kooperation und Institutionen der internationalen Politik ab. Zugleich weisen diese Varianz der Charakterisierungen und die innovativen Begriffsbestimmungen auf ein neues Föderalismusverständnis hin, das auf die Schaffung einer neuen föderalen Balance zwischen der europäischen Ebene und den Mitgliedstaaten sowie Regionen abzielt. In diesem System geht es nicht mehr um

21 Eine nahezu umfassende Liste der Begriffe findet sich bei Wolfgang Wessels, An Ever Closer Fusion? A dynamic macropolitical view in integration processes, in: Journal of Common Market Studies, 1997, Vol. 35, No. 2, S. 266-299.

22 Vgl. Heinrich Schneider, Europäische Integration: die Leitbilder und die Politik, in: Michael Kreile (Hrsg.): Die Integration Europas, Politische Vierteljahresschrift, Sonderheft 23/1992, 1992, S. 8-9.

die eindeutige Verortung verfasster Staatlichkeit bzw. Nichtstaatlichkeit, sondern um ein gleichberechtigtes Nebeneinander von „Brüsseler Zentrum", Staaten und weiteren institutionalisierten Akteursebenen.

Zur Charakterisierung dieser neuen Form des „Regierens jenseits des Staates" wurde schließlich Anfang der neunziger Jahre der Begriff des «europäischen Mehrebenensystems» entwickelt,[23] der sich zur Kennzeichnung des *sui-generis*-Charakters der EU inzwischen weitgehend – zumindest in der Politikwissenschaft – durchgesetzt hat.[24]

In der Konzeption der EU als Mehrebenensystem werden die Akteure auf der supranationalen Ebene ebenso wie die Akteure auf der nationalen und der regionalen Ebene als eigenständig Handelnde und das Politikergebnis beeinflussende Einheiten anerkannt. Ihre horizontalen Kooperationsstrukturen und die funktional begründeten Netzwerke über die Ebenen und Institutionen hinweg führen darüber hinaus zu einer tendenziellen Auflösung der Trennlinien zwischen staatlichen und privaten Akteuren. Nationale, subnationale und nichtstaatliche Institutionen und Akteure interessieren sich aufgrund des rationalen Eigeninteresses von Wohlfahrtsstaaten in Interdependenzkonstellationen in zunehmenden Maße für Angelegenheiten der EU und beteiligen sich daher – ausgehend von ihren jeweiligen konstitutionellen und politischen Gegebenheiten – intensiv an der Vorbereitung, Herstellung, Durchführung und Kontrolle von verbindlichen EU-Entscheidungen. Der Beteiligungsdrang dieser Akteure führt – gekoppelt mit einer „coalition-building-Dynamik" supranationaler Institutionen – zu einer Verschmelzung von nationalen Handlungsinstrumenten und Verfahren.[25] Diese Fusion von Handlungsebenen und Verfahren wird zunehmend irreversibel. Die besonderen Kennzeichen des europäischen Mehrebenensystems sind demnach zusammengefasst:

- Die analytische Unterscheidung der vertikalen Handlungsebenen Europäische Union, Mitgliedstaaten sowie subnationale Gebietskörperschaften wie Regionen oder Bundesländer, deren Zuständigkeiten und Aufgaben zugleich über die Ebenen hinweg miteinander verflochten sind.
- Die enge – horizontale – Kooperation der Organe und Institutionen auf einer Ebene nach Maßgabe der ihnen übertragenen Zuständigkeiten.
- Die spezifischen Formen der Koordination und Kooperation zwischen den Politikebenen im Kontext EU-vertraglich normierter Verhandlungs- und Entscheidungsregeln und die hierauf gründende Bildung von horizontalen und vertikalen Netzwerken zu spezifischen Sachfragen.

23 Markus Jachtenfuchs/Beate Kohler-Koch, Einleitung: Regieren im dynamischen Mehrebenensystem, in: diess. Europäische Integration, Opladen 1996, S. 15- 44.

24 Vgl. zur Einführung Michèle Knodt/Martin Große Hüttman, Der Multi-Level Governance Ansatz, in: Hans-Jürgen Bieling/Marika Lerch (Hrsg.), Theorien der europäischen Integration, Wiesbaden, 2005, S. 223-247; auch Ulrich di Fabio, Mehrebenendemokratie in Europa, Vortrag an der Humboldt-Universität Berlin am 15.11.2001.

25 Vgl. Wolfgang Wessels, An Ever Closer Fusion?, a.a.O.

- Die vorherrschende Form des diplomatischen Interessenausgleichs in Grundsatzfragen und die hieraus resultierende Dominanz der Exekutive und der Administrationen.

So sind nahezu alle nach Mitwirkung strebenden und um Mitwirkungszugänge konkurrierenden Akteure in den Politik- und Entscheidungsprozess der EU eingebunden. Sie unterscheiden sich jedoch je nach Handlungsebene in ihren Rollen und ihrem unterschiedlich starken Einfluss auf das Politikergebnis. Die Akteure auf den verschiedenen Ebenen agieren nicht autonom; vielmehr sind sie gezwungen untereinander zu kooperieren, wollen sie ihre Interessen in den Politikprozess erfolgreich einspeisen.

Mit der Zunahme der Interdependenz der Ebenen und der Verflechtung der Akteure wachsen zugleich die Komplexität und die Intransparenz des europäischen Politikprozesses. Sie werden zu zwangsläufigen und konstitutiven Charakteristika des Systems. Grundsatzentscheidungen wie der Vertrag von Nizza oder der Europäische Verfassungsvertrag, mit denen die weitere Verflechtung von Steuerungsinstrumenten zum Zwecke der gemeinsamen, trans- und supranationalen Gestaltung wirtschaftlicher und sozialer Lebensverhältnisse in Europa fundiert werden, sind aufgrund der zunehmenden Komplexität des nicht auf ein Endziel festgelegten, sondern stets im Wandel begriffenen Gesamtsystems EU von der Suche nach Spielräumen und politikgestalterischen Grauzonen der beteiligten Akteure gekennzeichnet.

Die charakteristische Komplexität des politischen Systems und die Intransparenz der Entscheidungsfindungsprozesse in der EU wurden durch die außerordentliche Erweiterung um zehn neue Mitgliedstaaten aus Mittel- und Osteuropa exponentiell erhöht. Mit der Osterweiterung haben sich die politische Heterogenität und die ökonomischen und sozialen Disparitäten innerhalb der EU enorm verschärft; die europäische Entscheidungsfindung wurde komplizierter, die Gegensätze innerhalb der Union drastischer und der ökonomische Aufholprozess der Union zu den Vereinigten Staaten schwerer.[26] Das durchschnittliche BIP je Einwohner in der EU-25 ist um circa 12,5% gesunken, in den zehn neuen Mitgliedstaaten beträgt das Pro-Kopf-BIP weniger als 90% des EU-25-Durchschnitts; in Polen, Lettland, Litauen und Estland liegt der Wert sogar unter 50%. Statt wie bisher 84 Mio. Bürger in der EU-15 leben in der EU-25 123 Mio. Bürger in Regionen mit großem Entwicklungsrückstand. Das Wohlstandsgefälle zwischen den 25 Mitgliedstaaten, gemessen in BIP pro Kopf in Kaufkraftparitäten, hat sich nahezu verdoppelt und reicht von Lettland mit 41% des EU-25-Durchschnitts bis Luxemburg mit 215%.[27]

26 Vgl. Barbara Lippert, Glanzloser Arbeitserfolg von epochaler Bedeutung: eine Bilanz der EU-Erweiterungspolitik 1989-2004, in: dies. (Hrsg.) Bilanz und Folgeprobleme der EU-Erweiterung, Baden-Baden, 2004, S. 13-71.

27 Vgl. Europäische Kommission, Dritter Zwischenbericht über den Zusammenhalt: Auf dem Weg zu einer Partnerschaft für Wachstum, Beschäftigung und Zusammenhalt, KOM(2005)

Diese Diskrepanz zwischen alten und neuen Mitgliedstaaten in der erweiterten EU manifestiert sich nicht nur in den obligatorischen Verteilungskämpfen bei den Finanzverhandlungen der EU, sondern auch in zum Teil deutlich unterschiedlichen Interessen in der europäischen Tagespolitik. In einigen Mitgliedstaaten, insbesondere in Deutschland und Frankreich, wurden dabei zwei Aspekte für die öffentliche Debatte zur EU-Osterweiterung beherrschend: die Verlagerung von Produktionsstandorten nach Mittel- und Osteuropa und der gleichzeitige Transfer von EU-Strukturfondsmitteln in diese Länder. Die „Neuen" wurden immer häufiger als „Störenfriede" des ausbalancierten politischen Mehrebenensystems denn als bereichernde Partner wahrgenommen. [28]

3. Der europäische Binnenmarkt als „Laboratorium der Globalisierung": Die Logiken negativer und positiver Integration

Das seit der Gründung der Europäischen Wirtschaftsgemeinschaft verfolgte Ziel, einen Gemeinsamen Markt zu schaffen, in dem auf der Grundlage eines unverfälschten Wettbewerbs die Freizügigkeit von Waren, Personen, Dienstleistungen und Kapital gewährleistet ist, ermöglichte zweifellos eine Öffnung von Teilmärkten und damit eine Politik der De-Regulierung im anvisierten Europäischen Binnenmarkt. Zugleich führte der rasante funktionale Differenzierungs- und Wachstumstrend des europäischen Integrationsprozesses, verbunden mit dem geringen Umfang der für eine distributive und redistributive Politik der EU zur Verfügung stehenden Haushaltsmittel, auch zu einem starken Anstieg der Nachfrage nach regulativer Politik.[29]

In der politikwissenschaftlichen Integrationsforschung werden die europapolitischen Ziele des EG-Vertrags, "Marktöffnung" und "unverfälschter Wettbewerb", als Charakteristika der "negativen Integration" verstanden, die zwangsläufig zu einem immer weiteren Abbau von Hemmnissen und Diskriminierungen im europäischen Binnenmarkt führen. Hingegen ist die Entwicklung gemeinsamer, vornehmlich supranationaler Regulierungs- und Steuerungsinstrumente der geöffneten Märkte ein Kennzeichen der Mechanismen "positiver Integration".[30] Während die negative Integration demnach ihre Legitimation aus den Ursprüngen des europäischen Primärrechts ableitet und durch die Rechtsprechung des Europäischen

192 endg., 17.5.2005.

28 Heather Grabbe, The Constellations of Europe. How Enlargement will transform the EU, Center for European Reform, London 2004.

29 Vgl. Giandomenico Majone, Redistributive und sozialregulative Politik, in: Markus Jachtenfuchs/Beate Kohler-Koch, Europäische Integration, Opladen 1996, S.225-247. Majone bezeichnet die Europäische Gemeinschaft gar als „regulativen Staat".

30 Vgl. Fritz W. Scharpf, Regieren in Europa. Effektiv und demokratisch?, Frankfurt/M. 1999, S. 47ff. Scharpf greift hier auf Jan Tinbergen, International Economic Integration, Amsterdam 1965, 2. Aufl., zurück.

Gerichtshofs auch effektiv durchgesetzt werden konnte, müssen Maßnahmen der positiven Integration jeweils neu begründet, in schwierigen politischen Verhandlungsprozessen vereinbart und legitimiert werden. Die Realisierung der mit der negativen Integration verbundenen Öffnung und Deregulierung von Märkten ist demzufolge leichter möglich, als die Fähigkeit der EU zur positiven Integration, d.h. als die Re-Regulierung auf supranationaler Ebene.

Bereits in den Römischen Verträgen war dieser Mechanismus der negativen Integration im Programm zur Schaffung eines Gemeinsamen Marktes und eines europäischen Wettbewerbsrechts angelegt, die beide als Instrumente zur Liberalisierung der bis dahin geschützten nationalen Märkte dienten. Mit den Grundsätzen des Vorrangs und der Direktwirkung des Gemeinschaftsrechts, insbesondere des europäischen Binnenmarkt-, Wettbewerbs- und Beihilfenrechts, ging der Europäische Gerichtshof auf dieser primärrechtlichen Grundlage sukzessive gegen nicht-tarifäre Handelsbeschränkungen bzw. nationale Schutzbestimmungen im europäischen Binnenmarkt vor und öffnete bislang geschützte Märkte und Sektoren für den europaweiten Wettbewerb.

Inzwischen nutzen die supranationalen Organe der EU, Kommission und Gerichtshof, ihre institutionellen und primärrechtlichen Vorteile der negativen Integration auch, um sozialstaatlich fundierte Bereiche der öffentlichen Daseinsvorsorge für den Binnenmarkt zu öffnen. Mit der Öffnung einzelner Marktsegmente der gemeinwohlorientierten Dienstleistungen in einem einzelnen Mitgliedstaat entsteht zunächst ein nationaler neuer Dienstleistungsmarkt. Die Aussicht auf potenzielle Wachstumsmärkte weckt häufig bei den Dienstleistungsunternehmen das Interesse, grenzüberschreitend tätig zu werden und auf neuen Märkten präsent zu sein, um das Marktvolumen durch eine Ausweitung auf andere Mitgliedstaaten zu vergrößern. Sie drängen deshalb die Europäische Kommission zur Öffnung des gesamten europäischen Binnenmarktes für diese Dienstleistung oder versuchen über die Anrufung des EuGH die Öffnung durchzusetzen. Damit wächst der Druck der negativen Integration und verdichtet sich zu einer europaweiten Liberalisierung auch in diesem Segment.

Die Mechanismen der negativen Integration führen somit in der Konsequenz zu einer immer stärkeren Berücksichtigung wirtschaftlicher Rationalität in immer mehr Politikfeldern. Was bisher als eine demokratisch legitimierte und oftmals wohlfahrtstaatlich begründete Aufgabenzuweisung an die öffentliche Verwaltung verstanden wurde und demzufolge ein Bestandteil politischer Gestaltungsmöglichkeiten war, wird nun den Marktkräften des Binnenmarkts unterworfen. „Im Ergebnis verschiebt sich dadurch die Balance zwischen kapitalistischer Ökonomie und demokratisch legitimierter Politik, die sich in den Nachkriegsjahrzehnten in den westeuropäischen Staaten herausgebildet hatte“, konstatiert Fritz W. Scharpf.[31]

31 Fritz W. Scharpf, Mehrebenenpolitik im vollendeten Binnenmarkt, Diskussionspapier 94/4 des Max-Planck-Instituts für Gesellschaftsforschung, Köln, Oktober 1994, S. 6.

Die Schwäche der supranationalen Re-Regulierung, also den Mechanismen der positiven Integration, liegt in der Notwendigkeit, höhere institutionelle Hürden zu überspringen, als die Maßnahmen der De-Regulierung. Die Schritte der positiven Integration benötigen den Konsens oder zumindest die Billigung aller EU-Mitgliedstaaten und die Zustimmung des Europäischen Parlaments. Darüber hinaus läuft eine supranationale Re-Regulierung immer Gefahr, sowohl von Interessengruppen in den Mitgliedstaaten abgelehnt zu werden, die ein Absenken höherer nationaler Schutzstandards z.B. im Bereich des Arbeits- oder des Umweltschutz befürchten, als auch von denjenigen Kräften, die ihren Wettbewerbsvorteil in Form niedrigerer Schutzstandards und geringerer Produktionskosten im Binnenmarkt sichern wollen. Solange die Unternehmen die niedrigeren nationalen Schutzvorschriften einhalten, dürfen sie, gedeckt durch das Prinzip der gegenseitigen Anerkennung, ihre Produkte im Binnenmarkt vertreiben und können den Wettbewerbsvorteil geringerer Produktionskosten ausnutzen. In der Konsequenz wächst damit die Gefahr, dass die nationalen Schutzstandards zur Regulierung von Produktionsprozessen ebenso wie die nationalen Steuersysteme zu Vor- oder Nachteilen im innereuropäischen Standortwettbewerb werden. Die Bereitschaft der Mitgliedstaaten zum Konsens bzw. zur Billigung europäischer Re-Regulierung sinkt und die Wahrscheinlichkeit nimmt zu, dass entweder gar keine Einigung zustande kommt oder lediglich ein Kompromiss auf der Basis des kleinsten gemeinsamen Nenners.

Zudem brechen gerade bei den Entscheidungen über Maßnahmen der „positiven Integration“ alte Grundsatzkonflikte aus den Anfangsjahren der Europäischen Wirtschaftsgemeinschaft über das Ausmaß staatlicher Regulierung und Rahmensetzung wieder auf. Am Spannungsverhältnis von positiver und negativer Integration, bzw. von De- und Re-Regulierung manifestiert sich die klassische, ordnungspolitische Diskussion darüber, wo die Trennlinie zwischen Markt und Staat verlaufen soll. Die fundamentalen ordnungspolitischen Konflikte werden demnach vornehmlich auf dem Feld der positiven Integration ausgetragen. Derzeit werden diese Grenzen in den einzelnen EU-Mitgliedstaaten sehr unterschiedlich definiert und demzufolge auch verschiedene Regulierungs- und Ordnungsmodelle verfolgt.

Zwar zwingen die Mechanismen der negativen Integration, d.h. die Marktkräfte im Binnenmarkt, zu weiteren Öffnungs- und Modernisierungsschritten. Andererseits betonen jedoch sowohl die Organe der EU als auch die Mitgliedstaaten die Notwendigkeit zur Stärkung des Europäischen Sozial- und Gesellschaftsmodells, also eines zentralen Ziels "positiver Integration". Um den Automatismus der "negativen Integration" zu durchbrechen, sollte deshalb das Binnenmarktprogramm der Gemeinschaft von 1985 ergänzt werden durch eine "positive Flankierung", insbesondere auf den Feldern der Sozial-, Arbeitsschutz-, Verbraucherschutz- und auch der Umweltpolitik. Bereits in ihrem Weißbuch zur Vollendung des Binnenmarkts hatte die Delors-Kommission die flankierende Leitidee des "Europäischen Sozialmodells" formuliert, mit dem eine gemeinschaftliche Sozialpolitik als Ausgleich zu den liberalisierenden Marktkräften etabliert werden sollte.

In der Zwischenzeit hat die Gemeinschaft unübersehbare Schritte zur Harmonisierung in den Bereichen der Sozialpolitik, des Arbeits- und Verbraucherschutzes sowie des Umweltschutzes und der Nachhaltigkeit durchgesetzt. Zwar haben die allgemeinen sozialpolitischen Maßnahmen der Union bis heute lediglich unterstützenden und ergänzenden Charakter, im Gegensatz zur rechtlich bindenden Selbstverpflichtung der EU auf das Ziel des Binnenmarkts und ein System, das den Wettbewerb innerhalb des Binnenmarkts vor Verfälschungen schützt.[32] Aber dennoch sind die europäischen Schritte der Re-Regulierung keineswegs nur Verständigungen auf der Grundlage des kleinsten gemeinsamen Nenners; vielmehr konnten auf EU-Ebene in einzelnen sozialstaatlichen Bereichen hohe Schutzstandards etabliert werden.[33]

Es ist gerade der besondere Mehrebenencharakter des politischen Systems der Europäischen Union, der die Durchbrechung der Logik der negativen Integration ermöglicht. Zum einen verfolgen die EU-Organe, Europäische Kommission und Europäisches Parlament, institutionelle Eigeninteressen, die sich in der Ausweitung europäischer Re-Regulierung deutlich machen lässt. Die Kommission sieht sich dabei durch das europäische Vertragsrecht aufgefordert und verpflichtet, zur Schaffung des europäischen Binnenmarkts auch stets „in den Bereichen Gesundheit, Sicherheit, Umweltschutz und Verbraucherschutz von einem hohen Schutzniveau" auszugehen (Art. 95, Abs. 3 EG-V). Das Europäische Parlament interpretiert seine mitentscheidende Rolle im europäischen Legislativverfahren eindeutig als Wächter eines hohen Schutzniveaus in den Bereichen des Arbeitnehmer-, Gesundheits-, Verbraucher- und Umweltschutzes. Zum anderen haben die Mitgliedstaaten mit hohen Schutzstandards und einem höheren nationalen Regulierungsniveau ein besonderes Interesse an einer Europäisierung, d.h. einer Ausdehnung ihres Schutzniveaus auf den gesamten Binnenmarkt; häufig bestärken sie die Europäische Kommission deshalb, von ihrem Initiativmonopol Gebrauch zu machen. Darüber hinaus ermöglicht das einzigartige politikfeldspezifische, Ebenen und Institutionen übergreifende System europäischen Regierens, dass sich nationale Akteure mit einem besonderem kollektiven Regulierungsinteresse in einem Politikbereich eng abstimmen und sich auf europäischer Ebene für ein höheres Regulierungsniveau einsetzen. Mitgliedstaatliche Fachministerien haben oftmals gleiche Regulierungsinteressen, die sie in Verbindung mit den institutionellen Eigeninteressen von

32 Die »Sozialvorschriften« des EG-Vertrags verlangen ausdrücklich keine Harmonisierung der Rechts- und Verwaltungsvorschriften der Mitgliedstaaten (Art. 137 Abs. 2 EG-V) und sollen der Vielfalt der einzelstaatlichen Gepflogenheiten und der Wettbewerbsfähigkeit der Wirtschaft Rechnung tragen (Art. 136 EG-V). Die Befugnisse der Mitgliedstaaten, die Grundprinzipien ihrer Systeme der sozialen Sicherheit selbst festzulegen, bleiben unberührt, und zugleich darf das finanzielle Gleichgewicht dieser nationalen Systeme nicht durch europäische Regelungen beeinträchtigt werden (Art. 137 Abs. 4 EG-V).

33 Vgl. Bernd Schulte, Die Entwicklung der Sozialpolitik der Europäischen Union und ihr Beitrag zur Konstituierung des europäischen Sozialmodells, in: Hartmut Kaelble/Günther Schmid (Hrsg.), Das europäische Sozialmodell. Auf dem Weg zum transnationalen Sozialstaat, Berlin 2004, S. 75-103.

Kommission und Parlament leichter auf europäischer Ebene gegen konfligierende Interessen anderer Ressorts durchsetzen können als auf nationaler Ebene.

Jedoch sind die Möglichkeiten zur europäischen Re-Regulierung nicht in allen Politikbereichen gleich ausgeprägt. Fritz W. Scharpf differenziert zwischen produkt- und produktionsbezogenen Regelungen,[34] also zwischen Regelungen zur Einhaltung von Standards, die sich auf ein Produkt beziehen, und produktionsbezogenen Regelungen, die sich auf die Standards des Herstellungsprozesses beziehen. Demnach erscheint ein europäischer Konsens bei produktbezogener Regulierung leichter möglich, da die Vereinbarung eines höheren Schutzniveaus im Interesse und zum Nutzen aller Verbraucher im Binnenmarkt ist und zugleich den Zugang zu Märkten für Unternehmen öffnet, die ihnen bislang auf Grund niedrigerer Verbraucher-, Gesundheits- oder Umweltschutzstandards ihrer Produkte verschlossen waren. Hingegen scheinen bei Maßnahmen produktionsbezogener Regulierung die Anreize geringer, eine Verteuerung der Produktion durch Verfügung höherer Standards durchzusetzen. Eine europäische Regulierung wäre nur auf den Produktionsstandort bezogen, ohne dass sich für das betroffene Unternehmen neue Absatzmärkte öffnen würden oder die Qualität des Produktes für die Verbraucher verändert würde.

Den mitgliedstaatlichen Regierungen stehen grundsätzlich zwei Optionen zur Reaktion auf die Herausforderung durch die Gesetzmäßigkeiten der "negativen Integration" offen. Zum einen können sie versuchen, ihre Handlungsspielräume durch Abschottung gegen die Marktmechanismen zu sichern. Diese Politik wird durch das europäische Wettbewerbsrecht, die Marktinteressen privater Unternehmen sowie die nationalen Interessen der anderen Mitgliedstaaten weitgehend beschränkt. Zum anderen können sie den Prozess mit Maßnahmen positiver Integration beantworten, in dem sie gemeinsam die Rationalität des Marktes durch regulierende Eingriffe auf EU-Ebene, z.B. in der Sozial-, Beschäftigungs- oder Umweltpolitik, einhegen. Allerdings führt diese zweite Option zu einer weiteren Europäisierung und damit einer zusätzlichen Verringerung nationalstaatlicher Handlungs- und Gestaltungsspielräume.

Insgesamt führt das Wechselspiel von negativer und positiver Integration in Form von De-Regulierung nationaler Märkte und gemeinschaftlicher Re-regulierung zur Fortsetzung der Europäisierung, d.h. zur integrationspolitischen Durchdringung zusätzlicher Politikfelder und Einbindung neuer politischer Akteure. Der konstatierte funktionalistische Wachstums- und Differenzierungstrend des europäischen Integrationsprozesses wird verstärkt.

Dieses Wechselspiel von nationaler De- und europäischer Re-Regulierung wurde durch die Aufnahme der zehn neuen Mitglieder aus Mittel- und Osteuropa zusätzlich gestört. Zum einen wurden die institutionellen Möglichkeiten für eine Verstän-

34 Vgl. Fritz W. Scharpf, Regieren in Europa, a.a.O., S. 87ff; dergl., Introduction: the problem-solving capacity of multi-level governance, in: Journal if European Public Policy 1997, Vol. 4, No. 4, S. 520-538.

digung auf positive Integrationsschritte schon durch die große Zahl der neuen Mitglieder im Zuge der *big-bang*-Erweiterung erschwert, was nur durch höhere Konsensbereitschaft aufgefangen werden könnte. Zum anderen scheint sich die interne Waagschale zwischen den Interessen der Re-Regulierung und der De-Regulierung angesichts der beschriebenen ökonomischen und sozialen Disparitäten in der EU-25 zu Gunsten der De-Regulierung zu neigen. Dabei ist nicht nur die Formulierung neuer europäischer Re-Regulierungsverordnungen und -richtlinien in der EU-25 ungleich schwieriger geworden. Vielmehr stellt sich bereits die Umsetzung und Einhaltung des *aquis communautaire* im Bereich des Binnenmarkts als eine „permanente Herausforderung“[35] dar. Die beachtlichen Implementierungsdefizite seien, so Kai-Olaf Lang, beispielsweise im Falle Polens vermutlich auf die einflussreiche Wirtschaftslobby und die nachlassende Rechtsetzungsdynamik von Regierung und Parlament zurückzuführen. Auch wenn dieser Nachholbedarf bislang noch nicht dazu geführt hat, dass die Europäische Kommission die im Beitrittsvertrag verankerte Klausel zum Schutz des Regulierungsniveaus im Binnenmarkt aktivieren musste, so scheint diese Erfahrung dennoch die These zu belegen, dass die Fortsetzung der supranationalen Re-Regulierungspolitik in der EU-25 künftig auf deutlich größere Widerstände treffen wird.

4. Die europäische Antwort auf die ökonomische Globalisierung

Die Europäische Kommission hatte in ihrer Mitteilung „Europäische Werte in der globalisierten Welt“ zur Vorbereitung des informellen Treffens des Europäischen Rats am 27. Oktober 2005 auf den „einzigartigen Satz von Instrumenten“ der EU hingewiesen,[36] um auf die Herausforderungen der ökonomischen Globalisierung reagieren zu können. Darunter listet sie das besondere System der wirtschaftlichen Regulierung im europäischen Binnenmarkt durch die Legislativtätigkeit der EU sowie ihre Durchsetzungsbefugnisse und die gerichtliche Kontrolle bei der Einhaltung des EU-Rechts, insbesondere im Bereich des Wettbewerbs- und Beihilfenrechts, auf. Wichtig seien auch die Exekutivbefugnisse der EU-Kommission, beispielsweise im Bereich der Gemeinsamen Handelspolitik aber auch im Bereich der Wettbewerbspolitik. Mit dem Hinweis auf die Förderung von Maßnahmen zur Innovation und Entwicklung sowie zur ökonomischen, sozialen und territorialen Kohäsion aus dem EU-Budget verweist die Kommission darüber hinaus auch auf die beschränkten redistributiven Instrumente der EU. Dieser europäische Instrumentenkasten wird jedoch mit der Auflistung der europäischen Innen- und Justizpolitik, der europäischen Nachbarschafts- und der gemeinsamen Entwicklungspolitik zusehends

35 Vgl. Kai-Olaf Lang, Ostmitteleuropa nach dem Beitritt. Entwicklungen, Herausforderungen, Potentiale, Stiftung Wissenschaft und Politik, Studie S 2, Berlin Februar 2006, S. 17.

36 Mitteilung der Europäische Kommission, Europäische Werte in der globalisierten Welt, a.a.O., S. 13.

undeutlich und unbestimmt.

Im Zentrum der notwendigen Modernisierung der europäischen Sozial- und Wirtschaftssysteme sieht sich die Europäische Kommission offenkundig selbst. Sie definiert ihre Rolle als „Katalysator für neue Ideen und Reformen (...) um neue Ansätze zum Wandel zu fördern."[37] Das Credo der Kommission ist dabei die gemeinsame Gestaltung von Modernisierungsprozessen der nationalen Wirtschafts-, Sozial-, Gesundheits-, Bildungs- und Forschungssystemen. Gerade in diesen Politikbereichen sei die stärkere Kohärenz und Koordinierung zwischen den verschiedenen Entscheidungsträgern, den Politikebenen und zwischen den wirtschafts- und sozialpolitischen Maßnahmen unabdingbar. Zwar akzentuiert sie das Subsidiaritätsprinzip und die Achtung der Aufgabenverteilung und Zuständigkeiten zwischen der europäischen und der nationalen Ebene. Da aber weder die EU noch die Mitgliedstaaten alleine auf die Herausforderungen der Globalisierung reagieren können, sei die bessere Koordinierung der Maßnahmen und Politiken auf der nationalen und der europäischen Ebene unerlässlich. Die Kommission spricht dabei von „neuen Partnerschaften", um bei der Förderung von Innovation, Bildung, Forschung und Entwicklung, bei der Formulierung einer langfristigen und kohärenten europäischen Energiepolitik, bei der weiteren Harmonisierung (z.B. der nationalen Steuersysteme) sowie bei der sozialen Flankierung der Modernisierung und Anpassung der nationalen sozialen Sicherungssysteme gemeinsame europäische Lösungen zu finden. Damit spricht sich die Europäische Kommission für eine weitergehende Europäisierung von bislang vorrangig von den Mitgliedstaaten dominierten Politikbereichen aus.[38]

Sie fordert weitergehende Schritte der „positiven" Integration, ohne sich jedoch auf den Modus der Re-Regulierung, z.B. der supranationalen Rechtsetzung, festzulegen. Vielmehr scheint die Kommission einen Mix aus unterschiedlichen Handlungs- und Entscheidungsformen zu verfolgen und dabei insbesondere auch auf das neue Instrumentarium der Offenen Koordinierung zurückgreifen zu wollen. Diese Methode findet derzeit sowohl in Politikbereichen Anwendung, in denen die EU über eine eigene Rechtsetzungs- und/oder eine Koordinierungszuständigkeit verfügt, als auch in Bereichen, in denen zwar ein europäischer Handlungsbedarf erkannt wurde, die EU aber keine entsprechenden Befugnisse hat. Gerade in der Sozialpolitik, insbesondere bei der Modernisierung der sozialen Sicherungssysteme sowie der Beschäftigungs-, Bildungs-, Gesundheits- und Jugendpolitik hat die Methode der

37 Ebda, S. 14.

38 Die Europäische Kommission untermauerte ihre grundsätzliche Positionsbestimmung mit konkreten Vorschlägen, wie der Einrichtung eines Globalisierungsfonds oder der Schaffung eines europäischen Technologieinstitutes. Der neue Globalisierungsfonds soll mit insgesamt bis zu 500 Mio. Euro diejenigen Arbeitskräfte unterstützen, die in Folge „von Änderungen im Handelsgefüge" arbeitslos geworden sind. Kommissionspräsident Barroso bezeichnete diesen Vorschlag als angemessene Reaktion Europas auf die Folgen der Globalisierung und als Zeichen der Solidarität innerhalb der Europäischen Union.

Offenen Koordinierung zu einer Aufnahme von "OECD-Mechanismen", d.h. von nicht-bindenden "*soft law*"-Instrumenten wie Erfahrungs- und Informationsaustausch, Leitlinien, peer-review-Verfahren und best-practice-Vergleiche in den Gemeinschaftsrahmen geführt. Dies führt zu einer Stärkung intergouvernementaler Politikansätze zu Lasten der gemeinschaftlichen Rechtssetzung.

Zwar vermögen die dargestellten Maßnahmen die negativen Folgen der Globalisierung nur zum Teil und nur unzureichend zu mildern. Sie sind dennoch ein Zeichen dafür, dass die EU und der europäische Binnenmarkt kein „Globalisierungslaboratorium" sind, sondern die integrationspolitische Antwort in Form europäischer Re-Regulierung und Koordinierung, redistributiver EU-Kohäsionspolitik und makroökonomischer Steuerung.

Das Wechselspiel zwischen positiver und negativer Integration als charakteristische Kennzeichen des europäischen Mehrebenensystems liefert dabei den ausgleichenden Ordnungsrahmen, in den alle Marktöffnungsschritte im Binnenmarkt eingebunden sind. Die EU löst damit nicht nur den supranationalen Impuls zur Liberalisierung aus, sondern sie bildet auch den gemeinschaftlichen Ordnungs- und Regulierungsrahmen zur Flankierung. Entscheidend ist jedoch die Feststellung, dass die Konsequenzen der Globalisierung keineswegs unausweichlich sind und auch nicht zwangsläufig zu einer „Entmachtung" der Nationalstaaten führen, sondern vielmehr neue Formen des Regierens in interdependenten Zusammenhängen erfordern. Das europäische Mehrebenensystem zeigt, dass nicht der Verlust nationalstaatlicher Souveränität die Folge von ökonomischer Globalisierung ist, sondern die funktionale Integration und somit eine modifizierte Staatlichkeit und Souveränität.

Daniel Göler

Die Lissabon-Strategie: Ein europäischer Gestaltungsversuch?

Die europäische Einigung steckt in einer schweren Krise. Der negative Ausgang der Referenden über den Europäischen Verfassungsvertrag in Frankreich und den Niederlanden hat gezeigt, dass es nicht mehr nur neue Projekte sind (wie in der Vergangenheit die Einführung des Euro oder die Osterweiterung), die bei den Menschen auf Skepsis stoßen, sondern dass Grundelemente des Integrationsprozesses in Frage gestellt werden. Dabei wird auch bezweifelt, ob der Ansatz, durch einen liberalisierten Binnenmarkt Wachstum und Wohlstand zu sichern, heute noch zweckmäßig ist. Dies führt bei Teilen der Bevölkerung dazu, dass die Europäische Union weniger als Lösung, sondern eher als Ursache der gegenwärtigen wirtschaftlichen und sozialen Probleme wahrgenommen wird.[1] Die Annahme, dass Europa nicht in der Lage sei, Lösungen für die Herausforderungen der Globalisierung zu finden und der derzeitigen Wirtschaftsprobleme Herr zu werden,[2] führt in bestimmten Bereichen wiederum zu einer reflexartigen Sehnsucht nach dem alten Schutzraum des Nationalstaates und impliziert damit die Gefahr der Infragestellung der gesamten Integration. Geradezu als Verkörperung der mangelnden Problemlösungsfähigkeit der EU wird hierbei häufig die Lissabon-Strategie angeführt, die im Jahr 2000 verabschiedet wurde und mit der die Staats- und Regierungschefs die Europäische Union bis 2010 zum „wettbewerbsfähigsten und dynamischsten wissensbasierten Wirtschaftsraum in der Welt“[3] machen wollten.

Obwohl dieses Ziel heute nicht mehr erreichbar ist, wäre es verfehlt, die Lissabon-Strategie nur als Ausdruck der Leistungsunfähigkeit der EU und unrealistischer Zielsetzungen europäischer Spitzenpolitiker abzutun. Eine Auseinandersetzung mit ihr kann vielmehr hilfreich für die Beantwortung der Frage sein, welche Gestaltungsmöglichkeiten europäischer Politik in einer globalisierten Welt überhaupt noch zur Verfügung stehen. Hierzu werden nachfolgend zunächst die Inhalte und Zielsetzungen der Lissabon-Strategie analysiert und diese dann in Relation zu den realen Entwicklungen der europäischen Wirtschaftslage seit 2000 gesetzt. Im Anschluss hieran wird anhand der Halbzeit-Bilanz von 2005 danach gefragt, welche konkreten Schlussfolgerungen die Europäische Union aus der Diskrepanz zwischen Anspruch und Wirklichkeit gezogen hat, um abschließend eine Einschätzung der

1 Vgl. Kuhle, Gesa-S.: Schlussfolgerungen aus den gescheiterten Referenden zum Europäischen Verfassungsvertrag, IEP-Ratifizierungssurvey 2/2005, S. 4.

2 Vgl. Europäische Kommission: Eurobarometer 64. Die öffentliche Meinung in der Europäischen Union, 2005 S. 7.

3 Europäischer Rat (Lissabon): Schlussfolgerungen des Vorsitzes, 23./ 24. März 2000, S. 3.

modifizierten Lissabon-Strategie sowie des generellen Gestaltungsspielraums europäischer Politik zur Lösung der gegenwärtigen wirtschafts- und sozialpolitischen Probleme vorzunehmen.

Inhalte und Zielsetzungen der Lissabon-Strategie

Das schlechte Image, das die Lissabon-Strategie besitzt, basiert fast ausschließlich auf der als überzogen anmutenden Zielsetzung, die Europäische Union binnen 10 Jahren zum wettbewerbsfähigsten und dynamischsten wissensbasierten Wirtschaftsraum in der Welt zu machen,[4] die bei böswilliger Interpretation durchaus an die ähnlich lautende Zielvorgabe Chruschtschows für den sowjetischen Machtbereich aus den fünfziger Jahren erinnert. Häufig übersehen wird in der aktuellen Diskussion, dass diese Zielsetzung nicht in den luftleeren Raum gestellt wurde, sondern auf bestimmten Prämissen aufbaute und in einem spezifischen wirtschaftspolitischen Kontext stand. Die wichtigste Annahme war hierbei die positive Einschätzung der allgemeinen Wirtschaftslage. Denn die Abfassung der Lissabon-Strategie fiel in die Zeit, als die New Economy boomte,[5] der Binnenmarkt sich positiv auf das Wachstum der europäischen Volkswirtschaften auswirkte und aus der Einführung des Euros und der Osterweiterung zusätzliche Wachstumsimpulse erwartet wurden.[6] So konstatiert die Lissabon-Strategie zu Beginn:

> *„In der Union gibt es gegenwärtig die besten makroökonomischen Perspektiven seit einer ganzen Generation. [...]. Der Euro ist erfolgreich eingeführt worden und bringt den erwarteten Nutzen für die europäische Wirtschaft mit sich. Der Binnenmarkt ist weitgehend vollendet und bietet sowohl Verbrauchern als auch Unternehmen spürbare Vorteile. Die bevorstehende Erweiterung wird neue Wachstumschancen und Beschäftigungsmöglichkeiten schaffen.[...]. Das Wachstum ist wieder in Gang gekommen“.*[7]

Zielsetzung der Lissabon-Strategie war es, diese positive Lage zu verstetigen. Was sie in ihrer Anlage nicht sein wollte, war eine umfassende Krisenbewältigungsstrategie zur Überwindung einer wirtschaftlichen Stagnationsphase. Dies gilt es bei ihrer Bewertung einzubeziehen.

4 Vgl. Fröhlich, Stefan: Europas wirtschaftliche Schwäche. Eine magere Halbzeitbilanz der Lissabon-Strategie, in: Internationale Politik 60 (2005) Nr. 7, S. 40.

5 Zu den Fehleinschätzungen im Zusammenhang mit der New-Economy vgl. Nevaer, Louis E.V.: The Dot-Com Debacle and the Return to Reason, Westport 2002; vgl. auch: Middelhoff, Thomas: Global, schnell, digital. Was Deutschland von den USA lernen kann, in: Internationale Politik, 55 (2000) Nr. 3, S. 11-18.

6 Vgl. u.a.: Padoan, Pier Carlo (Hrsg.): Monetary Union, Employment and Growth, Cheltenham 2000.

7 Vgl. Europäischer Rat (Lissabon), a.a.O., S. 2

Im Konkreten geht die Lissabon-Strategie von zwei Grundannahmen aus: Zum Ersten sieht sie die Hauptwachstumschancen in wissensbasierten Wirtschaftszweigen und den Schlüssel zu wirtschaftlichem Wachstum folglich in technologischem Fortschritt und der Qualifizierung der Arbeitskräfte. Zum Zweiten fordert sie, die wirtschaftliche Dynamik nicht durch staatliche Barrieren zu bremsen, weswegen der Vollendung des Binnenmarktes und dem Bürokratieabbau größte Priorität beigemessen wird. Auf diesem Weg, so die Annahme, ließe sich eine Wachstumsrate von 3 % pro Jahr verwirklichen, wodurch „wieder die Voraussetzungen für die Vollbeschäftigung [... g]eschaffen“[8] werden könnten.

Erreicht werden sollte dies jedoch in erster Linie nicht durch zentrale Regelungen der Europäischen Union, sondern durch eine flexible Vorgehensweise, in der Europäische Kommission, Rat, Europäisches Parlament und die einzelnen nationalen Regierungen zusammenarbeiten. Diese so genannte offene Methode der Koordinierung, die erstmals im Vertrag von Amsterdam für die Beschäftigungspolitik erprobt wurde,[9] stellt einen neuen Ansatz im europäischen Integrationssystem dar,[10] dessen Praxistauglichkeit aber gerade wegen der fehlenden Verbindlichkeit in der Wissenschaft angezweifelt wird.[11] Ergänzt werden sollten die Vereinbarungen im Rahmen der offenen Methode der Koordinierung durch ein Benchmarking mit dem Ziel, ein gegenseitiges „Lernen“ durch einen Vergleich der unterschiedlichen nationalen Strategien der Mitgliedstaaten zu ermöglichen.

Dieser eher auf Kooperation abzielende Ansatz, bei welchem den europäischen Institutionen überwiegend nur eine koordinierende Rolle zukommt, zeigt sich auch in dem arbeitsmarktpolitischen Kapitel der Lissabon-Strategie, wo neben den Beschäftigungsleitlinien und nationalen beschäftigungspolitischen Aktionsplänen im Rahmen des so genannten Luxemburgprozesses[12] mehrere Kernbereiche einer aktiven Beschäftigungspolitik genannt werden: die Förderung der Qualifikation der Arbeitslosen, der Übergang zu einem „lebenslangen Lernen“, eine europaweite Datenbank für offene Stellen, der Ausbau des Dienstleistungssektors, die Förderung der Chancengleichheit von Männern und Frauen sowie die Erleichterung der Vereinbarkeit von Familie und Beruf. Hierdurch sollte sich, so die Erwartung der Lissabon-Strategie, die Beschäftigungsquote von 61 % im Jahr 2000 innerhalb von 10 Jahren auf 70 % erhöhen lassen, ein Anstieg, der letztlich auch die Probleme der

8 Vgl. Europäischer Rat (Lissabon), a.a.O., S. 3.

9 Vgl. Linsenmann, Ingo/ Meyer, Christoph: Dritter Weg, Übergang oder Teststrecke? Theoretische Konzeption und Praxis der offenen Politikkoordinierung, in: Integration 25 (2002) Nr. 4, S. 285.

10 Vgl. hierzu: Goetschy, Janine: The Open Method of Coordination and the Lisbon Strategy. The Difficult Road from Potential to Results, in: European Review of Labour and Research, 11 (2005) Nr. 1, S. 64-80.

11 Vgl. Kaiser, Robert/Prange, Heiko: Die offene Methode der Koordinierung in der europäischen Innovationspolitik: Grenzen und Perspektiven, in: Integration 28 (2005) Nr. 2, S. 171.

12 Vgl. Europäischer Rat: Schlussfolgerungen des Vorsitzes. Sondertagung des Europäischen Rates über Beschäftigungsfragen, Luxemburg, 20./21. Oktober 1997.

sozialen Sicherungssysteme lösen würde.[13] Allerdings liegt in all diesen Bereichen die Hauptverantwortung bei den Mitgliedstaaten.

Eine wirklich umfassende und gestaltende Rolle misst die Lissabon-Strategie den europäischen Institutionen hingegen bei der Vollendung des Binnenmarkts – als Rahmenbedingung für weiteres Wirtschaftswachstum – zu.[14] Hierzu sollten insbesondere „noch ausstehende Rechtsvorschriften über den rechtlichen Rahmen für den elektronischen Geschäftsverkehr, über Urheberrechte und verwandte Schutzrechte, elektronisches Geld, den Fernabsatz von Finanzdienstleistungen, die gerichtliche Zuständigkeit und die Vollstreckung gerichtlicher Entscheidungen sowie die Ausfuhrkontrollregelung für Güter mit doppeltem Verwendungszweck"[15] umgesetzt werden. Ferner sollten ein „vollständig integrierter und liberalisierter Telekommunikationsmarkt" geschaffen und entsprechende Investitionsmittel für den Ausbau der Telekommunikationsnetze bereit gestellt werden. Ein weiterer wichtiger Bereich, in dem europäische Regelungen für erforderlich gehalten wurden, war die Vollendung des Binnenmarktes im Energie-, Transport, Finanz- und Dienstleistungsbereich; auch sollte auf Unionsebene ein europäischer Forschungsraum geschaffen werden, um langfristig die Grundlage für eine wissensbasierte Wirtschaft zu sichern, wobei eine stärkere Fokussierung der europäischen Mittel im Bereich der Strukturpolitik auf Zukunftsinvestitionen sowie den Technologie- und Forschungsbereich angemahnt wurde.

Trotz der starken Betonung von Marktliberalisierung, Ausbau der „Technologie-Infrastruktur" und Investitionen in Ausbildung und Wissenschaft hat die Lissabon-Strategie erkannt, dass diese einer Ergänzung im Bereich der nationalstaatlichen Fiskal- und Finanzpolitik sowie im Bereich der Sozialreformen bedürfen. Da die Verantwortung in diesen Bereichen jedoch bei den Mitgliedstaaten liegt, musste sich die Rolle der Union auf die Ausarbeitung von Empfehlungen beschränken. Lediglich im Bereich der ebenfalls als unverzichtbar erachteten Haushaltskonsolidierung verfügt die Europäische Union mit dem Stabilitäts- und Wachstumspakt über ein wirksames Instrumentarium, mit dem sie die Mitgliedstaaten zu einer Politikänderung bewegen kann.

Zusammenfassend kann man festhalten, dass die Lissabon-Strategie die Förderung des europäischen Wirtschaftsraumes mit einer ganzen Reihe von Maßnahmen erreichen will, wobei die meisten jedoch außerhalb der eigentlichen Zuständigkeiten der Union liegen. Aus diesem Grund liegt der Schwerpunkt der Lissabon-Strategie im Bereich des Benchmarkings bzw. der Erstellung von Best Practice Modellen beim Vergleich der europäischen Volkswirtschaften sowie dem Instrument der offenen Methode der Koordinierung, mittels derer das Defizit eigener Kompetenzen überwunden werden soll, um durch eine mehr oder weniger

13 Vgl. Europäischer Rat (Lissabon), a.a.O., S. 11.
14 Vgl. Europäischer Rat (Lissabon), a.a.O., S. 7.
15 Europäischer Rat (Lissabon), a.a.O., S. 4.

„informelle Zusammenarbeit" zwischen Mitgliedstaaten und europäischen Institutionen die erforderlichen Maßnahmen ergreifen zu können, ohne sich in einer ermüdenden Diskussion über die Verlagerung von Kompetenzen zu verlieren. Ob die Methode der Offenen Koordinierung die Probleme lösen kann, ist einer der Kernpunkte, die es bei der Bewertung der Lissabon-Strategie zu berücksichtigen gilt.

Die wirtschaftliche Entwicklung der EU seit 2000

Betrachtet man die reale Wirtschaftsentwicklung seit dem Jahr 2000, haben sich die optimistischen Prognosen der Lissabon-Strategie nicht erfüllt.[16] Unmittelbar nach ihrer Verabschiedung brachen die europäischen Wachstumsraten um mehr als die Hälfte ein.[17] Einer der Hauptgründe lag in der Krise der New Economy.[18] Hinzu kamen aber auch eine ganze Reihe von – seit Jahrzehnten verschleppten – Strukturproblemen der meisten großen europäischen Volkswirtschaften, welche sich in ihrer Summe zunehmend als Wachstumsbremse erwiesen.[19] Der Einbruch der Konjunktur im Jahr 2001 war für die Lissabon-Strategie besonders problematisch, weil sie deren Grundprämissen untergrub. Denn diese ging – wie dargelegt – von einer positiven Wirtschaftslage aus, die durch gezielte Maßnahmen weiter gefördert werden sollte. Darüber hinaus zeigt der Einbruch der Konjunktur im Jahr 2001 aber auch, dass die wirtschaftliche Krise Europas nicht auf ein Scheitern oder Versagen der Lissabon-Strategie zurückgeführt werden kann, da dieser zu einem Zeitpunkt kam, als noch keine der in Lissabon verabschiedeten Maßnahmen bereits eine Wirkung entfalten konnte.

	2000	2001	2002	2003	2004	2005
EU 15	3,9	1,9	1,1	1,1	2,3	1,5
EU 25	3,9	1,9	1,2	1,2	2,4	1,6
USA	3,7	0,8	1,6	2,7	4,2	3,5
Differenz EU 25 – USA	+ 0,2	+ 0,9	- 0,4	- 1,5	- 1,8	- 1,9

Abbildung 1: Reale Wachstumsrate des BIP seit 2000[20]

Betrachtet man die Entwicklung der Wachstumsraten, fällt zum einen auf, dass die USA den Einbruch nach der Jahrtausendwende relativ schnell überwinden

16 Vgl. Bieling, Hans-Jürgen: Die Lissabon-Strategie und das Europäische Sozialmodell, in: Baum-Ceisig, Alexandra / Faber, Anne (Hrsg.): Soziales Europa? Perspektiven des Wohlfahrtstaates im Kontext von Europäisierung und Globalisierung, Wiesbaden 2005, S. 137.

17 Die Daten sind abrufbar unter: http://www.epp.eurostat.cec.eu.int/

18 Vgl. Nevaer, The Dot-Com Debacle and the Return to Reason, a.a.O.

19 Vgl. Hishow, Ognian H.: Wachstumspolitik in der EU. Wirtschaftsleistung, Beschäftigung und Innovation vor dem Hintergrund der Lissabon-Agenda, Berlin 2005, SWP-Studie, S. 5.

20 Quelle: http://www.epp.eurostat.cec.eu.int/

konnten, während das europäische Wirtschaftswachstum deutlich zurückblieb. Das geringe und im Vergleich zu anderen Weltregionen niedrigere Wirtschaftswachstum ist nicht nur deshalb problematisch, weil es dem gesteckten Ziel der wettbewerbsfähigsten wissensbasierten Wirtschaftsregion widerspricht und klar unter der anvisierten Wachstumsrate von 3 % liegt, sondern auch ein zweites Ziel der Lissabon-Strategie in unerreichbare Ferne rücken lässt: die Erhöhung der Beschäftigungsquote und daraus resultierend ein Abbau der Arbeitslosigkeit. Denn in der Wissenschaft wird allgemein angenommen, dass letzteres eine Wachstumsrate von ca. 3 % erfordert.[21] Dementsprechend konnte die Arbeitslosigkeit in der Europäischen Union seit 2000 nicht abgebaut werden, sondern stieg sogar leicht an.

	2000	2001	2002	2003	2004	2005
EU 15	7,7	7,3	7,6	8,0	8,1	7,9
EU 25	8,6	8,4	8,8	9,0	9,1	8,7
USA	4,0	4,8	5,8	6,0	5,5	5,1
Differenz EU 25 – USA	+ 4,6	+ 3,6	+ 3,0	+ 3,0	+ 3,6	+ 3,6

Abbildung 2: Entwicklung der Arbeitslosenquoten 2000 bis 2005[22]

Bemerkenswert ist allerdings, dass trotz des geringen Wirtschaftswachstums bei der Arbeitslosigkeit seit dem Jahr 2000 eine etwas positivere Entwicklung gegenüber den USA zu erkennen ist. Dennoch bleibt festzuhalten, dass auch in diesem Bereich die in der Lissabon-Strategie verankerten Ziele nicht erreicht wurden. Etwas günstiger sieht die Lage in der Europäischen Union aus, wenn man sich nicht auf die Arbeitslosenrate, sondern die Beschäftigungsquote bezieht. Denn diese konnte in den letzten Jahren um einen Prozentpunkt erhöht werden. Da die USA hier sogar einen deutlichen Rückgang zu verzeichnen haben, wurde der Abstand um etwa ein Drittel von 11,7 % auf 7,9 % verringert. Bezogen auf die alten Mitgliedstaaten reduzierte sich der relative Rückstand sogar noch deutlicher. Allerdings kann die im Vergleich zu den USA günstigere Entwicklung nicht darüber hinwegtäuschen, dass das in der Lissabon-Strategie verankerte Ziel, die Beschäftigungsquote bis 2010 möglichst nahe an die 70 %-Linie heranzuführen, bei einer Fortschreibung der bisherigen Entwicklung nicht erreichbar ist.

21 Vgl. hierzu die Annahme des so genannten "Okunschen Gesetzes", welches davon ausgeht, dass für eine signifikante Senkung der Arbeitslosigkeit je nach Volkswirtschaft eine Wirtschaftswachstumsrate von 2,25 bis 3 % erforderlich ist. Für Deutschland wird allgemein ein Wert von 3 % angenommen. Vgl.: Moosa, Imad A.: A Cross-Country Comparison of Okun's Coefficient, in: Journal of Comparative Economics 24/1997, S. 335 - 356.

22 Quelle: http://www.epp.eurostat.cec.eu.int/

	2000	2001	2002	2003	2004
EU 15	63,4	64,0	64,2	64,3	64,7
EU 25	62,4	62,8	62,8	62,9	63,3
USA	74,1	73,1	71,9	71,2	71,2
Differenz EU 25 – USA	- 11,7	- 10,3	- 9,1	- 8,3	- 7,9
Differenz EU 15 – USA	- 10,7	- 9,1	- 7,7	- 6,9	- 6,5

Abbildung 3: Beschäftigungsquoten[23]

Relevant für die Bewertung der Lissabon-Strategie sind hierbei die ungleichen Wirtschaftsentwicklungen innerhalb der Europäischen Union. So gibt es eine ganze Reihe von Ländern, die hinsichtlich der Wachstumsraten den Zielvorgaben von Lissabon entsprechen oder diese deutlich übertreffen. Insbesondere die mittel- und osteuropäischen Staaten weisen seit dem „Krisenjahr" 2001 mit wenigen Ausnahmen durchgängig Wachstumsraten von über 3 %[24] bis hin zu 8 oder gar 10 % auf. Aber auch unter den alten Mitgliedstaaten gibt es mit Spanien und Irland Länder, die das Lissabonziel erreichen. Demgegenüber lässt sich eine eklatante Wachstumsschwäche bei den großen Volkswirtschaften – bis auf Großbritannien – feststellen, wobei auch Großbritannien nicht nur im Vergleich zu den USA, sondern auch hinsichtlich des Lissabonner 3%-Richtwertes die Zielvorgaben klar verfehlt.

	2000	2001	2002	2003	2004	2005
Deutschland	3,2	1,2	0,1	- 0,2	1,6	1,0
Frankreich	4,0	1,9	1,0	1,1	2,3	1,2
Italien	3,6	1,8	0,3	0,0	1,1	- 0,0
Großbritann.	4,0	2,2	2,0	2,5	3,1	1,8
Niederlande	3,9	1,9	0,1	- 0,1	1,7	1,1
USA	3,7	0,8	1,6	2,7	4,2	3,5

Abbildung 4: Wirtschaftswachstum ausgewählter EU-Staaten[25]

Da die 5 EU-Staaten in Tabelle 4 im Jahr 2005 70 % des EU-BIP zu Marktpreisen erwirtschaftet haben, kann ihre Wachstumsschwäche für die Probleme bei der Erreichung der Lissabon-Zielsetzungen als entscheidend angesehen werden.

Der Vergleich mit den mittel- und osteuropäischen Staaten sowie mit Ländern

23 Quelle: http://www.epp.eurostat.cec.eu.int/

24 Diese Ausnahmen sind Tschechien 2002 (1,5 %), Polen 2002 (1,4 %) und Slowenien 2003 (2,7).

25 Quelle: http://www.epp.eurostat.cec.eu.int/

wie Irland und Spanien zeigt, dass die Ursachen nicht allein auf EU-Ebene zu suchen sind. Denn dann wäre nicht zu erklären, warum einige Länder mit deutlich mehr Problemen zu kämpfen haben als andere. Allerdings darf auch nicht ausgeblendet werden, dass die Staaten mit den höchsten Wachstumsraten im Beurteilungszeitraum eine erhebliche nachholende Entwicklung zum Rest der EU durchliefen und immer noch durchlaufen. Dennoch stellt sich die Frage nach den tiefer liegenden Ursachen der aktuellen Probleme der großen europäischen Volkswirtschaften (mit Ausnahme von Großbritannien) und ob die Lissabon-Strategie für diese Länder hilfreich sein kann.

Vergleicht man die Wirtschaftsstruktur der wachstumsstarken mit den wachstumsschwachen Ländern in der Europäischen Union, zeigt sich, dass Erstere ihr Wachstum eher durch eine „bessere Nutzung der Ressourcen ‚Arbeit' und ‚Technologie' erreiche[n..., während] jene Länder, die im Lissabon-Prozess zurückliegen, ein vorwiegend kapitalbasiertes Wachstum auf[weisen]."[26] Vor diesem Hintergrund ist der Grundansatz der Lissabon-Strategie, Wachstum durch Investitionen in den Bereichen Forschung, Entwicklung und Ausbildung sowie durch Förderung arbeitsintensiver Tätigkeiten im Dienstleistungssektor (mit entsprechender Liberalisierung des Dienstleistungsbinnenmarktes) zu unterstützen, prinzipiell richtig. Grundproblem ist jedoch, dass in beiden Bereichen in den letzten fünf Jahren keine wirklichen Fortschritte erzielt wurden. So verharren die Forschungs- und Entwicklungsausgaben der europäischen Staaten von derzeit ca. 1,9 % seit Jahren weit unter der Lissabon-Grenze von 3 %; lediglich Finnland und Schweden liegen darüber. Und auch der Dienstleistungssektor bleibt in den meisten europäischen Staaten im Vergleich zu den USA deutlich unterentwickelt.

Aber nicht nur bei den Mitgliedstaaten, sondern auch auf europäischer Ebene zeigen sich bei der Umsetzung der Lissabon-Strategie Defizite. So war die EU bei der Umschichtung ihres Haushalts von der Agrar- und Strukturpolitik zugunsten der Förderung von Forschung und Entwicklung wenig erfolgreich, wobei vor allem die Verhandlungen über die Agenda 2007 als vertane Chance zu einer grundlegenden Strukturreform bei den Ausgaben angesehen werden kann. Und auch bei der Liberalisierung des Binnenmarktes, die den Kernbereich der Unionskompetenzen betrifft, wurden die ursprünglichen Ziele nicht erreicht, da nach der Osterweiterung in den alten Mitgliedstaaten primär die sozialpolitischen Bedrohungen durch günstigere Konkurrenz aus den neuen Mitgliedsländern gesehen wurden,[27] was schließlich dazu führte, dass der Entwurf der Binnenmarktrichtlinie der Europäischen Kommission – nach heftigen Auseinandersetzungen und öffentlichen

26 Hishow, Wachstumspolitik in der EU, a.a.O., S. 5.

27 Vgl. EU-Dienstleistungsrichtlinie wird nachgebessert, in: Die Welt vom 23. März 2005; Die EU-Dienstleistungsrichtlinie – der Bolkestein-Hammer (http://www.attac.de/bolkestein); Die Linke im Bundestag: Soziales Europa oder Freihandel um jeden Preis. Fragen und Antworten zur EU-Dienstleistungsrichtlinie (www.linksfraktion.de/download/ broschueren/ 0601_ broschuere_bolkestein.pdf).

Debatten, verschärft durch die Referendumskampagnen in Frankreich und den Niederlanden – in seiner Substanz erheblich abgeschwächt wurde.[28] Wenn aber schon die Europäische Union bei der Umsetzung derjenigen Maßnahmen, die in ihrer Verantwortlichkeit liegen, ihre „Hausaufgaben" nur unzureichend erledigt, ist es kaum verwunderlich, dass auch in den Bereichen, in denen Unionsebene und Mitgliedstaaten im Rahmen der offenen Methode der Koordinierung zusammenarbeiten sollen oder die Nationalstaaten allein tätig werden, die Bilanz der umgesetzten Maßnahmen eher mager aussieht.

Die Halbzeitbilanz der Lissabon-Strategie

Angesichts der realen wirtschaftlichen Entwicklung mutet das ursprüngliche Ziel der Lissabon-Strategie heute als utopisch an, was auch die Staats- und Regierungschefs auf dem Gipfel vom 22./23. März 2005 eingestanden, als sie konstatierten, dass das strategische Ziel nicht mehr zu erreichen sei.[29] Aus diesem Grund hatten sie im Vorfeld der Ratstagung eine Expertengruppe beauftragt, eine Halbzeitbilanz zu erstellen, welche die bisher umgesetzten Ziele zusammenfassen, Defizite aufzeigen und Vorschläge für eine Neujustierung ausarbeiten sollte.[30] Kernaussage der Bestandsanalyse ist, dass die Ziele der Lissabon-Strategie zum Ersten wegen der ungünstigen weltwirtschaftlichen und außenpolitischen Rahmenbedingungen (Krisen und Ölpreiserhöhungen nach dem 11. September 2001) nicht erreicht wurden,[31] zum Zweiten die Strategie selbst Defizite wie „eine überfrachtete Agenda" sowie „miteinander konfligierende Prioritäten" aufweist und zum Dritten die Europäische Union sowie die Mitgliedstaaten es bei der Umsetzung „an einem entschlossenen politischen Handeln" mangeln lassen und eine schlechte Koordinierung der Einzelmaßnahmen festzustellen ist.[32] Dennoch, so der Bericht weiter, sei die „Umsetzung der Lissabon-Strategie [...] um so dringlicher geworden, als sich die Wachstumslücke im Vergleich zu Nordamerika und Asien vergrößert hat"[33] und Europa der Herausforderung sinkender Geburtenraten, der Überalterung der Bevölkerung und neuer Konkurrenten auf dem Weltmarkt gegenübersteht.[34]

Bei der Frage, wie diesen Herausforderungen zu entsprechen ist, werden die ursprünglichen Grundelemente der Lissabon-Strategie (Förderung der Wissensge-

28 Vgl. Parlament bestätigt Dienstleistungsfreiheit: Überraschende Einigung auf Dienstleistungs-Kompromiss wird auch im EU-Parlament begrüßt - Letzte Hürde genommen, in: Der Standard (Wien) vom 30. Mai 2006.

29 Vgl. Becker, Peter/Hishow, Ognian H.: Der Lissabon-Prozess zwischen Anspruch und Wirklichkeit, SWP-Aktuell, 7/2005, S. 1.

30 Vgl. Hochrangige Sachverständigengruppe unter Vorsitz von Wim Kok: Die Herausforderung annehmen. Die Lissabon-Strategie für Wachstum und Beschäftigung, November 2004.

31 Vgl. ebda., S. 11.

32 Vgl. ebda., S. 6.

33 Ebda.

34 Ebda. S. 15.

sellschaft, Vollendung des Binnenmarkts, Verbesserung des Wirtschaftsklimas, Steigerung der Beschäftigungsquote und ökologische Nachhaltigkeit) als grundsätzlich richtig und positiv bewertet. Ein Problem wird allerdings darin gesehen, dass in manchen Ländern zwar einige dieser Ziele erreicht wurden, ein wirklicher Erfolg aber nur dann zu erwarten ist, wenn alle Zielsetzungen gleichermaßen und in allen Ländern verfolgt werden. Weil dies in der Vergangenheit nicht der Fall war, schlug die Expertengruppe drei so genannte Aktionslinien vor: die Förderung von Kohärenz und Konsistenz zwischen den Politikbereichen und zwischen den Teilnehmern, die Verbesserung des Umsetzungsprozesses durch Einbeziehung der nationalen Parlamente und der Sozialpartner sowie schließlich die Optimierung der Kommunikation. Konkret sollen diese Aktionslinien dadurch umgesetzt werden, dass der Europäische Rat die Führungsrolle übernimmt und die Verwirklichung der Lissabon-Strategie weiter vorantreibt, die Mitgliedstaaten nationale Programme ausarbeiten, mit denen sie sich zur Durchführung von Reformen verpflichten und Bürger und Stakeholder in den Prozess einbinden, die Europäische Kommission die Fortschritte überprüft, über sie berichtet und durch eigene Politik und Maßnahmen weitere Fortschritte fördert, das Europäische Parlament eine proaktive Rolle bei der Überwachung der Fortschritte übernimmt und schließlich darauf hingewirkt wird, dass die europäischen Sozialpartner verstärkt ihre Verantwortung wahrnehmen und aktiv an der Umsetzung der Lissabon-Strategie mitwirken.

Auf dieser Grundlage beschloss der Europäische Rat vom 22./23. März 2005 die „Neubelebung der Lissabonner Strategie: Eine Partnerschaft für Wachstum und Beschäftigung". Kernpunkt dieser Revision ist, die Prioritäten auf Wachstum und Beschäftigung auszurichten.[35] In der Öffentlichkeit wurde hierbei kritisiert, dass die Aspekte der nachhaltigen Entwicklung und der sozialen Gerechtigkeit, auch wenn sie in der revidierten Strategie später genannt werden,[36] in ihrer Bedeutung relativiert würden. Nicht unbedingt zur Zerstreuung dieser Kritik hat die diesbezügliche Antwort von Kommissionspräsident Barroso beigetragen: „Wenn eines meiner Kinder krank ist, konzentriere ich mich auf dieses, was aber nicht bedeutet, dass ich die anderen Kinder weniger lieb habe".[37] Auch wenn die genaue Gewichtung der ursprünglichen Lissabon-Zielsetzungen in der Revision einem gewissen Interpretationsspielraum unterworfen ist, so zeigt sich doch deutlich die klare Priorisierung der Ziele Wachstum und Beschäftigung. Als Hauptwege hierzu werden die Förderung von Wissenschaft, Innovation und die Erschließung von Humankapital angeführt, was im Wesentlichen der Ursprungsstrategie von 2000

35 Vgl. Döhrn, Roland/Kösters, Wim: Wirtschaftspolitik, in: Weidenfeld, Werner/Wessels, Wolfgang (Hrsg.): Jahrbuch der Europäischen Integration 2005, Baden-Baden 2005, S. 219.

36 Vgl. Europäischer Rat (Brüssel): Schlussfolgerungen des Vorsitzes, 22. und 23. März 2005, S. 10.

37 http://www.euractiv.com/de/agenda2004/zwischenbilanz-drei-wundermittel-genesung-lissabon-strategie/article-134998

entspricht. Um in diesen Bereichen substanzielle Fortschritte sicherzustellen, fordert der Europäische Rat, dass die Europäische Union durch entsprechende Veränderungen im Bereich der Kohäsionspolitik und eine Aufstockung der Mittel für Zukunftsbereiche in der finanziellen Vorausschau 2007-2013 selbst verstärkt Schwerpunkte setzt. Allerdings scheiterte eine entsprechende Umstrukturierung des EU-Haushaltes zulasten des Agrarhaushaltes am französischen Widerstand. Einigung wurde lediglich über eine grundlegende Halbzeitüberprüfung erzielt, in der diese Fragen nochmals thematisiert werden.[38] Ob hierbei eine stärkere Förderung von Zukunftsinvestitionen herauskommen wird, bleibt abzuwarten.

Insgesamt lässt sich konstatieren, dass die Revision sich vor allem dadurch auszeichnet, die Verantwortung der EU bzw. der Kommission, im Rahmen ihrer Mittel Initiativen zu ergreifen, deutlicher als früher zu betonen, und dass in verstärktem Maße konkrete Schritte vorgesehen werden, um so das Defizit der eher unverbindlichen Absichtserklärungen der ursprünglichen Lissabon-Strategie zu verringen. Denn deren Fülle von Maßnahmen, mit welchen im Rahmen der offenen Methode der Koordinierung eine Zusammenarbeit zwischen Mitgliedstaaten und Unionsebene erreicht werden sollte, hat sich als wenig effektiv erwiesen.[39] Deshalb sieht die revidierte Lissabon-Strategie eine Effektivierung der Koordinationsmechanismen vor,[40] wozu sie ein mehrstufiges Verfahren eingeführt hat, das in einem dreijährigen Zyklus abläuft (erster Zyklus beginnend 2005, zweiter 2008): Zunächst wurden politische Zielvorstellungen durch den Europäischen Rat (auf Vorschlag der Kommission) festgelegt. Basierend auf diesen Zielvorgaben nahm der Rat so genannte integrierte Leitlinien an, die aus den „Grundzügen der Wirtschaftspolitik" und den „Leitlinien für die Beschäftigungspolitik" bestehen. Auf Grundlage dieser integrierten Leitlinien wiederum mussten die Mitgliedstaaten bis Ende 2005 nationale Reformprogramme erstellen, die dann von der Kommission bewertet wurden; und auch die Kommission war zum Verfassen eines solchen Programms für ihren Kompetenzbereich verpflichtet. Die Mitgliedstaaten wurden schließlich angehalten, ab Herbst 2006 geschlossene Dokumente zur Umsetzung ihrer jeweiligen nationalen Strategien vorzulegen. Die Kommission wird auf dieser Basis einen jährlichen Bericht verfassen, der Grundlage für eine auf jeder Frühjahrstagung des Europäischen Rates zu erstellende Bilanz ist, in deren Rahmen auch mögliche Anpassungen der integrierten Leitlinien vorzunehmen sind. Zum Ende jedes dritten Jahres, d.h. bei Ablauf des Zyklus werden dann die integrierten Leitlinien, die nationalen Reformprogramme sowie die gesamte Lissabon-Strategie überprüft.[41]

38 Vgl. Becker, Peter: Fortschreibung des Status Quo. Die EU und ihr neuer Finanzrahmen Agenda 2007, in: Integration 29 (2006) Nr. 2, S. 119.

39 Vgl. Zgajewski, Tania/Hajjar, Kalila: The Lisbon Strategy. Which Failure? Whose Failure? And why?, in: Studia Diplomatica 57 (2005) Nr. 6, S. 35-55; Becker/Hishow, Der Lissabon-Prozess zwischen Anspruch und Wirklichkeit, a.a.O., S. 1.

40 Vgl. Fröhlich, Europas wirtschaftliche Schwäche, a.a.O., S. 41.

41 Vgl. Europäischer Rat (Brüssel), a.a.O., S. 9.

Der entscheidende Vorteil dieser Neuausrichtung ist, dass durch die stärkere Strukturierung die dem ursprünglichen Prozess innewohnende Unverbindlichkeit überwunden werden soll. Zwar sind die wesentlichen Instrumente noch dieselben (offene Methode der Koordinierung, Benchmarking zur Herausarbeitung von Best-Practice-Modellen), allerdings gewinnen diese durch die Verpflichtung zur Vorlage von Leitlinien, hierauf abgestimmte nationale Aktionsprogramme, deren Bewertung durch die Kommission sowie die alle drei Jahre vorgegebene Evaluierung der Gesamtstrategie ein höheres Maß an Verbindlichkeit. Auch wenn all diese Maßnahmen keine Gewähr dafür bieten, dass die nationalen Regierungen tatsächlich eine koordinierte Politik unterstützen, so garantieren sie doch zumindest, dass die Mitgliedstaaten sich mit den Lissabonvorgaben auseinandersetzen müssen. Auch sollte der innenpolitische Druck auf die Entscheidungsträger nicht unterschätzt werden, einerseits tragfähige Reformkonzepte vorzulegen und diese andererseits auch einzuhalten. Denn ein von der Kommission diagnostiziertes Nichteinhalten der eigenen Programme wäre für jede Regierung eine „unnötige" Angriffsfläche.

Erste Maßnahmen der „neuen Lissabon-Strategie"

Schon drei Wochen nach der Neufassung der Lissabon-Strategie durch den Europäischen Rat legte die Kommission ihre Integrierten Leitlinien für Wachstum und Beschäftigung für den Zeitraum 2005-2008 vor.[42] Diese gehen in Analogie zur revidierten Lissabon-Strategie davon aus, dass der „Schwerpunkt noch stärker auf Wachstum und Beschäftigung [zu] legen" sei.[43] Hierzu schlägt die Kommission eine ganze Reihe von Maßnahmen vor, die teils in Verantwortung der EU und teils in Verantwortung der Mitgliedstaaten stehen. Neben fiskal- und geldpolitischen Maßnahmen mahnt die Kommission im Euroraum längst überfällige Strukturreformen im Bereich der sozialen Sicherungssysteme an, wobei die Mitgliedstaaten angehalten werden,[44] konkrete Konzepte vorzulegen, was ein erster Schritt zu einer Problemlösung sein könnte.

Kernbereich der Kommissionspolitik zur Sicherung von Wachstum ist aber nach wie vor der Ausbau bzw. die Vollendung des Binnenmarkts, vor allem in den Berei-

42 Vgl. Kommission der Europäischen Gemeinschaften: Integrierte Leitlinien für Wachstum und Beschäftigung (2005-2008). Mit einer Empfehlung der Kommission zu den Grundzügen der Wirtschaftspolitik der Mitgliedstaaten und der Gemeinschaft (gemäß Artikel 99 EG-Vertrag) und einem Vorschlag für eine Entscheidung des Rates über die Leitlinien für beschäftigungspolitische Maßnahmen der Mitgliedstaaten (gemäß Artikel 128 EG-Vertrag), Brüssel 2005.

43 Vgl. ebda., S. 3.

44 Vgl. ebda., S. 27 ff.

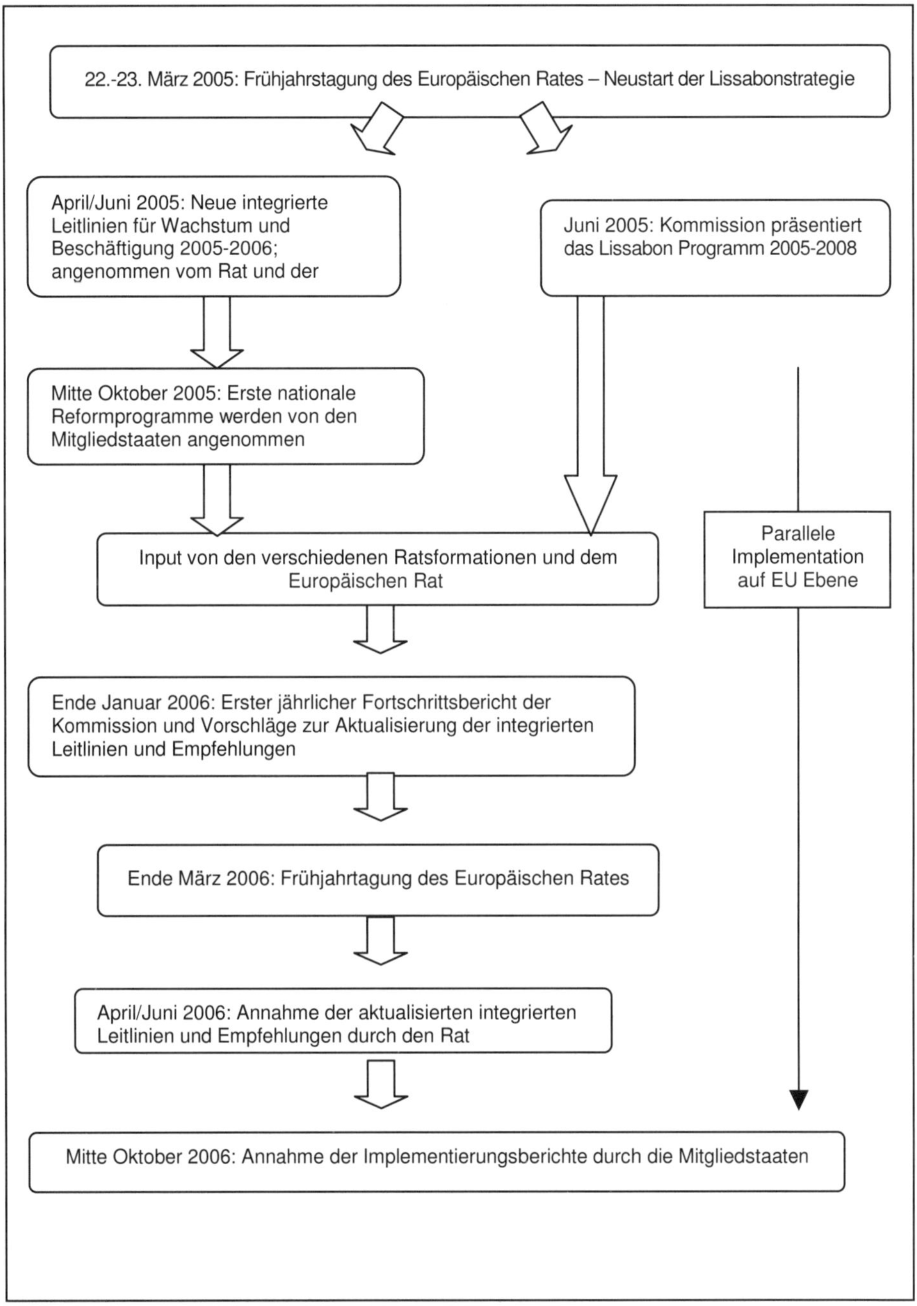

Communities: Commission Staff Working Paper. Working Together for Growth and Jobs. Next Steps in Implementing the Revised Lisbon Strategy, Brüssel 2005, S. 8.

chen Transport, Energie- und Finanzen.[45] Hierbei kritisiert die Kommission, dass „die Umsetzungsquote bei den Binnenmarktrichtlinien nach wie vor enttäuschend niedrig [ist]. Außerdem werden Richtlinien häufig nicht ordnungsgemäß umgesetzt oder angewandt, was die hohe Zahl der von der Kommission eingeleiteten Verstoßverfahren belegt.“[46] Auch muss der Binnenmarkt noch wettbewerbsorientierter werden, indem die Mitgliedstaaten verbliebene Beihilfen so weit wie möglich zurückfahren und monopolartige Strukturen, vor allem im Bereich von Netzbetreibern, aufgebrochen bzw. für andere Anbieter geöffnet werden. Und schließlich gilt es sowohl auf nationaler als auch auf europäischer Ebene, bei allen Rechtsetzungsakten die Auswirkungen auf die Wirtschafts- und Sozialordnung zu berücksichtigen, was unter dem Stichwort „Better-Regulation“ zusammengefasst wird.

Neben den Empfehlungen zu den Grundzügen der Wirtschaftspolitik legte die Kommission auch Leitlinien für beschäftigungspolitische Maßnahmen der Mitgliedstaaten vor, die vom Rat angenommen wurden. Dabei wurde als Ziel vorgegeben, die „Beschäftigungspolitik auf Vollbeschäftigung, Steigerung der Arbeitsplatzqualität und Stärkung des sozialen und territorialen Zusammenhalts“[47] auszurichten, was zum Ersten durch Reformen der sozialen Sicherungssysteme erreicht werden soll, die den Faktor Arbeit entlasten, zum Zweiten durch eine Erhöhung der Beschäftigungsquote vor allem bei Frauen (z.B. durch Verbesserungen im Bereich der Kinderbetreuung), älteren Menschen und Jugendlichen, zum Dritten durch eine Verbesserung der Qualifikation der Arbeitssuchenden und zum Vierten durch eine Flexibilisierung des Arbeitsmarktes.

Betrachtet man diese Leitlinien zusammen, so lässt sich feststellen, dass die Zielsetzungen in vielen Bereichen deutlich konkreter geworden sind als in der ursprünglichen Lissabon-Strategie. Der entscheidende Vorteil ist aber darin zu sehen, dass die Mitgliedstaaten diesen Leitlinien korrespondierende nationale Programme erarbeiten mussten, die deutlich machen, wie sie diese Ziele in konkrete Politik umsetzen wollen. Bis Ende 2005 legten alle 25 EU-Staaten entsprechende Programme vor, wobei Polen und die Bundesrepublik aufgrund der Wahlen und anschließenden Koalitionsverhandlungen das Schlusslicht bildeten.[48] Dies verdeutlicht noch einmal die innenpolitische Brisanz dieser Berichte und ihre nicht zu unterschätzende Öffentlichkeitswirkung, sowohl hinsichtlich der in ihnen angesprochenen Defizite als auch in Bezug auf die Umsetzung der nationalen Programme. Es war kein Zufall, dass die jeweiligen Regierungen in Deutschland und Polen ihre Berichte nicht schon vor den Wahlen eingereicht hatten.

45 Vgl. ebda. , S. 20.
46 Vgl. ebda., S. 20.
47 Vgl. ebda., S. 30.
48 Vgl. European Commission: Press Release: Partnerschaft für Wachstum und Beschäftigung kommt gut voran: 23 Mitgliedstaaten haben nationale Reformprogramme vorgelegt. Brüssel 29. November 2005.

Beim Vergleich der verschiedenen nationalen Programme fällt auf,[49] dass die von der Kommission gesetzten Schwerpunkte weitgehend aufgegriffen und mit konkreten Politikvorhaben verbunden wurden. Mittlerweile liegt zu diesen Strategien auch eine erste Bewertung durch die Kommission vor, die nochmals die Hauptprobleme der einzelnen Länder identifiziert, die positiven Ansätze der jeweiligen Strategien aufzeigt, aber auch die Defizite benennt.[50] Allerdings ist diese erste Bewertung insoweit noch wenig aussagekräftig, als sie nur die Pläne bewertet, nicht aber deren konkrete Umsetzung (da die Pläne zum Bewertungszeitpunkt erst einige Monate oder nur Wochen alt waren). Der eigentliche Test der Bewertung durch die EU steht damit erst in den nächsten Jahren an, wobei die innenpolitischen Konsequenzen eines von der Kommission diagnostizierten „Versagens" nicht unterschätzt werden sollten. Trotz aller positiven Entwicklungen der revidierten Lissabon-Strategie gilt es allerdings festzuhalten, dass die Hauptprobleme – die Komplexität der Maßnahmenbündel, die Fülle der Zielsetzungen und die Schwierigkeiten bei der Unterstützung aller Maßnahmen durch die Mitgliedstaaten – zwar abgemildert, aber keineswegs behoben werden konnten.

Die Lissabon-Strategie – Ein europäischer Gestaltungsversuch zur Krisenbewältigung?

Trotz verfehltem Ziel, bis zum Jahr 2010 zum „dynamischsten wissensbasierten Wirtschaftsraum" der Welt aufzusteigen, hat die Lissabon-Strategie in ihrer revidierten Fassung durchaus positive Aspekte. Denn die grundsätzliche Zielrichtung, die Investitionen in Forschung und Entwicklung zu intensivieren, Hürden für den Wirtschaftsverkehr abzubauen und die Beschäftigungsquote durch die Weiterqualifizierung der Arbeitnehmer, den Ausbau des Dienstleistungssektors und die Erhöhung des Anteils erwerbstätiger Frauen, älterer Menschen und Jugendlicher anzuheben, ist durchaus richtig. Dies zeigt sich nicht zuletzt daran, dass sich diese Ansätze auch in fast allen nationalen Reformdiskussionen wiederfinden.

Hauptproblem ist aber nach wie vor, dass die Umsetzung in den meisten Bereichen von dem politischen Willen in jedem einzelnen Mitgliedstaat abhängt und die europäische Ebene hier nur die Möglichkeit hat, durch öffentliche Kritik – z.B. im Rahmen der Bewertung der nationalen Reformprogramme – Druck auszuüben. Lediglich in Einzelbereichen wie der Haushaltsdisziplin bei den Euro-Ländern verfügt sie über ein wirkliches Sanktionsinstrumentarium. Allerdings hat sich bei der Diskussion um das deutsche Defizitverfahren, die letztlich in einer Reform des Stabilitäts- und Wachstumspaktes mündete, welche auch als Aufweichung desselben

49 Eine Auflistung findet sich unter: http://ec.europa.eu/growthandjobs/pdf/nrp_2005_en.pdf.
50 Die gesamten Fortschrittsberichte der Kommission finden sich unter: http://ec.europa.eu/-growthandjobs/annual-report_de.htm

bezeichnet wird, gezeigt, dass die Lissabon-Strategie selbst hier nur sehr schwierig umzusetzen ist.[51] Problematisch ist zudem, dass die Europäische Union in ihrem eigenen Zuständigkeitsbereich die Zielsetzungen, welche sie den Mitgliedstaaten für ihre nationalen Reformprogramme vorgibt, nur sehr unzureichend umsetzt, was sich vor allem an der nicht erfolgten Umstrukturierung des EU-Haushaltes zugunsten von Forschungs- und Entwicklungsoptionen (zulasten der nicht besonders zukunftsträchtigen Agrarsubventionen) zeigt. Auch ist es schwer vermittelbar, die nationalen Regierungen zu einer konsequenten Beihilfekürzung aufzufordern, gleichzeitig aber den Agrarsektor mit erheblichen Summen zu subventionieren. Ebenfalls Defizite auf europäischer Ebene sind bei der „Entregelung" bzw. beim Bürokratieabbau zu diagnostizieren. Während die Kommission darauf verweist, dass bürokratische Hürden in vielen Mitgliedsländern Innovation und wirtschaftlichen Pioniergeist unnötig einschränken, erweisen sich europäische Regelungen in dieser Hinsicht häufig als nicht weniger problematisch und sind mit dem von der Kommission selbst gewählten Postulat der „Better-Regulation" nur schwer vereinbar.

Zu diesen schon seit längerem bestehenden Problemen europäischer Politik ist in jüngster Zeit ein weiterer kritischer Aspekt hinzugekommen: die zunehmenden Schwierigkeiten der Kommission, ihre Politik innerhalb der europäischen Institutionen gegen öffentlichen Widerstand umzusetzen. So betont die Lissabon-Strategie – die im übrigen von den Staats- und Regierungschefs angenommen wurde – immer wieder die Bedeutung der Vollendung des Binnenmarktes im Dienstleistungsbereich. Vor diesem Hintergrund wäre die Dienstleistungsrichtlinie ein wichtiger Baustein zur Umsetzung der Lissabon-Strategie in den der Europäischen Union zufallenden Politikbereichen gewesen. Dass die Richtlinie nun in zentralen Bereichen abgeschwächt wurde,[52] ist zumindest als problematisch anzusehen. Auch hat sich in der Diskussion über die Dienstleistungsrichtlinie nochmals das Dilemma einer auf die ganze EU abzielenden Wachstumsstrategie gezeigt: Für die EU insgesamt hätte die Richtlinie in ihrer ursprünglichen Fassung erhebliche Wachstumsimpulse gebracht, die allerdings primär zugunsten der neuen und zulasten der alten Mitgliedstaaten gegangen wären. Diese Frontstellung zeigte sich auch in den Debatten im Europäischen Parlament und Ministerrat. Während die Vertreter aus den alten Ländern überwiegend gegen die Richtlinie in ihrer von der Kommission geplanten Form waren, sprachen sich die Repräsentanten aus den mittel- und osteuropäischen Mitgliedstaaten mehrheitlich für sie aus. Damit ist man aber beim Kernproblem: Wenn es in Europa nicht akzeptiert wird, dass eine Mehrung des gesamteuropäischen Nutzens für einige Länder auch – durchaus nicht unbeträchtliche – Nachteile mit sich bringt, wird eine gesamteuropäische Strategie in einem Bereich, in dem die Mitgliedstaaten den Letztentscheid haben, sich schwer

51 Vgl. Becker, Werner / Böttcher, Barbara: Währungspolitik, in: Weidenfeld, Werner/Wessels, Wolfgang (Hrsg.): Jahrbuch der Europäischen Integration 2005, Baden-Baden 2005, S. 208.

52 Vgl. Mai, Christine: Gipfel winkt Dienstleistungsrichtlinie durch. EU-Regierungschefs beschließen entschärfte Version, in: Financial Times Deutschland vom 27. März 2006.

durchsetzen lassen.

All diese Kritik soll jedoch nicht die positiven Ansätze der Lissabon-Strategie überdecken. Vor allem im Bereich der Förderung von Forschung und Technologie sowie der Qualifizierung der Arbeitskräfte sind erste Erfolge erzielt worden, auch wenn die Zielvorgabe verfehlt wurde, 3 % des BIP in diese Bereiche zu investieren. Besonders hervorzuheben ist hierbei auch der Bologna-Prozess zur Angleichung der europäischen Studienabschlüsse, durch den die Bildung eines gesamteuropäischen Wissenschafts- und Forschungsraumes unterstützt wird. Auch hat (nicht zuletzt durch das Benchmarking im Rahmen des Lissabon-Prozesses) die Sensibilisierung dafür zugenommen, dass die Bildungssysteme in vielen Staaten grundlegender Reformen bedürfen. Zwar zeigen all diese Maßnahmen hinsichtlich ihres wirtschaftlichen Outputs bisher noch keine Wirkung; das war aber auch nicht zu erwarten, da Veränderungen in den Bildungssystemen lange brauchen, bis sie wirksam werden. Sieht man vor diesem Hintergrund das ursprüngliche Ziel der Lissabon-Strategie, innerhalb von 10 Jahren zum wettbewerbsfähigsten wissensbasierten Wirtschaftsraum der Welt zu werden, sowie den Weg, dies vor allem durch Investitionen in Ausbildung, Wissenschaft und Forschung zu erreichen, wird klar, dass dieses Ziel von Anfang an unrealistisch war. Denn ein mittelfristiges Ziel ist mit überwiegend langfristig wirkenden Maßnahmen wie Investitionen in den Bildungs- und Forschungsbereich nicht zu erreichen.

Aber noch ein ganz anderer Aspekt erscheint an der Lissabon-Strategie – auch in ihrer geänderten Fassung – fragwürdig. Grundsätzlich geht sie davon aus, dass das Ziel der Vollbeschäftigung durch entsprechende Investitionen in Zukunftsqualifikationen und Strukturreformen erreichbar ist. Massenarbeitslosigkeit wird hierbei als vorübergehende Störung angesehen, die es zu beheben gelte, damit die Wirtschaft wieder „rund läuft". Was aber, wenn diese Grundannahme falsch ist, wenn man sich darauf einrichten muss, dass – gleich welche Reformen durchgeführt werden – es immer mehrere Millionen Menschen gibt, die sich – aus welchen Gründen auch immer – nicht in unser Wirtschaftssystem integrieren lassen? Die Erfahrungen der letzten Jahrzehnte, in denen die Massenarbeitslosigkeit nie an Aktualität verloren hat, spricht dafür, das dieses Problem kein temporäres, überwindbares Phänomen, sondern eine dauerhafte Realität ist. Dann aber gilt es, eine Wirtschaftsordnung – oder eine entsprechende Strategie – so auszugestalten, dass sie die Realität von millionenfachem Transferempfang anerkennt und dementsprechend auch Lösungen aufzeigt, wie dieser Problemlage dauerhaft entsprochen werden kann. Oder anders gesagt: Indem die Lissabon-Strategie von der Erreichbarkeit der Vollbeschäftigung ausgeht und ihre Entwicklungsperspektiven hierauf gründet, könnte sie in einem zentralen Punkt nicht den realen wirtschaftpolitischen Rahmenbedingungen entsprechen. Allerdings ist dies ein Grundproblem, das sich auch in nahezu allen nationalen Reformprogrammen zeigt.[53]

Zur abschließenden Bewertung der Lissabon-Strategie bleibt zunächst einmal festzuhalten, dass es mit der Revision von 2005 zumindest teilweise gelungen ist, die in einer Zeit wirtschaftlicher Prosperität und (eventuell auch zu) positiver Zukunftserwartungen ursprünglich abgefasste Strategie an die neue Aufgabe der Bewältigung einer akuten Wirtschaftskrise anzupassen. Erreicht wurde dies vor allem durch eine stärkere Fokussierung auf die Bereiche Wachstum und Beschäftigung, eine Reduzierung der Vielzahl von Instrumenten und eine verbindlichere Ausgestaltung der Abstimmungsprozesse zwischen den Mitgliedstaaten und der europäischen Ebene. Dennoch kann die Lissabon-Strategie auch in ihrer revidierten Fassung nur dann erfolgreich sein, wenn alle Beteiligten den Willen und die Fähigkeit aufbringen, die notwendigen Reformen durchzusetzen. Und genau hierin liegt das Problem. Denn bei den anstehenden Aufgaben handelt es sich nicht allein um wirtschaftspolitische Herausforderungen, sondern um den Gesamtkomplex der zukünftigen europäischen Wirtschafts- und Sozialordnung.[54] Damit stehen nicht nur „technische" Fragen zur Diskussion, die aus objektiver Warte bewertet werden können, wie etwa ob eine gemeinsame Währung mehr Vor- oder Nachteile mit sich bringt; vielmehr sind in erster Linie politische Fragen zu beantworten. So lassen sich beispielsweise das gewünschte Maß an sozialer Absicherung oder die Höhe der für notwendig und zugleich auch akzeptabel erachteten Transferzahlungen nicht objektiv bestimmen. Die Politik in all diesen Themenbereichen hängt stattdessen von dem gesellschaftlichen Konsens und den mehrheitstragenden politischen Strömungen ab. Dass es sich bei der künftigen Ausgestaltung der europäischen Wirtschafts- und Sozialordnung nicht um objektiv zu beantwortende, sondern politisch zu entscheidende Fragen handelt, lässt sich auch an den zur Zeit intensiv geführten nationalen sozialpolitischen Diskursen ablesen, in denen die unterschiedlichen Ordnungsvorstellungen von konservativen, liberalen, sozialdemokratisch/sozialistischen oder christdemokratischen Strömungen wie in kaum einem anderen Politikfeld zutage treten.

Wenn sich die Situation heute aber so darstellt, dass das Maß an bereits erreichter Integration so hoch und die zu lösenden Probleme so eng mit der gesamten Wirtschafts- und Sozialordnung verwoben sind – und das konzediert auch die Lissabon-Strategie –, dann sind die Lösungsvorschläge primär politisch, d.h. im Wettstreit der verschiedenen politischen Strömungen zu diskutieren. Und genau hier werden auch wieder die Grenzen europäischer Gestaltungsfähigkeit sichtbar. Zum einen agieren die mitgliedstaatlichen Regierungen auf dem Erfahrungshintergrund sehr unterschiedlicher nationaler Wirtschafts- und Sozialmodelle und zum anderen vertreten sie in aller Regel unterschiedliche (partei-)politische Konzepte, weshalb es

53 Vgl. u.a.: Kleinhenz, Gerhard D.: Marktwirtschaft und Sozialstaat in Deutschland. Zukunftsmodell für Deutschland, in: Aus Politik und Zeitgeschichte 55 (2005) Nr. 43, S. 33-40.

54 Vgl. Giddens, Anthony: Ein neues europäisches Sozialmodell, in: Frankfurter Rundschau vom 14. Februar 2006.

im Umkehrschluss kein Zufall ist, dass die Lissabon-Strategie zu einer Zeit entwickelt wurde, als in Europa 13 von 15 Regierungen einer bestimmten parteipolitischen Richtung zuzuordnen waren. Darüber hinaus gibt es auf europäischer Ebene auch keinen wirklichen Raum zur Diskussion dieser politischen Fragestellungen. Insbesondere die Kommission, die im Lissabon-Prozess eine Schlüsselstellung einnimmt, stellt eher eine oberste Administrationsbehörde ohne bestimmte (partei)politische Ausrichtung dar.[55] War dies in der Vergangenheit wenig problematisch, als es primär darum ging, weitgehend als konsensfähig erachtete Maßnahmen zum Aufbau eines europäischen Wirtschaftsraumes durchzusetzen, erweist es sich in der aktuellen Debatte zunehmend als Hindernis, wo es darum geht, eine politische Grundsatzentscheidung über das europäische Wirtschafts- und Sozialmodell zu fällen. Auch das Europäische Parlament kann dieses Defizit bisher nicht ausgleichen, was vor allem darauf zurückzuführen ist, dass sein Einfluss auf die Politik der europäischen Exekutive immer noch weit unter dem einer Volksvertretung in einem parlamentarischen Regierungssystem bleibt. Pointiert könnte man auch sagen, dass es zur wirklichen Lösung (wirtschafts- und sozial)politischer Grundsatzfragen auch politisierter Entscheidungsstrukturen und Institutionen bedarf, über die wir in Europa zur Zeit noch nicht in ausreichendem Maße verfügen.[56] Dieses Defizit zeigt sich letztendlich auch wieder in der revidierten Lissabon-Strategie, in der die unterschiedlichen Leitbilder zwischen angelsächsischem, rheinischem/kontinentaleuropäischem und skandinavischem Wirtschafts- und Sozialmodell an verschiedenen Stellen zutage treten und Kohärenzprobleme verursachen.

Zwar ist der Einwand gerechtfertigt, dass in der Europäischen Union die Voraussetzungen – und hier vor allem die Akzeptanz bei der Bevölkerung – für eine einheitliche Wirtschafts- und Sozialpolitik fehlen; auch wird der Vorteil Europas häufig im Wettbewerb der unterschiedlichen Ordnungsmodelle gesehen. Wenn man allerdings von dem Gedanken überzeugt ist, dass der Wettbewerb der Systeme der Königsweg sei, stellt sich die Frage, wozu eine europäische Gesamtstrategie überhaupt vonnöten ist. Glaubt man jedoch an deren Notwendigkeit, bedarf es nicht nur der Diskussion über die konkreten Politikinhalte, sondern auch einer Reform der Rahmenbedingungen in Richtung einer Politisierung der europäischen Entscheidungsstrukturen, um so die Voraussetzungen für einen wirklichen europäischen Gestaltungsversuch im Bereich der Wirtschafts- und Sozialordnung zu schaffen. Der zur Zeit auf Eis liegende Verfassungsentwurf mit einer stärkeren politischen Ausrichtung der Kommission und seinen auf Vereinfachung und größere Transparenz hin konzipierten institutionellen Reformen wäre zumindest ein erster

55 Vgl. Göler, Daniel: Auf dem Weg zu einem sozialen Europa? Institutionelle Voraussetzungen für die Entwicklung einer sozialen Dimension der EU, in: Flore, Manfred/Schulte, Anja: Europas Verfassung – Basis für ein soziales Europa? (Herausgegeben von der Kooperationsstelle Hochschulen und Gewerkschaften in Osnabrück), Osnabrück 2004, S. 77-89.

56 Vgl. hierzu auch: Göler, Auf dem Weg zu einem sozialen Europa?, a.a.O., S. 77-89.

Schritt in diese Richtung gewesen. Vor diesem Hintergrund wäre dann allerdings die Frage neu zu überdenken, ob wirklich – wie vielfach angenommen – zuerst die ungünstigen wirtschaftlichen und sozialpolitischen Rahmenbedingungen verbessert werden müssen, um die Verfassung in Kraft setzen zu können, oder ob nicht diese Verfassung auch die Voraussetzungen für einen wirklichen europäischen Gestaltungsversuch zur Reform unserer europäischen Wirtschafts- und Sozialordnung verbessern könnte.

Silke Übelmesser

Modernisierung der Sozialsysteme und Europäisierung der Sozialpolitik in Zeiten der Globalisierung

Einleitung

Kaum ein Phänomen wird zurzeit so kontrovers diskutiert wie Globalisierung. Die Spannbreite reicht dabei je nach persönlicher Sichtweise von der Hoffnung, mit Hilfe von Globalisierung mehr Wachstum und Beschäftigung und somit mehr Wohlstand zu schaffen, bis hin zu der Sorge vor großen wirtschaftlichen und sozialen Verwerfungen. Bezogen auf die sozialen Sicherungssysteme wird vielfach die Befürchtung geäußert, dass Globalisierung bzw. eine weiter fortschreitende wirtschaftliche Integration allgemein die Handlungsmöglichkeiten von Nationalstaaten beschränkt und sich dies besonders im sozialen Bereich zeigt. Es wird betont, dass die stärkere Verflechtung und die damit verbundene größere Mobilität von Kapital, aber auch von Arbeitskräften, die Steuerbasis in den einzelnen Staaten weg schmelzen lässt und der resultierende Steuerwettbewerb den finanziellen Spielraum weiter verringert. Ökonomisch ausgedrückt bedeutet das, dass Globalisierung Druck auf die Angebotsseite staatlicher Umverteilungsprogramme ausübt. Dieser Druck kann hilfreich sein, wenn vorher die Programme von Verschwendung und geringer Zielgenauigkeit geprägt waren; waren die wohlfahrtsstaatlichen Aktivitäten jedoch effizient organisiert und passgenau, dann besteht die Gefahr, dass die Programme zu stark als Reaktion auf die Globalisierung zurück gefahren werden.

Internationaler Handel erhöht die Gesamtwohlfahrt der beteiligten Länder. Daraus erwächst die Hoffnung, dass daran alle partizipieren – Arbeitnehmer wie Arbeitgeber, aber auch nicht direkt am Wirtschaftsprozess Beteiligte wie Kinder, Erwerbslose und Rentner. Allerdings verändert Globalisierung nicht nur das wirtschaftliche Umfeld und die somit auch Rahmenbedingungen, innerhalb derer die Staaten sozial aktiv sind; es ändert sich gleichzeitig auch der Bedarf an sozialer Absicherung. Denn es ist geradezu eine zwingende Begleiterscheinung, dass die Handelsgewinne eben nicht gleichmäßig auf alle Bürger fallen. Vielmehr gibt es Gewinner und Verlierer. Dadurch, dass in einer globalen Welt viele Wirtschaftsbereiche und somit viele Arbeitgeber und Arbeitnehmer größeren Unsicherheiten ausgesetzt sind, steigt die Nachfrage nach einer absichernden, umverteilenden Politik.

Allein aus diesen Überlegungen heraus ist es nicht einfach zu sehen, ob Globalisierung zu einem Sozialabbau führt. Auf alle Fälle ergibt sich die Notwendigkeit, die Zukunftstauglichkeit des Sozialstaats zu überprüfen und ihn gegebenenfalls durch Reformen an die veränderten Möglichkeiten, aber auch Herausforderungen, anzupassen. Dieser Beitrag beschäftigt sich damit, die bis jetzt größtenteils auf Ebene der einzelnen Staaten organisierten Sozialsysteme vor dem Hintergrund der immer größeren Bedeutung der europäischen Sozialpolitik in einem globalen Umfeld darzustellen und die Reformerfordernisse, aber auch die Reformmöglichkeiten zu analysieren. Es soll heraus gearbeitet werden, wie eine völlige Erosion der Sozialsysteme trotz intensiven Wettbewerbs und allgemeiner Freizügigkeit zwischen den Staaten verhindert werden kann und wie gleichzeitig garantiert werden kann, dass die Wanderentscheidungen nicht durch unterschiedlich ausgestaltete nationale Wohlfahrtsstaaten verzerrt werden.

Dazu soll zunächst auf die Bedeutung der europäischen Wirtschafts- und Sozialpolitik eingegangen werden, die in den letzten Jahrzehnten wesentliche Veränderungen erfahren hat und die sich vor allem durch die letzte EU-Erweiterungsrunde zusätzlichen Herausforderungen gegenüber sieht. Vor dem Hintergrund der gegenwärtigen Kompetenzverteilung zwischen Europäischer Union und den Mitgliedstaaten im Bereich der Sozialpolitik geht es dann darum, unterschiedliche Harmonisierungsmöglichkeiten und Integrationspolitiken aufzuzeigen. Dabei ist es allerdings wichtig, nicht aus den Augen zu verlieren, welche Abstimmungen dazu zwischen den Mitgliedstaaten jeweils nötig wären und welche Rolle die europäische Ebene in dem Prozess jeweils spielen sollte. Nur wenn zwischen diesen Erfordernissen und der gegenwärtigen institutionellen Realität keine zu große Diskrepanz herrscht, kann man auf kurz- bzw. mittelfristige Erfolge hoffen. Dem werden dann die Strategien der alten Mitgliedstaaten der Europäischen Union gegenüber gestellt, die diese gegenüber den neuen Mitgliedstaaten für die Übergangsphase gewählt haben. Auf dieser Basis werden dann Schlussfolgerungen gezogen im Hinblick darauf, in wie weit bereits von einer Europäisierung der Sozialpolitik gesprochen werden kann.

Die Bedeutung der Sozialpolitik auf europäischer Ebene

Geschichtlicher Überblick

Im Folgenden betrachten wir zunächst, wie sich die Bedeutung der sozialen Komponente innerhalb der wirtschaftlichen und sozialen Gemeinschaft während der letzten Jahrzehnte entwickelt hat, um die Veränderungen – auch im Hinblick auf die Zuständigkeiten für soziale Fragestellungen – heraus zu arbeiten.[1]

Nach der Präambel zu den Römischen Verträgen von 1957 (EWG-Vertrag) war es von Anfang an eine hohe Priorität der Mitgliedstaaten, „den sozialen Fortschritt in ihren Ländern zu sichern“ und „die stetige Besserung der Lebens- und Beschäftigungsbedingungen (…) anzustreben“. Während der letzten Jahrzehnte ist dieses Ziel mit unterschiedlicher Intensität verfolgt worden. Es lassen sich dabei drei Perioden unterscheiden (Graphik 1).

1 Siehe auch Mosley (1990).

Die erste Periode (1958 - 1973) erstreckte sich von den Römischen Verträgen bis zur ersten Ölkrise und war von hohen Wachstumsraten und geringer Arbeitslosigkeit gekennzeichnet. Die Wirtschaftsunion stand im Mittelpunkt, während soziale Überlegungen nur dann eine Rolle spielten, wenn durch mangelnde Harmonisierung der sozialen Sicherungssysteme der freie Güter- und Dienstleistungsverkehr sowie die Mobilität von Arbeit und Kapital behindert war. Folglich waren auch die ersten Initiativen für mehr soziale Integration durch das Ziel motiviert, noch bestehende Barrieren zu beseitigen. Dies wird besonders deutlich, wenn man ein einheitliches sozialpolitisches Konzept in den Römischen Verträgen sucht (Breyer und Kolmar, 1996).

Art. 48 EG-Vertrag betont explizit, dass allgemein die Freizügigkeit der Arbeitnehmer innerhalb der Gemeinschaft gewährleistet werden muss und dass dies speziell „die Abschaffung jeder auf der Staatsangehörigkeit beruhenden unterschiedlichen Behandlung der Arbeitnehmer der Mitgliedstaaten in Bezug auf Beschäftigung, Entlohnung und sonstige Arbeitsbedingungen“ umfasst. Für den Bereich der Sozialpolitik erwähnt Art. 51 EG-Vertrag dafür Maßnahmen, die den wandernden Arbeitnehmern und deren anspruchsberechtigten Angehörigen garantieren, dass alle „nach den verschiedenen innerstaatlichen Rechtsvorschriften berücksichtigten Zeiten für den Erwerb und die Aufrechterhaltung des Leistungsanspruchs sowie für die Berechnung der Leistungen“ zugerechnet werden und die Zahlung von Leistungen auf dieser Grundlage dann an alle Personen erfolgen, die in einem der Mitgliedstaaten leben.

Graphik 1: Entwicklung der Bedeutung von sozialen Themen in der EU

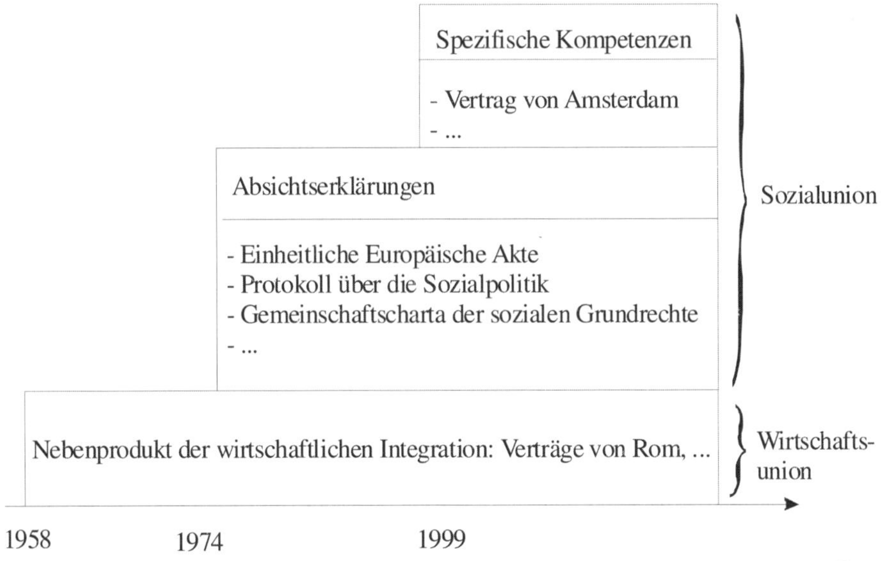

Was die Höhe der Ansprüche betrifft, so spielte schon immer die Alterssicherung die wesentlichste Rolle. Notwenige Regelungen in diesem Bereich legen beispielsweise fest, dass Leistungen übertragen und Versicherungszeiten angerechnet werden können. Würde man alle bereits erworbenen Rentenansprüche bei Wanderung verlieren, dann würde das gleichbedeutend sein mit sehr hohen Migrationskosten. Das Recht auf Freizügigkeit würde dann nur auf dem Papier bestehen. Dadurch wird deutlich, dass eine mangelhafte sozialpolitische Harmonisierung die Freizügigkeit der Arbeitnehmer einschränken würde und eben Maßnahmen nötig sind, um dies zu verhindern. Die in den Römischen Verträgen verankerten Vorschriften leisten genau das, d.h. sie regeln die gegenseitige Anerkennung der sozialversicherungsrechtlichen Ansprüche, gehen darüber aber nicht hinaus.

1961 wurde die Europäische Sozialcharta des Europarates von den EG-Mitgliedstaaten unterzeichnet, die die Bedeutung der sozialen Dimension betonte – allerdings auf rein freiwilliger Basis. Sozialpolitik blieb somit weiterhin weitgehend in der Verantwortung der Länder. Die sozialpolitischen Ziele können also in dieser Periode als komplementär zu den wirtschaftspolitischen Zielen angesehen werden, besitzen aber jenseits davon keine große Eigenbedeutung.

Die zweite Periode bis zum Vertrag von Amsterdam (in Kraft getreten 1999) war durch das Ende des Nachkriegsaufschwungs und eine zunehmende Arbeitslosigkeit geprägt, was die Notwendigkeit von sozialpolitischen Regelungen auf nationaler und europäischer Ebene erhöhte. In diese Zeit fiel auch die Verwirklichung des gemeinsamen Binnenmarktes und der gemeinsamen Geldpolitik mit weiteren Folgen für die Sozialpolitik. Allerdings waren sozialpolitische Ziele der Europäischen Union vor allem auf unverbindliche Programme und Resolutionen beschränkt. 1972 betonten zum ersten Mal die Staats- und Regierungschefs in der „Pariser Erklärung“, dass Sozialpolitik die gleiche Wichtigkeit zugemessen werden sollte wie der Wirtschaft- und Geldpolitik. 1974 wurde der Inhalt dieser Deklaration durch das erste soziale Aktionsprogramm des Europäischen Rates konkretisiert und durch das soziale Aktionsprogramm von 1984 weiter ergänzt. Gemeinsam definieren diese Programme den Rahmen der Sozialpolitik; die Autorität der Europäischen Gemeinschaft, Regelungen im Bereich der Sozialpolitik festzulegen, wird akzeptiert – allerdings zunächst weitgehend auf Basis des Einstimmigkeitsprinzips.

Die Einheitliche Europäische Akte von 1986 erweiterte die Kompetenzen der Europäischen Gemeinschaft im Hinblick auf das Ziel, „durch die Vertiefung der gemeinsamen Politiken und die Verfolgung neuer Ziele die wirtschaftliche und soziale Lage (...) und das Funktionieren der Gemeinschaften in der Weise zu verbessern, dass die Organe die Möglichkeit erhalten, ihre Befugnisse (...) auszuüben“ (Präambel). Dabei geht die Einheitliche Europäische Akte speziell auf die soziale Dimension des Binnenmarktes ein und betont, dass die wirtschaftliche Seite des europäischen Projekts untrennbar mit dem Ziel, die Lebens- und Arbeitsbedingungen zu verbessern, verbunden ist. Wirtschaftlichen und sozialen Zielen sollten also auch gleiche Priorität gegeben werden. Anders ausgedrückt bedeutet das, dass die Verwirklichung des Binnenmarktes kein reiner Selbstzweck sein darf.

Dieser Prozess führte schließlich zu der "Gemeinschaftscharta der sozialen Rechte der Arbeitnehmer", der so genannten Sozialcharta, die Mindeststandards in den wichtigsten Bereichen des Arbeitsrechts festlegte. Obwohl wegen des Widerstands Großbritanniens nicht verbindlich, betonte sie trotzdem die Bedeutung von Sozialpolitik für einen hohen und möglichst gleichen Lebensstandard. Dies wurde auch 1993 im Abkommen über die Sozialpolitik als Teil des Protokolls über die Sozialpolitik des Vertrags von Maastricht unterstrichen.

Was die Position der Europäischen Union betrifft, so hat der Masstrichter Vertrag noch einmal die Interdependenz deutlich gemacht, die zwischen dem Binnenmarkt und der Entwicklung eines sozialen Gleichgewichts besteht. Dies darf jedoch nicht die Tatsache verdecken, dass die Kompetenzen der Europäischen Union im Bereich der Sozialpolitik in dieser Zeit größtenteils darauf beschränkt waren, die Mitgliedstaaten zu unterstützen, nicht aber selbständig Akzente zu setzen.

In der dritten Periode (1999 - heute) schließlich spielt Sozialpolitik eine noch bedeutendere Rolle. 1997 wurde das Abkommen über die Sozialpolitik in einer etwas stärkeren Version in das Kapitel zur Sozialpolitik des Vertrags von Amsterdam aufgenommen. Dies hat auf fundamentale Weise die sozialen Kompetenzen der Europäischen Union verändert (Eichenhofer, 2002). Seit dem Vertrag von Amsterdam besitzt die Europäische Union zum ersten Mal legal Autorität in sozialpolitischen Fragen wie im Art. 137 EG-Vertrag festgelegt. Danach kann der Rat Mindestvorschriften erlassen.

Der Vertrag beinhaltet eine generelle Handlungserlaubnis, wenn die Funktionsfähigkeit des Binnenmarktes beeinträchtigt ist. Die Rolle der Europäischen Union ist somit nicht länger darauf beschränkt, die Mitgliedstaaten zu unterstützen. Vielmehr hat das Abkommen über die Sozialpolitik wesentlich die Zuständigkeiten erweitert. In einigen Bereichen (Gleichberechtigung zwischen Mann und Frau, Arbeitsbedingungen, etc.) kann der Europäische Rat mit qualifizierter Mehrheit Direktiven verabschieden. In anderen Bereichen jedoch kann der Rat nur einstimmig handeln. Fragen der sozialen Sicherheit zählen dazu. Jeder Mitgliedstaat besitzt somit ein Vetorecht.

Diese Entwicklung hin zu mehr Kompetenzen der Europäischen Gemeinschaft bei sozialpolitischen Themen wird von einer Diskussion über Grundrechte begleitet. Im Jahr 2000 wurde die Grundrechtecharta verkündet, die einmal Teil einer zukünftigen Europäischen Verfassung sein soll. Auch wenn die konkrete Interpretation und Ausgestaltung noch fehlt, so ist doch die gestiegene Verantwortung der Europäischen Union für soziale Fragen deutlich sichtbar (Eichenhofer, 2002).

Zusammenfassend kann festgehalten werden, dass seit 1974 das Bewusstsein für die Bedeutung sozialpolitischer Themen unabhängig von wirtschaftlichen Überlegungen auf europäischer Ebene stetig gewachsen ist – zuerst in Form von Absichtserklärungen und seit 1999 in Form weiter reichender Kompetenzen. Dies kann natürlich als Ausdruck eines Wunsches von EU-Seite nach einer stärkeren

Verantwortung für Sozialpolitik gesehen werden – aus sozialpolitischen Erwägungen oder auch als Voraussetzung für eine noch tiefere wirtschaftliche und soziale Integration. Möglicherweise handelt es sich dabei aber – zumindest teilweise – um eine Reaktion auf die vertiefte Integration und die damit verbundene wachsende Mobilität vor allem der Arbeitskräfte.

Zwei Bemerkungen sollen hier noch angeschlossen werden:

Bei allen Bestrebungen, Sozialpolitik stärker auf der europäischen Ebene zu verankern, darf nicht vergessen werden, dass eines der grundlegenden Prinzipien der europäischen Sozialpolitik selbst das Prinzip der Subsidiarität ist. Das bedeutet, dass eben nur dann die Europäische Union befugt ist, tätig zu werden, wenn die sozialpolitischen Ziele nicht auf nationaler Ebene erreicht werden können. Damit enthalten die Verträge ein starkes Prärogativ zugunsten der Mitgliedstaaten bei sozialen Themen (Lampert und Althammer, 2004). Dies heißt in letzter Konsequenz auch – zumindest bis zu einem gewissen Grad –, dass der Systemwettbewerb zwischen den einzelnen Mitgliedstaaten befürwortet wird. Falls der Systemwettbewerb selbst jedoch negative Auswirkungen auf die wirtschaftlichen und / oder sozialen Ziele haben sollte, würde sich daraus wiederum eine Grundlage für eine stärkere Zuständigkeit der europäischen Ebene ableiten lassen, was sicherlich nicht ohne Spannungen bliebe.

Zum anderen darf nicht die Rolle des Europäischen Gerichtshofs als ein wichtiger Träger der europäischen Sozialpolitik übersehen werden. Um einen Konsens zwischen den einzelnen Mitgliedstaaten zu erzielen, sind nicht selten die europäischen Verträge sehr allgemein gehalten und erfordern so eine genauere Interpretation. Der Europäische Gerichtshof besitzt dabei einen großen Spielraum, den er immer wieder genutzt hat, um das Gemeinschaftsrecht weiterzuentwickeln. Was die Regelungen der Freizügigkeit und der Übertragbarkeit von sozialversicherungsrechtlichen Ansprüchen betrifft, so hat der Gerichtshof von Anfang an die Ansicht vertreten, dass Migranten nicht benachteiligt werden dürfen.

Bereits 1967 hat der Gerichtshof entschieden, dass „die genannten Verordnungen in ihrer Gesamtheit den Wanderarbeitern in bestimmter Hinsicht besser stellen sollen, als er bei ausschließlicher Anwendung des innerstaatlichen Rechts stünde. Daher sind diese Verordnungen im Zweifel so auszulegen, wie es diesem Ziel entspricht.“ [2]

Diese Position wurde 1988 noch einmal bekräftigt, als der Gerichtshof im Hinblick auf die Verordnung Nr. 1408/71, die die Anwendung der Systeme der sozialen Sicherheit auf Arbeitnehmer und Selbständige sowie deren Familienangehörige, die innerhalb der Gemeinschaft zu- und abwandern, zum Inhalt hat, betonte, dass gilt: „Nach ständiger Rechtssprechung des Gerichtshofes sollen nämlich die Regeln der Verordnung Nr. 1408/71 den Arbeitnehmern, die innerhalb

2 Vgl. Urteil des Gerichts vom 5. Juli 1957, Fall 1/67, (Ciechelski), 1967, Abschnitt 2.

der Gemeinschaft zu- und abwandern, alle ihnen in den einzelnen Mitgliedstaaten zustehenden Leistungen bis zum Höchstbetrag dieser Leistungen sichern.“[3]

Darüber hinaus hat der Europäische Gerichtshof kontinuierlich mit seiner Pro-EU-Rechtsprechung die Zuständigkeiten der Europäischen Union im Bereich der Sozialpolitik erweitert. Da mit diesen Urteilen beabsichtigt ist, EU-interne Migration zu stimulieren und die wirtschaftliche Integration zu fördern, bezeichnete Walter Hallstein den Europäischen Gerichtshof bereits im Jahr 1965 als einen „key factor in the process of integration“ (Hallstein 1965, 786). Somit lässt sich für den Europäischen Gerichtshof ein Prärogativ zugunsten sozialpolitischer Kompetenzen auf europäischer Ebene ableiten.

Ob im Konfliktfall wirtschaftlicher Integration oder Subsidiarität Vorrang eingeräumt werden soll, wird später noch untersucht, wenn es darum geht, welche institutionellen Rahmenbedingungen erforderlich sind, um soziale Sicherung bei allgemeiner Freizügigkeit zu gewährleisten.

Abschließend ist es wichtig, sich bewusst zu machen, dass diese skizzierte Entwicklung während einer Periode stattfand, in der zwar die Europäische Union bzw. ihre Vorläuferorganisationen kontinuierlich wuchsen, die jeweiligen Erweiterungsrunden aber Länder umfassten, die auf einem ähnlichen wirtschaftlichen Entwicklungsstand waren wie der bisherige Kreis der Mitgliedstaaten und von der Größenordnung überschaubar blieben. Dies war bei der jüngsten Erweiterungsrunde im Jahr 2004 nicht mehr gegeben.

Besondere Herausforderungen durch die EU-Erweiterung

Die Erweiterung der Europäischen Union 2004 durch die Aufnahme von 10 neuen Mitgliedstaaten bedeutet für alle Beteiligten eine wesentliche Veränderung. Eine Erhöhung der Bevölkerung von 375 Millionen auf 480 Millionen kann nicht ohne wirtschaftliche und soziale Auswirkungen bleiben. Von besonderem Interesse für die Betrachtung hier sind dabei einerseits die existierenden Unterschiede zwischen den einzelnen Ländern, was ihren wirtschaftlichen Entwicklungsstand betrifft, und andererseits das sich daraus ergebende Migrationspotential.

Vergleicht man beispielsweise die Wirtschaftskraft der neuen Mitgliedstaaten mit dem Durchschnitt der EU-15 Länder anhand des Bruttoinlandsprodukts pro Kopf in Kaufkraftstandards zum Zeitpunkt des Beitritts, so sieht man, dass alle neuen Mitgliedstaaten hinten dem Durchschnitt der EU-15 Länder weit zurück liegen (Tabelle 1). Auch wenn Slowenien und Ungarn verglichen mit Portugal und Griechenland noch gut mithalten können, so ist der Unterschied doch so deutlich, dass zu erwarten ist, dass die Öffnung der Grenzen zu einem Anstieg von Ost-West-Migration führen wird – allerdings mit unterschiedlichem Effekt auf die EU-15

3 Vgl. Urteil des Gerichts vom 14. März 1989, Fall 1/88, (Baldi) 1989, Abschnitt 22.

Länder in Abhängigkeit ihrer geographischen Lage, aber auch ihrer historischen und kulturellen Beziehungen zu den neuen Mitgliedstaaten (EEAG, 2004). Dabei wird oft angenommen, dass der zeitliche Verlauf der Wanderung eine „hügelförmige" Entwicklung nimmt: das Migrationsvolumen soll danach in den ersten Jahren mehr und mehr ansteigen, später aber auch wieder zurückgehen.

Nach einer Studie der Europäischen Kommission (2001) könnte das kumulierte Migrationspotential in den ersten fünf Jahren (2005-2009) bei 1,2 % der Bevölkerung der Beitrittsländer liegen. Eine andere Studie von Sinn et al. (2001) kommt zu deutlich größeren Werten. Danach könnten bis zu 4-5% der Bevölkerung der neuen Mitgliedstaaten in den nächsten 15 Jahren in die EU-15 Länder wandern.

Tabelle 1: BIP pro Kopf in Kaufkraftstandards, (EU-25 = 100) für das Jahr 2004

EU (15 Länder)	108,6		
Belgien	118,2	Luxemburg	238,3
Dänemark	121,6	Niederlande	124,3
Deutschland	108,5	Österreich	122,5
Griechenland	81,9	Portugal	72,4
Finnland	112,2	Spanien	97,5
Frankreich	109,6	Schweden	117,3
Irland	136,9	Vereinigtes Königreich	116,1
Italien	105,6		
Estland	51,2	Tschechische Republik	70,2
Lettland	42,8	Slowenien	79,0
Litauen	47,8	Slowakei	53,0
Malta	69,8	Ungarn	60,1
Polen	48,8	Zypern	82,7

Quelle: Eurostat.

Allerdings ist es wichtig, bei diesen Schätzungen zu berücksichtigen, dass die tatsächliche Wanderung in den ersten Jahren deutlich geringer ausfallen wird, nicht zuletzt deswegen, da die Freizügigkeit von Personen auch nach der EU-Erweiterung durch vielfältige Regelungen eingeschränkt bleibt, wie noch genauer diskutiert werden wird.

Aber auch dann ist damit zu rechnen, dass Migration in einem signifikanten Umfang stattfinden wird und nicht ohne Folgen für die Arbeitsmärkte in den Zielländern bleiben kann. Besonders wenn die Arbeitsmärkte sehr starr sind, ist zu befürchten, dass Zuwanderung zu erhöhter Arbeitslosigkeit der heimischen, vor allem niedrig qualifizierten Arbeitnehmer führt. Bei flexibleren Arbeitsmärkten dagegen wird es sehr wahrscheinlich zu einem Lohndruck nach unten kommen. Wie schon in der Einleitung allgemein im Zusammenhang mit Globalisierung angedeutet, kann davon ausgegangen werden, dass in den ersten Jahren der Bedarf nach sozialstaatlichen Leistungen steigt, während gleichzeitig die finanzielle Basis des Wohlfahrtstaates mehr und mehr unter Druck gerät.

Neuere Entwicklungen

Da sich die EU der Notwendigkeit einer engeren Abstimmung bewusst zu sein scheint, hat der Europäische Rat beschlossen, die so genannte „Offene Methode der Koordinierung" als Kompromisslösung zu initiieren, die die wirtschaftliche und soziale Integration fördern soll, ohne das Prinzip der Subsidiarität in Frage zu stellen. Der Ausdruck wurde beim Gipfel in Lissabon im Jahr 2000 geprägt und bezeichnet einen Prozess, bei dem „explizite, klare und gegenseitig akzeptierte Ziele definiert werden, auf deren Basis (...) die Mitgliedsländer voneinander lernen können. Diese Methode respektiert lokale Unterschiede, ist flexibel, und möchte gleichzeitig sozialen Fortschritt gewährleisten." (Vandenbroucke, 2002, 35, eigene Übersetzung). Anders gesagt geht es darum, Informationen auszutauschen und von einander zu lernen. Durch die Identifikation und Umsetzung gelungener Beispiele im Rahmen von Reformen sollte sich daraus im Idealfall mittelfristig eine automatische Konvergenz der nationalen Wohlfahrtstaaten ergeben. Institutionelle Unterschiede zwischen den Mitgliedstaaten sollten so nach und nach verschwinden.

Einen Bereich mit dringendem Handlungsbedarf für alle – alte wie neue Mitgliedstaaten – stellen die sozialen Systeme dar, die auf Transfers zwischen den Generationen basieren. Alle Länder sehen sich mit einer demographischen Entwicklung konfrontiert, die droht, diesen Systemen, zu denen vor allem die staatlich organisierten Alterssicherungssysteme zählen, die finanzielle Grundlage zu entziehen. Trotz vieler grundsätzlicher Gemeinsamkeiten gibt es hier jedoch auch bedeutsame Unterschiede: zum einen läuft der Alterungsprozess nicht überall gleich ab; zum anderen unterscheiden sich die Länder auch darin, wie stark sie davon betroffen sind. Je nach genauer institutioneller Ausgestaltung sind die erworbenen Rentenansprüche mehr oder weniger generös, was dazu führt, dass die Systeme selbst wie auch ihre fiskalische Bedeutung von unterschiedlicher Größe sind. Außerdem basieren sie in unterschiedlichem Maße auf eigener Kapitalbildung und intergenerativen Transfers, so dass die zahlenmäßigen Veränderung der Generationen zueinander, d.h. der Zuwachs der Älteren relativ zu den Jüngeren, nicht überall die gleichen Auswirkungen hat.

Das bedeutet aber auch, dass es hier eine Vielzahl an Möglichkeiten gibt, unter Berücksichtigung der eigenen wohlfahrtstaatlichen Traditionen von einander zu lernen – entweder im Rahmen der „Offenen Methode der Koordinierung" oder auf informellere Art. In der Tat lassen sich für die letzten Jahre entsprechende Entwicklungen beobachten.

Bis Mitte der 1990er Jahre waren die Rentensysteme in den meisten Industrieländern als leistungsorientierte, umlagefinanzierte Systeme organisiert. Das bedeutet, dass die Beitragszahlungen der erwerbstätigen Generation die Rentenauszahlungen an die pensionierte Generation finanzieren, ohne dass ein Kapitalfonds gebildet wird. Die Leistungshöhe ist dabei fixiert; falls die Beitragszahlungen nicht ausreichen, wird der Beitragssatz angepasst. Der größte Unterschied zwischen den nationalen Systemen betraf den Grad der aktuarischen Fairness, was bestimmt, inwieweit die Beitragssätze als Steuern zu sehen sind und zu Verzerrungen führen. Systeme, bei denen nur eine sehr lose Beziehung zwischen den geleisteten Einzahlungen und den dadurch erworbenen Ansprüchen besteht, weisen einen geringen Grad an aktuarischer Fairness auf. Dazu zählen vor allem die in der angelsächsichen Tradition von Beveridge organisierten Systeme in Großbritannien, Irland und den Niederlanden. Rentensysteme, die der kontinentaleuropäischen Tradition nach Bismarck folgen, basieren dagegen auf einer stärkeren (Äquivalenz-)Beziehung zwischen Einzahlungen und Auszahlungen und somit auf einem höheren Grad an aktuarischer Fairness.

In den 1990er Jahren wurde aber auch deutlich, dass die finanzielle Stabilität gefährdet war und der Erhalt der Systeme nur durch weitgehende Reformen garantiert werden konnte. Daraufhin kam es in vielen Ländern zu Reformen, die jedoch oft nur parametrische Modifikationen zur Folge hatten, ohne die Systeme fundamental zu verändern.[4] Dies gilt z.B. für Belgien, Frankreich, Portugal, Spanien, aber auch Irland und Großbritannien. Wegen der vergleichsweise geringen Größe der Alterssicherungssysteme in Großbritannien und Irland, die vor allem eine Grundabsicherung im Alter zum Ziel haben, werden diese Länder auch nicht allzu stark von der demographischen Entwicklung getroffen. Das gilt auch für Dänemark, wo der größte Teil der Rentenauszahlungen bereits aus kapitalgedeckten, beitragsorientierten Systemen kommt. Die Länder mit großzügigeren Rentensystemen, die auf Umlagefinanzierung beruhen, sehen sich dagegen #besonders großen Anpassungsproblemen gegenüber. Die bisherigen verhaltenen Reformen reichen bei weitem nicht aus.

Es gibt jedoch auch Ausnahmen. In Italien, Schweden und Dänemark z.B. kann man Entwicklungen beobachten, die die aktuarische Fairness erhöhen und somit Verzerrungen vor allem auf dem Arbeitsmarkt verringert haben. In Schweden und Dänemark, aber auch in Deutschland im Zusammenhang mit der Riester-Rente ist außerdem der Grad der Kapitaldeckung gesteigert worden. Die fundamentalste Veränderung jedoch hat in Italien und Schweden stattgefunden. Dort ist die Leistungsorientierung weitgehend zugunsten einer Beitragsorientierung aufgegeben worden. Nach einer Übergangsphase werden dann die im jeweiligen Jahr geleisteten Beitragszahlungen für die Berechnung der Rentenzahlungen entscheidend sein bzw. genauer gesagt, die Renten werden sich mit dem Bruttosozialprodukt entwickeln.

4 Siehe z.B. Fenge et al. (2002) für weitere Details.

Sinkt das Bruttosozialprodukt, weil z.B. die Anzahl der sozialversicherungspflichtigen Beschäftigten zurückgegangen ist, dann müssen auch die Rentenhöhen entsprechend angepasst werden. Die Alterung und die damit verbundenen zahlenmäßigen Verschiebungen der Generationen zueinander werden dann nicht mehr hauptsächlich wie in der Vergangenheit durch Beitragssatzerhöhungen aufgefangen, sondern führen zu Rentenkürzungen.

Vor allem mit der stärkeren Kapitalfinanzierung, aber auch der Beitragsorientierung wird erreicht, dass die einzelnen Generationen in größerem Umfang selbst Verantwortung für ihre Alterssicherung übernehmen müssen, insbesondere wenn aufgrund der demographischen Entwicklung zu erwarten ist, dass es zu niedrigeren Rentenauszahlungen kommen wird.

Gegenüber diesen in der Summe eher verhaltenen Reformanstrengungen zeigen die neuen Beitrittsländer einen großen Reformeifer. Reformen der sozialen Sicherungssysteme waren schon alleine wegen der transformationsbedingten wirtschaftlichen Krise notwendig (Schrooten, 2004). Das vergleichsweise niedrige Rentenzugangsalter einerseits und die stark steigende Zahl der Leistungsempfänger andererseits machte es erforderlich, besonders die Alterssicherungssysteme an die veränderten Herausforderungen anzupassen. Zunächst wurden vielfach Korrekturen an der Rentenformel vorgenommen. Damit sollte die Bedeutung der Umlagefinanzierung zurück gedrängt werden, ohne die Umlagesysteme abzuschaffen. Gleichzeitig forcierten viele Beitrittsländer einen Teilübergang zu einem kapitalgedeckten System.

Teilweise haben sich die neuen Beitrittsländer bei ihren Reformen an europäischen Vorbildern orientiert; allerdings scheinen auch die Erfahrungen in Lateinamerika als Anhaltspunkt gedient haben. Grundsätzlich lässt sich festhalten, dass die in den neuen Mitgliedstaaten durchgesetzten Reformen oft radikaler sind und weiter gehen als in den meisten EU-15 Ländern. Im Rahmen der „Offenen Methode der Koordinierung“ ist es somit gut denkbar, dass die alten Mitgliedstaaten nicht nur von einander lernen können, sondern sicherlich auch in Zukunft von den Erfahrungen der neuen Mitglieder profitieren werden. Trotzdem darf bei alldem nicht vergessen werden, dass die „Offene Methode der Koordinierung“ einen weitgehend freiwilligen Prozess des gegenseitigen Lernens darstellt. Es wird noch zu untersuchen sein, inwieweit dies ausreichend ist, um den durch die zunehmende Integration gestiegenen Herausforderungen zu begegnen.

Ökonomische Konsequenzen der zunehmenden Integration

Die gestiegenen Verflechtungen innerhalb der Europäischen Union in ökonomischer und politischer Hinsicht äußeren sich dabei vor allem darin, dass Barrieren zwischen den Mitgliedstaaten abgebaut werden und nicht länger den grenzüberschreitenden Handel von Gütern und Dienstleistungen sowie die Mobilität von Arbeit und Kapital behindern. Diese Entwicklung führt zu mehr wirtschaftlichem

Wettbewerb zwischen den einzelnen Ländern, aber auch zu mehr Wettbewerb zwischen ihren Sozialsystemen. Dies zwingt einerseits die Mitgliedstaaten dazu, Ineffizienzen bei der Organisation ihrer Sozialsysteme zu reduzieren. Andererseits aber droht eine Abwärtsspirale. Konzentrieren wir uns hier auf die Wanderung von Arbeitskräften, dann besteht die Gefahr eines (teilweisen) Abbaus der sozialen Sicherungssysteme, wenn sich die Nettobeitragszahler durch Migration ihren Verpflichtungen entziehen können, während ein großzügiges System Nettoleistungsempfänger anzieht. Systemwettbewerb würde dann eine zumindest teilweise Erosion der Sozialsysteme zur Folge haben.

Dazu kommt aber noch, dass die nationalen Sozialversicherungssysteme die Wanderungsentscheidung verzerren können. Je größer dabei das System ist, desto größer können die verzerrenden Effekte sein. Die nationalen Alterssicherungssysteme spielen dabei sicherlich eine bedeutsame Rolle. Von einer unverzerrten Wanderung, die zu einer so genannten effizienten Allokation der Arbeitnehmer führt, spricht man, wenn jeder dort arbeitet, wo seine Produktivität am höchsten ist, und so auch die Gesamtproduktivität und der Gesamtoutput maximiert wird. Wenn Arbeitnehmer darüber nachdenken, ob sie auswandern sollen oder nicht, müssten sie sich entsprechend am Bruttolohn orientieren, der ihre (Grenz-) Produktivität bzw. den Mehrwert widerspiegelt, den sie durch ihre Arbeit für ihren Arbeitgeber schaffen. Aus der Sicht der Arbeiter und Angestellten ist jedoch der Nettolohn entscheidend. Ob die Wanderentscheidung nun zu einer optimalen Allokation führt, hängt dann von zwei Punkten ab: Zum einen ist entscheidend, inwieweit die in den jeweiligen Ländern zu zahlenden Steuern und Sozialversicherungsbeiträge einen (unterschiedlich großen) Keil zwischen Brutto- und Nettolöhne treiben; zum anderen spielt eine Rolle, inwieweit die länderspezifischen Steuer- und Transfersysteme für die Migrationsentscheidung überhaupt relevant sind.

Entsprechend lassen sich die resultierenden Verzerrungen auf zweierlei Art beseitigen: Eine Strategie könnte darin bestehen, die Steuern und Sozialversicherungsbeiträge über die Länder hinweg anzugleichen. Dadurch würden die Verzerrungen neutralisiert. Eine andere mögliche Reaktion wäre, die Migranten von den Sozialleistungen im Zielland dauerhaft zu isolieren. Die Migrationsentscheidung wäre dann wiederum nicht durch Unterschiede in den nationalen Steuer- und Transfersystemen beeinflusst. In beiden Fällen würden sich die Migranten bei ihrer Entscheidung also am Bruttolohn orientieren; eine effiziente Allokation würde sich ergeben.

Im Folgenden sollen diese und weitere Möglichkeiten näher beleuchtet und vor dem Hintergrund der institutionellen Rahmenbedingungen in der Europäischen Union kritisch diskutiert werden.

Harmonisierung

Trotz des in den letzten Jahrzehnten gestiegenen Bewusstseins für soziale Fragen auf der europäischen Ebene befinden sich die wesentlichen sozialpolitischen

Kompetenzen nach wie vor im Zuständigkeitsbereich der Mitgliedsländer. Vor diesem Hintergrund müssen die Anforderungen an eine Harmonisierung oder Koordinierung der Steuer- und Transfersysteme gestellt werden, die eine unverzerrte Migration der Arbeitnehmer gewährleisten und gleichzeitig die sozialen Sicherungssysteme vor dem Kollaps bewahren.

Natürlich würde eine vollständige Zentralisierung auf europäischer Ebene alle Wanderanreize beseitigen, die sich aus unterschiedlichen Steuern und Abgaben in den einzelnen Ländern ergeben. Es würde nur dann zu Migration kommen, wenn die Produktivität und somit die (Brutto-) Löhne im Zielland höher wären. Wenn wir uns aber bemühen möchten, eine Lösungsmöglichkeit zu identifizieren, die in der kurzen oder mittleren Frist Aussicht auf Umsetzung hat, dann ist eine vollständige Zentralisierung sicherlich nicht das Richtige. Zu sehr befinden sich dafür die Zuständigkeiten noch bei den Mitgliedstaaten, wie wir im letzten Abschnitt gesehen haben, und zu unterschiedlich sind die sozialstaatlichen Traditionen in den einzelnen Ländern und die daraus entstandenen Wohlfahrtstaaten skandinavischer, kontinental-europäischer und anglo-sächsischer Prägung. Somit divergieren die Länder nicht nur im Hinblick auf ihr Wohlstandsniveau, sondern auch was ganz allgemein den Umfang und die institutionelle Ausgestaltung der sozialen Sicherungssysteme betrifft. Diese „wirtschaftliche und soziale Heterogenität" (Lampert und Althammer, 2004, 442) hat sich durch die Osterweiterung noch verstärkt. Vor diesem Hintergrund soll es darum gehen zu analysieren, was der geringste Harmonisierungsgrad ist, bei dem die Wanderungsentscheidung nicht verzerrt wird und der Sozialstaat nach wie vor bestehen kann.

Völlig dezentralisierte Systeme würden diese Anforderungen nur dann erfüllen, wenn sich das allgemeine Wettbewerbsmodell auch auf den Wettbewerb zwischen Sozialsystemen übertragen ließe, sich also im Wettbewerb die wirtschafts- und sozialpolitisch beste Lösung langfristig durchsetzen würde. Dieses Konzept würde dann einer ex-post Harmonisierung entsprechen (Lampert und Althammer, 2004). Allerdings kann dies bei verteilungspolitischen Maßnahmen nicht funktionieren, wenn gleichzeitig die freie Mobilität von Kapital und Arbeitskräften vorliegt. Wie oben ja bereits angedeutet, würden besonders großzügige Systeme vor allem Nettoleistungsempfänger anziehen, Nettobeitragszahler aber zur Abwanderung bewegen und somit dem Wohlfahrtsstaat die finanzielle Grundlage entziehen.Ein gewisses Maß an ex-ante Harmonisierung, d.h. eine gewisse politische Angleichung im Vorfeld, ist also notwendig.

Die schwächste Form von Harmonisierung wäre dabei die gegenseitige Anerkennung von Ansprüchen, die in einem anderen Land erworben wurden. Dies ist ja auch der Harmonisierungsgrad, der in der EU Anwendung findet. Ziel ist eben, die Migrationsbarrieren weitgehend abzubauen; Ziel ist dabei aber nicht, die Rahmenbedingungen so zu gestalten, dass die Wanderungsentscheidung unverzerrt getroffen wird.

Eine stärkere Verbindung zwischen den einzelnen nationalen Systemen wäre dann gegeben, wenn die Beitragssätze und Leistungen angeglichen wären, ohne jedoch die formale Unabhängigkeit der nationalen Systeme voneinander anzutasten. Die Koordination könnte dabei so erfolgen, dass beispielsweise die Beiträge ein bestimmtes absolutes Niveau nicht unter- oder übersteigen dürfen; alternativ könnte man aber auch festlegen, dass die Beiträge nicht von einem bestimmten relativen Niveau – im Verhältnis zu den Beiträgen in anderen Ländern – abweichen dürfen. Aber auch eine völlige Angleichung wäre denkbar. Breyer und Kolmar (2002) zeigen für das Rentensystem, dass je nachdem wie mobil die Bevölkerung ist, eine Koordination oder Angleichung der Beitragssätze zu einem effizienten Ergebnis führt.

Hält man sich jedoch vor Augen, wie viel Verlust an Eigenständigkeit das für die nationalen Sozialsysteme trotz nach wie vor bestehender Unabhängigkeit bedeuten würde, dann erscheint dies keine Lösung zu sein, die in den nächsten Jahren mit hoher Wahrscheinlichkeit umgesetzt werden wird.

Die teilweise sehr unterschiedlichen sozialstaatlichen Traditionen, aber auch die immer noch bei den Mitgliedsländern verankerte Zuständigkeit für die Hauptbereiche der Sozialpolitik haben dazu geführt, dass der Harmonisierungsgrad relativ niedrig ist. Aus diesem Grund wurde ja auch die bereits diskutierte „Offene Methode der Koordination" initiiert. Allerdings ist dieser Prozess sehr langfristig angelegt, während die Mobilität zwischen den alten EU-Mitgliedsländern, aber vor allem der Zuzug aus den neuen EU-Mitgliedsländern aktuell immer mehr an Bedeutung gewinnt. Dies ist auch im Hinblick auf den dargestellten Zusammenhang zu betrachten, wonach ein (System-) Wettbewerb zwischen einzelnen Wohlfahrtstaaten versagen muss.

Die bisherigen Versuche, das Gewicht der europäischen Sozialpolitik gegenüber den nationalen Zuständigkeiten zu stärken bzw. die nationalen Politiken stärker zu harmonisieren, sind bis jetzt noch nicht sehr weit fortgeschritten. Deswegen soll auch im Folgenden untersucht werden, inwieweit es möglich sein könnte, mit der Wahl eines geeigneten Integrationsprinzips die Verzerrung der Wanderentscheidung zu vermeiden, ohne gleichzeitig die unterschiedlichen Wohlfahrtstaaten in ein einheitliches und evtl. sehr enges Korsett zwingen zu müssen. Neben einer vollständigen oder zumindest teilweisen Harmonisierung der sozialen Sicherungssysteme, die aber aufgrund der unterschiedlichen historischen Traditionen schwierig ist, gibt es dabei noch andere Möglichkeiten, die auch in der politischen Debatte zu finden sind.

Unterschiedliche Integrationsprinzipien

Innerhalb der Europäischen Union findet zurzeit im Normalfall das Beschäftigungslandprinzip Anwendung, was die Mitgliedschaft in den nationalen Sozialstaaten betrifft. Danach zahlt jeder dort Steuern und Sozialversicherungsbeiträge, wo er beschäftigt ist. Ein Migrant, der aus beruflichen Gründen von Deutschland nach Frankreich zieht, entrichtet von seinem ersten Arbeitstag an Steuern an den französischen Fiskus, aber auch Beiträge an die französischen

Sozialversicherungsträger. Wären jetzt aber die Steuern und Beiträge in Frankreich und Deutschland durch Harmonisierung in allen Dimensionen, z.B. im Hinblick auf Bemessungsgrundlage, Höhe und Leistungsansprüche, identisch, dann würde ein potenzieller Migrant alleine auf den Bruttolohn in Frankreich schauen und diesen mit seinem Bruttolohn in Deutschland vergleichen. Alles andere würde sich ja durch die Wanderung nicht ändern – genauso wie bei einem Arbeitsplatzwechsel innerhalb Deutschlands. Dieser Ansatz ist bereits vielfach in der Literatur diskutiert worden (siehe z.B. Homburg und Richter, 1993, Breyer und Kolmar, 2002, Uebelmesser, 2004a und 2004b).

Falls es aber nicht zu der erforderlichen Harmonisierung kommt, dann heißt das nichts anderes als dass für die Wanderungsentscheidung wiederum nicht die Bruttolohnunterschiede entscheidend sind, sondern vielmehr der Nettolohn. Dieser hängt aber unter anderem eben auch von den Fiskal- und Sozialsystemen in den beiden Ländern ab. Die mehr oder weniger große Attraktivität des Sozialstaats ist dabei ein wichtiger Faktor. Um diejenigen anzuziehen, die durch ihre Steuerkraft einen Beitrag zum Sozialstaat leisten, und zu verhindern, dass sich viele bei ihrer Wanderentscheidung von der Großzügigkeit der sozialen Transfers und weniger von den vorhandenen Arbeitsmöglichkeiten leiten lassen, besteht die Gefahr eines schrittweisen Zurückfahrens der sozialen Sicherungssysteme.

Um dies zu verhindern, gibt es mehrere Möglichkeiten. Die schlechteste Reaktion ist sicherlich, die Grenzen für Personen wieder zu schließen. Freizügigkeit von Produkten, Dienstleistungen, Kapital, aber eben auch von Personen sind die Grundpfeiler der Europäischen Union und außerdem wesentliche Voraussetzungen dafür, dass alle Produktionsfaktoren, und dazu zählen auch die Beschäftigten, dort Beschäftigung finden, wo sie am produktivsten sind. Nur dann wird das Sozialprodukt maximiert. Dass es zunächst auch Verlierer gibt, vor allem niedrig qualifizierte heimische Arbeitnehmer, ändert an der Richtigkeit dieser Überlegungen nichts. Ein größeres Sozialprodukt erlaubt es in einem zweiten Schritt die Verlierer so zu kompensieren, dass im Ergebnis alle von der Öffnung profitieren.

Es gibt aber noch andere Möglichkeiten, die verhindern, dass es zu einem starken Abbau der sozialen Sicherungssysteme kommt, ohne gleichzeitig die Migrationsmöglichkeiten einzuschränken.

Anstelle die Mitgliedschaft in den sozialen Sicherungssystemen vom Beschäftigungsort abhängig zu machen, ist es auch möglich, die Mitgliedschaft in einem nationalen Steuer- und Transfersystem einmal und für immer festzulegen. Dies kann durch das Heimatlandprinzip (Sinn, 1990) erreicht werden, bei dem jeder Mitglied des Fiskal- und Sozialsystem eines Landes ist – und zwar unabhängig von seinem Beschäftigungsort. Dafür kommt der eigene Geburtsort oder der Geburtsort der Eltern in Frage. Alternativ könnte man auch eine Wahlmöglichkeit zulassen; allerdings muss dies dann sehr früh im Leben geschehen, bevor der persönliche Lebensweg so weit erkennbar ist, dass sich nur noch diejenigen für soziale Absicherung interessieren, die darauf auch mit hoher Wahrscheinlichkeit angewiesen sein werden oder es bereits sind. Dies würde dann dem Sozialstaat als

Versicherung die Basis entziehen. Bei strikter Anwendung des Heimatlandprinzips würde sich ein Arbeitnehmer, der sich überlegt, eine Arbeitsstelle in Frankreich anzunehmen, wiederum alleine am Bruttolohn orientieren, da sich seine Steuern und Sozialversicherungsbeiträge durch den Umzug ins Ausland nicht ändern würden. Es lohnt sich dann also nur, in ein anderes Land zu ziehen, wenn die Bruttolöhne dort höher sind.

Der Vorteil dieses Prinzips gegenüber dem Beschäftigungslandprinzip ist jedoch auch gleichzeitig sein wesentlicher Nachteil. Die völlige Isolation gegenüber anderen Systemen bedeutet zwar einerseits, dass man sich eben nicht durch Auswanderung dem System entziehen kann, wenn man zu den Nettozahlern gehört; im Umkehrschluss heißt das aber auch, dass es eben nicht möglich ist, ein eventuell überbordendes oder ineffizientes System zu verlassen.

Da beide Prinzipien Extreme darstellen, wie Migranten unterschiedlichen nationalen fiskalischen und sozialen Systemen zugeordnet werden, wurde als Mittelweg das Prinzip der verzögerten Integration vorgeschlagen (Wissenschaftlicher Beirat, 2001, Sinn, 2002, Richter, 2002). Die Wanderung von einem Land in ein anderes Land führt dann erst mit zeitlicher Verzögerung dazu, dass der Migrant Mitglied des Steuer- und Transfersystems des neuen Landes wird. Je kürzer die Verzögerung ist, desto näher ist das Prinzip dem Beschäftigungsprinzip; je länger die Verzögerung, desto ähnlicher dem Heimatlandprinzip. Unterschiede in den nationalen Systemen sind dann für Migration mit einem kurzen oder mittleren Zeithorizont nicht mehr relevant – verzerren also nicht die Wanderentscheidung. Für langfristig oder gar auf Dauer angelegte Migration spielen sie zumindest eine geringere Rolle. Gleichzeitig ist es jedoch möglich, sich ineffizienten Systemen zu entziehen.

Alle drei Prinzipen, das Beschäftigungslandprinzip, das Heimatlandprinzip und das Prinzip der verzögerten Integration stellen allerdings gewisse Mindestanforderungen. Nur wenn Herkunfts- und Zielland die Ausgestaltung der Prinzipien abstimmen, kann sichergestellt werden, dass niemand ohne Sozialversicherungsschutz ist, aber gleichzeitig auch doppelte Zugehörigkeiten zu den Steuer- und Transfersystemen der beiden Länder vermieden werden können.

Die letzte Erweiterungsrunde hat jedoch gezeigt, dass es bis jetzt noch kein grundlegend abgestimmtes Vorgehen der EU-15 Mitgliedstaaten gibt – zumindest nicht was die Frage der Integration der neuen EU-Bürger in die nationalen Arbeitsmärkte und Sozialversicherungssysteme betrifft.

Reaktion der EU-15 Länder auf die Herausforderungen im Zusammenhang mit der Erweiterung

Betrachtet man, welche Integrationsstrategien die alten EU-Mitgliedstaaten im Hinblick auf die Arbeitnehmer aus den neuen Mitgliedsländern verfolgen, so fand man bis 2006 größtenteils unilateral festgesetzte Bestimmungen. Wenn wir uns alleine auf die Migrationsmöglichkeiten von Arbeitnehmern konzentrieren, dann gab es in allen Ländern (bis auf Dänemark, Irland, Großbritannien und Schweden) Regelungen, die den Zutritt zum Arbeitsmarkt für mindestens die ersten zwei Jahre weitgehend beschränkten (siehe Tabelle 2).

Allein Großbritannien, Irland, Dänemark und Schweden haben von Anfang an eine Strategie verfolgt, der sich mittlerweile mehr und mehr Länder angeschlossen haben. Sie haben ihre Arbeitsmärkte weitgehend geöffnet, was auch im Falle von Großbritannien zu einem erheblichen Zustrom von Arbeitskräften 2004 verglichen mit 2003 geführt hat und im Falle von Schweden zwar zu einem geringeren, aber immer noch signifikanten Anstieg der Immigranten (OECD, 2006).[5] Alleine in Dänemark und Irland ist die Anzahl der Einwanderer zunächst nahezu unverändert geblieben.

Allerdings haben Großbritannien, Irland und Dänemark die Öffnung der Arbeitsmärkte mit einer verzögerten Integration der Zuwanderer in die sozialen Sicherungssysteme verbunden. Migranten sind eingeladen zu kommen, wenn sie sich lohnende Beschäftigungsmöglichkeiten versprechen; sie können aber in den ersten Jahren nicht mit großzügigen Transfers im Falle eines wirtschaftlichen Misserfolges rechnen. Das Beispiel dieser drei Länder verdeutlicht, dass das Prinzip der verzögerten Integration nicht nur eine theoretische Möglichkeit darstellt, sondern von praktischer Relevanz ist und – anders als man denken könnte – auch mit EU-Recht im Einklang ist, also nicht gegen das Nicht-Diskriminierungsverbot verstößt. Großbritannien, Dänemark und Irland haben seit der EU-Erweiterung vor zwei Jahren verglichen mit den anderen Mitgliedstaaten das größte wirtschaftliche Wachstum und den größten Anstieg an Beschäftigung vorzuweisen. Auch wenn die Öffnung nicht unbedingt als Ursache dafür gesehen werden kann, so scheint diese liberale Strategie auch nicht schädlich gewesen zu sein. Man darf aber nicht übersehen, dass die drei Länder über einen flexiblen Arbeitsmarkt verfügen, der die Eingliederung der Zuwanderer erleichtert.[6]

Während die anfangs mehrheitlich verfolgte Strategie also darauf abzielte, die heimischen Arbeitsmärkte und Sozialsysteme so lange wie möglich vor den Folgen der Erweiterung zu schützen, so gilt dies nach den ersten zwei Jahren nur noch in eingeschränktem Maße. Alleine Deutschland und Österreich haben beschlossen, ihre restriktiven Regelungen für weitere drei Jahre aufrechtzuerhalten. Belgien, Frankreich, Italien, Luxemburg und die Niederlande beabsichtigen dagegen, ihre bisheri-

5 Als einziges Land gewährt Schweden den Zuwanderern den gleichen Zugang zum Sozialstaat wie seinen eigenen Bürgern.

6 Trotz der positiven Auswirkungen des Zustroms von Arbeitskräften die britische Wirtschaft, wird plant Großbritannien, Arbeitnehmern aus Rumänien und Bulgarien nach dem EU-Beitritt der beiden Länder im Januar 2007 den Zugang zum Arbeitsmarkt zu verwehren.

Tabelle 2: Übergangsstrategien der EU-15 Länder für die neuen Mitgliedstaaten – Zeitraum 2004-2006

Land	Zugang zum Arbeitsmarkt	Zugang z. Sozialleistungen
Österreich	Mindestens für 2 Jahre beschränkt, Quoten für Arbeitserlaubnisse	Beschränkt
Belgien	Mindestens für 2 Jahre beschränkt	Beschränkt
Dänemark	Genereller Zugang, aber Verpflichtung zu Arbeits- und Wohnerlaubnis. Arbeitserlaubnis nur für 1 Jahr ausgegeben (EU-Bürger: 5 Jahre)	beschränkt, Arbeits- und Wohnerlaubnis können bei Arbeitslosigkeit entzogen werden
Finnland	Mindestens für 2 Jahre beschränkt	
Frankreich	Mindestens für 2 Jahre beschränkt	Beschränkt
Deutschland	Mindestens für 2 Jahre beschränkt Verlängerung um 3 Jahre in der Diskussion	Beschränkt
Griechenland	Mindestens für 2 Jahre beschränkt	
Irland	Genereller Zugang, aber Verpflichtung zu Arbeits- und Wohnerlaubnis. Arbeits-Erlaubnis zunächst zeitlich begrenzt. Schutzklauseln finden Anwendung.	beschränkt, Einkommensunterstützung etc. nur für Individuen, die eine permanente Aufenthaltsgenehmigung haben.
Italien	Mindestens für 2 Jahre beschränkt, Quoten für Arbeitserlaubnisse	Beschränkt
Luxemburg	Mindestens für 2 Jahre beschränkt	Beschränkt
Portugal	Mindestens für 2 Jahre beschränkt, Quoten für Arbeitserlaubnisse	Beschränkt
Spanien	Mindestens für 2 Jahre beschränkt, Abkommen mit Polen, das eine begrenzte Anzahl polnischer Arbeiter zulässt	Beschränkt
Schweden	Gemeinschaftsregel für freie Mobilität findet Anwendung	Gleichbehandlung
Vereinigtes Königreich	Genereller Zugang, aber Verpflichtung zu Arbeits- und Wohnerlaubnis. Arbeitserlaubnis zunächst zeitlich begrenzt. Schutzklauseln finden Anwendung.	beschränkt,Einkommensunterstützung etc. nur für Individuen, die eine permanente Aufenthaltsgenehmigung haben.

Quelle: Boeri und Brücker (2005) – keine Angaben zu den Niederlande.

gen Beschränkungen schrittweise zu lockern, und Finnland, Griechenland, Portugal und Spanien wollen ihre Grenzen vollständig öffnen.

Es bleibt zu sehen, ab wann die restriktiveren Länder die Freizügigkeit der neuen EU-Bürger zulassen. Die sehr starren Strukturen in einigen EU-15 Ländern machen es sicherlich nachvollziehbar, dass sie zunächst die Abschottungsstrategie verfolgt haben. Allerdings ist es entscheidend, dass diese Länder jetzt auch die Möglichkeiten nutzen, Reformen durchzuführen, die es erlauben, die Vorteile der wirtschaftlichen Integration nutzbar zu machen, ohne die sozialstaatlichen Fundamente zu gefährden – ähnlich wie oben diskutiert. Die Reformaktivitäten in den letzten Jahren sind hier sicherlich noch nicht weit reichend genug.

Schluss

Die immer weiter fortschreitende wirtschaftliche Integration innerhalb der Europäischen Union bietet viele Chancen für die Mitgliedstaaten. Eine Voraussetzung dafür, dass diese Chancen auch genutzt werden können, ist jedoch, dass die institutionellen Rahmenbedingungen entsprechend gestaltet sind. Dabei ist es wichtig, die gesetzten Ziele nicht aus den Augen zu verlieren. Die Verträge über die Europäische Union und ihre Vorgängerorganisationen betonen vor allem zwei Ziele: die Sicherung des wirtschaftlichen Wohlstands und des sozialen Fortschritts der Mitgliedstaaten. Ein möglichst freier Wettbewerb mit Freizügigkeit von Gütern und Dienstleistungen sowie Arbeit und Kapital ist dabei entscheidend dafür, dass Handel zu den größtmöglichen Gewinnen der beteiligten Länder führt. Wie in diesem Kapitel untersucht, setzt besonders die Mobilität der Arbeiter und Angestellten bestimmte institutionelle Bedingungen voraus, die garantieren, dass die Freizügigkeit nicht nur rechtlich, sondern auch faktisch gegeben ist. Daneben ist es wichtig, die Sozialpolitik in den einzelnen Mitgliedstaaten so zu gestalten, dass die Wanderung durch unterschiedliche Steuern und Sozialversicherungsbeiträge nicht verzerrt wird, ohne den Wohlfahrtstaat zu gefährden. Dieser Beitrag hat dafür einige Möglichkeiten aufgezeigt. Gleichzeitig ist deutlich geworden, dass von einer Europäisierung der Sozialpolitik (noch) nicht gesprochen werden kann, selbst wenn der Einfluss des institutionellen Umfelds auf die nationalen Politiken von immer größerer Bedeutung ist.

Breyer, Friedrich and Martin Kolmar (1996): "Social Policy in a Common Market: Labour Market, Social Arbitrage, and Public Finance", in Holzmann, Robert (ed.): *Maastricht: Monetary Constitution without a Fiscal Constitution?*, Nomos: Baden-Baden.

Breyer, Friedrich and Martin Kolmar (2002): "Are National Pension Systems Efficient if Labor is (Im)perfectly Mobile?", *Journal of Public Economics* 83, 347-374.

Boeri, Tito and Herbert Brücker (2005): "Why are Europeans so Tough on Migrants?", *Economic Policy* 20, 630-703.

EEAG (2004): *Report on the European Economy 2004*, European Economic Advisory Group at CESifo, Munich.

Eichenhofer, Eberhard (2002): "Der aktuelle Stand der europäischen Sozial-politik", *Deutsche Rentenversicherung* 6, 322-331.

Europäische Kommission (2001): "The Economic Impact of Enlargement", Enlargement Paper no. 4.

Fenge, Robert, Volker Meier, Christian Holzner and Martin Werding (2002): *Alterssicherungssysteme im internationalen Vergleich: Finanzierungen, Leistungen, Besteuerung,* Ifo Institut für Wirtschaftsforschung: München.

Hallstein, Walter (1965): "The EEC Commission: A New Factor in International Life", *International & Comparative Law Quarterly* 14, 727-741.

Homburg, Stefan and Wolfram Richter (1993): "Harmonizing Public Debt and Public Pension Schemes in the European Community", *Journal of Economics* Suppl. 7, 51-63.

Lampert, Heinz und Jörg Althammer (2004): *Lehrbuch der Sozialpolitik*, 7. Auflage, Springer, Heidelberg.

Mosley, Hugh G. (1990): "The Social Dimension of European Integration", *International Labour Review* 129, 147-164.

OECD (2006): *Trends in International Migration and in Migration Policies*, OECD: Paris.

Richter, Wolfram (2002): "Social Security and Taxation of Labour Subject to Subsidiarity and Freedom of Movement", *Swedish Economic Policy Review* 9, 47-74.

Schrooten, Mechthild (2004): „Der wirtschaftliche Aufholprozess der Beitrittsländer: Ökonomische Perspektiven der EU-Osterweiterung", *Der Bürger im Staat* 54, 17-19.

Sinn, Hans-Werner (1990): "Tax Harmonisation and Tax Competition in Europe", *European Economic Review* 34, 489-504.

Sinn, Hans-Werner et al. (2001): *EU-Erweiterung und Arbeitskräftemigration. Wege zu einer schrittweisen Annäherung des Arbeitsmarktes*, Ifo-Beiträge zur Wirtschaftsforschung 2, München.

Sinn, Hans-Werner (2002): "EU Enlargement and the Future of the Welfare State", *Scottish Journal of Political Economy* 49, 104-115.

Uebelmesser, Silke (2004a): *Unfunded Pension Systems: Ageing and Migration*, Contributions to Economic Analysis 264, North-Holland: Amsterdam.

Uebelmesser, Silke (2004b): "Harmonisation of Old-Age Security within the European Union", *CESifo Economic Studies* 50, 717-743.

Vandenbroucke, Frank (2002): "Pension Policy as a Matter of Common Interest", in: Verband Deutscher Rentenversicherungsträger et al. (eds.): *Open Coordination of Old-Age Security in the European Union*, DVR Schriften 35, Frankfurt, 31-38.

Wissenschaftlicher Beirat beim Bundesministerium der Finanzen (2001): *Freizügigkeit und soziale Sicherheit*, Bundesministerium der Finanzen, Bonn.

Bernd Schlüter
Stephanie Scholz

Rollenwandel der Wohlfahrtspflege in der Europäischen Union: Organisatorische und rechtliche Aspekte

Dieser Beitrag diskutiert die sich wandelnden Organisationsweisen, Positionierungen sowie dic Rechtstellung der Anbieter von sozialen Diensten in der Europäischen Union und stellt politische Zusammenhänge dar. Dabei wird die Vielgestaltigkeit sozialer Dienste in der EU berücksichtigt, die zu unterschiedlichen Rollen, Rollenerwartungen und Adaptionsweisen im sozialen und karitativen Bereich der Gesellschaften geführt hat.

I. Einleitung: Die europäische Integration und der Dritte Sektor

Misst man die sozialpolitische Wirklichkeit mit dem Raster gemeinsamer Prinzipien, aber mit Berücksichtigung unterschiedlicher Ausgestaltungen in den Mitgliedstaaten, so lassen sich empirisch allein innerhalb EU-Europas vier Sozialmodelle beschreiben. Diese sind von unterschiedlichen Lösungsansätzen gegenüber weitgehend ähnlichen sozialpolitischen Problemstellungen geprägt.[1] Es werden das angelsächsische Modell genannt, das nordische, das kontinentale und darüber hinaus das Visegrad-Modell, welches das Spektrum an Sozialsystemen im östlichen Mitteleuropa wiedergeben soll.

Diese vier Grundtypen entsprechen mittlerweile eher Idealtypen, denn die traditionellen Modelle werden für neue Mischformen durchlässiger und Nationalstaaten können durch ihre Reformprozesse gezwungen sein, den Weg von einem Grundtyp zu einem anderen einzuschlagen.[2] Unabhängig von einer Charakterisierung der unterschiedlichen Sozialmodelle entsprechend ihrer Strukturierung, Leistungsgestaltung und Finanzierung sind alle Modelle marktwirtschaftlichen Koordinaten ausgesetzt, da sich Sozial- und Gesundheitsdienstleistungen in allen Systemen aus Steuermitteln, Lohnnebenkosten sowie aus Privateinzahlungen Selbstständiger refinanzieren. Aus diesem Grund sehen sich staatliche Sozialdienstleistungen kontinuierlich mit Finanzierungsfragen und entsprechenden Anforderungen bzgl. moderner und effizienter Ausgestaltungen konfrontiert. Gleichzeitig

1 Ostner, Ilona, Review Essay: Auf der Suche nach dem Europäischen Sozialmodell, in: Aust, Andreas/Leitner, Sigrid; Lessenich, Stephan (Red.), Sozialmodell Europa – Konturen eines Phänomens, S.23.

2 Adam, Ruth: Ein Wirtschafts- und Sozialmodell für Europa? Untersuchung eines instrumentalisierten Begriffs, CAP News, 25.10.2005 (http://www.cap-lmu.de/aktuell/positionen/2005/modell.php).

stellt die Wohlfahrtspflege in jedem EU-Staat ein wesentliches Element des gesellschaftlichen Friedens und einen wichtigen Wirtschafts- bzw. Standortfaktor dar.[3]

Diese Rolle wird durch eine Wertebasis unterstützt, welche der Wohlfahrtspflege einen über Rentabilitätsgesichtspunkte hinausgehenden Handlungsspielraum einräumt. Dieser paneuropäische Wertekonsens lässt sich nicht allein den menschen- und sozialrechtlichen Konventionen der EU, des Europarats und der Vereinten Nationen entnehmen, sondern auch den unmittelbar in den Verträgen der Europäischen Gemeinschaft enthaltenen Werten und Zielen. Jüngste Dokumente der EU wie die Grundrechtecharta (2000) und der Verfassungsentwurf (2003) geben in ausführlicheren Bestimmungen das Werte- und Menschenrechtsverständnis wieder. Da diese Grundlagen für alle 27 Mitgliedstaaten der EU gelten, prägen sie den gemeinsamen Mindestkonsens an menschenwürdigen Sozial- und Gesundheitsdienstleistungen. Aus der EU-Grundrechtecharta exemplarisch genannt seien die Rechte der Kinder,[4] die Rechte der älteren Menschen, die Rechte der Menschen mit Behinderung sowie ein allgemeines Zugangsrecht zu sozialen Diensten.[5]

Noch nicht konsensfähig unter den EU-Staaten war bislang ein Gottesbezug in der Präambel der EU-Verfassung. Dieser wurde wegen der negativen Religionsfreiheit und der Rücksichtnahme auf ein nicht-theologisch begründetes Werteverständnis bislang vermieden. Eine neue Runde der Verfassungsdebatte könnte allerdings die polnische Version eines Gottesbezugs einbeziehen, die sich nicht auf *eine* religiös fundierte Wertebasis festlegt. Vielmehr rückt sie den materiellen Wertebezug in den Vordergrund, lässt aber offen, woraus sich die Werte für jeden einzelnen herleiten. In der polnischen Verfassung heißt es: Die Verfassung

3 Bergmann, Christine, Wertigkeit und Wandel von Wohlfahrtsverbänden in einem zusammenwachsenden Europa – ihr Beitrag zum Aufbau einer europäischen Zivilgesellschaft, BMFSFJ, 2000, S.9.

4 Art. 24: "*Kinder* haben Anspruch auf den Schutz und die Fürsorge, die für ihr Wohlergehen notwendig sind. [...] Jedes Kind hat Anspruch auf regelmäßige persönliche Beziehungen und direkte Kontakte zu beiden Elternteilen." [Hervorhebung: Verfassende]

5 Art. 25: "Die Union anerkennt und achtet das Recht *älterer Menschen* auf ein würdiges und unabhängiges Leben und auf Teilnahme am sozialen und kulturellen Leben."; zu den Rechten der Menschen mit Behinderung vgl. Art. 26: "Die Union anerkennt und achtet den Anspruch von *Menschen mit Behinderung* auf Maßnahmen zur Gewährleistung ihrer Eigenständigkeit, ihrer sozialen und beruflichen Eingliederung und ihrer Teilnahme am Leben der Gemeinschaft."; zu den allgemeinen Rechten auf soziale Inklusion und auf soziale Sicherheit vgl.: Art. 34: "Die Union anerkennt und achtet das Recht auf *Zugang zu den Leistungen der sozialen Sicherheit und zu den sozialen Diensten*, die in Fällen wie Mutterschaft, Krankheit, Arbeitsunfall, Pflegebedürftigkeit oder im Alter sowie bei Verlust des Arbeitsplatzes Schutz gewährleisten, nach Maßgabe des Unionsrechts und der einzelstaatlichen Rechtsvorschriften und Gepflogenheiten. [...] Um die soziale Ausgrenzung und die Armut zu bekämpfen, anerkennt und achtet die Union das Recht auf eine soziale Unterstützung und eine Unterstützung für die Wohnung, die allen, die nicht über ausreichende Mittel verfügen, ein menschenwürdiges Dasein sicherstellen sollen, nach Maßgabe des Unionsrechts und der einzelstaatlichen Rechtsvorschriften und Gepflogenheiten."; [Hervorhebungen: Verfassende].

berücksichtigt „die Werte derer, die an Gott als Quelle der Wahrheit, Gerechtigkeit, Güte und Herrlichkeit glauben, ebenso wie jener, die diesen Glauben nicht teilen, aber diese fundamentalen Werte abgeleitet aus anderen Quellen respektieren."[6] Die EU-Charta benennt die Völker Europas mit ihren "gemeinsamen Werten", sie beruft sich auf die „unteilbaren und universellen Werte der Würde des Menschen, der Freiheit, der Gleichheit und der Solidarität. Diese Werte werden getragen vom Bewusstsein der Union [bzgl.] ihres geistig-religiösen und sittlichen Erbes."[7] Auf die gemeinsame Wertebasis Europas über seine Grenzen hinweg verweist schon die Präambel des aktuellen Verfassungsentwurfs: "(...) Werte, die den Humanismus begründen: Gleichheit der Menschen, Freiheit, Geltung der Vernunft, schöpfend aus den kulturellen, religiösen und humanistischen Überlieferungen Europas – ein Kontinent, der auf Frieden, Gerechtigkeit und Solidarität in der Welt hinwirken will."[8]

Soziale Dienste von allgemeinem Interesse (engl.: SSGI / social services of general interest) und die Rolle, die sie für die Sicherstellung von Werten und die Förderung des sozialen und lokalen Zusammenhalts spielen, werden auf nationaler Ebene in der gesamten EU anerkannt. Auf Gemeinschaftsebene geschieht dies im „Solidaritäts-Kapitel" der Europäischen Grundrechtecharta von 2000, zuvor auch in der Europäischen Charta der sozialen Grundrechte der Arbeitnehmer (1989) sowie in den Menschenrechtskonventionen,[9] denen die Mitgliedstaaten der EU bislang (beginnend bereits vor den Römischen Verträgen) beigetreten sind.

Außerdem wird weitest gehend anerkannt, dass SSGIs nicht voraussetzungslos marktwirtschaftliche Dienstleistungen sein können, so dass ihnen ein besonderer Status eingeräumt werden muss. Die verlässliche, dauerhafte, nachhaltige und hochwirksame Verfügbarkeit von sozialen Diensten steht immer an erster Stelle des sozialstaatlichen Auftrags in den unterschiedlichen europäischen Ausprägungen von Sozialstaatlichkeit. Die Vielfalt ihrer Gestalt, Organisation und Finanzierung prägt die unterschiedlichen nationalen Modelle der Sozialstaatlichkeit Europas.

Ein vom kontinentaleuropäischen Modell deutlich verschiedenes System sozialer

6 Verfassung der Polnischen Republik, Präambel, v.02.04.1997, Gesetzblatt für die Republik Polen Nr. 78, S. 483.

7 Charta der Grundrechte der Europäischen Union, 18.12. 2000; Amtsblatt der Europäischen Gemeinschaften, (2000/C 364/01 – Hinweis d. Verfassenden: „C-Amtsblatt der EG „Communicatio Mitteilungen von Gemeinschaftstexten, die nicht oder noch nicht rechtsverbindlich sind. Die EU-Grundrechtecharta ist zwar noch nicht von allen Mitgliedstaaten ratifiziert, sondern lediglich von den derzeit 18 EU-Staaten, die sie gemeinsam mit dem EU-Verfassungsentwurf in nationales Recht übernommen haben. Dennoch wirkt die Charta aus einer gewohnheitsrechtlichen Geltung bzgl. der Rechte als verbindlich, die bereits in anderen Grund- und Menschenrechtskonventionen enthalten sind, oder die für Mitgliedstaaten deshalb gelten, weil sie Ausdruck nationaler Rechtstradition und –übung sind.).

8 Vertrag über eine Verfassung für Europa, Europäischer Konvent, 2003, CONV 850/03.

9 Gemeinschaftscharta der sozialen Grundrechte der Arbeitnehmer, Straßburg, 09.12.1989.

Ordnung stellt das nordische Wohlfahrtsmodell dar. Es basiert nicht nur auf den drei relativ ähnlich stark ausgeprägten Säulen – der kommunalen, der frei-gemeinnützigen und der privat-gewerblichen Wohlfahrtspflege – sondern vor allem auf der unmittelbar staatlichen Versorgung. Der staatliche soziale Sektor im skandinavischen Modell realisiert soziale Dienste dezentral auf kommunaler und kirchlicher Ebene, ergänzt durch das persönliche, freiwillige Engagement der Menschen vor Ort.[10]

Die Modernisierung ihrer sozialen Dienste ist Ziel aller EU-Mitgliedstaaten und dies nicht nur, weil durch den Vertrag von Nizza (2000) mit der Bekämpfung von Armut und sozialer Ausgrenzung sowie der Modernisierung des Sozialschutzes zwei weitere sozialpolitische Aufgaben in den Zielekatalog des Artikel 137 EGV aufgenommen wurden.[11] Benchmarking (Leistungsvergleich), Qualitätsmanagement, Dezentralisierung und die Auslagerung von Aufgabenbereichen aus dem öffentlichen Sektor sind Schlüsselworte in diesem Umgestaltungsprozess. Mehrere Mitgliedstaaten ziehen derzeit die Option öffentlich-privater Partnerschaften als mittleren Lösungsweg in Betracht.

Neben den hier bereits erwähnten Besonderheiten der gemeinwohlorientierten Anbieter von Sozialdienstleistungen finden sich auch weitere zentrale Merkmale sozial aktiver Nichtregierungsorganisationen: 1. Durch ihre vielgestaltigen Funktionen und Rollen weisen sie mehrere relevante „Umwelten“ auf, die ihren zivilgesellschaftlichen Mehrwert und ihr Angebot von Sozialdienstleistungen ausmachen. 2. Darüber hinaus schöpfen sie einen Mehrwert durch sinnvolle Querfinanzierung von ertragreicheren zu verlustreicheren, aber ebenso gemeinnützigen Sozialleistungen. 3. Die Motivation zur Leistungserbringung geht in der Regel über die einzelnen „abrechenbaren“ sozialen Dienste aufgrund der weltanschaulichen Orientierung der Anbieter hinaus. 4. Beispielhaftes Engagement der Beschäftigten in der Wohlfahrtspflege hat Vorbildfunktion und trägt dazu bei, dass bürgerschaftliches Engagement als wesentlicher Teil zwischenmenschlicher Verantwortung und gelebter Demokratie anerkannt und ausbaufähig ist.

Nicht nur mögliche Wettbewerbssituationen mit ausländischen Anbietern oder die Inanspruchnahme solcher Leistungen im Ausland stellen die Frage nach europarechtlichen Bezügen. Auch Regelungen der nationalen Rechtsordnungen gehen inzwischen vielfach auf rechtliche Vorgaben oder zumindest politische Impulse der Europäischen Union zurück.

Aufgrund gesellschaftlicher Probleme, demographischer Umbrüche und immer

10 Palola, Elina; Särkelä, Riitta, Hrsg., Welfare United-FC Internal Market: Fair Play, Helsinki 2006, S.10.

11 Bei den beiden neu in den EG-Vertrag aufgenommenen sozialpolitischen Zielen handelt es sich um die Bekämpfung der sozialen Ausgrenzung und um die Modernisierung der Systeme des sozialen Schutzes.

neuer,[12] auch europapolitisch motivierter Reformszenarien des verstärkten Wettbewerbs unter sozialen Dienstleistern wachsen die Anforderungen an die Akteure des Dritten Sektors, ihre Wohlfahrtsdienstleistungen mit einem schärferen Profil krisenfester zu machen. Dem gegenüber steht allerdings eine sinkende Integrationskraft kirchlicher, religiöser und sozialer Leitbilder, so dass hier neue Wege der Profilbildung gesucht werden müssen.

II. Gibt es einen europäischen Sozialstaat ?

Die Frage nach der Existenz eines europäischen Sozialstaats ist nicht nur aufgrund der Tatsache mangelnder Staatlichkeit der Union, sondern auch hinsichtlich der europäischen Kompetenzordnung zu verneinen, da die Sozial- und Gesundheitspolitik im Wesentlichen den Nationalstaaten vorbehalten ist.[13] Davon ausgenommen sind Regelungsmaterien, die zur öffentlichen Gesundheit zählen und in welcher die EU unmittelbare Kompetenzen ausübt.[14] Dennoch gibt es eine historisch gewachsene (kontinental)-europäische Wohlfahrtskonzeption, die sich in einzelnen Ausprägungen unterscheidet,[15] im Grundsatz jedoch gleich ist. Die unterschiedlichen nationalen Modelle haben ihre gemeinsame historische Wurzel in der christlichen Armenfürsorge, die nach der Schaffung weit gehender sozialer Rechtsansprüche in eine Periode der Stagnation und des Umbaus eintritt, in welcher ein verstärkter Rückgriff auf private und wettbewerbliche Elemente im Mittelpunkt steht.[16] Gemeinsam ist den kontinentaleuropäischen Staaten, den alten und den neuen Mitgliedern der EU gleichermaßen, ein besonders dicht geknüpftes Netz sozialer Sicherheit und ein ausgeprägtes solidarisches Denken, das in den angelsächsischen Traditionen und in den neuen Schwellenindustriestaaten zumindest in

12 Vgl. Flöthmann, Demographische Herausforderung in: Linzbach, Lübking, Scholz, Schulte (Hrsg.), Die Zukunft der Sozialen Dienste vor der Europäischen Herausforderung, 2005, S. 78-105.

13 Kingreen, Das Sozialstaatsprinzip im europäischen Verfassungsverbund, 2003, S. 439.

14 Z.B. Maßnahmen zur Festlegung hoher Qualitäts- und Sicherheitsstandards für Organe und Substanzen menschlichen Ursprungs (Art. 152 abs. 4 a EGV); Maßnahmen in den Bereichen Veterinärwesen und Pflanzenschutz, die unmittelbar den Schutz der Gesundheit der Bevölkerung zum Ziel haben (Art. 152 Abs. 4 b EGV); Fördermaßnahmen, die den Schutz und die Verbesserung der menschlichen Gesundheit zum Ziel haben, unter Ausschluss jeglicher Harmonisierung der Rechts- und Verwaltungsvorschriften der Mitgliedstaaten (Art. 152 Abs. 4c EGV).

15 Gösta Esping-Andersen führte 1990 die heute allgemein akzeptierte Unterscheidung zwischen dem nordischen, dem angelsächsischem und dem kontinentalen Sozialmodell ein; für die seit 2004 der EU angehörenden Staaten fehlt bislang ein einheitlicher Begriff . Im Rahmen von Eurodiaconia wurde der Begriff „Visegrad-Modell" geprägt.

16 Kaelble, Der europäische Wohlfahrtsstaat: Geschichte und transnationale Seite, in: Linzbach, Lübking, Scholz, Schulte (Hrsg.), Die Zukunft der Sozialen Dienste vor der Europäischen Herausforderung, 2005, S. 65-77.

seiner staatlich verantworteten Form so nicht verankert ist.[17]

Die Europäische Gemeinschaft wurde als Wirtschaftsgemeinschaft gegründet, um auf dem Wege der ökonomischen Verknüpfung auch die Friedensgemeinschaft zu stärken. Das beherrschende ökonomische Konzept bestand von Anfang an in Wettbewerbsfreiheit und dem Abbau von Zoll- und Handelsschranken.[18] Die Gemeinschaft kann auch heute als Europäische Union diese Gründungsphilosophie kaum verbergen. Sie beruht, zunächst von Deutschland, dann auch von Großbritannien stark gestützt, auf einem dezidiert marktorientierten Denken. Als Ausnahmetatbestand wirkte hier von Anfang an der im EGV enthaltene Artikel 30. Dieser führt zwingende Gründe des Allgemeininteresses an, u.a. den Schutz der Gesundheit. Weitere Gründe, um die vier Grundfreiheiten des Binnenmarktes außer Kraft setzen zu können, sind „Gründe der öffentlichen Sittlichkeit,[19] Ordnung und Sicherheit, zum Schutze der Gesundheit und des Lebens von Menschen, Tieren oder Pflanzen, des nationalen Kulturguts von künstlerischem, geschichtlichem oder archäologischem Wert oder des gewerblichen und kommerziellen Eigentums (...).“[20]

Solange Deutschland noch relativ niedrige Sozialkosten bzw. eine niedrige Staatsverschuldung hatte und die Wettbewerbsfähigkeit noch ungefährdet schien, fand diese europapolitische Linie breite politische Unterstützung der deutschen Parteien. Seit Anfang der Siebziger Jahre wächst jedoch stetig die Zahl der Kritiker, die ein auf immer größere Einsparungen ausgerichtetes Sozialsystem – oder pointiert formuliert:[21] ein neoliberales „Markteuropa“ – vehement ablehnen.[22] Der französische Staatspräsident Pompidou sprach daher von einer "Gemeinschaft der Kaufleute und Krämer"; Willy Brandt forderte, stärker die Perspektive der Arbeitnehmer zu berücksichtigen.[23] Diese Auseinandersetzung ist bis heute lebendig und findet ihren Ausdruck im aktuellen französisch-britischen Konflikt um ein Europäisches Sozialmodell. Während das angelsächsische Wohlfahrtskonzept auf den Markt, das Wirtschaftswachstum und die daraus resultierenden gesellschaftlichen Wohlstandsgewinne vertraut, haben die eher staatsorientierten Deutschen und Franzosen durchaus das Bedürfnis, einen freien Preiswettbewerb mit der Sicherung sozialer und ökologischer Standards zu verbinden. Dieses Defizit – aus kontinentaleuropäischer Perspektive – hat Ipsen 1972 bereits wie folgt beschrieben: Die soziale Dimension und eine dem Sozialstaatsgebot des Grundgesetzes vergleichbare

17 Schulte, Europäische Sozialpolitik nach der Erweiterung, ZFSH/SGB 11/2005, S. 643.

18 So z.B. Schulte, Europäische Sozialpolitik nach der Erweiterung, ZFSH/SGB 11/2005, S. 645.

19 Bei den vier Grundfreiheiten des gemeinschaftlichen Binnenmarktes handelt es sich um die Personenfreizügigkeit, die Warenfreiheit, die Dienstleistungsfreiheit, die Kapitalfreiheit.

20 Vgl. Art. 30 EGV.

21 So der Hinweis von Kingreen, Das Sozialstaatsprinzip im europäischen Verfassungsverbund, 2003, S. 288.

22 Habermas, Die Postnationale Konstellation, 1998, S. 149; Kliemann, Die europäische Sozialintegration nach Maastricht, 1997, S. 28.

23 Karpenstein, Chancen für ein Europäisches Arbeitsrecht in einem vereinigten Europa, 1993 S. 158; Bulletin der Bundesregierung v. 24. 10. 1972, S. 161.

Ausstattung finde im "normativen Zuständigkeits- und Ermächtigungsgehalt" des Verträge bisher keinen adäquaten Ausdruck.[24]

Daraus lässt sich der politische Auftrag ableiten, die soziale Dimension Europas zu stärken und gemeinsame Sozial- und Gesundheitstandards offensiv anzustreben. Das steigende Interesse an der europäischen Sozialpolitik und die wachsende Zahl von sozialen Programmsätzen in den europäischen Verträgen deutet auf eine solche Entwicklung hin.[25] Insbesondere das sozialpolitische Aktionsprogramm von 1974, die sozialpolitische Agenda von 2000, die Gemeinschaftscharta der sozialen Grundrechte der Arbeitnehmer von 1989 sowie der Vertrag von Maastricht und sein von Großbritannien abgelehntes Sozialprotokoll von 1993 erweiterten das sozialpolitische Programm der EU und führten schließlich auch zu einigen Gemeinschaftskompetenzen,[26] die im Amsterdamer Vertrag niedergelegt wurden,[27] woraufhin nun immerhin von einer „Europäischen Sozialgemeinschaft" gesprochen werden könnte.[28] Die Mitgliedstaaten sind allerdings auch nach der Erweiterung nicht gewillt, die sogenannte koordinierende Sozialpolitik grundsätzlich in eine stärker harmonisierende Sozialpolitik überzuleiten, auch wenn sie bereits 1972 dafür plädierten, die allgemeinen Kompetenzvorschriften des EWG-Vertrages entsprechend weit auszulegen.[29] Auch die Neuregelungen des Maastrichter Vertrages (1992) brachten zu aller erst sozialpolitische, nicht wirkliche sozialrechtliche Gestaltungskompetenzen.[30] Der Amsterdamer Vertrag fügte eine rechtlich unverbindliche Leitlinienkompetenz des Rates für beschäftigungspolitische Maßnahmen sowie das Kapitel Beschäftigungspolitik dem Vertragswerk hinzu.[31] Neue Akzente einer europäischen Sozial- und Gesundheitspolitik setzten allerdings die Lissabon-

24 Ipsen, Europäisches Gemeinschaftsrecht, S. 932.

25 Der Pariser Gipfel erklärte 1972, dass die Sozialpolitik die gleiche Bedeutung habe wie die Erreichung der Wirtschafts- und Währungsunion: Siehe Abschlusserklärung, Bull. EG 10-1972, s. 9ff. Darauf folgte 1974 ein sozialpolitisches Aktionsprogramm, schließlich das Weißbuch zur Vollendung des Binnenmarktes 1985 und die Einheitliche Europäische Akte 1986, die allerdings außer weiteren Programmerklärungen nur die rechtlich belastbare Kompetenz zur Festlegung von Mindeststandards im Arbeitsrecht enthielt, vgl. Kingreen, S. 291. Es folgte darauf die Gemeinschaftscharta der sozialen Grundrechte 1989.

26 Vgl. Kahil, Europäisches Sozialrecht und Subsidiarität, 1996, S. 286 ff., ferner: Kliemann, Die europäische Sozialintegration nach Maastricht, S. 74 ff..

27 Art. 136-145 EGV.

28 Schulte, Europäische Sozialpolitik nach der Erweiterung, ZFSH/SGB 11/2005, S. 647.

29 Dieser Befund war schon Mitte der Neunziger Jahre bei Kuhn anzutreffen (vgl. Kuhn, Die Soziale Dimension der Europäischen Gemeinschaft, 1995, S. 36 ff.; erneuert von Kingreen, Das Sozialstaatsprinzip im Europäischen Verfassungsverbund, 2003, S. 289 f., mit Verweis auf die Kritik am Begriff des koordinierenden Sozialrechts bei Graser, ZIAS 2000, 336).

30 Kliemann: Die europäische Sozialintegration nach Maastricht, S. 74 ff., Schulz, Maastricht und die Grundlagen einer Europäischen Sozialpolitik, 1996, S. 93 ff. Dabei wurden auch die Mitentscheidungskompetenzen des Parlaments in der Sozialpolitik erweitert und die Bedeutung der mitgliedstaatlichen Daseinsvorsorge hervorgehoben, vgl. Kingreen, S. 292.

31 Keller, Möglichkeiten und Grenzen supranationaler Beschäftigungs- und Arbeitsmarktpolitik, in: Aus Politik und Zeitgeschichte 49/99, S. 11 ff.

Strategie (2000) und das Weißbuch zu Dienstleistungen von allgemeinem Interesse (2004).

Entscheidend waren die Kompetenzerweiterungen durch den Vertrag von Nizza, der im Jahr 2000 die Bekämpfung der sozialen Ausgrenzung sowie die Modernisierung des Sozialschutzes aufgenommen hat. Diese Ansätze werden in einer formalisierten Kooperationsform umgesetzt, der Offenen Methode der Koordinierung.

Im Weißbuch von 2004 werden erstmals die Besonderheiten der sozialen Dienste gegenüber anderen Bereichen der Daseinsvorsorge, insbesondere den Energieversorgungsnetzen herausgearbeitet. Hierzu zählen die Solidarität und die Einbeziehung betroffener Bevölkerungsgruppen.[32] Die Lissabon-Strategie fordert den Zugang benachteiligter Menschen zu den sozialen Diensten, die Verbesserung der Leistungsqualität und die Erhöhung der Effizienz des personellen und finanziellen Einsatzes.

Die Freie Wohlfahrtspflege begrüßt diesen Neuaufbruch in Richtung einer sozialen Rahmensetzung als notwendige zweite Säule neben den Markt- und Wettbewerbsgehalten der europäischen Grundfreiheiten. Sie sieht vor allem auf die neu beigetretenen Mitgliedstaaten noch erhebliche Anstrengungen und höhere, wettbewerbsrelevante Finanzierungsbedarfe zukommen. Die sozialen und wirtschaftlichen Disparitäten haben sich durch den Beitritt erheblich erhöht, gleichzeitig bietet der Neuaufbruch Möglichkeiten zu innovativen Ansätzen auch für die alten Mitglieder der Union. Das Europäische Parlament hat im Jahr 2005 die Neumitglieder aufgefordert, für ein existenzsicherndes Einkommen aller Menschen zu sorgen, die Bildungsanstrengungen für alle Bürger zu erhöhen, das Engagement von zivilgesellschaftlichen Organisationen zu fördern und die Frage von Obdachlosigkeit und Armut konsequenter anzugehen.[33] Wenn die wirtschaftliche Dynamik der Neumitglieder sehr bewusst auch für den Auf- bzw. Ausbau einer modernen Sozialstaatlichkeit genutzt wird, gibt es keinen Grund, eine Erosion des europäischen Sozialmodells oder ein Ende des Konvergenzprozesses zu befürchten.

Das diakonische Leitmotiv „Den Armen Gerechtigkeit!“ verlangt einen multiperspektivischen Ansatz. Für einen sozial bewussten Umbau- und Professionalisierungsprozess bieten die konfessionellen und weltanschaulich orientierten Wohlfahrtsorganisationen der alten EU-Länder bereitwillig ihre Unterstützung an. Unter dem Eindruck aktueller Probleme wie der Krise der Arbeit und der Integration einer wachsenden Zahl von Migranten sowie zur Sicherung transnationaler Dienstleistungen und Erwerbsbiographien übt die Europäische Union zwar nach wie vor einen geringen sozial- und gesundheitspolitischen Einfluss aus, wirkt aber in mittelbarer Hinsicht intensiv auf die nationalen Systeme des Sozial- und Gesundheitswesens ein. Dabei hat sie bislang nicht das Solidarprinzip und die mitgliedstaatlichen

32 Hierauf weist Jürgen Gohde besonders hin, in: Linzbach et. al. (Hrsg.), S. 13.
Entschließung Nr. 1.3.24., in: Bulletin der Europäischen Union, 6, 2005.

Sozialstaatskonzeptionen überzeugend in die europarechtliche Dogmatik eingeführt.[34] Das häufigste Instrument ihrer Einflussnahme sind mittelbar wirkende Rechtsvorgaben. Allerdings treffen Regelungen, die eigentlich auf den Arbeitschutz, die Wettbewerbsfreiheit sowie den grenzüberschreitenden Wirtschaftsverkehr gerichtet sind, alle, die wirtschaftlich relevante Tätigkeiten ausführen, also auch Dienste und Einrichtungen der Freien Wohlfahrtspflege. Ein weiteres Instrument stellt die Einflussnahme auf die nationalen Regierungen über die Methode der Offenen Koordinierung dar. Dies zielt, ebenso wie die Erstellung von Weißbüchern zu spezifischen sozialpolitischen Themen, auf Benchmarking und die Gestaltung der Meinungsbildung.

III. Europäische Ziele und Kompetenzen im Sozial- und Gesundheitswesen

Für die Unterscheidung zwischen mittelbaren und unmittelbaren Kompetenzen der EU ist nicht maßgebend, in welchen Regelungsformen sie handelt, also in Form einer Verordnung oder einer Richtlinie. Entscheidend ist vielmehr, ob der EU ausdrückliche Kompetenzen im Bereich des Sozial- und Gesundheitswesens zugewiesen wurden.

III.1 Regelungen des EG-Vertrages (EGV)

Wichtigste Grundlage für die Feststellung europäischer Regelungsgewalt ist der EG-Vertrag (EGV) in seiner aktuellen Fassung, da der Vertrag zur Gründung der Europäischen Union (EU-Vertrag) nur global auf den Schutz der Menschen- und Grundrechte verweist und das Ziel des sozialen Fortschritts bekräftigt. Im EG-Vertrag hingegen sind konkrete Ziele festgelegt, welche das Handeln der Union auf allen Ebenen binden, auch wenn sie nur als Programmsätze formuliert sind.[35] So bekennt sich Art. 2 EGV zur Zielstellung eines hohen Beschäftigungsniveaus, eines hohen sozialen Schutzes, der Gleichstellung von Männern und Frauen, der Hebung der Lebenshaltung und der Lebensqualität sowie der Förderung des wirtschaftlichen und sozialen Zusammenhalts.[36] Titel XI des EGV beschäftigt sich mit Sozialpolitik, Bildung und Jugend und verweist ausdrücklich auf die Europäische Sozialcharta und die Gemeinschaftscharta der sozialen Grundrechte der Arbeitnehmer.[37] An dieser Stelle des EGV wird nach Maßgabe der nationalen und europäischen Vorschriften das Recht auf Zugang zu den Leistungen der sozialen Sicherheit und zu den sozialen

34 Kritik u.a. am EuGH übt Kingreen, Das Sozialstaatsprinzip im Europäischen Verfassungsverbund, S. 378 ff.

35 Kingreen weist auf den Widerspruch zwischen wortreicher Programmatik und geringen Gemeinschaftskompetenzen hin. (Kingreen , S. 295).

36 Art 2 EGV.

37 Art. 136 ff. EGV.

Diensten anerkannt. Des weiteren wird der Begriff des sozialen Schutzes um das Ziel, Ausgrenzungen zu bekämpfen, erweitert. Gleichzeitig fordert der Vertrag einen hohen Grad an Wettbewerbsfähigkeit und einen freien Dienstleistungsverkehr. Wie diese Kriterien gerade im Gesundheits- und Sozialbereich zum Ausgleich gebracht werden, liegt grundsätzlich in der Hand der Mitgliedstaaten. Diese haben sich diesen nationalen Gestaltungsbereich ausdrücklich vorbehalten, obwohl sie gleichzeitig vom EGV zu Rechtsangleichungen und verstärkter Kooperation aufgerufen sind. Eine erstmals „genuin sozialpolische" Harmonisierungskompetenz findet sich in Art. 137 EGV.[38] Sie bezieht sich auf die soziale Sicherheit und den sozialen Schutz von Arbeitnehmern, die Bekämpfung sozialer Ausgrenzung und auf die Modernisierung der sozialen Schutzsysteme. Auf diesen Gebieten unterstützt und ergänzt die Gemeinschaft die Politik der Mitgliedstaaten. Nach herrschender Meinung ändert sich dadurch jedoch nichts an der Primärkompetenz der letzteren.[39]

III.2 Regelungen der EU-Grundrechtecharta

Für die Anbieter sozialer Dienste ist besonders Art. 34 der EU-Grundrechtecharta von Bedeutung, weil darin eine Institutsgarantie der Daseinsvorsorge ausgesprochen wird. (Die Daseinsvorsorge wird in Deutschland gemäß einem breit realisierten Subsidiaritätsprinzip in der Regel nicht von der öffentlichen Hand selbst, sondern von der Freien Wohlfahrtspflege sowie privaten Anbietern ausgeübt.) Anerkannt wird das Recht auf Zugang zu den Leistungen der sozialen Sicherheit, zu den sozialen Diensten, zur Gesundheitsvorsorge, zur ärztlichen Versorgung und zu den Leistungen von allgemeinem wirtschaftlichem Interesse.[40] Daneben erhält jede Person, die ihren rechtmäßigen Wohnsitz innerhalb der Union hat und rechtmäßig in einen anderen Mitgliedstaat gewechselt ist, den Anspruch auf die jeweils nationalen Sozialleistungen. Schließlich wird grundsätzlich das Recht auf soziale Unterstützung für alle anerkannt, denen sonst kein

38 Kingreen, S. 295 mit einem Zitat von Rebhuhn.

39 Nachweise bei Kingreen, Das Sozialstaatsprinzip im europäischen Verfassungsverbund, S. 297; auch EuGH, amtliche Sammlung, (Slg.) 2001, 5473, Smits und Peerbooms.

40 Zugang zu Gesundheitsdienstleistungen ist geregelt in Art. 35, zu den Dienstleistungen von allgemeinem wirtschaftlichem Interesse in Art. 36 der Grundrechtecharta.

menschenwürdiges Dasein gesichert ist.[41]

Den Mitgliedstaaten kommt somit die volle Verantwortung für die Organisation ihrer sozialen Sicherungssysteme zu.[42] Das Gemeinschaftsrecht entfaltet seine hauptsächlichen Wirkungen nach wie vor auf dem Gebiet grenzüberschreitender Sachverhalte. Die Gemeinschaft hat nach Art. 95 EGV Rechtsetzungskompetenzen im Bereich der Sozialpolitik, soweit diese dem Funktionieren des Binnenmarktes dient. Ausgehend vom Recht auf Freizügigkeit (Art. 39 bis 55) hat die EU im Verordnungswege sichergestellt, dass Krankenbehandlung auch bei einem Aufenthalt in einem anderen Mitgliedstaat nach den Regeln dieses Staates gewährleistet wird, während in der Regel der Anspruch gegen den heimischen Träger, also etwa die deutschen gesetzlichen Krankenkassen, ruht.[43]

III.3 Die Rechtsprechung des Europäischen Gerichtshofes

Der Europäische Gerichtshof (EuGH) hat in einer Reihe von Entscheidungen nicht nur das entsprechende Gemeinschaftsrecht, sondern auch die nationale Rechtsentwicklung entscheidend mitgeprägt.[44] Kommt es nicht zu einem Wechsel des Wohnorts, sondern nur zu einer grenzüberschreitenden Inanspruchnahme einer Leistung, ist die Genehmigung des Leistungsträgers des Heimatstaates nur dann zulässige Voraussetzung für die Leistungserbringung und die Kostenübernahme durch den Träger des Heimatstaates, wenn sonst das finanzielle Gleichgewicht des Gesundheitsystems oder die öffentliche Gesundheit gefährdet wäre. Maßgebend ist etwa bei Zahnbehandlungen die Dienstleistungsfreiheit nach Art. 49 und 50 EGV, beim Anspruch auf Sehhilfen die Freiheit des Warenverkehrs nach Art. 28 EGV.[45]

41 Art 34 EGV: „(1) Die Union anerkennt und achtet das Recht auf Zugang zu den Leistungen der sozialen Sicherheit und zu den sozialen Diensten, die in Fällen wie Mutterschaft, Krankheit, Arbeitsunfall, Pflegebedürftigkeit oder im Alter sowie bei Verlust des Arbeitsplatzes Schutz gewährleisten, nach Maßgabe des Gemeinschaftsrechts und der einzelstaatlichen Rechtsvorschriften und Gepflogenheiten. (2) Jede Person, die in der Union ihren rechtmäßigen Wohnsitz hat und ihren Aufenthalt rechtmäßig wechselt, hat Anspruch auf die Leistungen der sozialen Sicherheit und die sozialen Vergünstigungen nach dem Gemeinschaftsrecht und den einzelstaatlichen Rechtsvorschriften und Gepflogenheiten. (3) Um die soziale Ausgrenzung und die Armut zu bekämpfen, anerkennt und achtet die Union das Recht auf eine soziale Unterstützung und eine Unterstützung für die Wohnung, die allen, die nicht über ausreichende Mittel verfügen, ein menschenwürdiges Dasein sicherstellen sollen, nach Maßgabe des Gemeinschaftsrechts und der einzelstaatlichen Rechtsvorschriften und Gepflogenheiten."

42 Art. 152 Abs. 5 S. 1 EGV.

43 Verordnung (EWG) Nr. 1408/71 zur Anwendung der Systeme der sozialen Sicherheit auf Arbeitnehmer und Selbständige sowie deren Familienangehörige, die innerhalb der Gemeinschaft zu- und abwandern. § 16 Abs. 1 S. 1 SGB V sieht im deutschen nationalen Recht das Ruhen der Leistungsansprüche vor.

44 Vgl. Beschorner, Krankenbehandlung in einem anderen Mitgliedstaat der Europäischen Union. In: ZESAR 2/2006 S. 47-54.

45 Entscheidungen Kohll (C-158/96) und Decker (C-120/95).

Da die Wohlfahrtsverbände in Deutschland sich auch sozialanwaltschaftlich insbesondere für sozial schwache und kranke Menschen einsetzen und eine große Zahl von Krankenhäusern zu ihren Mitgliedern zählen, sind diese europarechtlichen Sachverhalte für Praxis und politische Positionierung von erheblicher Bedeutung. Wird z.B. einer belgischen Staatsangehörigen die Genehmigung zur Krankenhausbehandlung im EU-Ausland von ihrer belgischen Kasse ohne ausreichende Gründe versagt, so ist die Kasse dennoch zur Kostenübernahme verpflichtet.[46] Krankenhausdienstleistungen im Rahmen des nationalen sozialen Gesundheitssystems sind nach der Rechtsprechung des EuGH Dienstleistungen im Sinne des EG-Vertrages, auch wenn sie im sozialversicherungsrechtlichen Dreieck als Sachleistung erbracht werden und zum Bereich der sozialen Sicherheit und womöglich zu den Dienstleistungen von allgemeinem wirtschaftlichem Interesse zu rechnen sind.[47] Bei gleicher medizinischer Leistungsfähigkeit dürfen bei der Genehmigungsentscheidung inländische Einrichtungen nur dann bevorzugt werden, wenn sie in einem Vertragsverhältnis mit der Krankenkasse des Versicherten stehen und so das nationale Gesundheitssystem ausgelastet wird. Eine pauschale Bevorzugung inländischer Einrichtungen ist dagegen ausgeschlossen. Grundsätzlich müssen die Genehmigungskriterien transparent und nach rechtsstaatlichen Grundsätzen festgelegt und angewandt werden und dürfen keinen Raum für Willkür bieten.[48] Als problematisch erweist sich die Rechtsprechung des EuGH jedoch, indem sie durch die Hintertür der europäischen Grundfreiheiten die alleinige Regelungskompetenz der Mitgliedstaaten und die Funktionsweise demokratisch beschlossener nationaler Gesundheitssysteme und insbesondere deren solidarische Festlegungen unterläuft, indem Menschen sich etwa den nationalen Rationierungsentscheidungen entziehen und Leistungen in Nachbarstaaten in Anspruch nehmen können.[49]

Eine unmittelbare Wirkung des Europarechts auf das deutsche Gesundheitssystem bildete das GKV-Modernisierungsgesetz. Dort wurde die Inanspruchnahme EU-ausländischer ambulanter Leistungen auf Kosten der heimischen Krankenkasse ausdrücklich zugelassen und der Internethandel mit Arzneimitteln erlaubt. Schließlich wurde den Krankenkassen eröffnet, mit ausländischen Leistungsanbietern Verträge zur Versorgung der Patienten abzuschließen.

III.4 Soziale Rechte und die Unionsbürgerschaft

Eine weitere Dimension europäischen Sozialrechts bildet die Anknüpfung sozialer Rechte an die Unionsbürgerschaft. Die Mitgliedstaaten sind insofern gehalten, soziale Rechte nicht mehr an die Staatsangehörigkeit, sondern an den

46 Entscheidung Vanbraekel (C-468/98).
47 Entscheidung Smits/Peerbooms (C-157/99).
48 Entscheidung Smits/Peerbooms (C-157/99).
49 Wunder, Berücksichtigung von Solidarität und Umverteilung in der Rechtsprechung des EuGH bei grenzüberschreitender Krankenbehandlung, ZESAR 2/2006, S. 58-64.

Status eines EU-Bürgers und Bewohners eines Mitgliedstaates zu knüpfen. Das sekundäre Gemeinschaftsrecht regelt hier die Ansprüche bei transnationalen Sachverhalten. Die sozialen Rechte und Leistungen selbst werden vom nationalen Gesetzesrecht gewährt, das europäische Recht statuiert „Anschlussrechte", welche die Anwendung der innerstaatlichen Systeme koordinieren.[50] Darüber hinaus ermöglicht ein Recht auf „soziale Teilhabe", dass ein Unionsbürger, der sich legal im Gebiet eines anderen Mitgliedstaates aufhält, grundsätzlich die gleichen sozialen Leistungen beanspruchen kann wie ein Inländer.

IV. Auswirkungen des europäischen Wettbewerbsrechts auf die Daseinsvorsorge

Die aktuelle Gemeinschaftspolitik und die daraus resultierenden Verträge sind stark von der Durchsetzung der Grundfreiheiten und der Beseitigung von Wettbewerbshindernissen geprägt. Während die konkreten Rechtsetzungskompetenzen im Sozialrecht marginal sind, beeinflussen die Grundfreiheiten, das Wettbewerbsrecht und insbesondere das Beihilfenrecht zunehmend die Sozialsysteme der Mitgliedstaaten, ohne dass eine „dogmatisch stringente" Linie vorhanden wäre, welche der nationalen Politik Gestaltungssicherheit bieten kann.[51] Aus dieser Perspektive stellt sich immer wieder die Frage, ob auch Leistungen der Daseinsvorsorge mit sonstigen gewerblichen Dienstleistungen gleichgestellt werden sollten. Dies ist insbesondere für die Anwendbarkeit des Kartell- und Wettbewerbsrechts von Bedeutung.

Leistungen, die in der Regel unentgeltlich und direkt vom Staat erbracht werden, wie Straßenbau, Infrastruktur und Bildungseinrichtungen, sind nach europäischer Terminologie „Leistungen von allgemeinem Interesse". Die EU bezeichnet diese Leistungen von allgemeinem Interesse sogar als „Schlüsselelement des europäischen Gesellschaftsmodells."[52] Der in Deutschland übliche Begriff der Daseinvorsorge deckt diese Leistungen weitgehend ab. Allerdings zeigt sich hier exemplarisch, wie schwierig es ist, für die komplexen und verschiedenartigen europäischen Sozial- und Gesundheitsysteme und die dahinter stehenden Gesellschaftsideen eine einheitliche europäische Terminologie zu finden, die auch den unterschiedlichen nationalen Bedingungen gerecht wird. In diesem Fall divergieren die Definitionen insofern, als die Leistungen der Daseinsvorsorge in Deutschland *nicht* durch das Merkmal der Unentgeltlichkeit charakterisiert sind, sondern vielmehr dem Herkommen nach sowie durch das Sozialstaatsgebot des Grundgesetzes und weiterer gesetzlicher Regelungen. So definieren z.B. Gemeindeordnungen Aufgaben der öffentlichen

50 Kingreen, S. 416 mit weiteren Nachweisen, wie die EG-Verordnung 1408/71.

51 Vgl. Kingreen, S. 378.

52 Siehe Art. 16 EGV; ferner Mitteilungen der Kommission zur Daseinsvorsorge, KOM (2000) 580 v. 20.9. 2000 und v. 26. 9. 1996 sowie Zukunft des Sozialschutzes KOM (1995) 466 v. 31. 10. 1995; ferner konzertierte Strategie, KOM (1999) 347 v. 14. 7. 1999.

Hand mit dem Ziel, allen gesellschaftlichen Gruppen Zugang zu lebenswichtigen Leistungen und gesellschaftlicher Teilhabe zu ermöglichen. Im engeren Sinne versteht man in Deutschland daher unter Daseinsvorsorge Straßenbau, Polizei, Energieversorgung, Entwässerung, Schule etc. Im weiteren Sinne sind es alle Leistungen, die der Staat zu seinen Aufgaben erklärt und besonders reguliert, auch wenn er diese Aufgaben aufgrund des sozialstaatlichen Subsidiaritätsgebotes und wirtschaftlicher Vernunft nicht immer selbst ausführt; sondern sich Dritter bedient, wie etwa rechtlich selbständiger Trägerunternehmen oder im sozialen Bereich der Dienste der Wohlfahrtsverbände.

Die Daseinsvorsorge umfasst ausschließlich Bereiche, die der Staat als seine sozialstaatliche Aufgaben ansieht und sie daher besonders regelt und aus dem gewöhnlichen Marktgeschehen daher herausnimmt. So werden z.B. die Pflegesätze für Altenheime nach Maßgabe des SGB XI bisher nicht zwischen Bewohner und Unternehmen verhandelt, sondern zwischen Heim und Pflegekasse. Dennoch gibt es eine Art Wettbewerb, weil sowohl die Pflegekassen in den Pflegesatzverhandlungen, wie auch die Pflegebedürftigen in ihrer Auswahlentscheidung auf ein angemessenes und marktgerechtes Preis-Leistungsverhältnis achten. Beratungsstellen oder Kindertagesstätten dagegen werden von den Gemeinden und zum geringen Teil auch von Elternbeiträgen sowie den Kirchen finanziert. Dabei unterliegen sie den Reglementierungen durch Gesetze des Bundes und der Länder.

Auch sie gehören daher zur sozialen Daseinsvorsorge. Weil sie aber entgeltlich sind, bezeichnet sie die EU als „Leistungen von allgemeinem *wirtschaftlichem* Interesse“ Diese Dienste erhalten in Art. 16 des EGV eine institutionelle Garantie, indem dort ihre Rolle für den sozialen und territorialen Zusammenhalt ausdrücklich konstatiert wird und die EU wie auch die Mitgliedstaaten aufgefordert werden, „Bedingungen für das Funktionieren“ dieser Dienste zu wahren. Darüber hinaus bekräftigt der Anhang zum Amsterdamer Vertrag, dass Art. 16 unter Beachtung der Rechtsprechung des EuGH und in Bezug „auf die Grundsätze der Gleichbehandlung, der Qualität und der Dauerhaftigkeit“ solcher Dienste umgesetzt werden soll.[53] Schließlich konstatiert Art. 36 der Charta der Grundrechte der Europäischen Union das Recht aller auf Zugang zu „Leistungen von allgemeinem wirtschaftlichem Interesse.“[54] Mehrere Entwürfe einer europäischen Rahmenrichtlinie versuchen sich nunmehr an einer Definition und Abgrenzung von Diensten von allgemeinem und

53 13. Erklärung des Anhangs zum Vertrag von Amsterdam v. 2. 10. 1997.

54 Charta der Grundrechte der Europäischen Union v. 7. 12. 2000.

allgemeinem wirtschaftlichem Interesse.[55] Für die letztgenannten kristallisiert sich dabei eine Definition heraus, die folgende Kriterien umfasst: „Es müssen unter Marktbedingungen durchgeführte wirtschaftliche Tätigkeiten sein, für welche die Mitgliedstaaten Gemeinwohlverpflichtungen zur Erreichung gemeinwohlorientierter Ziele festgelegt haben." In anderen Definitionsvorschlägen wird der Marktbezug nicht vorausgesetzt, sondern nur die Gemeinwohlverpflichtung und ein behördlicher Auftrag.[56]

Das Kriterium der „Marktbedingungen" wirft an verschiedenen Stellen Fragen auf: Sind die deutschen Pflegeheime, die untereinander um die Kunden konkurrieren, aber die Preise nicht mit ihnen, sondern mit den Pflegekassen aushandeln, Dienste, die unter Marktbedingungen stattfinden? Sind öffentlich und kirchlich finanzierte Schuldnerberatungsstellen, die mangels Profitaussichten keine privatgewerbliche Konkurrenz, sondern nur solche aus der Wohlfahrtspflege haben, Dienste, die unter Marktbedingungen arbeiten? All dies spricht dafür, dass der Marktbezug kein eindeutiges und taugliches Kriterium für die fragliche Zuordnung sein kann.

Im Gegensatz dazu wird vertreten, dass es sich bei diesen Leistungen um nichtwirtschaftliche Tätigkeiten handelt, die in „Ausübung hoheitlicher Befugnisse" erbracht werden und den Sozialschutz sowie die nationalen Gesundheitssysteme umfassen. Unglücklich ist hier die Formulierung „Ausübung hoheitlicher Befugnisse": Das wird man für die Polizei sofort bejahen können, nicht aber für die Tätigkeit eines ambulanten Pflegedienstes. Dahinter steht der Gedanke, dass es sich um Einrichtungen und Dienste handeln muss, welche der Staat zum Gegenstand seiner Gemeinwohlverpflichtung erklärt und daher besonderen Regelungen oder Auflagen unterwirft. Damit sind alle Dienste erfasst, die aufgrund gesetzlicher Regelung oder öffentlicher Beauftragung solche Aufgaben erfüllen, die der Staat zu Gemeinwohlaufgaben erklärt. Somit ist einerseits die nationale Souveränität gewahrt, die verschiedene europäische Sozial- und Gesundheitssysteme vom National Health Service über Dienste der gemeinnützigen freien Wohlfahrtspflege bis hin zum öffentlich beauftragten und regulierten privatgewerblichen Anbieter berücksichtigt, während etwa Privatkliniken der Schönheitschirurgie ohne öffentlichen Auftrag ausgeschlossen wären und sich dem freien Wettbewerb stellen

55 Vorläufiger Entwurf einer Europäischen Rahmenrichtlinie über Dienstleistungen von allgemeinem Interesse v. 7. Februar 2006;PSE: Entwurf einer Rahmenrichtlinie über Dienstleistungen von allgemeinem wirtschaftlichem Interesse,. 30.05.2006; Frz. Koalition: A sector-specific directive on Social and Healthcare Services of general interest, 22.06.2006; ETUC: Draft European framework to guarantee and develop services of general economic interest, 7.06.2006; CELSIG: Draft of proposed law on services of general economic interest, 28.06.2006; CEEP: Framework to guarantee and develop services of general economic interest; AdR: Vorschlag für eine Rahmenrichtlinie über die gemeinsamen Grundsätze und Voraussetzungen für die Erbringung der Dienstleistungen von allgemeinem wirtschaftlichen Interesse in der Europäischen Union, Dezember 2004.

56 Vorläufiger Entwurf einer Europäischen Rahmenrichtlinie über Dienstleistungen von allgemeinem Interesse v. 7. Februar 2006, S. 3 und Art. 3 S. 5 f.

müssten.

Ist diese Definitions- und Gestaltungshoheit des Staates bzgl. seiner hoheitlichen und seiner Gemeinwohlaufgaben, die er anderen Trägern überlässt, durch Globalisierungswirkungen gefährdet oder bereits angetastet? Aus europarechtlicher Sicht ergibt sich die Schwierigkeit, dass verschiedene europäische Rechtstexte mit verschiedenen Terminologien arbeiten, die wiederum in die nationalen Systeme rückübersetzt werden müssen. Dazu zählt der Begriff der öffentlichen Unternehmen und der Unternehmen, denen die Mitgliedstaaten besondere oder ausschließliche Rechte gewähren und die Art. 86 Abs. 1 EGV zunächst allen Regeln des EG-Vertrags unterwirft. Aus der Perspektive der deutschen Diakonie stellt sich die Frage: sind etwa kommunale Krankenhäuser oder Krankenkassen öffentliche Unternehmen? Nach Absatz 2 des Art. 86 EGV ist die Definition des Merkmals „öffentlich" nicht mehr zentral, da alle Unternehmen, die Dienste von allgemeinem wirtschaftlichem Interesse erfüllen, aus der Geltung des Vertrags, insbesondere der Wettbewerbsregelungen ausgenommen sind, soweit die Erfüllung der ihnen übertragenen besonderen Aufgaben rechtlich oder tatsächlich verhindert würde. Fraglich erscheint gleichwohl, welche Akteure des Sozial- und Gesundheitswesens Unternehmen im europarechtlichen Sinne sind. Nach dem funktionalen Unternehmensbegriff kommt es dabei darauf an, ob im konkreten Fall eine wirtschaftliche Tätigkeit ausgeübt wird, ob Dienstleistungen am Markt angeboten werden und am Wirtschaftsverkehr teilgenommen wird. Auf die Gewinnerzielungsabsicht kommt es dabei ebenso wenig an wie auf die Rechtsform oder die öffentlich-rechtliche oder privatrechtliche Zuordnung.[57] Folglich sind auch Leistungen der Daseinsvorsorge als wirtschaftlich und diakonische Dienste in der Regel als Unternehmen im europarechtlichen Sinne zu bezeichnen.[58]

Dennoch wird die Dienstleistungsrichtlinie keine Anwendung auf Gesundheits- und Sozialdienstleistungen finden. Nachdem nun das Herkunftslandprinzip gerade für den Bereich der Daseinsvorsorge als äußerst problematisch erkannt wurde, werden Sozial- und Gesundheitsdienstleistungen in Deutschland auch weiterhin nach den deutschen rechtlichen Vorgaben zu erbringen sein.[59] Diakonie und Caritas hatten dies gemeinsam mit den Kirchen gefordert und insbesondere geltend gemacht, dass soziale-, Pflege- und Gesundheitsdienstleistungen von einem besonderen engen Verhältnis zwischen Leistungserbringer und Empfänger abhängig sind und letztere meist in einer schwächeren Marktposition gegenüber den Anbietern

57 Nachweise bei Kingreen, S. 313.

58 EuGH, Slg. 1985, 873. Obwohl man freilich im Bereich des sozialrechtlichen Dreiecksverhältnisses Preisbildungen findet, die mit Marktmechanismen wenig zu tun haben. Hier muss folglich die Tatsache ausreichen, dass Dienstleistungen an einem Markt angeboten werden.

59 Vgl. Terwey, Solidarischer Sozialschutz im Europäischen Binnenmarkt, in: Linzbach et.al., (Hrsg.), Die Zukunft der Sozialen Dienste vor der Europäischen Herausforderung, S. 114-132. Terwey weist v.a. auf die Gefährdung des nationalen Sozialschutzes, der Qualität medizinischer Versorgung und sonstiger nationaler Steuerungsinstrumente hin.

stehen.[60] Folglich sind diese Leistungsbereiche durch gesetzliche Standards, Schutzvorschriften und Finanzierungssysteme intensiver geregelt, als sonstige wirtschaftliche Aktivitäten, welche nicht im Gemeinwohlauftrag des Staates und nicht in solch existenziellen Feldern erbracht werden. Ein Preisdumping-Wettbewerb seitens ausländischer Anbieter würde diese auch solidarisch angelegten Systeme letztlich zerstören. Deshalb darf das System der Krankenkassen und des gesetzlichen Versorgungsauftrags nicht als unzulässiges Kartell behandelt werden.[61]

Bestrebungen innerhalb der WTO, den Markt weltweit auch für Gesundheits- und Sozialdienstleistungen sowie für den Bildungsbereich zu öffnen (GATS), müssen konstruktive Aufmerksamkeit erfahren. Zwar sind diese, die freie Wohlfahrtspflege betreffenden Dienstleistungen bislang noch nicht Gegenstand von materiellen Verhandlungen. Sie befinden sich allerdings auf der langfristigen Agenda und können auf Antrag der Staaten in die Liberalisierungs- und Deregulierungsrunden aufgenommen werden. Dann sind Auseinandersetzungen über Besonderheiten von personenbezogenen Sozial- und Gesundheitsdiensten auch auf dieser Politikebene zu erwarten; Debatten über Wettbewerbsverzerrungen auf dem Spielfeld des Weltmarkts würden wegen der niedrigeren Sozialstandards in fast allen Teilen der Welt den Staaten der EU eine noch schwierigere Ausgangslage zumuten als im Verhältnis Mitgliedstaaten – EU.

V. Beihilfen für diakonische Unternehmen

V.1 Zum Problem der Subventionen

Eine Grundsatzfrage hingegen betrifft die Definition der Leistungen von allgemeinem wirtschaftlichem Interesse, somit die Definition von Daseinsvorsorge. Bei der Abgrenzung zwischen Diensten von allgemeinem Interesse und allgemeinem wirtschaftlichem Interesse kommt es der EU-Kommission in ihren Mitteilungen zur Daseinsvorsorge nicht darauf an, ob die Kunden und Hilfesuchenden ein Entgelt erbringen, sondern ob die Dienste überhaupt ein Entgelt für ihre Tätigkeit erhalten, sei es von der Sozialversicherung, aus den Haushalten der deutschen Länder oder Kommunen, oder aus dem privaten Vermögen der Hilfesuchenden. Konsequenzen der Einordnung als Leistung von allgemeinem wirtschaftlichem Interesse bzw. als soziale Daseinsvorsorge sind noch nicht vollständig geklärt. In der inzwischen beschlossenen Dienstleistungsrichtlinie, welche den Dienstleistungsverkehr liberalisieren soll, sind nur die Leistungen von allgemeinem Interesse, also die unmittelbar staatlich-hoheitlichen Aufgaben ausgenommen. Darüber hinaus wurden die

60 Common view regarding the first reading of the Proposal for a Directive on Services in the Internal Market in the plenary session of the European Parliament, 25. 1. 2006.

61 EuGH, AOK-Urteil, Abl. C.94 vom 17.04.2004, S.2.

Leistungen von allgemeinem *wirtschaftlichem* Interesse nicht generell aus dem Anwendungsbereich der Richtlinie ausgenommen, sondern nur bestimmte Teile, nämlich wie die Sozial- und Gesundheitsdienste. Damit soll sichergestellt werden, dass die sozialpolitischen Ziele der Mitgliedstaaten nicht durch einen freien Wettbewerb konterkariert und die sozialen Dienste nicht in ihrer Existenz gefährdet werden. Insgesamt ist aber festzustellen, dass nicht nur die Dienste der Daseinsvorsorge oder der unter Umständen auch privatgewerbliche Sektor des Sozial- und Gesundheitswesens durch intensiven politischen Einsatz aus den Fängen der Wettbewerbshüter freigekämpft werden konnte, sondern dass zudem die EU-Kommission in einer Mitteilung über die Leistungen der Daseinsvorsorge in Europa gemeinnützige nichtwirtschaftliche Tätigkeiten von Kirchen und Wohlfahrtsverbänden grundsätzlich von den wettbewerbs- und binnenmarktrechtlichen Vorschriften ausgenommen sieht.[62] Dies gilt insbesondere für Kirchensteuermittel, die nicht mit Mitteln der öffentlichen Hand gleichgesetzt werden können.[63]

Ein weiteres stark von der Rechtsprechung geprägtes Feld ist die Frage der öffentlichen Subventionierung von Diensten der Daseinsvorsorge. Auch hier wirken europarechtliche Normen nicht explizit in den kirchlichen Bereich oder in den Sektor des Sozial- und Gesundheitswesens hinein, sondern es ergeben sich Nebenwirkungen von Regelungen, die sich auf den Markt der privatgewerblichen Wirtschaft beziehen. Art. 87 EGV und das umsetzende Sekundärrecht verbieten wettbewerbsverfälschende Beihilfen für Unternehmen, wenn sie geeignet sind, den zwischenstaatlichen Handel zu beeinträchtigen. Die Kommission prüft fortwährend die Beihilferegelungen der Mitgliedstaaten und kann über Ausnahmen vom Beihilfeverbot entscheiden. Da auch europarechtlich diakonische Dienste in der Regel als Unternehmen eingestuft werden, stellt sich die Frage, in welchen Fällen die öffentliche Finanzierung derselben europarechtskonform ist. Staatliche Maßnahmen fallen nach dem Altmark-Trans-Urteil des EuGH nicht unter den Beihilfebegriff des Art. 87 EGV, wenn das begünstigte Unternehmen dadurch „gemeinwirtschaftliche Verpflichtungen" erfüllt.[64] Voraussetzungen sind im einzelnen eine tatsächliche Betrauung mit klar definierten Verpflichtungen, klare Berechnungsparameter sowie ein Ausgleich, der nur die angemessenen Kosten deckt. Sichtbar wird, dass die Anwendung auf das komplexe Feld diakonischer Dienste äußerst mühsam ist und etwa das sozialrechtliche Dreiecksverhältnis im Bereich der Kranken- oder der Pflegeversicherung nie im Blick der Autoren der Beihilfevorschriften war. Sollte die Finanzierung diakonischer Dienste im Ausnahmefall als „Beihilfe" zu werten sein, so wird bei geltender Rechtslage die Ausnahmevorschrift für Dienste der Daseinsvorsorge, Art. 86 Abs. 2 EGV, relevant. Danach gelten auch die Beihilfevorschriften für Dienstleistungen von allgemeinem wirtschaftlichem Interesse nur insoweit, als

62 Mitteilung v. 20.9. 2000 Nr. 30.

63 Zu den hier diskutierten Fragen: Weber, Die Kirchen und das Europäische Subventionsrecht, ZeKR, 50 (2005), S. 440 f..

die Anwendung dieser Vorschriften nicht die „Erfüllung der ihnen übertragenen Aufgabe rechtlich oder tatsächlich verhindert". Auf Grundlage dieser Norm hat die Kommission inzwischen die Notifizierungspflicht für bestimmte Bereiche des Sozial- und Gesundheitswesens aufgehoben bzw. Genehmigungskriterien vorgelegt.[65]

V.2 Kartellverbot

Schließlich konstituiert Art. 81 EGV ein Kartellverbot. Fraglich ist wiederum, welche Akteure des Sozial- und Gesundheitswesens diesem Unternehmensbegriff unterfallen. Insbesondere stellt sich die Frage für kartellartig organisierte Bereiche wie öffentliche Gesundheitsdienste als Träger des Gesundheitswesens oder auch hinsichtlich der deutschen gesetzlichen Krankenkassen, die ebenfalls kartellartig organisiert sind. Art. 86 Abs. 1 EGV stellt ausdrücklich auch öffentliche Unternehmen unter das Kartellverbot, Art. 86 Abs. 2 EGV stellt wiederum Unternehmen von allgemeinem wirtschaftlichem Interesse unter den genannten Funktionsvorbehalt. Demnach stehen die europäischen Kartellvorschriften der Existenz kartellartiger Gebilde im Sozial- und Gesundheitswesen nicht entgegen, soweit diese Unternehmen ohne die kartellartige Struktur die ihnen zugedachten Gemeinwohlaufgaben nicht erfüllen könnten.

Es ist offensichtlich, dass es sich hier um sehr komplexe Fragen handelt, die nicht nur den grenzüberschreitenden Dienstleistungsverkehr, sondern auch die Frage der Niederlassungsfreiheit ausländischer Unternehmen und das nationale, ja das regionale Marktgeschehen betreffen. Es handelt sich um schwierige Definitionsfragen, die differenziert darzulegen sind, um ein Bewusstsein für die mittelbare, aber große Bedeutung des Europarechts auf einem Feld zu vermitteln, das eigentlich der nationalen Gesetzgebung überlassen ist, in welches aber vor allem die EG-Wettbewerbsvorschriften über die Hintertür wieder eindringen.

Insgesamt wird deutlich, dass die Finanzierung wirtschaftlicher Dienste der Wohlfahrtsverbände, wie von Krankenhäusern und Altenheimen, zwar u.U. vom Beihilfebegriff erfasst wird. Diese Finanzierungen und Regulierungen sind dann gerechtfertigt, wenn der Gesetzgeber nur auf diese Weise das Funktionieren solidarischer Systeme wie z.B. der Pflege sicherstellen kann. Anders als Tendenzen des Bundessozialgerichts erkennen lassen,[66] ist daraus nicht der Schluss zu ziehen, dass jede Finanzierung über dem durchschnittlichen Marktpreis privatgewerblicher Anbieter oder außerhalb des Solidarsystems agierender Anbieter unzulässig wäre. Die angemessene Bezahlung von Fachkräften und die Sicherung guter Arbeitsbedingungen, die zivilgesellschaftliche Vernetzung sowie die Leistungsgerechtigkeit

65 Sog. Monti-Paket, Entscheidung der Kommission v. 28. 11. 2005, EU-Amtsblatt v. 29. 11. 05, L 312/67.

66 Sog. Marktpreisurteil, 3. Senat v. 14. 12. 2000, Az B3 P 19/00R.

etwa im Vergleich von Altenpflegekräften mit Automechanikern, sind Kriterien, die der Staat bei der Finanzierung der Solidarsysteme anlegen darf, auch wenn er dabei Marktpreise überschreitet. Im übrigen eignen sich Marktpreise erst dann als Grundlage von Finanzierungsbemessungen, wenn die Qualität der Leistungen durch entsprechende Module vergleichbar und transparent ist, was in vielen Bereichen bislang nicht möglich war. Ebenso ist ein Marktpreis, der z.B. in der Personalbesetzung eines Pflegeheims jegliche Maßstäbe einer menschenwürdigen Versorgung vermissen lässt, irrelevant, da seine Heranziehung als Bemessungsgrundlage nach deutschem Recht verfassungs- und gesetzeswidrig wäre.[67]

VI. Einheitliche Bedingungen für soziale Dienstleistungen als Politikziel der EU

Die EU zielt auf einheitliche Bedingungen für soziale Dienstleistungen. Hierfür sind die EG-Kompetenzen zur Sicherung eines freien Dienstleistungsverkehrs ein wichtiges Instrument. Die Europäische Union sichert danach nicht nur die Freiheit der Niederlassung ausländischer Dienste, sondern auch die Erbringung von Dienstleistungen eines im EU-Ausland ansässigen Dienstes oder Unternehmens im Inland. Hinter einer stark technisierten Gesetzessprache wird hier die Frage nach dem Schutz und Bestand der nationalen Sozialdienste verhandelt, wie die Monate andauernde Diskussion um die Dienstleistungsrichtlinie verdeutlichte; letztlich wird auch ein Kampf zwischen dem kontinentalen und dem angelsächsischen Sozialmodell ausgefochten. Die erfolgte Herausnahme der Sozial- und Gesundheitsdienste wurde von den deutschen Wohlfahrtsverbänden mit großer Erleichterung zur Kenntnis genommen, ebenso wie die Rücknahme des Herkunftslandprinzips. Hier hatte ein besonderes Problem im Raum gestanden: Wenn ein Pflegedienst seine Leistungen frei von den rechtlichen Bestimmungen erbringen kann, die seine inländische Konkurrenz erfüllen muss, sichert er sich Marktvorteile, die für diese Inländer existenzbedrohend sind.

Ein weiteres aktuelles Feld wird durch die EG-Kompetenz zur Harmonisierung der indirekten Steuern, insbesondere der Umsatzsteuer, eröffnet.[68] Nach deutschem Steuerrecht gibt es hier Steuerbefreiungen oder Steuererleichterungen für gemeinnützige Unternehmen, die von der Europäischen Kommission zunächst als unzulässige Privilegien betrachtet werden könnten. Alle Dienste und Unternehmungen der Wohlfahrtsverbände sind in der Regel gemeinnützig. Die Verbände vertreten hier den Standpunkt, dass es sich keinesfalls um Steuerprivilegien handelt, sondern um eine traditionelle Form der deutschen Sozialstaatsverwirklichung und der Unternehmenskultur , welche die gemeinnützige und subsidiäre Zweckerfüllung honoriert. Jedes Unternehmen kann sich dafür entscheiden, in der gemeinnützigen

67 Verstoß gegen Artikel 1 GG i.V.m. Art. 2 I und II GG i.V.m. dem Sozialstaatsgebot.
68 Art. 93 EGV.

Form tätig zu sein, wenn es die entsprechenden Zwecke verfolgt. Der Staat würdigt dann insbesondere die Tatsache, dass Erträge nicht als private Profite entnommen, sondern unmittelbar und zeitnah dem gemeinnützigen Zweck zugute kommen, in Form einer Steuererleichterung. Dies erscheint legitim und als Bestandteil der nationalen Definitionskompetenz hinsichtlich der Erfüllung gemeinwohlorientierter Aufgaben. Diese Kompetenz sollte daher nicht unter die Harmonisierungsbestrebungen der Union fallen.

Auch die aktuellen Überlegungen zur Reform des deutschen Gemeinnützigkeitsrechts betonen die Selbstorganisation und Selbstverwaltung der Bürgergesellschaft in Bereichen, in welchen ansonsten der Staat durch eigene Maßnahmen seiner Gemeinwohlverantwortung gerecht werden müsste. Das Gemeinnützigkeitsrecht schafft die "institutionell-rechtlichen Rahmenbedingungen für bürgerschaftliches Engagement und ist ein Gestaltungselement der Zivilgesellschaft", das über den rein steuerlichen Sachverhalt hinausweist.[69] Als mittelbarer europarechtlicher Einfluss auf die Wohlfahrtsverbände sind freilich alle Regelungen und Entscheidungen zu werten, welche die Unternehmensführung und auch das Arbeitsrecht betreffen. So ist das deutsche Teilzeitbefristungsgesetz, das für Arbeitnehmer über 52 Jahren besondere Befristungsmöglichkeiten vorsieht, vom EuGH für europarechtswidrig erklärt worden, woraufhin der deutsche Gesetzgeber nun zum Handeln aufgefordert ist.[70]

Für Anbieter sozialer Dienste in der EU, die durchaus auf zusätzliche Anwerbung von Mitarbeitenden im Ausland angewiesen sein können, untersagt die Arbeitnehmerfreizügigkeit eine Diskriminierung aufgrund der Nationalität bereits bei der Anstellung.[71] Das heißt natürlich nicht, dass ausländische Pflegekräfte außerhalb der Gesetze und Bestimmungen, etwa der Steuer- und Abgabenpflichtigkeit des Gastlandes arbeiten dürfen. Diese Diskussion beschäftigt die deutsche Öffentlichkeit seit geraumer Zeit. Denn eine bedarfsgerechte ambulante Pflege ist aufgrund der mangelnden Ressourcen des deutschen Pflegesystems oft nur mit ausländischen Kräften aus Staaten mit geringerem Lohnniveau zu bewerkstelligen.

VII. Politische Instrumente auf EU-Ebene – Die Offene Methode der Koordinierung

Neben den Möglichkeiten der EU, rechtliche Maßnahmen zu ergreifen, stehen ergänzende politische Kompetenzen, die der Intention nach auf eine spätere Kodifizierung abzielen. Art. 128 EGV konstituiert die sog. Offene Methode der

69 Vgl. Müggenburg, Reform des Gemeinnützigkeitsrechts, in: Wissenschaftliche Dienste des Deutschen Bundestages Nr. 12/06 v. 13. 03. 2006

70 Vgl. Reichald, Der Fall Mangold: Entdeckung eines europäischen Gleichbehandlungsprinzips?, ZESAR 2/2006, S. 47-54.

71 Verordnungen 1612/68 und 1408/71 beruhend auf Art. 49, 51 EGV.

Koordinierung zur Umsetzung einer gemeinsamen europäischen Beschäftigungsstrategie.[72] Hierzu gehört z. B. die Förderung der Qualifizierung und der Ausbildung und Anpassungsfähigkeit der Arbeitnehmer. Es ist erkennbar, dass die deutsche Hartz-Gesetzgebung, mit welcher das Prinzip „Fordern und Fördern" neu etabliert wurde, auf die europäische Beschäftigungsstrategie und diesen Artikel des EGV zurückgeht. Die Offene Methode der Koordinierung erfolgt nach einem Mechanismus, der die Mitgliedstaaten rechenschaftspflichtig macht, ob sie bestimmte, von der EU formulierte Ziele erreicht haben. Hierfür legt die EU Leitlinien fest und berichtet regelmäßig über die Erfüllung dieser Leitlinien. Dabei geraten die Mitgliedstaaten unter einen gewissen öffentlichen Druck und politischen Zugzwang, der wiederum zu Änderungen der nationalen Politik und Gesetzgebung führen kann. Die Offene Methode der Koordinierung ist keineswegs auf die Beschäftigungspolitik beschränkt, sondern kann sich auf alle Materien der Sozialpolitik erstrecken, bei welchen unter Beibehaltung der nationalen Kompetenzen die EU die nationalen Politiken und deren Koordination unterstützen kann. Dies ist beispielsweise auch in der Bildungspolitik der Fall, wo die EU die Sprachförderung oder die Zusammenarbeit von Bildungseinrichtungen sowie die berufliche Aus-, Weiter- und Fortbildung fördern kann.[73] Möglich sind hier Empfehlungen oder ein Rechtsakt tun. Der Europäische Rat von Lissabon (2000) hat die Offene Methode der Koordinierung ausdrücklich auch für den Bereich des Sozialschutzes beschlossen.[74] Für die Sozialpolitik bestimmt außerdem Art. 143 EGV die erwähnte jährliche Berichtspflicht bzgl. der Erreichung der sozialen Ziele. Auch diese Berichte fügen sich demnach in ein System der politischen Beeinflussung der Mitgliedstaaten ein, ohne konkrete Regelungskompetenzen auf EU-Ebene zu konstituieren.

Schließlich bietet auch die europäische Politik des Verbraucherschutzes eine Option, die nationalen Politiken zur Erbringung von Sozial- und Gesundheitsleistungen zu beeinflussen.[75] Um die Hilfesuchenden als Kunden auf Augenhöhe wahrzunehmen und gemeinsam mit allen Betroffenen Interessen zu definieren, bemüht sich die Diakonie in Deutschland seit langem um ein enges Verhältnis zu den Organisationen des Verbraucherschutzes und zu den Selbsthilfegruppen kranker, behinderter und alter Menschen.

VIII. Eurodiaconia als Beispiel europäischer Vernetzung

Eurodiaconia wurde als Verband von Kirchen, freien Wohlfahrtseinrichtungen und ökumenischen Nichtregierungsorganisationen gegründet, die in Europa auf nationaler oder internationaler Ebene arbeiten und von mehr als 20 europäischen

72 Art. 125 ff. mit Bezug auf Art. 2 des EUV und Art. 2 EGV.
73 Art. 149, 150 EGV.
74 Vgl. Terwey, Solidarischer Sozialschutz im Europäischen Binnenmarkt.
75 Erklärung von Paris 1972 Bull. EG- 10- 1972, S. 20 ff.

Staaten her stammen. Eurodiaconia bestand zunächst neben dem „Internationalen Diakonieverband", nach einiger Zeit, 1996, schlossen sich die beiden Vereinigungen zusammen zum „Europäischen Verband für Diakonie – Eurodiaconia."[76] Ihr Sitz ist in Brüssel, wo die Kommunikation mit den unterschiedlichen Stellen der EU und mit anderen Gruppierungen der Zivilgesellschaft zu den zentralen Aufgaben gehört. In Regionalgruppen, durch ein Informationssystem, Experten-Netze und Projekte sichert sie die Meinungsbildung unter den Mitgliedern. Die so vernetzten Mitglieder von Eurodiaconia (32) haben sich zur Aufgabe gemacht, das diakonische Bewusstsein in Europa zu stärken, die Zusammenarbeit seiner ökumenischen Mitgliedsorganisationen zu fördern, Wissen untereinander auszutauschen, Projekte und Partner zusammenzubringen und sich an der sozialpolitischen Diskussion auf europäischer Ebene zu beteiligen. Ein starkes Netzwerk zwischen den Mitgliedern und die Vertiefung der diakonischen Identität sind erklärte strategische Ziele auf dem Weg zu einem neugestalteten sozialen Europa. Die Vernetzung über Eurodiaconia hinaus mit weiteren europäischen Organisationen der Zivilgesellschaft, die sich ebenfalls für eine solidarische und sozial gerechte Gesellschaft engagieren macht einen wesentlichen Teil der Arbeit von Eurodiaconia aus. Zu diesen NGO's gehören unter anderen Caritas Europa, EAPN (European Anti Poverty Network), European Platform of social NGO's (Social Platform), Churches Commission on Migrants in Europe (CCME), Konferenz Europäischer Kirchen (KEK) und der Europäische Verband protestantischer Entwicklungsorganisationen (APRODEV).

Lebensqualität für alle in einem sozialen Europa; Menschenwürde und soziale Integration verwirklichen, die Bekämpfung von Armut in den Mittelpunkt des Engagements rücken sind grundlegende Ziele von Eurodiaconia.[77] Gemeinsam mit verwandten NGO's und den Kirchen, will Eurodiaconia die Grundversorgung der Menschen so herausstellen, dass sie Spiegel der Menschenwürde und nicht nur Gegenstand von Effizienzmessungen und Gegenstand von Berechnungen wird. Denn dies würde unweigerlich darauf hinauslaufen, nur noch auf dem Niveau des geringsten Preises Sozialdienstleistungen erbringen zu können. Dieses Menschenbild kann von Eurodiaconia in die internationalen Organisationen, Versammlungen anwaltschaftlich hineingetragen werden, um Ausbeutungsverhältnisse zwischen Nord und Süd, zwischen West und Ost und überhaupt zwischen unterschiedlich stark entwickelten Regionen der Welt offen zu legen. Dies auch, um mit den Verantwortlichen auf dieser diakonischen Basis das Gespräch zu suchen.

Globalisierungswirkungen, Modernisierung der Gesellschaft und Singularisierung der Menschen führen zudem zu Identitätsverlusten. In der Eurodiaconia-Schrift „To be and to do" aus dem Jahr 2004 heißt es: Glaubens-, Wertvorstellungen und Lebensorientierungen werden aus ihrem traditionellen sozialen Umfeld herausgelöst.

76 Vgl. Homepage: www.eurodiaconia.org

77 Eurodiaconia, Strategic Plan, 2004-2006, Annual General meeting of Eurodiaconia, 2004, p. 5

Identität durch selbstverständlich gelebte Werte zu finden wird schwieriger. Dem Menschen wird gleichzeitig abverlangt, sich durch mehrere Identitäten zu begreifen, sei es auf die lokale, regionale, nationale, europäische Ebene oder sei es auf unterschiedliche Lebenswelten bezogen. Diese Identitätsfragen sind für den einzelnen Ausgangspunkt zum werteorientierten Handeln im eigenen Umfeld und zur Stärkung Benachteiligter.

Die Sensibilisierung der Verantwortlichen mit dem biblischen Menschenbild bleibt eine kontinuierliche Aufgabe der Diakonie in Europa auch in der Zukunft. Für konkrete ethische Forderungen gerade bei der Weiterentwicklung und Umsetzung von politischen Strategien, die sich z.B. mit der Weiterentwicklung der Europäischen Union als Ganzes befassen, wie die Lissabon Strategie aus dem Jahr 2000. Soziale Eingliederung, Beschäftigungspolitik und Wettbewerbspolitik sind wesentliche Elemente der Lissabon-Strategie. Eine Annäherung an Vergleichbarkeiten, gemeinsame Verständnisse von sozialen Diensten in der EU bereitet sich über Konsultationen, Projekte, welche die EU Kommission fördert und die den Austausch zwischen den Beteiligten an der Entwicklung von sozialen Diensten EU-weit ermöglichen.

Das Eurodiaconia-Projekt über Qualität und Zugänglichkeit zu sozialen Diensten für Inklusion (QuASi), an dem unterschiedliche Erbringer sozialer Dienste aus dem NGO-Sektor, aus dem kommunalen Bereich, der Wissenschaft und eine Kirchengemeinde teilgenommen haben. Eine Schlussfolgerung dieses Projekts, betrifft ein prozessuales Verständnis von sozialen Diensten, sie sind Gegenstand von Beziehungen und Gesprächen, Verhandlungen in der Gesellschaft. Das Diakonische Forum in Järvenpää in Finnland 2001 sprach Kompetenzzentren und -prozesse der Nächstenliebe an: der Weg zu einer europäischen Akademie wurde abgesteckt. Nächstenliebe – in der Form neuer sozialer Initiativen, Gemeinden, christlichen Netzwerken, Vereinen, Stiftungen, Einrichtungen. Ein funktionierendes Netzwerk für Fragen der Qualifikation und Ausbildung ist Teil der Strukturen von Eurodiaconia. Noch im Jahr 2007 wird sich eine Arbeitsgruppe gründen und speziell mit Fragen der Bildung befassen. Gemeinsames europäisches Lernen ergibt neue Standards, ohne dass Richtlinien gesetzgeberisch entwickelt und „top down“ umgesetzt werden müssen.

Die Arbeit der Diakonie kann durch diese Erfahrungen mit Projekten heute und auch mit dem Bewusstsein um ihre Arbeit in ihren Anfängen dazu beitragen, dass in Europa ein Gleichgewicht zwischen Sozial- und Wirtschaftspolitik wirklich erreicht wird. Auch soziale Abläufe, Beziehungen haben ihren Wert an sich, nicht allein die Ergebnisorientierung. Diakonie sieht den Menschen als Ebenbild Gottes, sie achtet ihn um seiner Würde und Respekt willen, um keinen angesichts sozialer Härten verloren gehen zu lassen.

Dazu gehört auch die Frage, wie das Europäische Sozialmodell aus diakonischer Sicht weiter entwickelt werden kann. Die gesellschaftliche Verantwortung der Diakonie für den Menschen in seiner Ganzheit kann auch Wirkung auf die Finalität der Europäischen Union entfalten.

Für die Zukunft der Diakonie in Europa ist Eurodiaconia die Plattform. Sie versteht sich als die Stimme christlicher sozialen Arbeit in Europa und unterstützt die EU als Sozialunion.

Literaturverzeichnis

Abschlusserklärung des Pariser EG-Gipfels 1972, Bulletin EG 10-1972

Adam, Ruth: Ein Wirtschafts- und Sozialmodell für Europa? Untersuchung eines instrumentalisierten Begriffs, CAP News, 25.10.2005 (http://www.cap-lmu.de /aktuell/positionen/2005/modell.php).

Bergmann, Christine, Wertigkeit und Wandel von Wohlfahrtsverbänden in einem zusammenwachsenden Europa – ihr Beitrag zum Aufbau einer europäischen Zivilgesellschaft, Bundesministerium für Familie, Senioren, Frauen und Jugend, 2000

Beschorner, Jürgen, Krankenbehandlung in einem anderen Mitgliedstaat der Europäischen Union. In: ZESAR 2/2006

Buttler, Friedrich, Europäisches Sozialmodell und Osterweiterung: Wer verändert wen?, in: Gesundheits- und Sozialpolitik, 9/10 2005

Conference Message of CEC and Eurodiaconia, 25. 11. 2005

Evers, Adalbert/Lange, Chris, Freie Wohlfahrtspflege und Europäische Integration. Auf der Suche nach Integrität und Anerkennung, in: Linzbach, Christoph/ Lübking, Uwe/Scholz, Stephanie/Schulte, Bernd (Hrsg.), Die Zukunft der sozialen Dienste vor der Europäischen Herausforderung, 2005

Flöthmann, Jürgen, Demographische Herausforderung, in: Linzbach, et. al. (Hrsg.), Die Zukunft der sozialen Dienste vor der Europäischen Herausforderung

Gohde, Jürgen, Geleitwort in: Linzbach, et. al., Die Zukunft der sozialen Dienste

Graser, Alexander, Auf dem Weg zur Sozialunion – Wie „sozial„ ist das europäische. Sozialrecht?, ZIAS 2000, 336

Habermas, Jürgen, Die postnationale Konstellation, 1998

Herrmann, Peter, General Report zum QuASi-Projekt, www.eurodiaconia.org/quasi, Juni 2005

Ipsen, Knut, Europäisches Gemeinschaftsrecht, 1972

Kaelble, Hartmut, Der europäische Wohlfahrtsstaat: Geschichte und transnationale Seite, in: Linzbach, Christoph, et al., Die Zukunft der sozialen Dienste

Kahil, Bettina, Europäisches Sozialrecht und Subsidiarität, 1996

Karpenstein, Peter, Chancen für ein Europäisches Arbeitsrecht in einem vereinigten Europa, 1993

Keller, Berndt, Möglichkeiten und Grenzen supranationaler Beschäftigungs- und Arbeitsmarktpolitik, in: Aus Politik und Zeitgeschichte 49/99

Kingreen, Thorsten, Das Sozialstaatsprinzip im europäischen Verfassungsverbund, 2003

Kliemann, Annette, Die europäische Sozialintegration nach Maastricht, 1997

Kuhn, Heike, Die soziale Dimension der Europäischen Gemeinschaft, 1995

Müggenburg, Hardo, Reform des Gemeinnützigkeitsrechts, in: Wissenschaftliche Dienste des Deutschen Bundestages Nr. 12/06 v. 13. 03. 2006

Ostner, Ilona, Review Essay: Auf der Suche nach dem Europäischen Sozialmodell, in: Aust, Andreas/Leitner, Sigrid/Lessenich, Stephan (Hrsg..), Sozialmodell Europa – Konturen eines Phänomens, 2000

Palola, Elina/Särkelä, Riitta, (Hrsg.), Welfare United-FC Internal Market: Fair Play, Helsinki 2006

Reichold, Hermann, Der Fall Mangold: Entdeckung eines europäischen Gleichbehandlungsprinzips?, ZESAR 2/2006

Schulte, Bernd, Europäische Sozialpolitik nach der Erweiterung, ZFSH/SGB 11/2005

Schulz, Otto, Maastricht und die Grundlagen einer Europäischen Sozialpolitik, 1996

Terwey, Franz, Solidarischer Sozialschutz im Europäischen Binnenmarkt, in: Linzbach, Christoph, et. al., (Hrsg.), Die Zukunft der sozialen Dienste vor der Europäischen Herausforderung, 2005

Vietinghoff, Eckhart von, Europa – Wohin ? Euro-Land? Christen-Club?, Rede vom 16. 11. 2005 in Aurich, unveröffentlichtes Redemanuskript

Weber, Hermann, Die Kirchen und das Europäische Subventionsrecht, ZeKR, 50 (2005)

Wunder, Annett, Berücksichtigung von Solidarität und Umverteilung in der Rechtsprechung des EuGH bei grenzüberschreitender Krankenbehandlung, ZESAR 2/2006.

Die Auswirkungen der Globalisierung auf die Sozialsysteme der EU-Mitgliedstaaten

Dietrich Thränhardt

Migration und demographische Herausforderung

1. Vom Auswanderungs- zum Einwanderungskontinent

Europa ist insgesamt zum Einwanderungskontinent geworden, und zwar aus strukturellen demografischen und ökonomischen Gründen. Seit 1946 gilt das für Frankreich und die Schweiz, seit den sechziger Jahren für Deutschland, die Benelux-Staaten, Schweden und Österreich, seit den siebziger Jahren für Italien und seit den neunziger Jahren auch für Irland, Spanien, Portugal und Griechenland. Berechnet man die Einwanderungszahlen pro Tausend der einheimischen Bevölkerung, so waren sie im Jahr 2004 in Spanien, Italien, Irland und Österreich am höchsten. Schon 1990 wurde konstatiert, dass Westeuropa "sowohl im relativen wie im absoluten Vergleich als wichtige Einwanderungsregion bezeichnet werden" kann (Widgren 1990), insbesondere im Vergleich mit den klassischen Einwanderungsländern USA, Kanada, Australien und Neuseeland. In den USA waren damals acht Prozent der Bevölkerung im Ausland geboren, in Großbritannien ebenfalls acht, in Frankreich aber elf und in der Schweiz siebzehn Prozent. Deutschland, das sich bis 1998 als "kein Einwanderungsland" definierte, nahm in den Jahren nach dem Fall der Berliner Mauer mehr Einwanderung auf als das ganze übrige Europa zusammen. Im den letzten Jahren ist allerdings die Einwanderung nach Deutschland stark zurückgegangen und bei den qualifizierten Berufen gibt es neuerdings einen Auswanderungsüberschuss, vor allem gegenüber der Schweiz, Österreich, Großbritannien und den USA.

Tab. 1: Zu- und Abwanderung nach Weltregionen im Jahresdurchschnitt 2000-2005

Zuwanderung (netto)		Abwanderung (netto)	
USA/Kanada	1.370.000	Asien	1.297.000
Europa	1.083.000	Lateinamerika	804.000
Ozeanien (Australien)	103.000	Afrika	455.000

Quelle: UN

In klassischen Einwanderungsländern ist Einwanderung im Prinzip positiv im nationalen Bewusstsein verankert. Ihr nationales Selbstbewusstsein ist mit der Einwanderung verbunden, und sie haben dementsprechend Einwanderungslegenden und -mythen erfunden: Man denke etwa an die Aufschrift der Freiheitsstatue oder die verbreitete amerikanische Vorstellung, die leistungsfähigeren und mobileren Leute seien nach Amerika ausgewandert, die unflexibleren zu Hause geblieben. Zwar zeigen Umfragen seit Jahrzehnten, dass die Mehrheit der Bevölkerung auch in den USA der Meinung ist, es gebe zu viel Einwanderung, aber insgesamt herrscht ein weitgehender Einwanderungsoptimismus.

Dagegen tun sich die neuen Zuwanderungsländer in Europa mit der Umstellung ihrer Selbstbilder und Identitäten auf die neue Situation schwer. Lange Zeit waren Übervölkerungsängste im politischen Bewusstsein verankert; erst in den letzten Jahren dringt in der Öffentlichkeit die Tatsache durch, dass die Geburtenziffern dramatisch abnehmen und Europa Einwanderung benötigt, wenn es die hochgesteckten Ziele erreichen will, die es sich in der Lissabonner Erklärung im Jahr 2000 gesetzt hat.Europa soll demnach bis zum Jahr 2010 zum wettbewerbsfähigsten wissensgestützten Wirtschaftsraum der Welt werden, mit nachhaltigem Wirtschaftswachstum und größerer sozialer Kohäsion. Dem steht unausgesprochen ein Schreckbild gegenüber, sollten die Reformen nicht gelingen: Europa als das Altersheim der Welt, die Auswanderung der besten Talente in die USA, die ihre Einwohnerzahl im 21. Jahrhundert mehr als verdoppeln werden, und eine randständige Einwanderungsbevölkerung, die in die modernen Wirtschaftssektoren wenig einbezogen ist.

Im Gegensatz zu den traditionellen Einwanderungsländern hat die Idee des "melting pot", des "mosaic" oder der "salad bowl" in Europa wenig Tradition. Obwohl es auch hier immer Wanderungen und Bevölkerungsbewegungen gegeben hatte, wurde nationale Identität in den Vorstellungen, die sich im 19. Jahrhundert durchsetzten, meist auf unveränderliche Traditionen des jeweiligen Landes und Volkes zurückgeführt. In vielen Ländern schloss das biologische Konnotationen ein, und zwar nicht nur bei nationalistischen oder faschistischen Extremisten. Noch in den achtziger Jahren nahm die britische Premierministerin Thatcher gern und oft auf den „British stock“ und seine - ihrer Ansicht nach - besonderen Qualitäten Bezug.

Einwanderung ist deshalb in Europa immer zurückhaltend betrachtet worden. Die Ausnahme war Frankreich, wo die Geburtenraten schon im 19. Jahrhundert gering waren und nach 1870 der Wunsch bestand, mit Hilfe von Einwanderung mit dem deutschen Nachbarn und dessen damals hohen Geburtenraten gleichzuziehen. Die hohe Arbeitslosigkeit und die wirtschaftlichen Krisen, vor allem nach dem Ersten Weltkrieg und während der Weltwirtschaftskrise (1929 bis etwa 1932-35), verstärkten die europäische Skepsis gegenüber Einwanderung. Als in der Boomzeit der fünfziger und sechziger Jahre sich dann plötzlich ein starker Arbeitskräftemangel bemerkbar machte, wurden deswegen temporäre Anwerbeprogramme initiiert. Damit glaubten die Regierungen zeitweilige Spitzen im Arbeitskräftebedarf decken zu können. Gedacht war dabei zunächst nur an den Import von *manpower*, ohne die entsprechenden sozialen Kosten und politischen Folgen zu berücksichtigen. Wie Max Frisch es für die Schweiz formulierte: „Wir riefen Arbeitskräfte und es kamen Menschen“.

Wie die Anwerbeverträge ausführten, sollten die „Gastarbeiter2 über finanzielle Transfers dazu beitragen, auch ihre Heimatländer zu entwickeln. Diese waren aus materiellen wie aus ideellen Gründen daran interessiert, ihre Arbeitskräfte und deren Transfereinkommen zu erhalten. Für alle Beteiligten war und ist es ein langer und oft quälender Prozess, diese Grundannahmen zu revidieren und die Tatsache der Einwanderung anzuerkennen. Dieser Prozess ist nicht abgeschlossen. Vielfach werden Einwanderergruppen nicht akzeptiert und als kulturell fremdartig abgelehnt, oder auch nach ihrer Einbürgerung immer noch als andersartig betrachtet. Auch in der Diskussion um sinkende Geburtenraten und die daraus entspringenden Probleme wird Einwanderung oft nicht als Lösung der als Lösungsbeitrag akzeptiert, sondern es werden zwei parallele Problemszenarien entworfen.

Die Neuheit und Unabgeschlossenheit der Diskussion zeigt sich auch in den neueren Diskussionen über den "Multikulturalismus". Während dieser sehr interpretationsfähige Begriff in Kanada die Anerkennung der kulturellen Vielfalt und ihrer Legitimität bedeutet und mit einer Politik der Einbürgerung und der Gleichheit aller assoziiert wird (Schmidtke 2006), selbstverständlich auch mit dem Vorrang des Landessprachen Englisch und Französisch als Kommunikationsmittel im öffentlichen Raum, dominiert in Deutschland und anderen europäischen Ländern in dieser Beziehung die gefährliche Vorstellung eines (unerwünschten) Multi-Nationalismus. So hat etwa Leggewie im Untertitel seines Multikulturalismus-Buches den Begriff "Vielvölkerrepublik" benutzt – eine sehr problematische Konstruktion von Staaten ohne Gemeinsamkeitsbewusstsein, was im europäischen Kontext lediglich auf die nicht mehr existenten Staaten Sowjetunion und Österreich-Ungarn zu passen scheint. Wenn Einwanderer entlang ethnischer Zugehörigkeit ausgegrenzt, somit einem anderen „Volk“ zugeordnet werden, so entstehen bei der einheimischen Bevölkerung Ängste. Dass Einwanderung auch immer mit dem Aufbau von Loyalitäten und Gefühlen der Zusammengehörigkeit verbunden sein muss, d.h. mit *nation building*, gerät dabei außer Sicht.

2. *Die demografische Induzierung von Wanderung*

Europa insgesamt ist ein Kontinent mit schrumpfender Bevölkerung. Alle europäischen Länder außer der Türkei und Island haben Geburtenraten, mit denen die Reproduktion ihrer Bevölkerungen nicht erreicht wird. In den EU-Beitrittsländern nimmt die Bevölkerung auf Grund niedriger Geburtenraten und von Auswanderung schon heute stark ab, in Russland ist dieser Effekt wegen der schlechten Gesundheitslage noch stärker. Die durchschnittliche Lebenserwartung eines Mannes beträgt dort nur noch 58 Jahre. In Deutschland, Italien und Spanien würde die Bevölkerung ohne Zuwanderung schon heute abnehmen. In anderen europäischen Ländern wachsen aufgrund der steigenden Lebenserwartung die Bevölkerungszahlen noch an, auf Grund der niedrigen Geburtenzahlen ist aber eine entsprechende Entwicklung abzusehen.

Die Fertilitätsrate ist überall stark abgesunken, im EU-Durchschnitt liegt sie bei 1,48 Geburten pro Frau. Litauen und die Tschechische Republik verzeichnen mit 1,19 bzw. 1,20 Geburten pro Frau die niedrigsten Raten innerhalb der EU. In Spanien und Italien liegen sie bei 1,28; somit werden weniger als zwei Drittel der

Bevölkerung reproduziert. In Deutschland liegt die Rate bei 1,39. In anderen europäischen Ländern liegt das Niveau etwas höher – in Frankreich bei 1,85, in Großbritannien bei 1,83. Diese Entwicklung ging mit der Ausbildung eines Typs von marktwirtschaftlicher Gesellschaft einher, in welcher Kinder in finanzieller Hinsicht keinen Vorteil bringen. Im Gegensatz dazu wächst die Bevölkerung in Asien (ohne China) mit 2,8 Kindern pro Frau, in Lateinamerika (2,5) und vor allem in Afrika (5,1) noch an, obwohl sich der Anstieg in Indien, Mexiko und besonders in den wirtschaftlich erfolgreichen Ländern Ostasiens sehr verlangsamt hat. China mit seiner rigiden Ein-Kind-Politik stellt einen Sonderfall dar (1,6).

Dies hat zur Folge, dass die Bevölkerung der großen Entwicklungsländer weiterhin wachsen wird. Gleichzeitig kam es auf Grund wirtschaftlicher Krisen zu noch einseitigerer Verteilung des Reichtums. Nur wenigen Ländern wie den ostasiatischen „Tigerstaaten“ gelang hier ein Aufholprozess. In China, Indien, Mexiko und Brasilien haben sich bedeutende Wohlstandsinseln gebildet, aber die große Masse der Bevölkerung ist arm geblieben. Wie im 19. Jahrhundert, als Europa der wichtigste Auswanderungskontinent war und mehr als sechzig Millionen Europäer nach Nord- und Südamerika, nach Australien und Neuseeland strömten, gibt es großräumige bevölkerungsbedingte Sog-, Druck- und Netzwerkeffekte.

3. Beschäftigungsstrukturen und -chancen

Abgesehen von der Geburtenbilanz und den langfristigen Disproportionen der Bevölkerungsentwicklung entstehen für die reichen Industrieländer zwei Engpass-Probleme: Es ist schwierig, bestimmte Positionen zu besetzen, in denen die Arbeitsbedingungen hart bzw. die Bezahlung schlecht ist. Dies betrifft vor allem körperlich anstrengende Berufe mit wenig Prestige und Pflegeberufe. In fast allen westeuropäischen Ländern hat Einwanderung in den letzten Jahrzehnten mit einer hohen Arbeitslosigkeit koexistiert. Dies ergibt für die Neuaufnahme ausländischer Arbeitskräfte eine besondere Problematik, obwohl Neueinwanderer nur zum Teil mit Inländern konkurrieren: Die Arbeitsmärkte sind segmentiert. In einigen Bereichen finden sich keine leistungsbereiten einheimischen Arbeitskräfte mehr, beispielsweise bei ungelernten Saisonarbeiten wie Spargelstechen oder der Erdbeerernte. Die sozialen Sicherungssysteme sind so bemessen, dass sich derartige Arbeiten nicht mehr lohnen.

Im Bauwesen, der Fleischverarbeitung und ähnlichen Branchen werden über Subunternehmen oder andere juristische Konstruktionen billigere ausländische Arbeitskräfte beschäftigt und entsprechend inländische Arbeitskräfte freigesetzt, vor allem dann, wenn damit die hohen Lohnnebenkosten ganz oder weitgehend entfallen. Einwanderer sind bereit, zu ungünstigen Bedingungen, etwa zu Substandards, ungünstigen Zeiten oder geringen Löhnen zu arbeiten (Hunger 2000). In den inklusiven europäischen Sozialsystemen ändert sich dies allerdings, sobald Einwanderer entsprechende Rechte erworben haben. Auch für sie ist es dann nahe liegend, die sozialen Sicherungssysteme in Anspruch zu nehmen, wenn mit anstrengenden Arbeiten, sofern sie denn verfügbar sind, nicht mehr oder nicht wesentlich mehr zu verdienen ist.

Vielfach arbeiten angeworbene Arbeitskräfte unter Restriktionen, die sie im Ergebnis zu einer Billigkonkurrenz machen. Dies kann aufgrund formeller Verfahren geschehen, meist ereignet es sich aber aufgrund halblegaler Zusammenhänge, die die Einwanderer dazu zwingen, sich mit schlechteren Konditionen zufrieden zu geben und sie damit andererseits für bestimmte Unternehmen zu attraktiven Arbeitskräften machen. Wie weit dieser Graubereich Bedeutung erhält, hängt von der Qualität der Einwanderungspolitik, dem Ausmaß des Konsenses der Tarifpartner, der Effektivität der staatlichen Kontrollen und dem öffentlichen Meinungsklima ab.

Bei alldem geht es aber nicht um die Tatsache der Einwanderung selbst, sondern um die Art ihrer Steuerung und um ihr Ausmaß. Ändern die europäischen Länder ihre Politikmuster nicht grundlegend, so ist weiterhin mit Geburtendefiziten und Überalterung der Gesellschaft zu rechnen. Gegenwärtig gibt es für eine radikale Veränderungen in der Sozialpolitik aber keine Anzeichen. Eher muss von einem relativen Sinken der Lebenschancen und der schlechten materiellen Situation kinderreicher Familien und allein erziehender Mütter ausgegangen werden. Die Entwicklung in den neuen Bundesländern, wo sich die Geburtenzahl inzwischen fast halbiert hat, ist dafür ein eklatantes Beispiel (Weiss/ Kindelberger 2007).

Daraus resultiert für die Zukunft weiterer Einwanderungsbedarf. Einwanderungswillige stehen in fast unbegrenzter Zahl zur Verfügung, die reichen Länder haben insofern eine dominierende Stellung und können über die Art und Weise der Einwanderung weitgehend bestimmen. Sie können sich für offene, geplante und vorhersehbare Einwanderung entscheiden, sie können auch degradierende und inhumane Wege begünstigen. Dabei sind nicht nur die rechtlichen Regelungen, sondern auch die Implementationsweisen wichtig.

4. *Eine Systematik der Einwanderung*

Die reichen Länder kategorisieren und kanalisieren die Zuwanderung. Bestimmte Gruppen sollen ermutigt, andere abgeschreckt werden. Allerdings wirkt die Steuerung oft nicht wie intendiert und es treten kontraproduktive oder unvorhergesehene Wirkungen auf. Insbesondere führen Grenzregime dazu, dass Zuwanderer aus armen Staaten, denen es gelungen ist, in eine reiches Land zu kommen, an ihrem Aufenthaltsstatus festhalten, auch wenn sie Anlass hätten zurückzuwandern.

4.1 *Inklusion ethnisch Zugehöriger*

In allen Ländern wird die Kategorie ethnisch Zugehöriger rechtlich und politisch am meisten akzeptiert. Dabei werden territoriale, historische, sprachliche oder andere kulturelle Kategorien zugrunde gelegt. Da diese Gruppen rasch alle staatsbürgerlichen Rechte bekommen, oft auch durch besondere Programme gefördert werden, sozial akzeptiert werden und oft über verwandtschaftliche Beziehungen verfügen, gelingt ihnen die Integration relativ rasch.

Alle ehemaligen Kolonialstaaten haben Regelungen geschaffen, mit denen nicht nur die Angehörigen der Kolonialverwaltung, sondern auch ethnisch akzeptierte Gruppen ins "Mutterland" kommen konnten. Dies galt etwa für die Algerienfranzosen, deren Vorfahren zu einem großen Teil aus Italien und Spanien stammen. Ebenso gilt es für die in den ehemaligen Kolonien lebenden Niederländer und Belgier. Großbritannien zeigt eine besondere Offenheit gegenüber den Angehörigen des *Old Commonwealth* (Kanada, Australien, Neuseeland, Südafrika) und privilegiert *patrials*, d. h. Menschen mit wenigstens einem britischen Großelternteil. Italien verfährt seit 2002 ebenso (Sciortino 2003).

Deutschland und in geringerem Maß auch Finnland und Italien wurden von den Siegermächten des Zweiten Weltkriegs zur Aufnahme ethnisch Zugehöriger veranlasst, die in abgetrennten Gebieten oder benachbarten Ländern lebten. Diese Wanderungsbewegungen gingen später weiter und gewannen mit dem wachsenden Reichtum Westdeutschlands, seinem Arbeitskräftebedarf und der Diskriminierung Volksdeutscher in Polen, Rumänien und der Sowjetunion neue Qualität. In den siebziger Jahren gab die Bundesrepublik große Summen aus, um die Einwanderung von Volksdeutschen zu erreichen. Die markantesten Fälle waren der Kredit von 2,3 Mrd. DM an Polen, der mit einer Ausreisezusage gekoppelt war (Schmidt 1992, 541-565, 613) und die Freikaufzahlungen an Rumänien.

Mit der Zunahme des Wohlstands in den OECD-Ländern und der wachsenden ökonomischen Diskrepanz zum Osten und Süden wurde die Einwanderung in diese Länder für national anerkannte Gruppen immer attraktiver. Zeitlich ging damit der ökonomische Niedergang Lateinamerikas einher, das bis in die sechziger Jahre eine wichtige Zielregion vor allem für Südeuropäer gewesen war, heute aber allgemein ohne weiteres zur armen Welt des "Südens“ gerechnet wird. Auch der Zerfall des Ostblocks setzte Wanderungs- bzw. Rückwanderungsprozesse frei, die wiederum Begrenzungsversuche der Aufnahmeländer hervorriefen.

Soweit ethnische Gruppen aus der ehemaligen Sowjetunion in OECD-Staaten aufgenommen werden, wandern sie zum größten Teil aus. Für die *Pontos-Griechen* ist die Auswanderungsbewegung fast abgeschlossen. Sie sind seit der Antike am Schwarzen Meer ansässig gewesen – also nicht nur 800 Jahre wie die Siebenbürger Sachsen, sondern 3000 Jahre.

In Deutschland, wo nach der bestehenden Rechtslage Volksdeutsche aus den GUS-Staaten einen Anspruch auf Einwanderung haben, ist mit dem Parteienkompromiss vom 6. Dezember 1992 der definitive Übergang zur Quotierung erfolgt. 220.000 Spätaussiedler pro Jahr wurden als Leitquote definiert, flankierend hierzu erfolgte die Verlagerung des Verfahrens ins Ausland und die strengere Prüfung der Berechtigung. 1996 wurde die Quote faktisch auf 100.000 abgesenkt, seit 1999 gilt diese Zahl auch offiziell als Höchstgrenze. Inzwischen wird sie von Jahr zu Jahr real immer stärker unterschritten; 2010 wird die Bundesrepublik diese Zuwanderung ganz beenden.

4.2 *Inklusion und Exklusion postkolonialer Gruppen*

Beim Übergang von der kolonialen Herrschaft zu neuen Beziehungen, die zumindest formal gleichberechtigt sind, haben die meisten Staaten ein gewisses Ausmaß an Einwanderung ins "Mutterland" zugelassen. Als es nach dem Zweiten Weltkrieg unmöglich wurde, die koloniale Herrschaft aufrechtzuerhalten, wurde versucht, neue Bindungen auf gleichberechtigter Grundlage zu etablieren, die bestehende ökonomische, kulturelle und politische Einflüsse aufrechterhalten oder neu institutionalisieren sollten. Soweit die Kolonialvölker dabei die Staatsangehörigkeit des Kolonialstaates verliehen bekamen, eine gegenseitige Öffnung erzielt wurde oder einfach koloniale Beschränkungen der Freizügigkeit wegfielen, entstand die Möglichkeit der Migration. Zentralen Einfluss nahmen dabei die ehemaligen Kolonialbürokratien und interessierte Arbeitgeber wie die britische Textilindustrie.

Für einige Jahre entstand ein *window of opportunity*, das die Einwanderung erlaubte und bis heute nachwirkt. Ein besonders plastisches Beispiel gibt es im niederländischen Kontext. Traditionellerweise stand den niederländischen Kolonialbeamten ein Sabbatjahr in der Heimat zu. Mit der Gleichstellung ging dieses Recht auch auf die wenigen Beamten über, die kolonialer Herkunft waren. Sie konnten es nutzen, um einer ungewissen Zukunft in Surinam zu entkommen, das 1974 unabhängig wurde, und in die Niederlande überzusiedeln (Lutz 1994).

Es kam also ebenfalls Inklusion zustande, die aber nicht so weit ging wie bei den als ethnisch definierten Gruppen. Die koloniale Prägung der Beziehungen bedeutete immer auch einen Ansatz für Abwehr, Exklusionen und Diskriminierung, insbesondere für die Fortsetzung des Rassismus. Besonders tragisch war das für Gruppen, die bei den Befreiungskämpfen für das Kolonialland optiert hatten und deswegen bei Ende der Kolonialherrschaft mit abgezogen waren oder staatbrügerliche Garantien bekommen hatten, wie die Molukker (Niederlande), die *Harkis* (Frankreich) oder die indischstämmigen britischen Bürger in Ostafrika. Sie stießen nach einigen Jahren auf Diskriminierung. Die Molukker, die in Niederländisch-Ostindien Elitetruppen gestellt hatten, wurden aus der Armee entlassen und fanden keine neue soziale Rolle, bis einige von ihnen mit Zugentführungen auf sich aufmerksam machten (van Amersfoort/ Niekerk 2003). Die *Harkis* dienten französischen Konservativen und Rechtsextremen als Aggressionsobjekt für ihre Wahlkampagne in der Stadt Dreux, bei der Le Pen 1983 seinen ersten großen Erfolg errang. Die Ostafrika-Inder bekamen zwar britische Pässe; als sie aber in den jungen ostafrikanischen Staaten unter Druck gerieten und Gebrauch davon machen wollten, gerieten sie in eine britische Kontroverse um die Abwehr von Einwanderung, die deutlich rassistisch gefärbt war.

Trotz der ohne Zweifel positiven staatsbürgerlichen Gleichberechtigung färbt postkolonialer Rassismus die sozialen Beziehungen in den Einwanderungsländern.

Auch begrüßenswerte Gleichstellungsgesetze können daran nur begrenzt etwas ändern. So ist zwar die gesetzliche Lage in den Niederlanden hervorragend, die Indikatoren für die ökonomische und soziale Integration sind aber eher negativ. In den Niederlanden ist 2002 auch die rassistische Sprache aus der Kolonialzeit wieder aufgetaucht. Routinemäßig wird von „schwarzen" und „weißen" Schulen, Straßen oder Stadtvierteln gesprochen (Böcker/ Thränhardt 2003).

Alle ehemaligen Kolonialländer bemühen sich heute um das Abschneiden der Migrationskette, die sie selbst in der Zeit der Öffnung in Gang gesetzt hatten. So hat beispielsweise Frankreich die Zahl seiner Visa für Algerier wesentlich reduziert (Wihtol de Wenden 1995). Bis 1962 hatten Politiker aller regierenden Parteien dagegen emphatisch hervorgehoben, dass Algerien integraler Bestandteil Frankreichs sei. Unter den Stichworten "banlieus" und "Islam" wird heute über die Krise des französischen Modells der Integration diskutiert (Wihtol de Wenden 2006).

4.3 Arbeitskräfte-Anwerbung und ihre Folgen

In allen Einwanderungsländern auf dem europäischen Kontinent, vor allem aber in Ländern ohne koloniale Vergangenheit wie Deutschland (Abtretung der Kolonien 1919), Österreich, Schweiz und den skandinavischen Staaten wurde die Anwerbung von Arbeitskräften in den 1960er Jahren zur wichtigsten Einwanderungskategorie. In der Schweiz, Frankreich und Belgien begann sie in großem Ausmaß schon in den fünfziger Jahren und knüpfte an ältere Anwerbungen an. Die beiden größten einzelnen Bewegungen waren die aus der Türkei nach Deutschland und aus Portugal nach Frankreich. Die Zuwanderung in großem Stil endete, als die Schweiz 1970, Schweden 1972, Deutschland 1973 und Frankreich 1974 die Anwerbung einstellten. Wegen der neuen Arbeitslosigkeit nach der Ölkrise wurde sie nie wieder aufgenommen.

Zunächst wurde vielfach davon ausgegangen, dass die angeworbenen Arbeitskräfte nach einigen Jahren zurückkehren würden. Nur Schweden entschloss sich schon nach wenigen Jahren zu einem planmäßigen sozialstaatlichen Vorgehen, in dem die Begrenzung der Aufnahmezahlen, die Integrationsförderung, die Gewährung des kommunalen Wahlrechts nach drei Jahren und die Einbürgerung nach fünf Jahren, später auch die Förderung besonderer kultureller Traditionen die wesentlichen Elemente waren (Hammar 1999; Ring 1995). Auch in den anderen Ländern wurden mehr und mehr soziale und ökonomische Rechte gewährt und insbesondere der weitere Aufenthalt gestattet und verfestigt. In vielen Ländern kam es nicht zur systematischen Ausbildung einer Integrations- oder Einwanderungspolitik, sondern zu einem widersprüchlichen Nebeneinander von "Integration und Reintegration", wie dies in Deutschland lange bezeichnet wurde (Layton-Henry 1990).

1979/80 kam es in Deutschland und den Niederlanden zu einer Grundsatzdiskussion um die Einwanderung, die sich zu einem permanenten Provisorium entwickelt hatte. Während es in den Niederlanden gelang, einen nationalen Konsens um die drei Prinzipien Aufenthaltssicherheit, kommunales Wahlrecht für Ausländer und erleichterte Einbürgerung zu erreichen, wurden ähnliche Ansätze in Deutschland überrollt. Im "Kühn-Memorandum" des ersten Ausländerbeauftragten waren sie systematisch formuliert worden und zunächst auf breite Zustimmung gestoßen (Böcker/ Thränhardt 2003). Im Zusammenhang mit dem zweiten Ölpreisschock und der Verschärfung des politischen Klimas ab 1980 gerieten sie jedoch in eine emotionalisierte parteipolitische Kontroverse, die sich in einer antitürkischen Welle niederschlug, zu Gewalttaten führte und entscheidend zu den Wahlsiegen der CDU/CSU in den Ländern und im Bund 1981-83 beitrug (Meier-Braun 1979). Ähnliche parteipolitische Prozesse spielten sich in Frankreich seit 1982 und in Großbritannien seit 1979 ab. Langfristig trugen sie in allen drei Ländern zu rassistischen Zuspitzungen bei. In Großbritannien kann die Konservative Partei bis heute Nutzen aus dieser Akzentuierung ziehen, während die konservativen Parteien in Frankreich zwar damit große Wahlerfolge errangen, aber im weiteren Verlauf so fatal zwischen faktischem Nichtstun und radikalen Äußerungen gegen bestimmte Ausländergruppen taktierten, dass sie das Thema letztendlich an den Front National verloren. Auch in Deutschland gab es in diesem Zusammenhang mehrfach Erfolge rechtsradikaler Parteien (Thränhardt 1993).

Zwar gelang in Ländern wie Belgien, Deutschland, Frankreich, Österreich und der Schweiz wegen innenpolitischer Kontroversen und Kampagnen lange Zeit keine konzeptionelle Weiterentwicklung der Einwanderungspolitik. Aber mit der immer längeren faktischen Anwesenheit der "Gastarbeiter" ergab sich nach Jahrzehnten eine faktische Integration, die dann auch schrittweise zu normativen Konsequenzen führte. Inzwischen haben fast alle europäischen Länder die Einbürgerung erleichtert und beschleunigt, wie es in Frankreich schon lange Tradition war.

Deutschland hat die Einbürgerung seit dem 1.1.1999 ebenfalls erleichtert, die Forderung nach Aufgabe der alten Staatsangehörigkeit hält aber viele Einwanderer von einer Antragstellung ab. Immerhin steigen aber die Ausländerzahlen nicht mehr allein auf Grund von Geburten stark an, seit alle Kinder als Deutsche geboren werden, deren Mutter oder Vater wenigstens acht Jahre legal in Deutschland lebt *(ius soli)*. Die zeitweise von führenden Politikern und Medien intensiv geschürte Fremdenfeindlichkeit lässt es zudem den Betroffenen nicht geraten erscheinen, alle Brücken hinter sich abzubrechen und sich zwischen die Stühle zu setzen. Die Aufrechterhaltung dieses ambivalenten Status wird in Deutschland zudem dadurch erleichtert, dass die soziale und ökonomische Situation außerordentlich gut abgesichert worden ist, vor allem durch Gerichtsentscheidungen, die sich auf die für alle Menschen geltenden Grundrechte beziehen, etwa in Bezug auf die Familienzusammenführung.

Mit dem Maastrichter Abkommen sind für EU-Angehörige und damit insbesondere für die portugiesische, spanische, italienische und griechische Einwanderung nach Frankreich, Deutschland und die Beneluxstaaten neue Maßstäbe gesetzt worden. Als EU-Bürger erhalten sie weit gehende Rechte, insbesondere das kommunale und das europäische Wahlrecht. Der Europäische Gerichtshof gewährleistet zugleich einen umfassenden Rechtsschutz. Mit dem Beitritt von zehn Staaten

Mittel- und Osteuropas am 1. Mai 2004 ist dieser Status auch auf Staatsangehörige dieser Länder ausgedehnt worden, zum Teil noch mit Einschränkungen bis 2011. Das Assoziierungsabkommen zwischen der Türkei und der EU garantiert ebenfalls einen weitgehenden Rechts- und Statusschutz auch für türkische Staatsbürger in der EU. Insgesamt kann damit von einer weitgehenden Konsolidierung der Zuwanderung aus der Zeit vor 1973/74 gesprochen werden, die vor allem in Bezug auf die Türkei durch Heiratsmigration ständig weiter wirkt.

Eine weitere neue Einwanderungsgruppe sind die Spezialisten, die angeworben werden. In den meisten europäischen Ländern ist der Inter-Company-Transfer in dieser Hinsicht die beliebteste Lösung für Großunternehmen. Hohe Aufmerksamkeit hat die Zuwanderung von Spezialisten durch die von Bundeskanzler Schröder auf der CEBIT 2000 angestoßene „Green Card"-Initiative bekommen, die inzwischen zu 15.000 Anwerbungen geführt hat, fast ausschließlich bei kleineren und mittleren Unternehmen der IT-Branche. In anderen europäischen Ländern ist diese Initiative nachvollzogen worden (Kolb 2004). Mit dem Zuwanderungsgesetz ist die Zuwanderung von Spezialisten und Unternehmern grundsätzlich ermöglicht worden, allerdings mit so hohen finanziellen Hürden, dass die Zahlen extrem klein geblieben sind.

4.4 EU-Bürger

Weitgehend unbeachtet sind die neueren Wanderungsbewegungen von EU-Bürgern geblieben, die der EWG-Vertrag möglich gemacht hat. Während Deutschland dabei jahrzehntenlang einen starken Einwanderungsüberschuss verzeichnete, ist das heute nicht mehr der Fall. In den nördlichen EU-Ländern wird erst in den letzten Jahren ein schärferer Unterschied zwischen EU- und Nicht-EU-Bürgern gemacht. Antipathien gegen Italiener in Ländern wie Frankreich, Deutschland und den Niederlanden, besonders aber der Schweiz, haben früher eine große Rolle gespielt. Dagegen wird in den südlichen EU-Ländern der Unterschied schärfer markiert. Im Italienischen und Spanischen ist es üblich geworden, *extracommunitari* und *communitari* (ital.) voneinander abzugrenzen.

4.5 Flüchtlinge

Alle westeuropäischen Länder haben die Genfer Konvention unterzeichnet, die 1951 als Vertragssystem in Kraft getreten ist. Sie war zunächst für die Aufnahme der Flüchtlinge gedacht, die nach dem Zweiten Weltkrieg nicht in ihre osteuropäischen Heimatländer zurückkehren wollten oder konnten. In der Hochphase des Kalten Krieges funktionierte dieses System gut. Ungarn, Tschechoslowaken, Polen, Vietnamesen und sogar Tibetaner wurden vor allem in der Schweiz, Deutschland, Frankreich und Schweden großzügig aufgenommen. Widerstand ergab sich erst, als sich Flüchtlinge meldeten, die nicht dem antikommunistischen Schema entsprachen, aus der Dritten Welt stammten und in großer Zahl Aufnahme begehrten. Gegen solche Gruppen wurden Kampagnen geführt, sie gerieten in den Mittelpunkt innenpolitischer Kontroversen. In Deutschland begann dies mit der Kampagne gegen die zweitausend Chile-Flüchtlinge, die von der CDU/CSU-Opposition des Terrorismus und Kommunismus bezichtigt wurden. Seitdem hat Asyl immer wieder im Zentrum deutscher politischer Kontroversen gestanden (Wolken 1988; Münch 1992). Mit dem Ende der 1970er Jahre geschaffenen Begriff "Asylanten" entstand ein Negativ-Begriff, der als *passe partout* Ausgrenzungen immer neuer Gruppen abdeckte (Link 1988; Stötzel u. Wengeler 1995). Auch in der Schweiz stand Asyl in den 1980er Jahren im Mittelpunkt innenpolitischer Kontroversen. In Frankreich, Italien und Spanien entzündeten sich Kontroversen dagegen eher an "illegalen" Einwanderern. Trotz aller Einschränkungen ergibt sich bis heute bei der Asylaufnahme eine scharfe Diskrepanz zwischen Ländern mit Sozialleistungen für Asylbewerber wie Schweiz, Niederlande, Deutschland, Großbritannien und Schweden einerseits sowie Ländern ohne derartige Anspruchsgrundlagen wie Italien, Spanien und Frankreich. Soziale Leistungen und ein offener Arbeitsmarkt wirken als Magneten (Efionayi-Mäder u. a. 2001).

Westeuropa hat sich in den letzten Jahren durch seine koordinierte Visa-Politik von der Dritten Welt abgeschottet und dadurch die meisten Flüchtlinge aus der Dritten Welt gehindert, Asyl zu beantragen. Die Abwehrhaltung gegenüber Flüchtlingen setzte sich immer mehr durch, und die neueren Übereinkommen dazu sind von negativer Koordination und Abschreckung bestimmt. Dies gilt insbesondere für das Prinzip des Erstaufnahmelandes, das Länder, die Flüchtlinge einlassen, zur Versorgung verpflichtet. Dieses Prinzip ist in den Verträgen von Schengen und Dublin verankert. Es setzt einen Kontrolldruck frei, mit dem immer mehr Länder zu Abschottungsmaßnahmen gedrängt werden.

4.6 Die neue Kapital-Einwanderung

Nach dem Vorbild der klassischen Einwanderungsländer USA, Kanada und Australien hat Einwanderung mit dem Ziel des Kapitalimport neuerdings auch in Europa Bedeutung erlangt. Obwohl es für Reiche fast nirgendwo wirklich schwer ist, mit ihrem Kapital einzuwandern, wird diese Politik am klarsten in der Republik Irland verwirklicht. Dort wurde im August 1994 die für eine Einbürgerung erforderliche Summe von einer halben Million auf eine Million irische Pfund (in etwa 1,2 Mill. Euro) erhöht. Man kann also im wahrsten Sinn von einer Millionärseinwanderung sprechen. In einigen Kantonen der Schweiz sind ähnliche Regelungen auf kommunaler Ebene verwirklicht. Dies trägt zu bemerkenswerten Kapitaltransfers bei, man denke etwa an die Fälle Thyssen, Horten, Jacobs und Schumacher.

4.7 Undokumentierte Einwanderung

Undokumentierte Einwanderer werden traditionell meist als "Illegale" bezeichnet. Der Ausdruck ist irreführend, soweit es um eine Einwanderung geht, die von den Behörden des Aufnahmelandes akzeptiert oder sogar stillschweigend gefördert wird. In diesem Fall wäre allenfalls der Ausdruck "Illegalisierungs-Politik" zutreffend. Die Zuwanderer sind auch in diesem Fall in einer Situation weitgehender Rechtlosigkeit. Die Löhne entsprechen nicht dem landesüblichen Niveau, es gibt keine soziale Absicherung oder Unfallversicherung und die nichtregistrierten Einwanderer stehen der Politik für jegliche Funktionalisierung zur Verfügung (Petronioti 1994). In den letzten Jahren ist „Illegalität" auch in Deutschland bedeutsamer geworden. Den Wendepunkt hier markierte die Einschränkung des Asylrechts 1993, wodurch einerseits der kurzer Weg zur Legalisierung verstellt wurde, andererseits aber förmlich abgelehnte Asylbewerber dennoch als Geduldete in Deutschland belassen werden.

Zu unterscheiden sind hierbei Aufenthalts- und Arbeitsprobleme. Vielfach ist der Aufenthalt legal oder er war legal („overstayers"), die Arbeitsaufnahme aber nicht. Entsprechend des mit dem nicht legalen Status gegebenen Spannungsverhältnisses zu den Kontrollbehörden ist es schwierig, Daten und Fakten zu nennen. Es gibt aber auch in Deutschland einige qualifizierte wissenschaftliche Annäherungen. Für das Gesundheits- und das Bildungswesen ergeben sich in diesem Bereich besondere ethische Herausforderungen (Alt 1999; Böcker et al. 2004).

5. *Fazit*

In einer vergleichenden Untersuchung der Situation in Belgien, Frankreich, Deutschland, Griechenland, Italien, den Niederlanden, Spanien, Schweden und Großbritannien wird festgestellt, dass all diese Länder Formen zeitweiliger Zulassung von Ausländern zum Arbeitsmarkt organisieren, also neue Formen der "Gastarbeiter"-Politik pflegen, ähnlich wie in der ersten Phase der Anwerbungen in den fünfziger Jahren (Groenendijk u. Hampsink 1995). Angesichts der hochschäumenden öffentlichen Debatte um den Stopp jeglicher Zuwanderung oder sogar die Rückführung, wie wir sie zur Zeit ebenfalls in fast allen Staaten, vor allem in den Niederlanden, Frankreich und Österreich finden, scheint dies zunächst überraschend zu sein. Näher betrachtet ist es aber aufschlussreich für die Debatte und das Problem.

Zunächst ist zu konstatieren, dass die öffentliche Debatte mit den Fakten vielfach nur begrenzt verbunden ist. Das muss nicht unbedingt etwas mit bewussten Manipulationen zu tun haben, sondern hängt vielfach mit dem nervösen Zustand der öffentlichen Meinung und den Bedürfnissen bestimmter Medien und Politiker zusammen. So können wir immer wieder beobachten, dass es gelingt, mit ganz wenigen spektakulären oder spektakulär gemachten Fällen viel Aufmerksamkeit zu erregen.

Einwanderung und Wandel des Arbeitsmarktes sind, neben weiteren hier wirkenden Faktoren, kausal verknüpft. So weisen die Konstruktionsmerkmale für Beschäftigungsverhältnisse auf Zeit eine breite Tendenz zur Nichtüberprüfbarkeit und damit zur Erleichterung von Rechtsverstößen auf. Dies gilt insbesondere dann, wenn Vertragsverhältnisse über ausländische (Sub)Unternehmen bestehen. Im Gegensatz zu den alten Anwerbe-Verhältnissen, mit denen eine weitgehende Einbürgerung in den Sozialstaat erreicht worden ist, bleiben diese Gruppen von Werkvertragsarbeitnehmern bzw. Leiharbeitern außerhalb der sozialen Sicherungssysteme am Tätigkeitsort. Für die resultierenden Diskriminierungen gilt im Grundsatz:

1. Je weiter ein Beschäftigungsverhältnis von der Regularität entfernt ist, desto anfälliger ist es für Ausbeutung und Niedrigbezahlung.
2. Je mehr solche Zustände in einer Gesellschaft um sich greifen und als normal empfunden werden, desto stärker dynamisiert sich die Zweiteilung der Gesellschaft. An Merkmalen wie Einwanderungsstatus, Nationalität und Hautfarbe können diskriminierende Praktiken festgemacht werden.

Sehr gestaltungsfähig sind auch die Beziehungen der Aufnahme- und der Abgabeländer der Wanderungsprozesse. Dabei besteht eine überwältigende Vorherrschaft der potenziellen Aufnahmeländer, sowohl in rechtlicher wie in faktischer Hinsicht. Während Ausreiseverbote heute international geächtet sind – mit Ausnahme von China und Nordkorea – gilt die Entscheidung über die Zuwanderung als Teil der Souveränität. Dies führt dazu, dass die Einwanderungsstaaten bei der Gestaltung der Kriterien und Bedingungen dominant sind. Selbst die Kontrolldefizite sind überwiegend mit einheimischen Interessen in den Aufnahmeländern verbunden. Sprechende Beispiele sind der Unwille der US-Amerikaner gegenüber Personalausweisen und das Interesse der kalifornischen Obstpflanzer an Arbeitskräften ohne tarifliche Rechte.

Die öffentliche Debatte gibt diese Machtverhältnisse nicht wieder. Sie ist in fast allen Einwanderungsländern von Begriffen wie Fluten, Ströme und Überwältigung geprägt, zum Teil auch in guter Absicht (Vos 1995). Man erinnere sich an den britischen Film "Der Marsch", der diese Ideen mit einer Marschkolonne von Tausenden von Afrikanern ans Mittelmeer eindrucksvoll aufzeigte, aber völlig irreal war. In der wissenschaftlichen Diskussion ist in den letzten Jahren die "danger of securitizing" erkennbar (Huysmans 1995). Nach dem Verlust der alten Ost-West-Bedrohung und den damit verbundenen Aufgaben und Bedrohungsgefühlen versuchen die Sicherheitsorgane ebenso wie die *strategic community*, sich neuen Aufgaben zuzuwenden. Dies ist mit der Produktion von Bedrohungsvorstellungen und entsprechenden Gefahren verbunden, insbesondere auch mit geostrategischem Denken, etwa dem Vorschlag der Trilateralen Kommission, die große Grenzlinie an der Sahara statt im Mittelmeer zu ziehen und deswegen entsprechende Förderungsmaßnahmen für die Länder am Südrand des Mittelmeers vorzusehen. Derartiges Denken verbindet sich mit dem neuen Kulturalismus und einem Aufgreifen alter Bedrohungsvorstellungen, etwa dem Antagonismus gegenüber dem Islam.

Der Konflikt zwischen dem Recht der souveränen Staaten auf Kontrolle des

Zuzugs und auf Kohärenz ihrer Gesellschaften einerseits sowie dem Menschenrecht auf Selbstbestimmung und Mobilität andererseits kann in einer Ära transkontinentaler Mobilität auf zwei Arten gelöst werden: Entweder über die selektive Zulassung ausgewählter Einwanderer aufgrund von Kategorien wie Kapital, professionelle Kenntnisse, Losverfahren etc., oder durch eine schrittweise Ausweitung des Raumes freier Mobilität, soweit dies wünschbar und machbar ist. Während die traditionellen Einwanderungsländer USA, Kanada und Australien die selektive Zulassung bevorzugen und damit bedeutende Brain-Drain-Effekte auslösen, haben sich die EU-Länder in den letzten Jahrzehnten auf eine gegenseitige Öffnung ihrer Grenzen verständigt. Diese Politik hat wenig Wanderungen ausgelöst. Soweit sie stattgefunden haben, blieben sie unspektakulär und fügten sich in die sozialen Umstände der einzelnen Gesellschaften. Im Vergleich zu Nordamerika oder auch zur früheren Sowjetunion erschwert die Vielfalt der sprachlichen, staatlichen und rechtlichen Traditionen die Wanderung. Die EU hat bewiesen, dass auch gravierende Diskrepanzen im Lebensstandard zwischen Regionen keine bedrohlichen oder chaotischen Wanderungen auslösen. Faszinierend schnell ist es gelungen, den Beitritt von zehn Ländern Ostmitteleuropas im Jahr 2004 zu vereinbaren. Da kein demographischer Druck besteht, sind hier auf zukünftig keine riesigen Wanderungszahlen zu erwarten.

Dies gilt auch für die Türkei, wenn es gelingt, die Repression zu beenden und die kurdischen Gebiete zu entwickeln. Der Visumszwang gegenüber der Türkei ist bekanntlich in einer Zeit des Bürgerkriegs eingeführt worden. Gleichzeitig könnte die gegenseitige Öffnung fortgesetzt und formalisiert werden, die es faktisch zwischen den OECD-Staaten heute schon gibt. Selbst die USA haben in den letzten Jahren ihre Visumsbefreiung immer mehr erweitert. In einem Land ohne Personenpapiere bedeutet das praktisch einen weitgehenden Kontrollverlust.

Die schrittweise räumliche Erweiterung hat einen entscheidenden Vorteil. Innerhalb des Öffnungsraumes gibt es keine kontraproduktiven Effekte, wie sie jedes beschränkte Auswahlsystem hat. Heute sind Gruppen wie die Türken in Deutschland, die Algerier in Frankreich, die Jamaikaner in England, die Kroaten in der Schweiz oder die Filipinos in Italien gezwungen, sich "festzuklammern". Gehen sie ins Heimatland zurück, so verlieren sie ihre Chance, in einem reichen Land zu leben. Auch die Effekte von unerwünschten Kettenwanderungen zwischen armen und reichen Ländern würden weitgehend vermieden. Bei der Aussage von der Dominanz der Aufnahmestaaten ist nämlich eine Einschränkung zu machen: Es ist leichter, eine Quelle von Einwanderung zu öffnen als sie zu schließen. So haben etwa Anwerbungen von Arbeitskräften großen Stils immer Wanderungsströme in Gang gesetzt, die dann nicht rasch wieder zu stoppen waren.

Ein weiterer Vorteil dieser europäischen Perspektive ist ihre Berechenbarkeit, Vorhersehbarkeit und Stetigkeit für alle Beteiligten. Der Nachteil ist allerdings der Ausschluss der meisten Bewohner Asiens, Afrikas und teilweise auch Lateinamerikas aus dieser Perspektive. Für sie würden weiterhin nur Ausnahmegenehmigungen gelten, vor allem für Geschäftsleute, Studenten und Flüchtlinge.

In diesem Zusammenhang stellt sich die Frage, was aus den Flüchtlingen werden soll, die heute nach Europa kommen. Das bestehende Asylsystem ist in hohem Maße ungeeignet, Probleme zu lösen. Die negative Koordination in der EU und darüber hinaus verschärfen diese Effekte noch. Unser heutiges System lässt die meisten Flüchtlinge nicht in die reichen Länder hinein. Es belohnt Tricks, Umgehungen und Kapitaleinsatz und macht Vermittler oder Schlepper für viele Flüchtlinge unabdingbar. Es produziert zudem mit hohen Kosten wenig Lebensqualität. 1992 wurden die Kosten für Asylverfahren und damit zusammenhängende Dienstleistungen auf sechs Milliarden Dollar geschätzt, das war fünfmal soviel wie dem UNHCR für die Betreuung von 17 Millionen Flüchtlingen zur Verfügung stand. Zu fordern wäre statt dessen ein Einsatz Frieden stiftender Mittel, die Etablierung von sicheren Zufluchtsmöglichkeiten in der Nähe der Fluchtgebiete und die positive Koordination durch abgestimmte Aufnahmen von Kontingenten von Flüchtlingen, wie es in der Vergangenheit mehrfach durchgeführt worden ist (Overbeek 1995). Es geht also keinesfalls um ein Plädoyer für eine ersatzlose Abschaffung der Zuflucht in Europa, sondern um eine Reform.

Migrationspolitik wird allerdings die Probleme der Weltbevölkerung insgesamt niemals lösen können, insbesondere dann nicht, wenn sie durch andere Politikbereiche aus den Industrieländern heraus geschaffen oder zugespitzt werden. Migrationspolitik muss immer berechenbar sein – für die Bürger des eigenen Landes, die Einwanderer und auch die Herkunftsländer. Sie muss es den Einwanderern ermöglichen und erleichtern, sich schnell in das Einwanderungsland zu integrieren und auch mit diesem zu identifizieren. Inklusive Mechanismen und übergreifende Bindungen dienen dieser Kohärenz, auch im europäischen Kontext. Zugleich stärkt die Erfahrung gelungener Einwanderung die Offenheit des Landes – eine Standortqualität in einer zusammenwachsenden Welt.

Literaturverzeichnis

Alt J., Illegal in Deutschland, Karlsruhe 1999.

Amersfoort, H. /Niekerk, M. van., Einwanderung als koloniales Erbe. Unterschiedlichkeiten niederländischer Erfahrungen, in: In: Hunger, Thränhardt (Hrsg.), Migration im Spannungsfeld zwischen Globalisierung und Nationalstaat. Leviathan-Sonderheft, Wiesbaden 2003

Baringhorst, S., Fremde in der Stadt. Multi-Kulturelle Minderheitenpolitik, dargestellt am Beispiel der nordenglischen Stadt Bradford. Baden-Baden 1991

Böcker A., Thränhardt D., Erfolge und Misserfolge der Integration – Deutsch-land und die Niederlande im Vergleich. Aus Politik und Zeitgeschichte Beilage Das Parlament, 23.6.2003; 26: 3-11

Böcker A., Thränhardt D. In: Hunger, U., Thränhardt, D. (Hrsg.), Migration im Spannungsfeld zwischen Globalisierung und Nationalstaat. Einbürgerung und Mehrstaatigkeit in Deutschland und den Niederlanden. Leviathan-Sonderheft. Wiesbaden 2003

Böcker, A., de Hart. B., Michalowski, I. (Hrsg.), Neue Herausforderungen an die Migrationsforschung. Osnabrück 2004.

Efionayi-Mäder, D., Asyldestination Europa, Zürich 2001

Groenendijk K, Hampsink R., Temporary Employment of Migrants in Europe, (Katholieke Universiteit, Faculteit der Rechtsgeleerdheid), Nijmegen 1995

Hammar. T., Sweden, in: Brochman, G./ Hammar, T. (Hrsg.), Machanisms of Immigration Control, Oxford 1999, 169-202

Hunger, U., Der rheinische Kapitalismus in der Defensive. Eine komparative Policy-Analyse zum Paradigmenwechsel in den Arbeitsmarktbeziehungen am Beispiel der Bauwirtschaft, Baden-Baden 2000

Huysmans J., Migrants as a Security Problem: Dangers of `Securitizing´ Societal Issues, In: Miles R, Thränhardt D (Hrsg.), Migration and European Inte-gration. The Dynamics of Inclusion and Exclusion. London: 1995: 51-72.

Kolb, H.: Einwanderung zwischen wohlverstandenem Eigeninteresse und symbolischer Politik. Das Beispiel der deutschen „Green Card“, Münster 2004.

Layton-Henry, Z. (Hrsg.), The Political Rights of Migrant Workers in Western Europe, London 1990.

Leggewie, C., Multikulti. Spielregeln für die Vielvölkerrepublik, Berlin 1993

Link, J., Medien und "Asylanten". Zur Geschichte eines Unworts, In: Thrän-hardt, D., Wolken, S. (Hrsg.), Flucht und Asyl. Informationen, Analysen, Erfahrun-gen aus der Schweiz und der Bundesrepublik Deutschland Freiburg 1988:50-61

Lutz, H., "My daughters will manage to live here". Arbeitspapier, Workshop Power and Identity. The role of Ethnic, National, Gender and Political Identity in Oral History, New York 1994.

Meier-Braun, K.-H., "Freiwillige Rotation". Ausländerpolitik am Beispiel der baden-württembergischen Landesregierung. München 1979

Münch, U., Asylpolitik in der Bundesrepublik Deutschland, Opladen 1992

Overbeek, H., Towards a New International Migration Regime. Globalization, Migration and the Internationalization of the State. In: Miles, Thränhardt 1995: 16-36

Petronioti, X., Griechenland. In: Heinelt H. Zuwanderungspolitik in Europa. Nationale Politiken. Gemeinsamkeiten und Unterschiede, Opladen 1994: 286-301.

Ring, H., Refugees in Sweden: Inclusion and Exclusion in the Welfare State. In: Miles R, Thränhardt D. (Hrsg.). Migration and European Integration. The Dynamics of Inclusion and Exclusion, London 1995: 159-176

Schlesinger, A., The Disuniting of America. Reflections on a Multicultural Society, New York / London 1991.

Schmidt, H., Die Deutschen und ihre Nachbarn, München 1992.

Sciortino G., Einwanderung in einen mediterranen Wohlfahrtsstaat: Die italieni-sche Erfahrung. In: Hunger U, Thränhardt D (Hrsg.). Migration im Spannungsfeld zwischen Globalisierung und Nationalstaat. Leviathan-Sonderheft, Wiesbaden 2003

Stötzel, G., Wengeler, M., Kontroverse Begriffe. Geschichte des öffentlichen Sprachgebrauchs in der Bundesrepublik Deutschland Berlin, New York 1995: 711-749

Thränhardt, D., Die Ursprünge von Rassismus und Fremdenfeindlichkeit in der Konkurrenzdemokratie. Ein Vergleich der Entwicklungen in England, Frankreich und Deutschland. Leviathan 1993; 21: 336-357

Thränhardt, D., Europäische Feindbilder – alt und neu. In: Migration, Flucht und Wanderungen am Ende des 20. Jahrhunderts. WeltTrends. Potsdam 1994, 77-88.

Unabhängige Kommission „Zuwanderung“, Zuwanderung gestalten, Integration fördern. Bericht, Berlin 2001.

Vos, J., Illegal Migrants in the Netherlands. In: New Community. 1995; 21: 103-113

Weiss, K. / Kindelberger, H., (Hrsg.), Zuwanderung und Integration in den neuen Bundesländern zwischen Transferexistenz und Bildungserfolg, erscheint Freiburg 2007.

Wihtol de Wenden, C., French Immigration Policy. In: Thränhardt D (Hrsg.). Europe – A New Immigration Continent. Policies and Politics in Comparative Perspective, Münster / Boulder 1995.

Wihtol de Wenden, C., Muslim Populations in France: Actors and Objects of Political Discourse, in: Baringhorst, S. / Hollifield, J. F./ Hunger, U. (Hrsg.), Perspektiven der vergleichenden Migrationsforschung, Münster 2006, 281-294.

Widgren, J., International Migration and Regional Stability. International Affairs, 1990; 4: 753.

Wolken, S., Das Grundrecht auf Asyl als Gegenstand der Innen- und Rechtspolitik in der Bundesrepublik Deutschland, Frankfurt a. M. 1988

Gertraud Koch

Reform des Bildungswesens: Wissensbasierte Gesellschaft und Globalisierung

1. Wissensbasierte Gesellschaft und Globalisierung

Auf seiner Tagung in Lissabon im März 2000 hat sich Europäische Rat das strategische Ziel gesetzt, die Union bis 2010 „zum wettbewerbsfähigsten und dynamischsten wissensbasierten Wirtschaftsraum der Welt zu machen – einem Wirtschaftsraum, der fähig ist, ein dauerhaftes Wirtschaftswachstum mit mehr und besseren Arbeitsplätzen und einem größeren sozialen Zusammenhalt zu erzielen".[1] Der Europäische Rat adressiert mit dieser Zielsetzung die Herausforderungen, die sich in einer globalisierten, durch raschen Wandel gekennzeichneten Welt ergeben. Er schließt sich damit der Auffassung führender Gesellschaftstheoretiker an, dass wir heute in einer Gesellschaft leben, die dadurch charakterisiert ist, dass nicht der Handel mit materiellen Gütern sondern der Austausch von Dienstleistungen, Informationen und Wissen die Ökonomien in (spät-)modernen Gesellschaften prägt.[2] (z.B. Bell 1975, Böhme und Stehr 1986; Stehr 2001, Giddens 2001) Wissen gewinnt demzufolge enorme Bedeutung für Unternehmen und Gesellschaften im globalen Wettbewerb. Es verspricht aber auch Individuen entscheidende Vorteile in der Konkurrenz um Arbeitsplätze und Einkommen (Schleicher 2006:447-449).

Die gesellschaftstheoretisch diagnostizierte Entwicklung zur Wissensgesellschaft hat sich inzwischen in der Selbstsicht der Europäer durchgesetzt. Nicht nur politische Institutionen, auch die Medien und die Bürger haben dieses Paradigma aufgegriffen. Zeitungen und Zeitschriften haben eigene Rubriken zum Thema „Wissen" eingerichtet oder gleich ganz als Titel gewählt. Der Gebrauch des Begriffs hat sich explosionsartig vermehrt, als Präfix oder Appendix wertet er inzwischen zahlreich bestehende Bezeichnungen auf oder ersetzt diese an vielen Stellen vollständig.[3]

1 Zit. n.: http://ue.eu.int/ueDocs/cms_Data/docs/pressData/de/ec/00400.%20ann.d0.htm, 16. Juni 2006

2 Solche gesellschaftstheoretischen Diagnosen stützen sich auch auf empirische Wirtschaftsdaten. „Mehr als 80 Prozent aller Menschen in Europa beziehen ihr Einkommen inzwischen aus wissensbasierter Arbeit oder Tätigkeit in Dienstleistungsberufen" (Giddens 2006).

3 So ist von Wissensmedien, Wissensportalen, Wissensstrategien usw. die Rede. Auf die Differenzierung von Wissen und Information soll hier nicht näher eingegangen werden, da es bis heute kein einheitliches Verständnis davon gibt, was unter Wissen zu verstehen ist. Unterschiedliche Disziplinen, wie die beispielsweise die Philosophie, die Pschychologie und die Kulturwissenschaft, haben jeweils eigene begriffliche Konzepte entwickelt. Konsens besteht jedoch weitgehend darin, dass Wissen und Information zu unterscheiden sind.

Gemeinsam mit dem Wissen in der Gesellschaft gewinnen alle Sektoren und Bereiche an Bedeutung, die sich in irgendeiner Weise mit diesem befassen. Bildung und Forschung werden als zentrale Instrumente angesehen, um die Gesellschaft voran zu bringen und mit ihr auch die Wachstumsaussichten und die Konkurrenzfähigkeit im globalen Wettbewerb zu fördern. Bildung ist in Folge der in Lissabon gefassten Beschlüsse des Europäischen Rates eine wesentliche Säule auch für das Europäische Sozialmodell (ESM): „Die Option ‚Wissensgesellschaft' setzt Investitionen in die Humanressourcen voraus, damit die Qualifikation und die Mobilität der Arbeitnehmer gefördert werden. Zugleich gilt es auch, die Qualität der Beschäftigung zu fördern und für die größtmögliche Zahl von Arbeitnehmern Strategien in den Bereichen Bildung und lebensbegleitendes Lernen zu entwickeln".[4] So die Schlussfolgerungen des Vorsitzes des Europäischen Rates in Nizza im Jahr 2000. Ein Vielzahl an Programmen und Maßnahmen im allgemeinen und im beruflichen Bildungsbereich schließen sich an die Lissaboner Agenda an.[5]

Der Anspruch, Bildungsentwicklungen in Europa zu steuern, um einen weltweit führenden, europäischen Wirtschaftsraum entstehen zu lassen, ist kein geringer. Wissen wird dabei als zentraler Rohstoff für die europäischen Ökonomien aufgefasst und soll nun mittels Bildung gefördert werden, mit dem Ziel die wirtschaftliche Konkurrenzfähigkeit zu steigern.[6] Auch wenn grundsätzlich die Notwendigkeit von Reformen im Bildungswesen ebenso wie die Orientierung an einem wissensbasierten Gesellschaftsmodell in Zeiten der Globalisierung unumstritten und die Reformen bereits beschlossene Sache sind, so bleiben dennoch eine Reihe an Fragen und Problemen in diesem Kontext. Der vorliegende Beitrag wird deswegen zunächst die Hintergründe und Ziele darstellen, die die Europäische Union zur Reformierung des Bildungssektors veranlasst haben. In einem zweiten Schritt werden die offenen Fragen und Probleme erörtert werden, die mit den Reformen verbunden sind. Um dann in einem dritten abschließenden Schritt zu fragen, welche Tendenzen

4 Zitiert nach: http://ue.eu.int/ueDocs/cms_Data/docs/pressData/de/ec/00400.%20ann.d0.htm, 16. Juni 2006, Anlage 1: Europäische Sozialagenda.

5 Hier ist insbesondere das Arbeitsprogramm „Allgemeine und Berufliche Bildung 2010" zu nennen, das vom Rat und den Kommissionen im Februar 2002 angenommen wurde (s. Amtsblatt1.c142 vom 14. Juni 2002). Weg weisende Bildungsmaßnahmen und -programme sind von der EU allerdings schon vor der Lissabon-Agenda ins Leben gerufen worden, beispielsweise die Bologna-Beschlüsse zur Reformierung des europäischen Hochschulwesens im Jahr 1999. Und auch das Erasmus-Programm unterstützt das Zusammenwachsen des europäischen Bildungsraums.

6 Zur Spezifik dieses „Rohstoffes" Wissen siehe (Fuller 2002).

erkennbar sind, die sich durch die auf die Globalisierung reagierenden Reformen im Bildungsbereich für die Menschen in Europa ergeben.[7]

2. *Reformen des Bildungswesens – Hintergründe und Ziele*

Die knappste Formel, um die Problemlage zu beschreiben, die für europäische Staaten im Zuge der Globalisierung entstanden ist, ist die der wirtschaftlichen Konkurrenzfähigkeit „From an economic perspective, globalisation thus means merging national economies, more integrated markets and increasing or a future increase in cross-border mobility of the factors of production (labour and capital). Events and acitities in one part of the world are having an increasingly important impact on people and societies elsewhere." (Meyer-Dohm 2003:328) Auch wenn einzelne Mitgliedstaaten und Europa insgesamt in diesem Wettbewerb (noch) verhältnismäßig gut positioniert sind, so wird ihre Position durch weltweite Konkurrenten zunehmend infrage gestellt. Mit niedrigen Löhnen und einem uneingeschränkten Fortschrittswillen entscheiden diese den Wettbewerb mit europäischen Konkurrenten zunehmend für sich. Die Verlagerung oder der Verlust von Arbeitsplätzen sind entsprechende Konsequenzen, die die europäische Wirtschaft zu spüren bekommt. In dieser Situation besinnt sich diese auf ihre traditionelle Stärke im wissenschaftlich-technischen Bereich und versucht diese durch eine weitere Intensivierung ihrer Innovationsstärke auszubauen. Die europäische Antwort auf die Herausforderungen der Globalisierung ist die Intensivierung der Bildung, um so schneller eigene Wissensbestände zu innovieren und die Ökonomie zu befähigen, immer rascher neue Produkte auf den Markt zu bringen.

Gleichzeitig ist ein steigendes Durchschnittsalter der europäischen Bevölkerung zu verzeichnen. Die Geburtenraten sind europaweit seit dem 19. Jahrhundert beständig zurückgegangen, so dass der Anteil der älteren Bevölkerung in Europa stetig steigt. Diese Tendenz wird sich auch in Zukunft fortsetzen (Birg 1996). Europäische Sozialsysteme sehen sich damit vor der Herausforderung, dass ein relativ kleiner Anteil arbeitende Bevölkerung einen großen Anteil älterer Menschen und auch die nachwachsenden Kinder mitversorgen muss. Analog verändert sich die Altersstruktur in Unternehmen (Birg 1996; Hullen 2003; Kistler 2003). Anders als

7 Auf den Begriff und das Geschehen der Globalisierung gehen Berthold/Neumann, Young, Schrader, Janning und Schrader in diesem Band detailliert ein. An dieser Stelle kann deswegen auf eine komplexe Erörterung der divergierenden Positionen zur Globalisierung verzichtet werden. Es mag ein Verweis auf das Verständnis von Globalisierung genügen, das diesem Beitrag zugrunde liegt. Globalisierung wird verstanden als ein Phänomen des weltweiten Austausches von Gütern, Ideen und Geld, das historisch nicht neu ist, aber aufgrund der technologischen Entwicklung heute eine neue Dimension gewonnen hat, weil Umfang und Geschwindigkeit der Austauschprozesse exorbitant gestiegen sind und sich weiter beschleunigen.

bisher können dort neue wissenschaftliche Erkenntnisse und Verfahren nicht mehr „automatisch“ durch die Einstellung von Hochschulabsolventen integriert werden. Vielmehr müssen andere Wege gefunden werden; um hier auf dem neuesten Stand zu bleiben und auch die eigene Produktentwicklung voranzutreiben werden zunehmend auch ältere Mitarbeitern herangezogen werden. Diese Tendenz wird in einem Wirtschaftssystem, in dem ökonomischer Erfolg in erheblichem Umfang von permanenter Innovationstätigkeit abhängt, allgemein mit Skepsis aufgenommen (Foders 2000; Bullinger 2001; Buck, Kistler und Mendius 2002). Damit Innovationen weiter stattfinden, ist eine große Bereitschaft der arbeitenden Bevölkerung notwendig, über Ausbildung und Studium hinaus lebenslang zu lernen.[8] Die Implementierung von lebenslangem Lernen ist insofern ein wesentliches Ziel, das auch wegen des raschen technologischen Wandels für alle Menschen in modernen Gesellschaften als wichtiges Verhalten angesehen wird.

Andererseits wird diskutiert, ob der relative Verlust an jungen, gut qualifizierten Arbeitskräften durch den Zuzug von Menschen aus anderen Nationen aufgefangen werden könnte (Schmid 2001). Die bisherigen Versuche, einen solchen Ausgleich zu erreichen, verliefen erfolglos. Der internationale Wettbewerb um gut qualifiziertes Personal hat bereits eingesetzt. Auch sehen sich die Mitgliedstaaten der Europäischen Union in überwiegender Mehrheit mit den Schwierigkeiten konfrontiert, Migranten in ihre Gesellschaft zu integrieren. Solche Integrationsschwierigkeiten fangen in der Regel bereits in der Schule an, ziehen sich durch die gesamte Biografie und führen dann zu überdurchschnittlich oft zu niedrigenen Bildungsabschlüssen (Badawia 2002; Below 2003). Gut qualifizierte Menschen mit prinzipieller Migrationsbereitschaft haben dieses Defizit vieler europäischer Bildungssysteme wahrgenommen und schrecken deshalb davor zurück, sich mit ihren Familien in Europa und insbesondere Deutschland anzusiedeln (Smolicz 1990; Geißler 2003). Der Anteil von Migranten, die aus bildungschwachen Milieus nach Europa streben, ist demgegenüber weitaus höher. Ihre Integration stellt ebenso wie die Integration von sozial schwächeren Schichten die nationalen Bildungssysteme vor mehr oder weniger große Herausforderungen (MOSAIC 2005; Schleicher 2006:435f.).

Es ist deutlich, dass die Schlüsselstellung von Bildung für den europäischen Wirtschaftsraum auf Strategien zur Intensivierung der Bildungsbemühungen auf allen Ebenen setzt: bei Individuen, in den Bildungsinstitutionen, in den Unternehmen und beim Staat. Solche Anstrengungen sind nicht umsonst zu haben; neben dem persönlichen Engagement bzw. der Setzung von entsprechenden Prioritäten sind darüber hinaus auch Finanzmittel in erheblichem Umfang notwendig (Orivel 2002). Die Finanzierbarkeit von mehr Bildungsangeboten und von steigenden Qualitätsansprüchen sind deswegen weitere Problematiken, die die Reformierung

8 Dies gilt umso mehr als das Bild vom Alter keineswegs mit Dynamik und Innovativität kompatibel ist. (Böck and Dieckmann 1998; Kondratowitz 2000)

des Bildungswesens leiten. Dies ist gerade in Mitgliedsländern, in denen eine weitgehende staatliche Finanzierung von Bildung üblich ist, mit intensiven Prozessen der gesellschaftlichen Selbstverständigung über öffentliche und private Verantwortlichkeiten verbunden (Koch 2006b).

Um diese Herausforderungen zu adressieren und zum dynamischsten Wirtschaftsraum der Welt zu werden, haben der Europäische Rat und die Kommission ausgehend (EU 2001a; Bundesministerium für Bildung und Forschung 2002) von Beiträgen der Mitgliedstaaten drei konkrete künftige Ziele für der Bildungssysteme formuliert:

Ziel 1: Höhere Qualität der Systeme der allgemeinen und beruflichen Bildung
Ziel 2: Leichterer Zugang zur allgemeinen und beruflichen Bildung für alle
Ziel 3: Öffnung der allgemeinen und beruflichen Bildung gegenüber Migranten

Diese wurden durch den Entwurf eines Arbeitsprogramms in weitere Detailziele differenziert (EU 2001b; Bundesministerium für Bildung und Forschung 2002).

3. *Probleme der Bildungsreformen*

Die von der EU in Abstimmung mit den nationalen Bildungsministerien formulierten Ziele für die Bildungssysteme sind keinesfalls auf einhellige Begeisterung in den Mitgliedstaaten gestoßen. Experten, die sich mit dem Zusammenhang von Globalisierung und Bildung beschäftigen, zergliedern dieses Phänomen als rhetorische Figur, als Diskurs und als ein tatsächliches Geschehen. Zahlreiche Debatten kreisen um polare Kategorien, um global und lokal, um Konvergenz und Divergenz, um Standardisierung und Vielfalt. Die politischen Debatten, die in diesem Kontext geführt werden, lassen sich ebenso wie die wissenschaftlichen Diskurse zur Globalisierung in der Bildung in folgende Kategorien einteilen (vgl. Amos, Keiner, Proske et al. 2002:195f.):

(a) die Funktion von Bildung unter den veränderten Bedingungen des Weltmarkts,
(b) das Problem der Souveränität und der Einflussnahme auf Bildungstraditionen,
(c) der Prozess der globalen Diffusion und die Bedeutung von externen Experten in diesem Prozess,
(d) die Konsequenzen der Globalisierung für Gerechtigkeit und Chancengleichheit in der Bildung.

Diese Systematik soll die folgenden Überlegungen leiten, wobei die Kategorien (b) und (c) hier unter der Frage nach Tendenzen der Konvergenz oder Divergenz der nationalen Bildungssysteme subsumiert werden.

3.1 Bildung in Zeiten der Globalisierung – eine Zulieferung für die Ökonomie?

Die Perspektivierung von Bildung durch die Europäische Kommission und den Europäischen Rat aus einem vorrangig ökonomischen Kalkül heraus ist unübersehbar und eine logische Konsequenz der Zielsetzung, zum dynamischsten, wissensbasierten Wirtschaftsraum der Welt zu werden. Mittels der Bildungspolitik, eines der wesentlichen Politikfelder für die Umsetzung des Europäischen Sozialmodells, sollen die Beschäftigungs- und Verdienstmöglichkeiten verbessert, die Voraussetzungen für die wirtschaftliche Prosperität und die Teilhabe am gesellschaftlichen Leben geschaffen werden (Witte 2004; EU 2005b). Ein Kernelement der Reformen ist dabei die Implementierung von lebenslangem Lernen, damit die dynamischen Entwicklungen des Wirtschaftraumes mit vollzogen werden können (EU 2005a). Bildung soll stärker auf „Employability" ausgerichtet und insgesamt flexibler werden, indem schulische und universitäre Erstausbildung zu Gunsten von berufsbegleitenden Formen des Lernens verkürzt werden.

Die stärkere ökonomische Perspektivierung von Bildung im Europäischen Sozialmodell (ESM), die in Begriffen sich auch in Begriffen wie „human capital" ausdrückt, ist eine Tendenz, die nicht erst durch die Lissabon Beschlüsse aufkommt, sondern das Geschehen im Bildungswesen bereits seit einiger Zeit prägt. Gerlach (2000) beispielsweise zeichnet Ökonomisierungstendenz für das Konzept des lebenslangen Lernens nach, das ursprünglich in den 60er Jahren als emanzipatorisches Projekt von der UNESCO gestartet worden war. Eine Schlüsselfunktion und aktuellen Höhepunkt für die Ökonomisierung von Bildung wird auch der vielbeachteten PISA-Studie zugeschrieben. „[A]nalytisch gesprochen: die Untersuchung steht für ein neues Dispositiv von Bildung. Das Programm und die Untersuchung bereiten die Wege, die ethische und pädagogische Idee der Bildung aufzugeben, Bildung stattdessen den Zwängen eines modernen, entfesselten, globalen Kapitalismus auszuliefern" (Winkler 2002:11). Die Kennzahlen von PISA helfen nach Ansicht von Winkler dabei, potenzielle Bildungsmärkte zu erschließen. Die Brisanz der PISA-Befunde liege somit darin, dass diese in einer globalisierten Welt den investiven Strategien und Entscheidungen von Unternehmen zu Grunde gelegt werden könnten.

Kritische Positionen sehen unter Verweis auf Erfahrungen mit Privatisierungen des Bildungswesens in anderen europäischen Ländern eine „neoliberalistische Umstrukturierung des öffentlichen Bildungswesens", die den Anfang vom Ende der öffentlichen Bildung einläutet (Lohmann 2001:1). Sie gipfelt in der Verlagerung von Verantwortung und von Kosten auf das Individuum, die die beiden niederländischen Bildungsforscher Jan Masschelein und Marten Simons, kritisieren. Die Figur, die den europäischen Bildungsraum bewohne, sei das unternehmerische Selbst. "Das unternehmerische, autonome Selbst existiert natürlich nicht. Es handelt sich dabei um eine empirisch identifizierbare Einheit, sondern um eine Richtung, in die sich Individuen und Organisationen – dem Regime zufolge – verändern müssen und verändert werden müssen" (Masschelein und Simons 2005:83). Das Reden über diesen Idealtypus an europäischem Bürger führe dazu, dass Menschen sich in dieser Art und Weise begreifen und sich selbst und ihr Urteil über andere an diesem Idealbild orientieren. Die Partizipation an den Reformen werde bei einem solchen Selbstverständnis unumgänglich. Gleichzeitig unterliege Bildung Kosten-Nutzen-Kalkülen. Nach Ansicht eines Experten des Deutschen Insitut für Pädagogische Forschung (DIPF) ist ein direkter Zusammenhang von guter Bildung und ökonomischem Erfolg jedoch fragwürdig. „Der dabei postulierte Zusammenhang zwischen Schülerleistung und wirtschaftlicher Wettbewerbsfähigkeit eines Landes ist empirisch (...) kaum evident und wahrscheinlich auch schwer zu erbringen" (Döbert 2005:6). Gerade das deutsche Bildungssystem, dem seit der Gründung der Bundesrepublik negative Bewertungen ausgestellt wurden (Winkler 2002:3f.), ist in einer der potentesten europäischen Volkswirtschaften beheimatet. Vor diesem Hintergrund ist es zumindest fragwürdig, ob die derzeitigen, europaweiten Reformanstrengungen im Bildungsbereich auch die gewünschten Effekte erbringen werden.

Aus individueller Perspektive ist die gegenwärtige Situation im Bildungsbereich mehr als unübersichtlich. Die generelle, von der OECD getroffene Aussage, dass Bildung sich rechnet (Kahl 2002), ist statistisch sicher richtig, für den Einzelfall jedoch eine unsichere Handlungsempfehlung. Es ist nur schwer vorhersehbar und damit planbar, welche Qualifikationen in der Zukunft gefragt sein werden. Aus einer ökonomischen Logik gesprochen, ist für die Investition in Bildung insofern Risikokapital erforderlich.[9] Legt man tatsächlich ein ökonomisches Primat zugrunde, kann Bildung leicht zum „overschooling" werden und damit in das Gegenteil einer zukunftsträchtigen Investition umschlagen. Diese Gefahr besteht besonders dann, wenn viele sehr gut qualifizierte Menschen auf einen übersättigten Arbeitsmarkt strömen und dort nur noch Arbeitsstellen unter ihrem eigentlichen Qualifikationsniveau finden (Meer and Glebbeek 2001). In einem solchen Falle wäre die Verzinsung von Bildungsinvestitionen gering oder gar nicht vorhanden. Eine Gestaltung des individuellen Bildungsweges aufgrund von Kosten-Nutzen-Kalkülen ist insofern mit einigen Unwägbarkeiten verbunden. Gleichzeitig wird durch eine ökonomische Fokussierung versäumt, humanistische Bildungstraditionen, die die europäische Geschichte prägen, als Besonderheit wahrzunehmen und gemäß den veränderten Anforderungen in modernen Gesellschaften weiterzuentwickeln. Die Ausrichtung an Anforderungen der Ökonomie verstellt diese Entwicklungsperspektive.

9 Bildung insgesamt unterliegt dem Paradoxon, dass sie für zukünftige Anforderungen erfolgt, die man zum Zeitpunkt der Ausbildung von Kindern und Jugendlichen jedoch noch nicht kennt. Dieses Paradoxon verstärkt sich in einer globalisierten, von raschem Wandel geprägten Welt.

3.2 *Konvergenz oder Divergenz – was wird aus nationalen Bildungstraditionen?*

Eine weitere Problematik, die durch die Bildungspolitik im Kontext des ESM angesprochen wird, ist die möglicherweise entstehende Konvergenz der verschiedenen nationalen Bildungssysteme, die nationale Qualitäten und Traditionen ausmanövriert. Diese Frage stellt sich in globalen Zeiten auch unabhängig vom ESM. Pädagogikforscher wie Jürgen Oelkers von der Universität Zürich gehen davon aus, dass die derzeit entstehende Globalisierung der Bildung Standardisierungen innerhalb der drei großen Wirtschaftszonen des Globus erwarten lässt. Dabei hätten solche großen Systeme leicht einen Wettbewerbsnachteil, weil sie nicht spezifisch genug produzieren könnten (Oelkers 2000:12f.). Auch die renommierten Stanforder Wissenschaftler John W. Meyer und Francisco Ramirez sehen eine zunehmende Verdrängung von nationalen Besonderheiten durch globale Tendenzen (Meyer and Ramirez 2003). Schon heute sei die Bedeutung von nationalen Bildungstraditionen weit geringer, als gemeinhin angenommen und in Perspektive werde sich durch die Diffusion von Bildungskonzepten aus den westlichen Industrienationen eine Weltkultur entwickeln.

Solchen Einschätzung widersprichten der Berliner Wissenschaftler Jürgen Schriewer, der mit seiner Forschergruppe in einer empirischen Studie die pädagogischen Expertendiskurse in Spanien, Russland und China daraufhin untersucht hat, ob und welche Themen und Autoren der globalen Bildungsdiskurse sie aufgreifen. Er stellt multiple Konstruktionen von Internationalität in den untersuchten Ländern fest. Auch sei es nicht selbstverständlich, dass auf Internationalisierung überhaupt Bezug genommen wird. Die Diskurse in Spanien, Russland und China wiesen erhebliche Variationen in ihrer Bezugnahme zu internationalen Diskussionen auf. "[T]hese fluctuations (...) do by no means reflect some kind of irresistible dynamics tending towards the international convergence of educational knowledge. They correspond, instead, to radical transformations in the respective countries' political systems and dominant ideologies" (Schriewer 2003:279). Auch ließe sich eine große Variation bei den Autoren feststellen, die die jeweiligen nationalen Diskurse von der internationalen Ebene aufgreifen. Die Problemorientierung in den nationalen Diskursen "functions as a `filter`, selecting, channelling, and transforming non-national knowledge into national meaning structures" (Schriewer 2003:278). Ausgehend von diesen Ergebnissen könne die Weltkulturthese zwar noch nicht letztendlich widerlegt, wohl aber infrage gestellt werden, so dass weiterer Forschungsbedarf bestünde, um hier eine abschließende Einschätzung zu geben.

Welche Effekte die Bildungspolitik der EU im Zeichen des ESM haben wird, lässt sich somit aus dem Erkenntnisstand der Bildungsforschung zur Globalisierung nicht ohne weiteres ableiten. Studien, die europäische Entwicklungen untersuchen, haben, den oben dargestellten Paradigmen der Bildungsforschung folgend, widersprüchliche Ergebnisse erbracht. Erkenntnissen, die eine zunehmende Konvergenz der Bildung bzw. der Bildungssysteme in Europa feststellen (z.B. Orivel 2002;

Silova 2002), sind ebenso verbreitet, wie denjenigen, die von divergenten Entwicklungen ausgehen (z.B.Lenhardt 2002; Kehm 2005). Mit anderen Worten: Aus den empirischen Entwicklungen lässt sich beides ablesen und es hängt wesentlich von der theoretischen Perspektive ab, ob homogenisierende oder diversifizierende Tendenzen festgestellt werden. Je nach Opportunität sind auch in der Praxis Konvergenzen erwünscht oder gefürchtet (Adick 2002; Gottschall und Hagemann 2002). Folgt man dem gegenwärtigen Forschungsstand zur Globalisierung (Schuerkens 2003) und legt diesen auch für Bildungsentwicklungen zugrunde, so kann man von einem „Sowohl-als-auch" bzgl. Konvergenzen und Divergenzen auszugehen. Globale Entwicklungen erfordern eine Konkretisierung im Lokalen. Die Lokalisierung von globalen Entwicklungen ist jedoch, wie die Globalisierung selbst, ein höchst fragmentiertes, divergentes Geschehen, das keinesfalls überall in gleicher Weise stattfindet, sondern asymmetrisch und teilweise auch widersprüchlich verläuft.

Sinnvoll scheint es, in dieser Situation von pauschalen Urteilen abzusehen, die Aufmerksamkeit auf Konkretes wie die bildungspolitischen Prozesse in der EU zu lenken und zu fragen, welche Einflussmöglichkeiten die EU dadurch überhaupt auf nationale Bildungsentwicklungen gewinnen kann. Inwieweit ist sie in der Lage Konvergenzen zu etablieren? Schaut man die Kompetenzverteilung an, so wird deutlich, dass diese in der Bildung anders als in anderen Politikfeldern in vollem Umfang bei den europäischen Ländern selbst liegen und die EU lediglich über Maßnahmen und Programme Impulse setzen kann. Eine Verpflichtung aller Länder zur Beteiligung an diesen ist damit nicht formuliert. Um auch in solchen Politikfeldern ohne formale, rechtlich festgelegte Einflussmöglichkeiten gestaltend tätig werden zu können, hat die EU die Methode der Offenen Koordinierung entwickelt.[10] Auch wenn diese als "butterweiches" Verfahren ohne verbindlichen Charakter gilt, so ist damit ein Hebel gefunden, um dennoch Einfluss zu nehmen (Witte 2004). Für das Bildungswesen konnte damit immerhin eine Selbstverpflichtung der einzelnen Nationen auf ein Arbeitsprogramm (EU 2001b) erreicht werden. Dieses Programm setzt auf Instrumente wie Benchmarks (EU 2002), Peer Reviews, Erfahrungsaustausch und gemeinsame Studien. An Stelle von Sanktionen wird das Prinzip „Wettbewerb" zwischen den einzelnen europäischen Staaten etabliert.[11]

Aufschlussreich ist in dieser unübersichtlichen Situation auch die Fokussierung auf ganz elementare Fragen: Wie lässt sich Globalisierung als zentrale Entwicklung der Moderne in ihrer Komplexität und Wirkung in Bildungsszenarien für die nachwachsenden Generationen greifbar machen? Situiertheit und Gemeinschaften gelten heute als wesentliche Dimensionen der Bildung (Lave and Wenger 2002

10 Zur Kritik an dieser Methode siehe Kröger (Kröger 2005).

11 Zu einer ersten Diskussion des Arbeitsprogramms aus deutscher Sicht s. Bundesministerium für Bildung und Forschung (2002:34f.).

[1991]). Insbesondere die Grundbildung findet als ein sehr konkreter Prozess statt, der einen Ort und eine Gemeinschaft braucht und sich damit nur lokal vollziehen lässt. Wie also lässt sich Globales – über den Umgang mit dem Internet hinaus – in die Grundbildung integrieren? Dies ist um so mehr die Frage, als Grundbildung nach wie vor eine Vorbereitung auf nationale Bildungskulturen (also wichtiger Dichter und Denker, Kulturgeschichte und relevanter Wissensbestände) ist und aus Sicht der Bildungsforschung wohl auch weiterhin bleiben muss (Oelkers 2000).

Auch wenn also Skepsis angebracht ist gegenüber all zu schnell formulierten Homogenisierungstendenzen im Bildungsbereich, so hat Hans Döbert vom Deutschen Institut für Pädagogische Forschung (DIPF) dennoch einige generelle Trends identifiziert, die Bildung und Schulentwicklung in Europa leiten. Sie lassen sich knapp in folgende Stichworte zusammenfassen: Tendenz zu früher vorschulischer Erziehung und Rücknahme des Frontalunterrichts, Aufbau eines europäischen Bildungsraums, an *employability* und am lebenslangen Lernen orientierte Bildungsziele, Output-orientierte Steuerungsmodelle von Bildung, unterschiedliche Modelle in der Schulfinanzierung und des Umgangs mit Ressourcen, Bildungskooperationen und Internationalisierung auch unter Verwendung von virtuellen Bildungsangeboten, Mehrsprachigkeit, Qualitäts- und Standardsicherung und die Öffnung von Bildungseinrichtungen (Döbert 2005).

Die Aufzählung verdeutlicht, dass abstrakte und relativ allgemeine Begrifflichkeiten gefunden werden müssen, um das konkrete Geschehen in den verschiedenen Ländern in gemeinsame Kategorien fassen zu können. Auch sind diese Trends in den einzelnen Ländern mal mehr und mal weniger ausgeprägt und teilweise auch kaum erkennbar. Sie sind deswegen wohl eher als Leitlinien von nationalen Entwicklungen zu lesen.

3.3 Bildung – zwischen Chancengleichheit und Differenzierung?

Die Idee der Wissensgesellschaft und die damit verbundene Reorganisation der Bildung bleiben nicht ohne Wirkung auf individuelle Lebensverläufe (Kade und Seitter 1998). Bildung schafft Differenzen, zwischen denen, die sie haben und jenen, die sie nicht haben. Sie ist nach Gernot Böhme eine dritte entscheidende, wirtschaftlichen Wohlstand bedingende Größe neben Herkunft und Kapital (Böhme 2001). Vermittelt über Bildung werden Inklusionen und Exklusionen an Wohlstand und gesellschaftlicher Teilhabe geschaffen und reorganisiert. Diese Veränderungen folgen keiner zwangsläufigen, eigendynamischen, der Wissensgesellschaft inhärenten Gesetzmäßigkeit, die zwingend wäre. Vielmehr handelt es sich um Aushandlungsprozesse zwischen Individuum, Staat und Ökonomie, in denen auch Machtverhältnisse reorganisiert werden. In diesem Kontext werden die Grenzen der Verantwortung neu abgesteckt. Bildung als hohes Gut und Lernen als Prozess zur Aneignung dieses Gutes werden europaweit gesellschaftlich aufgewertet. Der Grenzverlauf, entlang dem entschieden wird, wer als Bildungsbesitzer und wer als bildungsfern gilt, ist dabei weitaus diffizieller und fragmentierter als es zunächst scheinen mag. Die Unterscheidung ist nur vordergründig entlang von Bildungsabschlüssen organisiert. Diese stellen nämlich nur eine von mehreren Dimensionen in diesem gesellschaftlichen Differenzierungsprozess durch Bildung dar. Um in der Wissensgesellschaft zu partizipieren, sind Individuen im Alltag immer wieder und in vielfältiger Weise gefordert, sich als lernbereite Menschen zu zeigen. Dafür sind folgende drei Arenen besonders bedeutsam (Koch 2006 a):

- Zeitökonomie: Zwischen Arbeit und Lernen einerseits und Freizeit, Muße, Familie, Ehrenamt andererseits
- Bildungsinhalte: Zwischen berufsqualifizierenden und humanistischen Bildungszielen
- Persönlichkeitsentwicklung: Zwischen Normierung und Individualisierung

Zeitökonomie

Bildung nimmt heute bereits einen breiten Raum im Lebensalltag ein. Die Hälfte der jüngeren Generation in Deutschland verbringt bereits ein Viertel ihrer Lebenszeit in Bildungsinstitutionen (Steinmann 1999). Zusätzlich zur institutionalisierten Bildung, die ihren Anfang demnächst im Kindergarten nehmen wird und im Falle eines Studiums frühestens im Alter von Mitte zwanzig beendet sein dürfte, werden im Laufe des Berufslebens Weiterbildung oder auch Umschulung hinzu kommen. Bildung soll so ein zentraler Topos für alle Lebensverläufe werden. Die Erwartung, sich individuell und permanent auch außerhalb von institutionellen Zusammenhängen und jenseits der organisierten Bahnen aus eigener Initiative zu bilden, steigt erheblich an. Gleichzeitig sind die Zeiten von üppigen Weiterbildungsangeboten und deren Finanzierungen durch Unternehmen vorbei. Renommierte Forscher der Erwachsenenbildung prognostizieren bereits seit einigen Jahren diese Entwicklung (Brödel 1997).

Individuen müssen deswegen zunehmend ein zeitökonomisches Grenzregime zwischen Lernen und anderen Aktivitäten[12] betreiben. Gleichzeitig wird die persönliche Lernorientierung mehr und mehr auch auf der symbolischen Ebene signalisiert. Sie ist heute zu einem wichtigen Topos individueller Selbstbeschreibung geworden. Bildungs- und Berufsberater, Coaches und Studienberater leiten Menschen an, die auf der Suche nach einer Arbeit sind, ihre eigene Biographie in Kategorien des Lernens und des Kompetenzerwerbs zu beschreiben. Gerade so genannte Ausfallzeiten, die etwa durch Elternschaft oder Arbeitslosigkeit bedingt sind, sollen in diesem Sinne interpretiert werden, um potenziellen Arbeitgebern die

12 Den zunehmenden Anteil an Bildung im Zeitbudget von Menschen, die in wirtschaftlich fortgeschritten Gesellschaften leben, hat längst auch die demographische Forschung nachgewiesen und in ihre Theorie der Bevölkerungsentwicklung aufgenommen. (Birg 1996) Sie wird als wesentlicher Faktor beim Rückgang der Geburtenzahlen identifiziert. Die expansive Tendenz von Bildung im Zeitbudget von Menschen, die in Wissensgesellschaften leben wird, manifestiert sich derart an vielen Stellen

Eignung für eine Arbeitsstelle zu belegen.[13] Lernbereitschaft wird so als wesentliches Prinzip etabliert, mit dem Arbeitsmarktfähigkeit nachgewiesen wird, unabhängig von der Verwertbarkeit, der dabei erworbenenen Qualifikationen.

Bildungsinhalte

Gute Bildung ist allerdings noch kein Garant für gute Partizipationsmöglichkeiten in der Wissensgesellschaft. Nur wer sich für die „richtigen" Bildungsinhalte, also die auf dem Arbeitsmarkt geforderten, entschieden hat, wird diese auch im Sinne der Lissabon Agenda einsetzen können. Bildungsentscheidungen werden also zunehmend in einem Spannungsfeld stattfinden, das sich zwischen der Ausrichtung des Wissenserwerbs als ökonomische Ressource und dem Wissenserwerb als Prozess der Menschwerdung, also humanistischen Bildungszielen, bewegt.[14] Lernen muss sich zunehmend am Ergebnis, also an den Kompetenzen messen lassen, die daraus erwachsen. Wissen soll an Anwendbarkeit orientiert sein.[15] Gegenwärtige Auseinandersetzungen um die Frage, welche Bildungsinhalte vermittelt werden sollen, mehr alltagspraktische oder humanistische Bildungsinhalte stehen in einer Tradition des Widerstreits, der Mitte des 19. Jahrhunderts unter maßgeblicher Beteiligung Wilhelm von Humboldts begann. Er setze sich entschieden für eine an Persönlichkeitesentwicklung orientiere Bildung ein und argumentierte gegen Konzepte, die sich an den Bedarfen der expandierenden Industriegesellschaft orientierte. Seitdem lässt sich eine immer stärkere Orientierung hin zu diesen „realen" Bildungsinhalten verzeichnen, die bis heute anhält (Kunze 1981). Dabei sind Unternehmen heute interessiert, ihre Anforderungen an das staatliche Bildungswesen geltend zu machen, um möglichst arbeitsfähige Schul- und

13 Hier gibt es Überlegungen Verfahren zu institutionalisieren, mit denen diese Kompetenzen dann durch ein Zeugnis oder Zertifikat offiziell anerkannt werden, ohne dass die jeweiligen Personen noch einmal eine schulische Institution besuchen müssen.Zum Konzept der Zertifizierung von informellen Kompetenzen s. die Ansätze von John Erpenbeck vgl. (Erpenbeck and Heyse Volker 1999; Erpenbeck 2003)

14 Humanistische und berufsorientierte Bildungsideale sind nicht notwendig Antagonismen. Sie sind aber häufig auch nicht deckungsgleich.

15 Es genügt nicht mehr, in Curricula die Bildungsinhalte zu definieren, vielmehr muss explizit gemacht werden, welche Kompetenzen damit erworben werden können. Beispiel für dieses Vorgehen sind die Bologna-Vorgaben für die Einrichtung von Bachelor- und Masterstudiengängen oder auch die baden-württembergischen Bildungsplanreform, die die Kompetenzorientierung zu einem wesentlichen Prinzip erklärt hat. In den Erläuterungen des baden-württembergischen Kultusministeriums zu der Reform findet sich folgende Passage: „Bei der Orientierung von Schulleben und Unterricht an Kompetenzen müssen die Schülerinnen und Schüler Gelegenheit zum handelnden Vollzug und zum Einüben von Verfahrensweisen erhalten. Um die Komplexität des Kompetenzbegriffs fassbar und für die unterrichtliche und erzieherische Arbeit überschaubar zu halten, werden die folgenden Kompetenzbereiche akzentuiert: personale Kompetenz, Sozialkompetenz, Methodenkompetenz sowie Fachkompetenz." In dem 9-seitigen Dokument kommt der Begriff „Kompetenz" rund vierzig Mal vor. Kultusministerium Baden-Württemberg. URL: http://www.bildung-staerkt-menschen.de/service/downloads/Sonstiges/FAQ_Bildungsplanre form.pdf, 30. Oktober 2005

Hochschulabsolventen zu erhalten. Eine wachsende Realorientierung von Schulen, die auch einher geht mit einer Orientierung an Bedarfen von Wirtschaftsunternehmen, ist ebenso wenig per se negativ wie die bloße Reaktivierung traditioneller humanistischer Bildungskanons sinnvoll ist. Die unverhältnismäßige Orientierung an Berufsqualifikationen zulasten von Lehrinhalten, die die Persönlichkeitsentwicklung fördern, ist jedoch fragwürdig.

Individuen kommen in dieser Situation nicht umhin, sich bei der Wahl ihrer Bildungswege und Lernstrategien zwischen ökonomisch zentriertem Kompetenzerwerb und humanistisch zentrierter Persönlichkeitsentwicklung zu positionieren. Hierin überfordert, kommt es immer noch zu einseitigen Orientierungen und somit zu größerer Sprachlosigkeit zwischen den akademischen Bildungsrichtungen.[16]

Persönlichkeitsentwicklung

Neben der Bereitschaft freie Zeit in Bildung zu investieren und dem Versuch die „richtigen" Bildungsinhalte zu erlernen, ist dauch die Formung der eigenen Persönlichkeit eine wesentliche Anforderung, die in der globalisierten Wissensökonomie an das Individuum herangetragen wird. Das vorne bereits erwähnte Dispositiv des „unternehmerischen Selbst" (Masschelein und Maarten 2005) wird nicht nur diskursiv, sondern gerade auch in Praxen der Arbeitswelt etabliert. Hier bestehen mit betrieblichen Bildungsabteilungen Institutionen, die neben der Vermittlung von neuem Fachwissen gerade auch das Verhalten ihrer Mitarbeiter prägen wollen. Organisationspsychologie und Erwachsenenpädagogik sind zentrale Stichwortgeber dieser Verhaltensformung in Unternehmen. Führungskräfteentwicklung, Konflikttraining, Telefontraining usw. sind Weiterbildungsangebote, die Norm setzende Wirkung haben. Wie wirksam diese Persönlichkeitsbildung ist, fällt im Kontakt mit großen Unternehmen und den dort bestehenden Verhaltensregeln auf. Individuen sind hier einerseits gefordert, sich nahtlos ins Team zu integrieren, andererseits sind sie gehalten, ihre Individualität, ihre Kompetenzen herauszustellen, sofern sie ihre Position erhalten oder verbessern wollen. Sie bewegen sich im Spannungsfeld zwischen Individualität und Konformität. Lernen wird so zunehmend zum Gegenstand von strategischen Entscheidungen. Individuen sind gefordert, persönliche Fähigkeiten und Kapazitäten mit beruflichen Zielen und den dazu gehörigen Lern- bzw. Ausbildungswegen in Einklang zu bringen. Im diesem Spannungsfeld tragen sie ihr Wissen zu Markte und müssen sich dabei durch Originalität und als Individuen hervortun.

16 Ein extremes, gerade dadurch anschauliches Beispiel hierfür ist die Qualifizierung von IT-Experten in den 90er Jahren, die wegen des in der Wirtschaft enorm gestiegenen Bedarfes von diversen Bildungsträgern schnell geschult wurden, entsprechend der hohen Nachfrage auf dem Arbeitsmarkt für kurze Zeit sehr viel verdienten, aber aufgrund der technologischen Entwicklung rasch wieder überflüssig waren. Sie mussten feststellen, dass dieses „Instant Knowledge" weitgehend wertlos geworden war. Wer sich umgekehrt zu sehr an individueller Menschwerdung orientiert, läuft Gefahr ähnliches zu erleben.

Die Partizipationschancen in den globalisierten Wissensökonomien hängen wesentlich mit Partizipationschancen in der Bildung zusammen. Die Grenzen zwischen Gewinnern und Verlieren dieser Entwicklung sind dabei diejenigen, die in der PISA-Studie thematisiert wurden. Sie sind aber weitaus differenzierter als diese. Mit einem hochwertigen Bildungsabschluss ist lediglich eine notwendige Voraussetzung für die Teilhabe geschaffen, die immer wieder neu durch den Nachweis von individueller Bildungsbereitschaft legitimiert werden muss. Bildung ist in diesem Sinne nicht nur ein Instrument, mit dem Chancengleichheit erreicht werden kann, sie ist zugleich auch ein Mittel zur weiteren Differenzierung und zur Selektion. Die nationalen Programme zum europäischen Bildungsraum knüpfen an solche Differenzierungsprozesse durch Bildung an, versuchen diese für ökonomische Kalküle zu nutzen.

4. Reformierte Bildung in einem globalisierten Europa – Wo liegt die Zukunft?

Bildungsentwicklungen in Zeiten der Globalisierung sind genau so offen wie die Zukunft der spätmodernen Gesellschaften insgesamt. Will man zu Einschätzungen kommen, welche Zukunft mit den gegenwärtigen Reformen für das Bildungswesens in Europa eingeleitet werden, so kann dies nur in relativ allgemeiner Weise geschehen.

4.1 Kritisch

Die Zentrierung des Diskurses auf ökonomische Themen, die Kritiker und Befürworter der gegenwärtigen bildungspolitischen Strategien auf EU-Ebene bei aller Gegensätzlichkeit der Argumenten als Fokus doch teilen (z.B. Masschelein), verdeckt die Funktion von Bildung als Befähigung von Individuen und Gemeinwesen zu einer lebenswerten Zukunft. Auch wenn der Verlust humanistischer Bildungsideale immer wieder kritisch angemerkt wird, so bleibt die Kritik meist auf die Defizitanalyse beschränkt und inhaltlich-konzeptionelle Arbeit für einen humanistischen Bildungsansatz, der an modernen Zeiten orientiert ist, wird kaum geleistet. Eine reine Verlustgeschichtsschreibung der europäischen Bildungsidee hilft in dieser Situation jedoch nicht. Ebenso kurz greifen bloße Umdeutungen der derzeitigen Bestandsaufnahmen zu einem optimistischen Tenor, in dem Entwicklungen zur Wissensgesellschaft aus dem Wunsch und Streben von Individuen nach wissensintensiven Berufstätigkeiten heraus begründet werden. Hingegen könnte eine Besinnung und insbesondere Fortschreibung von humanistischen Traditionen der Persönlichkeitsentwicklung entsprechend der Bedürnisse von modernen Gesellschaften einen wesentlichen Impuls in die ökonomische oder pessimistisch dominierte Debatte bringen. Dies kann nur auf der Basis einer gesellschaftlichen Verständigung über Funktion und Ziele der Bildung in Europa geschehen. Erst dann ist es möglich, nachvollziehbare Einschätzungen von der Qualität des Bildungsgeschehens in einer Nation zu gewinnen. Ohne klar formulierte, gesellschaftlich mehrheitsfähige Zielvorstellungen kann das nicht gelingen (Koch 2006b).

4.2 Richtig

Die Einschätzung von Bildung als zentrales Element europäischer Politik ist zweifellos konsequent und appelliert an ein enormes Potenzial für die Entwicklung von Europa. Will man eine gemeinsame europäische Identität fördern, so ist Bildung ein hervorragendes Instrument (Fuhrmann 2004), sofern politische, wirtschaftliche und kulturelle Aspekte gleichermaßen berücksichtigt werden. Gemeinsame Aktivitäten im Bildungsbereich sind dabei ebenso wichtig wie die Transparenz und transeuropäische Durchlässigkeit der Bildungsstrukturen. Die Sorge, dass die derzeitigen Bemühungen der EU in der Bildungspolitik zu einer unerwünscht homogenen Bildungslandschaft in Europa führen, darf angesichts der wissenschaftlichen Erkenntnis zur Globalisierung bezweifelt werden – zumal die zur Verfügung stehenden Instrumente der EU Behörden nicht zu mehr als Selbstverpflichtungen motivieren können. Damit ist für jede europäische Nation die Option gegeben, eigene Bildungsansätze zu verfolgen, nationale Traditionen zu berücksichtigen – oder sich frei zu machen von primär ökonomischen Deutungen des Bildungsgedankens.

4.3 Historisch

Auch wenn es schwierig sein dürfte, historisch sinnvolle Parallelen zur derzeitigen Situation zu finden, so sehe ich zumindest drei inspirierende Analogien.

(a.) Der Rückblick auf die Karolingische Bildungsreform unter Karl dem Großen hat eine gewisse Evidenz für die Frage nach der Konvergenz der Bildungssysteme in Europa. Karl der Große (768-814) richtete eine Vielzahl von Lateinschulen in seinem großen Reich ein und ordnete Latein als Amtssprache an, um die Verständigung zu ermöglichen und seinen Staat regierbar zu halten. "Karl der Große wurde so durch seine Maßnahmen zum Schöpfer eines Zustandes, der weite Teile Europas, das ganze Gebiet der westlichen Kirche, bis zum siebzehnten, ja achtzehnten Jahrhundert geprägt hat: zum Schöpfer des mittelalterlichen und frühneuzeitlichen Bilingualismus“ (Fuhrmann 2002:15). Er legte damit nach Einschätzung des Konstanzer Lateinforschers Fuhrmann die Grundlagen für eine europäische Identität. Eine politisch durchgesetzte sprachliche Homogenisierung hat also der Vielfalt der kulturellen Traditionen in Europa nichts anhaben können und wurde dabei zur Basis einer europäischen Identität. (b.) Auch die Anpassung von Bildungssystemen an sich wandelnden gesellschaftlichen Anforderungen ist eine historische Erfahrung, die im Laufe der Jahrhunderte in Europa immer wieder gemacht wurde. (c.) Historisch ist ebenfalls die negative Einschätzung zur Qualität des deutschen Bildungswesens seit der Nachkriegszeit (Winkler 2002:3f.). Sie hat offensichtlich nicht verhindern können, dass Deutschland zu einer der führenden Wirtschaftsnationen der Welt geworden ist.

Die genannten Beispiele können Kontrapunkte zu gängigen Positionen im Diskurs setzen: (a.) Politisch durchgesetzte Standards können nicht gleichgesetzt werden mit kultureller Homogenisierung. (b.) Auch die Einmaligkeit, die der heutigen Herausforderung für die Bildungssysteme angesichts der Globalisierungserfahrung zugeschrieben wird, ist vielleicht gar nicht so einzigartig. Immer wieder mussten Bildungswesen sich an wandelnde gesellschaftliche Bedingungen mit nicht kalkulierbaren Zukunftsentwicklungen anpassen. (c.) Bildungsgeschehen und ökonomische Entwicklung korrelieren nicht direkt miteinander.

Wenn sich aus solchen historischen Analogien tatsächlich schlussfolgern lässt, dann vielleicht am ehesten, dass die Zukunft kontingent ist und gründliche Analysen notwendig sind, will man einigermaßen verlässliche Trends prognostizieren.

4.4 Herausfordernd

Das Paradigma der Wissensgesellschaft weist, vermittelt über den Begriff des Wissens, dem Individuum eine Schlüsselrolle zu. Denn Wissen ist stets an Individuen und deren Fähigkeiten gebunden, dieses Wissen zu nutzen. Die Wissensgesellschaft setzt also weitaus nachdrücklicher als andere gesellschaftliche Formationen vorher auf die Formung des Individuums. Schließlich ist dieses Quelle jenes Rohstoffes, der zu Markte getragen werden soll und im Zentrum seiner ökonomischen Strategien steht. Individuen bleiben dabei keine passiven Objekte, sind vielmehr selbst aktiv Handelnde, die im Rahmen der spätmodernen Wissensökonomien individuelle Identität aktiv entwickeln. „What to do? Who to be? These are focal questions for everyone living in circumstances of late modernity – and ones which, on some level another, all of us answer, either discursively or through day to day social behaviour." (Giddens 1991:70). Das Individuum ist damit in besonderer Weise gefordert, sich in diesem Kräfteverhältnis zu behaupten. Auch wenn das sicher herausfordernd ist. In dieser Hinsicht waren die Ausgangslage und die Spielräume für selbstbewusste, frei handelnde Subjekte in breiten Bevölkerungskreisen Europas historisch nie so günstig wie heute.

Literaturverzeichnis

Adick, C. (2002), "Demanded and Feared: transnational convergencies in national educational systems and their (expectable) effects." European Educational Research Journal, Vol. 1, No. 2, pp. 214-233.

Amos, K. (2002), E. Keiner, et al., Globalisation: autonomy of education under siege? Shifting Boundaries between Politics, Economy and Education. Introduction." European Educational Research Journal, Vol. 1, No. 2, pp. 193-211.

***B**adawia, T.* (2002), "Der dritte Stuhl" - Eine Grounded Theory-Studie zum kreativen Umgang bildungserfolgreicher Immigrantenjungedlicher mit kultureller Differenz, IKO-Verlag, Frankfurt a.M.

Bell, D. (1975), Die nachindustrielle Gesellschaft, Campus Verlag, Frankfurt a.M.

Below, S. v. (2003), Schulische Bildung, berufliche Ausbildung und Erwerbstätigkeit junger Migranten. Ergebnisse des Integrationssurveys des BIB. Materialien zur Bevölkerungswissenschaft. B. f. Bevölkerungsforschung. Wiesbaden.

Birg, H. (1996), Die Weltbevölkerung: Dynamik u. Gefahren, Beck-Verlag, München.

Böck, M. und Dieckmann, U. (1998) in: Drackle, D. (Hrsg.), "Wenn man mit der Zipfelmütze im Sessel sitzt". Alt und Zahm? Alter und Älterwerden in unterschiedlichen Kulturen, Reimer-Verlag, Berlin, S. 57-76.

*B*öhme, G., Eine vierte Kulturtechnik? Über Bildungspolitik in der Wissensgesellschaft. 2001

Böhme, G. / Stehr, N. (1986), The knowledge society the growing impact of scientific knowledge on social relations, Dordrecht.

Brödel, R. (1997), Erwachsenenbildung in der Moderne: Diagnosen, Ansätze, Konsequenzen, Leske + Budrich, Opladen.

Buck, H., Kistler, E., et al. (2002), Demographischer Wandel in der Arbeitswelt - Chancen für eine innovative Arbeitsgestaltung, Stuttgart.

Bullinger, H.-J. (Hrsg.) (2001), Zukunft der Arbeit in einer alternden Gesellschaft. Broschürenreihe: Demographie und Erwerbsarbeit, Stuttgart.

Bundesministerium für Bildung und Forschung (2002). Europa auf dem Weg in die Wissensgesellschaft. Impulse für die Bildungspolitik in Deutschland. Nationale Startkonferenz zum gemeinsamen Arbeitsprogramm der EU-Bildungsminister und der Europäischen Kommission am 9. Dezember 2002 in Bonn.

***D**öbert, H.* (2005). Trends in Bildung und Schulentwicklung. Aktualisierte und gekürzte Fassung eines Referats vom in Erfurt am 30.11.2001. http://www.dipf.de/publikationen/tibi/trends_doebert_1.pdf.

***E**rpenbeck, J.* (1999), Handbuch Kompetenzmessung. Erkennen, verstehen und bewerten von Kompetenzen in der betrieblichen, pädagogischen und psychologischen Praxis, Schäffer-Poeschel, Stuttgart 2003.

Erpenbeck, J. und Heyse V., Die Kompetenzbiographie. Strategien der Kompetenzentwicklung durch selbstorganisiertes Lernen und multimediale Kommunikation, Waxmann, Berlin u.a.

Europäische Union (2001): Bericht des Rates (Bildung) an den Europäischen Rat: "Die konkreten künftigen Ziele der Systeme der allgemeinen und der beruflichen Bildung". 5680/01 EDU 18 - Nicht im Amtsblatt veröffentlicht.

Europäische Union (2001a), Entwurf des detaillierten Arbeitsprogramms zur Zusammensetzung des Berichts über die konkreten zukünftigen Ziele der Systeme der allgemeinen beruflichen Bildung. Mitteilung der Kommission.

Europäische Union (2002), "Europäische Benchmarks für die allgemeine und berufliche Bildung: Follow-up Tagung des Europäischen Rates von Lissabon." Mitteilung der Kommission KOM(2002) 629 endg.

Europäische Union (2005), Empfehlung des europäischen Parlament und des Rates zu Schlüsselkompetenzen für das lebenlange Lernen. KOM(2005)548.

Europäische Union (2005a), Modernisierung der allgemeinen und beruflichen Bildung: ein elementarer Beitrag zum Wohlstand und zum sozialen Zusammenhalt in Europa. Entwurf des gemeinsamen Fortschrittsberichts des Rates und der Kommission über die Umsetzung des Arbeitsprogramms "Allgemeine und berufliche Bildung 2010", Mitteilung der Kommission, KOM(2005)549 endg./2.

Foders, F. (2000), Demographie und Bildung: Gehen uns die Qualifizierten aus? Auswirkungen der Bevölkerungsentwicklung auf das deutsche Bildungssystem. Kieler Arbeitspapier Nr. 1003. Kiel, Institut für Weltwirtschaft.

Fuhrmann, M. (2002), Bildung. Europas kulturelle Identität, Reclam, Stuttgart.

Fuhrmann, M. (2004), Der europäische Bildungskanon, Insel-Verlag, Frankfurt a.M.

Fuller, S. (2002), Knowledge Management Foundations, Butterworth and Heinemann, Boston et. al.

Geißler, R. (2003), Multikulturalismus in Kanada - Modell für Deutschland?. In: Aus Politik und Zeitgeschichte, Jg. 26, S. 19-25.

Gerlach, C. (2000), Lebenslanges Lernen. Konzepte und Entwicklungen 1972 bis 1997. Böhlau-Verlag, Köln.

Giddens, A. (1991), Modernity and self-identity: self and society in the late modern age. Cambridge (UK).

Giddens, A. (2001), Entfesselte Welt: wie die Globalisierung unser Leben verändert, Suhrkamp, Frankfurt am Main.

Giddens, A. (2006), Die Zukunft des europäischen Sozialmodells, Bonn.

Gottschall, K. / Hagemann, K. (2002), Die Halbtagsschule in Deutschland - ein Sonderfall in Europa, Aus Politik und Zeitgeschichte. Beilage zur Wochenzeitschrift das Parlament, Jg. 25, Okt. 2002.

Hullen, G. (2003), Demographie, Arbeit und Ausbildung. Stand der Forschung und europäische Entwicklungen. Gutachten für CEDEFOP, Thessaloniki, Project No. 190216, Budgetary Item 303.

Kade, J. / Seitter, W. (1998), Erwachsenenbildung und Biographieforschung. Metamorphosen einer Beziehung, in: Bohnsack, R., / Marotzki, W., Biographieforschung und Kulturanalyse. Transdisziplinäre Zugänge qualitativer Forschung, Leske + Budrich, Opladen, S. 167-182.

Kahl, R. (2002), Der deutsche Hohlweg. Die OECD belegt, wie sich Investitionen in Bildung rechnen, Die Zeit, Nr. 45. http://hermes.zeit.de/pdf/archiv/archiv/2002/45/200245_b-oecd-studie.xml.pdf, 27. April 2006.

Kehm, B. (2005), Forces and Forms of Change: Doctoral Education in Germany within the European Framework. Forces and Forms of Change in Doctoral Education Internationally, Seattle. URL: http://depts.washington.edu/cirgecon/papers/germany.doc.

Kistler, E. (2003), Alternde Erwerbsbevölkerung und Arbeitsmarkt - Trends, Probleme, Lösungsansätze. Folien zum Referat bei der Veranstaltung *Demografie und Arbeitsmarkt*, am 03. Juni 2003, im Bundesministerium für Wirtschaft und Arbeit, Berlin. INIFES, Internationales Institut für Empirische Sozialökonomie, gGmbH.

Koch, G. (2006), Die Neuerfindung als Wissensgesellschaft. Inklusionen und Exklusionen eines kollektiven Selbstbildes. In: Moser, J. (Hrsg.), Grenzen und Differenzen. Zur Macht sozialer und kultureller Grenzziehungen, Waxmann, Münster et.al. (im Erscheinen).

Koch, G. / Jansen, S. / Priddat, B., Stehr, N. (2006), Bleibt Bildung ein öffentliches Gut? Die Zukunft des Öffentlichen., VS Verlag für Sozialwissenschaften, Wiesbaden (im Erscheinen).

Kondratowitz, H. J. v. (2000), Konjunkturen des Alters: Die Ausdifferenzierung der Konstruktion des "höheren Lebensalters", Transfer-Verlag, Regensburg.

Kröger, S. (2005), Learning and Deliberation: A Diserable and Adequate Design for European Social Policy? Workshop of the ESPAnet, Bath (UK), http://www.uni-goettingen.de/docs/ad56679491c4c67c56a1ad5161fdc613.pdf.

Kunze, A. (Hrsg.) (1981), Die Arbeiterjugend und die Entstehung der industriebetrieblichen Arbeiterausbildung. Fünf Schriften 1877-1944, in: Paedagogica: Quellenschriften zur Arbeiterausbildung. Topos Verlag, Vaduz/Liechtenstein.

Lave, J. / Wenger, E. (1991), Situated Learning. Legitimate Peripheral Participation, University Press, Cambridge 1991/2002.

Lenhardt, G. (2002), Europe and Higher Education between Universalisation and Materialist Particularism, European Educational Research Journal, Vol. 1, No. 2, pp. 274-289.

Lohmann, I. (2001), After Neoliberalism. Können nationalstaatliche Bildungssysteme den 'freien Markt' überleben? In: Lohmann, I. and Rilling, R., Die verkaufte Bildung. Kritik und Kontroversen zur Kommerzialisierung von Schule, Weiterbildung, Erziehung und Wissenschaft, Leske + Budrich, Opladen, S. 89-107.

Masschelein, J. / Simons, M. (2005), Globale Immunität oder Eine kleine Kartographie des europäischen Bildungsraums, Diaphanes, Zürich.

Meer, P. H. v. d. / Glebbeek, A. C. (2001), The return to formal overschooling: Filling a research gap, in: The Netherlands' Journal of Social Sciences, Vol. 37, No. 2, pp. 108-131.

Meyer-Dohm, P. (2003), Education and Employment in the Globalisation Age, in: Oelkers, J. (Ed.), Futures of Education II. Essays from an Interdisciplinary Symposium. Peter Lang-Verlag, Berlin u.a., S. 327-343.

Meyer, J. W. / Ramirez, F. O. (2003), The World Institutionalization of Education, in: Schriewer, J. (Ed.), Discourse Formation in Comparative Education, Peter Lang-Verlag, Frankfurt a.M.

MOSAIC (2005), Social inclusion by education. 110509- CP -1-2003-1- DK - GRUNDTVIG - G1.

Oelkers, J. (2000), Schule und Bildung im Prozess der Globalisierung, in: Medienpädagogik, Nr. 1, www.medienpaed.com

Orivel, F. (2002), Excluding the Poor: globalisation and educational systems, in: European Educational Research Journal, Vol. 1, No. 2, S. 342-359.

Schleicher, A. (2006), Deutschland im Leistungsvergleich der Bildungssysteme, in: Empter, S. / Vehrkamp, R. B., Wirtschaftsstandort Deutschland, VS Verlag für Sozialwissenschaften, Wiesbaden, S. 433-456.

Schmid, J. (2004), Bevölkerungsentwicklung und Migration in Deutschland, in: Aus Politik und Zeitgeschichte, Nr. 43/2001, URL: http://www.bpb.de/publikationen/WM82IQ,0,0,Bev%F6lkerungsentwicklung_und_Migration_in_Deutschland.html, 3. Nov. 2004.

Schriewer, J. (2003), Globalisation in Education: process and discourse, in: Policy Futures in Education, Vol. 1, No. 2, pp. 271-283.

Schuerkens, U. (2003), The Sociological and Anthropological Study of Globalization and Localization, in: Current Sociology, Vol. 51, No. 3-4, pp. 209-222.

Silova, I. (2002), The Manipulated Consensus: globalisation, local agency, and cultural legacies in post-Soviet education reform, in: European Educational Research Journal, Vol. 1, No. 2, pp. 308-330.

Smolicz, G. J. (1990), The Mono-ethnic Tradition and the Education of Minority Youth in West Germany from an Australian Multicultural Perspective." Comparative Education, Vol. 26, No. 1, pp. 27-44.

Stehr, N. (2001), Wissen und Wirtschaften: die gesellschaftlichen Grundlagen der modernen Ökonomie, Suhrkamp, Frankfurt am Main.

Steinmann, G. (1999), Die demographische Entwicklung und ihre bildungspolitischen Erfordernisse, in: Martin, A. / Mayrhofer, W. / Nienhüser, W. (Hrsg.), Die Bildungsgesellschaft im Unternehmen? Festschrift für Wolfgang Weber, Rainer Hampp-Verlag, München, S. 83-89.

Winkler, M. (2002), Bildungschancen in nationalen und internationalen Vergleichen - Lehren für Thüringen aus der PISA-Studie: Bildung als öffentliches und privates Gut, in: Friedrich-Ebert-Stiftung Thüringen, Chancengleichheit im Bildungssystem: Ansatz für Qualität und faire Bildungschancen im europäischen Vergleich.

Witte, L. (2004), Europäisches Sozialmodell und Sozialer Zusammenhalt: Welche Rolle spielt die EU? In: Europäische Politik, Dezember 2004, URL: http://fesportal.fes.de/pls/portal30/docs/FOLDER/POLITIKANALYSE/EuropPolitikWitteSozialmodell.pdf

Ilona Ostner

Gleichstellungs- und Familienpolitik in Zeiten demographischen Wandels

1. Einleitung

Alle westlichen Wohlfahrtstaaten sehen sich seit den 1970er Jahren mit einem Wandel der Geschlechterverhältnisse, einem kontinuierlichen Anstieg der Erwerbsbeteiligung von Frauen, auch von Müttern kleiner Kinder, ferner mit einem Wandel der Familienformen, der Zunahme der Zahl immer kleinerer Familien und der Kinderlosigkeit von Frauen und Männern bei gleichzeitigem Anstieg der Lebenserwartung konfrontiert. Die Sozialpolitik hat diese Trends sowohl mitangestoßen wie auch darauf reagiert – oft nicht ausreichend und nicht angemessen, wie internationale Organisationen einschließlich der OECD sowie die Europäische Kommission seit Jahren mit Blick auf die eher „familistischen" westlichen Länder betonen.

Der sozialpolitisch geförderte „Familismus", der sich u. a. in der „Stillegung" weiblicher Arbeitskraft und einem Zuviel an erwerbsarbeitsfreier Zeit in Familie äußere, verhindere die Vermehrung von Dienstleistungstätigkeiten im öffentlichen und privaten Sektor, also Beschäftigungsmöglichkeiten für Frauen, und erhöhe dadurch die Kosten des Kinderhabens, was sich wiederum in niedrigen Geburtenraten und demzufolge in der Krise der Sozialversicherungssysteme niederschlage, die in den kontinentaleuropäischen Wohlfahrtstaaten auf dem Generationenvertrag aufbauen. Gleichzeitig hemme der „Familismus" die Humankapitalentwicklung der Kinder, da Familien immer weniger in der Lage seien, ihren Kinder die Kompetenzen zu vermitteln, die diese in einer auf individueller Innovationsfähigkeit basierenden Wissensgesellschaft benötigten.

Deshalb, so die Schlussfolgerung, sollten die Mitgliedsländern durch eine intelligente Neujustierung ihrer Sozialpolitiken ein ganzes Bündel an Zielen möglichst erfolgreich verfolgen, damit sie in mittlerer Zukunft für den globalen Wettbewerb gerüstet seien: Sie sollten ihr „Humanvermögen" erhöhen, u. a. durch eine Strategie, die den säkularen Trend zur Kinderlosigkeit und zur Mini-Familie aufzuhalten vermag. Denn Kinder stellten das Reservoir an zukünftig abzuschöpfenden Qualifikationen dar. Je geringer die Kinderzahl einer Gesellschaft, um so geringer das Qualifikationspotential, aus dem ausgewählt werden kann. Die Geburtenraten würden steigen, wenn Frauen gut ausgebildet erwerbstätig sein könnten und wenn ferner die Elternschaft die Erwerbs- und Einkommenschancen von Frauen und Männern nur wenig beeinträchtigte. Von daher solle Sozialpolitik vor allem in die professionelle Betreuung und Bildung der Kinder investieren. Ein neues Verständnis von Familie müsse sich endlich vom „Familismus" verabschieden. Gefordert wird eine konsequente Entfamilisierung der Elternschaft und des Kindseins. Eltern,

Frauen wie Männer, sollen in erster Linie Erwerbstätige sein und ihre Kinder durch Erwerbseinkommen unterstützen; Kinder müssten so so früh wie möglich mit anderen zusammen außerhäuslich betreut und gebildet werden; die verbleibende Haus- und Betreuungsarbeit sollten sich die Eltern partnerschaftlich teilen.

Als „familienfreundlich" gelten somit im Lichte der genannten Anforderungen nun solche Maßnahmen, welche die Beschäftigungsquote aller Mütter und die Fertilität der Frauen erhöhen bzw. zumindest nicht negativ beeinflussen. Sie sind als „kinderfreundlich" zu bewerten, wenn sie helfen, die Armut an Kindern und die Armut *der* Kinder zu vermindern.[1]

Mein Beitrag skizziert zunächst den Wandel der Familien in der Europäischen Union, der vom Wandel der Geschlechterverhältnisse nicht ohne weiteres zu trennen ist. Er untersucht dann den politischen Umgang mit Familie in Ländern, die entweder eine noch vergleichsweise hohe Geburtenrate oder eine hohe Müttererwerbsquote oder beides haben. Zu diesen Ländern gehören z. B. Frankreich, die Niederlande und Finnland. In allen postsozialistischen Ländern ist die Geburtenrate trotz langer Tradition mütterlicher (Vollzeit-) Erwerbsbeteiligung und öffentlicher Kinderbetreuung niedriger als in Deutschland. Abschließend verweise ich auf generelle Trends im gesellschaftlichen Umgang mit Familie und auf damit verbundene neue Herausforderungen für Familie und Politik. Der nächste Abschnitt erläutert kurz die zentralen Begriffe meines Beitrags.

2. *Gleichstellungs- und Familienpolitik*

„Gleichstellung" ist ein relativ neues Politikfeld in allen EU-Mitgliedsländern, wenn man darunter ein staatliches Handeln fasst, das aktiv Benachteiligungen beseitigen will, die Personen und Gruppen allein aufgrund askriptiver Merkmale wie z. B. Geschlecht, Alter, ethnischer Zugehörigkeit oder Behinderung erfahren, und das anstrebt, die Chancen Benachteiligter systematisch zu verbessern.[2] Die Spezifik eines eigenständigen Politikfelds „Gleichstellung" wird deutlicher, wenn man es wie Wahl von der ebenfalls gleichstellungsrelevanten Sozial-, Familien- oder Arbeitsmarktpolitik abgrenzt.[3] Wer Gleichstellungspolitik betreibt oder analysiert, interessiert sich erst in zweiter Linie für Fragen der gerechten Verteilung von Arbeit oder Sozialleistungen. Im Vordergrund steht vielmehr die Frage nach dem Ausmaß und der Qualität der Bürgerrechte: inwieweit die Gesellschaft, indem sie Individuen Status und Positionen zuweist oder eröffnet, diese als Bürger ohne jede Einschränkung ihrer zivilen, politischen und sozialen Rechte anerkennt.

1 Vgl. OECD 2001, 2002; Esping-Andersen 2002; Gornick und Meyers 2003.
2 Vgl. Raasch 2004; Rust 2005; Ostner 2006a.
3 Vgl. Wahl 1999: 363.

Zwar existieren seit den 1970er Jahren Ansätze zur Gleichbehandlung und Gleichstellung. Sie trugen aber bis in die jüngste Zeit in der Mehrheit der EU-Länder nicht zur Profilierung eines eigenständigen Politikfelds „Gleichstellung" bei. Dieses Politikfeld zeichnet sich erst in den letzten Jahren ab und zwar hauptsächlich als Ergebnis der „vertikalen" Europäischen Integration (Vertiefung durch Rechtsintegration) und der institutionellen Eigendynamik des Integrationsprozesses, dem sich die Mitgliedsländer der EU nolens volens unterwerfen müssen. Die expansive Logik der EU und ihrer Institutionen eröffnete Gleichstellungsadvokatinnen und gleichstellungsfreundlichen nationalen Akteuren die Möglichkeit zum transnationalen Austausch bzw. zur transnationalen Politikformulierung, was einen weiteren Schub der Supranationalisierung und Europäisierung der Gleichstellungspolitik mit entsprechenden Folgen für nationale Politiken nach sich gezogen hat. Jedenfalls mussten die mittelost- und osteuropäischen Länder vor ihrer Aufnahme in die EU nachweisen, dass sie deren gleichstellungspolitischen Vorgaben, die umfassende Diskriminierungsverbote beinhalten, zumindest formal-rechtlich genügten.

In dem Maße, wie die EU die Tatbestände und den Kreis der potentiell Betroffenen von Diskriminierung weiter fasste, sind diese geschlechts*un*spezifischer geworden. Damit nähert sich Gleichstellungspolitik noch weiter der Politik der allgemeinen Verwirklichung der Bürgerrechte an. Frauen riskieren nun allerdings, in ihren besonderen Belangen weniger gesehen zu werden. Denn Elternschaft trifft Frauen auch weiterhin anders und mehr als Männer. Vertrat die EU noch in den 1990ern den Standpunkt, die Benachteiligung von Frauen am Arbeitsmarkt ließe sich am besten durch die Gleichverteilung von bezahlter *und* unbezahlter Arbeit zwischen den Geschlechtern lösen, so propagiert sie inzwischen unter dem Stichwort „Vereinbarkeit" Maßnahmen, die die Eltern von der Betreuung ihrer Kinder weitgehend entlasten sollen.[4] Im Mittelpunkt stehen nun *geschlechtsneutral* die gleiche Beschäftigungsfähigkeit der Geschlechter und deren möglichst kontinuierliche Erwerbstätigkeit.[5]

Gleichstellungspolitik hat also auf EU-Ebene den engen Fokus der Geschlechter-Gleichstellung abgestreift; sie hat zugleich Fragen der Geschlechterbeziehungen und -verhältnisse mehr denn je auf Fragen gleicher Beschäftigungsfähigkeit verkürzt. Die Mitgliedsländer müssen z.B. im Rahmen der Europäischen Beschäftigungsstrategie regelmäßig über ihre Fortschritte zur Angleichung der Beschäftigungsquoten von Frauen und Männern und über korrespondierende Maßnahmen berichten sowie sich über „best practices" (Vorbild ist meist Schweden) informieren. Hier berühren sich dann auch Geschlechter-Gleichstellungspolitik und Familienpolitik, wie sie die EU versteht: als auf Familien zielende Beschäftigungspolitik bzw. als beschäftigungsorientierte Kinder- und Familienpolitik.

Man kann vor diesem Hintergrund grob zwei Varianten der Familienpolitik

4 Vgl. Stratigaki (2004).
5 Vgl. Daly (2004).

unterscheiden (Übersicht 1). Sehr vereinfacht formuliert, setzt die eine auf „Familisierung", die andere auf „Entfamilisierung", vor allem der Mütter und der Kinder. Im ersten Fall (Familisierung) sollen Frauen Mütter sein können, im zweiten (Entfamilisierung) auf jeden Fall erwerbstätig sein und möglichst Kinder haben. Jeweils lassen sich „negative" und „positive" Formen der Familisierung bzw. Entfamilisierung unterscheiden: Beschäftigungsverbote für Mütter, fehlende Möglichkeiten der außerhäuslichen Kinderbetreuung wären „negative", Erziehungsgehalt und -renten dagegen „positive" Formen der Familisierung; die Kürzung, gar Abschaffung, erst recht das Fehlen von Transferleistungen für Familien stellten negative, kostenfreie oder -günstige, gleichwohl hochwertige Betreuungsangebote für Kinder und andere hilfebedürftige Familienmitglieder wiederum positive Formen der Entfamilisierung dar.[6]

Übersicht 1: Varianten der Familienpolitik

	Familisierung	*Entfamilisierung*
Negativ	Fehlende Kinderbetreuung	Individualbesteuerung
Positiv	Erziehungsgehalt	Ausreichend Kinderbetreuung

Die im Eigenanspruch „nachhaltige" rot-grüne, nun schwarz-rote Familienpolitik,[7] die viele Gedanken von Esping-Andersen (2002) aufgegriffen hat, verspricht in dieser Begrifflichkeit „positiv entfamilisierend" zu wirken. Deutschland, auch die Niederlande, somit Länder, in denen bis in die jüngste Zeit das Ernährer-Modell (Mann als Hauptverdiener, Ehefrau als Mutter und allenfalls teilzeitbeschäftigt) handlungsleitend war, befinden sich nicht mehr nur rhetorisch auf dem Weg zur Zwei-Erwerbstätigen-Familie.

3. Einheit und Vielfalt des Wandels der Familie in der EU

Die Daten zum Familienwandel sind hinlänglich bekannt.[8] Im folgenden werden daher vor allem länderspezifische Besonderheiten (EU-15) betont. Denn der Wandel hat nicht alle EU-Länder gleichermaßen erfaßt. Er stellt daher auch nicht alle Wohlfahrtstaaten auf gleiche Weise in Frage.

Generell ist zunächst ein Rückgang der Heiratsneigung festzustellen. Der Anteil der Frauen (Männer sind leider selten Gegenstand der Analyse), die wahrscheinlich niemals in ihrem Leben heiraten werden, ist seit der Alterskohorte 1955 stetig gestiegen, dies gilt insbesondere für britische und schwedische Frauen; für die Alterskohorten 1964 und folgende hat sich der Trend stabilisiert, in einigen Ländern,

6 Vgl. Ostner (2006b).
7 Vgl. Rürup und Gruescu (2003); Ristau (2005).
8 Zusammenfassend zu den Trends: Bradshaw und Hatland 2006.

wie z.B. Finnland oder Dänemark ist die Erstheiratsneigung wieder leicht angestiegen. Von zehn der 1966 geborenen schwedischen Frauen waren 2002 vier nicht verheiratet, eine relative hohe Zahl.[9] Junge Erwachsene zögern die feste Bindung an Partner und Kind hinaus oder sie finden keinen Partner, keine Partnerin; wenn sie heiraten, dann immer später im Lebensverlauf; Partnerschaften werden häufiger aufgelöst, Ehen geschieden. Die Heirat geht heute seltener als früher der Familiengründung voraus.[10] In Schweden haben nichteheliche Partnerschaften inzwischen zahlenmäßig das gleiche Gewicht wie Ehen, das gilt in etwas geringerem Maß auch für die anderen nordeuropäischen Länder. Die nichteheliche Partnerschaft ist in Westdeutschland noch weniger verbreitet als in Großbritannien, in den Niederlanden oder in Ostdeutschland. Die Zahl nichtverheirateter Eltern steigt, wobei die stabile Partnerschaft – die eheliche oder unverheiratete – nach wie vor ein ausschlaggebender Faktor für die Entscheidung zum Kind ist. Finch identifiziert dabei ein nordeuropäisches Muster:[11] „(...) in the Nordic countries, women, on average, marry *after* they have their first child, especially in Iceland. (...) a growing proportion of women in these countries have their first child *before* getting married, and within a cohabiting relationship (...). In Norway increasingly the second child is born into a cohabiting relationship“. Wieder sticht Schweden besonders hervor: die Hälfte der Frauen lebte bei der Geburt des ersten Kindes in einer nichtehelichen Partnerschaft, nur etwa ein Drittel war zu diesem Zeitpunkt verheiratet. Allerdings hat sich der Trend seit einiger Zeit, vor allem in Dänemark, wieder leicht gewendet. Insbesondere Männer zögern die feste Bindung hinaus, was es Frauen erschwert, ihren Kinderwunsch zu verwirklichen.[12] Denn nur eine statistisch nicht ins Gewicht fallende Gruppe von Frauen will von Anfang an das Kind alleine (ohne den Vater) aufziehen. Die Mehrheit der Alleinerziehenden besteht aus getrennt lebenden, vor allem geschiedenen, Frauen. Hier bildet nur das Vereinigte Königreich mit seiner hohen Rate an alleinstehenden (häufig geringqualifizierten und nichterwerbstätigen) „Teenagermüttern“ eine Ausnahme in der EU 15. Junge Mutterschaft ist generell seltener geworden, das Alter der Frauen bei der Geburt des ersten Kindes ist in den meisten EU-15-Ländern erheblich gestiegen. Der Anstieg kann dabei jedoch nicht ohne weiteres auf die höhere Bildung und Erwerbsbeteiligung von Frauen zurückgeführt werden. Geringe Qualifikation und ein geringes Einkommen senken heute in manchen europäischen Ländern die Chancen von Frauen und Männern, einen Partner / eine Partnerin für eine dauerhaftere Beziehung zu finden und eine Familie zu gründen.[13] Insofern stellen die britischen „teenage mothers“ auf den ersten Blick eine Ausnahme von der Regel dar.

Sind Kinder geboren, so kosten sie die Eltern Geld und vor allem Gelegenheiten,

9 Vgl. Finch 2006.
10 Vgl. Kiernan 2004.
11 Finch 2006, S. 19.
12 Vgl. für Deutschland: Tölke 2005.
13 Vgl. Forssén und Ritakallio 2006.

die es früher nicht – zumindest nicht in dem Ausmaß – gab. Der Anteil einkommensarmer Kinder bzw. Familien mit Kinder ist in den letzten Jahrzehnten kontinuierlich gestiegen, auch wenn es einigen Ländern immer wieder gelungen ist, durch Geld, soziale Dienste und durch die Mobilisierung des Erwerbspotentials der Familie deren Armut zu verringern. Trennung und Scheidung tragen erheblich zum Armutsrisiko der Kinder bei. Nichteheliche Partnerschaften (mit oder ohne Kinder) haben generell ein höheres Trennungsrisiko als eheliche. In Schweden münden diejenigen Partnerschaften, die bestehen bleiben, seltener in eine Ehe als in den anderen nordeuropäischen Ländern. In Ländern, in denen, wie in Schweden, die Zwei-Verdiener-Norm durchgesetzt ist, sind eher geringqualifizierte und / oder nichtbeschäftigte, z.B. arbeitslose, Frauen und Männer von Trennung und Scheidung betroffen. Sie haben auch weniger Chancen, nach einer Trennung wieder eine längerfristigere Partnerschaft eingehen zu können,[14] und ein höheres Armutsrisiko, vor allem im Alter. Dies erklärt, warum z.B. dänische alleinerziehende Mütter häufiger lange Vollzeit arbeiten (mehr als acht Stunden am Tag). Offensichtlich stellen Ausbildung und gute Erwerbschancen in Gesellschaften, in denen zwei Einkommen für die Erhaltung eines durchschnittlichen Lebensstandards notwendig sind, eine neue Art der „Mitgift“ für die Partnersuche und die Aufrechterhaltung der Paarbeziehung dar. Kohabitation statt Heirat, Alleinerziehen statt Zwei-Elternschaft, Trennung und Scheidung können deshalb nur bedingt als Ausdruck der gewachsenen ökonomischen Unabhängigkeit von Frauen interpretiert werden. Oft ist die Lebensform eben nicht frei gewählt.

Die Geburtenrate (TFR = total fertility rate) erreicht in keinem Land der Europäischen Union das Niveau von 2,1 Kindern, das eine Gesellschaft benötigt, um sich zu reproduzieren.[15] Aber sie variiert bemerkenswert, ohne dass Gründe für diese Variation sofort auf der Hand lägen. Vergleichsweise hohe Geburtenraten hatten vor diesem Hintergrund im Jahr 2000 Eurostat-Daten zufolge noch Frankreich (TFR 1,89) und Irland (TFR 1,89), gefolgt von Luxemburg (TFR 1,78), Dänemark (TFR 1,76), Finnland (TFR 1,73) und den Niederlanden (TFR 1,72). Zum Mittelfeld zählen Belgien (TFR 1,65), Großbritannien (TFR 1,64), Portugal (TFR 1,54) und Schweden (TFR 1,54). Deutschland (TFR 1,34) und Österreich (TFR 1,32) führen schließlich die Gruppe der geburtenarmen Länder an, der auch Griechenland (TFR 1,30), Italien (TFR 1,25) und Spanien (TFR 1,22) angehören. Mit der Osterweiterung hat die Europäische Union weitere Länder aufgenommen, in denen die Zahl der Geburten weit unter dem Reproduktionsniveau liegt – sie war im Jahr 2000 mit TFR 1,34 in Polen am relativ höchsten, mit TFR 1,14 in der Tschechischen Republik am niedrigsten und bereits während des Sozialismus erheblich gesunken.[16]

Experten verweisen nun auf die Diskrepanz zwischen der als ideal angegebenen

14 Vgl. zu Schweden: Olah 2001, p. 45.

15 Vgl. Fahey 2006; Rijken 2006.

16 Fahey 2006, p. 43.

und der tatsächlichen Kinderzahl: Politik könne und solle diese Lücke schließen und Frauen helfen, die gewünschte Kinderzahl zu realisieren. Analyse und Forderung greifen allerdings zu kurz, da sie den Beitrag der Männer bzw. der Partnerschaft zum demographischen Wandel vernachlässigen und sich allein auf die Aussagen der Frauen konzentrieren. Tabelle 1 zeigt den hohen Anteil der kontinental- und südeuropäischen Männer, die im Alter zwischen 18 und 34 Jahren noch keine Kinäder haben – im Unterschied zu weniger als der Hälfte der Männer im Vereinig ten Königreich. Ein beachtlicher Teil der Männer – relativ mehr Männer als Frauen–

Tabelle 1: Anteile der bei Vollendung des 35. Lebensjahres noch kinderlosen Männer und Frauen nach Geburtskohorten (in Prozent)

	Männer		Frauen	
	1937-1951	1952-1966	1937-1951	1952-1966
Sozialdemokratisches Regime – nicht familistisch				
Dänemark	21,3	35,6	15,6	13,2
Finnland	17,0	31,8	13,6	26,4
Schweden	12,0	30,9	10,0	18,0
Konservatives Regime – moderat familistisch				
Belgien	23,1	33,0	17,4	15,4
Deutschland	26,5	35,9	14,8	19,9
Westdeutschland	29,1	36,9	15,7	23,0
Ostdeutschland	16,0	32,4	11,4	8,6
Frankreich	17,7	30,1	8,5	13,5
Luxemburg	22,2	32,7	15,0	16,1
Niederlande	14,2	34,9	12,9	25,2
Österreich	19,2	32,8	13,5	20,7
Konservatives Regime – stark familistisch				
Griechenland	23,1	28,2	15,1	14,2
Italien	22,1	33,3	11,9	27,5
Portugal	11,2	20,7	6,0	15,2
Spanien	16,6	35,2	6,4	19,9
Liberal-residuales Regime – moderat bis stark familistisch				
Irland	34,1	38,1	19,0	19,7
Vereinigtes Königreich	22,0	25,5	21,5	9,0

Daten: Eurobarometer 56.2, eigene Berechnungen – Quelle: Knijn, Ostner, Schmitt 2007.

ist noch im mittleren Alter kinderlos. Dies mögen die besonders qualifizierten, gut situierten, daher „optionsreichen“ Männer sein; es könnte sich aber auch um verunsicherte Männer mit ungewisser Lebensperspektive handeln. Tabelle 2 zeigt die von Fahey und anderen Experten betonte „Lücke“ zwischen *weiblichem* Wunsch und Wirklichkeit zunächst für die postsozialistischen Länder.

Tabelle 2: TFR und ideale Kinderzahl in postsozialistischen Ländern – nur Frauen (Durchschnittswerte)

Postsozialistische Länder – nicht familistisch	18-39 Jahre – TFR	18-39 Jahre – Ideal
Bulgarien	1,25	2,09
Estland	1,39	2,18
Lettland	1,24	2,06
Litauen	1,33	2,08
Polen	1,34	2,16
Rumänien	1,30	1,91
Slowenien	1,25	2,05
Slowakei	1,20	2,10
Tschech. Republik	1,14	2,00
Ungarn	1,33	2,07

Daten: Ideale Kinderzahl Eurobarometer 56.2 (2001); TFR Eurostat 2000; Auszug aus Fahey (2006: 42-43)

Bezieht man die Aussagen der Männer mit ein und vergleicht diese mit denen der Frauen zur idealen Kinderzahl, wird deutlich, dass Männer in fast allen Ländern ihre Vorstellungen von der Kinderzahl von Kohorte zu Kohorte stärker nach unten revidiert haben als Frauen (Tabelle 3, umseitig). Leider liegen keine vergleichbaren Auswertungen der männlichen Aussagen für die postsozialistischen Länder vor.

4. *Familie und Politik*

Die Länder in den Tabellen sind ansatzweise nach Esping-Andersens Wohlfahrtstaatstypologie sortiert. Ihr zufolge gehören die nordeuropäischen Länder zum „sozialdemokratischen Modell“, das einen geringen Familismus aufweist, die alte Bundesrepublik, Österreich, die Niederlande und ansatzweise auch noch Belgien und Frankreich zum konservativen Modell mit einem moderaten Familismus, die südeuropäischen Länder ebenfalls zum konservativen Modell, allerdings mit stark ausgeprägtem Familismus, Großbritannien und Irland wiederum zum liberalen Modell mit früher starkem, jetzt moderatem Familismus. Einen eindeutigen Zusammenhang zwischen Wohlfahrtstaatsmodell und Fertilität gibt es nicht. In den

Tabelle 3: Ideale Kinderzahl nach Altersgruppen (Durchschnittswerte)

	Männer			Frauen		
	18-34 Jahre	35-54 Jahre	55+ Jahre	18-34 Jahre	35-54 Jahre	55+ Jahre
Sozialdemokratisches Regime – nicht familistisch						
Dänemark	2,31	2,16	2,55	2,43	2,37	2,57
Finnland	2,12	2,24	2,47	2,45	2,49	2,85
Schweden	2,28	2,50	2,38	2,44	2,50	2,51
Konservatives Regime – moderat familistisch						
Belgien	1,90	1,93	1,97	2,20	2,22	2,42
Deutschland	1,30	1,67	2,00	1,70	1,98	2,13
Westdeutschland	1,26	1,71	2,01	1,73	2,01	2,16
Ostdeutschland	1,44	1,53	1,98	1,59	1,88	2,01
Frankreich	2,23	2,25	2,46	2,54	2,54	2,46
Luxemburg	2,07	2,28	2,09	2,01	2,39	2,33
Niederlande	2,11	2,17	2,43	2,05	2,28	2,60
Österreich	1,74	1,81	2,16	1,70	1,92	2,41
Konservatives Regime – stark familistisch						
Griechenland	2,35	2,56	3,07	2,29	2,58	3,03
Italien	2,22	2,08	2,33	2,08	2,27	2,63
Portugal	2,11	2,34	2,52	2,02	2,52	2,57
Spanien	2,09	2,10	2,53	2,03	2,38	2,60
Liberal-residuales Regime – moderat bis stark familistisch						
Irland	2,33	2,76	3,36	2,56	2,83	3,68
Vereinigtes Königreich	2,31	2,27	2,53	2,44	2,47	2,67

Daten: Eurobarometer 56.2, eigene Berechnungen – Quelle: Knijn, Ostner, Schmitt 2007.

Niederlanden und im Vereinigten Königreich ist die Geburtenrate (TFR) höher als in Schweden, aber niederländische Mütter arbeiten anders als schwedische wenn dann höchstens Teilzeit; gleichzeitig bietet der niederländische Wohlfahrtstaat den Familien kaum Geld oder Betreuung für die Kinder. Frankreich erreicht seine relativ höhere Geburtenrate mit einem Mix aus öffentlicher und vor allem staatlich subventionierter häuslicher Betreuung (durch die Mutter oder durch Hilfen), 43%

der Kinder unter drei Jahren werden privat betreut – die Quote der Erwerbsbeteiligung von Müttern liegt im Mittelfeld (Letablier 2004). Im Mittelpunkt der französischen Familienpolitik steht die Familie, nicht das Individuum, wie Letablier es für die nordeuropäischen Länder behauptet. Der Staat sieht sich als Beschützer der Kinder und als verantwortlich für ihre Erziehung. Kinder gelten als gesellschaftliches Gut und als Reichtum der Nation. Auch die Bürger sehen den Staat in der Pflicht, die Betreuung und Erziehung der Kinder zu übernehmen. Um so mehr überrascht auf den ersten Blick der hohe Anteil an großzügig öffentlich subventionierter Kleinstkindbetreuung in Privathaushalten. Offensichtlich reagiert diese Subvention auch auf Präferenzen der einkommensstärkeren Schichten und eröffnet diesen dadurch eine größere Freiheit der Wahl der Betreuungsform. Von einer Entfamilisierung kann nur bedingt die Rede sein, auch weil es keine allgemeine gesetzliche Absicherung der Pflegebedürftigkeit der älteren Menschen gibt.

Vor allem Schweden hatte bereits in den 1930er Jahren Konzepte einer am Kind orientierten „sozialinvestiven“ Sozialpolitik entwickelt, um die durch Geburtenrückgang und Abwanderung sinkenden Bevölkerungszahlen und die Armut der arbeitenden Familien zu bekämpfen. Sie wurden seit den 1970er Jahren im großen Maßstab umgesetzt. Inzwischen sind alle Sozialeistungen, die Einkommensteuern, die Alterssicherung, auch der Elternurlaub individualisiert: das heißt, Frauen und Männer sollen gleichermaßen Eltern und Erwerbstätige sein. Dafür übernimmt der Staat die Kinderbetreuung und – oft weniger großzügig – auch die Betreuung der pflegebedürftigen Familienmitglieder: er „entfamilisiert“. Anders als in Dänemark oder Schweden war in Finnland traditionell weniger als die Hälfte der ganz kleinen Kinder in öffentlicher Betreuung; die Schule endete meist wie in Deutschland mittags, Nachmittagsbetreuung für Schulkinder wurde bis vor kurzem nicht angeboten; dennoch arbeiten die Finninnen, wenn die Kinder größer sind, zu einem sehr viel höheren Anteil als Schwedinnen oder Däninnen Vollzeit. Ein großer Teil der finnischen, auch der norwegischen Mütter nutzt das recht großzügige Pflegegeld in den ersten drei Jahren nach der Geburt, um das Kind selbst zu betreuen, so dass für diese kurze Zeitspanne das Ein-Verdiener-Modell dominiert. Norwegen will diese Leistung abschaffen, wenn ausreichend Krippenplätze zur Verfügung stehen. Finnland hat sie zur Entlastung des Arbeitsmarktes und der öffentlichen Kassen eingeführt.

Wie die Geburtenrate variiert auch die Erwerbsbeteiligung in der EU-15 (siehe Tabelle 4). Die Daten spiegeln zum einem Unterschiede im sektoralen Wandel wider. Im Übergang von der traditionellen taylorisierten zur „high tech“ Industrieproduktion und von der traditionellen zur wissensbasierten Dienstleistung gehen Arbeitsplätze verloren, die noch nicht ausreichend durch neue ersetzt werden bzw. für die nicht ausreichend qualifizierte Arbeitskräfte zur Verfügung stehen. Dies scheint teilweise in den postsozialistischen Ländern der Fall zu sein. Es ist nur zu vermuten, dass die unterbeschäftigten Frauen und Männer versuchen, fehlendes Erwerbseinkommen durch Einkommen aus informellen Tätigkeiten in der Schattenwirtschaft zu kompensieren. Anders als klassische Industriearbeit eröffnen postindustrielle, auch personenbezogene Dienste öfter Teilzeiterwerbschancen. Dies erklärt die gestiegene Erwerbsbeteiligung von Frauen, z.B. in den Niederlanden, in Großbritannien und insgesamt in den nordeuropäischen Ländern, wobei hier die haushalts- und personenbezogenen Dienste sind stark feminisiert sind. Saraceno betont den Zusammenhang zwischen hoher Erwerbsquote und hoher Teilzeitquote von Frauen.[17] Umgerechnet in Vollzeitäquivalente wäre vor allem die niederländische Frauenerwerbsquote recht gering. In den nordeuropäischen Ländern wird häufiger „lange Teilzeit" oder „kurze Vollzeit" gearbeitet, in den Niederlanden eher „kurze Teilzeit". In Nordeuropa ist die Teilzeit häufiger unfreiwillig. Niedrige männliche

Tabelle 4: Erwerbs- und Teilzeitquoten in Europa (18-64jährige Beschäftigte) 2003

	Erwerbsquote in Prozent			Teilzeitquote in Prozent		
	Gesamt	Männer	Frauen	Gesamt	Männer	Frauen
Dänemark	75,1	79,6	70,5	15,5	8,6	22,6
Deutschland	65,0	70,9	59,0	13,8	3,9	17,0
Finnland	67,7	69,7	65,7	8,5	5,6	25,0
Frankreich	63,2	69,4	57,2	10,4	3,6	17,0
Niederlande	73,5	80,9	65,8	32,8	17,3	48,7
Polen	51,2	56,5	46,0	4,8	4,1	5,6
Schweden	72,9	74,2	71,5	16,0	7,4	25,0
Slowakei	57,7	63,3	52,2	1,3	0,7	1,9
Slowenien	62,6	67,4	57,6	3,4	3,0	3,9
Tschech. R.	64,7	73,1	56,3	2,9	1,3	4,5
UK	71,8	78,1	65,3	17,4	6,8	28,3
Ungarn	57,0	63,5	50,9	2,1	1,4	2,8

Quelle: Auszug aus Saraceno (2006: 61) – Daten: Eurostat 2004.

Erwerbsquoten können aus Prozessen der Deindustrialisierung, verbunden mit Arbeitslosigkeit, oder aus einem hohen Anteil an erwerbsunfähigen oder frühverrenteten Männern resultieren. Frauen profitieren von Frühverrentungsprogrammen weniger als Männer. Vom Erwerbsverlauf abgekoppelte Sozialleistungen, z.B. steuerfinanzierte Grundrenten, fördern die Teilzeitarbeit, auch die der Männer. Oft sind diese aber einkommensgeprüft und / oder sehr knapp bemessen. Zusatzsysteme sind wiederum einkommensabhängig, stellen diejenigen besser, die kontinuierlich mehr verdienen, und bestrafen damit Abweichungen von der kontinuierlichen Vollzeitarbeit. Manche Länder, wie Schweden und Deutschland, berücksichtigen

17 Vgl. Saraceno (2006), S. 70.

betreuungsbedingte Teilzeitphasen ansatzweise bei der Rentenbemessung. Lange und erst recht kurze Teilzeit erfordern aber gerade in typischen Zwei-Verdiener-Ländern den Ausgleich des Einkommensverlusts durch ein weiteres Einkommen, in der Regel durch den Partner.

Die bisher präsentierten Daten legen nahe, dass die Erwerbsbeteiligung von Frauen, entgangene Gelegenheiten (Opportunitätskosten des Kinderhabens) oder das Ausmaß an öffentlicher Kinderbetreuung die Varianz der Geburtenraten nicht oder nur sehr indirekt erklären. Die Abschaffung der Witwenrente, die Individualisierung der Besteuerung, aber auch vergleichsweise niedrige Durchschnittseinkommen (Frankreich) und geringe Kaufkraft (Schweden) tragen zu Durchsetzung des Zwei-Verdiener-Modells und entsprechend hohen Frauenerwerbsquoten bei. Geldleistungen für Familien, vor allem für Alleinerziehende, führen häufig zum zumindest zeitweiligen Ausstieg aus der Erwerbsarbeit (in Deutschland generell, aber phasenweise auch in Finnland, Norwegen und Frankreich); es sei denn, diese Transfers subventionieren die Fremdbetreuung der Kinder, so in Frankreich seit Mitte der 1990er sowie in Großbritannien, wo bedürftige erwerbstätige Eltern einen *child minder benefit* erhalten). Das schwedische Elterngeld hat nicht den Willen zum Kind gefördert, sondern die späte Geburt des ersten, dann die zügige Geburt des ohnehin geplanten zweiten, manchmal auch des dritten Kindes. Um vom Elterngeld zu profitieren, muss eine Frau vor der Geburt zwei Jahre lang und möglichst Vollzeit beschäftigt gewesen sein. In einer solchen Gesellschaft, die auf das Zwei-Verdiener-Modell baut, ist der Einkommensverlust bei vorhergehender Teilzeitbeschäftigung somit groß. Die Zwei-Jahres-Bedingung entfällt, wenn eine Frau, während sie Elterngeld bezieht, wieder schwanger wird. Wahrscheinlich planen schwedische Eltern die Geburtenfolge im Einklang mit diesen Regeln .[18] Deutschland hat zum 1.1.2007 ein ähnliches Modell eingeführt – allerdings im unterschiedlichen Kontext des Familismus, der für meisten Frauen und Männer nach wie vor handlungsleitend ist, wenn es um die Betreuung von kleinen Kindern, auch Schulkindern geht; und anders als in Schweden entspricht die verwirklichte Kinderzahl schon länger dem individuellen Ideal.

Im Unterschied zu Deutschland sind in den Niederlanden oder in Großbritannien sinkende Geburtenzahlen kein Thema der Sozialpolitik; eher – im britischen Fall – die Nichterwerbsarbeit und damit verbunden die Einkommensarmut der Haushalte vieler Alleinerziehender oder geringqualifizierter Eltern. In den Niederlanden stehen das immer höhere Alter der Frauen bei der Geburt des ersten Kindes und die hohe Rate der Frühverrentungen im Mittelpunkt, welche die Gesellschaft angesichts der steigenden Lebenserwartung teuer bezahlen muss. Sinkende Geburtenzahlen, damit verbunden sinkende Erwerbstätigenzahlen, stellen für steuerfinanzierte Sicherungssysteme – vor allem für solche, die in erster Linie Mindestleistungen bieten – ein geringeres Problem dar als für beitragsfinanzierte, in denen die jeweils in der

18 Vgl. Knijn et al. (2007).

Erwerbsarbeit aktive Generation mit ihren lohnbezogenen Beiträgen die immer länger lebenden älteren und die nachkommenden jüngeren nichterwerbstätigen Generationen erhalten muss. Scheidung und Alleinerziehen sind nur für diejenigen Gesellschaften und Gruppen ein Problem, in denen diese Lebensereignisse mit Armut verbunden sind. Wenn beide Partner oder beide Eltern – Mütter wie Väter – erwerbstätig sind, dürften Trennung und Scheidung ein geringeres Armutsrisiko darstellen als im Fall der Nichterwerbsarbeit (in der Regel) der Partnerin bzw. der Mutter. Tatsächlich ist der Einkommensverlust im ersten Fall – Zwei-Verdiener-Modell – zunächst geringer. Über das Armutsrisiko im Lebensverlauf entscheidet aber auch das Ausmaß, in dem ein Mann oder eine Frau auf ein zweites Haushaltseinkommen angewiesen ist, um einigermaßen über die Runden zu kommen. Armut im Ein-Ernährer-Modell lässt sich in manchen Ländern (z. B. in Deutschland, den Niederlanden oder in Österreich) noch recht gut mit der Mobilisierung des Erwerbspotentials des Haushalts bekämpfen: dadurch, dass (in der Regel) die Partnerin zumindest eine Teilzeitbeschäftigung aufnimmt. Was aber, wenn beide Erwachsene bereits erwerbstätig sind, der Haushalt aber dennoch einkommensarm ist oder zu bleiben verspricht?[19]

Die wenigen Beispiele sollten zeigen, dass die Mitgliedsländer der EU unterschiedlich lange Wege zurücklegen müssen, bis jedes einzelne Land das gewünschte Maß an elterlicher Erwerbsbeteiligung und außerhäuslicher Betreuung der Kinder („Entfamilisierung") erreicht haben wird. Einige Länder, genannt werden immer wieder die nordeuropäischen, müssen sich erst gar nicht auf den Weg machen, weil sie auf diesem schon weit vorangekommen sind. Zugleich dürfte es einigen schwerer fallen als anderen, ihre Institutionen so umzubauen, dass sie den Herausforderungen des Wandels begegnen können – es fehlt die „goodness of fit", die Passgenauigkeit zwischen der bestehenden und der anvisierten Regelung oder Institution. Bestehende Institutionen beeinflussen das Handeln der Politiker, indem sie bestimmte Korridore für das Handeln eröffnen, gleichzeitig aber andere Wege verschließen. Daher könnte es passieren, dass gerade die Länder, die den größten Veränderungsdruck spüren, ihre Institutionen zwar irgendwie anpassen können, aber am wenigsten in der Lage sind, diese grundsätzlich zu ändern. Um so überraschender wären dann radikale Politikwechsel, die Abschaffung alter Regeln und Institutionen oder die Etablierung ganz neuer.

5. *Die politische Herausforderung der Familie*

Der Feminismus der 1960er und 1970er Jahre hatte noch betont, dass Familie und Markt unausweichlich konfligieren. Gewinne und Verluste gehen Hand in Hand, bringt man beides zusammen. Politik kann diesen Konflikt nicht lösen, ihn

19 Vgl. Warren und Tyagi (2003).

nur neu bewerten und Gewinne sowie Kosten neu verteilen. Betrachtet man aktuelle Antworten auf diesen Konflikt, fällt der immer enger werdende Zuschnitt der vorgeschlagenen politischen Antworten auf. Eng gezurrt ist auch die Sozialpolitik der nordeuropäischen Länder, die inzwischen von offizieller Seite, auch von der feministischen Wohlfahrtstaatsforschung,[20] zum Vorbild für die Neujustierung der Geschlechter- und Familienpolitik der nicht-nordeuropäischen Länder ernannt wurde. Sie ist in erster Linie Beschäftigungspolitik für die Familie und Betreuungspolitik für Kinder der Gesellschaft. In Europa, so Daly zusammenfassend,[21] beginnt sich die Arbeitnehmer-Norm zu verallgemeinern. Heute sollen beide Eltern bereits in der Frühphase ihrer Elternschaft erwerbstätig sein. Die Norm der „geteilten" Elternschaft wird dabei hochgehalten: Mütter sollen die Kinder mit den Vätern, die Eltern ihre Kinder wiederum mit der Gesellschaft teilen, in dem sie diese nun außerfamilialen Institutionen und deren Personal überlassen. Die Nachzügler-Länder nähern sich damit allmählich dem Gleichstellungsregime der nordeuropäischen Vorreiter an. Dem entspricht die Neubestimmung des Familienbegriffs: so begreift z.B. der Siebte Familienbericht der Bundesregierung Familien als multilokale Netzwerke der (nicht nur verwandtschaftlichen) Generationen.

Der Wandel ist ambivalent. Die meisten Frauen konnten im Vergleich zu ihren Müttern ihre Handlungsmöglichkeiten in der Familie und in der Arbeitswelt beträchtlich ausweiten. Sie sind vom Ehemann immer unabhängiger geworden. Die größere weibliche Unabhängigkeit hat möglicherweise Männer, die sich noch als Haushaltsvorstand und Familienernährer begreifen, verunsichert. Männer, nicht Frauen, scheinen denn auch die wesentlichen Träger des Geburtenrückgangs zu sein. Offensichtlich sind Kinder auch für Männer mit Kosten verbunden, die noch viel zu wenig untersucht wurden. Zwar haben viele westliche Länder ihre Leistungen für Familien – Transferzahlungen und soziale Dienste – sukzessive erhöht, auch um Eltern von den Kosten des Kinderhabens zu entlasten. Gleichzeitig sind Kinder rechtlich individualisiert, die Rechte der Kinder gegenüber ihren Eltern und gegenüber der Gesellschaft ständig ausgeweitet worden. Heute sind Eltern ihren Kindern in erster Linie verpflichtet, der Staat definiert zunehmend das Kindeswohl und die darauf bezogene elterliche Pflichterfüllung;[22] die Eltern müssen ihre Kinder zunehmend mit einer Gesellschaft teilen, die mehr denn je am Kind als zukünftigem Leistungsträger interessiert ist.[23] Nach den Männern verbringt nun auch eine wachsende Zahl von Frauen immer mehr Zeit mit Erwerbsarbeit. Die Zeit für die Familie – Zeit auch für die Betreuung der Kinder oder der Eltern – wird dadurch geringer, in manchen Ländern klagen vor allem Frauen über Zeitnot, so in Schweden. Dabei wünschen sich insbesondere junge Eltern mehr gemeinsame Zeit

20 Vgl. Z.B. Gornick und Meyers (2003).
21 Vgl. Daly (2004).
22 Vgl. Derleder (1995).
23 Vgl. Ostner (2004a); Schwab (2006).

mit dem Kind und daher kürzere Arbeitszeiten.[24]

Die „Familie“ hat offensichtlich andere große sozialen Fragen abgelöst, auch die Frage der Gleichstellung der Geschlechter.[25] Ihre Fähigkeit, gesellschaftlich brauchbare Ergebnisse – quantitativ und qualitativ ausreichendes „Humanvermögen“ – zu liefern, wird zunehmend in Frage gestellt. So entwickeln die Niederlande und Deutschland, um nur zwei Beispiele zu nennen, vorsorgende Programme zur frühen Intervention in mißlingende Erziehung, worunter schlechte Ernährung von Eltern und Kind, zu viel und zu qualitätsarmer Medienkonsum sowie zu wenig geistige Anregung (vor allem in bildungsfernen Familien, vielfach mit Migrationshintergrund) gefasst werden. Diese nicht zuletzt für die Anforderungen der politisch favorisierten Marktgesellschaft ungenügende Realität wird dann am Ideal einer qualitativ hochwertigen außerhäuslichen Kinderbetreuung gemessen.

Diese pragmatische, aber auch gesellschaftlich-programmatische Sichtweise der Familie weist Parallelen zum Instrumentalismus in der Diskussion über die Rolle von Frauen für die Produktion von Humanvermögen auf:[26] Viele Feministinnen haben zwar in den letzten Jahren Kinder „instrumentell“, als Hindernis auf dem Weg zu ihren Zwecken, betrachtet und das Ausmaß der „Strafe“ ermittelt, die das Kinderhaben für erwerbswillige Frauen in verschiedenen Wohlfahrtsstaaten bedeutet („*child penalty*“). Dabei haben sie sich allerdings selten selbst explizit als Mittel zu ökonomischen und anderen sozialen Zwecken, schon gar nicht als Objekte der Hoffnung auf steigende Renditen der Investitionen in ihre Beschäftigungs- und Gebärbereitschaft dargestellt, wie es gerade geschieht. Zu dieser Instrumentalisierung hat sich seit längerem die ebenso instrumentelle Experten-Rede von den Kinderkosten gesellt, obwohl Umfragen immer wieder ergeben, dass Kinderlosigkeit und Mini-Familie eine Folge langwieriger Partnersuche und einer umfassenderen Verunsicherung durch die Vielzahl der Optionen bei gleichzeitig ungewissen Lebensperspektiven sind.

Die Steigerung der Erwerbsbeteiligung der Mütter und die möglichst kostenfreie öffentliche Betreuung der Kinder sollen die Opportunitätskosten des Kinderhabens senken und die Lücke zwischen Kinderwunsch und realisierter Kinderzahl schliessen. Fahey sieht eine besonders große Lücke bei den besser gebildeten europäischen Frauen:[27] Sie hätten weniger Kinder als sie es sich wünschten, daher solle eine explizit pronatalistische Politik diesen Frauen helfen, ihren Wunsch zu realisieren. Man müsse die hohen Opportunitätskosten, die Schwangerschaft, Geburt und Sorge für das Kleinkind zwangsläufig für qualifiziert beschäftigte Frauen mit sich bringen, reduzieren. Der Ausgleich dieser Kosten komme teuer, da er dem Einkommen dieser Frauen entsprechen müsse. Es mache aber Sinn, diese Frauen pronatalistisch zu fördern – angesichts knapper Mittel auch auf Kosten der geringqualifizierten Frauen.

24 Vgl. Bielenski und Wagner (2004).
25 Vgl. Daly (2005).
26 Vgl. Ostner (2004b).
27 Vgl. Fahey (2006), pp. 51ff.

In jener Gruppe gäbe es viele Frauen, die sich mehr Kinder als gewünscht hätten. Ein Pronatalismus, der darauf ziele, Frauen zu helfen, ihren Kinderwunsch zu verwirklichen, akzeptiere damit auch eine Verringerung der Kinderzahl in den unteren Schichten, die zwar durch steigende Kinderzahlen der hochqualifizierten Frauen, die gerne mehr Kinder hätten, ansatzweise ausgeglichen werden könne; insgesamt würde dadurch die Geburtenzahl aber nicht ansteigen, entgegen der ursprünglichen Zielstellung. Wolle man eine regressive Finanzierung des Kinderwunsches der qualifizierten Frauen vermeiden, indem man eher horizontal von den Kinderlosen zu den Eltern z. B. durch Steuerfreibeträge umverteilt, so würden sich dadurch dennoch die Mittel für eine vertikale (progressive) Umverteilung von den bessergestellten zu den armen Familien erheblich verringern. Dies sei der Preis effektiver pronatalistischer Maßnahmen.

Deutschland hat mit dem Elterngeld überraschend einen großen Schritt in Richtung auf diesen Pronatalismus getan. Die hochqualifizierten Frauen und Akademikerinnen, die von der Maßnahme profitieren, sind allerdings nicht Hauptverantwortliche des Geburtenrückgangs; sie teilen sich das Ideal der kleinen Familie mit anderen Frauengruppen; außerdem ist ihr Anteil an der weiblichen Bevölkerung vergleichsweise gering, um die Geburtenrate merklich zu erhöhen. Der Pronatalismus tendiert traditionell dazu, von der Lebensform zu abstrahieren. Dass zur Elternschaft zwei gehören, die durchaus unterschiedliche Vorstellungen von der idealen Familiengröße haben können, auch unterschiedliche Hoffnungen und Befürchtungen, ist sehr wahrscheinlich. Die aktuellen Diskurse über Kinderkosten und Familienversagen dürften die Befürchtungen nicht gerade verringern.

Literaturverzeichnis

Bielenski, Harald und Alexandra Wagner, 2004: "Employment Options of Men and Women in Europe", in: Janet Z. Giele und Elke Holst (Hg.), *Changing Life Patterns in Western Industrial Societies*. Amsterdam: Elsevier, 137-162.

Bradshaw, Jonathan und Aksel Hatland (Eds.), 2006: *Social Policy, Employment and Family Change in Comparative Perspective*. Cheltenham: Edward Elgar.

Daly, Mary, 2004, „Changing Conceptions of Family and Gender Relations in European Welfare States and the Third Way", in: Jane Lewis und Rebecca Surender (Hg.), *Welfare State Change. Towards a Third Way?* Oxford: OUP 135-156.

Daly, Mary, 2005, "Changing Family Life in Europe: Significance for state and society", in: *European Societies* 7 (3), 379-398.

Derleder, Peter, 1995: "Das Kindeswohl als Prinzip der Familiensteuerung", in: Uta Gerhardt, Stefan Hradil, Doris Lucke und Bernhard Nauck (Hg.), *Familie der Zukunft.* Opladen: Leske+Budrich, 227-243.

Esping-Andersen, Gosta, 2002: "A Child-Centred Social Investment Strategy", in: derselbe, *Why We Need a New Welfare State.* Oxford: OUP, 26-67.

Fahey, Tony, 2006: "Fertility Patterns and Aspirations in Europe", in: Jens Alber und Wolfgang Merkel (Hg.), *Europas Osterweiterung: Das Ende der Vertiefung?* WZB-JAhrbuch 2005. Berlin: edition sigma, 35-55.

Finch, Naomi, 2006: "Family Change", in: Jonathan Bradshaw und Aksel Hatland (Hg.), 2006: *Social Policy, Employment and Family Change in Comparative Perspective.* Cheltenham: Edward Elgar, 13-35.

Forssèn, Katja und Veli-Mattio Ritakallio, 2006: "First Births", in: Jonathan Bradshaw und Aksel Hatland (Hg.), 2006: *Social Policy, Employment and Family Change in Comparative Perspective.* Cheltenham: Edward Elgar, 161-177.

Gornick, Janet und Marcia K. Meyers, 2003: *Families that work: Policies for reconciling parenthood and employment.* New York: Sage.

Kiernan, Kathleen, 2004: "Redrawing the boundaries of marriage", in: *Journal of Marriage and Family* 66, 980-897.

Knijn, Trudie, Ilona Ostner und Christoph Schmitt, 2007: "Männer und (ihre) Kinder: Einstellungen zur Elternschaft im Ländervergleich", in: Frank Lettke und Andreas Lange (Hg.), *Generationen, Familien und Gesellschaft. Interdisziplinäre Annäherungen an Spannungsfelder der Gegenwarts-gesellschaft.* Frankfurt a.M.: Suhrkamp (stw), 189-222.

Letablier, Marie-Thérèse, 2006: "Work and Family Balance: A New Challenge for Policies in France", in: Janet Z. Giele und Elke Holst (Hg.), *Changing Life Patterns in Western Industrial Societies.* Amsterdam: Elsevier, 189-209.

OECD 2001: "Balancing Work and Family Life: Helping Parents Into Paid Employment", in: OECD (Hg.), *Employment Outlook 2001.* Paris, 89-166.

OECD 2002: "Women at work: who they are and how they are faring?", in: OECD (Hg.): *Employment Outlook 2002.* Paris, 63-125.

Oláh, Livia Sz., 2001: *Gendering Family Dynamics: The Case of Sweden and Hungary.* Stockholm: Stockholm University. Demographic Unit.

Ostner, Ilona, 2006a: "Gleichstellungspolitik: Neu, oktroyiert, ungeliebt?", in: Manfred G. Schmidt und Reimut Zohlnhöfer (Hg.), *Regieren in der Bundesrepublik Deutschland.* Wiesbaden, VS Verlag für Sozialwissenschaften, 260-278.

Ostner, Ilona, 2006b: "Paradigmenwechsel in der (west)deutschen Familienpolitik", in: Peter A. Berger und Heike Kahlert (Hg.): *Der demographische Wandel. Chancen für die Neuordnung der Geschlechterverhältnisse.* Frankfurt a.M.: Campus Verlag, 165-199.

Ostner, Ilona, 2004a: „Wem gehört das Kind? Von der elterlichen Gewalt zum Recht des Kindes". Nolte, Georg und Hans-Ludwig Schreiber (Hg.), *Der Mensch und seine Rechte*. Göttingen: Wallstein Verlag: 151-170.

Ostner, Ilona, 2004b: „Kinder und Frauen zuerst!? Ein Review-Essay“, in: *Zeitschrift für Sozialreform* 50 (1-2), 211-216.

Raasch, Sibylle, 2004: “Vom Verbot der Geschlechtsdiskriminierung zum Schutz von Diversity. Umsetzung der neuen EU-Antidiskriminierungsrichtlinien in Deutschland”, in: *Kritische Justiz* 37 (4), 394-412.

Ristau, Malte, 2005: “Der ökonomische Charme der Familie”, in: *Aus Politik und Zeitgeschichte* 23-24 (6. Juni 2005), 16-22.

Rijken, Arieke, 2006: “Fertility Rates in Europe”, in: Jonathan Bradshaw und Aksel Hatland (Hg.), 2006: *Social Policy, Employment and Family Change in Comparative Perspective*. Cheltenham: Edward Elgar, 143-177.

Rürup, Bert und Sandra Gruescu, 2003: *Familienpolitik im Interesse einer aktiven Bevölkerungsentwicklung*. Gutachten. Berlin: BMFSFJ.

Rust, Ursula, 2005: Gleichstellung von Mann und Frau, in: Christoph Linzbach/Uwe Lübking/ Stephanie Scholz/Bernd Schulte (Hg.), *Die Zukunft der sozialen Dienste vor der Europäischen Herausforderung*. Baden-Baden: Nomos Verlagsgesellschaft, 133-151.

Saraceno, Chiara, 2006: “Family-work systems in Europe”, in: Jens Alber und Wolfgang Merkel (Hg.), *Europas Osterweiterung: Das Ende der Vertiefung?* WZB-Jahrbuch 2005. Berlin: edition sigma, 57-83.

Schwab, Dieter, 2006: “Ausgeträumt”, in: *Frankfurter Allgemeine Zeitung 273* (23. November 2006), 8.

Stratigaki, Maria, 2004: “The Cooptation of Gender Concepts in EU Policies: The Case of Reconciliation of Work and Family”, in: *Social Politics* 11 (1), 30-56.

Tölke, Angelika, 2005: „Die Bedeutung von Herkunftsfamilie, Berufsbiografie und Partnerschaften für den Übergang von Ehe und Familie“, in: Angelika Tölke und Karsten Hank (Hg.), *Männer – Das “vernachlässigte” Geschlecht in der Familienforschung. Zeitschrift für Familienforschung*, Sonderheft 4, Wiesbaden: VS Verlag für Sozialwissenschaften, 98-126.

Wahl, Angelika von, 1999: *Gleichstellungsregime. Berufliche Gleichstellung von Frauen in den USA und in der Bundesrepublik Deutschland*. Opladen: Leske + Budrich.

Warren, Elizabeth und Amelia Warren Tyagi, 2003: *The Two-Income Trap. Why Middle-Class Mothers & Fathers are Going Broke*. New York: Basic Books.

Wolfgang Strengmann-Kuhn

Armut und soziale Ausgrenzung in Europa

Einleitung

Seit der Sitzung des Europäischen Rates in Lissabon im März 2000 hat die Sozialpolitik der EU insbesondere in Bezug auf die Bekämpfung von Armut und sozialer Ausgrenzung eine neue Qualität erhalten. Zwar hatte die EU auch bis dahin bereits sozialpolitische Ziele formuliert, doch waren diese eher vage und vor allem den wirtschafts- und arbeitsmarktspolitischen Fragestellungen untergeordnet. Durch den so genannten Lissabon-Prozess, der zum Ziel hat, „die Union zum wettbewerbsfähigsten und dynamischsten wissensbasierten Wirtschaftsraum der Welt zu machen – einem Wirtschaftsraum, der fähig ist, dauerhaftes Wirtschaftswachstum mit mehr und besseren Arbeitsplätzen und einem größerem sozialen Zusammenhalt zu erzielen", wurde erstmals die Sozialpolitik in einem Satz mit Wirtschafts- und Arbeitsmarktpolitik genannt. Gleichzeitig wurde in Lissabon die „Offene Methode der Koordinierung" (OMK) für das Feld der sozialen Sicherheit implementiert, um die Ziele in den einzelnen dazu gehörigen Politikbereichen zu konkretisieren und den Prozess zur Erreichung der Ziele zu forcieren. Als erstes wurde die OMK im Bereich soziale Eingliederung und Armut eingeführt. Mittlerweile gibt es sie auch für die Alterssicherung sowie für Gesundheit und Pflege. Die OMK hat dabei weder das Ziel, die sozialen Sicherungssysteme in der EU zu harmonisieren, noch geht es darum, eigene Instrumente der EU für soziale Sicherung zu schaffen. Vielmehr bleibt die Wahl der Mittel nach wie vor den einzelnen Mitgliedstaaten überlassen. Die EU hat auch keine Sanktionsmöglichkeiten bei Zielverletzungen, wie sie beispielsweise im Rahmen des Stabilitäts- und Wachstumspakts vorgesehen sind. Trotzdem hat die EU inzwischen einen wesentlich stärkeren Einfluss auf die Sozialpolitik, als dies noch vor wenigen Jahren der Fall war.

Die in diesem Beitrag behandelte Thematik hat dabei einen besonderen Stellenwert: Die Bekämpfung von Armut und die Förderung der sozialen Eingliederung ist ein wesentliches Ziel der Sozialpolitik der EU (vgl. Europäische Kommission 2005: 10f.) und das Jahr 2010 soll „Europäisches Jahr der Bekämpfung von sozialer Ausgrenzung und Armut" (Europäische Kommission 2005: 11) werden. Dabei sind die Herausforderungen in den letzten Jahren eher gestiegen als gesunken. Einerseits führen die „Globalisierung" und der damit verbundene Wettbewerb zwischen den Staaten nicht unbedingt zu einem Ausbau der sozialen Sicherungssysteme. Darüber hinaus verlangt der Erweiterungsprozess auf jetzt 25 und demnächst 27 Mitgliedstaaten auch für den Bereich der Armutsbekämpfung eine Überarbeitung der bisherigen Sichtweisen, Analysemethoden und politischen Strategien.

Vor dem Hintergrund dieser Entwicklungen geht es in diesem Beitrag vor allem um eine empirische Bestandsaufnahme zu Armut und sozialer Ausgrenzung in der Europäischen Union und zum Umgang der EU damit. Dazu werden im Abschnitt 2 zunächst das Prinzip und die Funktionsweise der Offenen Methode der Koordinierung erläutert. Ein wichtiger Bestandteil der OMK ist die Festlegung von Indikatoren. Deshalb wird im Abschnitt 3 beschrieben, wie Armut von der EU definiert wird und für welches Messverfahren sich die EU entschieden hat. Das ist deswegen von besonderer Bedeutung, weil die Art der Messung Einfluss auf die festgestellte Zusammensetzung der Armutspopulation und damit auf die sozialpolitischen Schlussfolgerungen hat. Im Abschnitt 4 werden zentrale deskriptive Ergebnisse zu Armut in Europa präsentiert. Dabei geht es einerseits um die Darstellung der allgemeinen Armutsquoten, um zu zeigen, in welchen Ländern die Armut hoch und in welchen niedrig ist, und andererseits um die Armutsbetroffenheit nach Geschlecht und Alter, um zu verdeutlichen, inwiefern Unterschiede in der Struktur der Armutspopulation in den einzelnen Ländern bestehen. In diesem Zusammenhang wird auch der Effekt der Armutsmessung diskutiert. Im Abschnitt 5 geht es dann um Strategien gegen Armut. Dabei wird zunächst untersucht, inwieweit es einen Zusammenhang zwischen Sozialausgaben und Armut gibt. Schafft der Sozialstaat seine eigene Klientel oder führen höhere Sozialausgaben zu einer geringeren Armut? Interessant ist in diesem Zusammenhang insbesondere, ob es Länder gibt, die es schaffen mit geringen Sozialausgaben Armut erfolgreich zu bekämpfen. Darüber hinaus wird kritisch hinterfragt, inwiefern die Ausweitung der Beschäftigung ("jobs, jobs, jobs") eine geeignete Strategie gegen Armut ist. Schließlich werden in diesem Abschnitt Ansätze vorgestellt, wie durch zielgerichtete Maßnahmen im Bereich der sozialen Sicherung Armut verringert werden kann. Der Beitrag endet mit einem Ausblick sowie Schlussfolgerungen sowohl in Bezug auf wissenschaftliche Untersuchungen als auch für den weiteren politischen Prozess.

Die Offene Methode der Koordinierung im Bereich soziale Ausgrenzung und Armut

Die Offene Methode der Koordinierung besteht aus vier aufeinander aufbauenden, sich ergänzenden und gegenseitig beeinflussenden Bestandteilen. Zunächst einmal geht es um die Festlegung gemeinsamer Ziele. Der zweite Schritt ist die Bestimmung von einheitlichen Indikatoren, um die Zielerreichung messbar und vergleichbar zu machen. Drittens wird ein Berichtswesen implementiert, in dessen Rahmen die Mitgliedstaaten regelmäßig unter Verwendung der festgelegten Indikatoren Berichte vorlegen, in denen die bisherigen Entwicklungen sowie politische Strategien zur Erreichung der gemeinsam beschlossenen Ziele empirisch dargestellt werden. Viertens geht es in diesen Berichten um so genannte *best practice* Beispiele, also um besonders vorbildhafte Maßnahmen der Armutsbekämpfung.

Wie erwähnt soll bei dem gesamten Prozess die Subsidiarität der Mitgliedstaaten in Bezug auf die Mittel vollständig gewahrt bleiben. Es wird aber erwartet, dass durch die Veröffentlichung der Ergebnisse ein gewisser Druck auf diejenigen Staaten entsteht, die in Bezug auf die Ziele eher schlecht abschneiden bzw. die eine im Vergleich zu den anderen Staaten eher negative Entwicklung haben. Auch wenn die Wahl der Mittel frei bleibt, ist es ein wichtiges Ziel, dass die Mitgliedstaaten von einander lernen – durch Orientierung an den Ländern, die ihre Ziele am Besten erreichen, und durch die *best practice* Beispiele. Der gesamte Prozess ist dabei nicht starr, sondern sowohl die Ziele als auch die Auswahl der Indikatoren können sich durchaus verändern und sich gegenseitig beeinflussen, was in der Zwischenzeit auch bereits geschehen ist. Dieses soll durch den Begriff *Offene* Methode der Koordinierung verdeutlicht werden, weil der Verlauf und die Ergebnisse des Prozesses nicht von vornherein festgelegt sind. Die Methode der Koordinierung ist aber noch in einem zweiten Sinne „offen". Es sollen nämlich alle betroffenen Akteure einbezogen und mobilisiert werden. So besteht der Anspruch, dass nicht nur die Europäische Kommission und die Regierungen der Mitgliedstaaten an der OMK beteiligt sind, sondern auch sozialpolitische Institutionen, Nichtregierungsorganisationen, Betroffenenverbände oder auch regionale Entscheidungsträger, z.B. in Deutschland die Landesregierungen.

Für den Bereich Armut und soziale Eingliederung ging der Prozess, der als erster eine gewisse Vorbildfunktion für die anderen Bereiche der sozialen Sicherung hat, folgendermaßen vonstatten: Nach der grundsätzlichen Entscheidung in Lissabon und einer Konkretisierung von ersten gemeinsamen Zielen im Dezember 2000 in Nizza wurden die Mitgliedstaaten vom Europäischen Rat aufgefordert, bereits bis Mitte Juni 2001 erste Nationale Aktionspläne für soziale Eingliederung (*National Action Plans for social inclusion*, NAPincl.) zu erstellen, die von da an alle zwei Jahre vorgelegt werden sollten. In dem ersten Bericht nahmen die Regierungen einerseits zu den Zielen und andererseits zu möglichen Indikatoren Stellung. Von der belgischen EU-Präsidentschaft wurde darüber hinaus eine Gruppe namhafter WissenschaftlerInnen beauftragt, auch unter Einbeziehung dieser nationalen Aktionspläne und den darin enthaltenen Vorschlägen einen unabhängigen Bericht für soziale Indikatoren für Armut und soziale Ausgrenzung zu erstellen, der dann auf einer größeren wissenschaftlichen Konferenz im September 2001 in Antwerpen breit diskutiert wurde (vgl. Atkinson et al. 2002). Der Europäische Rat hat dann darauf aufbauend auf seiner Sitzung im belgischen Laeken im Dezember 2001 eine Liste von 10 Hauptindikatoren (*primary indicators*) und 8 ergänzende Indikatoren (*secondary indicators*) beschlossen. Neben diesen auf EU-Ebene festgelegten „Laeken-Indikatoren" können die einzelnen Mitgliedstaaten zusätzlich eigene *tertiary indicators* bestimmen, die die Berichterstattung ergänzen sollen.

Auf der Basis dieser beschlossenen Indikatoren wurden die zweiten Nationalen Aktionspläne von den alten EU-Mitgliedstaaten im Juli 2003 und von den 10 Beitrittsländern im Juli 2004 vorgelegt. Neben der empirischen Berichterstattung ging es hier um die Darlegung von Prioritäten und Maßnahmen gegen Armut für den Zeitraum von 2003 bis 2005 bzw. 2004 bis 2006. Bis Mitte September 2006 liegen die nächsten „Berichte über Strategien zu Sozialschutz und sozialer Eingliederung" vor, in denen jetzt auch die bisher getrennten Bereiche Alterssicherung und Gesundheit/Pflege mit integriert sind. Neben den nationalen Berichten gibt es darüber hinaus gemeinsame Berichte (*joint reports*) der EU. Datengrundlage für die empirischen Ergebnisse war in den ersten Jahren das Europäische Haushaltspanel (ECHP), das allerdings 2001 eingestellt wurde. Ersetzt wird dieser Datensatz durch eine neue, für alle Mitgliedstaaten einheitliche Erhebung, den Survey on Income and Living Conditions (EU-SILC). Für einen Teil der Länder wurden die Daten bereits 2004 erhoben, die erste flächendeckende Erhebung gab es 2005 und der dazugehörige Datensatz soll Ende 2006 vorliegen. In der zwischenzeitlichen Lücke wurden nationale Datensätze verwendet, wodurch die Vergleichbarkeit natürlich eingeschränkt ist.

Messung von Armut und sozialer Ausgrenzung

Schon Mitte der 80er Jahre hat der Europäische Rat definiert, was er unter Armut versteht: „*Verarmte Personen sind Einzelpersonen, Familien und Personengruppen, die über so geringe (materielle, kulturelle und soziale) Mittel verfügen, dass sie von der Lebensweise ausgeschlossen sind, die in dem Mitgliedstaat, in dem sie leben, als Minimum annehmbar sind*“ (Europäischer Rat 1985).

Für die Frage, wer arm ist, sind also die Mittel von Bedeutung, über die jemand verfügt. Der Europäische Rat schließt sich damit der in der Armutsforschung üblichen *Ressourcen-Definition* von Armut an, wobei er besonders betont, dass es nicht nur auf das Einkommen, sondern auch auf andere Ressourcen ankommt. Wie diese Mittel verwendet werden, ist nach dieser Definition sekundär. Außerdem wird jemand, der trotz ausreichender Ressourcen freiwillig auf einen bestimmten Lebensstandard verzichtet, nicht als arm angesehen. In der Armutsforschung wird die Ressourcen-Definition auch als indirekte Messmethode bezeichnet, im Gegensatz zur direkten Armutsmessung, die am tatsächlich beobachteten Lebensstandard ansetzt (vgl. Ringen 1988). Darüber hinaus handelt es sich bei der Armutsdefinition der EU um eine *relative Definition* von Armut, wobei der Maßstab der Lebensstandard in dem jeweiligen Land ist.

In der empirischen Armutsforschung wird üblicherweise das Einkommen als Ressourcenindikator zu Grunde gelegt und die Armutsgrenze als Prozentwert eines Durchschnittseinkommens, üblicherweise arithmetisches Mittel oder Median, angegeben. Bei der Messung des Einkommens ist es eine wichtige Frage, über welche(s) Einkommen eine Person verfügt. Typische Annahme ist, dass sämtliche Einkommen eines Haushaltes "in einen Topf geworfen" (*gepoolt*), und dann gleichmäßig aufgeteilt werden. Grundlage der Berechnungen ist also ein Pro-Kopf-Einkommen, genauer gesagt ein *bedarfsgewichtetes* Pro-Kopf-Einkommen, das so genannte Äquivalenzeinkommen, bei dem berücksichtigt wird, dass erstens Kinder einen geringeren Bedarf als Erwachsene haben und zweitens bei größeren Haushalten ökonomische Vorteile entstehen, so dass ein Zweipersonenhaushalt weniger als das

Doppelte eines Einpersonenhaushalts braucht. Die genaue Berechnung dieser Äquivalenzeinkommen geschieht mittels Äquivalenzskalen, wobei die Wahl der Äquivalenzskala erhebliche Auswirkungen auf die Ergebnisse haben kann, wie weiter unten noch dargestellt wird.

Zwei Standard-Äquivalenzskalen sind die OECD-Skala (vgl. OECD 1982), die manchmal auch alte oder ursprüngliche OECD-Skala genannt wird, und eine modifizierte OECD-Skala, manchmal auch neue OECD-Skala genannt. Die Funktionsweise ist im Prinzip gleich: Zur Berechnung des Äquivalenzeinkommens wird das Haushaltseinkommen jeweils durch die Summe der Bedarfsgewichte der Haushaltsmitglieder geteilt, wobei ein Einpersonenhaushalt ein Gewicht von 1 hat. Bei der ursprünglichen OECD-Skala erhält jedes weitere Haushaltsmitglied ab 14 Jahren ein Gewicht von 0,7 und Kinder unter 14 ein Gewicht von 0,5. Bei einem Haushalt von zwei Erwachsenen mit einem Haushaltseinkommen von 1700 € erhält also jede Person rechnerisch ein Äquivalenzeinkommen von 1000 €. Die modifizierte OECD-Skala wurde erstmals für eine Studie über Armut in Europa in Anlehnung an die OECD-Skala verwendet, wobei die Modifikation darin bestand, dass die Bedarfsgewichte für weitere Haushaltsmitglieder auf 0,5 bzw. 0,3 reduziert wurden (Hagenaars et al. 1995: 17). Im Rahmen der OMK hat sich die EU für die Verwendung der modifizierten OECD-Skala entschieden, was wie unten gezeigt wird, Konsequenzen hat.

In der Armutsforschung ist eine Armutsgrenze von 50% des durchschnittlichen Äquivalenzeinkommens üblich. Zur Berechnung des Durchschnitts kommen dabei vor allem zwei Verfahren in Betracht: das arithmetische Mittel (*mean*), das den Wert bei Gleichverteilung angibt, und der Median, bei dem gerade die Hälfte einen höheren und die andere Hälfte einen niedrigeren Wert hat, wobei der Median bei Einkommensverteilungen typischerweise einen geringeren Wert als das arithmetische Mittel hat. Aus statistischen Gründen spricht einiges für die Verwendung des Medians, weil er weniger anfällig für Messfehler am oberen und unteren Rand der Einkommensverteilung ist, andererseits hat das arithmetische Mittel den Vorteil, dass sich seine Veränderung auch aus makroökonomischen Daten herleiten lässt. Es gibt aber auch inhaltliche Argumente. So unterscheiden sich die beiden Verfahren insbesondere hinsichtlich der Bedeutung hoher Einkommen, vor allem im Zeitverlauf. Während sich das arithmetische Mittel immer gemäß der allgemeinen Einkommensentwicklung verändert, ist für die Veränderung des Medians von Bedeutung, wer z.B. von einem Wirtschaftswachstum profitiert. Sind es vor allem die Reichen, ändert sich an dem Median nichts, weil sich das mittlere Einkommen nicht ändert. Die EU hat sich dafür entschieden, den Median als Maßstab zu verwenden. Als Grenze werden allerdings 60% verwendet, so dass dies etwas über dem Wert von 50% des arithmetischen Mittels liegt. Die Unterschiede sind aber nicht sehr groß, so dass für die Messung letztlich vor allem die Wahl der Äquivalenzskala bedeutsam ist.

Soziale Ausgrenzung und Armut werden im politischen Jargon der EU häufig synonym verwendet, allerdings wird betont, dass es sich bei sozialer Ausgrenzung erstens um ein multidimensionales Phänomen und zweitens um einen zeitlichen Prozess handelt. Um dies zu unterstreichen, wird die beschlossene Einkommensarmutsgrenze als Armuts*risiko*grenze bezeichnet, weil ein geringes Einkommen zu einem Zeitpunkt noch nicht gleichbedeutend mit Armut, zumindest nicht mit sozialer Ausgrenzung sei. Um dem Unterschied zwischen Armut und sozialer Ausgrenzung Rechnung zu tragen, gehören deshalb zu der Indikatorenliste auch Indikatoren zu anderen Dimensionen, wie Arbeitsmarkt, Bildung, Lebenserwartung oder Gesundheit sowie eine Quote „dauerhaften Armutsrisikos", bei der der Anteil der Bevölkerung gemessen wird, der in drei Folgejahren ein Einkommen unter der Armutsrisikogrenze hat. Mit Hilfe dieser Indikatoren soll auch dem multidimensionalen Ressourcenansatz, der in der oben zitierten Armutsdefinition zum Ausdruck kommt, Rechnung getragen werden.

Empirische Ergebnisse

Im Folgenden werden zentrale deskriptive Ergebnisse zu Armut in Europa präsentiert, die dem aktuellen Gemeinsamen Bericht über Sozialschutz und soziale Eingliederung entnommen sind (Europäischer Rat 2006). Datengrundlage ist für einige Länder bereits die erste Befragungswelle des EU-SILC (Belgien, Dänemark, Griechenland, Spanien, Frankreich, Irland, Italien, Luxemburg, Österreich, Portugal, Finnland und Schweden). Für die anderen Länder wurden nationale Datensätze verwendet, für Deutschland z.B. das Sozio-Ökonomische Panel, wobei von Eurostat (dem Statischen Amt der EU) versucht wurde, die Indikatoren dem Messverfahren für den EU-SILC anzupassen. Für die meisten Länder ist die Grundlage das Jahreseinkommen von 2003, mit Ausnahme der tschechischen Republik (2002) und Malta (2000).

Armut in der Gesamtbevölkerung

In den folgenden Schaubildern werden jeweils die 15 alten EU-Mitgliedstaaten (EU15) und die neuen Beitrittsländer (EU10) getrennt aufgeführt. Die Werte für die Gesamtunion (EU25) ergeben sich als gewichteter Durchschnitt der Einzelländer, der von Eurostat berechnet wurde. Die EU-weite Armutsrisikoquote beträgt danach 16% (vgl. Abb. 1), d.h. über 70 Millionen Personen in der EU leben in einem Haushalt mit einem Einkommen unter der oben erklärten EU-Armutsgrenze.[1] Für die alten EU-Mitgliedsländer lässt sich dabei eine Dreiteilung vornehmen, die sich so auch für andere Zeitpunkte, Armutsmaße und auf Basis anderer Datensätze zeigt. Gering sind die Armutsquoten jeweils in den Skandinavischen Ländern sowie Luxemburg, hoch sind sie in den südlichen Mittelmeerländern Portugal, Spanien,

1 Der Einfachheit halber werden im Folgenden die Begriffe Armutsrisikogrenze und Armutsgrenze sowie Armutsquote und Armutsrisikoquote synonym verwendet.

Italien und Griechenland sowie in den angelsächsischen Ländern Großbritannien und Irland. In der Mitte liegen die mitteleuropäischen Länder, wobei für die Niederlande noch eine relativ niedrige Armutsquote zu beobachten ist. Deutschland liegt auf Basis dieser Zahlen mit einem Armutsanteil von 16% genau im EU-Durchschnitt und damit schlechter als bei früheren Auswertungen, bei denen Deutschland nach den skandinavischen Ländern ähnlich wie die Niederlande üblicherweise eine relativ niedrige Armutsquote aufwies. Im Rahmen des zweiten Armuts- und Reichtumsbericht der Bundesregierung wurde allerdings ebenfalls festgestellt, dass die Armutsquote in Deutschland seit 1998, insbesondere nach 2001, relativ stark angestiegen ist (vgl. Becker/Hauser u.a 2004) – ein Anstieg, der so in den anderen Ländern offensichtlich nicht von statten gegangen ist.

Abbildung 1: Armutsquoten in den Ländern der Europäischen Union

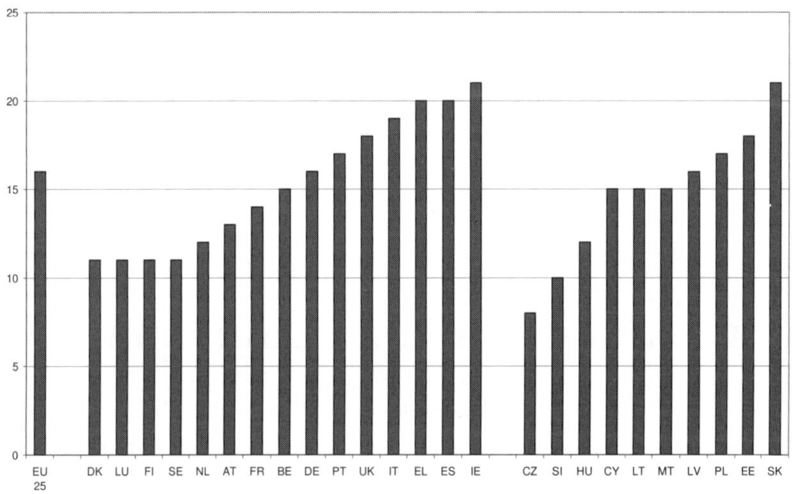

Quelle: Europäischer Rat (2006): Gemeinsamer Bericht über Sozialschutz und soziale Eingliederung. Anhang – Methodologie und statistische Tabellen. Tabelle 5. Eigene Darstellung.

Armut nach Geschlecht

Wird nach Geschlecht unterschieden (vgl. Abb. 2), so zeigt sich, dass in der EU Frauen mit 17% ein höheres Armutsrisiko haben als Männer (14%). Sowohl insgesamt als auch in den meisten Mitgliedsländern ist der Unterschied zwischen Männern und Frauen aber nicht sehr groß, in manchen Ländern liegt die Armutsquote der Männer sogar über der der Frauen (Polen und Slowakei) oder sind in etwa gleich hoch (Luxemburg). Das mag auf den ersten Blick erstaunen, weil Frauen ja in der Regel über ein geringeres Einkommen verfügen als Männer. Da bei der Armutsmessung aber davon ausgegangen wird, dass die Einkommen innerhalb eines Haushalts gepoolt und danach gleichverteilt werden, ist die Konsequenz, dass der Unterschied in den Armutsquoten zwischen Männern und Frauen nur durch Haushalte zu Stande kommt, in denen Männer und Frauen nicht zusammenleben. Die höhere Armutsbetroffenheit bezieht sich bei Frauen insbesondere auf Alleinerziehende und ältere alleinstehende Frauen, die in der Regel ein relativ hohes Armutsrisiko haben.

Abbildung 2: Armutsquoten in den Ländern der Europäischen Union nach Geschlecht

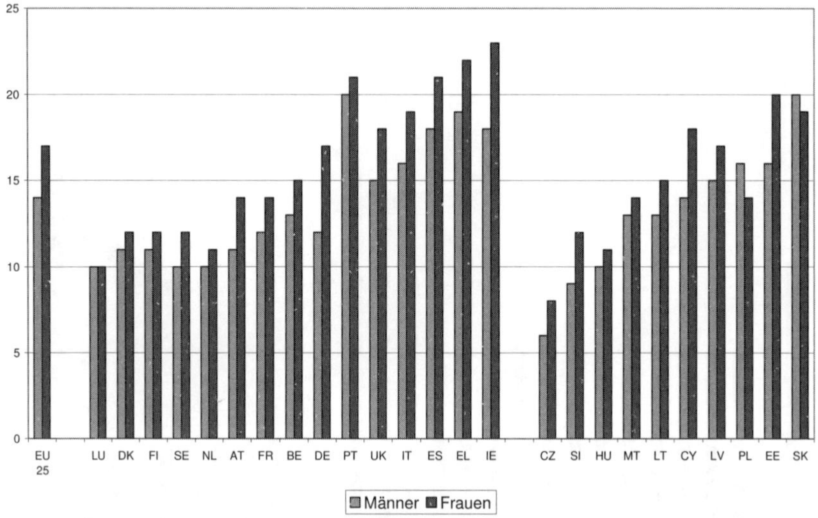

Quelle: Europäischer Rat (2006): Gemeinsamer Bericht über Sozialschutz und soziale Eingliederung. Anhang – Methodologie und statistische Tabellen. Tabelle 5. Eigene Darstellung.

Kinderarmut

In fast allen Ländern haben Kinder eine überdurchschnittliche Armutsquote. Nur in Dänemark, Finnland, Slowenien und Zypern sind Kinder unterdurchschnittlich von Armut betroffen; in Schweden, Frankreich und Griechenland liegen die Armutsquoten von Kindern in etwa im Durchschnitt der Gesamtbevölkerung. In der gesamten EU beträgt die Armutsquote von Kindern 20%, d.h. jedes fünfte Kind lebt in einem Haushalt mit einem Einkommen unter der EU-Armutsgrenze. Auch diesbezüglich liegt Deutschland wieder genau im EU-Durchschnitt. Die Bekämpfung von Kinderarmut ist dabei u.a. deswegen von besonderer Bedeutung, weil die Lebenslage von Kindern entscheidend für deren weitere Entwicklung ist. Verhinderung von Kinderarmut hat darum eine wesentliche Bedeutung für die Verbesserung der Chancengleichheit in der Gesellschaft. Darüber hinaus ist ein Ziel der Strategie der EU für soziale Eingliederung die Bekämpfung von Armut der "*most vulnerable*", wozu Kinder aufgrund ihrer hohen Armutsquoten, aber auch deswegen gehören, weil sie sich nicht selbst aus der Armut befreien können. Atkinson et al. (2005) schlagen deshalb ein "*children mainstreaming*" vor, bei dem die Kinderarmut zur Querschnittsaufgabe sowohl bei der Berichterstattung über als auch bei der Bekämpfung von Armut und sozialer Ausgrenzung werden soll.

Abbildung 3: Armutsquoten von Kindern (bis 15 Jahre) in den Ländern der Europäischen Union

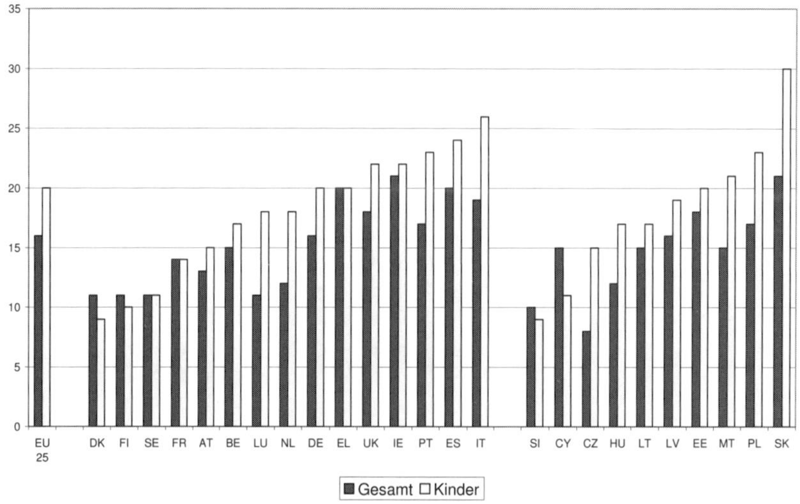

Quelle: Europäischer Rat (2006): Gemeinsamer Bericht über Sozialschutz und soziale Eingliederung. Anhang – Methodologie und statistische Tabellen. Tabelle 5. Eigene Darstellung.

Armut der älteren Bevölkerung

Während Kinder bis auf die genannten Ausnahmen in der Regel ein überdurchschnittliches Armutsrisiko haben, ist das Ergebnis für die ältere Bevölkerung ab 65 Jahren uneinheitlich. In 11 Ländern ist die Armutsquote unterdurchschnittlich, und zwar in vier der alten EU-Mitgliedstaaten (Luxemburg, die Niederlande, Italien und Deutschland), wobei die Quote in Deutschland nur einen Prozentpunkt unter der allgemeinen Armutsquote liegt, sowie in sieben der Beitrittsländer von 2004. Ausnahmen sind hier lediglich Slowenien, Malta und Zypern, wobei die Armutsquote der Älteren in Zypern mit über 50% extrem hoch ist. Auffällig ist, dass die Armutsquoten der älteren Bevölkerung in den neuen Mitgliedstaaten tendenziell geringer sind als in den alten. Außer in Zypern liegt in keinem der anderen

Beitrittsländer die Armutsquote über 20%, während dies immerhin in sechs der 15 alten Länder der Fall ist, nämlich in Irland (40%), Spanien (30%), Portugal (29%), Griechenland (28%), Großbritannien (24%) und Belgien (21%). Insgesamt, d.h. für die gesamte EU berechnet, haben Personen, die 65 und älter sind, mit 18% ein überdurchschnittliches Armutsrisiko. Bei dieser Gruppe hat allerdings die Art der Armutsmessung besondere Auswirkungen, wie im nächsten Abschnitt noch gezeigt wird (vgl. auch ausführlich dazu Hauser/ Strengmann-Kuhn 2004).

Abbildung 4: Armutsquoten der älteren Bevölkerung (65 Jahre und älter) in den Ländern der Europäischen Union

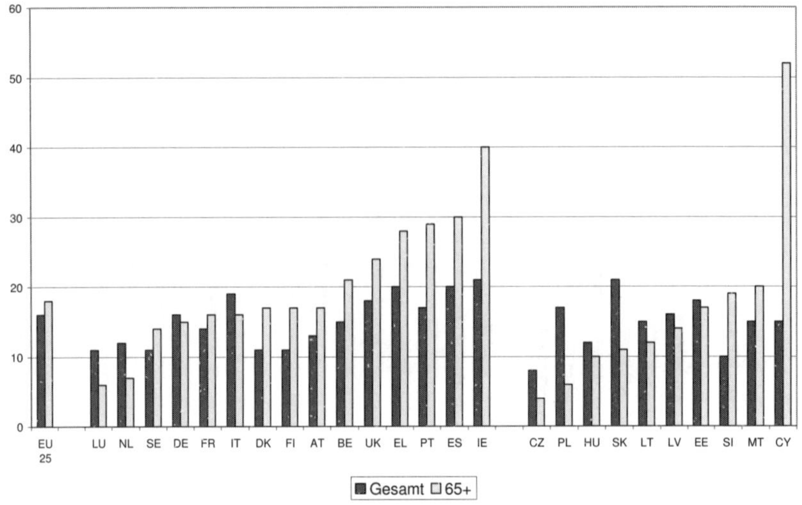

Quelle: Europäischer Rat (2006): Gemeinsamer Bericht über Sozialschutz und soziale Eingliederung. Anhang – Methodologie und statistische Tabellen. Tabelle 5. Eigene Darstellung.

Problematik der Armutsmessung

Die bisher dargestellten Ergebnisse basieren auf der oben dargestellten EU-Armutsrisikogrenze. Im Folgenden wird gezeigt, wie sich die Ergebnisse verändern würden, wenn statt dieser eine andere Armutsgrenze verwendet würde. Dies soll ausschließlich durch Verwendung einer anderen Äquivalenzskala, nämlich der ursprünglichen OECD-Skala, verdeutlicht werden. Auf weitere Methoden kann hier nicht ausführlich eingegangen werden, aber feststellbar ist, dass Ergebnisse, die auf weiteren Messverfahren basieren, darauf hindeuten, dass die ursprüngliche OECD-Skala adäquater ist wie die modifizierte (vgl. Strengmann-Kuhn 2004a)

Da die Daten des EU-SILC der Wissenschaft noch nicht zur Verfügung stehen – dies soll Ende 2006 der Fall sein – werden die aktuellsten Daten des Europäischen Haushaltspanels (ECHP) verwendet, also für das Jahr 2001, die sich noch auf die alten 15 Mitgliedstaaten beschränken. Auf den Umfang der Armutspopulation wirkt sich die Verwendung der anderen Äquivalenzskala nur marginal aus, allerdings nicht auf die Struktur der Armut, wie im Folgenden gezeigt wird. Dabei beschränke ich mich, wie schon im vorherigen Abschnitt, auf die Auswirkungen auf die Ergebnisse zu Armut von Frauen, Kinderarmut und Armut der älteren Bevölkerung. Verglichen wird jeweils der Anteil der jeweiligen Bevölkerungsgruppen an der Armutspopulation und an der Gesamtbevölkerung.

Abbildung 5: Anteil von Frauen an der Gesamtbevölkerung und an der Armutspopulation in den Ländern der Europäischen Union

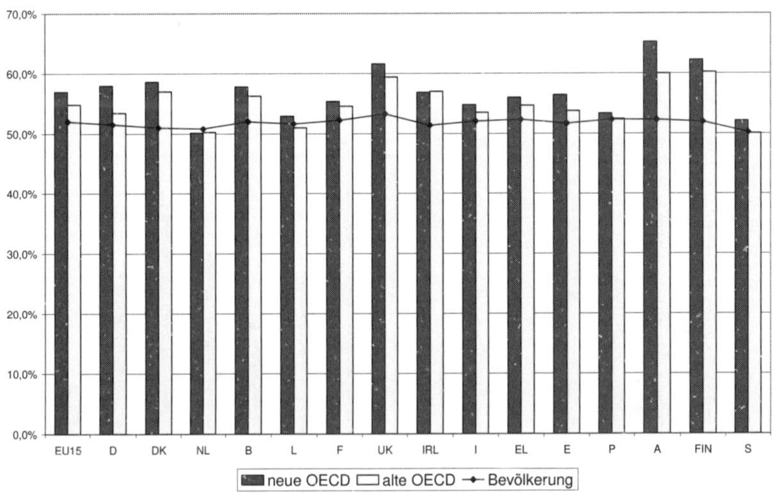

Quelle: European Community Household Panel (ECHP) 2001, eigene Berechnungen

Abb. 5 zeigt, dass die Auswirkungen der Armutsmessung auf den Anteil der Frauen eher gering sind, allerdings ist in der Regel der Anteil der Frauen an der Armutspopulation geringer, wenn die ursprüngliche OECD-Skala verwendet wird. In einigen Fällen liegt der Frauenanteil dann sogar nur knapp über dem Frauenanteil in der Gesamtbevölkerung, der üblicherweise etwas mehr als 50% beträgt. Dieses Ergebnis lässt sich einfach erklären. Wie oben bereits erwähnt, sind deswegen mehr Frauen als Männer von Armut betroffen, weil alleinstehende alte Frauen und Alleinerziehende üblicherweise ein besonders hohes Armutsrisiko haben. Gleichzeitig sind dieses in der Regel relativ kleine Haushalte. Die neue OECD-Skala führt, wie ebenfalls schon ausgeführt wurde, dazu, dass die Armutsgrenze von kleinen Haushalten höher und die von großen niedriger ist. Bei Verwendung der ursprünglichen OECD-Skala sind deshalb häufiger Familienhaushalte mit zwei Elternteilen von Armut betroffen, bei denen der Anteil von Männern und Frauen gleich ist.

Bei den Kindern zeigt sich genau der umgekehrte Effekt. Haushalte mit Kindern sind größer und werden daher bei Verwendung der ursprünglichen OECD-Skala eher als arm kategorisiert. In allen Ländern liegt deshalb bei diesem Messverfahren der Anteil der armen Kinder noch höher, und nur noch in Dänemark sind Kinder unterdurchschnittlich arm (vgl. Abb. 6). In der EU insgesamt liegt der Anteil der Kinder an der Gesamtbevölkerung bei etwa 20%, an der Armutspopulation sind es 25% bei Verwendung der modifizierten und bei Verwendung der ursprünglichen OECD-Skala sogar fast 30%. In beiden Fällen sind Kinder also überdurchschnittlich von Armut betroffen.

Abbildung 6: Anteil von Kindern (bis 15 Jahren) an der Gesamtbevölkerung und an der Armutspopulation in den Ländern der Europäischen Union

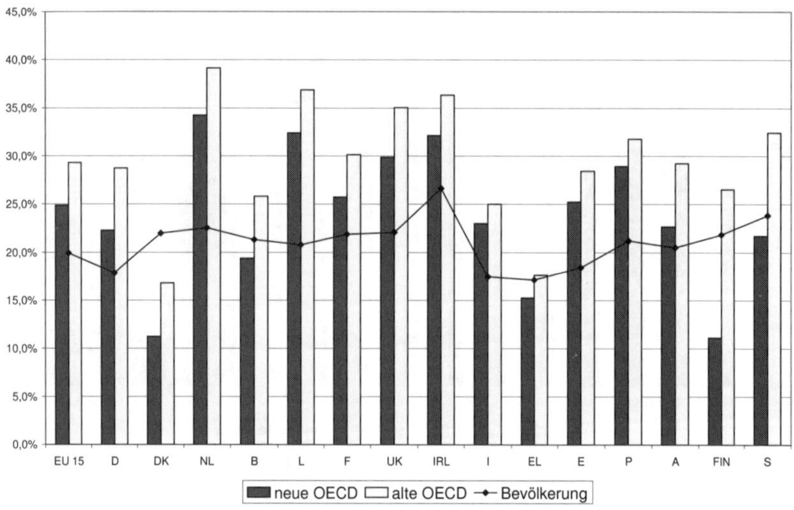

Quelle: European Community Household Panel (ECHP) 2001, eigene Berechnungen

Bei den Älteren ab 65 Jahren wurde oben bereits gezeigt, dass sie auf Basis der EU-Armutsgrenze im EU-Durchschnitt ein überdurchschnittliches Armutsrisiko haben. Wird die ursprüngliche OECD-Skala verwendet, so ergibt sich hingegen ein unterdurchschnittliches Armutsrisiko (vgl. Abb. 7). Die Erklärung ist wieder die gleiche: Ältere leben in der Regel in kleineren Haushalten und werden deshalb bei Verwendung der EU-Armutsgrenze eher als arm eingestuft. Deshalb sind in allen Ländern die Armutsquoten in der älteren Bevölkerung deutlich geringer, wenn die andere Äquivalenzskala verwendet wird.

Abbildung 7: Anteil d. älteren Bevölkerung (65 u. älter) an Gesamtbevölkerung und Armutspopulation in den Ländern der Europäischen Union

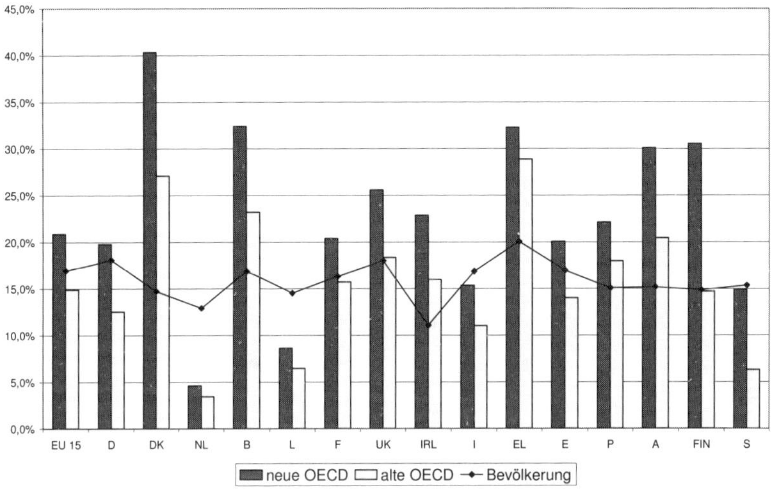

Quelle: European Community Household Panel (ECHP) 2001, eigene Berechnungen

Strategien gegen Armut

Unabhängig davon, wie Armut gemessen wird, ist die Betroffenheit von Armut in der Europäischen Union hoch, was die Frage nach geeigneten Mitteln gegen Armut aufwirft. Bevor weiter unten die Armutsbekämpfung für einzelne Gruppen diskutiert wird, wird zunächst der Frage nachgegangen, welcher Zusammenhang zwischen den Ausgaben für Soziales (gemessen als Anteil am Bruttoinlandsprodukt) und der Armutsquote besteht. Sinkt die Armutsquote mit höheren Ausgaben oder ist es sogar so, dass durch steigende Sozialausgaben die Armut erhöht wird? Die oft in der öffentlichen Diskussion zu hörende Vermutung, dass sich der Sozialstaat seine eigene Klientel schafft, weil höhere Sozialausgaben zu höherer Arbeitslosigkeit und die wiederum zu größerer Armut führt, bestätigt sich nicht. Im Allgemeinen ist die Armutsquote um so geringer, je mehr Geld für Soziales ausgegeben wird (vgl. Abb. 8). Sowohl für die alten wie für die neuen Mitgliedstaaten ergibt sich dabei ein relativ starker linearer Zusammenhang zwischen diesen beiden Größen, wobei interessant ist, das dieser für die Beitrittsländer parallel verschoben auf einem niedrigerem Niveau liegt. Auffällig ist außerdem, dass es keine Länder gibt, die eine niedrige Sozialstaatsquote (unter 20%) und gleichzeitig eine geringe Armutsquote (unter 15%) haben. Der entsprechende Quadrant in Abb. 8 ist leer. Umgekehrt gibt es aber durchaus einige Länder, bei denen trotz relativ hoher Sozialausgaben relativ hohe Armutsquoten zu beobachten sind. Von den alten Mitgliedstaaten sind dies insbesondere Deutschland, Großbritannien, Italien und Griechenland, bei denen Sozialleistungen, zumindest was die Armutsbekämpfung angeht, weniger effektiv sind als in anderen Ländern. Insgesamt scheint es so zu sein, dass hohe Sozialausgaben eine notwendige, aber keine hinreichende Bedingung für eine geringe Armutsquote sind.

Abbildung 8: Zusammenhang zwischen Sozialausgabenquote und Armutsquote in den Ländern der Europäischen Union

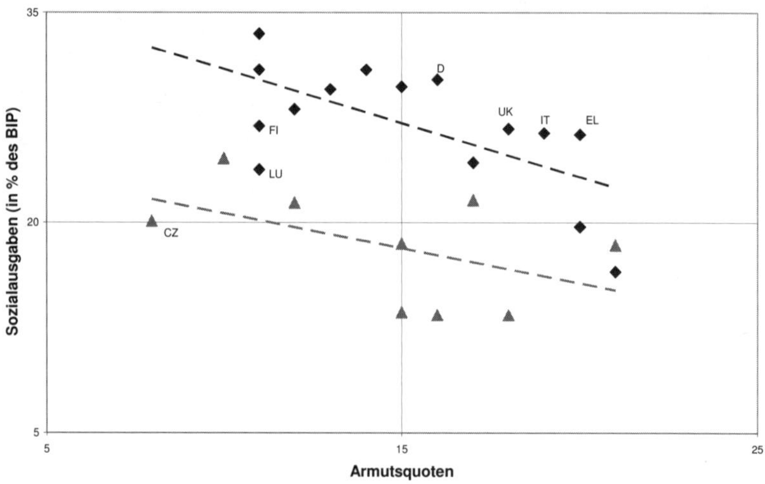

Rauten: alte Mitgliedstaaten, Dreiecke: neue Mitgliedstaaten
Quelle: Europäischer Rat (2006): Gemeinsamer Bericht über Sozialschutz und soziale Eingliederung. Anhang – Methodologie und statistische Tabellen. Tabellen 4 und 5. Eigene Darstellung.

Im Zentrum der Armutsbekämpfungsstrategie der EU steht die Erhöhung der Beschäftigung. Werden, wie eben für die Sozialausgabenquote, die Erwerbstätigen- und die Armutsquote gegeneinander aufgetragen, so scheint es in der Tat einen Zusammenhang zwischen dem Anteil der Erwerbstätigen und Armut zu geben. Auf der einen Seite stehen Länder mit einer hohen Erwerbstätigenquote und geringer Armut, insbesondere die skandinavischen Länder und die Niederlande, und auf der anderen Seite gibt es Mitgliedstaaten wie Spanien, Griechenland und Italien, bei denen dies gerade umgekehrt ist. In Luxemburg und Frankreich gibt es aber relativ geringe Armutsquoten, obwohl die Erwerbstätigenquote unter 65% liegt und in Großbritannien, Irland und Portugal werden hohe Armutsquoten trotz hoher Beschäftigung beobachtet. Der Zusammenhang ist also nicht ganz so eindeutig, was auch für die neuen Mitgliedstaaten gilt.

Abbildung 9: Zusammenhang zwischen Erwerbstätigenquote und Armutsquote in den Ländern der Europäischen Union

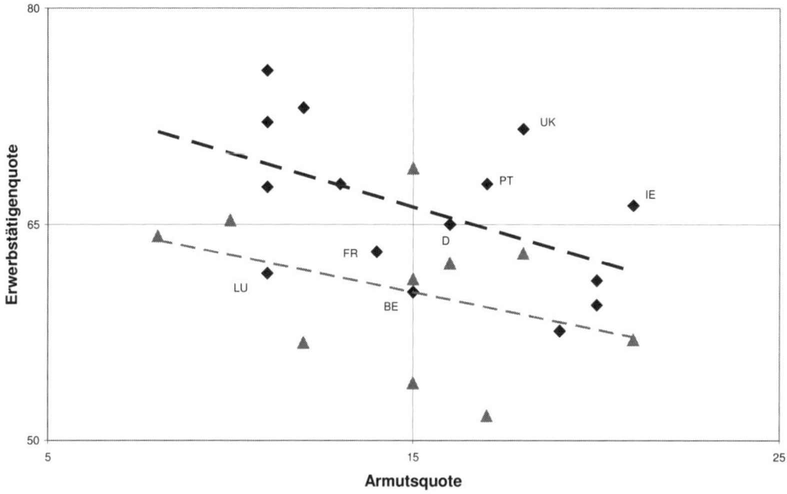

Rauten: alte Mitgliedstaaten, Dreiecke: neue Mitgliedstaaten
Quelle: Europäischer Rat (2006): Gemeinsamer Bericht über Sozialschutz und soziale Eingliederung. Anhang – Methodologie und statistische Tabellen. Tabellen 3 und 5. Eigene Darstellung.

Wird die Entwicklung im Längsschnitt betrachtet, so zeigt sich noch deutlicher, dass die Gleichung "mehr Beschäftigung = weniger Armut" nicht so einfach zutrifft (vgl. Atkinson et al. 2005: 68ff.). So hat im Zeitraum von 1994 bis 2000 die Beschäftigung in fast allen damaligen Mitgliedsländern der EU zugenommen. Gleichzeitig sank aber nur in wenigen Ländern die Armutsquote, in einigen blieb sie mehr oder weniger konstant und in Irland, Schweden und Finnland stieg sie trotz steigender Erwerbstätigenquote sogar an.

Dass eine Erhöhung der Beschäftigungsquote nicht die Armut reduziert, kann eine Reihe von Ursachen haben. Einerseits mag es sein, dass sich die Erwerbstätigenquote zugunsten von Personen erhöht, die nicht arm sind. Dies können z.B. Arbeitslose sein, die trotz Arbeitslosigkeit ein eigenes Einkommen über der Armutsgrenze haben. Damit ist insbesondere dann zu rechnen, wenn die Arbeitslosigkeit sinkt, weil es weniger Kurzzeitarbeitslose gibt. Darüber hinaus ist zu berücksichtigen, dass eine höhere Erwerbstätigenquote auch dann nicht zu einer Reduktion von Armut führt, wenn die zusätzlichen Erwerbstätigen eine Partnerin oder einen Partner haben, der genug verdient. Falls es sich dabei um Personen aus der stillen Reserve handelt, sinkt nicht einmal die Arbeitslosenquote. Auf der anderen Seite besteht die Möglichkeit, dass zwar die Erwerbstätigenquote von Armen gesteigert wird, diese aber trotz Erwerbstätigkeit weiterhin arm bleiben. Dass dies nicht so abwegig ist, zeigt ein Blick auf die Zahlen zu den *working poor*, die einen hohen Anteil an den Armen ausmachen (vgl. Strengmann-Kuhn 2001 und 2003, Pena-Casas/Latta 2004, Bardone/ Guio 2005). Zwar sind Erwerbstätige unterdurchschnittlich von Armut betroffen, aber ihre absolute Anzahl und ihr Anteil an den Armen ist beträchtlich. Nach einer Untersuchung von Bardone/ Guio (2005) auf Basis des ECHP 2001 unter Verwendung der EU-Armutsgrenze sind ein Viertel der Armen über 16 Jahre erwerbstätig, das sind ungefähr 11 Millionen arme Erwerbstätige, allein in den alten Mitgliedstaaten.

Eine Armutsbekämpfungsstrategie, die nur auf eine Erhöhung der Beschäftigung setzt, führt also nicht unbedingt zu einer Verringerung von Armut und muss zumindest ergänzt werden durch zielgenaue staatliche Leistungen, die Armut verhindern. Ziel sollte dabei die völlige Beseitigung von Armut sein, also für alle ein Einkommen sicher zu stellen, das über der Armutsgrenze liegt. Entsprechend des von der EU verfolgten *gender mainstreaming* sollte es dabei eigenständige Mindestsicherungen für Frauen und Männern geben.

Wie diese Ziele im Einzelnen erreicht werden, kann gemäß dem Subsidiaritätsprinzip den einzelnen Mitgliedstaaten überlassen bleiben, wobei es vielfältige Möglichkeiten gibt. Eine Möglichkeit sind bedürftigkeitsgeprüfte staatliche Transfers (*means tested benefits*), die gezahlt werden, wenn alle anderen Einkommen nicht ausreichen. Nachteil ist, dass solche Leistungen für eine umfassende Armutsbekämpfung so ausgestaltet sein müssen, dass sie auch von allen Berechtigten bezogen werden, weil es sonst zu verdeckter Armut kommt (vgl. Becker/ Hauser u.a. 2005, Van Oorschot 1994). Das Problem der Nicht-Inanspruchnahme, des *non-take-up*, wird dabei dadurch minimiert, dass die Leistungen allen bekannt und transparent sind, dass die Bedürftigkeitsprüfungen möglichst einfach und der Leistungsbezug nicht stigmatisierend ist. Quasi das Gegenteil von *means-tested benefits* sind universelle, nicht bedürftigkeitsgeprüfte Leistungen. Diese können entweder an bestimmte Bevölkerungsgruppen gehen, wie z.B. in Deutschland das Kindergeld oder in manchen Ländern eine Grundrente, oder an die gesamte Bevölkerung als bedingungsloses Grundeinkommen augezahlt wird (vgl. Vanderborght/ Van Parijs 2005). Eine weitere Möglichkeit ist, Mindestsicherungsleistungen in bestehende Systeme einzubauen, insbesondere in die Sozialversicherungen oder in das Steuersystem. So ist das Kindergeld in Deutschland kein staatlicher Transfer im eigentlichen Sinne, sondern ein Vorschuss auf den zu gewährenden Kinderfreibetrag bei der Einkommensteuer und ist dementsprechend im Einkommensteuerrecht geregelt. Im Prinzip könnte das mit anderen Mindestleistungen ebenfalls geschehen, wobei entweder die Leistung, der so genannte *tax credit*, von vornherein ausgezahlt wird oder im Nachhinein mit der zu zahlenden Steuerschuld verrechnet wird. Ist im letzten Fall der *tax credit* größer als die Steuerschuld, würde eine Zahlung des Finanzamts als „negative Einkommensteuer" erfolgen und erst ab einem bestimmten Einkommen müssten positive Steuern gezahlt werden.

Für die Integration von Mindestsicherungsleistungen in Sozialversicherungen spricht, dass die Auszahlung für die Betroffenen mit keinem oder nur geringem Aufwand verbunden ist, so dass sich das *non-take-up* Problem nicht stellt. Solche Mindestleistungen in den Sozialversicherungen gibt es vor allem für den Bereich der Alterssicherung. Dabei gibt es mehrere Möglichkeiten für die konkrete Ausgestaltung (vgl. Strengmann-Kuhn 2004), die sich so auch auf andere Zweige der Sozialversicherung übertragen lassen. Der umfassendste Vorschlag in dieser Richtung ist der einer Grundeinkommensversicherung von Opielka (2005), bei der das Prinzip der Schweizer Rentenversicherung, in der eine Grundrente als Mindestleistung enthalten ist, auf alle Sozialleistungen ausgedehnt wird.

In der Praxis kann es natürlich auch zu Mischungen der genannten Maßnahmen kommen, so könnten universelle Leistungen mit *means tested benefits* kombiniert werden, z.B. ein Kindergeld für Alle unter dem Existenzminimum mit einem vom Elterneinkommen abhängigen Zuschuss, wie er von Hauser/Becker (2001) vorgeschlagen und ansatzweise im Rahmen der Hartz IV-Gesetzgebung implementiert wurde. Außerdem ist es unter Umständen sinnvoll, die Maßnahmen nach Bevölkerungsgruppen zu differenzieren, so kann für Rentner und Arbeitslose eine Mindestsicherung innerhalb der Sozialversicherungen adäquater sein und für Erwerbstätige eine im Rahmen der Einkommensteuer.

Die Mitgliedstaaten müssen aus diesem, möglicherweise noch unvollständigen, Katalog die Mittel und die Strategie wählen, die ihnen am geeignetsten erscheint, im Sinne des *children mainstreaming* muss es aber ein vorrangiges Ziel sein, Armut von Kindern zu verhindern. Dies kann dadurch erreicht werden, dass in einem ersten Schritt eine Grundsicherung für Kinder implementiert wird, die mindestens so hoch ist, wie der Betrag, durch den sich die Armutsgrenze bei einem Kind erhöht. Dadurch würde Armut verhindert, die entsteht, obwohl das Einkommen der Eltern für sie selbst ausreicht. In einem zweiten Schritt müsste dann das Existenzminimum der Eltern gesichert werden, wodurch letztlich Kinderarmut ganz vermieden werden könnte.

Ausblick

Armut in Europa hat ein Ausmaß erreicht, das "weder sozial noch wirtschaftlich hinnehmbar" ist (Europäische Kommission 2005: 11). Mit der Offenen Methode der Koordinierung wurde ein wichtiges Mittel eingeführt, um den Kampf gegen Armut in Europa voran zu treiben. Bisher konzentriert sich die OMK auf die Erfassung und Beschreibung von Armut in den Mitgliedstaaten, was aber insofern ein notwendiger erster Schritt ist, dass es jetzt europaweit einheitliche Indikatoren zum Bereich Armut und soziale Ausgrenzung gibt, die es ermöglichen, Ausmaße, Strukturen und Entwicklungen mit einander zu vergleichen. Mit dem Ende des Jahres vorliegenden neuen Datensatz EU-SILC wird dies dann noch wesentlich besser möglich sein als bisher. Was noch fehlt, sind fundiertere Analysen zu den Ursachen von Armut und zu den Wirkungen und der Effektivität von Maßnahmen zur Armutsbekämpfung. Hierzu ist es insbesondere wichtig, Längsschnittinformationen zu nutzen und Informationen auf Mikroebene, also über Personen und Haushalte, mit makroökonomischen Daten zu verknüpfen. Außerdem ist es notwendig, einzelne Maßnahmen genauer zu analysieren, z.B. auf Basis von Mikrosimulationen, durch die im Vorhinein Armutswirkungen prognostiziert und im Nachhinein evaluiert werden können. Aufgrund des Stellenwerts der Armutsvermeidung als sozialpolitisches Ziel wäre es sinnvoll, ein *poverty mainstreaming* für alle wirtschafts- und sozialpolitischen Aktivitäten zu haben, um die Effekte auf Armut von vornherein mitzudenken.

Nicht zuletzt durch den Beitritt der neuen Mitgliedstaaten muss auch über die Art der Armutsmessung noch einmal neu nachgedacht werden. So zeigen die Auswertungen von subjektiven Daten und Lebensstandardsindikatoren, dass die Armut durch eine auf den nationalen Durchschnitt bezogene Armutsmessung in den östlichen Mitgliedstaaten möglicherweise unterschätzt wird (vgl. Fahey et al. 2005). In Ergänzung zu der von der EU beschlossenen Armutsgrenze sollten daher Methoden, die auf dem beobachteten Lebensstandard (direkte Armutsmessung) und/oder auf individuellen Einschätzungen basieren, gestärkt werden, um ein differenzierteres Bild über Armut zu erhalten. In diesem Zusammenhang ist auch die Wahl der Äquivalenzskala zur Messung von Einkommensarmut noch einmal in dem Sinne zu überprüfen, ob damit die Struktur der Armut adäquat abgebildet wird. Schließlich sollten in Zukunft zusätzlich auch Armutsquoten, die auf einer EU-weiten Armutsgrenze basieren, veröffentlicht werden, damit nicht nur die Ungleichheiten innerhalb der einzelnen Mitgliedstaaten deutlich werden, sondern auch die zwischen den Ländern.

Unabhängig von der Art der Armutsmessung ist, dass Kinder und Familien besonders von Armut betroffen sind. Sozialpolitisch sollte deshalb die Verringerung von Kinderarmut ein vorrangiges Projekt der Europäischen Union sein. Die Forderung eines *children mainstreaming* für den gesamten Bereich der Sozialpolitik der Europäischen Union ist deshalb voll zu unterstützen. Darüber hinaus sind aber auch für andere Bevölkerungsgruppen Mindesteinkommensregelungen zu implementieren, die für jeden Menschen ein exististenzsicherndes Einkommen garantieren, das Armut verhindert.

Literaturverzeichnis

Atkinson Tony/ Cantillon Bea/ Marlier Eric/ Nolan, Brian (2002): Social Indicators: The EU and Social Inclusion. Oxford: Oxford University Press.

Atkinson Tony, Cantillon Bea, Marlier Eric and Nolan Brian (2005): Taking forward the EU Social Inclusion Process. An Independent Report commissioned by the Luxemburg Presidency of the Council of the European Union. URL: http://www.ceps.lu/eu2005_lu/inclusion/report.cfm

Bardone, Laura/ Guio, Anne-Catherine (2005): Armutsgefährdung. Auf EU-Ebene gemeinsam vereinbarte Indikatoren. *Statistik Kurzgefasst. Bevölkerung und soziale Bedingungen*, 5/2005. Eurostat.

Becker, Irene/ Hauser, Richard unter Mitarbeit von Peter Krause, Markus Grabka, Birgit Mattil und Klaus Klaus Kortmann (2004): Verteilung der Einkommen 1999-2003. Bericht zur Studie im Auftrag des Bundesministeriums für Gesundheit und Soziale Sicherung. Frankfurt am Main.

Becker, Irene/ Hauser, Richard unter Mitarbeit von Klaus Kortmann, Tatjana Mika und Wolfgang Strengmann-Kuhn (2005): Dunkelziffer der Armut. Ausmaß und Ursachen der Nichtinanspruchnahme zustehender Sozialhilfeleistungen. Berlin: edition sigma.

Europäische Kommission (2005): Mitteilung der Europäischen Union: Sozialpolitische Agenda. KOM (2005) 33. Brüssel.

Europäischer Rat (1985): Beschluss des Rates vom 19. Dezember 1984 über gezielte Maßnahmen zur Bekämpfung der Armut auf Gemeinschaftsebene. *Amtsblatt der Europäischen Gemeinschaften* Nr. L 2/24 vom 3.1.85.

Europäischer Rat (2006): Germeinsamer Bericht über Sozialschutz und soziale Eingliederung.. Brüssel. http://ec.europa.eu/employment_social/ social_inclusion /jrep_de.htm

Fahey, Tony/ Whelan, Christopher T./ Maitre, Bertrand (2005): First European Quality of Life Survey: Income Inequalities and Deprivation. European Foundation for the Improvement of Living and Working Conditions. Dublin. URL: http://www.eurofound.eu.int/pubdocs/2005/93/en/1/ef0593en.pdf

Hagenaars, Aldi J.M/ de Vos, Klaas/ Zaidi, M. Ashgar (1995): Armutsstatistik Ende der 80er Jahre. Für Eurostat erstellte Studie. Luxemburg: Amt für amtliche Veröffentlichungen der Europäischen Union.

Hauser, Richard/ Becker, Irene (2001): Lohnsubventionen und verbesserter Familienlastenausgleich als Instrumente zur Verringerung von Sozialhilfeabhängigkeit. In: Mager, Hans-Christian/ Schäfer, Henry/ Schrüfer, Klaus (Hrsg.): Private Versicherung und Soziale Sicherung. Festschrift zum 60. Geburtstag von Roland Eisen. Marburg: Metropolis Verlag.

Hauser, Richard/ Strengmann-Kuhn, Wolfgang (2004): Armut der älteren Bevölkerung in den Ländern der Europäischen Union. DRV-Schriften des Verbandes der Rentenversicherungsträger (VDR), Band 54. Frankfurt am Main

OECD (1982): The OECD List of Social Indicators. Organisation for Economic Cooperation and Development. Paris.

Oorschot, Wim van (1994): Take it or leave it. A study of non-take-up of social security benefits. Tilburg University Press

Opielka, Michael (2005): Die Idee einer Grundeinkommensversicherung. Analytische und politische Erträge eines erweiterten Konzepts der Bürgerversicherung.

In: Strengmann-Kuhn, Wolfgang (Hrsg.): Bürgerversicherung in Deutschland. Wiesbaden: VS Verlag für Sozialwissenschaften.

Pena-Casas, Ramón/ Latta, Mia (2004): Working Poor in the European Union. European Foundation for the Improvement of Living and Working Conditions. Dublin. http://www.eurofound.eu.int/pubdocs/2004/67/en/1/ef0467en.pdf

Ringen, Stein (1988): Direct and Indirect Measures of Poverty. Journal of Social Policy 17, 3: 351-365.

Strengmann-Kuhn, Wolfgang (2001): Erwerbstätige Arme in den Ländern der Europäischen Union In: Becker, Irene/ Ott, Notburga/ Rolf, Gabriele (Hrsg.): Soziale Sicherung in einer dynamischen Gesellschaft. Festschrift für Richard Hauser zum 65. Geburtstag. Frankfurt/Main: Campus.

Strengmann-Kuhn, Wolfgang (2003): Armut trotz Erwerbstätigkeit. Analysen und sozialpolitische Konsequenzen. Frankfurter Beiträge zu Wirtschafts- und Sozialwissenschaften. Frankfurt/Main. Campus.

Strengmann-Kuhn, Wolfgang (2004a): Poverty Measurement with the European Community Household Panel. Paper presented at the ChangeQual (the Economic Change, Unequal Life-Chances and Quality of Life research network funded by the DG Research, 5th Framework Programme) meeting May 2004 in Paris.

Strengmann-Kuhn, Wolfgang (2004b): Grundrente und Grundsicherung im Alter - Ziele, Modelle und offene Fragen. In: Opielka, Michael (Hrsg.): Grund-rente in Deutschland. Sozialpolitische Analysen. Aus der Reihe: Perspektiven der Sozialpolitik Bd. 6. Wiesbaden: VS Verlag für Sozialwissenschaften.

Vanderborght, Yannick/ Van Parijs, Philippe (2005): Ein Grundeinkommen für alle? Geschichte und Zukunft eines radikalen Vorschlags. Frankfurt am Main: Campus.

Internationalisierung sozialer Rechte und Standards als Antwort auf die Globalisierung

Angelika Nußberger

Soziale Rechte und Sozialstandards auf internationaler Ebene

Einleitung

Rechte wie ein Recht auf Wohnung, ein Recht auf Sozialhilfe, ein Recht auf Unterstützung im Alter, bei Krankheit oder Invalidität, ein Recht auf gerechte Arbeitsbedingungen sind dem Verständnis eines Sozialstaates inhärent. Dennoch finden sich dazu nicht in allen modernen Verfassungen explizite Normierungen, werden die Rechte doch als Variablen im nationalen politischen Prozess angesehen, die nicht notwendigerweise im Einzelnen vorzubestimmen sind. Anders auf internationaler Ebene – in völkerrechtlichen Verträgen finden sich explizite Normierungen bereits seit Beginn des 19. Jahrhunderts. Diese Besonderheit gilt es im Folgenden zu untersuchen. So sollen die Motive für eine Normsetzungstätigkeit zur Festlegung von Sozialstandards auf internationaler Ebene, die Akteure und die rechtlichen Formen analysiert, die Schwerpunkte der aktuellen Diskussion nachgezeichnet und die Entwicklungen in der Zukunft skizziert werden.

I. Zu den Begriffen „soziale Rechte" und „Sozialstandards"

Wann immer eine Diskussion weltumspannend auf politischer wie auch auf wissenschaftlicher Ebene in einer Vielzahl verschiedener Sprachen geführt wird, gestaltet sich der erste Schritt, die Einigung über die Grundbegriffe, als sehr schwierig. Dies gilt insbesondere für derart vage Begriffe wie „soziale Rechte" und „Sozialstandards", mit denen implizit oder explizit die Frage nach einer gerechten globalen Wirtschafts- und Sozialordnung und die Bekämpfung der Armut auf internationaler Ebene angesprochen wird. Während in der deutschen Diskussion der Begriff „sozial" in der Regel auf das Sozialrecht bezogen ist,[1] umfasst das französische „droit social" wie auch das englische „social law" Arbeits- und Sozialrecht; dieses Verständnis wird von englisch- und französischsprachigen Autoren auf Darstellungen zum internationalen Sozialrecht extrapoliert.[2] Auch die

1 Zu den verschiedenen Begriffen von Sozialrecht vgl. Bernd Baron von Maydell, Zur Einführung: Das Sozialrecht und seine Stellung im Gesamtsystem unserer Wirtschafts- und Rechtsordnung, in: von Maydell/Ruland, Sozialrechtshandbuch, 3. Auflage Baden-Baden 2003, S. 1 ff, Rdnr. 3 ff.

2 Vgl. Angelika Nußberger, Sozialstandards im Völkerrecht. Eine Studie zu Entwicklung und Bedeutung der Normsetzung der Vereinten Nationen, der Internationalen Arbeitsorganisation und des Europarates zu Fragen des Sozialschutzes, Berlin 2005, S. 33 f.

Grenzen des Rechtsgebiets „internationales Sozialrecht“ werden in unterschiedlicher Weise abgesteckt.[3]

Eine Grenzziehung erfolgt auch zwischen den sozialen Rechten, die in der menschenrechtlichen Diskussion zumeist mit den wirtschaftlichen und kulturellen Rechten zusammengefasst werden, und den bürgerlichen und politischen Rechten. Diese Grundunterscheidung entstand nicht zuletzt im Zusammenhang mit der getrennten Kodifizierung der Rechte einerseits im Internationalen Pakt über wirtschaftliche, soziale und kulturelle Rechte,[4] andererseits im Internationalen Pakt über bürgerliche und politische Rechte und der Einteilung der Rechte in verschiedene „Generationen“,[5] wobei den sozialen Rechten der Platz zwischen der vorangehenden Generation der bürgerlichen und politischen und der nachfolgenden Generation der kollektiven Rechte zugewiesen wurde.[6]

Mittlerweile besteht in der Wissenschaft allerdings Einigkeit, dass die strukturellen Unterschiede, die man zwischen den verschiedenen Gruppen von Rechten postuliert hatte, eine eindeutige Abgrenzung nicht ermöglichen.[7] Ging man bisher davon aus, dass soziale Rechte ein positives Tun des Staates erfordern und damit Kosten verursachen, für die Verwirklichung der bürgerlichen und politischen Rechte dagegen das Unterlassen eines Eingriffs ausreicht und sie auf diese Weise kostenneutral sind, so lässt sich diese Annahme etwa an den justiziellen Grundrechten, die traditionell zu den bürgerlichen und politischen Rechten gezählt werden, falsifizieren – der Aufbau eines Justizsystems macht ein aktives Tätigwerden des Staates notwendig und ist äußerst kostenintensiv. Umgekehrt können auch soziale Rechte ein Unterlassen, etwa das Unterlassen einer Besteuerung des Existenzminimums, erforderlich machen.

Nach der neueren Forschung ist anerkannt, dass alle menschenrechtlichen Gewährleistungen drei Elemente in sich vereinigen, wenn auch die jeweiligen Elemente unterschiedlich deutlich zum Ausdruck kommen. Diese drei Elemente werden mit den Begriffen „to respect“ „to protect“, und „to fulfill“ auf eine kurze

3 Vgl. zu den unterschiedlichen Begriffsverwendungen Hans F. Zacher, Grundfragen des internationalen Sozialrechts, Mitteilungen der LVA Oberfranken und Mittelfranken 1983, S. 481 ff.

4 International Covenant on Civil and Political Rights 19.12.1966/23.3.1976 (UNTS No. 14668, vol. 999 (1976).

5 International Covenant on Economic, Social and Cultural Rights 19.12.1966/3.1.1976 (UNTS No. 14531, vol. 993 (1976).

6 Vgl. Matthias Herdegen, Völkerrecht, 4. Auflage München 2005, S. 330 ff.

7 Vgl. Bruno Simma „Die vergessenen Rechte“: Bemühungen zur Stärkung des VN-Sozialpakts, in: Ruland/von Maydell/Papier (Hg.), Verfassung, Theorie und Praxis des Sozialstaats. Festschrift für Hans F. Zacher, Heidelberg 1998, S. 867-882; H. Shue, Basic Rights: Subsistence, Affluence, and U.S. Foreign Policy, Princeton 1980; Van Hoof, G.J.H., The Legal Nature of Economic, Social and Cultural Rights. A Rebuttal of Some Traditional Views, in: Philip Alston, Tomasevski Katarina (Hg.), The Right to Food, Leiden 1984, S. 97 ff, Scheinin, Martin, Economic and Social Rights as Legal Rights, in: Asbjorn, Eide, Krause, Catarina, Rosas, Allan (Hg), Economic, Social and Cultural Rights, Dordrecht 1995, S. 41 ff.

Formel gebracht.[8] Es geht um die Verpflichtung, Rechte zu achten und nicht in geschützte Rechtspositionen einzugreifen („to respect"), Maßnahmen zum Schutz der Rechte zu ergreifen („to protect"), und die Voraussetzung für die Verwirklichung der Rechte zu schaffen („to fulfill"). Als struktureller Unterschied ist zu erkennen, dass bei den sozialen Rechten tendenziell die Dimension des „fulfill", die Gewährung eines Anspruchs gegen den Staat, stärker ausgeprägt ist als bei den bürgerlichen und politischen Rechten, bei denen die Dimension des „respect" im Vordergrund steht. Damit wird die Flexibilität der Abgrenzung deutlich; Rechte können mehr oder weniger sozial, mehr oder weniger politisch sein. Deshalb ist es, wie in der neueren Rechtsprechung vielfach zu beobachten, auch möglich, aus bürgerlichen und politischen Rechten soziale Rechte abzuleiten.[9]

Die Unschärfe der Abgrenzung zeigt sich zudem auch an der unterschiedlichen Systematisierung der einzelnen Rechte in den verschiedenen Rechtsdokumenten. Manche Rechte wie etwa die Vereinigungsfreiheit oder auch das Verbot der Zwangsarbeit sind als Zwitter in verschiedenen Vertragssystemen gleichermaßen präsent. Die Entstehungsgeschichte zur letzten umfassenden Kodifizierung internationaler Grund- und Menschenrechte, die Charta der Grundrechte der Europäischen Union, macht deutlich, wie immer wieder neue Gruppierungen der Rechte diskutiert wurden, um den strukturellen Besonderheiten der einzelnen Gewährleistungen gerecht zu werden.[10]

Vor diesem Hintergrund lassen sich „soziale Rechte" als die Rechte bestimmen, bei denen den Staat neben der Pflicht, Eingriffe abzuwehren, eine besondere – für die Verwirklichung des Rechts zentrale – Erfüllungsverantwortung trifft. Der Einzelne wird als Teil der Gesellschaft gesehen, der zwar sein Leben selbstverantwortlich bestimmen kann, dennoch aber in vielfacher Weise abhängig ist von äußeren, nicht individuell beeinflussbaren Gegebenheiten. Dem Staat ist aufgegeben, eine gerechte Ausgangsbasis für das individuelle Tun zu schaffen und strukturelle Defizite, die es dem Einzelnen unmöglich machen, seine Existenz materiell zu sichern, auszugleichen. Diese Sicherungspflicht gilt auch im Verhältnis zu Dritten, insbesondere zu Sozialleistungsträgern und Arbeitgebern. Ihnen gegenüber ist der Staat gehalten, mit Verboten und Geboten zu operieren, um einen effektiven Schutz und eine effektive Durchsetzung der sozialen Rechte des Einzelnen garantieren zu können. Unter diese weite Definition fällt ebenso das Recht auf soziale Sicherheit wie das Recht auf gerechte Arbeitsbedingungen und gerechten Lohn. Umfasst werden gleichermaßen allgemeine Grundgewährleistungen wie das Recht auf ein menschenwürdiges Dasein wie auch spezielle

8 Vgl. dazu grundlegend A. Eide, Right to Adequate Food as a Human Right, 1989, und H. Shue, The Interdependence of Duties, in P. Alston/K. Tomasevski (Hrsg.), The Right to Food, Leiden 1984, S. 85 f

9 Vgl. dazu unten S. 15.

10 Zur Entstehungsgeschichte vgl. Stephan Barriga, Die Entstehung der Charta der Grundrechte der Europäischen Union, Baden-Baden 2003.

Rechtsverbürgungen wie etwa das Recht auf finanzielle Unterstützung in der Zeit vor und nach der Entbindung.

„Sozialstandards" ist der übergeordnete Begriff. Geändert wird im Grunde die Perspektive. Während beim Diskurs über „Rechte" der Einzelne als Person im Vordergrund steht, werden bei „Standards" die Verpflichtungen der Staaten zur Gewährleistung der Rechte des Einzelnen in den Blick genommen. Standards müssen von den Staaten eingehalten werden, ganz gleich, ob sie auch individuell von Rechtsträgern als subjektive Rechte oder nur über allgemeine Kontrollmechanismen durchgesetzt werden können. Beispielsweise ist es ein international anerkannter Sozialstandard, ein Schutzsystem gegen Arbeitsunfähigkeit im Alter aufzubauen. Ob und inwieweit dem individuelle Ansprüche auf konkrete Rentenzahlungen gegenüberstehen, ist in einem zweiten Schritt zu prüfen. Soziale Standards sind die Rahmenvorgaben, die mit sozialen Rechten ausgefüllt werden können.[11]

II. Motive zur Normsetzungstätigkeit auf internationaler Ebene

Internationale Standards und Normen im sozialen Bereich haben sich in etwa einem Jahrhundert in verschiedenen Schüben entwickelt, ohne dass sich ein in sich konsistentes System ausgebildet hätte – zu vielfältig sind die Akteure, die Formen und die Motive für die Normsetzung. Während Ende des 19./ Anfang des 20. Jahrhunderts die Verhinderung von Verzerrungen des Wettbewerbs zwischen den Industrienationen im Vordergrund stand, kam mit der Entwicklung des allgemeinen Menschenrechtsschutzes nach dem Zweiten Weltkrieg die Idee auf, nicht nur die Freiheit, sondern auch die materielle Sicherheit des Einzelnen sei auf internationaler Ebene zu gewährleisten. Zudem gilt es, in dem auf Marktwirtschaft und auf freiem Handel beruhenden System wirtschaftliche Verwerfungen durch soziale Gewährleistungen abzufedern.

II.1 Verhinderung von Wettbewerbsverzerrungen durch internationale Sozialstandards

Für die Völkerrechtstheorie des 19. Jahrhunderts war die allumfassende Souveränität des Staates nach außen und nach innen ein Axiom. Dennoch erkannte man, dass die innerstaatliche Gesetzgebung nicht nur nach innen wirkte, sondern insbesondere die Arbeitsschutzgesetzgebung die Wettbewerbsposition auf dem Weltmarkt nachteilig beeinflussen konnte. So schien es eine Lösung zu sein, die

11 Bei dieser Sichtweise wird ein weiter Begriff von sozialen Rechten und Sozialstandards zugrunde gelegt, aufgrund dessen auch Regelungen im arbeitsrechtlichen Bereich einbezogen werden können. Bei Nußberger (aao FN 2) wird dagegen ein enger, nur auf sozialen Schutz bezogener Begriff verwendet.

nationalstaatlichen Regelungen miteinander zu vergleichen und Mindeststandards festzulegen.[12] Im Vordergrund standen dabei vor allem arbeitsrechtliche Regelungen wie die Beschränkung der täglichen und wöchentlichen Arbeitszeit, das Verbot oder die Einschränkung der Kinder- und Frauenarbeit, insbesondere, soweit es sich um besonders harte Arbeit, etwa unter Tage, handelte, aber auch sozialrechtliche Normen zum Schutz vor Arbeitsunfähigkeit bei Krankheit und im Alter. Trotz der grundsätzlichen Anerkennung der Notwendigkeit internationaler Regelungen scheiterten die ersten Normierungsansätze auf der von Kaiser Wilhelm II. einberufenen Berliner Konferenz an der Angst vor den Konsequenzen völkerrechtlicher Bindungen in diesem Bereich.[13] Erst 1906 wurden nach harten und kontroversen Verhandlungen zwei internationale Verträge geschlossen, zum einem zum Verbot der Verwendung von gesundheitsschädlichem Phosphor bei der Streichholzproduktion, zum anderen zum Verbot der Nachtarbeit von Frauen.[14] Mit dem Ausbruch des Ersten Weltkriegs war eine Fortführung der Kodifizierungsbemühungen nicht mehr möglich.

Die Idee, dass internationale Standards notwendig sind, um zu vermeiden, dass eine progressive Arbeitsschutzgesetzgebung zu Nachteilen im internationalen Handel führt, wurde im Jahr 1919 in die Satzung der Internationalen Arbeitsorganisation aufgenommen. Damit wurde der Schutz sozialer Rechte auf internationaler Ebene institutionalisiert.

Die gegenwärtig unter dem Schlagwort „Standortvorteile" geführte Diskussion greift in der Sache die in der Debatte im 19. Jahrhundert vorgebrachten Argumente wieder auf.[15] Allerdings haben sich die Akzente verschoben. Zum einen hat sich gezeigt, dass Gesetze, die die Gesundheit der Arbeitnehmer schützen, gesamtwirtschaftlich eine gewinnbringende Investition sind; eine Wirtschaft, die auf einer Ausbeutung der Menschen, die sie tragen, beruht, ist auf die Dauer nicht überlebensfähig. Auch wurde erkannt, dass die Kosten für die Arbeit nur einen Faktor unter vielen anderen Faktoren in einem komplexen Gesamtgefüge darstellen. Bei der Diskussion geht es, soweit die Industrieländer betroffen sind, denn auch nicht mehr um grundlegende Standards, die ein menschenwürdiges Dasein der Arbeitnehmer ermöglichen sollen, sondern um Sicherheit und Gesundheit auf hohem Niveau. Diskutierten im 19. Jahrhundert die Industrieländer miteinander über Sozialstandards, so findet die Debatte nunmehr zwischen Industrieländern auf der einen und Entwicklungsländern auf der anderen Seite statt. Das bedeutet, dass das Argument, internationale Sozialstandards könnten helfen, eine Verzerrung des Wettbewerbs zu vermeiden, zwar weiterhin aktuell ist, allerdings die verschiedenen Positionen im neuen Kontext neu zu gewichten sind.

12 Vgl. dazu ausführlich Nußberger (aoo FN 2), S. 92 ff.
13 Vgl. dazu Ernest Mahaim, Droit international ouvrier, Paris 1913, S. 196 ff.
14 Vgl. ausführlich zu den Konventionen Mahaim (aao FN 13), S. 251 ff.
15 Vgl. Werner Sengenberger, Duncan Campbell, International labour standards and economic interdependence, Genf 1994.

II.2 Entwicklung eines allgemeinen Menschenrechtsschutzes auf der internationalen Ebene

Soziale Rechte haben aber nicht nur eine dienende Funktion gegenüber Wirtschaft und Handel, sondern auch einen Selbstzweck. Historisch gesehen war vom internationalen Schutz des abhängig beschäftigten Arbeiters zum internationalen Schutz des Menschen – ganz gleich, welche Stellung er in der Gesellschaft einnimmt – eine gewisse Wegstrecke zurückzulegen. Während die Internationale Arbeitsorganisation gemäß ihrem Mandat in den 20er und 30er Jahren nur Konventionen ausarbeitete, die auf den Schutz der Arbeiter abstellten, fanden sich erst in der Kriegszeit Dokumente, die den Schutz aller in den Blick nahmen.[16] Dieser Paradigmenwechsel wurde von der Atlantik-Charta eingeleitet,[17] in der explizit ein sozialer Schutz für alle gefordert wurde.[18] Damit wurden die Zuerkennung und der Schutz sozialer Rechte *per se* als internationale Aufgabe verstanden; einer besonderen Rechtfertigung für internationale Normsetzung in diesem Bereich bedurfte es nicht mehr, auch wenn die enge Verbindung zwischen der materiellen Absicherung der Menschen und der Erhaltung eines dauerhaften Friedens immer betont wurde. Mittlerweile ist der Schutz der sozialen Rechte des Einzelnen auch im Völkerrecht allgemein anerkannt. In den Worten von Louis Henkin ist Grundrechtsschutz nicht anders als universell denkbar: „(...) how human beings are treated anywhere concerns everybody everywhere".[19] Diese Grundformel des internationalen Menschenrechtsschutzes wurde nach dem Zweiten Weltkrieg nicht nur auf die bürgerlichen und politischen, sondern eben auch auf die sozialen Rechte angewandt.

III.3 Abfederung wirtschaftlicher Verwerfungen durch soziale Gewährleistungen

Marktwirtschaft führt nicht zu Verteilungsgerechtigkeit. Notwendig sind Korrekturmechanismen, die aus der Marktwirtschaft eine soziale Marktwirtschaft machen, um Fehlentwicklungen wie in den Industrieländern Ende des 19. Jahrhunderts oder auch in den mittel- und osteuropäischen Ländern in der Transformationsphase entgegenzuwirken. Dies gilt auch für die Übertragung des marktwirtschaftlichen Modells auf die internationale Ebene. Das System der EU wie

16 Vgl. die Empfehlung der IAO Nr. 67 (Recommendation concerning Income Security) und die Empfehlung der IAO Nr. 69 (Recommendation concerning Medical Care) aus dem Jahr 1944; die beiden Texte sind in der offiziellen Sammlung der IAO nicht abgedruckt, über die Internetseite der IAO (www.ilo.org) aber abrufbar.

17 Abgedruckt bei Knipping/v.Mangoldt/Rittberger, System der Vereinten Nationen, Band I, Dokument 1, S. 3 ff.

18 Vgl. Punkt 5 der Atlantik-Charta: „...the fullest collaboration between all nations in the economic field with the object of securing, *for all*, improved labour standards, economic advancement and social security".

19 Louis Henkin, International Human Rights as „Rights", in: J. Roland Pennock, John W. Chapman, Human Rights, New York, London 1981, S. 257.

auch das System des GATT bzw. der WTO dienen der Liberalisierung des Handels, ohne die sozialen Konsequenzen zu ihrer eigentlichen Aufgabe zu machen. Dieses Modell war in den 90er Jahren vehementer Kritik ausgesetzt; militante Aktionen auf WTO-Gipfeln brachten das grundsätzliche Defizit einer „reinen" Handelspolitik ins öffentliche Bewusstsein.

Der Versuch, wirtschaftliche Verwerfungen durch soziale Gewährleistungen abzufedern, ist als ein weiteres Motiv zur Ausarbeitung von Sozialstandards und zur Definition sozialer Rechte zu sehen. Dies gilt insbesondere auch für die Europäische Union, die Sozialrecht ursprünglich nur so weit zu ihrem Thema gemacht hat, als bestimmte Garantien Voraussetzung für das Freizügigkeitskonzept waren, und auch soziale Garantien im arbeitsrechtlichen Bereich nur zur Verhinderung von Wettbewerbsverzerrungen zuerkannte. Im Übrigen fanden sich soziale Rechte bisher nur in unverbindlichen Dokumenten.[20] Die Charta der Grundrechte der Europäischen Union aus dem Jahr 2000, in der soziale Gewährleistungen grundsätzlich gleichrangig neben politischen und bürgerlichen Rechten aufgenommen wurden, markiert hier den Wendepunkt.

III. Akteure und Institutionen im Bereich des internationalen Sozialrechts

III.1 Internationale Arbeitsorganisation

Die Unübersichtlichkeit und Inkonsistenz internationaler Sozialstandards und sozialer Rechte rührt wesentlich daher, dass eine Vielzahl von Akteuren und Institutionen tätig wird, ohne ihr Vorgehen untereinander abzustimmen. Dies liegt vor allem daran, dass internationale Organisationen, ganz gleich, zu welchem Zweck sie primär gegründet sind, die soziale Frage nicht ausschließen können oder wollen. Originäre Akteure sind zudem die Staaten, die in einer Vielzahl von bilateralen Verträgen ein Geflecht von Rechten und Pflichten festgelegt haben und dies auch noch weiter entwickeln. Daneben treten noch private Akteure, insbesondere global agierende Großunternehmen, in Erscheinung.

In institutionalisierter Form wird erstmals mit der Gründung der Internationalen Arbeitsorganisation im Jahr 1919 die Festlegung sozialer Rechte als wichtige Aufgabe der internationalen Gemeinschaft wahrgenommen.[21] In den ersten Konventionen und Empfehlungen werden vor allem arbeitsrechtliche Grundforderungen wie die Begrenzung der wöchentlichen und täglichen Arbeitszeit festgeschrieben. Dabei geht es – wie bereits betont – um die Situation der Arbeiter,

20 Vgl. insbesondere die Gemeinschaftscharta der sozialen Grundrechte der Arbeitnehmer vom 9.12.1989.

21 Zur Ausarbeitung der Verfassung der IAO vgl. ausführlich Leon Eli Troclet, Législation sociale internationale, Brüssel 1952, S. 285 ff; Nicolas Valticos, Droit international du Travail, Paris 1983, S. 29 ff.

wobei die Regelungen für die Industriearbeiter und die Regelungen für die Landarbeiter in getrennten Konventionen enthalten sind. In den über 85 Jahren seit ihrer Gründung hat die Internationale Arbeitsorganisation mittlerweile 185 Konventionen ausgearbeitet.[22] Nicht alle entsprechen aber den Ansprüchen der modernen Arbeitswelt und den Forderungen nach Gleichbehandlung von Männern und Frauen im Berufsleben, so dass die Internationale Arbeitsorganisation selbst verschiedene Konventionen für „outdated“ erklärt hat.

Teilweise enthalten die Konventionen Allgemeinklauseln, die flexibel und – zumindest in gewissem Umfang – an neue Herausforderungen anpassbar sind, teilweise auch äußerst detaillierte Regelungen. Da es in der Praxis kein Gremium gibt, das die Konventionen durch autoritative Auslegung weiterentwickeln könnte,[23] werden in der Regel dann, wenn Änderungen notwendig sind, revidierte Konventionen erlassen, die die ursprünglichen Konventionen aber nicht verdrängen, sondern neben ihnen bestehen. Aufgrund dessen gibt es zu den meisten Themen mehrere Konventionen aus verschiedenen Zeiten. Beispielsweise ist Mutterschutz in einer sehr frühen Konvention aus dem Jahr 1919,[24] in einer Konvention aus dem Jahr 1952 und in einer Konvention aus dem Jahr 2000 geregelt.[25,26] Da nicht alle Staaten, welche den früheren Konventionen beigetreten waren, ihre Ratifikationen zurückgezogen und die jewals letzte Konvention ratifiziert haben, bestehen unterschiedliche drei Verträge zwischen je unterschiedlichen Vertragspartnern fort.

Der Erfolg und die Durchsetzungskraft der einzelnen Konventionen sind sehr verschieden. Generell wird man feststellen können, dass die Konventionen, die allgemein gefasst sind und mit menschenrechtlichen Mindeststandards zusammenfallen, am häufigsten ratifiziert werden. Besonders deutlich wird dies etwa an Konvention Nr. 182 zum Verbot der schlimmsten Formen der Kinderarbeit,[27] die innerhalb von sieben Jahren von 161 Staaten ratifiziert worden ist.

22 Stand 2006.

23 Zwar ist nach der Verfassung der Internationalen Arbeitsorgansation vorgesehen, dass der Internationale Gerichtshof zur Auslegung der Verfassung und der Konventionen bei Streitfällen zuständig ist; allerdings ist dieser Mechanismus nie angewendet worden. Lediglich der Vorgänger des Internationalen Gerichtshofs, der Ständige Internationale Gerichtshof, hatte in den 30er Jahren in Einzelfällen zu entscheiden. Das Gremium, das die Anwendung der Konventionen in den einzelnen Mitgliedstaaten überprüft, das Committee of Experts on the Application of Conventions and Recommendations, ist nach seinem in den 20er Jahren festgelegten Mandat ausdrücklich nicht zur Rechtsfortbildung befugt. Dennoch lässt sich feststellen, dass das Komitee in einzelnen Punkten, insbesondere etwa beim Streikrecht, eine – teilweise vom Wortlaut der Standards abweichende – „jurisprudence“ entwickelt hat. Allerdings ist diese, insbesondere von Seiten der Arbeitgebervertreter, nicht unwidersprochen geblieben.

24 Maternity Protection Convention No. 3, 1919.

25 Maternity Protection Convention (Revised) No. 103, 1952

26 Maternity Protection Convention No. 183, 2000.

27 Worst Form of Child Labour Convention No. 182, 1999.

Die grundsätzliche Schwierigkeit der Internationalen Arbeitsorganisation ist, Standards zu definieren, die gleichermaßen in den Industrie- wie in den Entwicklungsländern Bedeutung haben. Bei einer Vielzahl von Fragen, gerade etwa bei Kinderarbeit oder Sozialschutz, lässt sich kein allgemeiner Konsens finden. Deshalb besteht die Normsetzungspolitik der Internationalen Arbeitsorganisation in den letzten Jahren vor allem darin, Mindestmindeststandards zu definieren, d.h. Standards, die das Schutzniveau im Vergleich zu früheren Standards absenken, um auch diejenigen Staaten zur Ratifizierung zu bringen, die sich höheren Standards verweigert haben. Deutlich wird dies etwa an der soeben erwähnten Konvention zum Verbot der schlimmsten Formen der Kinderarbeit. In die gleiche Richtung weist die 1998 verabschiedete Resolution „Declaration on Fundamental Principles and Rights at Work".[28]

III.2 Vereinte Nationen

Obwohl die Internationale Arbeitsorganisation als Sonderorganisation der Vereinten Nationen das besondere Mandat hat, Standards zur Verwirklichung sozialer Gerechtigkeit auszuarbeiten, sind auch die Vereinten Nationen selbst in diesem Themenfeld tätig. Zentral ist insoweit der Internationale Pakt über wirtschaftliche, soziale und kulturelle Rechte und die darauf beruhende Kontrolltätigkeit des Komitees für wirtschaftliche, soziale und kulturelle Rechte.

Im Gegensatz zur Internationalen Arbeitsorganisation, die aufgrund ihrer triparitären Struktur primär die Rechte derer,[29] die am Arbeitsleben beteiligt sind, zu schützen berufen ist, gewährleistet der „Internationale Pakt über wirtschaftliche, soziale und kulturelle Rechte" soziale Rechte für alle Menschen, ganz gleich, ob sie abhängig beschäftigt sind oder nicht, auch wenn einige der Rechte wie etwa das Recht auf gerechte Arbeitsbedingungen inhaltlich nur auf Arbeitnehmer Anwendung finden können. Dieses Schutzsystem ist nach seiner Genese dazu bestimmt,[30] den durch den Internationalen Pakt über bürgerliche und politische Rechte gewährleisteten Schutz zu ergänzen.

Grundproblem ist auch hier, Standards zu definieren, die für Industrie- und Entwicklungsländer gleichermaßen als Richtschnur dienen können. Im Gegensatz zur Internationalen Arbeitsorganisation gibt es kein umfassendes Normenwerk, sondern lediglich einen Vertrag mit zwei Dutzend grundlegenden Rechtsfestlegungen, auf deren Grundlage das Verhältnis Staat – Bürger in den einzelnen Mitgliedstaaten überprüft wird. Das Netz ist somit naturgemäß äußerst weitmaschig.

28 Vgl. dazu unten S. 20 f.

29 Alle Entscheidungsgremien der Internationalen Arbeitsorganisation sind aus Vertretern der Arbeitnehmer, der Arbeitgeber sowie Regierungsvertretern zusammengesetzt.

30 Craig Scott, The Interdependence and Permeabilty of Human Rights Norms: Towards a Partial Fusion of the International Covenants on Human Rights, Osgoode Hall Law Journal 27 (1989), S. 769-877.

Um für die Vertragstaaten den Inhalt der einzelnen Rechte zu verdeutlichen, hat das Kontrollkomitee mittlerweile eine Reihe von so genannten „General Comments" ausgearbeitet, in denen in abstrakter Form definiert wird, welche Forderungen die Staaten bei der Umsetzung des Paktes in nationales Recht zu erfüllen haben. Bei dieser Vorgehensweise stützt sich das Komitee auf Art. 21 des Paktes sowie auf Resolution 1985/17 des Wirtschafts- und Sozialrates.[31] Problematisch an dieser Vorgehensweise ist, dass damit die Flexibilität der offen formulierten Bestimmungen des Paktes eingeschränkt wird. So sah sich das Komitee gezwungen, zu bestimmten Themen nach der ersten Kommentierung bereits eine revidierte Kommentierung auszuarbeiten. Im Übrigen gehen die „General Comments" teilweise so weit, dass die Rückbindung an den Konsens der Vertragstaaten nicht mehr gewährleistet ist.[32] Wunsch und Norm sind damit nicht immer klar zu trennen. Nichtsdestotrotz handelt es sich hier um einen Versuch einer international zusammengesetzten Expertenkommission, soziale Rechte im Zusammenhang mit einem geltenden völkerrechtlichen Vertrag weiter zu entwickeln und auf dieser Grundlage einen Dialog mit den Vertragstaaten über soziale Rechte zu führen.[33]

III.3 Europarat

Auf regionaler europäischer Ebene steht die Tätigkeit des Europarats im Vordergrund. Gemäß seinem Mandat ist der Europarat den „Idealen und Grundsätzen, die das gemeinsame Erbe Europas bilden" verpflichtet und aufgerufen, diese rechtlich festzulegen und weiter zu entwickeln. Grundidee ist, dass in der europäischen Staatengemeinschaft, die wesentlich homogener als die universelle Staatengemeinschaft ist, auch höhere Standards im Menschenrechtsbereich und im Bereich des Sozialschutzes realisierbar sind. Allerdings zeigt die Detailanalyse der einzelnen Verträge, dass das Schutzniveau nur teilweise höher, zumeist aber gleich und teilweise sogar niedriger ist.[34] Beispielsweise gilt das Diskriminierungsverbot nach der Europäischen Menschenrechtskonvention nur für die in der Konvention

31 „Der Wirtschafts- und Sozialrat kann der Generalversammlung von Zeit zu Zeit Berichte mit *Empfehlungen allgemeiner Art* und einer Zusammenfassung der Angaben vorlegen, die er von den Vertragstaaten und den Sonderorganisationen über Maßnahmen und Fortschritte hinsichtlich der allgemeinen Beachtung der in diesem Pakt anerkannten Rechte erhalten hat" (Hervorhebung von der Verfasserin).

32 Vgl. z.B. kritisch zum Kommentar über das Recht auf Gesundheit Nußberger (aao FN 2), S. 244 ff.

33 Vgl. zum gegenwärtig in Vorbereitung befindlichen Kommentar des Komitees zu Art. 9 des Paktes (Recht auf soziale Sicherheit) Eibe Riedel, Die Implementierung des Internationalen Paktes für wirtschaftliche, soziale und kulturelle Rechte, in: Becker/vonMaydell/Nußberger, Die Implementierung internationaler Sozialstandards. Zur Durchsetzung und Herausbildung von Standards auf internationaler Ebene, Baden-Baden 2006, S. 21ff.

34 Vgl. Nußberger (aao FN 2), S. 81.

selbst garantierten Rechte, während der Internationale Pakt über bürgerliche und politische Rechte ein allgemeines Diskriminierungsverbot enthält.

Im Mittelpunkt der Normsetzungstätigkeit des Europarats im sozialen Bereich stehen einerseits Dokumente, die einen allgemeinen menschenrechtlichen Ansatz verfolgen, insbesondere die Europäische Sozialcharta von 1961,[35] die Revidierte Europäische Sozialcharta von 1996 sowie andererseits Verträge,[36] die spezielle sozialrechtliche Regelungen enthalten, wie die Europäische Ordnung für soziale Sicherheit und die Europäische Konvention für soziale Rechte.[37,38] Die Europäische Ordnung für soziale Sicherheit entspricht fast wortgleich Konvention Nr. 102 der Internationalen Arbeitsorganisation, so dass auch bei der Überwachung der Standards die beiden Organisationen zusammenarbeiten.

Die Europäische Sozialcharta und ihre revidierte Fassung geben das Verständnis von Sozialstandards zu verschiedenen Zeiten – einerseits in den 60er, andererseits in den 90er Jahren – wieder. Die späteren – und damit höheren – Standards haben sich allerdings noch nicht allgemein durchsetzen können.[39] Dabei ist überraschend, dass die westeuropäischen Staaten wesentlich zurückhaltender sind, die höheren Standards zu akzeptieren als die neuen mittel- und osteuropäischen Mitglieder des Europarats. Dies liegt vor allem an der Politik des Europarats, in den Verhandlungen zur Neuaufnahme die Ratifizierung der revidierten Europäischen Sozialcharta zur *conditio sine qua non* zu erklären. Für die „alten" Mitgliedstaaten gibt es kein vergleichbares Druckmittel. So hat sich etwa Deutschland bisher geweigert, die revidierte Sozialcharta auch nur zu zeichnen, geschweige denn zu ratifizieren.

Das Expertengremium zur Überwachung der Europäischen Sozialcharta versucht in ähnlicher Weise wie der Ausschuss für wirtschaftliche, soziale und kulturelle Rechte die Standards in allgemeinen Kommentaren weiterzuentwickeln. Die Problemlage ist allerdings ähnlich; auch hier ist ein gewisser Widerstand der Vertragstaaten zu beobachten. Wie weit Standards manches Mal über den ursprünglichen Konsens hinaus weiter entwickelt werden, zeigt sich etwa dann, wenn die Messlatte so hoch gelegt wird, dass kein Vertragstaat mehr die Vorgaben erfüllt.[40]

35 European Social Charter 18.10.1961/26.2.1965 (ETS No. 35); vgl. dazu auch: Protocol amending the European Social Charter 21.10.1991 (ETS No. 142), Additional Protocol to the European Social Charter Providing for a System of Collective Complaints35 9.11.1995/1.7.1998 (ETS No. 158).

36 European Social Charter (Revised) 3.5.1996/1.7.1999 (ETS No. 163).

37 European Code of Social Security 16.4.1964/17.3.1968 (ETS No. 48); vgl. dazu auch: Protocol to the European Code of Social Security 16.4.1964/17.3.1968 (ETS No. 48 A); European Code of Social Security (Revised) 6.11.1990 (ETS No. 163).

38 European Convention on Social and Medical Assistance 11.12.1953/1.7.1954 (ETS 014). Protocol to the European Convention on Social and Medical Assistance 11.12.1953/1.7.1954 (ETS No. 014 A).

39 Die Europäische Sozialcharta haben 27 Staaten ratifiziert, die revidierte Fassung 22 Staaten.

40 Vgl. dazu Nußberger (aao FN 2), S. 321 ff.

III.4 Europäische Union

Die Integrationsprozesse im europäischen Raum sind ursprünglich vom wirtschaftlichen Bereich ausgegangen und auf diesen auch – von gewissen Ausnahmen abgesehen – begrenzt gewesen. Vorstöße, auch soziale Rechte, insbesondere Arbeitnehmerrechte, normativ zu fixieren, waren nur wenig erfolgreich und blieben durchweg unverbindlich; damit fehlte auch jede Art von Kontroll- und Sicherungsmechanismus. Dies gilt bisher auch für den letzten Schritt, die Charta der Grundrechte der Europäischen Union. Allerdings beruht diese auf einem breiten Konsens der Mitgliedstaaten und wurde auch bereits von den Generalanwälten wie auch vom Europäischen Gericht erster Instanz verschiedentlich herangezogen.[41] Aufgrund der Aufnahme in den Text des Vertrags über eine Europäische Verfassung ist von einer weit reichenden Bedeutung der Normierungen für die Zukunft auszugehen, auch wenn das konkrete Schicksal des Verfassungsvertrags gegenwärtig noch ungewiss ist.

Die Normierungen im sozialen Bereich, die in die Charta der Grundrechte aufgenommen wurden, bauen auf dem gemeinsamen Erbe der Mitgliedstaaten auf und rezipieren die Rechtsentwicklungen im Rahmen des Europarats, zum Teil auch die Konventionen der Internationalen Arbeitsorganisation und die sozialen Garantien des Internationalen Pakts über wirtschaftliche, soziale und kulturelle Rechte. Es handelt sich so um eine Gesamtkodifikation sozialer Rechte, die an die Bedürfnisse und Besonderheiten der Europäischen Union angepasst worden ist.

III.5 Sonstige Internationale Organisationen

Auf universeller Ebene besteht noch eine Reihe von weiteren internationalen Organisationen, deren Mandat nicht unmittelbar die Definition sozialer Rechte umfasst, die aber dennoch in diesem Bereich tätig werden und – zumindest teilweise – einen beachtlichen Einfluss haben. Dies gilt für die Weltbank und den Internationalen Währungsfonds, die Kreditvergaben häufig an die Entwicklung bestimmter Sozialmodelle knüpfen ohne selbst normsetzend tätig zu sein.[42]

Die Welthandelsorganisation dagegen klammert Sozialstandards bisher weit gehend aus.[43] Die Nicht-Einhaltung der sozialrechtlichen Mindeststandards kann so im Rahmen dieses Systems nicht geltend gemacht werden. Die Positionen von

41 Ulrich Becker, Schutz und Implementierung von EU-Standards, in: Becker/von Maydell/Nuß-berger, Die Implementierung internationaler Sozialstandards. Zur Durchsetzung und Herausbildung von Standards auf internationaler Ebene, Baden-Baden 2006, S. 171.

42 Monika Queisser, Der Einfluß Internationaler Organisationen auf den Transformationsprozess, in: Bernd von Maydell; Angelika Nußberger, Transformation von Systemen sozialer Sicherheit in Mittel- und Osteuropa, Berlin 1999, S. 243 ff.

43 Andreas Blüthner, Sozialstandards der internationalen Finanzinstitutionen, in: Becker/von Maydell/Nußberger, Die Implementierung internationaler Sozialstandards. Zur Durchsetzung und Herausbildung von Standards auf internationaler Ebene, Baden-Baden 2006, S. 213 ff.

Welthandelsorganisation und Internationaler Arbeitsorganisation sind insoweit unvereinbar. Dies ist insbesondere bei der Diskussion um Sozialklauseln in Handelsverträgen deutlich geworden,[44] auch wenn über dieses Thema gegenwärtig nicht mehr mit gleicher Vehemenz wie noch in den 90er Jahren gestritten wird.

Weltgesundheitsorganisation und UNESCO befassen sich nur mit den ihrem jeweiligen Mandat entsprechenden Themenbereichen. Ihre Aufgabe ist nicht die Definition allgemeiner sozialer Standards.

IV. Formen internationaler Sozialstandards und sozialer Rechte

IV.1 Völkerrechtliche Verträge

Werden auf internationaler Ebene Kompromisse über Sozialstandards erreicht, wird in der Regel versucht, sie in Form multilateraler Verträge festzuhalten. Während in der Zeit vor der Gründung der Internationalen Arbeitsorganisation Ziel war, über individuelle Verhandlungen all diejenigen Staaten mit einzubeziehen, die anderenfalls Wettbewerbsvorteile haben könnten, und die einzelnen Staaten ihre Ratifikation oftmals von der Ratifikation ihrer Konkurrenten abhängig machten,[45] ist dieses Vorgehen bei Konventionen, die im Rahmen internationaler Organisationen verabschiedet werden, nicht notwendig. Hier ist jeder Mitgliedstaat an der Ausarbeitung der Texte der Konventionen beteiligt, dennoch aber grundsätzlich frei, den Vertrag zu ratifizieren oder nicht zu ratifizieren.[46] Problematisch kann sein, dass so unter Umständen Verträgen zugestimmt wird, an die sich dennoch kein Staat zu binden bereit ist.[47] Auch kann ein gewisser Automatismus wie etwa bei der Internationalen Arbeitsorganisation, die regelmäßig jedes Jahr eine Konvention

44 Michael Hansenne, Trade and labour standards: Can common rules be agreed? ILR 1996, S. 230 ff, Adamy, Zur Notwendigkeit elementarer Sozialklauseln im internationalen Handel, in: Klaus Piepel (Hg.), Sozialklauseln im Welthandel – ein Instrument zur Förderung der Menschenrechte? Dokumentation eines Studientages und Stellungnahmen aus der Dritten Welt, Aachen 1995, S. 11-21.

45 Vgl. Nußberger (aao FN 2), S. 118 ff.

46 Bei der Internationalen Arbeisorganisation besteht die Besonderheit, dass alle neuen Konventionen dem für die Entscheidung über die Ratifikation zuständigen nationalen Organ vorgelegt werden müssen. Außer einer gewissen Begründungspflicht, warum eine Konvention nicht ratifiziert wird, hat dieses Verfahren allerdings keine weiteren Konsequenzen.

47 Dies ist gerade für die Internationale Arbeitsorganisation ein Problem. Es lässt sich beobachten, dass auch Konventionen, die über Jahre hinweg von keinem oder nur von sehr wenigen Staaten ratifiziert werden, von der Internationalen Arbeitskonferenz in der Regel mit überwältigender Mehrheit verabschiedet werden. -- Dies liegt an der besonderen Struktur der Internationalen Arbeitskonferenz, auf der Vertreter der Arbeitgeber, der Arbeitnehmer und der Regierungen gleichberechtigt abstimmen, während über die Ratifikationen in der Regel nur die nationalen Parlamente zu entscheiden haben ohne an das vorausgehende Votum gebunden zu sein.

verabschiedet, dazu führen, dass Verträge auch dann ausgearbeitet werden, wenn kein wirklicher Regelungsbedarf besteht. Allerdings ist ein institutioneller Rahmen für die Vorbereitung der Vertragsentwürfe sehr hilfreich – ohne das Internationale Arbeitsamt in Genf wäre es nicht möglich gewesen, den umfassenden „International Labour Code" über die Jahre zu erarbeiten.[48]

Bei den Konventionen über soziale Rechte handelt es sich um Verträge, die *erga omnes* gelten. Das bedeutet, dass, auch wenn ein Vertrag Regelungen zum Verhältnis Staatsbürger – Staat enthält, doch bei einer Rechtsverletzung jeder Vertragspartner angesprochen ist. Dies wird auch aus den entsprechenden Kontrollmechanismen deutlich, die Beschwerden auch ohne eine eigene Rechtsverletzung zulassen.

IV.2 Gewohnheitsrecht und allgemeine Rechtsgrundsätze

Im Gegensatz zum Vertragsrecht spielen das Gewohnheitsrecht und die allgemeinen Rechtsgrundsätze bei der Bestimmung von sozialen Rechten und Sozialstandards im öffentlichen Diskurs bisher keine große Rolle – dies wohl vor allem deshalb, weil ein Rückgriff auf Gewohnheitsrecht angesichts einer Vielzahl von Detailregelungen nicht von Bedeutung ist.

Postuliert wird, dass sich an der Schnittstelle zwischen politischen Freiheitsrechten und internationalem Arbeitsrecht bereits ein Gewohnheitsrecht gebildet habe, das ein Diskriminierungsverbot in Beschäftigung und Beruf, Vereinigungsfreiheit, ein Verbot der Zwangsarbeit sowie der Kinderarbeit umfasse.[49]

Es ist fraglich, ob neben diesem auf die Deklaration der Internationalen Arbeitsorganisation von 1998 gestützten Ansatz auch eine allgemeine Pflicht des Staates, ein menschenwürdiges Mindestexistenzminimum für jeden zu garantieren, bereits als Teil des Gewohnheitsrechts angesehen werden kann. Die rechtliche Übung in verschiedenen europäischen Industriestaaten ließe sich in dieser Richtung deuten. Ob dies als eine nicht nur staats-, sondern auch völkerrechtliche Pflicht verstanden wird, ist allerdings zweifelhaft. Auch ist nicht davon auszugehen, dass die Mehrzahl der Entwicklungsländer sowie die asiatischen Staaten und die USA sich tatsächlich verpflichtet fühlen, ein Mindestexistenzminimum als einklagbares Recht des Einzelnen zu gewähren. Allein die Ratifikation des Internationalen Paktes für wirtschaftliche, soziale und kulturelle Rechte, der in Art. 11 ein Recht auf ein Existenzminimum enthält, dürfte angesichts der Defizite bei der Umsetzung dieser Verpflichtung ausweislich der Stellungnahmen des Sachverständigenkomitees noch nicht ausreichend für den Nachweis einer entsprechenden Praxis sein. Allerdings lässt sich eine Tendenz zur Entwicklung eines derartigen Rechts erkennen. In diese

48 Der Begriff „International Labour Code" wird für die Gesamtheit der von der Internationalen Arbeitsorganisation ausgearbeiteten Standards verwendet.

49 Vgl. Véronique Marleau, Réflexion sur l'idée d'un droit international coutumier du travail, Mélanges Nicolas Valticos, Geneva 2004, S. 363 ff.

Richtung weist etwa die Rechtsprechung des Europäischen Gerichtshofs für Menschenrechte zum Verbot der unmenschlichen Behandlung auf der Grundlage von Art. 3 EMRK.[50] Ob sich das europäische Sozialmodell insoweit weltweit durchsetzen kann, bleibt abzuwarten. Gut vertretbar wäre, schon jetzt ein regionales – europäisches – Gewohnheitsrecht auf staatliche Garantie eines Existenzminimums zu postulieren.

IV.3 Richterrecht

Obwohl die bisher dargestellten sozialen Rechte, so wie sie in den internationalen Verträgen definiert werden, nicht durch Richterrecht weiter entwickelt, sondern lediglich von Expertengremien kommentiert werden können, hat sich dennoch gerade im Bereich der sozialen Rechte ein äußerst interessantes Richterrecht entwickelt. Ausgangspunkt sind aber gerade nicht die sozialen Rechte selbst, sondern vielmehr in der Europäischen Menschenrechtskonvention, im Internationalen Pakt über bürgerliche und politischen Rechte sowie in der Amerikanischen Menschenrechtskonvention enthaltene Rechte und Gewährleistungen wie das Verbot der unmenschlichen Behandlung, das Gebot der Gleichbehandlung, das Recht auf Schutz des Eigentums und auch das Recht auf ein faires Verfahren. Aus allen diesen Bestimmungen haben der Europäische Gerichtshof für Menschenrechte, der Amerikanische Menschenrechtsgerichtshof und auch das Menschenrechtskomitee in Individualbeschwerdeverfahren soziale Rechte abgeleitet,[51] so etwa den Schutz von auf Gesetz beruhenden sozialrechtlichen Ansprüchen als Eigentum oder das Verbot,[52] Schwerstkranke in ihre Heimatländer abzuschieben, wenn sie dort keinerlei medizinische Versorgung haben.[53] Allerdings sind diese

50 Nußberger (aao FN 2), S. 360 ff, Angelika Nußberger, Neue Entwicklungen in der Rechtsprechung des Europäischen Gerichtshofs für Menschenrechte zur sozialen Verpflichtetheit des Staates, in: Zeitschrift für ausländisches und internationals Sozialrecht, Heft 3/4, 2003, S. 366-378, Christoph Grabenwarter, Sozialstandards in der Europäischen Menschenrechtskonvention, in: Becker/vonMaydell/Nußberger, Die Implementierung internationaler Sozialstandards. Zur Durchsetzung und Herausbildung von Standards auf internationaler Ebene, Baden-Baden 2006, S. 83 ff.

51 Vgl. Erika de Wet, Die unbestimmten Sozialstandards der Amerikanischen Konvention über Menschenrechte und der Afrikanischen Charta der Menschenrechte und Rechte der Völker, in: Becker/vonMaydell/Nußberger, Die Implementierung internationaler Sozialstandards. Zur Durchsetzung und Herausbildung von Standards auf internationaler Ebene, Baden-Baden 2006, S. 123 ff, Grabenwarter (aao FN 50) S. 93 ff, Angelika Schmidt, EMRK und Sozialrecht – die Bedeutung der Straßburger Rechtsprechung für das europäische und deutsche Sozialrecht, Baden- Baden 2003.

52 Gaygusuz (Österreich, 1996), Reports 1996-IV, Nr. 14; Koua Poirrez (Frankreich), Nr. 40892/98 v. 30.9.2003.

53 Deutschland / Vereinigtes Königreich (1997), Reports 1997-III, Nr. 37.

Entwicklungen doch nur sehr punktuell und im Einzelnen auch problematisch, wenn *praeter legem* Recht geschaffen wird.[54]

IV.4 Soft Law

Des Weiteren ist soft law prägend für die Entwicklung internationaler Sozialstandards.[55] So verabschiedet die Internationale Arbeitsorganisation regelmäßig neben den Konventionen auch unverbindliche Empfehlungen, die die Konventionen konkretisieren und eine Vielzahl von Detailregelungen enthalten. Eignet sich ein Gegenstand nicht für eine Konvention, ist es auch möglich, nur eine Empfehlung auszuarbeiten.[56] Wegweisend sind etwa die von der Internationalen Arbeitsorganisation noch während des Krieges verabschiedeten Empfehlungen zu medizinischer Versorgung[57] und sozialem Schutz,[58] die als Visionen zu verstehen sind und noch gegenwärtig Gültigkeit haben.[59]

Nachteil bei soft law ist allerdings nicht nur, dass die Normen nicht verbindlich sind, sondern auch, dass in der Regel keine Instanz für eine autoritative Interpretation zuständig ist, so dass der Inhalt vage bleibt und keiner Feuertaufe an Einzelfällen ausgesetzt ist.

Eine neueste Entwicklung des soft law sind auch die bereits erwähnten systematischen Kommentare der Sachverständigengremien.

IV.5 Verhaltenskodices

Lässt sich soft law nach Entstehungsweise und Wirkung noch als Teil des Rechts im weiteren Sinn bezeichnen,[60] so gilt dies für normative Vorgaben, die von privaten Akteuren, etwa Großunternehmen, stammen, nicht mehr. Nichtsdestotrotz kann auch dadurch eine „Normierung" des Verhaltens bewirkt werden. Angesichts der weltweiten Diskussion um die mangelnde Effektivität internationaler Sozialstandards sind deshalb auch alle weiteren Regelungsformen, deren Ziel die Einhaltung

54 Besonders kritisiert wurde etwa die Entscheidung Koua Pourrez, da das Gericht den revolutionä-ren Schritt, auch Sozialleistungen, die ohne jede individuelle Vorleistung erbracht werden, dem Eigentumsrecht zu unterstellen, nicht in nachvollziehbarer Weise begründet hat.

55 Eibe Riedel, Theorie der Menschenrechtsstandards: Funktion, Wirkungsweise und Begründung wirtschaftlicher und sozialer Menschenrechte mit exemplarischer Darstellung der Rechte auf Eigentum und Arbeit in verschiedenen Rechtsordnungen. Berlin 1986, S. 375 ff.

56 Vgl. dazu George P. Politiakis, Kroum Markov, Les recommandations internationales du travail: instruments mal exploités ou maillon faible du système normatif?, in: Mélanges Nicolas Valticos 2004, S. 497 ff.

57 Medical Care Recommendation, 1944.

58 Recommendation Concerning Income Security, 1944.

59 Angelika Nussberger, Evaluating the ILO's Approach to Standard Setting and Monitoring in the Field of Social Security, in: Eibe Riedel, Social Security, 2006.

60 Nußberger (aao FN 2), S. 427 ff.

bestimmter Standards ist, neben den eigentlichen rechtlichen Standards mit zu berücksichtigen.

V. Soziale Rechte und Sozialstandards als Gegenstände einer weltweiten Diskussion

Fokus der Diskussion um soziale Rechte und Sozialstandards ist die Frage, wie man die Kluft zwischen Norm und Wirklichkeit schließen oder zumindest verringern kann. Außerdem ist es wichtig, über den Inhalt der Standards Konsens zu erzielen; dieser besteht zwar weitgehend, in Detailfragen aber doch oft auch nicht. Außerdem ist die politische Philosophie der Industrie- und der Entwicklungsländer in vielerlei Hinsicht grundsätzlich unterschiedlich.

V.1 Soziale Rechte vs. Gleichheitsrechte

Ein inhaltlich heftig umstrittener Punkt bei der Definition sozialer Rechte ist, inwieweit das patriarchalische Schutzkonzept, das einigen der Rechte zugrunde liegt, mit einem radikalen Gleichheitskonzept vereinbar ist. Als ein „Fortschritt der Menschheit" und ein „Gebot der Humanität" wurden zu Beginn des 20. Jahrhunderts das Verbot der Nachtarbeit von Frauen und das Verbot der Arbeit unter Tage für Frauen angesehen. Entsprechende Vorschriften finden sich in einer Vielzahl von Konventionen der Internationalen Arbeitsorganisation, aber auch in der Europäischen Sozialcharta des Europarats noch immer – mehr oder weniger unverändert – wieder. Der EuGH hat dieser Schutzidee eine eindeutige Absage erteilt.[61] Soweit es nicht um Mutterschaft geht, gibt es für den EuGH keinen Grund, Frauen anders als Männer zu behandeln. Dies hat eine grundlegende Diskussion über Konflikte zwischen dem den sozialen Rechten inhärenten Schutzgedanken und dem Gleichheitskonzept ausgelöst. Interessanterweise stehen sich auch hier die Industrie- und die Entwicklungsländer mit konträren Positionen gegenüber. Während erstere das radikale Gleichheitskonzept favorisieren, sehen letztere noch immer gute Gründe, an dem überkommenen Schutzkonzept festzuhalten.[62]

V.2 Protektionismus vs. Liberalisierung des Welthandels

Ähnliche Fronten ergeben sich bei der Diskussion um die protektionistische Wirkung internationaler Sozialstandards; auch hier stehen sich Entwicklungs- und

61 Urteil vom 25.6.1991 – Rs. C-345/89 (Stoeckel), EuGRZ 1991, S. 421-423, Kommission der Europäischen Gemeinschaften gegen Republik Österreich, Urteil vom 1.2.2005, EuGRZ 2005, S. 124-130.

62 Vgl. George P. Politakis, Night work of women in industry. Standards and sensiblity, International Labour Review 2001, S. 403 ff.

Industrieländer mit unterschiedlichen Positionen gegenüber. Die Argumentation, hohe Sozialstandards würden die Arbeitskosten verteuern und damit den armen Ländern den einzigen Wettbewerbsvorteil nehmen, wird immer wieder vorgebracht. Eine Möglichkeit, diese Form der Politisierung der Sozialstandards zu vermeiden, ist, sehr niedrige Standards zu definieren, deren Nichteinhaltung unmittelbar gesundheitliche Schäden nach sich ziehen würde. Diesen Weg ist die Internationale Arbeitsorganisation etwa mit der bereits erwähnten Konvention über das Verbot der schlimmsten Formen der Kinderarbeit gegangen.

V.3 Diskurs und Wirklichkeit

Das wirklich entscheidende Problem ist aber, dass die vertragliche Festlegung internationaler Sozialstandards und die Definition sozialer Rechte seit nunmehr fast einem Jahrhundert die Arbeitswelt und die gesellschaftliche Sphäre im weltweiten Maßstab nicht wirklich „sozialer" oder „gerechter" gemacht hat. Sieht man davon ab, dass in einigen Ländern ein vergleichbar hoher Wohlstand für alle erreicht werden konnte, so sind doch viele der Praktiken, die als „Ausbeutung" angeprangert und international verboten worden sind, noch immer – und wohl noch immer in gleichem Umfang – anzutreffen. Verbesserungen sind allenfalls punktuell zu beobachten.[63] Dies erklärt, warum die internationalen Systeme sozialer Rechte dauernd in Bewegung sind und alle Akteure versuchen, den Standards zu mehr Wirksamkeit zu verhelfen.

In jedem Fall kann das Recht als normative Richtschnur nur einen kleinen Beitrag neben Wirtschaft und Politik leisten. Wichtig ist, dass es zur Bewusstseinsbildung beiträgt. Es muss allgemein akzeptiert werden, dass die Einhaltung von Sozialstandards und die Gewährung sozialer Rechte kein Luxus reicher Staaten ist, sondern dass auf dieser Basis gerade auch ärmere Staaten ein gesundes Wirtschaftswachstum aufbauen können.

VI. Zukunft internationaler Sozialstandards

VI.1 Tradition vs. Neuansatz

Soziale Rechte wurden, wie dargestellt, nicht auf dem Reißbrett entworfen, sondern haben sich im Rahmen verschiedener internationaler Organisationen und Institutionen im Laufe der Jahrzehnte entwickelt. So steht man zu Beginn des neuen

63 So verfolgt etwa das Expertenkomitees der Internationalen Arbeitsorganisation den Ansatz, Verbesserungen der rechtlichen Situation in einzelnen Ländern mit den Kommentaren „expresses its satisfaction" bzw. „notes with interest" besonders herauszustellen; vgl. International Labour Conference 93rd Session, 2005, Report of the Comittee of Experts on the Application of Conventions and Recommendations, Report III (Part 1 A) 2005, S. 11 ff.

Jahrtausends am Scheideweg: Entweder man beurteilt das bisher Erreichte als positiv und entscheidet sich, den eingeschlagenen Pfad weiterzugehen und damit die Verantwortung für die sozialen Rechte weltweit im Wesentlichen einer spezialisierten Sonderorganisation der Vereinten Nationen zu übertragen ohne damit aber Aktivitäten anderer internationaler Organisationen auszuschließen. Oder aber man nimmt eine eher kritische Position ein und kommt zu dem Schluss, ein Neuanfang oder zumindest eine Veränderung wesentlicher Parameter sei notwendig, da die traditionelle Vorgehensweise wenig bewegt und wenig verändert habe.

Ein Neuanfang kann darin bestehen, neue Akteure in einen weltweiten Dialog über Sozialstandards einzubeziehen und auf dieser Grundlage neue Normen oder zumindest Orientierungswerte zu schaffen. Diesen Ansatz verfolgt etwa die International Standardization Organisation, die neben den bestehenden Sozialstandards bis zum Jahr 2008 einen internationalen Standard mit Richtlinien für soziale Verantwortung (International Standard providing guidelines for social responsibility) ausarbeiten will. Die Richtlinien sollen auf breiter gesellschaftlicher Basis diskutiert werden, wobei auf eine geographisch ausgeglichene Zusammensetzung sowie auch auf eine gleichberechtigte Beteiligung von Männern und Frauen geachtet werden soll. Vorteil einer derartigen Vorgehensweise ist sicherlich, dass für die aktuellen Herausforderungen moderne Konzepte entwickelt werden können. Destinatäre wären auch nicht die Staaten, sondern diejenigen, die als „players“ auf der internationalen Ebene anzusprechen sind. Dennoch steht zu befürchten, dass damit wieder nur ein Modell ausgearbeitet wird, das neben einer Vielzahl anderer konkurrierender Modelle steht. Weltweit für ein derartiges Modell Akzeptanz zu schaffen, ist schwierig, insbesondere, da die Diskussion über Sozialstandards im Wesentlichen doch in den dafür seit langem bestehenden Kanälen weiterlaufen wird. Wenn es nicht gelingt, eine Art „Marke“ zu schaffen, die sich auf dem Markt durchsetzen kann, wird ein neuer, institutionell nicht abgesicherter Ansatz zum Scheitern verurteilt sein.

Sinnvoller erscheint es daher, die bisher auf normativen Vorgaben bestehenden Diskussionsforen an neue Gegebenheiten anzupassen und von innen heraus zu reformieren.

Ein Reformpunkt wäre, denkt man an die Internationale Arbeitsorganisation, die tripartitäre Zusammensetzung zu ändern. So war es bei der Gründung der Internationalen Arbeitsorganisation wegweisend, nicht nur Regierungsvertreter, sondern mit den Arbeitgebern und den Arbeitnehmern auch die Zivilgesellschaft in den Dialog über Sozialstandards einzubeziehen. Dies kann man auch gegenwärtig noch als ein besonders geeignetes Modell erachten. Allerdings ist auch zu sehen, dass der Organisationsgrad in einer Vielzahl von Ländern sehr gering ist, so dass es sinnvoll sein könnte, auch die Positionen anderer Vertreter der Zivilgesellschaft zu berücksichtigen. Außerdem ist das Mandat der Gewerkschaften und Arbeitgebervertreter grundsätzlich auf die abhängigen Arbeitnehmer beschränkt. Sie können bei Fragen wie Sozialhilfe oder Gesundheitsschutz nicht die Interessen der Gesamtgesellschaft vertreten. Ein neues Modell könnte beispielsweise sein, statt vier

Vertretern von den Arbeitgebern und den Arbeitnehmern zur Internationalen Arbeitskonferenz nach Genf nur zwei Vertreter einzuladen und daneben noch andere gesellschaftliche Gruppen in den Dialog einzubeziehen. Dies könnte auch helfen, festgefahrene Positionen aufzubrechen und einer Bürokratisierung der Normsetzung entgegenzuwirken. In ähnlicher Weise versuchen auch Europarat und Vereinte Nationen, die Zivilgesellschaft umfassend in die Normsetzung und Normüberwachung einzubeziehen.

Negative Auswirkungen hat die – gleichermaßen historisch bedingte – Kluft zwischen den universellen Finanz- und Handelsorganisationen Weltbank, Internationaler Währungsfonds und Welthandelsorganisation auf der einen und der Internationalen Arbeitsorganisation auf der anderen Seite. Seit langem aber ist es ein unerfülltes Desiderat, hier die Zusammenarbeit zu stärken und sich über die unterschiedlichen Positionen auszutauschen.

Nur historisch zu erklären ist auch die institutionell strikte Trennung zwischen bürgerlichen und politischen sowie sozialen Rechten. Hier wurden die Gegensätze, wie gezeigt, nicht nur in der Theorie, sondern auch in der Rechtsprechung überwunden. Allerdings hat dies bisher noch nicht dazu geführt, dass hier Synergieeffekte genutzt worden wären.

VI.2 Spezielle Festlegungen vs. allgemeine Vorgaben

Angesichts der Vielzahl unterschiedlicher Standards wird in der Diskussion immer wieder eine Vereinfachung gefordert und überlegt, klare und knapp gefasste Normen auszuarbeiten. Dieser Ansatz ist aber sehr umstritten, da befürchtet wird, dass damit die bereits vorhandenen detaillierten Standards, auch wenn man sie nicht antastet, so doch entwertet werden.

Die Internationale Arbeitsorganisation hat hier mit der 1998 verabschiedeten „Declaration on Fundamental Principles and Rights at Work" einen Schritt nach vorne gewagt. Damit hat sie aus der Vielzahl von Standards diejenigen ausgewählt, die sie für besonders relevant hält. Es handelt sich um das Verbot der Zwangsarbeit,[64] das Verbot der Kinderarbeit,[65] die Vereinigungsfreiheit[66] und das Diskriminierungsverbot.[67] Zum einen wird die Ratifikation dieser grundlegenden Konven-

64 Forced Labour Convention 1930 (No. 29), Abolition of Forced Labour Convention 1957 (No. 105).

65 Minimum Age Convention 1973 (No. 138), Worst Forms of Child Labour Convention 19999 (No. 182).

66 Freedom of Association and Protection of the Right to Organise Convention 1948 (No. 87), Right to Organise and Collective Bargaining Convention 1949 (No. 98).

67 Equal Remuneration Convention 1951 (No. 100), Discrimination (Employment and Occupation) Convention 1958 (No. 111).

tionen besonders gefördert, zum anderen über einen besonderen Kontrollmechanismus ihre Einhaltung überwacht.[68]

Dieses Vorgehen rechtfertigt sich daraus, dass damit eine einheitliche Basis für das Verständnis dessen, was als soziale Mindeststandards angesehen wird, geschaffen wird. Kein Staat, der Mitglied der Internationalen Arbeitsorganisation ist, soll sich dem entziehen können. Zugleich werden aber damit alle anderen Konventionen als zweitrangig abgewertet. Dies ist etwa mit Blick auf die sozialrechtlichen Konventionen besonders von Nachteil – nicht einmal ein Schutz gegen Arbeitsunfälle wird zu den Grundstandards gezählt. Zudem ist der Bereich, auf den die Internationale Arbeitsorganisation nunmehr ein Schwergewicht bei ihrer Tätigkeit setzt, gerade auch der Bereich, der von den anderen internationalen Organisationen, die sich mit bürgerlichen und politischen Rechten beschäftigen, in vollem Umfang erfasst wird. Aufgrund dessen sieht sich der Neuansatz der Internationalen Arbeitsorganisation vehementer Kritik ausgesetzt. Vorgetragen wird, das bereits Erreichte werde verwässert und ein neues Terrain nicht wirklich erschlossen.[69] Die Gegenstimmen zu dieser Kritik rechtfertigen den eingeschlagenen Weg als zukunftsweisend und verneinen, dass mit der Hervorhebung auf besonders wichtige Standards die übrigen Standards abgewertet würden.[70]

Weniger problematisch ist der Versuch, dann, wenn in einem Bereich unübersichtlich viele Standards bestehen, diese zu vereinheitlichen. Dies wird etwa mit der geplanten neuen „Consolidated Maritime Labour Convention“ versucht, die die Regelungen einer Vielzahl von Einzelkonventionen in ein einheitliches Ganzes bringt.[71]

VI.3 Vereinheitlichung von Normsetzungsprozess und Normenüberwachung

Auf längere Sicht wird in jedem Fall nur ein konsolidierter Ansatz sowohl bei der Normensetzung wie auch bei der Normenüberwachung erfolgversprechend sein. Für die Kontrollgremien zu den verschiedenen im System der Vereinten Nationen ausgearbeiteten Verträge wird bereits seit längerer Zeit diskutiert, von den Staaten

68 Momar N'Diaye, The Annual Review and the promotion of the 1998 ILO Declaration on Fundamental Principles and Rights at Work: Developments and initial impact assessment, in: Mélanges Nicolas Valticos 2004, S. 411 ff.

69 Philip Alston, 'Core Labour Standards' and the Transformation of the International Labour Rights Regime, EJIL (European Journal for International Law) 2004, S. 457 ff, Philip Alston, Facing Up to the Complexities of the ILO's Core Labour Standards Agenda, EJIL 2005, S. 480 ff.

70 Francis Maupain, Revitalization, Not Retreat: The Real Potential of the 1998 ILO Declaration for the Universal Protection of Workers' Rights, EJIL 2005, S. 465 ff, Brian A Langille, Core Labour Rights – The True Story (Reply to Alston), EJIL 2005, S. 437 ff.

71 Vgl. Cleopatra Doumbia-Henry, The Consolidated Maritime Labour Convention: A marriage of the traditional and the new, in: Mélanges en l'honneur de Nicolas Valticos, Geneva 2004, S. 319 ff.

nur mehr einen umfassenden Bericht zu fordern und diesen dann in einem einheitlichen Verfahren mit Blick auf die einzelnen Menschenrechtskonventionen zu kontrollieren. Einen institutionenübergreifenden Ansatz gibt es dagegen noch nicht. Allerdings ist zu beobachten, dass die verschiedenen Sachverständigenkomitees mehr und mehr die jeweiligen Stellungnahmen der anderen Komitees wahrnehmen und auch zitieren, so dass auf diese Weise versucht wird, Widersprüchen vorzubeugen und einen Abgleich zwischen den verschiedenen Positionen zu schaffen.

Wird kein einheitlicher Gesamtansatz zum Schutz sozialer Rechte verwirklicht, so ist diese „stille Angleichung“ der richtige Weg, um, wenn nicht auf einmal, so doch Schritt für Schritt die Anstrengungen in diesem Bereich zu bündeln und somit im Ergebnis denjenigen, deren Rechte nach wie vor nicht ausreichend geschützt sind, effektive Hilfe zu gewähren.

Johannes Heisig

Die Auseinandersetzung um internationale Arbeitstandards und die Rolle der Nichtregierungsorganisationen

1. Arbeitstandards als Problemstellung für Nichtregierungsorganisationen

Man kann sich dem Problem international verbindlicher Arbeitstandards aus der Perspektive der transnationalen Wirtschaftsbeziehungen oder aus jener des Menschenrechtschutzes nähern. Während die wirtschaftliche Perspektive vom Streit zwischen der neoklassischen (polemisch: neoliberalen) Freihandelsdoktrin und den Dependenzia-Ansätzen bzw. den Imperialismus- und Globalisierungskritikern geprägt ist, verläuft die Konfliktlinie beim menschenrechtlichen Ansatz zwischen Ethik und Diplomatie: Ethik als die Forderung nach un-bedingter Durchsetzung von unveräußerlichen Rechten des Menschen,[1] Diplomatie als Tradition des gegenseitigen Respekts der Staaten und der grundsätzlichen Nichteinmischung in die inneren Angelegenheiten des anderen.[2]

Zunächst die wirtschaftliche Perspektive: Ein Unternehmen, das am Standort A ansässig ist und seine Produkte im Gebiet G verkauft, verlagert Teile seiner Aktivitäten an den Standort B, wenn die Herstellung in B plus der Transport nach G billiger sind. B muss dafür kein niedrigeres Qualifikationsniveau seiner Bevölkerung aufweisen. Erforderlich ist lediglich ein niedrigeres Preisniveau, was die Löhne als „Preis der Arbeit" mit einschließt. Beispielsweise zahlt der deutsche Gerätehersteller Bosch in seinem Waschmaschinenwerk in Wroclaw / Polen den Angestellten durchschnittlich 3 Euro Stundenlohn: Das reicht dort für die Existenzsicherung, im Gegensatz zu Deutschland, wo die Geräte verkauft werden.

Alles, was der Standort B mit seinen niedrigeren Faktorkosten billiger herstellen kann, wird dort hergestellt, sofern ausreichend Humankapital vorhanden ist und nach Addierung der Transportkosten noch ein Vorteil besteht. In A verbleibt alles, was aufgrund fehlender Qualifikationen in B nicht hergestellt werden kann. Dieser Prozess ist dynamisch, weil die Arbeitsanbieter in B im mehrjährigen Zeitraum immer neue Qualifikationen erwerben. Das Gleiche tun die Arbeitsanbieter in A, aber von einem höheren Niveau aus. Somit fahren zwei Geleitzüge mit etwa gleichem Abstand und zum beiderseitigen Nutzen: Verklammert durch transnationale Unternehmen (TNU) und transnationale Handelsbeziehungen erzeugen beide Standorte gemeinsam immer neue und bessere Produkte und realisieren einen stetigen Einkommenszuwachs. Als Grundlage dieser Dynamik wirkt die Komple-

1 Morgenthau, Hans: Politics Among Nations. 3rd Ed., Alfred Knopf, New York, 1960, pp. 227 ff.

2 Kissinger, Henry: Diplomacy. Touchstone, New York, 1995; pp. 25-28; pp. 804 ff.

mentarität der jeweils unterschiedlich entwickelten Volkswirtschaften in A und B: Es findet keine horizontale Konkurrenz statt, d.h. in A und B werden nicht eigenständig vergleichbare Produkte hergestellt, die auf den Märkten in A und B miteinander konkurrieren.[3]

Allerdings ist diese Erwartungshaltung nur in einer Modellökonomie vollständig erfüllt. In der Realität wirken sich jedoch Rigiditäten und lange Anpassungszeiträume aus: Standort B – dies könnte Vietnam, Mexiko, Rumänien oder Malaysia sein – hat ein erheblich niedrigeres Lohn- und Preisniveau, so dass TNU bei den Arbeitskosten erheblich sparen. Bereits durch kleine Lohnanreize können TNU eine qualifizierte Belegschaft finden. Aufgrund des starken Bevölkerungswachstums sind ohnehin genügend Arbeit Suchende vorhanden. Aus eigener Kraft können die B-Staaten nicht bessere Arbeitsbedingungen und Entlohnung durchsetzen, selbst wenn sich der sozialen Gerechtigkeit verpflichtet fühlende Parteien bzw. Präsidenten die politische Macht innehaben. Denn das Überangebot an Arbeitskräften reduziert die Verhandlungsmacht der Arbeitnehmerseite gegen Null. Die Regierung kann nicht für Angestellte ausländischer TNU bessere Arbeitsbedingungen vorschreiben. Dies würde die übrigen Arbeitnehmer diskriminieren und die TNU zur Beendigung ihres Engagements veranlassen.

Für NGO's, die sich eine Verbesserung von Arbeitsbedingungen zum Ziel gesetzt haben, ergeben sich daraus schwer zu vereinbarende Anforderungen. Zum einen verlangen zahllose Einzelfälle nach Aktivität, aber dies darf nicht zur Schließung der Produktionsstandortes, somit zum Totalverlust der Arbeitsplätze führen. Dadurch würden lokale zivilgesellschaftliche Vereinigungen ihr Unterstützerumfeld und ihre Fürsprecherfunktion verlieren. Zum anderen müssen allgemein gültige Standards erreicht werden, was aber nicht unmittelbare Erfolge bringt.[4]

NGO's im Norden können Frontstellungen zwischen Konsumenten und Produzenten aufbauen, NGO's im Süden können die Arbeitnehmer und gegenüber dem TNU stärken. Allerdings fehlt hier zumeist jede Koordination, so dass die TNU in einer permanent übermächtigen Position bleiben.[5] Drittens können NGO's an ihrer formellen Statusaufwertung und ihrer faktischen Einbeziehung in die internationalen Beziehungen arbeiten, somit Ressourcen auf Akkreditierung und Einflussnahme bei Internationalen Organisationen und vor allem den VN verwenden. Hier werden Kompromisse verlangt, denn es sind die Staaten, welche hierfür die Spielregeln festlegen. Aber wie kann Kompromissfähigkeit gegenüber der NGO-skeptischen Staatengemeinschaft bei den eigenen Anhängern – Spendern und Beitragszahlern – positiv kommuniziert werden?[6]

3 Vgl. Krugman, Paul R. / Obstfeld, Maurice: Internationale Wirtschaft. Theorie und Politik der Außenwirtschaft. 6. Aufl., Pearson, München, 2003; S. 47 ff.

4 Vgl. Sabel / O'Rourke / Fung: Ratcheting Labor Standards: Regulation for Continuous Improvement in the Global Workplace; pp. 5-7.

5 Vgl. Edwards / Hulme / Wallace: NGO's in a Global Future; Conference Background Paper.

6 Vgl. ICFTU reply to NGO statement against labour standards in WTO.

Die Staaten handeln hier aus einer Position der Stärke gegenüber der organisierten Zivilgesellschaft: Eine transnationale NGO, die sich dem Ziel als solches und nicht dem Einzelfall verschrieben hat, wird als innenpolitischer Akteur selten ernst genommen. Eine auf konkrete Missstände ausgerichtete NGO wird jedoch auf internationaler Ebene als Vertreterin von Partikularinteressen abqualifiziert und dort an den Katzentisch gesetzt.[7] Somit bestehen erhebliche Schwierigkeiten für den Transport von lokal formulierten Bedürfnissen auf die internationale Entscheidungsebene, was die Zahl der Missverständnisse zwischen den idealistischen NGO's aus „A“ und den eher Selbsthilfe-orientierten NGO's aus „B“ noch erhöht.[8]

Für Staatsführungen, die Hauptakteure in den internationalen Beziehungen, bleiben die Möglichkeiten zur Durchsetzung von besseren Arbeitsbedingungen begrenzt. Denn es geht um die Souveränität der Staaten und das gemeinsame Interesse an Erhaltung des eigenen Status und der Handlungsfreiheit – ein transepochales Leitinteresse der Organisation "Staat", allen Vernetzungen und Interdependenzen zum Trotz. Nur Gefährdungen der auswärtigen Sicherheit bewegen dazu, die inneren Verhältnisse anderer Staaten zum Gegenstand der auswärtigen Politik zu machen. Dann erscheint es als gerechtfertigt, die innenpolitische Gegenmacht in potenziell aggressiven Staaten zu stärken.[9] Zu wenig wird dabei aber berücksichtigt, dass auch kleine Fortschritte in Richtung politischer Freiheiten, wie nicht zuletzt menschenwürdige Arbeitsbedingungen, einen langfristigen Nutzen bringen. Repressive Staaten wie China gewinnen ihr Machtpotenzial auch aus der Ohnmacht der Bevölkerung, die keine Optionen legaler Opposition wahrnehmen kann und effektiven Rechtsschutz entbehrt. Zudem kann leichter ein Dialog über soziale Aspekte geführt werden als über politische Freiheiten, die als Untergrabung des „legitimen“ staatlichen Machtmonopols betrachtet werden.

Die demokratischen Industriestaaten profitieren von einer Verbesserung der Arbeitsbedingungen in Schwellen- und Entwicklungsländern langfristig und nachhaltig. Denn das Geleitzug-Modell fährt an der Praxis vorbei: Vordergründig geht es um die Ausnutzung von Kostenvorteilen, tatsächlich jedoch entstehen auf beiden Seiten Kosten: Im Schwellenland dauerhafter Entwicklungsrückstand, weil die Produktionsfaktoren auf die Funktion einer „verlängerten Werkbank“ festgelegt werden; im Hochtechnologie-Land dauerhafte Arbeitslosigkeit der unterdurchschnittlich Qualifizierten. Durch verbesserte Arbeitsbedingungen würde die Arbeit im Schwellenland allmählich teurer, würde aber auch mehr Einkommen für den Konsum im Inland schaffen. Die außergewöhnlichen Konkurrenzvorteile, die ein westliches TNU in seinem Ursprungsland gar nicht vorfinden kann, würden dadurch

7 Vgl. Schwitter-Marsiaj: The role of international NGO's in the global governance of human rights; pp. 320 ff.
8 Vgl. Clark, John: The Relationship Between the State and the Voluntary Sector.
9 Vgl. The Dark Side of the Force: Economic Foundations of Conflict Theory, by Hirshleifer, J. J.; Cambridge University Press, 2001; pp. 57-59.

gemindert. Sowohl das Schwellen- als auch das Hochtechnologieland würden langfristig Wohlfahrtsgewinne erzielen.[10]

2. *Was sind internationale Arbeitstandards? Welche Ziele werden damit verfolgt?*

Das Problem unterschiedlicher Arbeitsbedingungen wurde ab Mitte des 19. Jahrhunderts zum Gegenstand der internationalen Beziehungen. Sprunghafte Entwicklungen der Fertigungstechniken und des Transportwesens machten den heute selbstverständlichen Massengüterhandel (noch nicht global, aber innerhalb Europas) möglich. Die dominierende Doktrin des Freihandels begünstigte einen stetigen Abbau der Schutzzölle, so dass sich Kostendifferenzen im transnationalen Handel bemerkbar machten. Mit Ende des Ersten Weltkrieges und den sich abzeichnenden Wiederaufbaulasten manifestierte sich der politische Wille, die Arbeitsbedingungen anzugleichen, um der negativen Dynamik von unterschiedlichen Lohn- und Preisniveaus offener und zudem benachbarter Volkswirtschaften vorzubeugen.[11] Diese Zielstellung sollte im dreiseitigen Dialog zwischen Vertretern der nationalstaatlichen Exekutiven sowie der Arbeitgeber und der Arbeitnehmer erreicht werden. Zu diesem Zweck wurde 1919 das International Labour Office 1919 eingerichtet, das nach 1945 in die VN-Familie integriert wurde. Durch Festlegung eines Regelwerks für Lohnarbeit sollten Unterschiede nivelliert werden, die sich aus differierenden Entwicklungsständen der Volkswirtschaften sowie unterschiedlichen Kräfteverhältnissen zwischen den Tarifparteien ergaben.

2.1 *Definition von labor standards*

Arbeitstandards (engl.: *labour standards,* amerikan.: *labor*) schreiben, verkürzt gesagt, vor, wie lange und in welcher Umwelt (environment) Lohnarbeit getätigt wird sowie welche Belastungen und unwürdigen Behandlungen am Arbeitsplatz unzulässig sind.[12] In finanzieller Hinsicht wird eine Entlohnung nach dem Durchschnitt der vergleichbaren Arbeitsverhältnisse im betreffenden Land verlangt. In zeitlicher Hinsicht wird eine Höchststundenzahl pro Arbeitswoche festgelegt; hinzu kommt eine zulässige Menge an Überstunden, die grundsätzlich mit einem Aufschlag vergütet werden müssen. Dadurch wird der Anreiz für die Arbeitgeber gemindert, permanent Überstunden anzusetzen und somit die Einstellung zusätzlicher Arbeitskräfte zu umgehen. Zudem müssen Überstunden auf Verlangen der hiervon betroffenen Mitarbeitenden zu einem gewissen Grad durch Freizeit

10 Vgl. Department for International Development (Großbritannien): Labour Standards and Poverty Reduction, pp. 11-16.

11 Truchanowski: Neueste Geschichte Englands 1917-1951, S. 17 f.

12 Vgl. Department for International Development (Großbritannien), p. 9.

ausgeglichen werden, so dass nicht die Möglichkeit besteht, eine im langfristigen Durchschnitt effektiv längere Arbeitsleistung zu erzwingen. Im übrigen besteht ein Anspruch auf Pausen, die als Arbeitszeit vergütet werden.[13]

Ferner werden durch Arbeitstandards die arbeitsfreien Tage festgesetzt: In der Regel sind 1 Tag pro Woche (zumeist der Sonntag) plus gesetzliche Feiertage arbeitsfrei. Es besteht Anspruch auf bezahlten Urlaub, wobei mittel- und westeuropäische Maßstäbe nicht ansetzbar sind: 14 Arbeitstage pro Jahr stellen das weltweit Erreichbare dar. Frauen haben zudem Anspruch auf einen arbeitsfreien Zeitraum vor und nach einer Geburt.

Neben dem Zeitrahmen beziehen Arbeitstandards sich auf die Bedingungen der Arbeitsleistung und das physische Arbeitsumfeld. Hierzu gehören der Inhalt der Arbeit, die physische Belastung, Ausleuchtung und Belüftung des Arbeitsplatzes, Exposition gegenüber Lärm und gesundheitsschädlichen Substanzen sowie die Verletzungsgefahr. Ferner gilt ein umfangreiches Diskriminierungsverbot, wonach niemand aufgrund Hautfarbe, ethnischer Zugehörigkeit, sozialer Herkunft, Kaste (Indien), Geschlecht, Religion und politischer Überzeugung schlechter oder unwürdig behandelt werden darf. Grundsätzlich gilt ein Verbot der herabsetzenden Behandlung, Bestrafung mit Lohnabzug bzw. Anordnung unentgeltlicher Mehrarbeit, körperlicher und verbaler Misshandlung und willkürlichem Ausschluss von der Arbeit.

Diese Bestimmungen sind in den *conventions* der ILO kodifiziert, die jeweils von großen Mehrheiten ihrer 179 Mitgliedstaaten ratifiziert wurden (siehe Beitrag Reichert in diesem Band). Wie schwierig umsetzbar diese Bestimmungen in der Praxis sind, zeigt die *Nike Story*: Der Sportschuh- und -textilienhersteller setzte von Beginn an auf den Verkauf von in Ostasien produzierter Ware in den USA. Nachdem die Firma (noch unter dem Namen Blue Ribbon Sports) zunächst japanische Turnschuhe importiert hatte, stieg sie wenige Jahre nach ihrer Gründung 1964 in die Produktion ein, die nicht von Nike selbst, sondern von Kontraktpartnern ausgeführt wurde. Auf die in den 1970er steigenden Lohnkosten in Japan reagierte Nike mit Verlagerung der Produktion nach Korea und Taiwan, später mit dem gleichen Prinzip nach Vietnam, Kambodscha, Pakistan und weitere Länder. Allein die Zentrale und die Design-Abteillungen blieben in den USA, so dass von rund 700.000 Menschen, die an der Herstellung der Nike-Produkte beteiligt sind, nicht mehr als 25.000 im Arbeitsverhältnis mit dem Unternehmen selbst stehen.[14] Nike praktizierte über 30 Jahre ein Niedrigkosten-Hopping, das nicht nur das Lohnkosten-Differential zu den USA optimal ausnutzte, sondern auch die mangelnden Rechte der Arbeitnehmer. In den Neunziger Jahren beschädigten zahlreiche Berichte über massive Rechtsverletzungen in den Produktionsstätten (Misshandlungen, Kinder-

13 International Labour Organization: International Labour Standards (Conventions and Recommendations).

14 Vgl. Locke / Qin / Brause: Does Monitoring Improve Labor Standards?; p. 7 ff.

arbeit u.a.) sowie über die dort gezahlten Hungerlöhne das Image von Nike schwer. Nike-Chef Phil Knight beklagte 1998, dass der Konzern zum Negativsymbol geworden sei. Bis dahin hatten Knight und sein Gründungspartner Bill Bowerman eine Verantwortung seitens der Nike Inc. mit dem Hinweis abgelehnt, dass keine direkten Angestellten des Unternehmens betroffen seien. Nike hat diese Haltung unter massivem Druck der Öffentlichkeit aufgegeben und beteiligt sich an mehreren Überprüfungs- und Auditing-Verfahren. Hierdurch sollte der Druck der Öffentlichkeit abgemildert werden, was zum Teil auch gelungen ist.[15]

2.2 *Instrumente zur Etablierung von labor standards*

Zur Regulierung von *labor standards* stehen drei Wege zur Verfügung: Sie können autoritativ durch die Regierung bzw. den Gesetzgeber beschlossen werden, erlangen somit für das ganze Land Gültigkeit; sie können zwischen Arbeitgebern und Arbeitnehmern ausgehandelt werden, was auf Betriebsebene, im Branchen- oder im landesweiten Verbund geschehen kann; drittens werden – und dies wurde in den letzten zwanzig Jahren immer häufiger praktiziert – Vereinbarungen unter Vermittlung und Beteiligung von NGO's getroffen. Diese können einen einzigen Betrieb erfassen – bei Produktionstätten z.B. von Bekleidungskonzernen bereits eine erhebliche Zahl von Arbeitenden – oder alle Niederlassungen des Unternehmens im Land oder sogar sämtliche Beschäftigte einer Branche.[16]

Die zentralen Orientierungen für internationale Arbeitstandards werden von der International Labour Organization (ILO), durch die Pakte über soziale wirtschaftliche und kulturelle Rechte sowie über bürgerliche und zivile Rechte, durch die Welthandelsorganisation sowie in abstrakterer Form auch durch die Allgemeine Erklärung der Menschenrechte gegeben. Ferner werden Arbeitstandards durch Richtlinien zur Standardisierung definiert und ausgestaltet, wobei hier u.a. die Richtlinien-Familie ISO 9000, die Standards der Fair Labor Association (FLA) und der Textilindustrie-Initiative Worldwide Responsible Apparel Production (WRAP) sowie die NGO-Standardisierung SA 8000 vorrangig sind (siehe Abschnitt 3). Darüber hinaus engagieren sich mehrere Gewerkschaften und spezialisierte NGO's auf die Beobachtung und Überprüfung (Monitoring) von Arbeitspraktiken in Entwicklungs- und Schwellenländern. Hier sind insbesondere zu nennen: Das Workers' Rights Consortium (USA), unterstützt durch United Students Against Sweatshops, beide wiederum unter Mithilfe des Gewerkschaftsdachverbandes AFL-CIO; die Ethical Trading Initiative (Großbritannien) sowie die Clean Clothes Campaign (Niederlande). Darüber hinaus wirbt die Global Reporting Initiative für einheitliche Berichterstattungsverfahren über unternehmerische Praktiken. Die

15 Vgl. Locke / Qin / Brause, pp. 14 ff.

16 Vgl. O'Rourke, Dara: Outsourcing Regulation: Analyzing Nongovernmental Systems of Labor Standards and Monitoring. In: The Policy Studies Journal, Vol. 31, No. 1, 2003, pp. 1-29; p. 4 f.

Vereinten Nationen haben diese Initiativen durch die Global Compact Initiative von Generalsekretär Annan komplementiert, wobei hierdurch allein ein freiwilliges Umsetzen der ILO-Standards (*core labor standards*) erreicht werden soll.[17]

Diese Instrumente und Kanäle bilden ein schwer übersichtliches Ensemble, da Akteure, Institutionen und Maßnahmen sich überlagern.[18] Sinnvoll erscheint, zwischen offiziellen und inoffiziellen Akteuren zu trennen. Auf der einen Seite stehen Staaten und zwischenstaatliche Institutionen, auf der anderen die Nichtregierungsorganisationen und Unternehmen. Alle drei Gruppen bedienen sich international anerkannter Standards und Normen, die sie z.T. selbst entwickelt haben, z.T. übernehmen. Im Folgenden wird zunächst der institutionelle Hintergrund von Arbeitstandards betrachtet; dies führt zum Ergebnis, dass ein Zusammenwirken von NGO's mit Unternehmen auf der Basis international akzeptierter Arbeitstandards einen effektiven Ansatz zu einem weltweiten Dokumentationssystem darstellt und einen wesentlichen Beitrag zur Verrechtlichung von Arbeitsverhältnissen am unteren Ende der globalen Produktionsketten leisten kann. Dieser Ansatz wird seit rund zehn Jahren durch mehrere internationale NGO's (Dachorganisationen oder Koalitionen einer Vielzahl einzelstaatlicher und multinationaler NGO's) verfolgt.[19] Transnationale Unternehmen und Staaten ziehen traditionell freiwillige Selbstverpflichtungen bei grenzüberschreitenden sozialen Fragen vor: Die Unternehmen müssen somit nicht mit Sanktionen rechnen und die Regierungen an den entgegengesetzten Enden der Produktionskette müssen keine Konflikte austragen, die von hohem öffentlichem Erwartungsdruck und Streit mit den betroffenen Unternehmen begleitet sind.

Eine größere Durchsetzbarkeit von *labor standards* verlangt jedoch internationale Legitimität, die durch Inkorporierung in das Völkerrecht erreicht würde. Um auf diesem steinigen Weg voranzukommen, brauchen kompetente NGO's einen erheblichen besseren Status bei den Vereinten Nationen. Dies ist unabdingbar, um die Aufmerksamkeit der Staaten und ihrer Öffentlichkeiten für diese Problematik zu erhöhen und Mehrheiten für die Einforderung der Arbeitstandards zu bilden.[20] Der Dialog von NGO's mit Regierungen ist bei *labor standards* zwar wichtig, aber nicht ausreichend: Die einen sind nicht dialogbereit und müssen sich keiner kritischen Zivilgesellschaft stellen, die anderen erklären sich für unzuständig. Durch erfolgreiches Lobbying und Mitsprache am Sitz der Vereinten Nationen kann hingegen gerade unter den technischen Möglichkeiten der *instant communication* (transnationale Fernsehsender, Dokumentenabruf per

17 O'Rourke, pp. 10 ff.

18 Vgl. NGO's in a Global Future; Part III: Organisational Implications.

19 Eweje, Gabriel: Strategic Partnerships between MNEs and Civil Society: the Post-WSSD Perspectives; pp. 4-7.

20 Vgl. Schwitter-Marsiaj: The role of international NGO's in the global governance of human rights; pp. 124 ff.

Internet) ein tiefer gehendes Problembewusstsein erzielt werden.[21] Deshalb werden in Abschnitt 2 der tatsächliche Einfluss von NGO's bei den Vereinten Nationen untersucht und Reformperspektiven aufgezeigt.

Die ILO stellt eine besondere Organisation innerhalb der VN-Familie dar. Sie wurde bereits 1919 gegründet und später in die VN eingegliedert. Ihre Tätigkeit besteht im Wesentlichen in der Zusammenkunft von Regierungsvertretern mit Arbeitgebern und Arbeitnehmern.[22] Aus diesem Trialog sollten ähnliche Arbeitstandards für die führenden Industriestaaten hervorgehen: Vor dem Ersten Weltkrieg war die Frage der Arbeitskosten zur militärisch-strategischen Frage geworden, da die Produktionsergebnisse dadurch beeinflusst wurden. Einem Wettlauf nach unten sollte explizit vorgebeugt werden, was durch Festlegung von Standards und die Schaffung einer entsprechenden, diese überwachenden Expertencommunity sowie einer Fachöffentlichkeit ermöglicht werden sollte.

Während die ILO in der langanhaltenden Aufschwungphase zwischen 1950 und ca. 1970 großen Einfluss ausübte, da die Arbeitnehmerseite in den freien Marktwirtschaften überwiegend aus Positionen der Stärke heraus agieren konnte, sank ihr Einfluss ab Beginn des neoliberalen Gegentrends erheblich. In mehreren Industriestaaten übernahmen konservative und zum Teil marktradikale Strömungen die Macht, nachdem Ölkrise, Nixon-Schocks, Rezessionen und gescheiterte Versuche, in kapitalistischen Ländern sozialistische Gesellschaften zu errichten, die Verhandlungsmacht der Arbeitnehmer stark geschwächt hatten.[23]

Die Standards der ILO sind seit 1998 in der *Declaration on the Fundamental Principles and Rights at Work* vereinheitlicht. Alle Mitgliedstaaten der ILO haben die Deklaration ratifiziert oder zumindest die Ratifikation in Betracht gezogen.[24]

Ein Hindernis für die ILO besteht hier darin, dass viele Entwicklungs- und Schwellenländer einen sehr schwachen gewerkschaftlichen Organisationsgrad aufweisen. Somit fehlen die zentralen Ansprechpartner, die verbindliche Absprachen für ein ganzes Land treffen können. Dies verstärkt die Rolle von NGO's bzw. Koalitionen von nationalen und internationalen NGO's, welche einen direkteren Zugang zu bestimmten Branchen, Regionen oder Betrieben ermöglichen.[25]

21 Vgl. Martens, Kerstin: NGO's in the United Nations System: Evaluating Theoretical Approaches; pp. 693 f.

22 ILO-Vertretung in Deutschland: Ziele und Aufgaben der ILO; URL: http://www.ilo.org/public/german/region/eurpro/bonn/index.htm (11.01.2007).

23 Liang, Oliver (ILO): Governing globalization: Labour economic paradigms and international labour standards at the International Labour Organisation, 1919-1998. URL: http://www.historycooperative.org/proceedings/interactions/liang.html

24 Vgl. ILO Deutschland: Die Grundprinzipien der ILO. URL: http://www.ilo.org/public/german/region/eurpro/bonn/ilo_kernarbeitsnormen.htm

25 [Anonymer Funktionär der International Confederation of Free Trade Unions / ICFTU]: Reflections about the strategy of the International Union Movement to defend the Basic Labor Rights in the World Trade Organization (OMC) p. 5. URL: www.falcon.arts.cornell.edu/sgt2/PSCP/documents/Kjeld%20Jakobsen.pdf

Die ILO allein kann nicht Arbeitstandards im globalen Maßstab durchsetzen. Insbesondere kann sie nicht die notwendige Politisierung von Auseinandersetzungen um Arbeitsbedingungen herstellen. Dies bleibt gerade in Entwicklungs- und Schwellenländern Koalitionen von lokalen oder branchenbezogenen Organisationen mit multinationalen NGO's überlassen. Diese Koalitionen können lokales Wissen mit der Reputation und dem Einfluss einer internationalen Vereinigung verbinden.

3. Zugang von sozialen und humanitären NGO's zu den Vereinten Nationen

Die Möglichkeiten der NGO-Community, zu verbesserten Arbeitstandards weltweit beizutragen, hängt wesentlich vom Zugang dieser Organisationen zu nationalen und internationalen Entscheidungsträgern ab. Zwar hat die Erzeugung von öffentlicher Aufmerksamkeit große Bedeutung für die Kommunikation ihrer Politikziele in der Bevölkerung und nicht zuletzt für die Steigerung der Spendenbereitschaft, aber eine Kampagnenstrategie reicht allein nicht aus. Vielmehr ergänzt das öffentliche Standing einer NGO ihren Einfluss auf Entscheidungsebenen: Ihre Größe und ihre Reputation haben Einfluss auf die Bereitschaft von Regierungen und IO's, NGO's als Diskussions- oder sogar Mitentscheidungspartner zu akzeptieren.

Im Folgenden soll die Rolle der NGO's in den Entscheidungsprozessen der Vereinten Nationen untersucht werden, die nationalen Ebenen aber unberücksichtigt bleiben – letzteres würde den Rahmen dieses Beitrags sprengen. Die Beschränkung ist gerechtfertigt, da das Ziel international verbesserter *labor standards* wesentlich im Dialog zwischen der NGO-Community und VN-Gremien behandelt wird. Die VN bilden dabei die Plattform, die multinationalen NGO's das Auftreten als überstaatlicher zivilgesellschaftlicher Akteur ermöglicht.[26]

3.1 NGO-Hierarchien und verengtes NGO-Bild der VN

Zwischen den NGO's bestehen Hierarchien nicht nur der Größe, sondern auch der Form nach: Eine internationale, unabhängig von einzelstaatlichen Ebenen auftretende und auf ein ideelles Ziel („Menschheitsziele") ausgerichtete NGO genießt die höchste Reputation, die sich am Sitz der VN im formal höchsten Akkreditierungsrang niederschlägt. Idealerweise sind ihre öffentlichen Stellungnahmen nicht auf konkrete Politikinhalte von Ländern ausgerichtet, sondern abstrakt auf die propagierten Werte.[27] An zweiter Stelle stehen solche NGO's, die zumindest in einer Mehrzahl von Ländern tätig sind, wobei der Wirtschafts- und Sozialrat (ECOSOC) der VN eine NGO als „international" wertet, wenn sie in mindestens

26 Martens, NGO's in the United Nations System, p. 693.

27 Als Menschheitsziele gelten die in Art. 1 der VN-Charta enthaltenen Zielsetzungen.

drei Staaten vertreten ist. Die Überprüfung vor einer Akkreditierung beim ECOSOC und weiteren VN-Gremien untersucht zudem, ob eine NGO nur zum Schein Vertretungen in anderen Ländern errichtet hat bzw. ob eine tatsächliche transnationale Willensbildung im Hinblick auf Delegiertenversammlungen des Gesamtverbandes sowie auf dessen gewählte Vorstände herrscht. Die unterste Stufe nehmen die nur in einem Land arbeitenden NGO's ein. Diese befassen sich überwiegend mit den Politiken in ihrem Land oder bleiben auf den nationalstaatlichen Wirkungskreis bei ihrem Eintreten für international akzeptierte Werte bzw. die erwähnten Menschheitsziele beschränkt.[28]

Damit ist keine Aussage über die Qualität der Arbeit einer NGO oder ihre innere Verfasstheit getroffen. Vielmehr offenbart diese Hierarchisierung das staatenzentrierte Verständnis der internationalen Beziehungen. Dieses orientiert sich am Respekt und der Achtung der Staaten untereinander, was im Gebot der Nichteinmischung in innere Angelegenheiten seinen Ausdruck findet.[29] Die Nichteinmischung stellt den Regelfall im Verhältnis der Staaten dar, die durch eine Reihe völkerrechtlicher Verträge eingeschränkt werden kann. Kriterium ihrer Durchsetzbarkeit ist dabei die Sanktionierung von Verstößen. Bei den Arbeitstandards stellt die höchste denkbare Sanktion eine verurteilende Resolution des ECOSOC oder eine Verurteilung durch die VN-Menschenrechtskommission dar (deren Zuständigkeitsbereich oft miterfasst ist). Hierbei kann es in jedem Einzelfall nur um solche Arbeitsnormen gehen, die vom betreffenden Staat durch Ratifizierung der relevanten Konvention als geltendes Recht anerkannt wurden.

Geknüpft an das Pochen auf Nichteinmischung ist ein starker Souveränitätsanspruch des Staates, der einer Agitations- und Kampagnenstrategie von zivilgesellschaftlichen Organisationen kritisch gegenübersteht. Somit ist eine Kooperation oder auch nur ein regelmäßiger Dialog mit NGO's, die gegen politische oder rechtliche Verhältnisse in anderen Staaten agitieren, unter Vorbehalt gestellt.

Im Zeitalter globaler Kommunikation und gewachsener Einsicht in transnationale Interdependenzen fällt es schwerer, die Herangehensweise der VN-Gremien an NGO's nachzuvollziehen. Den höchsten Status erhalten jene, die am wenigsten konkrete Herrschaftsverhältnisse zum Gegenstand ihrer Tätigkeit machen. Somit gilt es auf internationaler Ebene als Norm, ideelle Vereinigungen zu tolerieren, ungeachtet zahlreicher Staaten, die jegliche Form der unzensierten Äußerung politischer Meinungen unterdrücken. Eine internationale NGO erreicht somit dadurch Reputation, dass sie allgemein für ein Menschheitsziel eintritt, ohne als Konfliktpartei bei innenpolitischen Auseinandersetzungen aufzutreten.

28 Vgl. Schwitter-Marsiaj, pp. 140 ff.

29 Siehe Charta der VN, Art. 2, Nr. 1 u. Nr. 3. Der Gewaltbegriff wird in herrschender Interpretation weit ausgelegt.

Dieses nicht mehr zeitgemäße Verständnis von NGO's kann allenfalls damit verteidigt werden, dass die Foren der VN nicht Kampfplatz für innenpolitische Konflikte sein sollten. Denn die VN stellen eine Organisation von Staaten dar, nicht eine Begegnungsstätte für alle, die zu internationalen Fragen und Problemstellungen ihre Stimme erheben wollen. Würden sich die VN den Partizipationswünschen von NGO's vollständig öffnen, könnte kein zwischenstaatlicher Dialog mehr zustande kommen, insbesondere kein vertraulicher Dialog, da bestimmte NGO's darauf ausgehen würden, die Regierungen beständig als Verschweiger und Kungler vorzuführen. Die Gremien der VN würden dadurch allmählich bedeutungslos werden, weil die Regierungen ihre Diplomaten abziehen oder sich nicht mehr an substanziellen Gesprächen beteiligen würden.

Diese Argumente können nicht pauschal beiseite geschoben werden. Lautstarkes Trommelschlagen erscheint mit Diplomatie unvereinbar. Zudem würden Organisationen eine staatengleiche Aufwertung erfahren, die lediglich die Standpunkte von bestimmten Gruppen in den Staaten ihrer Aktivitäten vertreten. Somit repräsentieren NGO's stets nur ein Partikularinteresse, nicht das aggregierte Interesse der Bevölkerung.[30] Ihre Willensbildung kann demokratischen Regeln entsprechen, kann aber auch diffus, obskur oder auf wenige charismatische Persönlichkeiten konzentriert sein.[31] Insbesondere stehen die NGO's nicht unter dem Druck, sich gegenüber einer Gesellschaft verantworten zu müssen. Sie können Utopien präsentieren, ohne sich an deren Umsetzung gemessen zu werden.

Dem ist entgegenzuhalten, dass das System und die Struktur der internationalen Beziehungen sich in einem konstanten, dynamischen Wandel befinden.[32] Dieser Wandel kann nicht vor zentralen Institutionen der Staatenwelt Halt machen. Denn in diesen Institutionen werden wichtige Angelegenheiten des Zusammenlebens der Nationen behandelt. Die Art der Behandlung muss sich vielmehr an der Realität der internationalen Beziehungen orientieren, d.h. an der Praxis trans- und international geführter Debatten, an der gewachsenen Verrechtlichung bzw. Kodifizierung des Verhältnisses von Regierenden und Regierten, insgesamt am Prozess des stärkeren Zusammenwachsens der Nationen (als souveräne und sich kollektiv dem Schicksal der Menschheit gegenüber als verantwortliche begreifende Gesellschaften). Da die trans- und internationalen NGO's neben den großen Religionsgemeinschaften die ethischen Normen der Gesellschaft international repräsentieren, müssten sie in internationalen Gremien stärker vertreten sein.

30 Vgl. Entine, Jon: Why "Progressives" Oppose NGO Transparency. (August 2003).
31 Vgl. NGO's in a Global Future Conference, III/4; vgl. ferner: Hyvarinen / Wall: Tips for global activists about running sound organizations.
32 Vgl. Moravcsik: A Liberal Theory of International Politics, pp. 517 ff.

3.2 *Die veränderte NGO-Landschaft und die zentrale Rolle des ECOSOC*

Die Frage, welchen Einfluss NGO's im System der Vereinten Nationen im Hinblick auf soziale und humanitäre Ziele ausüben, ist möglicherweise falsch gestellt, wie neuere Forschungen nahe legen.[33] Denn NGO's haben im politischen Betrieb der VN bereits einen hohen Grad an Integration erreicht, dass nicht mehr von einer auswärtigen Einflussgröße zu sprechen ist, die ein eigentlich auf andere politische Zielstellungen ausgerichtetes System beeinflusst. Vielmehr, so argumentiert die korporatistische Sichtweise, seien NGO's bereits Teil der Institution VN geworden und wirkten an den Entscheidungsprozessen mit. Die institutionalistische Theorie und ihre Anwendungen bei den Analyseansätzen der Forschungsdisziplin Internationale Beziehungen ermöglicht seit den 1960er Jahren unter anderem eine differenzierte Sicht von komplexen Organisationen: Diese bestehen sowohl aus formalen Regeln und Prozeduren wie auch aus informellen.[34] Außenstehende oder nur schwach integrierte Akteure können durch „Einübung", d.h. Verstetigung von Verhaltensweisen näher an die Institution heranrücken und als vollwertiger Akteur auftreten.

Die korporatistische Perspektive sieht in bezug auf die VN einen Prozess der immer stärkeren Kooptierung von NGO's in den Entscheidungsprozess. Hierbei ereigneten sich auch dynamische Rückkopplungen, dargestellt durch das *bumerang model* und das *spiral model*:[35] Sind die Erfahrungen mit einer jeweils marginal größeren Entfaltungsfreiheit für NGO's im VN-System positiv, steigt die Bereitschaft, weitere Rechte zu gewähren. NGO's übernehmen dabei gerade für Staaten mit hohem Realisierungsniveau an Menschenrechten, politischen Freiheiten sowie Arbeits- und allgemein Sozialstandards eine wichtige Funktion, da sie nicht vergleichbare Rücksichten nehmen müssen wie Regierungen. NGO's können Kritik offener aussprechen und ermöglichen damit interessierten Regierungen, Themen und Sachverhalte auf der VN-Agenda zu etablieren, ohne dass sie selbst eine konfrontative Haltung einnehmen müssen.

Darüber hinaus wächst die Rolle der NGO's im VN-System mit der Institutionalisierung eines Politikfeldes auf internationaler Ebene.[36] Denn dies wirkt positiv auf die Verfestigung von NGO-Strukturen: Internationale NGO's entstehen eher dann, wenn überhaupt Institutionen als Ansprechpartner vorhanden sind. Ohne die Möglichkeit, Problemstellungen zentral zu behandeln, erscheint es als viel weniger zu rechtfertigen, von der nationalen Ebene aus Gelder aufzuwenden, um eine zentrale Struktur (z.B. ein internationales Sekretariat mit hauptamtlichen Kräften) zu finanzieren.

33 Vgl. Martens, NGO's in the United Nations System, p. 692.

34 Vgl. Jönsson / Tallberg: Institutional Theory in International Relatioons, pp. 10 ff.

35 Martens, pp. 693; 695-96.

36 Vgl. Nelson, Paul: The Varied and Conditional Integration of NGO's in the Aid System: NGOs and the World Bank, pp. 706 ff.

3.3 Möglichkeiten der Einflussnahme: Rechtliche und formale Beschränkungen der NGO-Partizipation

Wie weit ist die genannte „Inkorporierung“ von NGO's ins VN-System vorangekommen? In der Vorläuferorganisation der VN, dem Völkerbund (League of Nations), erhielten zivilgesellschaftliche Organisationen mit Ausrichtung auf Menschenrechte generell einen Konsultativstatus. Essentiell war damit ein Recht auf Anhörung am Sitz des Völkerbunds (Genf) verbunden. Dieses Recht galt auch für die Völkerbundsversammlung, so dass international aufgestellte NGO's die Möglichkeit hatten, wie Staatenvertreter ihre Ansichten vorzutragen.[37]

Die mit der Gründung der VN verbundenen Hoffnungen wurden im Hinblick auf NGO's weitgehend enttäuscht. Anstatt einer noch weiter reichenden Einbeziehung wurde der Zutritt von NGO's auf eine einzige Teilorganisation, den Wirtschafts- und Sozialrat (ECOSOC) beschränkt. Damit waren NGO's generell von den Foren der *High Politics*, insbesondere von der Generalversammlung und vom Sicherheitsrat ausgeschlossen. Relevant für die Einstufung von NGO's bzw. für die Einräumung eines Konsultativstatus war künftig Artikel 71 der VN-Charta:[38]

„Art. 71 [Mitwirkung nichtstaatlicher Organisationen]:
Der Wirtschafts- und Sozialrat kann geeignete Abmachungen zwecks Konsultation mit nichtstaatlichen Organisationen treffen, die sich mit Angelegenheiten seiner Zuständigkeit befassen. Solche Abmachungen können mit internationalen Organisationen und, soweit angebracht, nach Konsultation des betreffenden Mitglieds der Vereinten Nationen auch mit nationalen Organisationen getroffen werden.“

Der allgemeine Menschenrechtsbereich war zwar berührt, aber sein Kern liegt nicht in der ECOSOC-Zuständigkeit. Zudem gewährt Art. 71 den freien Zugang zum ECOSOC nur internationalen NGO's, während nationale Vereinigungen die Empfehlung durch ihre Regierung mitbringen müssen. Regierungen können somit einen Konsultativstatus für eine missliebige Organisation bei den VN verhindern, was insbesondere NGO's aus nichtdemokratischen Staaten betrifft.

Diese Regelung beruht neben dem Gebot der prinzipiellen Zurückhaltung von Staaten untereinander auf der Einstellung, dass allein Organisationen mit transnationalem Unterbau als Dialogpartner zu akzeptieren sind. Eine nationale Vereinigung dagegen gilt als Quasi-Partei, die innenpolitische Ziele verfolgt und das Forum der VN missbrauchen könnte. Somit verfolgte die Staatengemeinschaft seit 1945 das Ziel, einzelstaatliche NGO's auf Distanz zu halten.[39]

37 Vgl. Martens, Kerstin: Examining the (Non-)Status of NGOs in International Law. In: Indiana Journal of Global Legal Studies - Volume 10, Issue 2, Summer 2003, pp. 1-24

38 Charta der VN vom 26.06.1945; in: Sartorius, Band II, 15. Aufl., München 1993.

39 Vgl. Schwitter-Marsiaj, pp. 136 f.

Zudem etablierte sich in den VN eine Einstellung zu NGO's, die ihnen lediglich die Rolle von Unterstützern der internationalen Zusammenarbeit gewährte. Von ihnen wurde demnach erwartet, für die Beschlüsse und Politikansätze des ECOSOC zu werben und dessen Gremien nützliche Informationen zugänglich zu machen. „Informationen" bedeutet dabei in erster Linie Expertise, nicht Enthüllung von schweren moralischen Verfehlungen eines Staates. Diese enge Sichtweise war Folge der im Vergleich zum Völkerbund starken Repräsentierung von autoritären und totalitären Staaten in den VN. Das angelsächsisch-liberale Staatsverständnis eines Schiedsrichters und Lenkers der souveränen Bürgergemeinschaft stand als Antithese zur ideologisch begründeten Gewaltherrschaft, die Meinungs- und Informationskontrolle einschließt und folglich alle staatsunabhängigen Zusammenschlüsse unter Strafe stellt. Somit hatten die unfreien Staaten Interesse daran, nicht am Sitz der VN mit Vereinigungen konfrontiert zu werden, die im eigenen Land illegalisiert waren.[40]

Ergebnis dieses Gegensatzes war ein Kompromiss des kleinsten gemeinsamen Nenners, der im 1946 von der Versammlung des ECOSOC beschlossen wurde: Akkreditierte NGO's, somit multinational strukturierte und grundsätzlich nicht aggressiv auftretende Vereinigungen, welche die Zulassungsprozedur des *Committee on NGO's* erfolgreich durchlaufen hatten, konnten in die meisten Gremien des ECOSOC Vertreter entsenden (NGO-Vertreter können grundsätzlich auf ad-hoc-Basis ausgeschlossen werden). Dieser Status gewährte ein begrenztes Anhörungs- und Rederecht sowie die Option, eigene Positionspapiere oder Resolutionsentwürfe als VN-Dokumente an die Delegierten zu verteilen, wobei letzteres nur den Kategorie-1-NGO's zustand. Obskur blieb das Verfahren der Akkreditierung: Ablehnungen wurden nicht begründet, kein VN-Mitglied musste eine Ablehnung bekannt machen.

Diese Regelungen hatten, abgesehen von marginalen Abänderungen, über fünfzig Jahre Bestand. Vervielfacht hat sich jedoch die Zahl der akkreditierten NGO's von rund 50 bei der VN-Gründung auf gegenwärtig rund 3.000.[41]

Das ECOSOC verabschiedete 1996 eine neue Resolution (1296; 1996/31) zur Stellung von NGO's in den Gremien des ECOSOC. Dieser Beschluss sollte das ECOSOC-NGO-Verhältnis prüfen und weiterentwickeln, um der gewandelten Rolle von NGO's sowie dem veränderten Charakter der internationalen Beziehungen Rechnung zu tragen.[42] Hierzu gehöre auch – dies betonte die NGO-Community nach dem Ende des Ost-West-Konflikts – die offensichtliche Überforderung des Staatensystems mit „komplizierten politischen Notlagen" (*complex political emergencies*), gegenüber denen es keine hinreichende Lösungskompetenz aufbaute bzw. dies aufgrund ihrer Beschränkung auf eng definierte nationale Interessen gar

40 Vgl. Martens, Examining the (Non-)Status of NGOs in International Law, p. 3.

41 Vgl. Schwitter-Marsiaj, p. 167.

42 Economic and Social Council: Resulution No. 1996/31. Consultative relationship between the United Nations and non-governmental organizations. URL: www.un.org/documents /ecosoc/res/ 1996/eres1996-31.htm

nicht wollen konnten.[43] (Siehe u.a. den Bürgerkrieg im Kongo, die Hungerkrise in Darfur / Sudan). Dies führte zur Forderung von auf langfristige Hilfe setzenden NGO's nach stärkerer Repräsentanz, die sich sowohl auf das moralische Kapital von NGO's stützt, als auch auf ihre technisch-wirtschaftliche Rolle als Projektpartner von Entwicklungs- und Krisenhilfen.[44] Die gewachsene Bedeutung der NGO's wurde besonders bei der Rio-Konferenz von 1992 deutlich, bei der ca. 1.400 NGO's präsent waren. Beim Weltsozialgipfel von Wien 1993, der höhere Hürden für eine Akkreditierung und Beteiligung setzte, waren immerhin ca. 850 NGO's anwesend.

Allerdings wurde mit Resolution Nr. 1296 kein großer Wurf unternommen, sondern lediglich einige kleine Schritte, die zudem durch Rückschritte konterkariert wurden. Für Unzufriedenheit in der NGO-Community sorgte insbesondere die Perpetuierung des *Committee on* NGO's. Denn somit werden die Akkreditierung, die Suspendierung und der Ausschluss von NGO's in den Gremien des ECOSOC weiter von einem multinationalen Beamtengremium gesteuert, das Konfliktvermeidung betreibt und sich keiner öffentlichen Bewertung stellen muss.

Demgegenüber können nun auch national und regional tätige NGO's akkreditiert werden. Wenn ein betroffener Staat dies ablehnt, wird dessen Haltung nun öffentlich erklärt und begründet. Dieser Änderung hatten vorwiegend Entwicklungs- und Schwellenländer verlangt, um die Dominanz der großen humanitären NGO's des Westens abzumildern. Gleichzeitig erhielten NGO's erstmals Zugang zu den Regionalkomitees des ECOSOC.[45]

NGO's sind seit 1996 bei der Akkreditierung in drei Kategorien eingeteilt. Der „generelle" Status (nur internationale NGO's) ermöglicht den vollständigen Zugang zu den Gremien des ECOSOC, während der „spezielle" (für multinationale NGO's) das Rederecht und die Verteilung von Stellungnahmen ohne VN-Dokumentation beinhaltet. Ein dritter, sog. Roster Status, beschränkt NGO's auf eine geringe Zahl von Redebeiträgen. Dieser Status soll auf lediglich nationale NGO's Anwendung finden; immer wieder jedoch kommt es zu Abweichungen von dieser Einteilung aufgrund von Beschlüssen des Committee on NGO's. Das Committee arbeitet hierbei mit der NGO-Sektion des Departments of Economic and Social Affairs im VN-Sekretariat zusammen und berücksichtigt weitgehend dessen Empfehlungen. Eine grundsätzliche Einschränkung trifft alle NGO's: Sie haben ausdrücklich „keine Rolle als Verhandlungspartei" denn dieser Status kommt ausschließlich den Staaten zu.[46]

Ein wichtiges Betätigungsfeld hat sich durch die ECOSOC-Resolution 1235 eröffnet. Hierdurch können NGO's an den Länder-spezifischen Maßnahmen der Commission on Human Rights (CHR) mitwirken, die eine Subkommission des ECOSOC darstellt. Die CHR hat sich als offener für eine aktive Mitwirkung von

43 NGO's in a Global Future, Conference Paper, Part I.
44 Vgl. Nelson, The Varied and Conditional Integration of NGO's in the Aid System, pp. 706 ff.
45 Vgl. Schwitter-Marsiaj, p. 238.
46 ECOSOC-Resolution Nr. 1296, 1996/31, para 50 („no negotiating role").

NGO-Vertretern erwiesen. Die Rolle der NGO's besteht hier laut Resolution 1235 in der Bereitstellung von Informationen in bezug auf massive Verletzungen der Menschenrechte und von fundamentalen Freiheiten. Faktisch wirken NGO-Vertreter an den Debatten mit, wobei eine Politisierung von Einzelfragen kontraproduktiv für die Durchsetzung allgemeiner Standards und für den Zugang zu den Staatenvertretern wirkt.[47]

Die CHR wird von der NGO-Community auch als die bessere Alternative zu den Treaty Monitoring Bodies gesehen, die parallel zu den VN-Pakten und -Konventionen bestehen (u.a. zu den Pakten über bürgerlich-politische sowie wirtschaftlich-soziale Rechte und zur Kinderrechtskonvention). Obwohl diese Gremien stark auf Sachinformationen durch NGO's angewiesen sind, besitzen diese dort bislang keinen formalen Status.

Neben dem ECOSOC rückte das Department of Public Information (DPI) des VN-Sekretariats ins Zentrum der Aufmerksamkeit. NGO's können sich dort praktisch formlos akkreditieren und somit an wöchentlichen Briefings sowie der jährlichen DPI-Konferenz teilnehmen. Darüber hinaus erstellt das DPI Hausausweise für NGO's, die auch Zugang zu Bibliothek und Dokumentation ermöglichen.

Die Chance zur substanziellen Weiterentwicklung des VN-NGO-Verhältnisses ist jedoch 2004 durch die enttäuschenden Ergebnisse der Cardoso-Kommission verspielt worden. Das Panel unter Leitung des früheren brasilianischen Präsidenten hatte effektiv für eine Rückstufung von NGO's zu „gesellschaftlichen Akteuren" auf einer Ebene mit *think-tanks* und Unternehmen geworben.[48]

Können die Einwirkungsmöglichkeiten von NGO's in einer Weise verbessert werden, dass die Etablierung internationaler Sozial- und Arbeitstandards gefördert wird? Standardisierung stellt für NGO's ein vielversprechendes Betätigungsfeld dar: Sie reagiert konstruktiv auf die Veränderung der Nord-Süd-Beziehungen bzw. der Entwicklungszusammenarbeit, sie führt nicht zu kräftebindenden Auseinandersetzungen mit Regierungen um Einzelfälle, sie bedient sich des Staatensystems als Durchsetzungsinstanz, deren Wirkung weit stärker ist als Vereinbarungen zwischen Regierungen und zivilgesellschaftlichen Organisationen.[49]

Seit den 1990er Jahren geht die direkte Entwicklungshilfe zurück. Die Geberländer des Nordens unterstreichen hierzu, dass globale Entwicklungsstrategien (*global development economics*) effizienter seinen als die Transferierung großer Summen in Länder mit stark defizitären Regierungsstrukturen. Die Setzung von international gültigen Arbeitstandards hilft in diesem Zusammenhang, sowohl zu faireren Preisen zu produzieren (was das Endprodukt verteuern kann, aber den Arbeitern in exportorientierten bzw. transnationalen Unternehmen hilft), als auch die

47 ECOSOC-Resolution Nr. 1235.

48 Global Policy Forum: Panel of Eminent Persons un United Nations – Civil Society Relations. URL: http://www.globalpolicy.org/reform/initiatives/panels/cardoso/index.htm

49 Waddell, Steve: NGO Strategies to Engage Business, pp. 8 f.

Verlagerung von Produktionsprozessen zumindest abzubremsen oder zu kanalisieren. Für alle auf politischer Seite Beteiligten – die Regierungen der Geberländer und Nehmerländer sowie die NGO's – fallen allein Verwaltungskosten an. Finanzielle Auswirkung haben Standards erst im unternehmerischen Bereich. Somit erhält eine Marktlösung den Vorzug vor finanzpolitischen Eingriffen (Subventionen, Besteuerung). Schließlich gibt Standardisierung als Politikziel den NGO's Gelegenheit zur Professionalisierung: Die komplexen Regelwerke der entsprechenden Normen müssen durchdrungen und auf konkrete Arbeitsituationen angewandt werden. Darüber hinaus können NGO's zur Weiterentwicklung der Standardisierungen beitragen, die von der International Standardization Organization (ISO) entwickelt wurden.

3.4 Ein Lösungsansatz: Formalisierung des NGO-Status

Die stark gewachsene Bedeutung von NGO's und ihre umfangreiche Expertise verlangen nach einem deutlich aufgewerteten Status im Vergleich zur bislang gewährten Konsultativstatus, dessen Zuerkennung zudem von einzelnen VN-Mitgliedstaaten behindert werden kann. Eine Formalisierung kann nicht bis zur Gleichstellung mit Staaten gehen, da NGO's nicht die gleiche Legitimität beanspruchen können wie Staaten, unabhängig von deren Regierungsform. Erforderlich ist vielmehr ein mittlerer Status zwischen reinem Meinungsäußerungsrecht und einer formalen Mitentscheidung nach dem Prinzip „1 NGO = 1 Stimme" – einer selbstredend irrealen Option. Dies kann in einer Repräsentierung von NGO's gemäß ihrer Größe und internationaler Verankerung bestehen. Allerdings erscheint ein unbegrenzter Zugang von NGO's nicht darstellbar, da bei 3.000 akkreditierten NGO's eine völlige Überlastung der Gremien drohen würde. Ausgehend von bereits existierenden Caucuses und Koordinationsforen von NGO's wäre denkbar, dass die in einem Sachgebiet tätigen Organisationen Delegierte wählen, die nicht nur im ECOSOC und in der CHR, sondern in allen Gremien der VN außer dem Sicherheitsrat Sitze und Stimmen haben, wobei ein geeignetes Gewicht dieser Stimmen zu finden wäre.

Neben der Vertiefung der NGO-Mitwirkung erscheint ihre Verbreiterung als noch vordringlicheres Ziel: Das ECOSOC deckt bei weitem nicht alle für humanitäre und soziale NGO's relevanten Politikfelder ab. Auch UNCTAD, ILO, UNDP, UNESCO, UNICEF, WHO, UNAIDS sind Fokus von NGO-Aktivitäten, allerdings fehlt eine formale Beziehung zwischen NGO's und diesen VN-Sonderorganisationen (dies trifft auch für die nicht zur VN-Familie gehörende WTO zu). Somit können NGO-Vertreter bislang nicht an den Entscheidungsprozessen dieser Teilorganisationen mitwirken. Gerade im Bereich internationaler Arbeitstandards wäre ein erweiterter NGO-Zugang hilfreich, da mehrere VN-SO auf dieses Politikfeld Einfluss nehmen.

4. *Standardisierung auf trans- und internationaler Ebene*

Standardisierung bedeutet, wie bereits skizziert, im ersten Schritt die Schaffung von Regelwerken und, sofern nicht eine öffentlich legitimierte Gewalt zu ihrer Durchsetzung bereitsteht, die Einwerbung von ausreichender Unterstützung bei den Betroffenen.[50] Aktivisten – Stakeholder, ideell Bewegte, Personen und Institutionen mit Partikularinteressen – sind damit in der Regel nicht zufrieden, weil verlässliche Instrumente der Durchsetzung fehlen. Sie zielen deshalb darauf ab, schrittweise eine höhere Verbindlichkeit der Standards bis hin zur Kodifizierung als staatliches und internationales Recht zu erreichen. Hierfür sind nicht allein moralische Autorität und ein breiter Unterstützerkreis ausreichend; erforderlich sind politischer Status und Zutritt zu Foren und Gremien, die verbindliche Entscheidungen treffen und bestimmte Regelwerke für verpflichtend erklären, d.h. sie mit nationalstaatlicher, multilateraler oder internationaler Legitimität ausstatten können. Wenn die Community der NGO's zum vergleichbaren und anerkannten Mitspieler auf dem Feld globaler Menschenrechts- und Sozialpolitiken wird, erhält sie erheblich mehr Wertschätzung und Durchsetzungskraft in einer traditionell auf Statuswahrung konzentrierten Staatengemeinschaft. Somit sind die folgenden Ausführungen im Lichte der unter 2) behandelten Statusfragen zu betrachten.

Arbeitstandards wurden sowohl von der Internationalen Normungsagentur (ISO), als auch durch NGO's und durch Kooperationen von Regierungen, Unternehmen und NGO's erstellt.[51] Diese gehen teilweise zu nationalen und multilateralen Vorschriften parallel, wobei die gesetzlichen und tarifvertraglichen Vorschriften in hoch entwickelten Industriestaaten der westlichen Welt (Nordamerika, Europäische Union, Japan, z.T. Lateinamerika) höhere Schutzniveaus etabliert haben. Internationale Arbeitstandards (oder solche mit dem Anspruch auf internationale Anerkennung) zielen politisch auf Angleichung der Verhältnisse in der übrigen Welt an jene weiter fortgeschrittenen Staaten ab. Aus Sicht der Staaten mit geringem Niveau an politischen Freiheiten stellt dies eine Einmischung dar und den Versuch, die Wirtschaftsweise des kapitalistischen Nordens und Westens der übrigen Welt aufzuzwingen. Kritik äußern auch zahlreiche NGO's des Südens, die zumeist auf lokale Probleme oder eng definiterte Wirtschaftsegmente konzentriert sind: Sie beklagen die Dominanz der finanzstarken NGO's aus der westlichen Welt, insbesondere des englischsprachigen Raums, die aus eigennützigen Motiven eine globale Meinungshoheit ausüben würden.[52] Tatsächlich haben die *big players* der sozialpolitischen, humanitären und ökologischen NGO-Szenerie (Amnesty International,

50 Vgl. ILO: Bureau for Workers' Activities The ILO, standard setting and globalization. Report of the Director-General, 85th Session 1997.

51 O'Rourke, Dara: Outsourcing Regulation: Analyzing Nongovernmental Systems of Labor Standards and Monitoring, pp. 4-6.

52 Carty, Victoria: New Social Movements and the Struggle for Workers' Rights in the Maquila industry. URL: theoryandscience.icaap.org/ content/vol004.002/02_carty.html

Human Rights Watch, Social Watch, Oxfam, Care, Médécins sans Frontières etc., Greenpeace, World Wildlife Fund) ihre Zentralen im Norden, "sprechen" als Organisation Englisch (eine Minderheit Französisch oder Spanisch) und sind nach westlichen Organisationsprinzipien sowie Geschlechter- und Rollenverständnissen aufgestellt. Zudem agieren deutlich politisch orientierte Vereinigungen, vorwiegend aus den USA, die z.T. aggressiv auf Systemtransformationen in Entwicklungs- und Schwellenländern im Sinne des US-amerikanischen Demokratiemodells hinarbeiten (Soros Foundation / Open Society Institute, Cato Institute u.a.). Die NGO's des Nordens würden sich als ungebetene Demokratiebotschafter profilieren und die stärker aktionsorientierten NGO's der Entwicklungs- und Schwellenländer lediglich als Unterstützer einbeziehen. Allerdings war es der ungleich schwächeren und mit durchweg weniger Entfaltungschancen ausgestatteten NGO-Community des Südens nicht möglich, über diese kritische Haltung hinaus eigene Positionen zu entwickeln.

4.1 Zertifizierung durch Staat oder staatsmittelbare Organisationen: ISO 9000 und 14000

Die Richtlinienfamilie 9000 der International Standardization Organization (ISO) besteht aus Richtlinien und Empfehlungen zu Qualitätsmanagementsystemen (QMS). Gegenstand eines QMS sind:

"Alle Tätigkeiten des Gesamtmanagements, die im Rahmen des QMS die Qualitätspolitik, die Ziele und Verantwortungen festlegen sowie diese durch Mittel wie Qualitätsplanung, Qualitätslenkung, Qualitätsicherung und Qualitätsverbesserung verwirklichen."[53] In Deutschland wird für ISO-Normen das Kürzel "DIN ISO" verwendet, wenn sie in den Bestand der Deutschen Industrienormen übernommen wurden.

Qualitätsicherung als Managementaufgabe wurde erstmals in den USA ab den Fünfziger Jahren angewandt, um Atomkraftwerke sicherer und zuverlässiger betreiben zu können. Ein QMS identifiziert eine Vielzahl von Schlüsselkategorien, welche die ablaufenden Prozesse erfassen sollen. Diese Prozesse und somit auch die beteiligten Personen werden durch das QMS regelmäßig überprüft. Gleichzeitig sind Kommunikationswege eingerichtet, auf denen erkannte Fehlerquellen der zentralen QM-Stelle innerhalb einer Organisation (Unternehmung, staatl. Behörde, ideelle Vereinigung u.w.) gemeldet werden (müssen).

Zudem trifft ein QMS Aussagen, welche Standards bei den Tätigkeiten und bei Evaluation von Ergebnissen zu berücksichtigen sind. Damit wird Außenwirkung erzielt: Für Externe wird transparenter und überprüfbarer, wie die Organisation funktioniert und was sie leisten kann. Denn zum QMS gehören sowohl interne

53 Vgl. Deutsche Gesellschaft für Qualität e.V.: QMS und internes Audit. URL: www.quality.de/lexikon/din _ iso_9000.htm

Dokumentations- als auch nach außen gerichtete Berichtspflichten.[54] Somit hat die Öffentlichkeit zumindest zu einem Teil der Ergebnisse Zugang. QMS bestehen inzwischen auch bei zahlreichen Anbietern von Sozialen Diensten: Dadurch sollen sie Zuverlässigkeit schaffen und z.B. einem Klienten, der aus eigenem Entschluss in ein Seniorenwohnheim übersiedelt, auch für absehbare Zeiten der Pflegebedürftigkeit die Sicherheit hoher Pflegestandards geben.

Die ISO-9000-Familie wurde in den Achtziger Jahren entwickelt. Hier lag das Motiv in der Schaffung einheitlicher Standards in Produktionsprozessen angesichts der weltweit immer stärkeren Vernetzung der Wertschöpfungsketten und des Handelsaustausches. Dadurch sollten fairere Wettbewerbsbedingungen erreicht werden. Die Mitgliedstaaten der ISO setzten ein spezielles Kommitee ein, dass die Gemengelage von nationalstaatlichen Regelungen vereinheitlichen sollte, wobei die nationalen Regelungen oft zusätzlich nach Wirtschaftszweigen ausdifferenziert waren.

Die 1992 in Kraft getretenen ISO-9000-Normen wurden im Jahr 2000 umfassend überarbeitet, wobei explizit eine weniger technizistische Wortwahl gewählt wurde, um auch die Anbieter sozialer Dienstleistungen zu berücksichtigen.[55] Zudem reduzierte die ISO die Dokumentationspflichten auf lediglich 6 der zuvor 20 QM-Prüfsteine. Diese Prüfsteine sind in der ISO 9001 enthalten, während die ISO 9000 den Prozess des QMS allgemein erläutert und die ISO 9004 freiwillige Verfahren zur Überprüfung sämtlicher QM-Prüfsteine, auch der nicht verbindlichen, beschreibt.

Die Norm ISO 9001 bezieht sich nicht direkt auf das Verhältnis von Arbeitgebern und Arbeitnehmern. Ihr Fokus ist Qualität, definiert als Güte eines Outputs in einer bestimmten Anzahl, der in Waren oder Dienstleistungen bestehen kann (das QMS bleibt ungenügend, wenn die erzeugten Güter den Anforderungen voll entsprechen, aber der Output hinter der Zielstellung zurückbleibt). Was davor geschieht, hat allein instrumentellen Charakter und zielt auf einen optimalen Einsatz der Produktionsfaktoren.[56] Hierdurch soll der Gewinn maximiert werden – was zumindest als theoretischer Imperativ gilt, der nach den Erkenntnissen der Neuen Institutionenökonomie durch die Eigeninteressen (*moral hazard*) und individuelle Gestaltungsspielräume (*property rights*) in der Produktions- und Management-

54 Haas / Hanselmann: Qualitätsmanagement im Kontext der Gestaltung Sozialer Dienste in Europa, S. 473 f.

55 Haas / Hanselmann, S. 467.

56 Der Ökonom Milton Friedman, Mitbegründer der „neoliberalen" Schule, verwarf das Konzept der sozialen Verantwortlichkeit mit folgender Begründung:
„(...) there is one and only social responsibility of business – to use its resources and engage in activities designed to increase its profits so long as it stays within the rules of the game, which is to say, engages in open and free competition, without deception or fraud. (...) Few trends could so thouroughly undermine the very foundations of our free society as the acceptance by corporate officials of a social responsibility other than to make as much money for their stockholders as possible." (Friedman: Capitalism and Freedom, Chicago / USA, 1962; p. 236).

realität erheblich abgeschwächt wird.[57] Was an „sozialer Verantwortung" / *social accountability* aus der ISO 9001 exzerpierbar und interpretierbar ist, folgt allein aus einer instrumentellen Einsicht: Das Arbeitsumfeld und die Arbeitsbedingungen haben Auswirkung auf die Leistung und die Motivation der Mitarbeitenden.

Die Norm ISO 9001 verlangt einen geregelten und nicht durch unverhältnismäßige Beeinträchtigungen behinderten Arbeitsablauf. Die eingesetzten Arbeitskräfte müssen für ihre Tätigkeit qualifiziert und körperlich befähigt sein. Sie haben einen Anspruch auf Erhaltung ihrer Arbeitskraft und auf medizinische Hilfe im Betrieb bei Unfällen oder plötzlicher Erkrankung. Sie haben das Recht, Probleme und Defizite zu melden und einen Anspruch, dass diese Meldungen im QMS berücksichtigt werden. Zudem müssen die Aufgaben der Mitarbeitenden klar definiert sein und beachtet werden.

Die mangelnde Eignung der ISO-9000-Familie als Norm für Arbeitstandards wird daran offenbar, was sie gerade nicht problematisiert: Mechanische, in ihrem Ablauf redundante Tätigkeiten, die unter Zeitdruck zu erledigen sind und zudem den Körper dauerhaft schädigen – der *sweat shop*. Z.B. muss ein Pakistani, der für bekannte Sportartikelhersteller arbeitet – in Pakistan werden 50 % aller in Europa verkauften Fußbälle hergestellt – mit 50 bis 55 Jahren aufhören, sei es als Invalide aufgrund der Wirbelsäulenschäden (infolge der ständig gebeugten Sitzhaltung beim Zusammennähen der Ledersechsecke) oder aufgrund einer Krebserkrankung (da die Hände beim Färben des Leders andauernd in die Färbelauge getaucht werden müssen). Nicht besser ergeht es den Krabbenpulerinnen in Marokko und Arbeitern in Ostasien einschließlich Chinas, die Kleidung nähen und färben oder Elektronikbauteile zusammensetzen (und dabei u.a. Lötdämpfe einatmen). Ihnen ist gemeinsam, dass sie „ihre Gesundheit und ihr Familienleben verkaufen, um den Lebensunterhalt zu bestreiten."[58]

Die Standards der ISO 9001 sind somit lediglich zum Schutz von Arbeitskräften in ihrer Eigenschaft als Produktionsfaktoren geeignet. Insbesondere fehlen die politischen Rechte: Die Freiheit, Vereinigungen zu bilden, das Recht, Lohnverhandlungen kollektiv durchzuführen, die Wahl von Betriebsräten, die Möglichkeit, bei nicht innerbetrieblich auflösbaren Konflikten vor ordentlichen Gerichten zu klagen oder ohne Strafbewehrung an Medien heranzutreten.[59] In Unterdrückerstaaten werden diese Rechte zumeist verweigert, dennoch können Arbeitsprozesse nach den Kriterien eines auf ISO-Normen basierenden QMS zertifiziert werden.

57 Elsner, Wolfram: Ökonomische Institutionenanalyse, S. 372 ff.

58 Vgl. NGO's in a Global Future, Part II (The Changing Global Context), para 1.2.

59 Vgl. ILO: Committee on Freedom of Association; URL: http://www.ilo.org/public/english/standards/norm/applying/freedom.htm

4.2 *Social Accountability als nichtstaatliche Zertifizierung: SA 8000*

Die begrenzte Eignung der ISO-Normen für die Setzung von Arbeitstandards macht Standardisierung nicht unsinnig, sondern verlangt nach umfassenderen Qualitätsmaßstäben. Nicht zielführend wäre, QM generell als technizistisch zu verwerfen und auf andere Rechtsquellen auszuweichen (Allg. Erklärung der Menschenrechte, die speziellen MR-Konventionen, die VN-Pakte zu bürgerlichen sowie wirtschaftlich-sozialen Rechten). Denn dadurch wird mehr Spielraum zum Streit um Interpretationen eröffnet als Klarheit geschaffen.

Die Vereinigung Social Accountability International (SAI) entstand 1996/97 unter der Bezeichnung Council on Economic Priorities Accreditation Agency (CEPAA) als Koalition von Unternehmen mit transnationaler Wertschöpfungskette (*value chain*),[60] NGO's sowie Unternehmensberatungen und Rechtsanwaltskanzleien.[61] Diese entsenden Vertreter in einen gewählten Vorstand und ein beratenden Beirat. Politischer Ansatz von SAI ist, dass humanitär motivierte TNU's freiwillig und mit Unterstützung einer Aktivisten- (NGO)- und einer Experten-Community (Unternehmensberater, Rechtsanwälte) in ihrer Wertschöpfungskette die Arbeitnehmerrechte gemäß dem von SAI entwickelten Standard SA 8000 durchsetzen.[62] Selbstredend handeln die an SAI beteiligten Unternehmen dadurch auch eigennützig, in dem sie auf die Verbesserung ihrer Reputation in der Öffentlichkeit abzielen.[63]

Der Vorsprung von SA 8000 gegenüber den ISO-Normen liegt in der Sachgemäßheit und in der Berücksichtigung der Freiheitsrestriktionen in Entwicklungs- und Schwellenländern. So sind die Rechte auf Selbstorganisation und Gewerkschaftsbildung vollständig einzuhalten; sind freie Gewerkschaften in einem Land illegal, so hat das Unternehmen vergleichbare Wege des Interessenausgleichs zu ermöglichen.[64] Ferner ist die wöchentliche Arbeitszeit auf sechs Tage bzw. 48 Stunden zu begrenzen, unbeschadet freiwilliger Vereinbarungen zwischen Arbeitgeber und Arbeitnehmern, wobei eine erhöhte Vergütung ab der ersten Überstunde

60 SAI ist in Delaware / USA ansässig (Eintrag ins Vereinsregister dieses Bundesstaates). Vgl. SAI: SAI Governance Structure; URL: http://www.sa-intl.org/index.cfm?fuseaction=Page.viewPage&pageId=594&parentID=472

61 SAI wird hier exemplarisch wegen der Entwicklung des Standards SA 8000 betrachtet. Keineswegs soll dadurch die Bedeutung weiterer Koalitionen von NGO's und TNU in Frage gestellt werden, was insbesondere die CUTS-Initiative sowie die unter 2.2) genannten Initiativen betrifft. Für einen Überblick siehe: Joint Initiative on Corporate Accountability & Workers' Rights / JO - IN; URL: http://www.jo-in.org/participating.htm

62 Social Accountability International: What Does SAI Do?. URL: http://www.sa-intl.org/index.cfm?fuseaction=Page.viewPage&pageId=487&parentID=472&nodeID=1

63 Von NGO-Seite wird eine zu große Wirtschaftsnähe kritisiert. Vgl. Banafair (Bettina Burkert): Social Accountability 8000. (Verfasst 1998, URL: http://www.banafair.de/backgr/soc.htm).

64 Social Accountability International: Freedom of Association & Right to Collective Bargaining. (SA 8000, Criteria 4.1 – 4.3, p.6); URL: http://www.sa-intl.org/index.cfm?fuseaction=document.showDocumentByID&nodeID=1&DocumentID=136

zu zahlen ist.[65]

Im übrigen hat die ISO diese Entwicklung positiv aufgenommen. Ende 2004 setzte sie nach einer internationalen Stakeholder-Konferenz eine Arbeitsgruppe ein, die bis Ende 2008 die künftige Normenfamilie „ISO 26000" konzipieren wird. ISO 26000 steht für Soziale Verantwortlichkeit in Organisationen (Unternehmen, öffentliche Administrationen, ideelle Vereinigungen).[66] Zertifizierungen nach ISO 26000 sollen freiwillig geschehen. Es bleibt abzuwarten, ob ISO 26000 dem von SA 8000 vorgelegten Ansatz folgt oder ob eher ein Versuch damit unternommen wird, die Zertifizierungsbewegung durch Reduktion auf einen kleinen gemeinsamen Nenner, dessen Attraktivität aus höherer internationaler Beachtung besteht, wieder zu entkräften.

SAI verfolgt explizit keine Konfrontationsstrategie. Hingegen soll das gute Beispiel und dessen Kommunizierung seine Wirkung entfalten. Das Kernstück der Aktivitäten stellt die Zertifizierung der Mitgliedsunternehmen und weiterer TNU's dar, die sich ohne formellen Beitritt zu SAI beteiligen. Ihnen allen kommt dabei zu Gute, dass SA 8000 von den meinungsbildenden NGO's der westlichen Welt als ethisch fortschrittliches Regelwerk für Arbeitstandards akzeptiert wird. Dadurch können die beteiligten TNU's ein günstiges Meinungsklima bei interessierten Konsumenten erwarten. Zumindest ist hier für die Zukunft ein weites Kommunikationsfeld erschlossen: Gegenüber den politischen Entscheidungsebenen können Interessengemeinschaften von NGO's und Unternehmen Druck ausüben, soweit es das öffentliche Beschaffungswesen betrifft. Ferner können die TNU's ihren politischen Einfluss gezielt einsetzen, um mehr Regierungen als bisher für eine substanzielle Statusaufwertung der NGO-Community bei den Vereinten Nationen zu gewinnen. Dies setzt allerdings eine noch breitere Zertifizierungs-Bewegung unter TNU's mit Hauptsitz in Europa und Nordamerika voraus. Letztlich kann über den Umweg internationaler Legitimität eher ein Zuwachs an kritischem Konsumentenverhalten erzielt werden als durch eine Strategie der ethisch motivierten Aufklärung oder der auf Schuldzuweisungen setzenden Konfrontation. Denn auf den westlichen Konsumgütermärkten dominiert eine egozentrische Low-Budget-Mentalität, die durch Maßhalte-Appelle gar nicht und durch erschreckende Enthüllungen über die *sweat shops* der westlichen Unterhaltungselektronik nur marginal beeinflusst wird. Politisches Ziel aller Regierungen der westlichen Welt, insbesondere der G8-Staaten, müsste es schon aus dem Überlebensinteresse als Gesellschaft mit hohem Wohlfahrtsniveau sein, dass die Arbeitsverhältnisse am unteren Ende der globalen Wertschöpfungsketten an faireren Standards ausgerichtet werden, auch wenn sich Konsumgüter dadurch verteuern. Denn die ungeregelte Ausnutzung unterschiedlicher Faktorkosten durch transnationale Unternehmen

65 Ebenda (Criteria 7.1 – 7.3).

66 Vgl. ISO: ISO and Social Responsibility. URL: www.iso.org/iso/en/prodsservices/freedownloads/socialresponsibility2006-en.pdf

beseitigt im Norden schneller „alte“ Arbeitsplätze, als neue durch Innovation entstehen.

5. *Fazit*

Die Standardisierung von Arbeitsprozessen auf globaler Ebene berührt zwei anerkannte Menschheitsziele: Die Verrechtlichung der internationalen Beziehungen und die positive Gestaltung der Folgen von wirtschaftlicher Globalisierung. Auf der im traditionellen Verständnis „inter-nationalen“ Ebene, der Staatenebene, kam dieser Prozess trotz der 1995 beschlossenen Kopenhagen-Ziele nicht zählbar voran. Als zu gering erscheinen die Möglichkeiten der westlichen Staaten, auf das untere Ende der Wertschöpfungsketten von transnationalen Unternehmen Einfluss zu nehmen, wobei starke Handelsinteressen eine Positionierung zusätzlich erschweren.

Somit haben in erster Linie Nichtregierungs-, oder treffender: Zivilgesellschaftliche Organisationen diese Problematik bearbeitet. Hieraus entstand nicht eine homogene Bewegung, sondern eine Mehrzahl von Ansätzen, Strategien und Koalitionen. Widersprüche und Gegensätze sind hierbei zwischen einzelstaatlichen und transnationalen NGO's festzustellen, zwischen ethisch-ideell ausgerichteten und einzelfall- oder branchenbezogenen, schließlich zwischen kommunikationsstarken NGO's des englischsprachigen Raums und den Grassroots-NGO's der Entwicklungs- und Schwellenländer.[67] Am profiliertesten erscheint hierbei die Koalition von (zumeist) westlichen NGO's und Unternehmen, die seit 1997 mit Social Accountability 8000 eigene Arbeitstandards entwickelt haben.

Auf dem Politikfeld der *labor standards* wird ein weiteres Mal deutlich, wie notwendig und gleichzeitig schwierig eine stärkere Einbeziehung von NGO's in die formalen Entscheidungsprozesse der Vereinten Nationen ist. Die Community der NGO's repräsentiert zentrale ethische Forderungen der Menschheit auf der internationalen Bühne, die von der Staatengemeinschaft nur ungenügend behandelt werden. Andererseits erfüllen NGO's nicht das etablierte Konzept von politischer Legitimität: Sie repräsentieren niemand im formellen Sinne, sie sind nicht gewählt und abwählbar, sie sind keinem Staatsvolk gegenüber verantwortlich. Bislang sind für NGO's bei den VN Kategorien der Akkreditierung vorgesehen, die vom reinen Beobachterstatus bis zum begrenzten Mitspracherecht reichen. Die Problematik der *labor standards* ist hiervon zentral berührt, da das ECOSOC das Forum der Kooperation für VN und NGO-Community darstellt. Mögliche Lösungen der Statusfrage könnten in einer Formalisierung von transnationalen NGO-Strukturen mit Wahl von Vertretern auf entsprechenden Konferenzen sein – aber das ist nicht Gegenstand

67 Vgl. Townsend / Porter / Mawdsley: The Role of the Transnational Community of Non-Government Organisations. Die Autorinnen vertreten die These einer Imperialismus-gleichen Bevormundung der EZ-Empfängerländer durch westlich dominierte NGO's.

dieses Beitrags.

Das Feld der *labor standards* bietet transnational aufgestellten NGO's langfristige Optionen, politische Wirkung zu erzielen, ohne in kraftzehrende Konflikte um Einzelfälle verwickelt zu werden. Professionalität, Legitimität und die Förderung eines der großen Menschheitsziele sind hier enthalten: Somit genau jene Kriterien, welche die VN als Voraussetzungen hoch halten, wenn NGO's einen Dialog auf gleicher oder zumindest "gleicherer" Augenhöhe einfordern. *Labor standards* bedeuten somit für Unternehmen Reputation und für NGO's Relevanz. Um hier dauerhaft glaubwürdig zu bleiben, müssten die transnationalen Meinungsführer in der NGO-Community aber neue Wege erkunden, um konstruktiver mit den Basis-NGO's in den Entwicklungs- und Schwellenländern zusammen zu arbeiten.

Literaturverzeichnis

Anonymer Funktionär der International Confederation of Free Trade Unions / ICFTU: Reflections about the strategy of the International Union Movement to defend the Basic Labor Rights in the World Trade Organization (OMC) p. 5. URL:www.falcon.arts.cornell.edu/sgt2/PSCP/documents/Kjeld%20Jakobsen.pdf (Abruf 17.01.2007)

Banafair (Bettina Burkert): Social Accountability 8000. (Verfasst 1998), URL: http://www.banafair.de/backgr/soc.htm

Carty, Victoria: New Social Movements and the Struggle for Workers' Rights in the Maquila industry. URL: theoryandscience.icaap.org/content/vol004.002/02_ car ty. html

Clark, John: The Relationship Between the State and the Voluntary Sector. URL: www.gdrc.org/ngo/state-ngo.html

Department for International Development (UK): Labour Standards and Poverty Reduction www.dfid.gov.uk/pubs/files/labourstandardsJune04.pdf

Deutsche Gesellschaft für Qualität e.V.: QMS und internes Audit. URL: www.quality.de/lexikon/din_iso_9000.htm

Economic and Social Council: Resulution No. 1996/31. Consultative relationship between the United Nations and non-governmental organizations. URL: www.un.org/documents/ecosoc/res/1996/eres1996-31.htm

ECOSOC; Resolution Nr. 1235. In: International Human Rights and Humanitarian Law; Treaties, Cases, and Analysis. By: Cambridge Catalogue; URL: http://www.cambridge.org/catalogue/catalogue.asp?isbn=9780521858861; ferner: University of Minnesota Human Rights Library; URL: www1.umn.edu/ humanrts/ procedures/1235.html

Edwards, Michael / Hulme, David / Wallace, Tina: NGO's in Global Future: Marrying Local Delivery to Worldwide Leverage. 1999 Conference Background Paper. URL: www.globalpolicy.org/ngos/ role/intro/gen/2000/111400.htm

Elsner, Wolfram: Ökonomische Institutionenanalyse. Duncker & Humblot, Berlin, 1986.

Entine, Jon: Why "Progressives" Oppose NGO Transparency. (August 2003); URL: www.jonentine.com/ethical_edge/ 2003_08_NGO_transparency.htm

Eweje, Gabriel: Strategic Partnerships between MNEs and Civil Society: the Post-WSSD Perspectives. In: Sustainable Development. Publ. online, 15.05.2006, URL: http://www3.interscience.wiley.com/cgi-bin/abstract/112604123/ABSTRACT?CRETRY=1&SRETRY=0

Friedman, Milton: Capitalism and Freedom. Chicago / USA, 1962

Global Policy Forum: Panel of Eminent Persons un United Nations – Civil Society Relations. URL: www.globalpolicy.org/reform/initiatives/panels/cardoso/index.htm

Haas, Hanns-Stephan / Hanselmann, Paul G.: Qualitätsmanagement im Kontext der Gestaltung Sozialer Dienste in Europa. In: Linzbach et.al. (Hrsg.): Die Zukunft der sozialen Dienste vor der Europäischen Herausforderung. Baden-Baden, 2005; S. 463-487.

Hirshleifer, J. J.: The Dark Side of the Force: Economic Foundations of Conflict Theory. Cambridge University Press, 2001

Hyvarinen, Joy / Wall, Elizabeth: Tips for global activists about running sound organizations. URL: www.gdrc.org/ngo/global-ngos.html

ICFTU [International Conference of Free Trade Unions] reply to NGO statement against labour standards in WTO. URL: www.hartford-hwp.com/archives/ 25a/ 022. html

ILO Deutschland: Die Grundprinzipien der ILO. URL: http://www.ilo.org/public/ german/region/eurpro/bonn/ilo_kernarbeitsnormen.htm

ILO, standard setting and globalization. International Labour Conference 85th Session 1997. Report of the Director-General. URL: www.itcilo.it/english/ actrav/telearn/global/ilo/law/ilodg.htm

International Standardization Organization: ISO and Social Responsibility. URL: www.iso.org/iso/en/prods-services/freedownloads/socialresponsibility2006-en. pdf

Jönsson, Christer / Tallberg, Jonas: Institutional Theory in International Relations. (2003); URL: www.svet.lu.se/Staff/Personal_pages/ Jonas_tallberg/Jonsson Tallberg%20inst%20theory.pdf

Kissinger, Henry: Diplomacy. Touchstone, New York, 1995

Krugman, Paul R. / Obstfeld, Maurice: Internationale Wirtschaft. Theorie und Politik der Außenwirtschaft. 6. Aufl., Pearson, München, 2003

Liang, Oliver (ILO): Governing globalization: Labour economic paradigms and international labour standards at the International Labour Organisation, 1919-1998. URL: http://www.historycooperative.org/proceedings/interactions/liang.html

Locke, Richard / Qin, Fei / Brause, Alberto: Does Monitoring Improve Labor Standards?: Lessons from Nike. MIT Sloan Working Paper, July 2006. URL: www.sparky.harvard.edu/m-rcbg/CSRI/ publications/workingpaper_24_locke.pdf

Martens, Kerstin: NGO's in the United Nations System: Evaluating Theoretical Approaches. In: Journal of International Development, Vol. 18, pp. 691 –700 (2006)

Moravcsik, Andrew: Taking Preferences Seriously: A Liberal Theory of International Politics. In: International Organization 51, 4, Autumn 1997, pp. 513–53

Morgenthau, Hans: Politics Among Nations. 3rd Ed., Alfred Knopf, New York, 1960

Nelson, Paul: The Varied and Conditional Integration of NGO's in the Aid System: NGOs and the World Bank. In: Journal of International Development, Vol. 18, pp. 701 –713 (2006)

O'Rourke, Dara: Outsourcing Regulation: Analyzing Nongovernmental Systems of Labor Standards and Monitoring. In: The Policy Studies Journal, Vol. 31, No. 1, 2003, pp. 1-29

Sabel, Charles / O'Rourke, Dara / Fung, Archon: Ratcheting Labor Standards: Regulation for Continuous Improvement in the Global Workplace (May 2, 2000, URL: www2.law.columbia.edu/sabel/papers/fintimes.pdf)

Schwitter-Marsiaj, Caroline E.: The Role of International NGOs in the Global Governance of Human Rights. Challenging the democratic deficit. Zurich 2003

Social Accountability International: What Does SAI Do?. URL: www.sa-intl.org/ index.cfm?fuseaction=Page.viewPage&pageId=487&parentID=472&nodeID=1

Truchanowski, W.G.: Neueste Geschichte Englands 1917-1951. Berlin (DDR), 1962

Waddell, Steve: NGO Strategies to Engage Business. March 2004. URL: www.instituteforstrategicclarity.org/ Member_info/CV_SteveWaddell.pdf

Tobias Reichert

Soziale Standards in der Weltwirtschaft: Kooperation und Konflikt im Rahmen von ILO und WTO

„Die Globalisierung ist eine der dominierenden Entwicklungen im letzten Jahrzehnt des 20. Jahrhunderts. Sie prägt ein neues Zeitalter der Wechselbeziehungen zwischen Staaten, Volkswirtschaften und Menschen. Einerseits vermehrt sie die Kontakte zwischen Menschen über Staatsgrenzen hinweg - in der Wirtschaft, der Technik, der Kultur und der Politik. Andererseits fragmentiert sie jedoch auch die Produktionsprozesse, die Arbeitsmärkte, politische Strukturen und Gesellschaften. Globalisierung bedeutet also zum einen positive Aspekte, Innovation und Dynamik, zum anderen aber auch negative Aspekte, Einschnitte und Marginalisierung."[1]

Mit dem Begriff der Globalisierung werden Tendenzen einer zunehmenden weltweiten wirtschaftlichen, politischen und kulturellen Verflechtung beschrieben. Ausgangspunkt ist eine zunehmende Verdichtung globaler Interaktionen im Bereich des Austausches von Waren, Dienstleistungen, beim Kapitalverkehr und bei Informationen. Neben der zunehmenden Interdependenz im ökonomischen Bereich erhält der Globalisierungsbegriff seine Qualität aus der Annahme, dass im Verlauf des Globalisierungsprozesses die etablierten Strukturen gesellschaftlicher Steuerung auf nationaler wie internationaler Ebene einem enormen Anpassungsdruck ausgesetzt sind und sich ihre Steuerungsressourcen verändern.

Seit Ende der 80er Jahre sind mit dem Übergang von sozialistischen zu marktorientierten Systemen in China und Osteuropa und der raschen Verbreitung neuer Informationstechnologien wie dem Internet sowohl in quantitativer als auch in qualitativer Hinsicht neue Entwicklungen zu verzeichnen. Die Bedeutung multinationaler Unternehmen (MNU) und ausländischer Direktinvestitionen nimmt in den meisten Ländern kontinuierlich zu. Von diesen Entwicklungen profitieren nicht alle Länder und Bevölkerungsgruppen.

Hauptgewinner sind die Industriestaaten, und die sich neu industrialisierenden Staaten Ost- und Südostasiens. Die letztgenannten waren allerdings gerade in sozialer Hinsicht stark von den Auswirkungen der Finanzkrise Ende der 90er Jahre betroffen, und die Ungleichheit in der Einkommensverteilung innerhalb aller Länder wächst. Gleichzeitig stagniert die Entwicklung der stark in die Weltwirtschaft integrierten afrikanischen Länder, deren Exportanteil am Sozialprodukt höher ist als das der industrialisierten Staaten.

1 UN-Entwicklungsprogramm UNDP: Bericht zur menschlichen Entwicklung, 1999.

Die sich immer stärker intensivierende internationale Arbeitsteilung beeinflusst auch direkt die soziale Situation der Arbeitnehmer. Campbell stellt fest,[2] dass Globalisierung Arbeiter und ihre Institutionen auf zwei Wegen beeinflusst:

Erstens schafft sie ein „regulatorisches Defizit", das die nationalen Institutionen zur Regulierung der Arbeitsmärkte durch die Internationalisierung der Märkte weniger effektiv macht .

Zweitens sind multinationale Unternehmen (MNU) der „Motor" der Globalisierung. Der Prozess der Globalisierung übt seinerseits Druck auf die MNU aus, globale Akteure zu werden, was zu weitreichenden organisatorischen Veränderungen *zwischen* und *innerhalb* dieser Firmen führt.

Gleichzeitig geht mit dem Phänomen der Globalisierung auch ein größeres Interesse von zivilgesellschaftlichen Akteuren an der sozialen und ökologischen Situation in anderen Ländern einher.

In dieser Situation ist die nationale Regulierung von Wirtschaftsprozessen zwar nicht unmöglich ist, benötigt aber einen effektiven internationalen Rahmen.[3] Auf politischer Ebene reagieren vor allem sozialdemokratisch orientierte Regierungen mit der Forderung nach einer „globalen Strukturpolitik" oder „Weltordnungspolitik". Sie soll die bisherige „Entwicklungspolitik" zumindest ergänzen, wenn nicht ablösen.[4] Die deutsche Ministerin für wirtschaftliche Zusammenarbeit und Entwicklung sieht in der Etablierung sozialer und ökologischer Schranken für den Wettbewerb eine der zentralen Herausforderungen der internationalen Politik.[5]

In Bezug auf soziale Standards konzentriert sich die Diskussion dabei auf zwei internationale Organisationen: Die Internationale Arbeitsorganisation (International Labour Organisation – ILO) und die Welthandelsorganisation (World Trade Organisation – WTO). Die Aktivitäten und Diskussionen in beiden Organisationen haben sich gegenseitig stark beeinflusst, auch wenn bis heute praktisch keine formale Kooperation zwischen ihnen besteht. Ihre sehr unterschiedlichen Rollen in der Definition und Durchsetzung sozialer Standards werden im folgenden dargestellt und bewertet.

2 Campbell, D, (1993): The globalizing firm and labour institutions; in: Bailey, P.,Parisotto, A. and Renshaw, G. (eds.): Multinationals and Employment: The global economy of the 1990s, Geneva, ILO

3 Hirst, Paul und Thompson, Grahame (1999): Globalization – Frequently asked questions and some surprising answers; in: Leisink, Peter (ed.): Globalization and Labour relations; Cheltenham und Northampton Mass.

4 Hillebrand, Ernst und Maihold, Günther (1999): Von der Entwicklungspolitik zur globalen Strukturpolitik – Zur Notwendigkeit der Reform eines Politikfeldes; in Politik und Gesellschaft 4/1999

5 Martens, Jens (2000): Die internationale soziale Frage auf dem Abstellgleis; in: Informationsbrief Weltwirtschaft und Entwicklung - Sonderdienst Nr. 4/2000, Bonn

Die Internationale Arbeitsorganisation

Die 1919 gegründete Internationale Arbeitsorganisation (ILO) ist die älteste Organisation im UN-System. Im Gegensatz zu allen anderen UN-Organisationen sind in der ILO nicht ausschließlich Regierungen vertreten. Gewerkschaften und Arbeitgeberverbände entsenden mit Regierungsvertretern gleichberechtigte Mitglieder in die ILO-Gremien.[6] Dort sind immer 50% der Vertreter Regierungsmitglieder, während Gewerkschaften und Arbeitgeberverbände jeweils 25% stellen. Aufgabe der ILO ist, die *„Förderung menschenwürdiger und produktiver Arbeit in Freiheit, Sicherheit und Würde und unter gleichen Bedingungen"*.[7] Der Generalsekretär der ILO, Juan Somavia fasst dies in dem Konzept der „menschenwürdigen Arbeit" (decent work) zusammen. Es enthält vier miteinander verknüpfte strategische Teilziele:[8]

- Förderung der Rechte bei der Arbeit
- Förderung der Beschäftigung
- Ausweitung und Verbesserung des sozialen Schutzes im Arbeitsleben
- Förderung von dreigliedriger Interessenabstimmung und sozialem Dialog

Die wichtigste Aufgabe der ILO war und ist die Festlegung von international vereinbarten Arbeitsnormen. Dies geschieht durch die Verabschiedung von „Konventionen". Sie sind für die Staaten, die sie ratifizieren, völkerrechtlich verbindlich. Die nationale Gesetzgebung muss entsprechend angepasst werden. Während die Sozialpartner an der Erarbeitung der Konventionen beteiligt sind, liegt es ausschließlich in der Entscheidung der nationalen Parlamente, Konventionen zu ratifizieren und damit für die nationale Gesetzgebung verbindlich zu machen.

Das Regelwerk der ILO ist mit 185 Konventionen sehr umfangreich. Gleichzeitig sind die Möglichkeiten, diese auch durchzusetzen, sehr begrenzt. Zentrales Instrument ist die Prüfung von Berichten. Wie im gesamten Menschenrechtsbereich der UN üblich, müssen Mitgliedstaaten regelmäßig berichten, wie sie die Übereinkommen umsetzen, denen sie beigetreten sind. Nach dem ILO-Prinzip der Beteiligung von Regierung, Arbeitgebern und Arbeitnehmern in der Besetzung von Gremien können auch Vertreter der nationalen Arbeitgeber- und Arbeitnehmerorganisationen an den nationalen Berichten mitarbeiten.

Regierungen und Berufsverbände sind darüber hinaus befugt, gegen die vermutete Verletzung eines ratifizierten Übereinkommens Beschwerde zu führen.

6 Zaschke (1983): Internationale Sozialpolitik. Institutionen, Programmatik, Rahmenbedingungen; in: Aus Politik und Zeitgeschichte Beilage zur Wochenzeitung Das Parlament, Nr.51-52.

7 Sengenberger, Werner (2001): „Decent Work": Die Agenda der ILO – Beitrag zur Veranstaltung der ILO und der FES über „Globalisierung mit sozialem Fortschritt: Die Aufgaben der ILO"; 30. Oktober, Bonn.

8 ebenda.

Ein spezielles Klageverfahren besteht bei Verstößen gegen die Vereinigungsfreiheit, das auch gegen Staaten geführt werden kann, die die entsprechenden Konventionen nicht unterzeichnet haben.[9] Das wichtigste Sanktionsinstrument der ILO ist die Veröffentlichung der Vertragsverletzung. Bei besonders schweren Fällen kann die "ständige Nichterfüllung" der eingegangenen Verpflichtungen angeprangert werden. Die meisten Regierungen reagieren auf eine Verurteilung durch die ILO keineswegs gleichgültig. Gleichwohl wird die Durchsetzung der in den Konventionen festgelegten Standards allgemein als nicht ausreichend eingeschätzt. Dies ist einer der Hintergründe für die anhaltende Diskussion über die Verbindung der ILO-Konventionen mit internationalen Handelsabkommen.

Die Berichts-, Klage- und Beschwerdeverfahren werden durch die technisch-organisatorische Hilfe der ILO ergänzt. Diese umfasst Hilfe und Beratung bei der Anpassung der innerstaatlichen Rechtslage an die ILO-Normen, bei der arbeits- und sozialrechtlichen Ausbildung von Verwaltungsbeamten und der Verbesserung innerstaatlicher Kontrollmechanismen, wie dem Arbeitsinspektionswesen.

Der Konflikt um Zwangsarbeit in Burma (Myanmar) als Beispiel für die Grenzen der Durchsetzungsfähigkeit der ILO

Die seit Mitte der 1980er andauernde Auseinandersetzung zwischen der ILO und der Militärdiktatur Burmas (Myanmar) wegen der dort systematisch angewandten Zwangsarbeit, macht die Grenzen des ILO- Instrumentariums deutlich. Im Jahr 2000 wurde dabei erstmals Art. 33 der ILO-Verfassung angewandt, der die internationale Arbeitskonferenz auffordert, „geeignete Maßnahmen“ zu ergreifen, wenn ein Land die Empfehlungen der ILO-Gremien nicht befolgt. Im Falle Burmas wurden nicht nur die Kooperationsprogramme der ILO mit der Regierung gestoppt, sondern auch andere UN-Organisationen aufgefordert, ihre Zusammenarbeit zu überprüfen und einzustellen, falls sie direkt oder indirekt zur Zwangsarbeit beiträgt oder sie unterstützt.[10] EU und USA gewähren Burma seither keine Handelspräferenzen mehr, die über die in der WTO festgeschriebenen Verpflichtungen hinausgehen.

Die burmesische Militärregierung erklärte sich als Reaktion im Jahr 2001 bereit, die Gesetze aufzuheben, die Zwangsarbeit zulassen. Ein hochrangiges Team der ILO bereiste im Herbst 2001 das Land, um die Umsetzung zu überprüfen. Das Team fand zwar keine Fälle von Zwangsarbeit bei zivilen Infrastrukturprojekten, dagegen hat das Militär seine Zwangsrekrutierungen kaum oder gar nicht eingeschränkt.[11]

9 ICFTU, 1988: 31f.

10 Internationale Arbeitsorganisation (ILO) (2000d): Resolution concerning the measures recommended by the Governing Body under Article 33 of the ILO Constitution on the subject of Myanmar.

11 Die folgende Darstellung ist aus verschiedenen Berichten an den ILO Verwaltungssausschuss zusammengestellt.

Auch ein seitdem vereinbartes Programm zur vollständigen Abschaffung der Zwangsarbeit war kaum erfolgreich. Anfang 2004 musste die ILO sogar intervenieren, um die Vollstreckung eines Todesurteils wegen Hochverrat zu verhindern, das gegen drei Personen wegen Kontakten zur ILO verhängt worden war.

Zur Novembersitzung des Verwaltungsrats im Jahr 2004 legte der Generaldirektor einen ausführlichen Bericht über die Entwicklung der Situation seit 1996 vor. Darin fasst er die Berichte der verschiedenen Expertenkommissionen und Verbindungsoffiziere in Burma zusammen. Es wird deutlich, dass das seit 2001 formal bestehende umfassende Verbot der Zwangsarbeit nach wie vor systematisch verletzt wird, vor allem von der Armee. Die nationalen Behörden erkennen Beschwerden von Zwangsarbeitern in der Regel nicht an und behaupten, die Arbeit sei freiwillig geleistet worden. Personen, die Fälle zur Anzeige bringen, sind zudem oft Repressionen bis hin zu Verleumdungsklagen mit anschließenden Gefängnisstrafen ausgesetzt. Andererseits wurden Anfang 2005 erstmals mehrere burmesische Regierungsangestellte zu Gefängnisstrafen verurteilt, weil sie Zwangsarbeit angeordnet hatten. In anderen Fällen wurden Verfahren eingeleitet oder Personen, die zur Arbeitseinsätzen gezwungen waren, im Nachhinein entschädigt. Als weitere positive Entwicklung hebt der Generalsekretär hervor, dass der oberste Gerichtshof Myanmars feststellt, dass Kontakte zur ILO und anderen UN-Organisationen nicht als Hochverrat gewertet werden können. Dies ermöglicht es der ILO zumindest, ihre Aktivitäten im Land fortzusetzen, insgesamt wird nach Einschätzung des ILO-Generaldirektors aber kein ausreichender politischer Wille deutlich, Zwangsarbeit zu bekämpfen.

Der Internationale Bund Freier Gewerkschaften (ICFTU) plädiert angesichts der kaum messbaren Fortschritte bei der Abschaffung der Zwangsarbeit und der allgemeinen politischen Situation seit langem für den Einsatz von schärferen Sanktionen im Handels- und Investitionsbereich. Die EU hat im Herbst 2004 beschlossen, die Direktinvestitionen in Burma weiter zu beschränken. Dazu wurde eine Liste von burmesischen Unternehmen veröffentlicht, die besonders mit dem Militärregime verbunden sind, und an denen europäische Firmen daher keine Anteile erwerben dürfen. Der ICFTU hält diesen Ansatz für unzureichend und kaum wirksam, da die Liste der Unternehmen bei weitem nicht vollständig sei und zudem leicht durch Neugründungen, Umbenennungen oder Joint Ventures mit europäischen Unternehmen umgangen werde könne.[12]

12 Internationaler Bund freier Gewerkschaften (ICFTU)(2004): European Union position on Burma "weak"; Presseerklärung,5/11/2004, Brüssel.

Die Diskussion über Sozialklauseln in internationalen Handelsabkommen und die ILO-Erklärung über grundlegende Prinzipien und Rechte bei der Arbeit von 1998

Die Unzufriedenheit, insbesondere von Gewerkschaften, mit den geringen Möglichkeiten zur Durchsetzung der ILO-Standards führte bereits früh zu der Forderung, die Verletzung der Standards effektiver zu sanktionieren. Wirtschaftliche Sanktionen wurden in diesem Zusammenhang schon bei der Gründung der ILO 1919 diskutiert, jedoch nie in die Praxis umgesetzt. Internationale Gewerkschaftsverbände, voran der ICFTU, fordern seit den 70er Jahren die Berücksichtigung sozialer Standards in internationalen Handels- und in letzter Zeit auch Investitionsabkommen. Mit diesen sogenannten „Sozialklauseln" werden unterschiedliche Ziele verfolgt:

Ein Standortwettbewerb durch den Abbau von Sozialstandards – ein „Wettlauf nach unten" – soll vermieden werden. Der ICFTU argumentiert dabei weniger mit der empirisch schwer nachzuweisenden Verdrängung von Arbeitsplätzen in Industriestaaten durch Konkurrenz aus Entwicklungsländern, als vielmehr mit der Konkurrenz der Entwicklungsländer untereinander. Vor allem in arbeitsintensiven Branchen kann die Missachtung von Arbeitsrechten kurzfristig zu niedrigeren Arbeitskosten und damit höherer internationaler Wettbewerbsfähigkeit und größerer Attraktivität für ausländische Direktinvestitionen führen.[13] In so einer Situation kann internationaler Wettbewerb sozialen Fortschritt verhindern, und sogar Druck auf bereits erreichte Standards ausüben.

Neben dieser ökonomischen Begründung wurde vor allem von Menschenrechtsorganisationen auch die Möglichkeit gesehen, mit einer entsprechenden Klausel in der WTO ein effektiveres Instrument zur Durchsetzung grundlegender Arbeitsrechte zu schaffen.

Die Diskussionen um die Durchsetzung von Kernarbeitsnormen durch Handelsmaßnahmen führten innerhalb der ILO zwar nicht dazu, so ein Instrument zu empfehlen, sie hatten aber die eindeutigere Differenzierung zwischen den in den Konventionen fest geschriebenen Sozialstandards zur Folge. Im Juni 1998 wurde die „ILO-Declaration on fundamental principles and rights at work" verabschiedet, die die wichtigsten der 185-ILO Konventionen identifiziert und die Mitglieder zu deren Ratifizierung auffordert. Die „Kernarbeitsnormen" oder „grundlegenden Arbeitsrechte" sind die folgenden :

- Vereinigungsfreiheit und Recht auf kollektive Tarifverhandlungen (Konventionen Nr. 87 und 98),
- Gleiche Entlohnung und Nichtdiskriminierung am Arbeitsplatz (Konventionen Nr. 100 und 111),

13 Scherrer, Christoph und Greven, Thomas (1999): Soziale Konditionalisierung des Welthandels: Die Instrumente Sozialklausel, Verhaltenskodex und Gütesiegel in der Diskussion; Friedrich Ebert Stiftung, Bonn.

- Verbot der Zwangsarbeit (Konventionen Nr. 29 und 105),
- Verbot der Kinderarbeit (Konventionen Nr. 138 und 182).

Die Deklaration soll allerdings rein unterstützenden Charakter haben. Die Mitgliedsländer werden aufgefordert, Berichte über die Probleme abzugeben, die sie daran hindern, die genannten Konventionen einzuhalten oder zu ratifizieren. Die ILO soll daraufhin ein Programm zur Unterstützung bei der Beseitigung dieser Probleme entwickeln. Ein spezieller Klage- und Beschwerdemechanismus ist ausdrücklich nicht vorgesehen. Gleichwohl wird die Deklaration als erhebliche Aufwertung der Kernarbeitsnormen in der internationalen Debatte betrachtet.[14] So werden durch diesen neuen Mechanismus über die Berichtspflicht zur Umsetzung der Kernarbeitsnormen auch solche Staaten erfasst, die nicht die entsprechenden zugrundeliegenden ILO-Konventionen ratifiziert haben. Zudem veröffentlicht die ILO jährlich einen speziellen Bericht, der den Stand der Umsetzung eines bestimmten grundlegenden Arbeitsrechts auf globaler Ebene darstellt. Generell hat seit dem Beginn der Debatte um Sozialklauseln im Welthandelssystem die Ratifikation der den Kernarbeitsnormen zugrunde liegenden acht Konventionen der ILO rasant zugenommen. Nach Angaben der ILO über den Stand der Ratifikationen vom August 2006 ergibt sich das in Übersicht 1 dargestellte Bild.

Die Zahl der Ratifikationen ist hoch, allerdings verdeckt die rein zahlenmässige Perspektive, dass einige besonders große und wirtschaftlich bedeutende Länder wie die VR China (4), Indien (4) und die USA (2) nur wenige der entsprechenden Konventionen ratifiziert haben. Gerade im Bereich der Vereinigungsfreiheit bedeutet dies, dass fast die Hälfte der Arbeitnehmer in Staaten lebt, welche die entsprechenden Konventionen nicht ratifiziert haben.[15]

Die ILO unterhält seit 1999 ein sogenanntes InFocus Program, das Länder bei der Umsetzung der Deklaration unterstützt. Es besteht zurzeit aus 25 Projekten vorwiegend in Asien, aber auch in Lateinamerika, Afrika, der Karibik und Zentraleuropa.[16] Sechs der Projekte haben die Förderung der Deklaration bzw. ihrer Bekanntmachung und Umsetzung im betreffenden Land insgesamt zum Ziel. Die übrigen konzentrieren sich auf eines der grundlegenden Arbeitsrechte.

Neun Projekte sollen die Vereinigungsfreiheit bzw. die Beziehungen zwischen den Sozialpartnern auf nationaler oder betrieblicher Ebene verbessern. Bei den eher sektoral orientierten Projekten, vor allem im Bekleidungssektor, werden in der Regel auch Sozialstandards wie Arbeitsicherheit, Arbeitszeiten und Entlohnung mit

14 Windfuhr, Michael (2001): Mindestsozialstandards und Beschäftigungsförderung im Rahmen der Entwicklungszusammenarbeit; Deutsches Institut für Entwicklungspolitik, Bonn

15 Internationale Arbeitsorganisation (ILO) (2004i): Organizing for Social Justice. Global report under the follow-up to the ILO-Declaration on fundamental principles and rights at work; International Labour Conference 92nd session, Report I B, Geneva.

16 ILO (International Labour Organisation) (o.J.): List of Projects; URL: http://www.ilo.org/dyn/declaris/ DECLARATIONWEB.PROJECTSLIST?var_language=EN

einbezogen. Sechs Projekte konzentrieren sich auf die Beendigung der Zwangsarbeit und vier gehen gegen unterschiedliche Formen der Diskriminierung vor.

Im Rahmen der Programme wird eine Reihe unterschiedlicher Instrumente zur Förderung der Kernarbeitsnormen eingesetzt. Die Mehrzahl konzentriert sich auf Information und Kapazitätsbildung bei Arbeitsinspektoren, Unternehmern und ihren Verbänden und Gewerkschaften. In vielen Projekten ist auch die klassische Kerntätigkeit der ILO enthalten, die Arbeitsgesetzgebung zu überprüfen und an die ILO-Konventionen anzupassen. So auch in einem Projekt mit der Volksrepublik China, das die Regulierungen auf Provinzebene überprüft, um die Ratifizierung der Konventionen zur Ächtung der Zwangsarbeit zu ermöglichen. Gerade die Projekte zur Zwangsarbeit, von denen viele einen Zusammenhang mit Menschenhandel her-

Übersicht 1:
Stand der Ratifikationen von ILO-Kernarbeitsnormen

Übereinkommen	Ratifikationen (n = 179)*
Zwangsarbeit:	
Übereinkommen 29 zum Verbot von Zwangsarbeit	169
Übereinkommen 105 zur Abschaffung von Zwangsarbeit	165
Vereinigungsfreiheit:	
Konvention 87 zu Freiheit und Schutz von Gewerkschaften	145
Konvention 98 über Organisationsrechte und Kollektivverhandlungen	154
Nichtdiskriminierung:	163
Übereinkommen 100 zur Gleichheit des Entgelts	165
Übereinkommen 111 zum Verbot der Diskriminierung bei Arbeit und Beruf	
Kinderarbeit:	146
Übereinkommen 138 zum Mindestalter bei Beschäftigung	161
Übereinkommen 182 zur Beseitigung der schlimmsten Formen von Kinderarbeit	

* Zahl der Ratifikationen bei insgesamt 179 Mitgliedstaaten
Quelle: ILOLEX (Stand 16.8.2006)

stellen, enthalten auch eine starke Forschungskomponente, um Akteure und die besonders gefährdeten Gruppen zu identifizieren. Ein Projekt in Indien fördert die Ausbildung von Frauen, die im informellen Sektor tätig sind, und unterstützt die Gründung von Selbsthilfegruppen und Organisationen. In Ostafrika werden Gewerkschaften dabei unterstützt, ihre Mitgliedschaft vor allem in den Bereichen auszubauen, die nur einen geringen Organisationsgrad aufweisen, in erster Linie in der Landwirtschaft, der informellen Ökonomie und in den Freien Exportzonen.

Eine ganz neue Rolle übernahm die ILO in einem 1999 begonnenen Projekt zur Verbesserung der Arbeitsbedingungen in der kambodschanischen Textil- und Bekleidungsindustrie.[17] Das Projekt entstand im Zuge eines bilateralen Abkommens zwischen den USA und Kambodscha, das den Zugang bestimmter Textilien zum US-Markt durch Quoten beschränkte. Diese Quoten sollten jährlich angehoben werden, wenn Fortschritte bei der Einhaltung von Sozialstandards in den kambodschanischen Unternehmen zu beobachten seien. Um diese Vereinbarung in die Praxis umzusetzen, waren verlässliche Informationen über die Arbeitsbedingungen notwendig. Das unterentwickelte Arbeitsinspektionssystem in Kambodscha mit seinen unterbezahlten und daher korruptionsanfälligen Mitarbeitern stellte zumindest kurzfristig keine glaubwürdige Quelle für solche Informationen dar. Auch private Überwachungs- und Zertifizierungsunternehmen und Organisationen haben im Bereich der Sozialstandards noch nicht genügend internationale Anerkennung gewonnen, um diese Aufgabe übernehmen zu können. Die Regierungen beider Länder richteten daher eine Anfrage an die als neutral und fachkundig anerkannte ILO, ob sie diese Aufgabe übernehmen könnte. Die ILO hatte sich allerdings bis dahin ausschließlich auf die Überwachung ihrer Konventionen auf nationaler Ebene und die Unterstützung öffentlicher Arbeitsinspektionssysteme konzentriert. Deshalb besaß sie keine Erfahrung bei der direkten Überprüfung privater Unternehmen. Entsprechend bedurfte es längerer interner Diskussionen, bis der ILO-Generaldirektor die Anfrage akzeptierte, wobei die Unterstützung der Anfrage durch die Regierungen sowie Gewerkschaften und Arbeitgeberorganisationen in beiden Ländern eine entscheidende Rolle spielte. Die Finanzierung durch das US-Arbeitsministerium (1 Mio. US-$), die Regierung und den Verband der Bekleidungshersteller Kambodschas (je 200.000 US-$), erlaubte es der ILO, acht kambodschanische Inspektoren anzustellen, die vom Direktor des Projekts, einem erfahrenen ILO-Experten, ausgebildet und angeleitet werden. Durch die Beschäftigung lokalen Personals zu einer für einer Kambodscha attraktiven, aber im internationalen Vergleich niedrigen Vergütung, ließen sich sowohl die Kosten des Projekts gering halten, als auch bei die einem auf internationalen Inspektoren basierenden System üblichen Probleme wie Sprachbarrieren vermeiden. Die Inspektoren besuchten bis 2004 nahezu alle Bekleidungsfabriken im Land, und

17 Polaski, Sandra (2004): Cambodia blazes a new path to economic growth and job creation; Carnegie papers, Trade Equity and Development Project, Number 51, October 2004, Washington.

überprüften die Arbeitsbedingungen anhand einer 156 Punkte umfassenden Checkliste. Diese umfasste neben Punkten, welche die Kernarbeitsnormen betreffen, auch weitergehende Sozialstandards wie die Zahlung des Mindestlohns und Arbeitsicherheit. Die meisten Verletzungen fanden sich in diesen Bereichen, weniger bei den Kernarbeitsnormen. Es wurden keine Zwangsarbeit und nur wenige Fälle von Kinderarbeit und systematischer Diskriminierung am Arbeitsplatz festgestellt. Die Vereinigungsfreiheit wurde in wenigen Fabriken, dort dann allerdings schwerwiegend, verletzt. Auch die Verletzung weiterer Sozialstandards, gerade im Falle der oft erzwungenen Überstunden und der Zahlung von Löhnen unterhalb des gesetzlichen Mindestniveaus wurde in vielen Fabriken als erheblich eingestuft. Die Inspektoren erstellten für jede Fabrik eine detaillierte Liste mit Verbesserungsvorschlägen, die bis zu einem Folgebesuch umgesetzt werden sollten. 70% der Firmen hatten bis dahin zumindest ein Drittel oder mehr der Empfehlungen umgesetzt, allerdings nur 8% mehr als zwei Drittel. Die ILO veröffentlichte die Namen der Firmen, welche die Empfehlungen nicht umsetzten. Damit war das Verfahren viel transparenter als bei den bestehenden privaten Überwachungsprogrammen.

Diese Ergebnisse führten dazu, dass in den halbjährlichen Dialogrunden zwischen den USA und Kambodscha Fortschritte bei der Umsetzung der Sozialstandards festgestellt, und entsprechend die Quoten für den Marktzugang erhöht werden konnten. Langfristig von größerer Bedeutung ist die Tatsache, dass die Überwachung durch die international anerkannte ILO für viele Importeure und Bekleidungsfirmen einen Anreiz darstellt, in Kambodscha zu kaufen, bzw. produzieren zu lassen. Das gilt besonders für Markenartikel, für die eine Beschädigung ihrer Reputation besonders schwerwiegend ist. Die Überwachung der Arbeitsbedingungen durch die ILO ist sehr viel glaubwürdiger als die Überwachung interner Codes of Conduct durch ein internes Monitoring oder ein privates Auditing-Unternehmen. Entsprechend sind von 1999 bis 2002 nicht nur die durch das Quotensystem begrenzten Exporte aus Kambodscha angestiegen (von 433 auf 627 Mio. US-$) sondern auch jene quotenfreier Bekleidungswaren (von 83 auf 334 Mio. US-$). Einer Umfrage der Weltbank zu Folge wollen eine Reihe weltweit führender Bekleidungsunternehmen ihre Bestellungen aus Kambodscha auch nach dem weltweiten Ende der mengenmäßigen Beschränkungen im Textilhandel ausbauen oder zumindest beibehalten.[18] Neben der Reputation der ILO stellt auch die Transparenz einen entscheidenden Vorteil dar, da die Abnehmer, bzw. Auftraggeber sich gezielt darüber informieren können, inwieweit die Standards in individuellen Fabriken eingehalten werden. Der Erfolg des Projekts lässt sich auch daran erkennen, dass das Programm fortgesetzt wird, obwohl die WTO seit 2004 keine mengenmäßigen Beschränkungen des Textilhandels mehr zulässt und daher kein

18 Kazmin, Amy (2004): Garment buyers prefer Cambodia; in Financial Times, 4. Dezember 2004, London, S. 5.

direkter handelspolitischer Anreiz zur Erhöhung der Quoten mehr besteht.

Das Programm zur Förderung der Deklaration wird nicht aus dem regulären Budget der ILO, sondern ausschließlich aus zusätzlichen Mitteln finanziert, welche die Mitglieder für spezielle Projekte zur Verfügung stellen. Der mit weitem Abstand größte Geber ist hierbei das US-Arbeitsministerium, das praktisch alle derzeit laufenden größeren Programme finanziert. Die EU-Mitgliedstaaten, einschließlich der Bundesregierung, sind dagegen bislang kaum in Erscheinung getreten.

Die Konvention über die Arbeit auf hoher See als neuer Ansatz der ILO

Mit der im Jahr 2006 praktisch einstimmig verabschiedeten Konvention über die Arbeit auf hoher See (Maritime Labour Convention – MLC) versucht die ILO, ihre umfangreiche Tätigkeit in diesem bereits „voll globalisierten" Sektor zu bündeln und effektiver zu gestalten. Die MLC fasst die Bestimmungen von 68 bereits bestehenden Konventionen über die Arbeitsrechte und -bedingungen von Seeleuten zusammen, die zum Teil nur von wenigen Ländern ratifiziert und deshalb nicht international verbindlich sind. Wird die MLC, wie von der ILO erwartet, von fast all ihren Mitgliedern ratifiziert, bildet sie einen einheitlichen Rahmen für Standards bzgl.:

1. der Voraussetzungen für die Beschäftigung als Seemann, wie Mindestalter und Ausbildung;
2. der Arbeitsbedingungen, wie Mindestlöhne, Arbeits- und Urlaubszeiten und der Rückkehr ins Heimatland nach Ende des Arbeitsvertrags;
3. der Unterbringung, Ernährung und Freizeit;
4. des Gesundheitsschutzes, der medizinischen Versorgung und der sozialen Sicherheit;
5. der Überprüfung all dieser Standards durch das Land, in dem das Schiff registriert ist sowie durch die Häfen, die es anläuft.

Erklärtes Ziel ist es, dem Trend zu „Billigflaggen" entgegenzuwirken, die durch fehlende Standards oder den Verzicht auf ihre Durchsetzung den Schiffseignern besonders niedrige Kosten bieten. Hier ist seit längerem in der Tat ein „Wettlauf nach unten" bezüglich der Arbeitsbedingungen für Seeleute zu beobachten.

Angesichts des globalen Charakters der Seeschifffahrt enthält die MLC nicht nur die in allen ILO-Konventionen übliche Verpflichtung für die Mitgliedstaaten, die Standards in ihren nationalen Unternehmen umzusetzen, sondern darüber hinaus die Überwachungspflicht bzgl. aller ihre Häfen anlaufenden Schiffe. Über diese Verpflichtung wird auch ein Anreizmechanismus zur Ratifizierung der Konvention geschaffen:

Die Konvention sieht nämlich die Einführung eines speziellen Zertifikats vor, mit dem die Behörden des Landes, in dem das Schiff registriert ist, die Einhaltung der Standards bescheinigen. Im Regelfall soll sich die Inspektion in Häfen anderer Länder auf die Überprüfung der Zertifikate beschränken. Gleichzeitig legt die Konvention fest, dass alle Schiffe, auch solche aus Ländern, welche die Konvention nicht unterzeichnet haben, auf die einschlägigen Standards überprüft werden sollen. Liegt kein entsprechendes Zertifikat vor, ist diese Prüfung sehr viel aufwändiger und führt damit unter Umständen zur Verzögerung bei der Abfertigung der Schiffe.

Schiffe aus Ländern, welche die MLC ratifiziert haben und im Besitz eines Zertifikats sind, erhalten damit einen möglichen Zeitvorteil beim Umschlag in Häfen. Angesichts der weiter wachsenden Anforderungen an Geschwindigkeit und Pünktlichkeit in globalen Produktionsketten ein nicht zu unterschätzender Faktor, der dem Kostenvorteil von Billigflaggen entgegenwirken könnte. Ob dieser Ansatz auch in der Praxis die gewünschten Effekte haben wird, wird sich erst nach dem Inkrafttreten dieser noch sehr jungen Konvention beurteilen lassen. Dass Liberia als einer der wichtigsten Billigflaggenstaaten sie als erstes Land ratifiziert hat, gibt zumindest Anlass zu Optimismus.

Die Welthandelsorganisation WTO

Die 1995 gegründete Welthandelsorganisation (World Trade Organisation – WTO) zielt nicht direkt auf die Förderung und Anhebung sozialer Standards ab. In der Präambel werden zwar die Erhöhung des Lebensstandards, die Sicherung der Vollbeschäftigung und die Steigerung der Realeinkommen als Ziele genannt – sie sollen allerdings durch den Abbau von Handelsschranken verfolgt werden. In den WTO- Abkommen finden sich folglich auch keine Bezüge zu sozialen Standards. Im Gegenteil: Die Grundprinzipien der WTO verhindern weitgehend, dass die sozialen Bedingungen in der Herstellung beim Import von Gütern berücksichtigt werden können. Das Meistbegünstigungsprinzip verlangt, dass Güter aus anderen WTO-Mitgliedern beim Import gleich behandelt werden, so dass z.B. die EU auf einen Kühlschrank aus Japan keinen höheren Zoll erheben darf als auf einen aus den USA. Nach den Inlandsprinzip darf nicht zwischen importierten Gütern und solchen aus inländischer Produktion diskriminiert werden. Dies wird allgemein so interpretiert, dass es nicht zulässig ist, höhere Zölle auf ein Produkt zu erheben, oder gar den Import zu verbieten, wenn bei der Herstellung soziale Standards verletzt werden.

Die einzige sehr begrenzte Ausnahme enthält das in die WTO integrierte Allgemeine Zoll- und Handelsabkommen GATT.[19] In Artikel XX, der allgemeine Ausnahmen von den WTO-, bzw. GATT-Grundsätzen regelt, findet sich Abschnitt (e), der die Beschränkung des Handels mit Produkten aus Gefangenenarbeit erlaubt. Bislang hat sich allerdings noch kein Land auf diese seit 1947 bestehende

19 Das schon seit 1947 bestehende GATT wurde bei Gründung der WTO im Jahr 1995 als spezielles Abkommen für den Handel mit Gütern in die WTO integriert.

Ausnahmeregelung berufen, um Handelsbeschränkungen zu rechtfertigen. Sie geht in ihrer Substanz auch an den von der ILO definierten Kernarbeitsnormen vorbei und spielte folglich in der Diskussion über die Verankerung dieser Normen in der WTO nur eine untergeordnete Rolle. Der ICFTU vertritt jedoch die Auffassung, dass Abschnitt XX(e) bei fortschrittlicher Auslegung Handelssanktionen gegen Staaten zulässt, die systematisch gegen das Verbot der Zwangsarbeit verstoßen. Entsprechend könnten Länder, die der Aufforderung der ILO, stärkere Maßnahmen gegen Myanmar zu ergreifen, durch Handelssanktionen nachkommen wollen, auf diesen Artikel berufen. Bislang hat allerdings noch kein Land von dieser Option Gebrauch gemacht.

Der ICFTU hat auch detaillierte Vorschläge zur institutionellen Ausgestaltung einer umfassenden multilateralen Sozialklausel im Rahmen der WTO gemacht. Sie sehen eine Verbindung zwischen dem Überwachungs- und Beschwerdeverfahren der ILO und dem Streitschlichtungsverfahren der WTO vor.[20] Scheitern alle Versuche der ILO, eine die Kernarbeitsnormen verletzende Regierung zur Einhaltung der Standards zu bewegen, soll eine gemeinsame Kommission von ILO und WTO geeignete Handelssanktionen vorschlagen.[21] Der ICFTU hält seinen Vorschlag für differenziert genug, um gegen besonders schwere Verletzungen von Kernarbeitsnormen vorgehen zu können, ohne den Missbrauch der Sozialklausel durch protektionistische Interessen zu ermöglichen. Die Regierungen vor allem der asiatischen Entwicklungsländer argumentieren gleichwohl mit der Protektionismusgefahr gegen eine Sozialklausel und wehren sich erfolgreich gegen eine Erörterung des Themas im Rahmen der WTO.

Die erste Ministerkonferenz der WTO 1996 in Singapur bestätigte zwar die Bedeutung der grundlegenden Arbeitsrechte, betonte aber gleichzeitig, dass die ILO die kompetente Organisation ist, um diese zu befördern und das Thema nicht zu protektionistischen Zwecken missbraucht werden dürfe.[22] Der Beschluss, dass die Sekretariate beider Organisationen ihre „bestehende Kooperation fortsetzen" sollten, wirkte jedoch sarkastisch, da es weder 1996 noch danach eine nennenswerte Zusammenarbeit oder auch nur regelmäßige Kontakte gab.[23] Bei der WTO-Konferenz in Seattle 1999 trug die Äußerung von US-Präsident Clinton, er strebe langfristig einen Sanktionsmechanismus zur Durchsetzung von Kernarbeitsnormen in der WTO an, maßgeblich zum Scheitern der Konferenz bei. Nach dem Regierungswechsel in den USA war die EU das einzige große WTO-Mitglied, das eine Befassung der Organisation mit dem Thema forderte. Angesichts des heftigen Widerstands fast aller Entwicklungsländer modifizierten sowohl der ICFTU als auch die EU ihre

20 Adamy, Wilhelm (1994): International Trade and Social Standards; Intereconomics, Vol.29, Nr.6, S.269-277.

21 Sengenberger, W. (2005): Globalization and Social Progress: The role and impact of international labour standards; Friedrich Ebert Stiftung, Bonn.

22 Welthandelsorganisation (WTO) (1996): Singapore Ministerial Declararation; Genf.

23 Sengenberger, W. (2005): Globalization and Social Progress: The role and impact of international labour standards; Friedrich Ebert Stiftung, Bonn.

Vorschläge. Der ICFTU forderte im Vorfeld der WTO-Ministerkonferenz von Doha die Einrichtung einer ständigen Arbeitsgruppe zwischen ILO und WTO, um den Zusammenhang zwischen Handel und sozialer Entwicklung zu diskutieren.[24] Die EU forderte ein „multi-institutionelles Forum“ mit ähnlicher Zielsetzung, in das auch IWF, Weltbank und verschiedene UN-Organisationen einbezogen werden sollten.[25] Die Ministererklärung von Doha bekräftigt dagegen nur die Beschlüsse von Singapur.[26] Es ist damit praktisch ausgeschlossen, dass im Rahmen der WTO in absehbarer Zeit ein formaler Mechanismus zur Durchsetzung der grundlegenden Arbeitsrechte eingerichtet wird. Auf den letzten beiden WTO-Ministerkonferenzen in Cancun im September 2003 und in Hongkong im September 2005 spielte das Thema keine Rolle, da es nicht Teil des Verhandlungsmandats war. Auch von Seiten der EU gab es keinen Versuch, das Thema erneut auf die Tagesordnung zu setzen.

Der massive Widerstand, vor allem der asiatischen Entwicklungsländer, gegen den Versuch, Kernarbeitsnormen mit Hilfe der Sanktionsmechanismen der WTO durchzusetzen, ist nicht völlig unbegründet. Der vom ICFTU vorgeschlagene Mechanismus macht einen offenen Missbrauch zu protektionistischen Zwecken zwar sehr schwierig und versucht auch, den Implementierungsproblemen der Entwicklungsländer Rechnung zu tragen. Doch er beruht nach wie vor auf einem Sanktionsinstrumentarium, das von großen Ungleichgewichten geprägt ist: Kein Land wäre verpflichtet, bei einer festgestellten Verletzung von Arbeitsstandards Sanktionen zu verhängen, vielmehr würde die WTO ihren Mitgliedern nur die Erlaubnis hierzu geben. Ob sie tatsächlich genutzt würde, läge im Ermessen jedes Landes und würde stark von anderen wirtschaftlichen und politischen Erwägungen beeinflusst. Dies zeigen die Erfahrungen mit den Sozialklauseln in den unilateralen Präferenzsystemen von USA und EU: Die USA entzog der VR China auch vor deren WTO- Mitgliedschaft den Meistbegünstigungsstatus nicht, obwohl letztere die Verletzung der Vereinigungsfreiheit als „innere Angelegenheit“ bezeichnet und keinerlei Schritte unternimmt, diese in Zukunft zu garantieren.[27] Die Problematik des ICFTU-Vorschlags liegt also weniger beim protektionistischen Missbrauch, als in der selektiven Anwendung der Sanktionen nur gegenüber schwächeren und „weniger wichtigen“ Staaten.

24 Internationaler Bund freier Gewerkschaften (ICFTU)(2001a): Why Trade measures to implement the ILO resolution on Burma would be entirely compatible with WTO rules; Brüssel.

25 Commission of the European Communities (CEC)(2001b): Förderung der grundlegenden Arbeitsnormen und sozialere Ausrichtung der Politik im Kontext der Globalisierung; Mitteilung der Kommission an den Rat, den Wirtschafts- und Sozialausschuss und das Europäische Parlament, Kom(2001) 416 endgültig, Brüssel.

26 Welthandelsorganisation (WTO) (2001a): Doha Ministerial Declararation; Genf.

27 De Castro, Juan A. (1995): Trade and Labour Standards – Using the wrong instrument for the right cause; UNCTAD- Discussion Paper No. 99, Genf.

Die Allgemeinen Präferenzsysteme der Industriestaaten

Die WTO setzt dem Einsatz handelspolitischer Instrumente zur Durchsetzung von Sozialstandards äußerst enge rechtliche und politische Grenzen. Damit ist ein multilateraler Mechanismus vorerst nicht absehbar. Die WTO bietet jedoch einen gewissen Spielraum für unilaterale Maßnahmen. Im Zusammenhang mit Sozialstandards sind die im Abschnitt "Handel und Entwicklung" des GATT vorgesehenen zusätzlichen Zollpräferenzen für Entwicklungsländer von besonderer Bedeutung. Industrieländern ist es dadurch erlaubt, im Rahmen sogenannter Allgemeiner Präfcrenzsystem (APS) für Güter aus Entwicklungsländern niedrigere Zölle zu erheben als für Güter aus Industriestaaten.

Die USA fügten in ihrem APS 1984 eine Klausel ein, die Staaten von der Präferenzgewährung ausschließt, die international anerkannte Arbeitsnormen nicht garantieren.[28] Die in der Klausel erwähnten Rechte sind das Recht auf Vereinigungsfreiheit und kollektive Tarifverhandlungen, das Verbot von Zwangs- und Kinderarbeit sowie "akzeptable Arbeitsbedingungen" im Hinblick auf Mindestlöhne, Arbeitszeiten und Arbeitssicherheit. Ein formalisierter Überwachungsmechanismus ist im Rahmen des amerikanischen APS nicht vorgesehen, daher liegt es faktisch im Ermessen des Präsidenten, ob das eigentlich verlangte "Verbot" der Präferenzgewährung in der Praxis angewandt wird.[29]

Die EU verknüpfte ihr APS im Jahr 1996 mit Sozialstandards. Entwicklungsländern, in denen diese Rechte systematisch und dauerhaft verletzt werden, können sämtliche Präferenzen entzogen werden. Der in der WTO festgelegte Zollsatz darf jedoch nicht überschritten werden. Im Rahmen einer 2002 in Kraft getretenen Aktualisierung des APS wurden die Standards an die in der ILO-Deklaration definierten Kernarbeitsnormen angepasst. Darüber hinaus wurde auch eine zusätzliche Anreizkomponente beschlossen: Entwicklungsländer, welche die Kernarbeitsnormen anerkennen und effektiv umsetzen, konnten verbesserte Präferenzen, also eine stärkere Reduktion der Zölle beantragen.[30]

Angesichts des in vielen Sektoren bereits weitgehend liberalisierten Handels sind zusätzliche Präferenzen allerdings nur begrenzt wirksam. Güter, die von der EU-Kommission als „nicht sensibel“ eingestuft werden, können schon im Rahmen des generellen APS zollfrei aus allen Entwicklungsländern eingeführt werden. Weitere Vorzugsbedingungen sind damit nicht mehr möglich. Dies betrifft die meisten

28 van Liemt, Gijsbert (1994): The multilateral social clause in 1994; Draft discussion paper for the International Coalition of Development Action Groups, Brüssel

29 Charnovitz, Steve (1987): The influence of international labour standards on the world trading regime: a historical overview; International Labour Review, Vol.126, Nr.5, S.565-585.

30 Commission of the European Communities (CEC)(2001b): Förderung der grundlegenden Arbeitsnormen und sozialere Ausrichtung der Politik im Kontext der Globalisierung; Mitteilung der Kommission an den Rat, den Wirtschafts- und Sozialausschuss und das Europäische Parlament, Kom(2001) 416 endgültig, Brüssel.

Industriegüter mit Ausnahme von Textilien.[31] Seit 2001 gewährt die EU zudem zoll- und quotenfreien Marktzugang für alle Produkte aus den 49 am wenigsten entwickelten Ländern (LDCs), so dass zusätzliche Zollpräferenzen für diese Gruppe nicht mehr möglich sind. Wohl auch deshalb haben bislang nur zwei Länder, Moldawien und Sri Lanka, von dem speziellen Programm für Sozialstandards Gebrauch gemacht.[32] Bei beiden Staaten handelt es sich um relativ kleine Länder, die weder zur Gruppe der LDC zählen noch der EU durch spezielle bilaterale Handelsverträge verbunden sind.

Im Jahr 2002 hatte Indien gegen die zusätzlichen Präferenzen im APS der EU geklagt, da sie eine zusätzliche Diskriminierung zwischen Entwicklungsländern einführten. Die WTO erlaube jedoch nur die Vorzugsbehandlung von Entwicklungs- gegenüber Industrieländern. Ansonsten gelte jedoch weiterhin das Meistbegünstigungsprinzip, so dass die EU allen Entwicklungsländern die gleichen Vorzugsbedingungen einräumen müsse. Im Laufe des Verfahrens beschränkte Indien seine Klage auf spezielle Präferenzen im Zusammenhang mit der Bekämpfung des Drogenanbaus, von dem auch der direkte Nachbar und Konkurrent Pakistan profitiert. Das Streitschlichtungspanel der WTO entschied, dass Industriestaaten das Recht haben, die Gewährung von (zusätzlichen) APS-Präferenzen an Kriterien zu knüpfen. Diese müssten allerdings transparent und einheitlich angewendet werden, was im Fall der EU-Präferenzen gegen Drogenanbau nicht der Fall sei. Zu den Präferenzen zur Förderung der Sozialstandards traf das Panel keine ausdrückliche Entscheidung, wurde aber so interpretiert, dass diese akzeptabel seien, da sie auf internationalen Standards beruhen.

Auch um dem Schiedspruch der WTO gerecht zu werden, änderte die EU ihr APS im Jahr 2006 erneut grundlegend.[33] Statt drei separater Programme für zusätzliche Präferenzen (neben dem erwähnten zu Sozialstandards eines zu Umweltschutz und eines zur Drogenbekämpfung) gibt es nur noch ein „APS plus" Programm zur Förderung von „nachhaltiger Entwicklung und good governance". Um entsprechende Vergünstigungen beantragen zu können, muss ein Land die für diese Themenfelder einschlägigen internationalen Konventionen ratifiziert haben, bzw. Mitglied der zuständigen internationalen Organisationen sein. Die Liste der zu

31 Scherrer, Christoph und Greven, Thomas (1999): Soziale Konditionalisierung des Welthandels: Die Instrumente Sozialklausel, Verhaltenskodex und Gütesiegel in der Diskussion; Friedrich Ebert Stiftung, Bonn.

32 European Trade Union Congress, International Confedaration of Free Trade Unions, World Confedaration of Labour (ETUC/ICFTU/WCL) (2004): Trade Union Response to the Communication of the European Commission of 7 July 2004 concerning the European Union Generalised Scheme of Preferences (GSP) for 2006-15; Brussels.

33 Commission of the European Communities (CEC) (2004a): Communication from the Commission to the Council, the European Parliament and the European Economic and Social Committee: Developing countries, international trade and sustainable development: the function of the Community's generalised system of preferences (GSP) for the ten-year period from 2006 to 2015, Brussels, 7 July 2004.

ratifizierenden Konventionen ist sehr umfassend.[34] Im Sozialbereich enthält sie neben den acht ILO-Konventionen zu den Kernarbeitsnormen auch die UN-Pakte zu bürgerlich-politischen und wirtschaftlichen, sozialen und kulturellen Rechten; ferner die Übereinkommen gegen Folter, zur Beseitigung jeder Form von Rassendiskriminierung und zur Beseitigung jeder Form von Diskriminierung der Frau; die Konventionen über die Rechte des Kindes, die Verhütung und Bestrafung des Völkermordes und über die Bekämpfung und Bestrafung des Verbrechens der Apartheid. Darüber hinaus nennt sie 10 Konventionen im Bereich des Umweltschutzes, der Drogenbekämpfung und gegen Korruption.

Die EU prüft dic faktische Umsetzung der Bestimmungen nicht mehr selbst, sondern gewährt die zusätzlichen Präferenzen auf Antrag den Entwicklungsländern, welche die entsprechenden Konventionen ratifiziert haben und entzieht sie erst dann wieder, wenn die Berichts- und Überprüfungsmechanismen der entsprechenden Abkommen feststellen, dass die Verpflichtungen systematisch verletzt werden.

Die Wirksamkeit der zusätzlichen Präferenzen wird allerdings dadurch beschränkt, dass nur Länder, deren Exporte in die EU weniger als 1% der im Rahmen des APS begünstigten Gesamteinfuhren in die EU ausmachen, von diesem Programm profitieren können. Damit sind große Entwicklungsländer faktisch ausgeschlossen.

Bislang kommen Bolivien, Kolumbien, Costa Rica, Ecuador, Guatemala, Honduras, Nicaragua, Panama, Peru, El Salvador, Venezuela, Georgien, Sri Lanka, Moldawien und die Mongolei in den Genuss der APS-plus-Präferenzen. Es handelt sich dabei um dieselben Länder (mit Ausnahme Pakistans), die zuvor von den Programmen zur Drogenbekämpfung, bzw. der Förderung der Sozialstandards profitieren. Angesichts der zahlreichen Morde an Gewerkschaftern in Kolumbien, die meist nicht aufgeklärt werden können, stellt sich die Frage, ob die verlangte effektive Umsetzung aller der für das APS-plus verlangten Standards tatsächlich gewährleistet ist.

Fazit

Eine Kooperation zwischen ILO und WTO findet auch zehn Jahre nach Gründung der WTO in keiner Weise statt. Das Bekenntnis der WTO-Mitglieder zu grundlegenden Arbeitsrechten bleibt in der praktischen Arbeit der Organisation folgenlos. Selbst die Länder, die sich traditionell für eine Verankerung von sozialen Standards in der WTO aussprechen, waren bisher nicht bereit, mögliche Spielräume in den bestehenden WTO-Regeln auszutesten. Die wenigen Fälle, in denen begrenzte handelspolitische Sanktionen (im Kern der Entzug von zusätzlichen Präferenzen)

34 Commission of the European Communities (CEC) (2004b): Entwicklungsländer: Fakten und Zahlen zum neuen System der Handelspräferenzen der EU für den Zeitraum 2006-2008; Memo, 20.10.2004, Brüssel, http://europa.eu.int/comm/trade/issues/global/gsp/memo201004_de.htm

gegen die Verletzung von grundlegenden Arbeitsrechten angedroht und im Falle Burmas auch angewandt wurden, zeitigten nur bescheidene Erfolge.

Aufgrund dieser Erfahrungen sowie durch den kompromisslosen Widerstand der Mehrzahl der WTO-Mitglieder gegen ein entsprechendes Instrument hat sich auch in der ILO die Begeisterung für handelspolitische Maßnahmen als Instrument zur Durchsetzung globaler Mindeststandards stark verringert. Die langjährigen Auseinandersetzungen über die Einführung einer Sozialklausel in der WTO haben aber dazu beigetragen, das Interesse an internationalen Sozialstandards zu erhöhen. Die ILO-Erklärung über fundamentale Rechte und Prinzipien bei der Arbeit kann als direktes Ergebnis dieser Diskussion angesehen werden – und in ihrer Folge ist die Zahl der Ratifikationen der zugrunde liegenden ILO Konventionen deutlich angestiegen. Damit rückt zumindest auf der Ebene der politischen Verpflichtungen ein international vereinbartes Mindestniveau sozialer Rechte näher. Die Umsetzung dieser Standards und noch mehr die daraus folgende Verbesserung der Situation der Beschäftigten ist allerdings ein sehr langwieriger Prozess. Immerhin vermeldet die ILO erste messbare Erfolge bei der Bekämpfung der Kinderarbeit – diese sei seit dem Jahr 2000 global um 11% zurückgegangen – sowie der Beschäftigung von Kindern in besonders gefährlichen Berufen sogar um mehr als ein Viertel. Das ILO-Programm zur Bekämpfung der Kinderarbeit besteht bereits seit 1992, spürbare Fortschritte brauchen also viele Jahre.

Daher ist es um so wichtiger, dass die Programme der ILO zur Förderung der grundlegenden Arbeitsrechte auf eine dauerhafte finanzielle Basis gestellt werden. Viele der ursprünglich begonnenen Projekte stehen kurz vor dem Ende oder sind bereits ausgelaufen. Diese Unterstützung – im Beispiel der kambodschanischen Bekleidungsindustrie in Verbindung mit gezielten Handelsanreizen – ist aber wichtig, um bei der Förderung von Standards zumindest mittelfristig spürbare Erfolge zu erzielen. Der Spielraum für Industriestaaten, Handelsanreize zu gewähren, vor allem im Rahmen ihrer speziellen Handelspräferenzen für Entwicklungsländer, wird sich mit der angestrebten weiteren Liberalisierung des Handels im WTO-Rahmen verringern. Angesichts des derzeitigen Stopps der Verhandlungen in der Doha-Runde der WTO ist allerdings damit zu rechnen, dass der derzeitige Spielraum noch einige Zeit erhalten bleiben wird. Dieser muss glaubwürdig genutzt werden. Alle Entwicklungsländer, die eine Verbesserung ihrer Sozialstandards anstreben, müssen von einer Kombination aus ausreichend finanzierter technischer Unterstützung und Handelsvorteilen profitieren können, gegebenenfalls zunächst nur in ausgewählten Sektoren.

Wenn damit deutlich wird, dass mit handelspolitischen Maßnahmen genuin und ausschließlich die Verbesserung der sozialen Bedingungen unterstützt wird und nicht „nebenbei“ noch geopolitische oder protektionistische Intereressen verfolgt werden, kann mittelfristig auch wieder eine offenere Diskussion in der WTO erreicht werden.

Rainer Schweickert
Manfred Wiebelt

Die soziale Dimension von Reformprogrammen des IWF und der Weltbank

1. Problemstellung

Anpassungsprogramme zur Beseitigung von Zahlungsbilanzungleichgewichten und zur Wiederbelebung des wirtschaftlichen Wachstums, wie sie vom Internationalen Währungsfonds (IWF) und der Weltbank seit Anfang der 80er Jahre in Entwicklungsländern durchgeführt werden, sind von Anfang an massiver Kritik ausgesetzt gewesen. Insbesondere wird darauf hingewiesen, dass diese Programme „nicht sozialverträglich" seien. Einerseits hätten die mit der Finanzierung verbundenen Auflagen des IWF die Gesamtnachfrage zu sehr eingeschränkt und damit die längerfristige Leistungsfähigkeit und das Wachstum der betroffenen Volkswirtschaften beeinträchtigt. Andererseits seien keine Auflagen formuliert worden, die arme Bevölkerungsgruppen während der schwierigen Übergangsphase geschützt und deren langfristige Möglichkeiten zur Einkommenserzielung verbessert hätten. Unter dem Schlagwort „Adjustment With a Human Face" forderten schon frühzeitig einige Kritiker eine stärker auf soziale Ziele ausgerichtete Anpassungsstrategie (Cornia et al. 1987). Andere griffen die wirtschaftstheoretischen Grundlagen insbesondere der IWF-Programme an und forderten „realistischere" Ansätze, die den Marktunvollkommenheiten in Entwicklungsländern verstärkt Rechnung tragen würden.

Unterstützung erhielten die Kritiker Ende der 90er Jahre auch aus der Weltbank. Im Zentrum der Debatte stand der sog. Washington-Konsens, ein von John Williamson entworfenes 10-Punkte-Programm. Damit wurde versucht, einen Ende der 80er Jahre bestehenden Konsens zwischen den Washingtoner Institutionen IWF und Weltbank einerseits und der amerikanischen Administration andererseits zusammen zu fassen (Williamson 1990). Joseph Stiglitz, bis Ende 1999 Chefökonom der Weltbank, bezeichnete die den Anpassungsprogrammen zugrunde liegenden wirtschaftstheoretischen Grundlagen als teilweise unrealistisch und forderte ein stärkeres Gewicht institutioneller Reformen (Stiglitz 1998). Weltbank-Präsident James Wolfensohn schloss sich dem an und plädierte zudem dafür, soziale (und ökologische) Ziele gleichberechtigt neben die makroökonomischen Ziele zu stellen (Wolfensohn 1999).

Auch die NGOs bemängelten, dass bei der Armutsbekämpfung zwar Fortschritte gemacht wurden, diese aber vor allem in Ländern mit niedrigem Einkommen deutlich hinter den Erwartungen zurückgeblieben sind. Dafür wurden vor allem die Stabilisierungs- und Strukturanpassungsprogramme des IWF und der Weltbank in den 80er und 90er Jahren verantwortlich gemacht, die nicht hinreichend sozial ausgewogen konzipiert worden seien (vgl. z.B. Unmüßig und Walther 1999). Erstens seien die positiven Wachstumswirkungen von Strukturreformen aufgrund einer zu strikten makroökonomischen Stabilisierung weitgehend ausgeblieben. Zweitens seien die kurzfristigen Anpassungskosten für arme Bevölkerungsgruppen nicht ausreichend abgefedert worden. Und drittens seien die Armen nicht in die Lage versetzt worden, an der langfristigen Wirtschaftsentwicklung und Umsetzung der Programme angemessen zu partizipieren.

Die Kritik blieb nicht wirkungslos. Ein wichtiges Ergebnis war, dass der IWF seine Erweiterte Strukturanpassungsfazilität änderte, um der Komplementarität von Makro-, Struktur- *und* Sozialpolitik mehr Beachtung zu schenken. Die erweiterte Strukturanpassungsfazilität wurde schließlich nach internen und externen Evaluierungen in eine Armutsreduzierungs- und Wachstumsfazilität umgewandelt (IMF 1999). Außerdem trug die Kritik wesentlich zum Entstehen der HIPC-Initiative zur Entschuldung hochverschuldeter armer Länder bei, die an allen drei Kritikpunkten ansetzt (IMF 2000). Erklärtes Ziel der Initiative ist es, den Schuldendienst zu verringern und damit die Stabilisierung zu erleichtern. Die dadurch frei werdenden Mittel sollen für Programme zur Bekämpfung der Armut eingesetzt werden, wobei die Verantwortung für die Programme bei den Ländern selbst liegt (*ownership*). Allerdings ist die Entschuldung an die Vorlage eines akzeptablen, im nationalen Dialog erarbeiteten Strategiepapiers zur Armutsreduzierung (Poverty Reduction Strategy Paper; PRSP) gebunden.

Im vorliegenden Beitrag soll die Entwicklung, die die Reformprogramme des IWF und der Weltbank in den letzten Dekaden vollzogen haben, skizziert werden. Im zweiten Teil werden hierzu eine Definition der Sozialverträglichkeit eingeführt, die Entwicklung der Anpassungspolitik bis Ende der 90er Jahre beschrieben und die Ergebnisse von Querschnittsevaluierungen dieser Politiken – mit dem Hauptaugenmerk auf die soziale Komponente – dargestellt. Teil 3 enthält einen Abriss der Diskussion über den Washington-Konsens mit einer Diskussion von notwendigen und hinreichenden Elementen einer sozialverträglichen Reformstrategie. Teil 4 befasst sich mit der HIPC-Initiative am Beispiel Boliviens. Der vierte Teil gibt einen Ausblick und fasst die wesentlichen Gesichtspunkte zusammen.

2. *Anpassungsprogramme des IWF und der Weltbank in den 80er und 90er Jahren*

Entwicklungsländer, die Kredite des IWF und der Weltbank im Rahmen von Anpassungsprogrammen in Anspruch nehmen,[1] sind typischerweise durch interne und externe makroökonomische Ungleichgewichte charakterisiert, die sich in hohen Haushaltsdefiziten und Inflationsraten sowie in nicht mehr finanzierbaren Leistungsbilanzdefiziten nieder schlagen. Hinzu kommt häufig, dass diverse Strukturverzerrungen eine Produktion gemäß den komparativen Vorteilen der Volkswirtschaft verhindern und somit das Wirtschaftswachstum hemmen. Bei dieser Ausgangslage verfolgen die Anpassungsprogramme zwei Hauptziele: *Kurzfristig* soll das makroökonomische Gleichgewicht wieder hergestellt werden, indem die inländische Absorption (Konsum und Investition) an die vorhandenen Ressourcen angepasst wird. *Mittel- bis langfristig* wird angestrebt, durch eine Verbesserung der Angebotsbedingungen die Volkswirtschaft auf einen stabilen Wachstumspfad zu bringen.

Notwendige Bedingung dafür, dass Anpassungsprogramme als sozialverträglich angesehen werden können, ist das Erreichen der beiden Hauptziele. Zu einer makroökonomischen Stabilisierung besteht zum einen häufig keine Alternative, wenn etwa Leistungsbilanzdefizite nicht mehr durch freiwillige Kapitalzuflüsse aus dem Ausland gedeckt werden können. Zum anderen lässt sich ohne ein Mindestmaß an Stabilität kein dauerhaftes Wachstum erzielen, weil z.B. übermäßige Haushaltsdefizite über steigende Zinsen private Investitionen verdrängen oder hohe und stark fluktuierende Inflationsraten die optimale Verwendung der Ressourcen dadurch behindern, dass der Informationsgehalt der Preise sinkt (vgl. z.B. Fischer 1993).[2] Moderate Inflationsraten und tragbare Budget- und Leistungsbilanzdefizite sind deshalb zu den Indikatoren einer sozialverträglichen Anpassung zu zählen, die in Übersicht 1 aufgelistet sind. Für eine langfristig tragbare außenwirtschaftliche Position ist es darüber hinaus oft notwendig, zusätzliche Währungsreserven aufzubauen und, in Ländern mit hoher Schuldenbelastung, die Schuldendienstverpflichtungen im Zeitablauf zu verringern.

Da die Stabilisierungspolitik die gesamtwirtschaftliche Nachfrage kurzfristig senkt, während die meisten angebotserhöhenden Maßnahmen erst mit einer gewissen Zeitverzögerung wirksam werden, sind in einer ersten Phase der Stabilisierung

1 Der Begriff Anpassung wird hier als Oberbegriff definiert, der sowohl Stabilisierung als auch Strukturanpassung umfasst.

2 Hohe Inflation kann zudem negative Verteilungswirkungen haben, weil ärmere Bevölkerungsgruppen bei unvollkommenen Kapitalmärkten größere Schwierigkeiten haben, den Realwert ihres Vermögens zu sichern.

Übersicht 1 — Determinanten und Indikatoren der Sozialverträglichkeit von Anpassungsprogrammen

Ziele	Determinanten kurzfristig	Determinanten Langfristig	Indikatoren
Makroökonomisches Gleichgewicht	Geldmenge		Inflationsrate
	Staatseinnahmen und -ausgaben		Budgetsaldo
	Wechselkurs		LBZ-Saldo, Währungsreserven, Schuldendienstquote
Wirtschaftswachstum	Höhe des Anpassungsbedarfs	Investitionen in Sachkapital, Humankapital und Infrastruktur	BIP pro Kopf
	Strukturelle Engpässe	Änderungen der relativen Güter- und Faktorpreise	
Einkommensverteilung und	Änderungen der Güter- und Faktorpreise		Gini-Koeffizient. [a]
Armutsreduzierung	Arbeitslosigkeit	Humankapitalbildung für arme Bevölkerungsgruppen	Armutsrate[a]
	Struktur der Ausgabenkürzungen	- Primärerziehung - Basisgesundheitsdienste - Ernährung	Armutslücke[a] Kindersterblichkeit
	Kompensierende Sozialprogramme	Zugang zu Krediten für Problemgruppen	Lebenserwartung
		Landreformen	Unterernährung
		Rurale Infrastruktur	Analphabetenrate
		Forschungs-/Beratungsdienste	

[a] Der *Gini-Koeffizient* ist ein Verteilungsmaß, das einen Wert zwischen 0 (absolute Gleichverteilung der Einkommen) und 1 (absolute Ungleichverteilung) annehmen kann. Die *Armutsrate* mißt den Anteil der Bevölkerung, der unterhalb der Armutslinie liegt, d.h. dessen Einkommen nicht ausreicht, einen bestimmten Mindestwarenkorb zu konsumieren. Die *Armutslücke* berücksichtigt zusätzlich, wie groß der Abstand zur Armutslinie ist.

Quelle: Eigene Zusammenstellung.

Einkommenseinbußen häufig nicht zu vermeiden. Diese unvermeidlichen Einbußen bezeichnet Corden (1989) als primäre Anpassungskosten. Hinzu kommen sekundäre Anpassungskosten, die aus strukturellen Hemmnissen wie der räumlichen oder sektoralen Immobilität von Arbeitskräften resultieren. Im Hinblick auf die Sozialverträglichkeit sollte das Ziel sein, diese sekundären Anpassungskosten zu minimieren. Dazu ist es notwendig, die bestehenden Strukturverzerrungen möglichst schnell zu beseitigen, wobei bestimmte Restriktionen bezüglich der Sequenz der durchgeführten Reformen zu beachten sind.

Anpassungsprogramme sind dann als sozialverträglich einzustufen, wenn sie ihre originären Ziele (Stabilität und Wachstum) erreichen, in der kurzen Frist die Anpassungskosten für die am meisten gefährdeten Gruppen abfedern und in der langen Frist dazu beitragen, die Möglichkeiten zur Einkommenserzielung für die Armen zu verbessern, damit diese am Wachstum partizipieren können.

Der IWF und die Weltbank nehmen dabei unterschiedliche Aufgaben wahr. Der IWF beschränkte sich anfangs ausschließlich auf (nachfrageseitige) Maßnahmen zur makroökonomischen Stabilisierung. Seit Mitte der 80er Jahre jedoch zollten die Strukturanpassungsfazilitäten (Structural Adjustment Facility – SAF, Enhanced Structural Adjustment Facility – ESAF) strukturellen (angebotsseitigen) Elementen eine größere Aufmerksamkeit. Der IWF hat erkannt, dass die spezifischen Maßnahmen, die zur Verminderung öffentlicher Defizite erforderlich sind, auf mittlere und längere Frist darüber entscheiden, ob ein Stabilisierungsprogramm dauerhaft positive Wirkungen auf das Wachstum und damit auf die Zahlungsbilanz haben wird oder ob diese Effekte nachlassen, sobald das Programm ausläuft.

Als die Weltbank 1980 das Instrument der Strukturanpassungskredite (structural adjustment loan – SAL) schuf, folgte sie der Einsicht, dass die strukturellen Veränderungen im Gefolge von Stabilisierungsprogrammen im Allgemeinen nicht reibungslos ablaufen und dass Projektkredite nur dann erfolgreich sein können, wenn auch das wirtschaftliche Umfeld prosperierte (Killick 1993: 69). Strukturanpassungsprogramme sollten in dieser Situation die kurzfristig wirkenden Stabilisierungsprogramme unterstützen, indem der Strukturwandel beschleunigt und die Voraussetzungen für ein anhaltendes, krisenfreies Wirtschaftswachstum geschaffen werden. Die Vergabe von SALs ist dabei an den vorherigen Abschluss eines Stabilisierungsabkommens mit dem IWF geknüpft. ESAF-Mittel des IWF werden wiederum nur in Verbindung mit einem mit der Weltbank ausgehandelten Anpassungsprogramm vergeben. Einen Beitrag zur Koordination der Auflagen von IWF und Weltbank leistet das so genannte Policy Framework Paper (PFP), das die für die Stabilisierung und Strukturanpassung für notwendig erachteten und mit dem Schuldnerland vereinbarten Maßnahmen auflistet.

Von Beginn der Strukturanpassung an gab es Kritik an den eng gefassten Zielen der Anpassungsstrategie. Kritisiert wurde zunächst vor allem die einseitige Wachstumsorientierung der Programme, die hinter den Stand der entwicklungspolitischen Diskussion seit Erarbeitung der Grundbedürfnisstrategie zurück falle. Die Weltbank war ursprünglich davon ausgegangen, dass die Strukturanpassung und ihre Finanzierung nur eine temporäre Aufgabe sei. Etwa zeitgleich mit der Veröffentlichung der einflussreichen UNICEF-Studie „Adjustment with a Human Face" (Cornia et al. 1987) erkannte sie jedoch, dass der Anpassungsprozess länger als ursprünglich angenommen dauern würde, die Mittelzuflüsse ausgedehnt und arme und „verwundbare Gruppen" in der Übergangsphase geschützt werden müssten. Seither müssen die PFPs für Länder mit niedrigem Einkommen auch eine Einschätzung der Sozialverträglichkeit des Anpassungsprogramms enthalten. Hauptinstrumente sind dabei Sozialfonds und Soziale Aktionsprogramme sowie eine Umwidmung von Staatsausgaben zu Gunsten des Sozialetats und hier insbesondere zu Gunsten primärer Bildung und zu präventiven Gesundheitsdiensten.

In einer Evaluierung der sozialen Folgen der Strukturanpassung stellte die Weltbank fest, dass in 23 von 33 Ländern, für die mindestens zwei Beobachtungen vorlagen, die Armutsrate während der Anpassungsperiode sank (Jayarajah et al. 1996). Der Rückgang der Armut war allerdings zumeist gering. Nur in 4 Ländern ging die Armutsrate im Jahresdurchschnitt um mehr als 2 Prozentpunkte zurück. Änderungen der Armut wiesen eine starke Korrelation mit den erzielten Wachstumserfolgen auf. Während sich die Armutssituation in allen 9 Ländern mit negativem Wachstum verschlechterte, verbesserte sie sich eindeutig in 19 von 24 Ländern mit positivem Wachstum.[3] Für die Entwicklung der Einkommensverteilung ließ sich kein erkennbarer Trend feststellen. Gemessen am Gini-Koeffizienten verringerte sich die Ungleichheit in 17 Ländern, erhöhte sich in 14 Ländern und blieb in 2 Ländern konstant.

Bei einer Gesamteinschätzung der Anpassungspolitik (Thiele und Wiebelt 2000) ist in allen drei Bereichen – makroökonomische Stabilisierung, Wachstum und soziale Wirkungen – nur eine gemischte Erfolgsbilanz der Anpassungsprogramme von IWF und Weltbank zu diagnostizieren. Für dieses Resultat werden im Wesentlichen zwei Erklärungen angeboten: Zum einen wird der von IWF und Weltbank zugrunde gelegte Ansatz kritisiert, zum anderen wird der oft mangelnde Anpassungserfolg auf eine unzureichende Implementierung der grundsätzlich als richtig erachteten Reformen zurückgeführt.

3. Von Washington nach Post-Washington – was hat die Debatte über den Washington-Konsens gebracht?

Obwohl also die soziale Frage und die Sozialverträglichkeit von Anpassungsmaßnahmen in den Überlegungen des IWF und der Weltbank durchaus eine bedeutende Rolle spielten, wurde sie vom Washington-Konsens weitgehend ausgeklammert. Die Ausgangsfrage bei der Formulierung des Washington-Konsenses (Williamson 1990) war, ob die für eine Schuldenerleichterung im Rahmen des

3 In den übrigen 5 Ländern mit positivem Wachstum variierte die Evidenz mit dem gewählten Armutsmaß (Armutsrate oder Armutslücke).

Brady-Plans in Frage kommenden Länder wirtschaftspolitische Reformen durchgeführt hatten, die gewährleisteten, dass frei werdende Mittel nicht in einem Fass ohne Boden verschwinden würden, sondern zur wirtschaftlichen Erholung beitragen konnten. Dies erforderte jedoch eine Liste von Reformmaßnahmen, anhand derer man die Reformbereitschaft lateinamerikanischer Staaten überprüfen konnte. Williamson versuchte deshalb, diejenigen Reformen zusammenzufassen, von denen er annahm, sie seien in Washington – d.h. beim IWF, bei der Weltbank, bei der US-Regierung und bei der Mehrheit der Wirtschaftswissenschaftler – unumstritten. Dieser Hintergrund ist für die Interpretation des Konsenses wichtig, wird in der Diskussion jedoch häufig vernachlässigt.

Trotz dieser Einschränkungen wird der Washington-Konsens seitdem faktisch als die Reformagenda von IWF und Weltbank betrachtet. Diese Checkliste notwendiger Reformen wurde dann auch im Zuge der Asienkrise in der zweiten Hälfte der 90er Jahre in Zweifel gezogen, als die Frage zu beantworten war, wie krisenhafte Entwicklungen in Ländern auftreten konnten, die sich in ihrer Wirtschaftspolitik weitgehend am Washington-Konsens ausgerichtet hatten. Außerdem waren in den 90er Jahren außer Chile alle größeren lateinamerikanischen Länder von Finanz- und Währungskrisen betroffen, die erste, durch Kapitalzuflüsse gestützte, Reformerfolge in Frage stellten.

Die vor allem von internationalen Institutionen und NGO's angestoßene Debatte um einen Post-Washington-Konsens führte dabei weit über die Fragen hinaus, die von diesen Krisen aufgeworfen wurden (vgl. Stiglitz 1998; Stallings und Peres 2000; Unmüßig und Walther 1999). Während der Washington-Konsens lediglich versuchte, eine Agenda notwendiger Reformen für lateinamerikanische Länder zu definieren, die Anfang der 90er Jahre darauf abzielten, wieder Zugang zum internationalen Kapitalmarkt zu finden, dreht sich die Diskussion um einen Post-Washington-Konsens um ein hinreichendes Reformprogramm für ein nachhaltiges, armutsreduzierendes Wachstum in Schwellen- und Entwicklungsländern (Schweickert 2003).

John Williamson hat den Konsens in zehn Punkten zusammengefasst, die man unter die Oberbegriffe Stabilisierung, Marktöffnung und Liberalisierung stellen kann (Williamson 1996; Übersicht 2). Die Inter-American Development Bank (IADB) hat versucht, den Fortschritt der lateinamerikanischen Länder bei der Umsetzung der Forderung des Washington-Konsenses nach Marktöffnung und Liberalisierung in einem Index der Strukturreformen zu erfassen. Insgesamt wurden die Strukturreformen in 19 lateinamerikanischen Ländern für den Zeitraum 1985 bis 1999 bewertet; einschließlich der sieben größeren Schwellenländer Argentinien, Brasilien, Chile, Costa Rica, Mexiko, Uruguay und Venezuela (LA-7) sowie von Bolivien und Peru, zwei Niedrigeinkommensländer, die erhebliche Reformfortschritte gemacht haben.

Für die Strukturreformen in Lateinamerika lassen sich folgende Ergebnisse festhalten:

- Der Vergleich der Reformfortschritte in den 90er Jahren mit denen in den 80er Jahren zeigt, dass der Washington-Konsens das Reformtempo sowohl in den Schwellenländern als auch in den Entwicklungsländern positiv beeinflusst hat. In den Bereichen Finanzmarktreformen, Privatisierung und Öffnung des Kapitalverkehrs waren die Fortschritte in den 90er Jahren größer als in den 80er Jahren. Nur im Handelsbereich, der das höchste Reformniveau aufweist, ging das Reformtempo zurück. In den Bereichen Steuersystem und Arbeitsmarkt – letzterer wird im Washington-Konsens nicht explizit erwähnt – fanden weder in den 80er noch in den 90er Jahren wesentliche Reformen statt.
- Die Entwicklungsländer haben die Schwellenländer in den 90er Jahren bei den Strukturreformen eindeutig überholt. Das durchschnittliche Reformniveau war in den 90er Jahren insbesondere in den Bereichen Steuersystem, Privatisierung, Arbeitsmarkt und Kapitalverkehr höher. Im Handelsbereich sind die Unterschiede zwischen den Ländergruppen gering; im Finanzmarktbereich haben die Entwicklungsländer stark aufgeholt.

Im Global Competitiveness Report 2002–2003 des World Economic Forum (WEF) wird darauf verwiesen, dass die erzielten Reformfortschritte nicht mit den erzielten Wachstumsraten in Beziehung stehen (Larraín 2003). Dies ist auch nicht verwunderlich. Da der Index auf einen Bereich normiert wird, der vom schwächsten und vom stärksten Reformland bestimmt wird, fehlt der internationale Vergleich. Erst im Vergleich mit anderen Schwellenländern kann sich zeigen, was die Reformfortschritte in Lateinamerika wert sind. Außerdem wird der Einfluss der makroökonomischen Stabilität, eines wesentlichen Elementes des Washington-Konsenses, vernachlässigt.

Ein internationaler Vergleich der Reformfortschritte mit Hilfe des Index of Economic Freedom ergibt folgendes Bild (Schweickert und Thiele 2004):

- Die asiatischen Schwellen- und Entwicklungsländer schneiden bei der ökonomischen Freiheit durchaus nicht besser ab als die lateinamerikanischen Länder. Klarer Spitzenreiter in der hier betrachteten Gruppe ist Chile, das sowohl die im Durchschnitt beste Bewertung als auch den höchsten Fortschritt im betrachteten Zeitraum aufweist.
- Die Hochwachstumsländer unterscheiden sich von den Niedrigwachstumsländern signifikant hinsichtlich ihrer makroökonomischen Kennziffern. Hochwachstumsländer, zu denen neben den asiatischen Vergleichsländern auch Chile und Costa Rica zählen, sind gekennzeichnet durch niedrigere Inflationsraten, geringere Staatsdefizite, geringere Leistungsbilanzdefizite, reale Ab- statt Aufwertung, stabilere reale Wechselkurse, höhere Spar- und Investitionsquoten, höheres Exportwachstum und eine größere Offenheit. Dabei konnte insbesondere Chile auch von positiven Terms-of-Trade-Effekten profitieren, was allerdings nicht für die asiatischen Länder gilt. Der Erfolg der Hochwachstumsländer

gründete sich, begünstigt durch makroökonomische Stabilität, auf hohe Spar- und Investitionsquoten sowie ein hohes Exportwachstum.

Übersicht 2 — Der Washington-Konsens

Stabilisierung

Fiskalische Disziplin: Staatliche Budgetdefizite sollten so klein sein, dass sie ohne Hilfe der Inflationssteuer, d.h. der Notenpresse, finanziert werden können. Dies bedeutet in der Regel einen Budgetüberschuss vor Bedienung der Schulden, der vom jeweiligen Schuldenstand abhängt. Das Defizit nach Schuldenbedienung sollte dabei 2 Prozent nicht übersteigen.

Prioritäten setzen bei den Staatsausgaben: Staatsausgaben sollten zugunsten von Ausgaben mit hohem ökonomischen und sozialen Nutzen umstrukturiert werden. Dies bedeutet in der Regel weniger Mittel für Verwaltung, Verteidigung, Subventionen und Staatsunternehmen und mehr Mittel für Armutsbekämpfung, Gesundheit, Bildung und Infrastruktur.

Steuerreform: Steuern sollten auf breiterer Basis und dafür mit niedrigeren Steuersätzen erhoben werden. Dies bedeutet in der Regel eine deutliche Erleichterung der Steuererhebung.

Marktöffnung

Handelsliberalisierung: Mengenmäßige Beschränkungen des Handels sollten durch Zölle ersetzt, und diese sollten auf einen einheitlichen Zollsatz zwischen 10 und 20 Prozent reduziert werden. Dies erfordert einen Anpassungsprozess über drei bis zehn Jahre, der aufgrund schwieriger makroökonomischer Bedingungen unterbrochen werden kann.

Wechselkursanpassung: Multiple Wechselkurse sollten zumindest für Handelstransaktionen aufgegeben werden, wobei sich der einheitliche Wechselkurs auf einem Niveau bewegen sollte, dass das Wachstum nichttraditioneller Exporte ermöglicht und das auch durchgehalten werden kann.

Direktinvestitionen: Ausländische Direktinvestitionen sollten uneingeschränkt zugelassen werden, d.h. sie sollten wie inländische Investitionen behandelt werden.

Liberalisierung

Finanzmarktliberalisierung: Ziel ist es, dass die Zinssätze durch den Markt bestimmt werden. Voraussetzung ist jedoch ein hohes Vertrauen in den heimischen Kapitalmarkt. Ist dies zunächst nicht gegeben, so sind zumindest positive Realzinsen und gleiche Zinssätze für alle Schuldner mit gleichen Risiken sicherzustellen.

Privatisierung: Staatsunternehmen sollten privatisiert werden.

Deregulierung: Der Staat sollte sicherstellen, dass alle Regulierungen, die den Markteintritt neuer Unternehmen und den Wettbewerb behindern, abgebaut werden. Verbleibende Regulierungen seien zu rechtfertigen durch die Gewährleistung der Sicherheit, des Umweltschutzes und der Stabilität des Finanzsektors.

Eigentumsrechte: Das Rechtssystem sollte sichere Eigentumsrechte zu moderaten Kosten bereitstellen und auch für den informellen Sektor zugänglich machen.

- Die Hochwachstumsländer unterscheiden sich jedoch kaum von den Niedrigwachstumsländern im Ausmaß der ökonomischen Freiheit. Die Hochwachstumsländer schneiden nur unwesentlich besser ab, und Unterschiede zwischen asiatischen und anderen Ländern sind nicht auszumachen. Berechnet man einen Index für Struktur- und Ordnungspolitik, der die Geldpolitik außer Acht lässt, so schneiden die Hochwachstumsländer nicht besser und die asiatischen Länder deutlich schlechter ab als die jeweiligen Vergleichsgruppen. Ein eindeutiger Zusammenhang zwischen Struktur- und Ordnungspolitik bzw. dem Ausmaß der ökonomischen Freiheit und den erzielten Wachstumserfolgen besteht also tatsächlich nicht.

Diese Ergebnisse zusammen bestätigen die hohe Priorität der makroökonomischen Stabilität, die in jeder Konsensagenda für Schwellen- und Entwicklungsländer enthalten sein sollte. Sie bedeuten auch, dass "weniger Staat" nicht automatisch besser für die wirtschaftliche Entwicklung ist, sondern dass es auf die Definition geeigneter staatlicher Interventionen ankommt: Stabilisierung ist also notwendig aber nicht hinreichend.

Hier setzte dann auch die Kritik am Washington-Konsens an. Noch während seiner Amtszeit als Chefökonom der Weltbank prägte Joseph Stiglitz den Begriff "Post-Washington-Konsens" in einem Artikel mit dem programmatischen Titel "More Instruments and Broader Goals: Moving toward the Post-Washington Consensus" (Stiglitz 1998). Nicht alle dort geforderten Veränderungen dürften tatsächlich konsensfähig sein. Insbesondere die Aussage, dass die makroökonomische Stabilisierung nicht zu ehrgeizig sein sollte und z.B. Inflationsraten von bis zu 40 Prozent tolerabel seien, hat Stiglitz zwar bei NGO's viele Sympathien eingetragen. Sie wird aber gleichwohl eine Minderheitsmeinung bleiben. Ein breiter Konsens zeichnet sich jedoch in zwei von Stiglitz diskutierten Bereichen ab. Dies betrifft zum einen die Notwendigkeit, die reine Wachstumsbetrachtung um Armuts- und Verteilungsaspekte zu erweitern, wobei der Humankapitalbildung eine Schlüsselrolle zukommt. Zum anderen häuft sich die Evidenz dafür, dass nachhaltiges Wirtschaftswachstum ohne ein Mindestmaß an institutionellen Rahmenbedingungen nicht realisierbar ist. Beide Bereiche sind von erheblicher Relevanz, wenn es darum geht, die Entwicklungsunterschiede zwischen Lateinamerika und Asien zu erklären.

Die Beschränkung des Washington-Konsenses auf das Wachstumsziel lässt sich zum Teil aus der speziellen Problemlage der Volkswirtschaften Lateinamerikas in den 80er Jahren heraus erklären, reflektiert aber auch die zu dem Zeitpunkt vorherrschende Einschätzung, dass der Schlüssel zur Armutsbekämpfung in einer erfolgreichen Wachstumspolitik liege und es keiner eigenständigen Armutsreduzierungsstrategie bedürfe. Die Einkommensverteilung wurde ausgeblendet, weil nur die Verringerung der absoluten Armut als soziales Ziel allgemein akzeptiert wurde. Zudem legten entwicklungstheoretisch begründete Analysen einen trade-off zwischen Wirtschaftswachstum und einer möglichst gleichmäßigen Verteilung der Einkommen nahe: Zunächst müssten Investoren starke Anreize für die Bildung von Produktionskapazitäten erhalten, die erzielten Einkommenszuwächse würden dann nach und nach zu den übrigen Bevölkerungsgruppen durchsickern ("trickle down"). Insgesamt ist dies nicht hinreichend, um sozialverträgliches Wachstum zu erzeugen. Ein positiver Beitrag *dauerhaften* Wachstums zur Armutsreduzierung lässt sich in der Tat nachweisen (Dollar und Kraay 2001).

Wachstum alleine dürfte allerdings für eine konsequente Armutsbekämpfung nicht ausreichen, insbesondere dann nicht, wenn man das Ziel verfolgt, die Armen im Rahmen einer pro-poor-growth-Strategie überproportional am Wachstum teilhaben zu lassen (Schweickert und Thiele 2004; siehe auch die Diskussion in Teil 4):

- Es gibt deutliche Hinweise darauf, dass diejenigen innerhalb der Gruppe der Armen, die über keinerlei Aktiva (Humankapital, Sachkapital, Land, Netzwerke) verfügen, von der allgemeinen Wachstumsdynamik weitgehend ausgeschlossen bleiben (z.B. Christiaenson et al. 2002; Klasen 2003).
- Die anhaltend große Bedeutung des informellen Sektors in fast allen lateinamerikanischen Ländern ist allerdings nicht nur eine Folge der mangelnden Ressourcenaustattung der Armen, sondern lässt sich zum Teil auch mit Arbeitsmarktregulierungen erklären, die im Widerspruch zu den Empfehlungen des Washington-Konsenses vielfach unverändert geblieben sind.
- Der zwischen egalitärer Verteilung und Wachstum postulierte Gegensatz wird in der neueren Literatur in Frage gestellt. Dies ist besonders offensichtlich im Bereich der Humankapitalbildung. Der Zusammenhang zwischen Humankapitalakkumulation und Wirtschaftswachstum ist in einer Vielzahl von vorwiegend makroökonomischen Länderquerschnittsanalysen untersucht worden, wobei die Hypothese einer positiven Wirkung häufig Bestätigung findet (z.B. Mankiw et al. 1992; Dollar und Kraay 2001). Es gilt aber auch für Kleinbauern und Kleinunternehmer, bei denen häufig unsichere oder fehlende Eigentumsrechte an Böden und Gebäuden der Versorgung mit Krediten im Wege stehen (de Soto 2000). Fallstudien für China und Peru deuten darauf hin, dass Eigentumstitel die Kreditversorgung verbessern und im Durchschnitt zu höheren Investitionen der Begünstigten führen (Deininger und Jin 2003; Larson et al. 2003).
- Unabhängig davon, ob man institutionelle Qualität anhand eines breiten Indikators misst oder spezifischere Einzelindikatoren, wie die Sicherheit der Eigentumsrechte, verwendet, erweist sie sich als wichtige erklärende Variable für internationale Entwicklungsunterschiede (Edison 2003). Die sechs erwähnten Teilindikatoren scheinen Querschnittsanalysen zufolge in etwa gleichbedeutend für die wirtschaftliche Entwicklung zu sein (Kaufmann und Kraay 2002). Eine bewusst zuspitzende Simulationsrechnung kommt zum Beispiel zu dem Ergebnis, dass Bolivien nahezu das Pro-Kopf-Einkommen Südkoreas erreichen könnte, wenn die institutionelle Qualität in beiden Ländern identisch wäre (Rodrik 2003).

4. Ebnet die HIPC-Initiative den Weg zu sozialverträglicher Anpassung?

Die Kritik am Washington-Konsens sowie an IWF und Weltbank hat zusammen mit der wachsenden Literatur zu den Verteilungsergebnissen von Anpassungsprogrammen und den Determinanten sozialverträglichen Wachstums durchaus Wirkung gezeigt. Deutlichstes Beispiel sind hierfür die Armutsreduzierungsstrategien und die HIPC-Initiative zum Schuldenerlass für hochverschuldete, arme Länder (Highly Indebted Poor Countries).

Im Jahre 1996 begannen Weltbank und IWF eine umfassende Initiative zur Reduzierung der externen Schuldenlast der hoch verschuldeten Entwicklungsländer, die so genannte „Entschuldungsinitiative" oder „HIPC-Initiative". Ein weltweites Bündnis von NGO's kritisierte, dass die Schritte nicht weit genug gingen. Daraufhin wurde im Jahre 1999 auf dem G7-Gipfel in Köln die Ausweitung der Initiative beschlossen. Die Entschuldungsinitiative sieht eine weit reichende Entschuldung der HIPC-Länder vor. Allerdings müssen sich diese im Gegenzug darauf verpflichten, ihre Entwicklungspolitik auf die Armutsbekämpfung auszurichten. Sie erstellen Armutsstrategiepapiere (Poverty Reduction Strategy Papers, PRSP) nach den Prinzipien der Transparenz, Partizipation und Eigenverantwortlichkeit.

Bei der Entscheidung für das Modell nationaler Armutsbekämpfungsstrategien (Poverty Reduction Strategies, PRS) war die Annahme maßgeblich, dass die durch die Entschuldung freigegebenen Mittel nun im Sinne einer klaren und nachhaltigen Armutsminderung eingesetzt werden. Im Einzelnen verspricht man sich von PRS:

- Armutsbekämpfung wird als gesamtgesellschaftliche Herausforderung angenommen, an der auch Parlament, Zivilgesellschaft und Bürger teilhaben.
- Dic Vielschichtigkeit von Armut und ihrer Ursachen werden anerkannt und in den Strategien der Armutsbekämpfung berücksichtigt.
- Es werden mittel- und langfristige Strategien festgelegt und mit klaren Erfolgsindikatoren belegt.
- Die Fortschritte bei der Umsetzung der Strategien werden analysiert und öffentlich diskutiert (PRS-Monitoring)

Der IWF legte im Rahmen dieser neuen Entwicklungstrategie die Poverty Reduction and Growth Facility (PRGF) auf, deren Inanspruchnahme an die Erstellung eines PRSP geknüpft ist. Das komplementäre Finanzierungsinstrument der Weltbank sind die Poverty Reduction Support Credits (PRSC), mit denen die Ausführung der Reformen, die in den PRSP zur Armutsreduzierung vorgeschlagen werden, finanziert werden sollen. Während die Weltbank mit ihren PRSC typischerweise Reformen im öffentlichen Sektor und armutsorientierte Sektorpolitiken finanziert, unterstützt der IWF mit seiner PRGF insbesondere makroökonomische Reformen, z.B. in der Wechselkurs- und Steuerpolitik. Sich überschneidende Aufgaben werden von beiden Institutionen in enger Koordination bearbeitet.

Bolivien ist ein sehr gutes Beispiel für die Zielgruppe der HIPC-Initiative und für die Notwendigkeit, eine Armutsreduzierungsstrategie zu formulieren: Das Land ist arm, hoch verschuldet und reformwillig. Seit Mitte der 80er Jahre hat Bolivien – stets begleitet von IWF und Weltbank – einschneidende Stabilisierungsmaßnahmen (1986-89) und weit reichende Strukturanpassungsmaßnahmen sowie ordnungspolitische und soziale Reformen (1990 bis heute) durchgeführt (vgl. Schweickert at al. 2003; Klasen et al. 2004). Bolivien erhielt dann auch nach Vorlage einer Armutsreduzierungsstrategie im Rahmen der HIPC- und der HIPC-II-Initiative insgesamt 2 Mrd. US-Dollar, die sich auf die Jahre 1999 und 2018 verteilen (Andersen und Nina 2001).

Die bolivianische Regierung setzte sich in ihrer Armutsreduzierungsstrategie sehr ehrgeizige Ziele (República de Bolivia 2001). Bis 2015 sollte die Armut von 63 auf 41 Prozent und die extreme Armut von 37 auf 17 Prozent sinken. Außerdem sollte die Lebenserwartung von 62 auf 69 Jahre und die Rate der achtjährigen Schulverweildauer von 51 auf 67 Prozent steigen. Bereits nach vierjähriger HIPC-Laufzeit war deutlich geworden, dass diese ehrgeizigen Ziele nicht erreicht werden können (Gobierno de Bolivia 2002). Es ist außerdem unsicher, ob selbst die drastisch revidierten Ziele bei der Verringerung der Armut (von 41 auf nunmehr 53 Prozent) und bei der Verringerung der extremen Armut (von 17 auf nunmehr 27 Prozent) realisiert werden können. Verschiedene Simulationsstudien des Instituts für Weltwirtschaft legen den Schluss nahe, dass dies angesichts der Restriktionen, denen Wachstums- und Verteilungsprozesse in Bolivien unterliegen, eher nicht möglich sein dürfte:

- Selbst unter den optimistischen Annahmen des PRSP könnte Bolivien trotz nachhaltigen Wachstums von nahezu 5% nur eine moderate Minderung der Armut bei gleichzeitig zunehmender regionaler Ungleichheit zwischen Stadt und Land erreichen (Klasen et al. 2006). Externe Schocks, wie sie das Land in den 90er Jahren erlebte (Verschlechterung der terms-of-trade, El Niño und rückläufige Kapitalzuflüsse) würden zu erheblichen Wachstumseinbußen und höheren Armutsraten führen (Lay et al. 2004). Angesichts der starken Dollarisierung der bolivianischen Volkswirtschaft und der Abhängigkeit von Auslandskapital können Wechselkurs- und Geldpolitik nur einen begrenzten Beitrag zur Abschwächung derartiger Schocks leisten (Schweickert et al. 2005).
- Zusätzliche ausländische Direktinvestitionen sowie die Entdeckung neuer Gasvorkommen und die Expansion von Gasexporten, obwohl wachstumsfördernd, reduzieren die städtische Armut und führen im allgemeinen zu zunehmender Ungleichheit und höherer Armut auf dem Land (Nunnenkamp et al. 2006; Lay et al. 2006). Reformen des Arbeitsmarktes und Steuerreformen haben ebenfalls das Potential, das Wachstum zu steigern und die städtische Armut zu mindern, wirken sich jedoch kaum auf das Ausmaß der Armut auf dem Land aus (Lay et al. 2007). Vermehrte Gasexporte in Verbindung mit Arbeitsmarkt- und Steuerreformen erzielen dic höchsten Wachstumsraten. In Kombination mit zielgrup-

penorientierten Transfers kann dies die ländliche Armut reduzieren (Klasen et al. 2004). Andere gezielte Interventionen zugunsten armer Bevölkerungsgruppen, wie Verbesserungen beim Kreditzugang, bei Agrartechnologien und ländlicher Infrastruktur wirken sich mittelfristig kaum auf die Armutssituation aus, obwohl langfristig mit einer erheblichen Reduzierung der Armut zu rechnen ist (Thiele und Wiebelt 2004; Klasen et al. 2004).

Im institutionellen Bereich lässt sich allerdings ein deutlicher Einfluss der HIPC-Initiative und der damit verbundenen Notwendigkeit erkennen, eine Armutsreduzierungsstrategie zu formulieren und in einen Dialog mit sozial relevanten Gruppen der Bevölkerung einzutreten (Escóbar Llanos und Vásquez Grandchant 2002). Die Institutionen der Demokratie und der Marktwirtschaft müssten sich aber besser ergänzen, um soziale Konflikte zu vermeiden, die sich aus der sehr ungleichen Einkommensverteilung und dem hohen Grad an Informalität im Wirtschaftsprozess ergeben können. Die arme Bevölkerung war in der Vergangenheit nicht nur von der Politik, sondern auch von der wirtschaftlichen Aktivität weitgehend ausgeschlossen. Dies zu ändern ist aber genau das Anliegen der Armutsreduzierungsstrategie und des nationalen Dialogs. Die Implementierung einer solchen Strategie kann also als institutionelle Reform bewertet werden, die bereits deutliche Wirkung zeigt. So belegte die "Bewegung für den Sozialismus" (MAS) unter Evo Morales bei den Präsidentschaftswahlen im Jahr 2002 den zweiten Platz – mit einem Stimmenanteil von 21 Prozent im Vergleich zu lediglich 3 Prozent bei den vorherigen Wahlen. Im Januar 2006 übernahm Evo Morales nach einem Erdrutschsieg bei den vorgezogenen Parlamentswahlen als erster Indigenenvertreter in der Geschichte Boliviens das Präsidentenamt. Er strebt umfassende, von den Interessen der indigenen Bevölkerungsmehrheit geprägte Veränderungen von Wirtschaft und Politik an, die ab Mitte 2006 im Rahmen einer verfassungsgebenden Versammlung zu einer Neuorientierung des Landes führen sollen.

Alles in allem lassen die am Institut für Weltwirtschaft durchgeführten Analysen den Schluss zu, dass die Fortschritte bei der Armutsbekämpfung seit 1985 eher bescheiden gewesen sind, wenn man die erzielten Stabilisierungs- und Wachstumserfolge als Referenz zugrundelegt. Die im Rahmen der HIPC-Initiative entwickelte Armutsreduzierungsstrategie ist vor allem als institutionelle Reform zu würdigen, die einen Rahmen für den nationalen Dialog liefert, arme Bevölkerungsgruppen dadurch stärker in den politischen Prozess einbindet und durch quantitative Zielvorgaben das Problembewusstsein stärkt.

Bei der konkreten Ausgestaltung ergeben sich aufgrund der Projektergebnisse folgende grundsätzliche Kritikpunkte:

- Die Strategie setzt auf Wachstum ohne Umverteilung. Dabei wird von unrealistisch optimistischen Annahmen ausgegangen, während die Projektergebnisse klar aufgezeigt haben, dass selbst die relativ hohen Wachstumsraten der 90er Jahre bei dem geringen Investitionsniveau nicht dauerhaft sein können. Wie ein für eine nachhaltige Armutsbekämpfung hinreichendes Wachstum zustande kommen soll, bleibt weitgehend unklar. Die Bewahrung der makroökonomischen Stabilität ist hierfür sicher notwendig, aber nicht hinreichend.

- Die Strategie setzt auf externe Finanzierung und verschleiert so die Notwendigkeit eigener Anstrengungen. Die Umlenkung von Finanzmitteln von der Schuldenbedienung zur Armutsbekämpfung kann die Armut zwar lindern, aber kaum ernsthaft bekämpfen. Dazu sind die frei werdenden Mittel nach den Anfangsjahren zu gering. Es kann sich hier lediglich um eine Art externen Zuschuss handeln.
- Die Strategie setzt eher auf das Gießkannenprinzip, anstatt Prioritäten aufzustellen. Offenbar ist es schwierig, in einem nationalen Dialog alle Bevölkerungsgruppen einzubinden und die Interessen aller Provinzen zu berücksichtigen und gleichzeitig die knappen Mittel zu konzentrieren.

Grundsätzlich sollte eine Armutsreduzierungsstrategie auf Kapitalbildung abstellen, um so die Armut direkt durch bessere Entwicklungschancen für die arme Bevölkerung und indirekt durch mehr und langfristig stabiles Wirtschaftswachstum zu mindern. Im Fokus eines verstärkten Kapitalbildungsprozesses sollten zwei zentrale Bereiche stehen – die traditionelle Landwirtschaft und der städtische Arbeitsmarkt:

- Querschnittsaufgabe traditionelle Landwirtschaft: Eigentumstitel müssen hier formalisiert oder durch geeignete Alternativen ersetzt werden, um den Kleinbauern Zugang zum formalen Kreditmarkt zu verschaffen; Mikrokreditinitiativen können eine ergänzende Rolle spielen. Investitionen in Forschung, Infrastruktur und Vorschulen müssen neben der Schaffung von erreichbaren Bildungsabschlüssen die Angebotsbedingungen und die soziale Mobilität verbessern.
- Querschnittsaufgabe städtischer Arbeitsmarkt: Können die Bedingungen für soziale Mobilität im ländlichen Bereich nicht schnell genug verbessert werden, oder stößt dies aus Kostengründen etwa bei der Bereitstellung von Basisdienstleistungen an Grenzen, so sind die Bedingungen für die Eingliederung von Migranten in den formalen städtischen Arbeitsmarkt zu verbessern. Hier sind in erster Linie Deregulierungsbemühungen gefragt, um die Zugangsschranken zu senken. Unterstützt werden sollte dies durch berufsbezogene Bildungsabschlüsse, Umwidmung von Bildungsausgaben zu Gunsten von Vorschulen und der Sekundarstufe, Unterstützung bei der Schaffung von Wohnungseigentum und einer effizienten Bereitstellung von Basisdienstleistungen, die auch die Instandhaltung bestehender Anlagen mit einschließt.

Auch die HIPC-Initiative, dies verdeutlicht das Beispiel Bolivien, ist also ein weiterer aber unzureichender Schritt auf dem Weg zur Bekämpfung des sozialen Problems in Entwicklungsländern. Im Zentrum der Debatte stehen immer mehr eigenständige, auf ein breitenwirksames, das heißt armutsreduzierendes Wachstum ausgerichtete Programme.

5. *Ausblick: Breitenwirksames Wachstum*

Die Fokussierung der internationalen Entwicklungspolitik auf das Ziel der Armutsreduzierung hat die Frage nach Wachstumsstrategien aufgeworfen, welche insbesondere die Einkommen der Armen erhöhen, d.h. breitenwirksam sind. Länderübergreifende makroökonomische Analysen konnten bisher auf diese Frage nur unzureichend antworten. Sie fanden zwar generell einen positiven Zusammenhang zwischen Wirtschaftswachstum und Armutsreduzierung und konnten bestimmte makroökonomische Politiken als besonders wachstumsfördernd herausstellen. Die Heterogenität der Ländererfahrungen bei Wachstum und Armutsreduzierung erschwerten es, hieraus allgemeingültige Zusammenhänge abzuleiten. Deshalb haben Ende 2003 die Agence Française de Développement, das Bundesministerium für wirtschaftliche Zusammenarbeit (mit der Kreditanstalt für Wiederaufbau / KfW sowie der Gesellschaft für technische Zusammenarbeit / GTZ), das Department for International Development (Großbritannien) und die Weltbank ein Projekt mit dem Titel ´Operationalizing Pro-Poor Growth` (OPPG) ins Leben gerufen. Kern dieses Projektes waren 14 Länderstudien (Bangladesch, Bolivien, Brasilien, Burkina Faso, El Salvador, Ghana, Indien, Indonesien, Rumänien, Sambia, Senegal, Tunesien, Uganda und Vietnam), die systematisch die Armuts- und Verteilungswirkungen von Wirtschaftswachstum analysieren sollten.[4] Die Studie für Bolivien wurde von der Universität Göttingen in Zusammenarbeit mit dem Institut für Weltwirtschaft durchgeführt.

Zunächst haben die Länderstudien bestätigt, dass Wirtschaftswachstum zwar generell armutsmindernd wirkt — im Durchschnitt hat in den 14 Ländern ein einprozentiger Anstieg des BIP pro Kopf die Armut um 1,7 Prozent reduziert — und sicher als notwendige Bedingung für Armutsreduzierung angesehen werden muss. Wie die obige Abbildung zeigt, kann der Zusammenhang von Land zu Land aber ganz unterschiedlich ausfallen. Diese Heterogenität liegt zum einen in den Ausgangsbedingungen und zum anderen in den Quellen des Wachstums begründet.

Als relevante Ausgangsbedingungen sind insbesondere die folgenden zu nennen: Die Bevölkerungsdichte und der Urbanisierungsgrad, da sie Marktzugang und Transaktionskosten beeinflussen; der Anteil der armen Bevölkerung, der in der Landwirtschaft tätig ist, da dies Einfluss darauf hat, inwieweit Armutsreduzierung über Wachstum außerhalb der Landwirtschaft erreicht werden kann. Klimatische Schwankungen, da sie investitions- und wachstumshemmend sind; die Ungleichheit der Verteilung von Einkommen, Vermögen (insbesondere Land) und Humankapital,

4 Die Länderstudien sowie die zugehörigen thematischen Studien und eine Zusammenfassung der Ergebnisse stehen auf der Projektseite des BMZ (2005).

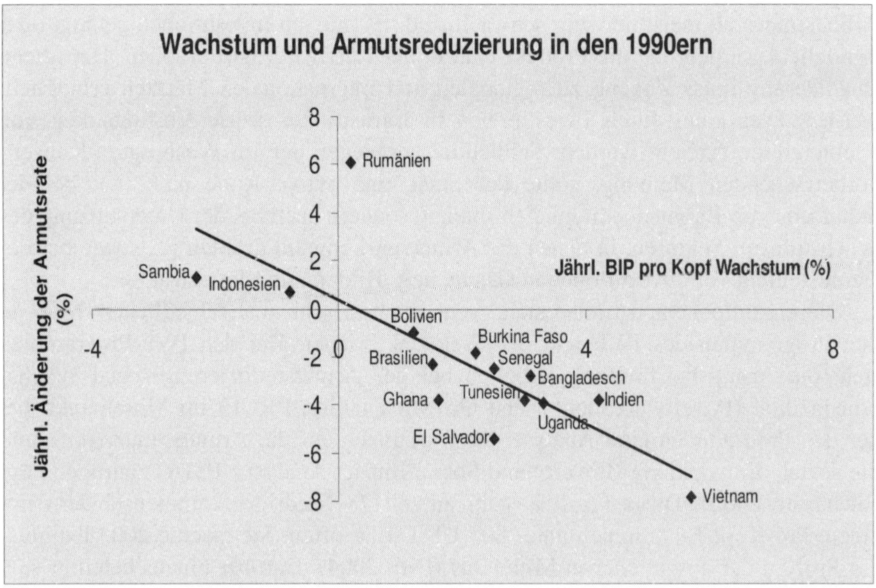

weil sie ärmere Bevölkerungsgruppen von produktiven Investitionen abhält und damit dauerhaft vom Wachstum ausschließt; und die Qualität und Kapazität staatlicher Institutionen, da diese Einfluss darauf haben, inwieweit öffentliche Investitionen der armen Bevölkerung zugute kommen.

Hinsichtlich der Quellen des Wachstums ist es wichtig, nach dem Entwicklungsstand der Länder zu unterscheiden. In den aufstrebenden Niedrigeinkommensländern Asiens hat insbesondere der starke Anstieg der Produktivität in der Landwirtschaft zu breitenwirksamem Wachstum beigetragen. Der Produktivitätsanstieg wurde v.a. durch öffentliche Investitionen in landwirtschaftliche Forschung und breiten Zugang zu Bewässerungssystemen, Dünger und Pestiziden getragen. In Vietnam haben darüber hinaus eine Landreform sowie Handels- und Preisliberalisierung wichtige Impulse gesetzt. In den Niedrig- und Mitteleinkommensländern Lateinamerikas hat insbesondere eine gute Entwicklung des sekundären und tertiären Sektors zum Wachstum beigetragen, welches über eine verstärkte Migration vom Land in die Städte und einer dadurch verursachten Erhöhung der Arbeitsproduktivität im landwirtschaftlichen Sektor teils armutsmindernd wirkte. Allerdings stellt die noch sehr ungleiche Landverteilung weiterhin ein Hindernis dar. In den Niedrigeinkommensländern Afrikas hat gerade die nur sehr langsame Erhöhung und teilweise sogar stagnierende Entwicklung der Produktivität in der Landwirtschaft dazu geführt, dass Wachstum oft nur wenig breitenwirksam war. Für diese Gruppe sind insbesondere die folgenden Maßnahmen für eine nachhaltige Armutsreduzierung wichtig: Wachstum muss zunächst dort entstehen, wo die arme

Bevölkerung arbeitet, da die Spill-over-Effekte aus Sektoren mit geringer Arbeitsintensität meist nur sehr schwach sind. Es müssen Investitionen getätigt oder ermöglicht werden, die die Produktivität in der Landwirtschaft erhöhen. Der armen Bevölkerung muss Zugang zu regionalen und internationalen Märkten ermöglicht werden. Dies kann durch Investitionen in Infrastruktur sowie Verfügbarkeit von Kleinkrediten erreicht werden. Schließlich, entgegen der im Washington-Konsens vorherrschenden Meinung, sollte der Staat eine aktive Rolle nicht nur bei der Schaffung von Rahmenbedingungen spielen, sondern auch bei der Unterstützung des Wachstums in Sektoren, in denen die Armutswirkung am größten ist, sowie bei der Bereitstellung von Investitionen in Gesundheit, Bildung und Infrastruktur.

Diese Komponenten finden sich, wenn auch in sehr unterschiedlichem Maß, in den Programmen des IWF und der Weltbank wieder. Bei den IWF-Programmen steht die Armutsbekämpfung lediglich bei der Armutsreduzierungs- und Wachstumsfazilität (Poverty Reduction and Growth Facility; PRGF) im Mittelpunkt, bei der den Programmen eine Analyse der Wirkungen auf die Armutsreduzierung und die soziale Entwicklung (Poverty and Social Impact Analysis; PSIA) zugrunde liegt (Inchauste 2002). Diese Fazilität steht zurzeit 78 Niedrigeinkommensländern mit einem Pro-Kopf-Einkommen unter 895 US-Dollar offen. Sie machte 2003 lediglich 7,4 Prozent der ausgeliehenen Mittel aus (IMF 2004). Darüber hinaus beteiligt sich der IWF mit der Weltbank am HIPC-Programm, verlässt sich allerdings bei der PRGF weitgehend auf die Expertise der Weltbank. Im Sinne einer effektiven Arbeitsteilung entfällt die Hauptlast bei der Berücksichtigung der sozialen Dimension von Reformen in Entwicklungsländern auf die Weltbank. So fordert deren Praxishandbuch zur entwicklungspolitischen Kreditvergabe (Operational Manual of Development Policy Lending), dass bei der Ausgestaltung Armuts- und Sozialfolgen zu berücksichtigen sind. Das Development Policy Lending macht allerdings nur etwa ein Drittel der Kreditaktivitäten der Weltbank aus. Sehr viel wichtiger ist die Vergabe von Krediten für Projekte. In einer aktuellen Studie der Weltbank (2005) wurden die Bedeutung und die Wirkung der Berücksichtigung der sozialen Entwicklung untersucht. Die Weltbank stellt hier folgendes fest: „Social development matters for project success, and there is a strong positive association between including social development themes and project success“ (World Bank 2005: xiv).[5] Die Untersuchung ergab allerdings auch, dass die Berücksichtigung sozialer Belange noch nicht ausreichend sei und nicht immer in einer konsistenten Weise erfolge.

Insgesamt bleibt also festzustellen, dass der IWF sich der sozialen Dimension seiner Programme so weit geöffnet hat, wie es ihm nach seiner Aufgabenstellung möglich erscheint. Die Berücksichtigung der sozialen Komponente, vor allem der Armutsbekämpfung, geschieht hauptsächlich in der PRGF und in den HIPC-Pro-

5 „Soziale Entwicklung bestimmt den Projekterfolg mit, denn es existiert eine starke positive Korrelation zwischen der Berücksichtigung von Aspekten sozialer Entwicklung und dem Projektergebnis.“ [Ü.d.V.].

grammen. Bei der Weltbank ist zu erkennen, dass die soziale Komponente in einer immer konsistenteren Weise berücksichtigt wird. Zumindest gehen die Diskussionen um ein breitenwirksames Wachstum, an denen sich die Weltbank aktiv beteiligt, in diese Richtung.

Immer deutlicher wird dabei zum Beispiel, dass es *das* richtige Reformprogramm zur Armutsreduzierung nicht geben kann. Wie Rodrik in seinem Beitrag *Goodbye Washington Consensus, Hello Washington Confusion* (Rodrik 2006) eindrucksvoll beschreibt, geht es darum, für jedes Land die entscheidenden Eng-pässe im Wachstumsprozess und bei der Armutsreduzierung zu finden und länderspezifische Lösungen zu entwerfen und umzusetzen. Dabei ist die konsistente Berücksichtigung sozialer Aspekte ein zentraler Punkt. Ohne die Berücksichtung sozialer Aspekte können selbst gut gemeinte und gut entworfene Reformprogramme erhebliche negative Wirkungen haben. Von den Kritikern, zu denen auch Rodrik gehört, werden die Fortschritte, die von den internationalen Institutionen auf diesem Weg bisher gezeigt wurden, durchaus anerkannt. Die Diskussion muss jedoch weitergehen – hier ist Rodrik zuzustimmen und dies belegen auch die Defizite, die gerade durch interne Evaluierungen der Weltbank aufgezeigt werden.

Literaturverzeichnis

Andersen, L. E., O. Nina (2001). The HIPC Initiative in Bolivia. *Canadian Journal of Development Studies* 22 (2): 343–375.

BMZ (2005). Forschung Pro-Poor Growth. (http://www.bmz.de/de/themen/ armut/ arbeitsfelder/wirtschaft/Forschung.html).

Christiaensen, L., L. Demery, S. Paternostro (2002). *Reforms, Economic Growth, and Poverty Reduction in Africa: Messages from the 1990s.* The World Bank, Washington, D.C.

Corden, M.W. (1989). *Protection and Liberalization: A Review of Analytical Issues.* IMF Occasional Papers 54. Washington, D.C.

Cornia, G.A., R. Jolly, F. Stewart (Hrsg.)(1987). Adjustment With a Human Face. Vol. I: Protecting the Vulnerable and Growth. Oxford.

De Soto, H. (2000). The Mystery of Capital: Why Capitalism Triumphs in the West and Fails Everywhere Else. London.

Deininger, K., S. Jin (2003). The Impact of Property Rights on Households' Investment, Risk Coping, and Policy Preferences: Evidence from China. *Economic Development and Cultural Change* 51 (4): 851–882.

Dollar, D., A. Kraay (2001). *Growth Is Good for the Poor.* Policy Research Working Paper 2587. The World Bank, Washington, D.C.

Edison, H. (2003). Testing the Links: How Strong are the Links Between Institutional Quality and Economic Performance. *Finance&Development* 40 (2): 35–37.

Escóbar Llanos, F., C. Vásquez Grandchant (2002b). *Institucionalidad y Desarrollo en Bolivia.* Documento de Trabajo 03/02, Instituto de Investigaciones Socio-Económicas, Universidad Católica Boliviana, La Paz.

Fischer, S. (1993). The Role of Macroeconomic Factors in Growth. *Journal of Monetary Economics* 32 (3): 485–512.

Gobierno de Bolivia (2002). Estrategia Boliviana de la Reducción de la Pobreza: Informe de Avance y Perspectivas (Preliminar). La Paz.

IMF (1999). Statement by the Managing Director on Reform of the Enhanced Structural Adjustment Facility and Poverty Reduction Strategies. Executive Board Meeting, September 13 (http://www.imf.org/ external/ up/esafhipc/ 1999/ 99107.htm).

IMF (2000). *Social Issues in IMF-Supported Programs.* Occasional Paper 191. Washington D.C.

IMF (2004). Report on Access to Fund Resources During 2003. Washington, D.C.

Inchauste, G. (2002). Poverty and Social Impact Analysis in PRGF-Supported Programms. IMF Policy Discussion Paper PDP/02/11. Washington, D.C.

Jayarajah, C., W. Branson, B. Sen (1996). *Social Dimensions of Adjustment.* World Bank Experience, 1980-93. Washington, D.C.

Kaufmann, D., A. Kraay (2002). Growth Without Governance. *Economia* 3(1): 169–229.

Killick, T. (1993). The Adaptive Economy. Adjustment in Small Low-Income Countries. Washington, D.C.

Klasen, S. (2003). In Search of the Holy Grail: How to Achieve Pro-Poor Growth. In: R. Tungodden und N. Stern (Hrsg.), *Towards Pro-Poor Policies.* Washington und Oslo: Oxford University Press.

Klasen, S. M. Grosse, J. Lay, J. Spatz, R. Thiele, M. Wiebelt (2006). Analyzing Pro-Poor Growth in Bolivia: Addressing Data Gaps and Modelling Policy Choices. In: M. Grimm, A. McKay, and S. Klasen (eds), *Determinants of Pro-Poor Growth: Analytical Issues and Findings from 14 Country Case Studies.* Palgrave-Macmillan (erscheint demnächst).

Klasen, S., M. Grosse, J. Lay, J. Spatz, R. Thiele, M. Wiebelt (2004). *Operatio-nalising Pro-Poor Growth – A Country Case Study on Bolivia.* (http://www. bmz. de/de/themen/armut
/arbeitsfelder/wirtschaft/LaenderstudieBolivien.pdf).

Larraín, F. (2003). Lights and Shadows of Latin American Comeptitiveness. In: World Economic Forum (WEF), *The Global Competitiveness Report 2002-2003.* New York, Oxford.

Larson, J., S.M. Smith, D.G. Abler, C. Trivelli (2003). An Economic Analysis of Land Titling in Peru. *Quarterly Journal of International Agriculture* 42 (1): 79–97.

Lay, J., R. Thiele, M. Wiebelt (2004). *Pro-poor Growth in Bolivia: Accounting for External Shocks and Policy Reforms*. Kiel Working Paper No. 1231. Kiel Institute for World Economics. Kiel.

Lay, J., R. Thiele, M. Wiebelt (2006). *Resource Booms, Inequality, and Poverty: The Case of Gas in Bolivia*. Kiel Working Paper. Kiel Institute for World Economics. Kiel (erscheint demnächst).

Lay, J., R. Thiele, M. Wiebelt (2007). Shocks, Policy Reforms, and Pro-poor Growth in Bolivia: A Simulation Analysis. *Review of Development Economics* (erscheint demnächst).

Mankiw, N.G., D. Romer, D.N. Weil (1992). A Contribution to the Empirics of Economic Growth. *Quarterly Journal of Economics* 107 (2): 408–437.

Nunnenkamp, P., R. Schweickert, M. Wiebelt (2006). *Distributional Effects of FDI: How the Interaction of FDI and Economic Policy Affects Poor Households in Bolivia* Kiel Working Paper No. 1281. Kiel Institute for World Economics. Kiel.

República de Bolivia (2001). *Bolivia: Poverty Reduction Strategy*. La Paz.

Rodrik, D. (2003). The Primacy of Institutions (and What this Does and Does Not Mean). *Finance&Development* 40 (2): 31–34.

Rodrik, D. (2006). Goodbye Washington Consensus, Hello Washington Confusion? Harvard University. Cambridge / Mass (Mimeo).

Schweickert, R. (2003). Vom Washington-Konsens zum Post-Washington-Dissens? Glaubwürdigkeit, Timing und Sequencing wirtschaftlicher Reformen. *Die Weltwirtschaft* (3): 299–312.

Schweickert, R., R. Thiele (2004). Makroökonomische Stabilisierung und Wirtschaftswachstum in Lateinamerika: Was bringt die Debatte über den Washington-Konsens? Kieler Arbeitspapiere 1202. Kiel.

Schweickert, R., R. Thiele, M. Wiebelt (2003). Makroökonomische Reformen und Armutsbekämpfung in Bolivien: Ebnet die HIPC-Initiative den Weg zu sozialverträglicher Anpassung? Kieler Diskussionsbeiträge 398. Kiel Institute of World Economics, Kiel.

Schweickert, R., R. Thiele, M. Wiebelt (2005). Macroeconomic and Distributional Effects of Devaluation in a Dollarized Economy: A CGE Analysis for Bolivia. IAI Discussion Paper 120, University of Göttingen.

Stallings, B., W. Peres (2000). Growth, Employment, and Equity. United Nations, Economic Commission for Latin America and the Caribbean. Washington, D.C.

Stiglitz, J. (1998). More Instruments and Broader Goals: Moving toward the Post-Washington Consensus. WIDER Annual Lectures 2. Helsinki.

Thiele, R., M. Wiebelt (2000). Sind die Anpassungsprogramme von IWF und Weltbank gescheitert? Eine Bilanz der Erfahrungen von zwei Jahrzehnten. Kieler Diskussionsbeiträge 357. Institut für Weltwirtschaft, Kiel.

Thiele, R., M. Wiebelt (2004). Growth, Poverty, and Income Distribution in Bolivia: A Regional and Sectoral Perspective. In M. Krakowski (ed.), *Attacking Poverty: What makes growth pro-poor*? HWWA Studies 75, Baden-Baden, pp. 145-170.

Unmüßig, B., M. Walther (1999). Strukturanpassung in Afrika: Warten auf den Post-Washington Konsensus. *Entwicklung & Zusammenarbeit* 40 (9): 247–250.

Williamson, J. (1990). *Latin American Adjustment: How Much Has Happened?* Institute for International Economics, Washington D.C.

Williamson, J. (1996). Lowest Common Denominator or Neoliberal Manifesto? The Polemics of the Washington Consensus. In: R.M. Auty und J. Toye (Hrsg.), *Challenging the Orthodoxies*. Basingstoke, Hampshire: 13–22.

Wolfensohn, J.D. (1999). *A Proposal for a Comprehensive Development Framework*. World Bank, Washington D.C.

World Bank (2005). Putting Social Development to Work for the Poor – An OED Review of World Bank Activities. Washington, D.C.

Jürgen Stetten
Frank Schroeder

Chancen und Defizite: Der Beitrag des ECOSOC und der SEK

Die Rolle der Vereinten Nationen in der Globalisierungsdebatte

Die Vereinten Nationen (VN) fristen im Prozess der Gestaltung der wirtschaftlichen Globalisierung ein Schattendasein. Zwar haben die VN-Weltkonferenzen während der letzten 15 Jahre kaum ein Feld globaler Politik ausgespart. Das Tempo des Globalisierungsprozesses bestimmen indessen andere Organisationen – allen voran die Welthandelsorganisation (WTO) in Genf und die Bretton Woods Organisationen (BWI) in Washington. Die Versuche der Vereinten Nationen, der Dominanz dieser Institutionen mit dem Weltsozialgipfel in Kopenhagen (1995) und der Konferenz über Entwicklungsfinanzierung in Monterrey (2002) einen eigenen inhaltlichen Impuls entgegen zu setzen, waren nur von begrenzter Wirkung. Dies zeigt beispielhaft die Sozialentwicklungskommission (SEK), die für den Kopenhagen-Folgeprozess verantwortlich ist, deren Sitzungen aber über Expertenkreise hinaus keine größere politische Wirkung entfalten.

Noch deutlicher tritt dieses Defizit beim Wirtschafts- und Sozialrat (ECOSOC) der Vereinten Nationen hervor. Als Hauptorgan der VN zu Fragen wirtschaftlicher und sozialer Entwicklung besitzt er formal betrachtet beachtliche Entscheidungskompetenzen in der internationalen Staatengemeinschaft. Dem ECOSOC unterstehen nicht nur wichtige fachliche und regionale Kommissionen, vielmehr ist er verantwortlich für die Koordination der Arbeit der VN-Entwicklungsfonds und -programme (z.B. UNDP, UNICEF, UNEP), sowie der UNO-Sonderorganisationen (z.B. IWF, Weltbank, ILO, UNESCO, WHO). Außerdem ist der ECOSOC als einziges VN-Hauptorgan auch für die Beziehungen zu den Nichtregierungsorganisationen (NRO's) zuständig. Dennoch wird der aus 54 Mitgliedstaaten bestehende Rat der ihm in der Charta einst zugedachten Rolle als „Global Player" im Bereich der Wirtschafts- und Sozialpolitik in der Praxis nicht gerecht.

An politischen Initiativen und Vorschlägen, den ECOSOC aus der Marginalisierung zu befreien und in das Zentrum globaler Politik zu manövrieren, besteht kein Mangel. Obwohl die meisten dieser Reformvorschläge entwicklungspolitisch motiviert sind, bieten ein gestärkter ECOSOC und eine funktionsfähige SEK auch die Chance, die Debatte über die Zukunft des Sozialstaats auf eine neue politische Ebene zu heben. Der Zeitpunkt für eine solche Initiative ist günstig. Die sich verschiebenden weltwirtschaftlichen Gewichte schwächen die Hegemonie derjenigen Akteure, die Fragen sozialer Gestaltung auf globaler Ebene traditionell ablehnend gegenüber stehen. Zwar ist es zweifelhaft, ob es ausgerechnet dem ECOSOC und der SEK gelingen wird, dieses entstehende Vakuum zu füllen. Aus der Sicht der europäischen Sozialstaaten scheint ein solches Unterfangen jedoch einen Versuch wert zu sein.

Hier setzt der folgende Artikel an. Ausgehend von einer Analyse der Defizite von ECOSOC und SEK behandelt er die Möglichkeiten und Chancen, die sich für eine Reform dieser Institutionen bieten und geht dabei insbesondere auf die Interessenlage Europas ein.

Schwächen in der Architektur des ECOSOC und die Notwendigkeit der Reform

Kein anderes Organ der Vereinten Nationen war in den letzten 30 Jahren so häufig Gegenstand von Reformbemühungen wie der Wirtschafts- und Sozialrat der Vereinten Nationen. Mehr als ein Dutzend von hochrangig besetzten Expertengremien haben zahlreiche Vorschläge entwickelt,[1] um den ECOSOC zu stärken oder zumindest zu seiner Revitalisierung beizutragen. Viele Experten vertreten die Auffassung, dass angesichts des zunehmenden Verlusts von nationalstaatlicher Souveränität im Zeitalter der Globalisierung und den daraus resultierenden Herausforderungen in der internationalen Wirtschafts- und Sozialpolitik einem tatkräftigen multilateralen Gremium eine wichtige Koordinierungsfunktion zukommen könnte. Allerdings lässt sich daraus nicht unbedingt eine stärkere Rolle für den ECOSOC ableiten. Einige Kritiker des Wirtschafts- und Sozialrats vertreten sogar die Auffassung, dass die Schwächen des Organs so schwerwiegend sind, dass es anstelle von weiteren Reformanstrengungen sinnvoller wäre, den Rat durch ein neues Gremium zu ersetzen.[2] Der prominenteste Vorschlag zur Schaffung eines neuen Rates für Wirtschaftliche und Soziale Sicherheit (RWSS) wurde zuletzt im Rahmen der UNO-Konferenz zur Entwicklungsfinanzierung in Monterrey / Mexiko im Jahre 2002 vom französischen Präsidenten Jacques Chirac und der deutschen Ministerin für Wirtschaftliche Zusammenarbeit und Entwicklung, Heidemarie Wieczorek-Zeul, unterstützt.[3] Dieser ursprünglich von der Commission on Global Governance im Jahre 1995 vorgestellte Vorschlag findet derzeit jedoch keine Mehrheit in der internationalen Staatengemeinschaft.[4]

Ein Versuch zur Stärkung oder Revitalisierung des Wirtschafts- und Sozialrats setzt zunächst eine Analyse der Schwächen des Gremiums und seiner Entstehungsgeschichte voraus.

Das multilaterale Rahmenwerk und die Charta der Vereinten Nationen (VN) wurden in Form eines normativen Modells entwickelt, um einerseits Sicherheit durch Kriegsverhütung und gemeinsame Bekämpfung von Friedesstörern zu erreichen und andererseits Kohärenz insbesondere im Bereich der internationalen

1 Einen guten Überblick über die verschiedenen Expertenkommissionen zur ECOSOC-Reform sind in Hüfner, K. und Martens, J. (2000) zu finden.

2 Siehe Daws, S. und Stewart, F. (2000).

3 Hofmann, M. und Drescher, R. (2002), S. 4-5.

4 Comission on Global Governance (1995).

Wirtschafts-, Handels- und Sozialpolitik zu gewährleisten.[5] Diese zweite Aktionsplattform der VN soll dazu beitragen, die wirtschaftlichen, sozialen, kulturellen und humanitären Herausforderungen in der Weltgemeinschaft effizient zu lösen und gleichzeitig die Menschenrechte der Weltbevölkerung zu fördern. Um dieser Zielsetzung Nachdruck zu verleihen, folgte die internationale Staatengemeinschaft dem Prinzip der Spezialisierung und Koordination. Es folgte die Gründung einer Reihe von Sonderorganisationen, die unter die Aufsicht der Vereinten Nationen gestellt und deren Mandate auf einige wenige Aufgabenbereiche beschränkt wurden.[6] Zu den bekanntesten dieser Sonderorganisationen zählen die Weltbank und der Internationale Währungsfonds (IWF), die mit dem Wiederaufbau Europas und der internationalen Finanzstabilität betraut wurden, aber auch die Internationale Arbeitsorganisation (ILO),[7] die Organisation für Erziehung, Wissenschaft und Kultur (UNESCO) und die Weltgesundheitsorganisation (WHO), die alle mit der Entwicklung von Zielen und normativen Standards in ihren jeweiligen Arbeitsgebieten beauftragt wurden. Gemäß der Charta der Vereinten Nationen wurde der ECOSOC[8] durch die VN-Generalversammlung mit dem Mandat ausgestattet, die Arbeit dieser Sonderorganisationen im Bereich wirtschaftlicher, sozialer und ökologischer Fragen zu koordinieren.

Das in der VN-Charta festgelegte Koordinierungsmandat für den ECOSOC im Bereich der Wirtschafts- und Sozialpolitik wurde in der Realität jedoch nie wirklich umgesetzt. Eine Ursache für diese Entwicklung liegt im Widerstand der Industrieländer, die eine Beschränkung der Kompetenzen der Bretton Woods Institutionen (IWF und Weltbank) nicht zulassen wollten. Da die Länder des Nordens im Unterschied zum VN-System („one state, one vote") mit Hilfe ihrer Stimmrechte in den BWI die Richtlinien der Politik praktisch allein vorgeben, hätte die tatsächliche Umsetzung des Koordinierungsmandats eine Verschiebung der Machtarithmetik bedeutet. Aus der Tatsache heraus, dass die von den übrigen VN-Sonderorganisationen entwickelten normativen Standards, wie z.B. Kernarbeitsnormen und bedeutende soziale und kulturelle Normen, keine unmittelbare Rechtsverbindlichkeit besitzen, erklärt sich eine weitere Schwäche der Vereinten Nationen. Mit der Entscheidung zur Gründung der Welthandelsorganisation (WTO) im Jahre 1994, ohne jegliche Anbindung an das VN-System, erreichte die Kompetenzbeschneidung der Vereinten Nationen im Bereich der wirtschaftlichen und sozialen Entwicklung ihren vorläufigen Höhepunkt. Hierdurch wurde entgegen der Festlegung in der VN-Charta die Einrichtung einer Internationalen Handelsorganisation (ITO) unter dem Dach der Vereinten Nationen endgültig aufgegeben.[9]

5 Adaba, G. und Schroeder, F. (2003), S. 10 f.
6 Siehe Singer, H. W. (1995)
7 Die ILO, gegründet bereits 1919, wurde der VN-Familie eingegliedert.
8 Charta der Vereinten Nationen, Paragraph 1.3
9 Adaba, G. und Schroeder, F. (2003), S. 12

Vor diesem Hintergrund sollte nicht überraschen, dass der Internationale Währungsfonds, die Weltbank und die Welthandelsorganisation die Entwicklungen des politischen Willensprozesses in der Weltgemeinschaft genutzt haben, um ihre Mandate im Verlauf der Jahre umfangreich auszudehnen. Der Internationale Währungsfonds und die Weltbank begreifen sich heute als wichtige Entwicklungsorganisationen.[10] Sie nehmen durch die an ihre Kreditprogramme gekoppelten Konditionalitäten direkten Einfluss auf die Regierungsführung in Entwicklungs- und Schwellenländern, weil dadurch maßgeblich die Prioritäten der jeweiligen Wirtschafts- und Sozialpolitiken gesetzt werden.

Parallel zur Schwäche des ECOSOC im Gefüge der internationalen Organisationen werden seine Funktionen auch innerhalb des VN-Systems durch eine Reihe von überlappenden Mandaten mit anderen Organen der Weltorganisation beeinträchtigt. So hat sich in den zurückliegenden Dekaden der Schwerpunkt der wirtschaftlichen und sozialen Themen immer stärker auf die Generalversammlung (GA) verlagert.[11] Die Generalversammlung besitzt zwar wie der Wirtschafts- und Sozialrat keine für die Mitgliedsländer verbindlichen Autoritäten im Wirtschafts- und Sozialbereich, ist jedoch gemäß der Charta dem ECOSOC in der Entscheidungshierarchie übergeordnet. Dieser Konstruktionsfehler in der Architektur des VN-Systems hat dazu geführt, dass selbst die Entwicklungsländer heute der Arbeit des 2. Komitees der GA (Wirtschafts- und Sozialfragen) mehr Bedeutung als dem ECOSOC zumessen. Obwohl sich die Koordinierung der Entscheidungen der Länder des Südens in der Generalversammlung durch die Gruppe der 77 (G77) mit ihren 132 Mitgliedsländern als durchaus schwierig erweist, bevorzugt die Mehrheit der Länder des Südens dieses Gremium gegenüber dem auf regionale Repräsentation ausgelegten Modell des ECOSOC. Ein weiteres Problem für die Relevanz der Vereinten Nationen im Wirtschafts- und Sozialbereich stellt außerdem die Aufgabenverteilung der verschiedenen Ressorts auf der nationalen Regierungsebene dar. Während die Wirtschafts-, Finanz- und Handelministerien die „harten" Entscheidungen in den BWI und in der WTO bestimmen, sind die Entscheidungskompetenzen der im VN-System handelnden Vertreter der Außenministerien im Wirtschafts- und Sozialbereich sehr eingeschränkt.[12] Auch die Aufsicht über die Arbeit der Entwicklungsfonds und -programme der Vereinten Nationen wird durch den ECOSOC nur mit marginaler Wirkung ausgeübt. Faktisch betrachtet sind die von den Geberländern kontrollierten Exekutivgremien der Entwicklungsfonds und -programme die eigentlichen Entscheidungszentren, in denen die Ausrichtung der Arbeit maßgeblich bestimmt wird.

10 Vgl. hierzu den Beitrag von Rainer Schweickert und Manfred Wiebelt in diesem Band.

11 Rosenthal, G. (2005), S. 28-29

12 Rosenthal, G. (2005), S. 28-29.

Während die Charakterisierung des Wirtschafts- und Sozialrates durch einige Experten als „eines der nutzlosesten Gremien“ der Vereinten Nationen sicherlich sehr verbittert klingen mag,[13] kann kaum bestritten werden, dass die immense Aufgabenfülle des ECOSOC bei gleichzeitig eingeschränkten Exekutivbefugnissen wesentlich für die Schwäche des Organs verantwortlich gemacht werden kann.

Der Umbruch in den globalen Machtverhältnissen und neue Chancen für den ECOSOC

Angesichts der sich verändernden internationalen Machtverhältnisse durch den Prozess der Globalisierung und den chronischen Steuerungsdefiziten in der globalen Wirtschafts- und Sozialpolitik sind die bestehenden Ordnungssysteme erheblich ins Wanken geraten. Diese Entwicklung könnte zumindest schrittweise dem ECOSOC zu einer neuen Relevanz verhelfen. Darüber hinaus hat die zunehmende weltwirtschaftliche Bedeutung der großen Schwellenländer die bestehende Macht-arithmetik in den wichtigsten multilateralen Entscheidungsgremien außerhalb der Vereinten Nationen sinnentleert oder bereits untergraben. Das Scheitern der Doha-Entwicklungsrunde unter dem Dach der Welthandelsorganisation (WTO) und die Aufkündigung von Kreditprogrammen des Internationalen Währungsfonds durch einige finanzstarke Entwicklungsländer in Asien und Lateinamerika sind erste Anzeichen dafür, dass die Entscheidungspraxis dieser Institutionen an Legitimität verliert. So versetzt die beispiellose, wenn auch kostspielige Akkumulierung von Währungsreserven durch die Zentralbanken der aufstrebenden Volkswirtschaften Asiens diese Länder bereits heute in die Lage, im Falle einer Finanz- oder Währungskrise nicht mehr auf den IWF als Refinanzierungsinstitut zurückgreifen zu müssen.[14] Die Emanzipation einzelner Schwellenländer von den Politikempfehlungen der Bretton-Woods-Institutionen manifestiert auch eine Kritik an dem von ihnen verfolgten Entwicklungsmodell der Finanz- und Handelsliberalisierung, welches die wirtschafts- und sozialpolitischen Handlungsmöglichkeiten des Südens deutlich eingeschränkt hat.

Die von den Schwellenländern ausgelösten Entwicklungsimpulse zeigen ihre Wirkung auch auf die weniger entwickelten Staaten. So haben das rasante Wirtschaftswachstum Indiens und Chinas und der hiermit verbundene Bedarf zur Erschließung neuer Energie- und Rohstoffressourcen bereits Veränderungen in der internationalen Entwicklungszusammenarbeit ausgelöst. Die beiden asiatischen Ankerländer haben der Süd-Süd Kooperation in den globalen Handelsbeziehungen eine Bedeutung beigemessen, die selbst auf dem afrikanischen Kontinent nicht ohne Folgen geblieben ist.[15]

13 Fues, T. (2004), S. 4.
14 Siehe Schroeder, F. (2005).
15 Siehe Goldstein, A., Pinaud, N., Reisen H. und Xen, X. (2006).

Das Erstarken der Schwellenländer hat außerdem dazu geführt, dass informelle Gruppierungen wie die G7/G8 als Bezugsrahmen für einen konsensbildenden Dialog zu internationalen Wirtschafts- und Entwicklungsfragen deutlich an Relevanz eingebüßt haben.[16] Daher wäre es nicht nur notwendig, den Austausch zwischen den Regierungen auf eine breitere Grundlage zu stellen, sondern vielmehr ein Forum zu Fragen der Global Governance zu schaffen, in dem alle wichtigen Länder und Politikbereiche zu Wort kommen können. Angesichts der internationalen Herausforderungen im Bereich der Beschäftigung, der sozialen Sicherung und der Armutsbekämpfung, die selbst in den Schwellenländern ein großes Problem darstellen, müsste der Sozialpolitik in solch einem Forum eine besondere Rolle zukommen.

Ein jüngster Vorschlag zur Erhöhung der Leistungsfähigkeit und Legitimität der Global Governance-Architektur zielt in diesem Zusammenhang auf zwei parallel umzusetzende Maßnahmen: Zum einen könnte durch die Aufwertung des Treffens der Finanzminister aus den wichtigsten Industrie- und Entwicklungsländern (G20) zu einem entsprechenden Treffen der Staats- und Regierungschefs ein repräsentatives Gipfelgremium (Leaders 20/ L20) geschaffen werden. In Kombination mit grundlegenden Reformen des ECOSOC könnte der Wirtschafts- und Sozialrat dann für dieses Gipfelgremium als eine handlungsfähige Plattform für Politikkoordinierung in ökonomischen und entwicklungspolitischen Fragen in Erscheinung treten.[17]

Im Ergebnisdokument des VN-Weltgipfels vom September 2005 haben die Staats- und Regierungschefs der Mitgliedstaaten der Vereinten Nationen dem Wirtschafts- und Sozialrat nicht nur ein klares Mandat für seine Arbeit erteilt, sondern darüber hinaus der Einrichtung neuer Kompetenzen zugestimmt. Der ECOSOC erhielt den Auftrag, einmal jährlich auf der Ministerebene zusammenzutreffen, um den Stand der Umsetzung der Millenniums-Entwicklungsziele (MDG) zu überprüfen. Dieses Mandat kann im Sinne der umfassenderen Kompetenz interpretiert werden, die Entwicklungsfortschritte in den einzelnen Ländern nicht nur zu bewerten, sondern auch Empfehlungen auszusprechen. Da die Weltbank und der Internationale Währungsfonds maßgeblich mit ihren Politikempfehlungen auf die Umsetzung der MDG einwirken, könnte der ECOSOC auch die Kohärenz im internationalen Entwicklungssystem zum Gegenstand seiner Beratungen machen.

Das Ergebnisdokument des Weltgipfels sieht außerdem die Schaffung eines Forums zur Entwicklungskooperation vor, welches alle zwei Jahre unter der Ägide des Wirtschafts- und Sozialrates zusammentreffen soll. Dieses Forum, das sich auch an die Adresse der Finanz- und Handelsminister richten würde, soll auf eine breite Grundlage gestellt werden, um alle Politikbereiche zusammenzubringen und wichtige Wirtschafts- und Entwicklungsfragen zur Diskussion zu stellen. Die

16 Fues, T. und Cooper, A.F. (2006), S. 1.
17 Fues, T. und Cooper, A.F. (2006), S. 3.

Tagung würde neben dem Aspekt der Kohärenz auch die Harmonisierung von Wirtschafts- und Sozialpolitiken zum Inhalt haben. Angesichts des Konsultativstatus der Zivilgesellschaft beim ECOSOC würden die Nichtregierungsorganisationen (NRO) an diesem Forum beteiligt werden.

Während der ECOSOC durch die Universalität seiner Mitgliedschaft und der partizipativen Entscheidungsstrukturen für solch ein Forum prädestiniert wäre, würde der mögliche Erfolg jedoch wesentlich davon abhängen, ob die Regierungen die neue Rolle des Rates akzeptieren und ihre zuständigen Minister nach New York schicken.[18] Eine Aufwertung des Wirtschafts- und Sozialrats hängt damit maßgeblich vom Konsens aller seiner Mitglicdstaaten ab. Betrachtet man es als Stimmungsbarometer, daβ nach dem Weltgipfel über ein Jahr vergangen ist bis sich die VN-Mitgliedstaaten in der Generalversammlung auf eine Resolution zur Umsetzung der Gipfelbeschlüsse einigen konnten,, bleibt die zukünftige Rolle des ECOSOC auch weiterhin offen.

Die Sozialentwicklungskommission der Vereinten Nationen

Neben dem ECOSOC wird der globale Dialog zu sozialen Fragen zwischen den Ländern des Nordens und Südens durch die Sozialentwicklungskommission (SEK) der Vereinten Nationen gestaltet. Die SEK ist eine der funktionalen Kommissionen des ECOSOC, der 42 Mitgliedsländer angehören.[19] Die Mitglieder werden aus dem Kreis des ECOSOC gewählt und treffen jährlich – in der Regel im Februar – zu einer zweiwöchigen Sitzung in New York zusammen. Die Steuerung der SEK obliegt einem Kommissionsbüro,[20] das durch die Wirtschafts- und Sozialabteilung (DESA) im Sekretariat der Vereinten Nationen unterstützt wird.

Das Mandat der SEK geht auf die Abschlußerklärung des Weltsozialgipfels in Kopenhagen im Jahre 1995 zurück.[21] Die dort verabredeten zehn Verpflichtungen und der Aktionsplan sind nach wie vor die Grundlage für eine nachhaltige Strategie der internationalen Sozialpolitik und der Armutsbekämpfung. Im Zentrum steht dabei die Verpflichtung, die wirtschaftlichen, kulturellen und politischen Bedingungen sowohl im Norden als auch im Süden so zu gestalten, dass Armut überwunden, nachhaltige Entwicklung gefördert und soziale Sicherheit für alle Menschen ermöglicht wird. Obwohl die sozial-, wirtschafts-, finanz- und entwicklungspolitischen Beschlüsse der einzelnen Mitgliedsländern daran gemessen werden müssen, ist festzustellen, dass die in Kopenhagen eingegangenen Selbstverpflichtungen bisher nur zögerlich umgesetzt worden sind.[22]

18 Jens Martens (2005), S. 6.

19 Deutschland ist bis 2008 Mitglied in der Sozialentwicklungskommission.

20 Den Vorsitz des Büros hatten in jüngster Zeit Iran (2006/2007), Bolivien (2005/2006) und Südafrika (2004/2005).

21 United Nations (1995).

22 Social Watch Deutschland (2005).

Hier setzt die Arbeit der SEK an. Denn sie soll, unter den Aspekten der Beschäftigung, der Armutsbekämpfung und der sozialen Integration, die Umsetzung der Kopenhagen-Beschlüsse regelmäßig überprüfen und weiterentwickeln. Zusätzlich zu diesen drei Oberthemen behandelt die SEK die Belange sozialer Gruppen, insbesondere alter Menschen, Behinderter, Jugendlicher und von Familien. Orientierungspunkte für die letztgenannte Aufgabe der SEK sind unter anderem der Madrider Aktionsplan zur Frage des Alterns oder die internationale Schutzkonvention für behinderte Menschen.[23]

Ziel der SEK ist es, zu den jeweiligen Themen einen offenen und konstruktiven Meinungsaustausch im Kreis der Mitgliedsländer durchzuführen, an deren Ende gemeinsame Beschlüsse bzw. Resolutionen stehen. Dabei leidet die SEK wie auch der ECOSOC insgesamt nicht an einem Mangel an interessanten Aufgaben- und Fragestellungen. Die Idee des Weltsozialgipfels, soziale Themen nicht nur im Rahmen der Sozialpolitik in der „reichen Welt“ einerseits und der Entwicklungspolitik für die „arme Welt“ andererseits abzuhandeln, sondern global und übergreifend zu thematisieren, ist angesichts der weiter zunehmenden wirtschaftlichen und sozialen Interdependenzen aktueller denn je. Auch die von der SEK in den letzten Jahren gewählten Schwerpunktthemen, z.B. die Integration von Wirtschafts- und Sozialpolitik, die Effektivität des öffentlichen Sektors sowie aktuelle Fragen der Armutsbekämpfung versprechen eine lohnende Auseinandersetzung.

Umso ernüchternder ist es, dass die Arbeit der SEK die in sie gesetzten Erwartungen nur begrenzt erfüllt. Dabei stehen ihr nicht nur die Heterogenität im Kreis der Mitgliedsländer oder die Komplexität der zu behandelnden Fragen im Wege. Nicht selten wird der Abstimmungsprozess in der SEK auch von Faktoren beeinflusst, die mit den jeweils behandelten Themen nur wenig zu tun haben. So stand etwa die 44. Tagung der SEK im Zeichen des, im Zuge der VN-Reformdebatten erneut entbrannten, Nord-Süd-Konflikts, insbesondere der Auseinandersetzung zwischen der G77 und den USA zur sogenannten Management-Reform der VN. Trotz großer und wiederholter Bemühungen konnte die SEK ihr Hauptprojekt – eine Resolution zur ersten VN-Dekade für die Beseitigung der Armut – nicht abschließen.[24] Es ist daher nicht überraschend, dass nicht nur die breitere Öffentlichkeit den Formelkompromissen der SEK wenig Beachtung schenkt. Auch seitens der Mitgliedsländer ist das Interesse an der SEK in den letzten Jahren kontinuierlich gesunken, was sich nicht zuletzt an der vergleichsweise niedrigrangigen Besetzung der jeweils zur SEK anreisenden Regierungsdelegationen

23 Der Aktionsplan zur Frage des Alterns wurde bei der zweiten Weltkonferenz zur Frage des Alterns, die 2002 in Madrid stattfand, verabschiedet; siehe United Nations (2002). Die Verhandlungen über die Behindertenkonvention der Vereinten Nationen zur Förderung und zum Schutz der Rechte und Würde von Menschen mit Behinderungen wurden im August 2006 in New York abgeschlossen; siehe Bundesministerium für Arbeit und Soziales (2006).

24 Stattdessen wurde ein „Chairman's Report“ veröffentlicht; siehe Martens, J. (2006).

ablesen lässt.[25] Eine erfreuliche Ausnahme ist der Bereich der sozialen Gruppen, bei dem die Arbeit der SEK als praxisnah und lösungsorientiert bezeichnet werden kann.

Angesichts dieser Defizite gibt es im Kreis der Mitgliedsländer eine mehr oder weniger offene Debatte über die Zukunft der SEK. Während die größten Kritiker der SEK einen „leisen Tod" zu wünschen scheinen oder zumindest einer Umwidmung hin zu einem eher entwicklungspolitisch orientierten Gremium das Wort reden, treten andere Stimmen für eine Rückkehr zu dem in Kopenhagen beschlossenen Mandat ein und verweisen auf die anhaltende Relevanz der dort festgelegten Aufgaben. Zur Entschärfung dieser Diskussion wurde während der 45. Tagung der SEK eine Veränderung der Arbeitsmethoden verabschiedet. In einem zweijährigen Rhythmus wechseln die weiterhin jährlich statt findenden Sitzungen der SEK zwischen dem so genannten „Review" und dem „Policy"-Format, wobei nur noch das letztere eine Resolution verabschieden soll. Der erste Zyklus dieser Form wird in der 46. und 47. Sitzung (2007 und 2008) erprobt. Dabei wird das Thema „Förderung der Vollbeschäftigung und menschenwürdige Arbeit für Alle" behandelt. Ob dieses „Reförmchen" den erhofften neuen Schwung erzeugt oder ob die SEK gar im Windschatten der beim Weltgipfel 2005 beschlossenen Reform des ECOSOC revitalisiert wird, bleibt abzuwarten.

Die Rolle von Nichtregierungsorganisationen

Angesichts der ernüchternden Reformbilanz bei ECOSOC und SEK stellt sich die Frage, ob nicht andere, nichtstaatliche Akteure diesen Organisationen zu mehr Dynamik verhelfen könnten. Auch auf anderen Feldern globaler Politik sind es die in den letzten Jahren international immer stärker vernetzten NRO's, die als kritische Beobachter und Begleiter den oftmals sehr schwerfälligen Abstimmungsprozess zwischen den Regierungen beschleunigen helfen. Besonders die Serie der VN-Weltkonferenzen in den 1990er Jahren – etwa zu Fragen der nachhaltigen Entwicklung und der Geschlechtergerechtigkeit – hätten ohne das Engagement von NRO's kaum dieselbe Dynamik entfaltet.

Vor diesem Hintergrund erscheint es paradox, dass ausgerechnet der ECOSOC, der für die meisten nichtstaatlichen Akteure die „Eintrittskarte" in die VN ist,[26] von diesen als eigenständiger Akteur nur wenig beachtet wird. Dies hat keineswegs mit einem grundsätzlichen Desinteresse von NRO's gegenüber wirtschaftlichen und sozialen Themen zu tun. Im Gegenteil: Zahlreiche neue NRO's sind auf diesem

25 Dies gilt nicht für die Bundesregierung, die bei der SEK angemessen vertreten ist und den Ruf eines sehr aktiven Mitgliedes genießt; siehe Martens, J. (2006).

26 Grundlage für die Akkreditierung von NRO beim ECOSOC ist Artikel 71 der UNO-Charta. Während im Jahre 1946 nur 41 NRO einen konsultativen Status beim ECOSOC hatten, ist diese Zahl mittlerweile auf 2719 (2006) angewachsen; siehe Department for Economic and Social Affairs (2006).

Aktionsfeld in den letzten 15 Jahren hinzugekommen.[27] Viele NRO's konzentrieren sich jedoch mehrheitlich auf diejenigen Organisationen, denen sie den größten realen Einfluss beimessen. Die Präsenz von Nichtregierungsorganisationen bei den Ministerkonferenzen der WTO, den Gipfeln der G8 oder auch den Frühjahrs- und Jahrestagungen von Weltbank und IWF, sowie die kritische Begleitung dieser Zusammenkünfte, stellen dies eindrucksvoll unter Beweis.

Eine Ausnahme stellte der Weltsozialgipfel der VN im Jahre 1995 in Kopenhagen dar, der intensiv von zivilgesellschaftlichen Akteuren begleitet worden war. Die Sozialentwicklungskommission konnte diese Dynamik jedoch nicht aufrechterhalten. Das jährlich im Kontext der Sitzungen der SEK statt findende „Civil Society Forum" ist mit durchschnittlich etwa 200 Teilnehmern recht gut besetzt.[28] Es entfaltet aber keineswegs die mediale und politische Hebelwirkung, die zivilgesellschaftliche Foren bei anderen Themenfeldern haben. Prominente Redner bzw. hochrangige Vertreter von mitgliederstarken und medial gut vernetzten Organisationen wie etwa der internationalen Gewerkschaftsbewegung bleiben die Ausnahme.[29] Vergleichsweise stark bei der SEK vertreten sind dagegen Organisationen, die sich für die Belange sozialer Gruppen (Behinderte, Alte, Jugend und Familie) engagieren.[30]

Auch jenseits der SEK wird seit geraumer Zeit darüber diskutiert, wie die partizipativen Strukturen unter dem Dach der Vereinten Nationen verbessert werden können. So hatte Generalsekretär Kofi Annan im Jahre 2004 eine hochrangige Expertengruppe unter Vorsitz des früheren brasilianischen Staatspräsidenten Cardoso damit beauftragt, ein pragmatisches Konzept für die Ausweitung der Beteiligung der Zivilgesellschaft zu erarbeiten. Die Empfehlungen der so genannten Cardoso-Kommission sprechen sich nicht nur für einen Paradigmenwechsel im Umgang mit der Zivilgesellschaft aus, sondern schlagen auch erstmals institutionalisierte Zugangsmöglichkeiten zur Generalversammlung und dem Sicherheitsrat der Vereinten Nationen vor.[31] Die Empfehlungen stießen jedoch bei einigen Mitgliedsländern auf große Vorbehalte und erscheinen aufgrund der zu erwartenden politischen Blockaden auf absehbare Zeit nicht umsetzbar. Im Ergebnis bleibt der ECOSOC das einzige Organ der Vereinten Nationen, bei dem sich NRO's formal akkreditieren und an der Arbeit der VN mitwirken können.

27 Einen Überblick über aktuelle Trends auf diesem Gebiet vermittelt das Global Civil Society Yearbook; siehe Glasius, M. u.a. (2005).

28 Die treibende Kraft des Forums ist das „UN NGO Committee on Social Development", das zu jeder SEK-Sitzung auch eine Erklärung herausgibt. Das ICSW (International Council on Social Welfare) veröffentlicht ebenfalls regelmäßig eine Erklärung zur SEK; siehe International Council on Social Welfare (2006).

29 Der Internationale Bund freier Gewerkschaften (IBFG) beteiligt sich zwar an den Sitzungen der SEK, konzentriert sich jedoch auf seine Mitwirkungsrechte im Rahmen der Internationalen Arbeitsorganisation (ILO).

30 Martens, J. (2006).

31 Siehe Fues, T. und Hoppe, H. (2004).

Hinzu kommt, dass sich zivilgesellschaftliche Akteure für die Debatte über die „großen Themen“ und die Suche nach Alternativen mit den seit 2001 jährlich statt findenden Weltsozialforen eine eigene Bühne geschaffen haben – jenseits der VN. Das Weltsozialforum versteht sich als offene Plattform der weltweiten globalisierungskritischen Bewegung und lässt unterschiedlichste Stimmen aus Nord und Süd zu Wort kommen.[32] Obwohl das Forum mit zahlreichen Herausforderungen zu kämpfen hat und im Jahre 2006 erstmals nicht zentral, sondern „polyzentrisch“ stattgefunden hat, übt es weiterhin eine große Anziehungskraft als internationales Netzwerk für NRO's aus.

Ein dauerhafter Magnet für NRO-Aktivitäten sind die Treffen von WTO, Weltbank und IWF. Es stellt sich jedoch die Frage, inwiefern die bei diesen Institutionen festzustellenden Krisensymptome zu einer Neuorientierung bei den NRO's führen. So ist es denkbar, dass eine weitere Erosion der Bedeutung dieser Institutionen ein Umschwenken von einer „Negativ“- zu einer „Positiv-Agenda“ bewirken könnte. Eine solche Neuausrichtung der internationalen NRO-Bewegung könnte die Vereinten Nationen im positiven Sinne beeinflussen, nämlich wenn die NRO's verstärkt auf eine Wiederbelebung der VN-Institutionen des wirtschaftlichen und sozialen Bereichs außerhalb der BWI drängen werden.

Europäische Interessen

Zwar hat Anthony Giddens kürzlich zu Recht darauf hingewiesen, dass sich das europäische Sozialmodell weniger durch Homogenität als durch Heterogenität auszeichnet.[33] Zumindest in einem Punkt tritt Europa in der wirtschaftlichen und sozialen Arbeit der Vereinten Nationen aber mit großer Einigkeit auf: Für Fortschritte im Hinblick auf einen effektiven Multilateralismus.[34] Dieses Bekenntnis gilt auch für den ECOSOC und die SEK. Es ist kein Zufall, dass fast alle aktuellen Vorschläge zur Reform dieser beiden Gremien auf Mitgliedsländer der Europäischen Union zurückgehen und dass die EU-Staaten bei den Sitzungen der SEK traditionell eine sehr aktive Rolle spielen.[35] Dahinter steht der vielfach formulierte Wunsch der Europäer, den Prozess der Globalisierung durch gestaltende Elemente zu ergänzen bzw. eine „faire Globalisierung“ anzustreben.[36] Dabei wächst

32 Eine Analyse des letzten weltweiten Forums enthält Stetten, J. und Steinhilber J. (2005).

33 Giddens, A. (2006).

34 Siehe beispielsweise Biscop, S. (2005).

35 So haben etwa Deutschland und Belgien im Jahre 2005 ein sogenanntes „non paper“ zur ECOSOC-Reform vorgelegt.

36 Der Begriff „faire Globalisierung“ entstammt dem Bericht der Kommission für die soziale Dimension der Globalisierung, die von der Internationalen Arbeitsorganisation einberufen worden war; siehe World Commission on the Social Dimension of Globalization (2004). Die Europäische Kommission hat den Bericht der ILO-Kommission ausführlich und sehr positiv kommentiert. In die gleiche Richtung ging der Bericht der Enquête-Kommission zur Globalisierung aus dem Jahre 2002; siehe Deutscher Bundestag (2002).

zunehmend die Erkenntnis, dass sich Europa in dem weltweiten Wettstreit über Normen und Werte zwar den veränderten Rahmenbedingungen anpassen, dieser Anpassungsprozess aber nicht mit einer Aufgabe sozialstaatlicher Zielvorstellungen einhergehen muss.[37] Während einerseits die alten Konfliktlinien der sozialstaatlichen Debatte (arme vs. reiche Welt; angelsächsischer vs. rheinischer Kapitalismus) immer mehr verschwimmen, wird es andererseits nicht mehr lange dauern, bis schnell wachsende Volkswirtschaften wie China und Indien in den Wettstreit um ordnungs- und sozialpolitische Leitbilder eingreifen. Mit Spannung darf erwartet werden, welche Antworten die letztgenannten Länder auf Fragen der sozialen Gerechtigkeit geben werden und welchen Platz Europa in diesem neuen Koordinatensystem einnehmen wird.

Ausblick: Zwei Szenarien

Ob der ECOSOC und die SEK jemals in der Lage sein werden, die ihnen aus europäischer Sicht zugedachte Rolle als sozialer Anker in einem gestärkten und effektiven multilateralen System zu spielen, ist schwer einzuschätzen. Die folgenden zwei, bewusst etwas pointiert formulierten Szenarien sollen mögliche Entwicklungsrichtungen und Alternativen aufzeigen.

Im Negativszenario nehmen die Konflikte bei der WTO und den BWI weiter zu und wachsen sich zu einer handfesten Krise des multilateralen Systems aus. Wesentliche Ursachen sind ein weitgehend unilaterales Handels der größten Wirtschaftsmacht, der USA, sowie ein Europa, das durch eine anhaltende Uneinigkeit im eigenen Lager nach außen geschwächt auftritt. Auch die aufsteigenden Wirtschaftsmächte schaffen es nicht, diesen Trend zu stoppen, sondern sorgen durch ihre wirtschaftliche Expansion und ihre Ansprüche auf politische Mitsprache für zusätzliche Instabilität. Die Vereinten Nationen, die letztlich immer nur der Spiegel der Weltgemeinschaft sein können, fungieren mit ihren wirtschaftlichen Institutionen nicht als Gegenpol, sondern werden ebenfalls vom Sog der Krise erfasst. An die Stelle internationaler Vereinbarungen tritt ein Flickenteppich bi- und multilateraler Lösungen, der einen globalen Interessenausgleich erschwert und als Bremse für Wachstum und Wohlstand wirkt.

Dem steht das Positivszenario gegenüber. Einer Mehrheit von Ländern gelingt es, das Vakuum zu füllen, das in den geschwächten Organen – allen voran in der WTO und den BWI – entstanden ist. Das bisherige ordnungspolitische Modell wird durch einen neuen, unkonventionellen Konsens zu wirtschaftlichen und sozialen Fragen ersetzt. Angesichts der Legitimität, welche die Vereinten Nationen genießen, haben sie das größte Potenzial, diesen schwierigen Suchprozess zu unterstützen, wobei der ECOSOC trotz aller Fehler und Schwächen sukzessive in die ihm ursprünglich zugedachte Rolle als Impulsgeber und Koordinator hineinwächst. Der

37 Raabe, S. und Riester, W. (2005).

Antrieb für diesen politischen Prozess kommt aus dem Kreis der Mitgliedsländer, wobei nichtstaatliche Akteure ergänzend wirken. Europa ist sich bewusst, dass es alleine die Rolle des Impulsgebers nicht spielen kann und schmiedet mit den aufstrebenden Wirtschaftsmächten neue Allianzen. Am Ende steht ein neues Leitbild des Globalisierungsprozesses, das ähnlich wie bei der Nachhaltigkeitsdebatte der 1990er Jahre eine Balance zwischen wirtschafts- und wachstumspolitischen Zielen einerseits und sozialen und entwicklungspolitischen Aufgaben andererseits darstellt.

Weder das eine noch das andere Szenario erscheinen realistisch. Der Kontrast macht jedoch deutlich, dass es im wohlverstandenen Eigeninteresse Europas ist, eine nachhaltige Krise des multilateralen Systems abzuwenden und bei den Vereinten Nationen für eine dauerhafte Stärkung der sozialen und wirtschaftlichen Strukturen zu werben.

Literaturverzeichnis

Adaba, G. und Schroeder, F. [Hrsg.] (2003): A political agenda for the reform of Global Governance, New York.

Biscop, S. (2005): Security and development: a positive agenda for a global EU-UN partnership, in: Biscop, S., Francioni, F. und Kennedy Graham (Hrsg.): The European Union and the United Nations, Chaillot Paper No. 78, Brüssel.

Bundesministerium für Arbeit und Soziales (2006): Weg für UN-Konvention zur Förderung und zum Schutz behinderter Menschen ist jetzt frei. Pressemitteilung des BMAS vom 28.8.2006, Berlin.

Comission on Global Governance (1995): Our Global Neighborhood, Oxford University Press.

Dauderstädt, M. und Stetten, J. (2005): China and Globalisation, in: Intereconomics: Review of European Economic Policy, Vol. 40 No. 4, Hamburg.

Daws, S. und Stewart, F. (2000): Global Challenges: An Economic and Social Security Council at the United Nations, Report for Christian Aid, London.

Department for Economic and Social Affairs (2006): Report of the DESA NGO Section, New York.

Deutscher Bundestag (2002): Schlussbericht der Enquete-Kommission Globalisierung der Weltwirtschaft, Berlin.

Fues, T. (2004): Drei Essentials einer neuen Global Governance-Architektur, Informationsbrief Weltwirtschaft und Entwicklung, Nr. 8, Luxemburg.

Fues, T. und Hoppe, H. (2004): Reform der Vereinten Nationen. Neue Wege für die Zusammenarbeit mit NROs?, Rundbrief Nr. 4 Forum Umwelt und Entwicklung, Bonn.

Fues, T. und Cooper A. F. (2005): L20 and ECOSOC Reform- Complementary Building Blocks for inclusive Global Governance and a more effective UN, DIE Briefing Papers No. 6, Bonn.

Giddens, A. (2006): Die Zukunft des Europäischen Sozialmodells, Friedrich-Ebert-Stiftung, Internationale Politikanalyse, Bonn.

Glasius, M., Kaldor, M und Anheier, H. (Hrsg.) (2005): Global Civil Society 2005/6, London.

Goldstein, A., Pinaud, N., Reisen H. und Xen, X. (2006): The rise of China and India- What's in it for Africa, OECD, Paris.

Hofmann, M. und Drescher, R. (2002), The Monterrey Consensus- A new devevelopment partnership, D+C Development Cooperation, No. 4

Hüfner, K. und Martens, J. (2000): UNO-Reform zwischen Utopie und Realität – Vorschläge zum Wirtschafts- und Sozialbereich der Vereinten Nationen, Peter Lang Verlag, Frankfurt am Main.

International Council on Social Welfare (2006): Statement to United Nations Commission for Social Development 44th Session, January 2006, Utrecht.

Martens, J. (2005): Die Entwicklungsagenda nach dem Millennium+5 Gipfel – Eine Checkliste unerledigter Aufgaben. Dialogue on Globalization Briefing Paper, Friedrich-Ebert-Stiftung, Berlin.

Martens, J. (2006): Mehr als 10 Jahre nach dem UN-Weltsozialgipfel. Die Sozialentwicklungskommission im Schattendasein. Informationsbrief Weltwirtschaft und Entwicklung, Luxemburg.

Raabe, S. und Riester, R. (2005): Globalisierung gestalten – europäische Sozialordnung entwickeln. Friedrich-Ebert-Stiftung, Dialogue on Globalization Briefing Paper, Berlin.

Rosenthal, G. (2005): The Economic and Social Council of the United Nations: An Issues Paper, Occasional Paper No. 15, Friedrich Ebert Foundation, New York.

Schroeder, F. (2005): Mehr Stimmen für den Süden?- Reformeifer beim IWF, Informationsbrief Weltwirtschaft und Entwicklung, Nr. 10, Luxemburg.

Singer, H. W. (1995): Rethinking Bretton Woods from a historical perspective, in: Griegraber, J. M. und Gunther, B. G. [Hg.]: Promoting Development: Effective Global Institutions for the Twenty-First Century, Volume I, Pluto Press, Washington D.C.

Social Watch Deutschland (2005), Handeln statt Versprechen. Soziale Gerechtigkeit und Armutsbekämpfung, Bonn.

Stetten, J. und Steinhilber, J. (2005): Die Globalisierungskritiker auf der Suche nach einer Perspektive. Ein Bericht vom 5. Weltsozialforum in Porto Alegre, Friedrich-Ebert-Stiftung, Dialogue on Globalization Briefing Paper, Berlin.

United Nations (1995): Report of the World Summit for Social Development, New York

United Nations (2002): Madrid International Plan on Action on Ageing, New York.

World Commission on the Social Dimension of Globalization (2004): A Fair Globalization. Creating Opportunities for All, Geneva.

Frank Schulz-Nieswandt und Remi Maier-Rigaud

Die OECD als sozialpolitischer Ideengeber? Eine Analyse der Wirkungen auf die EU im Kontext der Globalisierung

1. Einleitung

Die Organisation for Economic Cooperation and Development (OECD) ist, neben der Welthandelsorganisation (WTO) und den Bretton-Woods-Organisationen Weltbank und Internationaler Währungsfonds (IWF), der wichtigste multilaterale Motor der wirtschaftlichen Globalisierung. Im Unterschied zur Weltbank und zum IWF vergibt die OECD keine Kredite, an die sie Konditionen knüpfen könnte, und sie verfügt auch nicht über einen Streitbeilegungs- oder Sanktionsmechanismus, wie er den Mitgliedern der WTO zur Verfügung steht. Kurz gesagt, die OECD hat keine „harten" Instrumente zur Hand, mit der sie ihre Politik durchsetzen könnte. Die Macht der OECD besteht somit ausschließlich aus ihrem Expertenwissen und ihren Ideen.[1] Auch das Projekt der EU hängt nach wie vor stark von der gestaltenden Kraft der Ideen ab. Zwar ist der Kern – der Binnenmarkt – normativ-rechtlich fundiert; doch insgesamt bleibt das Projekt Europa kulturell und als Gesellschaftsraum ein unabgeschlossenes und finalitätsoffenes Evolutionsgeschehen. Viele Faktoren – Ideen und Interessen, Normen und Werte, Ereignisse und sich wandelnde Umwelten etc. – bestimmen die Entwicklung. Die Bedeutung der OECD ist in diesem Prozessgeschehen nur ein Faktor, der hier nun in den Vordergrund der Analyse rücken soll.

Vor diesem Hintergrund drängen sich vier Fragen auf: 1) Hat die OECD in Anbetracht fehlender „harter" Instrumente überhaupt einen realen politischen Einfluss? 2) Welchen Einfluss hat diese ideelle Praxis auf den Modernisierungstrend der Sozialschutzsysteme und der Sozialpolitik insgesamt in den EU-Mitgliedstaaten? 3) Wie ist die Expertise der OECD näher zu charakterisieren? Und 4) Gibt es im „OECD-Denken" theoriearchitektonische Parallelen zu der sich heraus kristallisierenden Diskussion um ein europäisches Sozialmodell?[2]

1 Somit ist der Einfluss der OECD a priori ideeller Natur, und es entfällt die für andere internationale Organisationen häufig schwierige methodische Frage der Separierung von ideellen und materiellen Einflüssen. Allerdings lässt sich eine starke Überschneidung in der normativen Ausrichtung der OECD mit der Weltbank und dem IWF ausmachen. Insofern würde eine empirische Analyse vor der Schwierigkeit stehen, den ohnehin schwer greifbaren ideellen Einfluss einer einzelnen internationalen Organisation zuzuordnen.

2 Bausteine einer Deutung des sich entwickelnden europäischen Sozialmodells finden sich in Schulz-Nieswandt 2006: 65 ff. Vgl. ferner Schulz-Nieswandt u. a. 2006.

Die ersten beiden Fragen wurden in einer Studie zum Einfluss der OECD auf 14 europäische Wohlfahrtstaaten eingehend untersucht. Die OECD-Empfehlungen wiesen zwar einen hohen Grad an innerer Konsistenz auf, ein unmittelbarer Einfluss ist jedoch nur in geringem Maße nachweisbar. Allerdings ist ein ideeller Einfluss auf die langfristige Politikorientierung erkennbar.[3] Diese Erkenntnisse sind durchaus generalisierbar. Allgemein ist die Diffusion von Ideen nur ein Weg von vielen, über den internationale Akteure nationale Sozialpolitik beeinflussen. Die Effektivität von internationalen Organisationen im Sinne eines Einwirkens auf individuelles und kollektives Handeln hängt – neben anderen Faktoren wie der Machtverteilung im internationalen System oder den Kapazitäten der nationalen Regierungen – aber nicht zuletzt auch von der Überzeugungskraft ihrer „Ideen" ab.[4] Mögliche Wirkungen von Ideen und Modellen, die durch internationale Organisationen an nationale Entscheidungsträger herangetragen werden, sind ein oftmals vernachlässigter immaterieller, politisch-institutioneller Aspekt der Globalisierung selbst.[5]

Bedeutsam ist aber auch die Beantwortung der dritten Frage nach der Art der fachlichen Expertise der OECD. Und diese wird mit Blick auf die vierte, auf die EU bezogene Frage zu diskutieren sein. Welche sozialordnungsbezogenen und sozialpolitischen Ideen hält die OECD im Zeitalter der Globalisierung für Europa, insbesondere für die EU bereit? Geben ihre Empfehlungen neuartige Impulse oder werden vorhandene Reformprozesse verstärkt?

Dieser Beitrag gibt zunächst einen vereinfachenden und eher kursorischen Überblick über die historischen und institutionellen Grundlagen der OECD. Das Hauptaugenmerk des Beitrags liegt auf der kritischen Analyse ausgewählter sozialpolitischer Politikbereiche der OECD und deren Folgen für die Entwicklung des europäischen Sozialmodells. Das Fehlen eines einheitlichen Sozialmodells im Sinne eines homogenen Wohlfahrtstaatstypus in der EU ist den Autoren bewusst. Europäisches Sozialmodell bezeichnet daher einen europäischen Grundkonsens über eine soziale Grundordnung, der eine Vielfalt europäischer Sozialsysteme zu Grunde

3 Vgl. Armingeon 2004.

4 Vgl. Young 1992: 190 ff.

5 Vgl. Beyeler 2004: 4 und Beyeler 2003: 159 ff. Für einen Überblick über die verschiedenen (aber rein ökonomischen) Interpretationen des Verhältnisses zwischen Globalisierung und Wohlfahrtstaat vgl. Genschel 2004.

liegt.[6] Es handelt sich um die Kernstrukturen einer international wettbewerbsfähigen sozialen Marktwirtschaft, deren nationale Ausprägungsformen in wesentlichen Bereichen jedoch mit dem EU-Recht kompatibel sein, also den Funktionsanforderungen des Binnenmarktes gerecht werden müssen und unter Umständen entsprechende Anpassungsleistungen zu erbringen haben. Darauf wird insbesondere im Abschnitt 4 zurück zu kommen sein.

Mit Blick auf das darzulegende OECD-Paradigma werden exemplarisch Empfehlungen zur Steigerung der Arbeitsmarktpartizipation älterer Arbeitskräfte sowie die rentenpolitische Strategie der OECD untersucht. Diese beiden Felder bestimmen nicht nur die neuere sozialpolitische Agenda der OECD, sondern auch die inhaltlichen Empfehlungen der Organisation, die signifikante Interdependenzen zwischen Alterssicherung und Arbeitsmarkt postulieren. Und diese Themen finden entsprechende Parallelen im europäischen Diskurs, der die Reformpfade begleitet. Für die Analyse werden OECD-Publikationen, insbesondere die regelmäßig erscheinenden länderspezifischen „Economic Surveys" ausgewertet. Als analytische Unterscheidung werden die von der OECD in diesen beiden sozialpolitischen Feldern genutzten „frames" – im Sinne sprachlicher und strategischer Darstellungen von Problemkonstellationen und Lösungszugriffen – und zu Grunde liegende Paradigmen identifiziert.

Eine zentrale Hypothese des Beitrags ist, dass die arbeitsmarkt- und rentenpolitischen Empfehlungen der OECD für Europa vom neoklassischen Paradigma beherrscht sind. Da dieser Denkstil nicht nur in internationalen Organisationen, sondern nahezu ubiquitär das zur Zeit dominante Fundament für wirtschafts- und sozialpolitische Reformvorschläge stellt, liegt der Schluss nahe, dass die OECD ihre ursprüngliche Rolle als innovativer Ideengeber für Industriestaaten verloren hat.[7] Vielmehr verschafft die OECD der längst begonnenen sozialpolitischen Entwicklung in Europa hin zu einem eher residualen, „aktivierenden" Sozialmodell zusätzliche Autorität und Legitimität (vgl. die Bezüge zur EU-Entwicklung in Abschnitt 4). Damit verknüpft sich eine weitere Hypothese, die die Konturen eines

6 Dieser Grundkonsens kommt insbesondere in der Charta der Grundrechte der Union zum Ausdruck, in dessen Kapitel IV als gemeinsame Werte Demokratiegebot, soziale Marktwirtschaft, Grundrechtlichkeit und Solidarität angeführt werden (vgl. Schulte 2006: 63 f.). Systematisch lassen sich vier europäische Besonderheiten identifizieren, die erklären, warum von einem europäischen Sozialmodell die Rede ist: 1. Die längere Tradition von sozialer Sicherung in Europa im Vergleich zu anderen OECD-Ländern wie den USA und Japan; 2. Der umfassende Sozialversicherungsschutz und die Entwicklung sozialer Grundrechte in Europa; 3. Die Entstehung moderner Wohlfahrtstaaten und der von ihnen vermittelte Solidaritätsgedanke als Beitrag zur Überwindung der Krise europäischer Nationalstaatlichkeit; 4. Schließlich „policy learning" innerhalb der EU, internationale Sozialpolitik sowie auch supranationale öffentliche soziale Sicherung als transnationale Elemente des europäischen Sozialmodells (vgl. Kaelble 2005: 73 ff.).

7 In einer frühen Phase arbeiteten beispielsweise auch bekannte kapitalismuskritische Denker wie der Sozialwissenschaftler und Philosoph Cornelius Castoriadis bei der OECD. Er war bis 1970 Direktor für Statistik und Wachstumsstudien bei der OECD in Paris.

zunehmend diskutierten und sich auch in der Sprachpraxis der EU-Kommission nachweisbaren „Sozialmodells“ Europas bezieht: Im EU-Kontext wird von dem Wandel des Leistungs- zum Gewährleistungsstaat in allen sozialpolitischen Feldern gesprochen. Es geht – etwa im Bereich der sozialen Dienstleistungsmärkte – folglich um die Entwicklung regulierter Quasi-Märkte dort, wo vorher öffentliche oder öffentlich-rechtliche Leistungssysteme gewirtschaftet haben oder wo es Vorrangfunktionen frei-gemeinwirtschaftlicher Träger gab. Die Arbeitsmarktordnung und -politik in ihrer doppelten Eigenheit (materielles Leistungsrecht und administratives Dienstleistungsgeschehen) ist hier prototypisch:[8] Geht es doch sowohl um eine stärkere anreiz-kompatible Leistungsausgestaltung als auch um eine Modernisierung der Verwaltungsstrukturen und -kulturen („New Public Management“). Hier haben die effizienzorientierten Strategien der marktkonformen Modernisierung der Arbeitsmärkte einerseits und die marktorientierte, mit dem EU-Recht kompatible Modernisierung der Modalitäten der Gewährleistung sozialer Dienstleistungen von allgemeinem (wirtschaftlichen) Interesse (DA(W)I) andererseits eine gemeinsame Schnittfläche.[9] Insgesamt gilt dabei: Die Sozialpolitik in den Mitgliedstaaten wird zunehmend von der Anti-Diskriminierungslogik des Binnenmarktes diktiert. Das zeigten die Kontroverse um die Umsetzung der EG-Richtlinien im Rahmen eines nationalen Anti-Diskriminierungsgesetzes ebenso wie die Kontroversen um die Dienstleistungsrichtlinie. Viele andere Entwicklungen ließen sich anfügen.

2. *Historische und institutionelle Grundlagen der OECD*

Im Zuge der Einrichtung des Europäischen Wiederaufbauprogramms (ERP) wurde allgemein die Notwendigkeit einer europäischen Institution erkannt, die als Kontrollinstanz die Vergabe der finanziellen Hilfsmittel abstimmt. Die genaue institutionelle Gestalt eines solchen Organs war zunächst jedoch umstritten. So verfolgte die amerikanische Regierung das Ziel, eine supranationale Organisation aufzubauen, die die wirtschaftliche Integration Europas voranbringen und gleichzeitig stark genug sein sollte, um sich gegen partikulare nationale Interessen durchzusetzen. Für Frankreich hatte unmittelbar nach Kriegsende eine effiziente Kontrolle insbesondere der Wirtschaftspolitik Westdeutschlands durch ein starkes zentralistisches Organ Priorität. Die britischen Vorstellungen standen denen der USA und Frankreichs entschieden entgegen. Die neue Organisation dürfe nicht in nationale Kompetenzbereiche eingreifen, sondern solle vielmehr einem zu großen Einfluss der USA in Europa entgegenwirken.[10]

8 Vgl. Klammer/Schulz-Nieswandt 2006.
9 Vgl. Schulz-Nieswandt/Sesselmeier 2006.
10 Vgl. Hardach 1994: 99 f.

Die „Konvention über die europäische wirtschaftliche Zusammenarbeit" vom 16. April 1948 besiegelte schließlich die Entstehung der Organisation for European Economic Cooperation (OEEC),[11] deren Ziele kurzfristig die Koordination der Wirtschaftspolitik aller Teilnehmerländer des Marshallplans sowie langfristig die Prosperität Europas waren. Im Juni 1950 wurden Kanada und die USA als assoziierte und beratende Mitglieder in die OEEC aufgenommen. Dies – und die Tatsache, dass es den USA im Zuge des Koreakrieges nicht gelang, der OEEC eine politische Rolle im Zusammenhang mit der Wiederaufrüstung Europas zuzuordnen – markierte den Funktionswandel der Organisation von einem aktiven, mit politischen Implementierungsaufgaben betrauten Organ hin zu einem „internationalen Informations- und Konsultationsgremium".[12] Diese Neuorientierung der Organisation wurde am 30. September 1961 mit der Ablösung der *europäischen* OEEC durch die *überregionale* Organisation for Economic Cooperation and Development (OECD) und der Aufnahme Kanadas und der USA als vollwertige Mitglieder besiegelt.[13] Die Aufgaben der OECD – die Förderung des Wirtschaftswachstums in Mitglieds- und Nichtmitgliedsländern sowie des weltwei-ten Handels – unterscheiden sich dabei nicht wesentlich von denen ihrer Vorgängerorganisation. Verstärkt baut die OECD jedoch auf informationelle Arbeit. Durch die Bereitstellung von statistischem Material und der damit gegebenen Möglichkeit des Vergleichs nationaler wirtschaftlicher Leistungsfähigkeit einerseits und dem Angebot zahlreicher Publikationen andererseits zielt die Organisation darauf ab, Wissenschaft und Politik für ihre weltwirtschaftlichen Zielsetzungen zu gewinnen. Vor diesem Hintergrund ist die OECD als eine treibende, aber zugleich institutionell überwachende Kraft der ökonomischen Globalisierung zu betrachten.

Entscheidungen werden in der OECD durch den regelmäßig tagenden Rat im Konsens getroffen. Er setzt sich aus je einem Gesandten der 30 Mitgliedstaaten sowie einem Repräsentanten der Europäischen Union zusammen. Ein Mal jährlich kommt der Rat auf ministerieller Ebene zusammen, um programmatische Schwerpunkte festzulegen und über grundlegende Fragen zu beraten. Entscheidungen werden im Konsens getroffen. Die laufenden administrativen Tätigkeiten sowie die kontinuierlichen analytischen Aufgaben werden von den rund 2000 Mitarbeitern (darunter 700 Wissenschaftler) im Sekretariat in Paris wahrgenommen. Dem

11 Die Gründungsmitglieder der OEEC waren Belgien, Dänemark, die amerikanisch-britische und die französische Zone Deutschlands, Frankreich, Griechenland, Großbritannien, Irland, Island, Italien, Luxemburg, Niederlande, Norwegen, Österreich, Portugal, Schweden, Schweiz und Türkei.

12 Hardach 1994: 105.

13 Zwischen 1963 und 1996 traten zudem Japan, Finnland, Australien, Neuseeland, Mexiko, Tschechien, Ungarn, Polen und Korea der OECD bei. Die OECD-Mitgliedstaaten produzieren zusammen mehr als zwei Drittel der Güter weltweit und sind an vier Fünftel der weltweiten Handelsbewegungen beteiligt. Vgl. Sullivan 1997: 33.

Sekretariat wie auch dem Rat steht der Generalsekretär vor.[14] Das Sekretariat gliedert sich in 15 verschiedene thematische Abteilungen,[15] die analog zu den Themen der Ausschüsse, Arbeits- und Expertengruppen forschen und diese in ihrer Arbeit unterstützen. Die OECD verfügt über ein Jahresbudget von rund 330 Mio. €.

Inhaltlich beschäftigt sich die OECD mit weiten Bereichen der Wirtschafts- und Sozialpolitik und ist damit in mehr Themenfeldern wirksam als etwa der IWF oder die WTO. Das universale Mandat, das in den ersten Artikeln der Gründungskonvention der OECD formuliert wurde, lässt es zudem zu, dass die Organisation ihre bisherigen inhaltlichen Schwerpunkte leicht auf neue, entferntere Problemfelder ausdehnen konnte:[16] „The OECD has become a discursive authority on economic matters, and exercises this authority not only in its main areas of economic policies, but also – with considerable self-confidence – in broader policy areas".[17]

Die OECD erarbeitet internationale Standards und trägt „best practice"-Beispiele in den für sie relevanten Politikfeldern zusammen. Nur zu einem Teil gehen aus der Arbeit der OECD internationale Abkommen hervor. Hauptsächlich übt sie durch ihre Beratungs- und Informationsfunktion sanften Regulierungsdruck aus. Grundsätzlich basiert die Funktionsweise der OECD auf dem Prinzip des „peer review", d.h. einer wechselseitigen Kontrolle der Politik in den Mitgliedstaaten.[18] Die Organisation selbst nimmt dabei die Rolle eines Forums ein, das mittels von ihr bereitgestellter Informationen den Vergleich von Politikinhalten und -prozessen ermöglicht.[19] Da die OECD, wie herausgestellt, weder über Gesetzgebungskom-

14 Seit dem 1. Juni 2006 ist der Mexikaner Angel Gurría Generalsekretär der OECD. Er löste den Kanadier Donald J. Johnston nach zwei 5-jährigen Amtszeiten ab.

15 Vgl. OECD 2006a.

16 Vgl. Bayne 1998: 206. Marcussen argumentiert, dass die (schwindende) Autorität der OECD und der komparative Vorteil gegenüber anderen internationalen Organisationen gestärkt werden könne, indem sich die Organisation auf strategische Felder konzentriert und ihre hohe Publikationsrate zu Gunsten eines höheren Innovationsgrads reduziert. Vgl. Marcussen 2004: 102 f.

17 Hansen/Salskov-Iversen/Bislev 2002: 118.

18 Vgl. OECD 2005a: 13 sowie Marcussen 2004a.

19 Die Methode der Koordinierung über „benchmarks" ist mittlerweile als eigenständige politische Methode anerkannt und wird nicht mehr nur als schwaches Übergangsinstrument in Ermangelung von „hard law" angesehen. Frühzeitig wurde die Methode der OECD von der EU-Kommission als Koordinierungstechnik in peripheren Feldern ihres Kompetenzbereichs genutzt. Schließlich ähnelt die im Zuge der Lissabon-Strategie eingeführte Offene Methode der Koordinierung (OMK) stark der OECD-Methode. Vgl. Wallace 2005: 85-87 und Schäfer 2006. Schließlich Schulz-Nieswandt/Maier-Rigaud 2005. Die OMK wird politikwissenschaftlich in der Regel als inter-gouvernementale Praxis eingestuft und ist insofern eher der vertragstheoretischen Interpretation des EU-Rechts in der Tradition des horizontalen Völkerrechts verbunden. Man kann aber auch die OMK teleologisch als schleichende Methode der Harmonisierung betrachten, da es reformpolitisch auch um die architektonischen Aspekte der nationalen Sozialstaatsrealtypen geht. Insofern geht von dieser Politik der originären EU-Ebene im Rahmen des Mehr-Ebenen-Systems der EU ein vertikalherrschaftlicher Gestaltungsimpuls aus.

petenzen noch finanzielle Ressourcen als Instrumente ihrer Politik verfügt, bleibt ihr nur das „idea game“,[20] bestehend aus moralischem Druck und multilateraler Überwachung. Wichtigstes Instrument der OECD in diesem Zusammenhang sind die regelmäßig von der ökonomischen Abteilung produzierten länderspezifischen Wirtschaftsberichte (Economic Surveys). In diesen Berichten wird ein Überblick über die wirtschaftliche und wirtschaftspolitische Entwicklung einer Volkswirtschaft gegeben, einzelne Themenfelder genauer untersucht und schließlich ein „assessment“ der bereits unternommenen Reformen durchgeführt. Auf dieser Grundlage werden dezidierte Politikempfehlungen an die Regierung gerichtet. Hierbei besteht die Gefahr, dass im Falle eines reformpolitischen Misserfolgs in einem Mitgliedsland dic OECD öffentlich mitverantwortlich gemacht werden könnte („blame avoidance“). Im umgekehrten Fall einer erfolgreichen, innovativen Reform würde die nationale Regierung hingegen versucht sein, als alleiniger Urheber aufzutreten („credit claiming“). In den 1990er Jahren vernachlässigte die OECD in ihren Wirtschaftsberichten zunehmend ihren Fokus auf die Ziele des „magischen Vierecks“ Vollbeschäftigung, Wachstum, Preisstabilität und Außenhandelsgleichgewicht. Neue, insbesondere von den Maastricht-Kriterien inspirierte Prioritäten stellen auf ausgeglichene öffentliche Budgets, restriktive Geldpolitik und effektive Strukturreformen ab.[21] Fiskalische und demographische Nachhaltigkeitsaspekte rücken in den Vordergrund der Betrachtungen, versorgungspolitische Aspekte treten relativ zurück.

In ihrer Eigenschaft als wichtiges Forschungsinstitut dient die OECD ihren Mitgliedsländern zudem als „Ideenschmiede“ für gemeinsam eingebrachte Vorschläge in globalen Foren wie etwa der WTO.[22] Ein prominentes Beispiel betrifft die Frage der Notwendigkeit internationaler Arbeitstandards, in der die OECD maßgeblichen Einfluss auf der Ebene der Ideen ausgeübt hat. Im Jahr 1996 erschien die Studie „Trade, Employment and Labour Standards“,[23] in der die OECD Zusammenhänge zwischen Handel und Arbeitstandards untersucht. Die Analyse kommt zu dem Ergebnis, dass Arbeitstandards nicht durch Handelsverträge durchgesetzt werden sollten, sondern durch die Arbeit internationaler Organisationen, Nichtregierungsorganisationen und letztlich auch durch Selbstverpflichtungen der Unternehmen. Kurz nach Erscheinen der OECD-Studie wurde die Frage der Berücksichtigung von Arbeitstandards im WTO-Vertragswerk mit der Erklärung der WTO-Ministerkonferenz in Singapur jedoch akut. Zudem erhielt die Debatte um eine weltweite Implementierung von Arbeitstandards durch die ILO-Deklaration über die grundlegenden Prinzipien und Rechte bei der Arbeit im Jahr 1998 neuen Auftrieb. Die OECD reagierte im Jahr 2000 mit einer aktualisierten Untersuchung der Problematik und der Veröffentlichung der Studie „International Trade and Core

20 Marcussen 2004a: 15. Vgl. auch Marcussen 2004: 91 ff.
21 Vgl. Chavranski 1997: 81.
22 Vgl. Bayne 1998: 206 f.
23 Vgl. OECD 1996.

Labour Standards",[24] in der die Ergebnisse aus dem Jahr 1996 im Wesentlichen wiederholt, aber durch aktuelle Forschungsbeiträge ergänzt und damit erneut in die internationale Debatte eingebracht wurden.

Allerdings finden sich auch Anzeichen, dass die OECD ihre Rolle als Ideengeber teilweise eingebüßt hat. Beispielsweise attestierte 1997 der damalige Generalsekretär Donald Johnston eine Identitätskrise der OECD. Diese anhaltende Krise bestehe darin, dass die OECD (nach den Budgetkürzungen und der gesteigerten Publikationsrate Mitte der 90er Jahre) an Substanz verloren habe und ein „trend follower rather than a trend setter"[25] geworden sei. Darüber hinaus hat die OECD mit dem Ende des Ost-West-Konflikts begonnen, die Funktion eines Ideenpromoters („ideational agent") für die USA übernommen.[26] Damit läuft sie Gefahr, ihre wissenschaftliche Autorität und Unabhängigkeit aufs Spiel zu setzen.[27] Schließlich trägt der inhaltliche Fokus auf fiskalische Nachhaltigkeit und die Dominanz mikroökonomischer Anreizüberlegungen in ihren Empfehlungen dazu bei, dass die OECD nur noch als eine Stimme im Chor wirtschaftliberaler internationaler Organisationen wahrgenommen wird.

3. *Der neoklassische Denkstil der OECD*

Die OECD hat den allgemeinen Paradigmenwechsel in den Wirtschaftswissenschaften vom Keynesianismus zur Angebotspolitik und ihren neoklassischen bzw. monetaristischen Denkstilen mit einer gewissen Verzögerung ebenfalls vollzogen. Erst in den 1980er Jahren begann die OECD, ihre Politikempfehlungen konsequent an das neue Paradigma anzupassen.

Entsprechend ist die sozialpolitische Orientierung der OECD eher auf einen residualen Status sozialer Politik ausgerichtet: Sozialpolitik wird in den Politikempfehlungen nur insoweit berücksichtigt, wie sie die Hauptziele Wirtschaftswachstum und Beschäftigung gefährdet oder unterstützt.[28] Allerdings ist bei der Positionsbestimmung des OECD-Sekretariats zwischen der ökonomischen Abteilung (Economics Department) – als zentrale Schaltstelle des Sekretariats – und der kleineren, erst 1974 gegründeten sozialpolitischen Abteilung (Directorate for

24 Vgl. OECD 2000.
25 Marcussen 2004: 100.
26 Vgl. Marcussen 2004: 101.
27 Vgl. Marcussen 2004: 99 ff.
28 Vgl. Deacon/Hulse/Stubbs 1997: 70. Dieser bei sozialpolitischen Themen vorherrschende Fokus auf Wachstum und Beschäftigung rückt die OECD von ihren politischen Prioritäten in die Nähe der Bretton-Woods-Organisationen. Es wird noch zu skizzieren sein, dass die Lissabon-Strategie der EU ebenfalls zunehmend den Fokus auf den Ausbau einer anreizkompatiblen, wachstumsorientierten, das sinkende Erwerbspersonenpotenzial optimaler ausschöpfenden, also einer Humankapital-zentrierten und „employability"-orientierten Sozialpolitik legt.

Employment, Labour and Social Affairs) zu unterscheiden. Während die wirtschaftspolitische Abteilung durch die neoliberale und monetaristische Schule US-amerikanischer Provenienz geprägt ist und eine marktwirtschaftliche Ordnung als genuines Ziel erachtet, sieht die sozialpolitische Abteilung hierin nur ein Mittel zur Erreichung von wirtschaftlichem Wachstum und Stabilität.[29] Nach einer langen Phase, in der die sozialpolitische Abteilung ebenfalls den „welfare as burden"[30]-Ansatz vertrat, orientierte sie sich in den 1990er Jahren neu und verfolgte mit einer stärker originär sozialpolitisch akzentuierten Programmatik insbesondere die Idee, dass Sozialausgaben eine Investition darstellen und somit die soziale und ökonomische Wohlfahrt stärken.[31] Dies kommt durchaus der neueren EU-Strategie einer anrciz-kompatiblen und marktkonformen Modernisierung der Sozialpolitik nahe. Es geht hier nicht um die „manchester-liberale" Abschaffung des Sozialstaates, sondern um die wachstums- und beschäftigungsorientierte Ausgestaltung der sozialen Sicherungssysteme. Nachhaltigkeitsprobleme rücken Fragen der Bildungspolitik, Fragen der Mobilisierung des weiblichen Erwerbspersonenpotenzials und der gleichzeitigen Erhöhung der Fertilitätsrate, die Kompetenzstabilisierung älterer Arbeitnehmer, die effektivere Arbeitsmarktintegration besonders vulnerabler Bevölkerungsteile, die Schulerfolgsbilanz der Migrantenkinder etc. etc. in das Zentrum einer Reform der Sozialpolitik und einer Neu-Bestimmung des Verhältnisses von Bildungs- und Arbeitsmarktpolitik, Familien- und Gleichstellungspolitik und anderen Querschnittsverschachtelungen gesellschaftspolitischer Teilfelder.

Diese Neuorientierung der OECD konstituiert aber keinen Paradigmawechsel vom amerikanischen Liberalismus hin zu einer sozial regulierten Kapitalismusform,[32] die stärker im europäischen Sozialmodell einer wettbewerbsfähigen sozialen Marktwirtschaft aufscheint,[33] sondern ist eine Hinwendung zu einer „aktivierenden" Sozialpolitik für wirtschaftspolitische Zwecke, wenngleich es hier, wie angedeutet, schnittflächenartige Gemeinsamkeiten zur EU gibt.

In ihrem „triangular paradigm"[34] formuliert die OECD die Zielsetzung, ökonomisches Wachstum, soziale Stabilität und politische Stabilität in Einklang zu bringen. Als eine der wichtigsten institutionellen Förderer der ökonomischen Globalisierung verteidigt die OECD – analog zur Binnenmarktphilosophie der EU – die Wohlfahrtsgewinne von Handels- und Finanzliberalisierung. Dies wird im Vorwort ihres Jahresberichts von 1997 besonders deutlich, in dem Möglichkeiten erörtert werden, um die Dynamik der ökonomischen Reformprozesse, insbesondere

29 Vgl. Chavranski 1997: 80 ff. für eine kritische Auseinandersetzung mit der ökonomistischen Ausrichtung der OECD. Ein Dissens zwischen beiden Abteilungen besteht insbesondere in der Arbeitsmarktpolitik. Vgl. McBride/Williams 2001: 290.

30 Deacon/Hulse/Stubbs 1997: 71.

31 Vgl. Deacon/Hulse/Stubbs 1997: 71 ff.

32 Die Einschätzung, dass sich ein solcher Paradigmawechsel vollzieht, vertreten etwa Deacon/Hulse/Stubbs 1997: 148.

33 Vgl. Schulz-Nieswandt u. a. 2006.

34 OECD 1997: 3.

multilaterale Handelsliberalisierung und Investitionen erhalten zu können.[35] Dies soll durch eine verbesserte öffentliche Darstellung der positiven Globalisierungseffekte und einer damit einhergehenden größeren Unterstützung der Reformvorschläge der OECD bewirkt werden: „A renewed communications policy for the OECD is an essential first step in this ambition. The Organisation has to fight the false notions concerning the negative effects of globalisation. If achieved alongside continuing liberalization, the social benefits for everyone will be significant. The OECD must present the facts, explain them and demonstrate that liberalization and social progress go together."[36] Mit einem gezielten „framing" ihrer Politikempfehlungen versucht die OECD, den Begriff „Globalisierung" in der Öffentlichkeit positiv zu besetzen. An die Stelle negativer Assoziationen soll die Vorstellung von Wohlstandseffekten für die gesamte Bevölkerung treten.

In den arbeitsmarktpolitischen Positionen und Empfehlungen der OECD wird die neoklassische Argumentationsweise deutlich: „The focus is on flexible working times, a shift of wage bargaining away from the sectoral to the local or plant level, and on limiting the scope and duration of unemployment insurance and other benefits."[37] Demnach schränken bestehende Systeme der Arbeitslosenversicherung die finanziellen Anreize für Arbeitslose ein, einen Job anzunehmen und verstärken die Selektivität der Arbeitsplatzsuche.[38] Allgemein sieht die OECD Arbeitsmarktrigiditäten in der Stärke der Gewerkschaften, der Höhe der Sozialleistungen und den Regulierungen am Arbeitsmarkt. Diese strukturellen Faktoren sind – so die OECD – für die hohe Arbeitslosigkeit in den OECD-Mitgliedsländern verantwortlich. Entsprechend versucht sie mittels ihrer „Jobs Strategy" ihre Mitglieder zu deregulierenden und „aktivierenden" Arbeitsmarktreformen zu bewegen.[39] Allerdings lässt sich in den Mitgliedsländern, die weitgehend die OECD „Jobs Strategy" befolgt haben, empirisch keine signifikante Verbesserung der Beschäftigungssituation erkennen. Auch der von der OECD postulierte Globalisierungsdruck hin zu größeren Flexibilisierungserfordernissen ist empirisch nicht auszumachen.[40] Der ideelle Reformdruck von Seiten der OECD ist enorm, aber in den seltensten Fällen ist die OECD auch originärer Ideengeber ihrer Empfehlungen. In der Regel nimmt sie von außen nationale arbeitsmarktpolitische Innovationen in ihr Empfehlungsprogramm auf. Voraussetzung für die Aufnahme nationaler Politikideen ist ihre Konsistenz mit dem neoklassischen Paradigma sowie die Übertragbarkeit dieser Innovationen auf andere Mitglieder. Hierbei handelt es sich gewöhnlich um Institutionen im ökonomischen Sinne von Anreizstrukturen.[41]

35 Vgl. OECD 1997: 3.
36 OECD 1997: 4.
37 Dostal 2004: 448.
38 Vgl. Dostal 2004: 449.
39 Vgl. McBride/Williams 2001: 287 ff.
40 Vgl. McBride/Williams 2001: 293 ff.
41 Vgl. Dostal 2004: 448.

Der „organizational discourse“ der OECD ist ein bestimmtes Denkmuster,[42] das die Arbeit der Organisation und die hieraus resultierende Expertise prägt und mit dem versucht wird, letztere über eine organisationsspezifische Sprache und Symbolik ihren Mitgliedern zuteil werden zu lassen.[43] Hierzu gehören die strategische Auswahl von Problemfeldern und die Definition des in diesem Gebiet relevanten Wissens („agenda-setting“). Die OECD generiert neue Erkenntnisse zwar teils aus eigener Forschung.[44] Es wird aber auch selektiv und interpretatorisch auf Ergebnisse der ökonomischen Wissenschaft zurückgegriffen und deren Autorität in Anspruch genommen. Schließlich werden die einzelnen Politikfelder miteinander verbunden und methodische sowie inhaltliche Gemeinsamkeiten identifiziert.[45] Insgesamt bildet der wirtschaftwissenschaftliche Mainstream die politikfeldübergreifende Grundlage für alle Positionen der OECD und ist folglich für die Homogenität ihres Diskurses verantwortlich: „In summary, the OECD puts forward a homogenous discourse in different fields of policy-making because a neoclassical belief in market equilibrium outcomes provides a unifying framework for all its activities.“[46]

Im Sinne der Wissenssoziologie von Ludwik Fleck könnte man die OECD als ein „Denkkollektiv“ beschreiben,[47] das einem liberal-neoklassischen „Denkstil“ verpflichtet ist. Diese – für Kulturanthropologen eine nicht überraschende oder ideologisch problematische Annahme – Denkstilgebundenheit, die kulturell-soziale Einbettung des Denkens, macht den „kollektiven Anteil des Erkennens“[48] aus, und erklärt somit zu einem gewissen Grad die Homogenität der Politikempfehlungen

42 Der Diskurs einer Organisation konstruiert eine kohärente soziale Realität für ihre Mitglieder. Er prägt das Selbstverständnis der Mitarbeiter und ihre alltäglichen organisationsinternen Abläufe. Vgl. Grant/Keenoy/Oswick 2001: 6 ff.

43 Vgl. Dostal 2004: 444 f.

44 Zunehmend werden auch Projekte von einzelnen Mitgliedstaaten angestoßen und zusammen mit einigen anderen interessierten Staaten auch finanziert. Die Finanzierungskrise der OECD von 1996 scheint hierfür ausschlaggebend gewesen zu sein. Damals hatte der amerikanische Kongress eine Kürzung des finanziellen Engagements der USA in internationalen Organisationen um 25 % beschlossen. In Bezug auf die OECD forderten die USA eine Senkung ihres Beitragssatzes sowie eine Senkung des Gesamtbudgets. In der Folge wurde das Budget der OECD im Jahr 1996 und 1997 nominal reduziert mit dem Ergebnis, dass 150 Stellen gestrichen wurden. Allgemein variieren die Beitragssätze der Mitglieder nach ihrem Anteil am Gesamt-BIP aller OECD-Staaten. Allerdings bestehen bezogen auf das Gesamtbudget der OECD ein Mindestbeitragssatz für kleine Länder von 0,1 % und ein Höchstsatz von 25 %. Diese Regeln bestehen seit Gründung der OECD. Die USA haben stets den Höchstsatz gezahlt (gemessen an ihrem BIP hätten die USA in der Vergangenheit zwischen 30 und 40 % des OECD Budgets bezahlen müssen). Vgl. Chavranski 1997: 69-75. Dieser Höchstsatz wurde gelockert, denn heute (2006) zahlen die USA 24.975 % des Gesamtbudgets in Höhe von 336 Mio. €. Vgl. OECD 2006b.

45 Vgl. Dostal 2004: 450 f.

46 Dostal 2004: 451.

47 Vgl. Fleck 1980.

48 Fleck 1980: 56.

einer internationalen Organisation.[49] Auch wenn es bei Fleck um wissenschaftliche Forschungserkenntnisse geht, so lassen sich seine Vorstellungen auf internationale Organisationen als eine Klasse von korporativen Akteuren übertragen: „Obwohl das Denkkollektiv aus Individuen besteht, ist es nicht deren einfache Summe. Das Individuum hat nie, oder fast nie das Bewußtsein des kollektiven Denkstiles, der fast immer einen unbedingten Zwang auf sein Denken ausübt und gegen den ein Widerspruch einfach undenkbar ist."[50]

4. *Höhere Erwerbsbeteiligung älterer Arbeitskräfte durch mikroökonomische Anreize?*

Die demographische Entwicklung ist ein wichtiges Thema für die OECD, da sie sowohl für die Rentensysteme als auch für die Arbeitsmarktpolitik eine entscheidende Randbedingung darstellt. Die Bevölkerung in allen OECD-Mitgliedsländern altert in der Folge fallender Fertilitätsraten und steigender Lebenserwatung.[51] Entsprechend steigt der Altenquotient,[52] was die öffentlichen Finanzen über das Rentensystem sowie über steigende Pro-Kopf-Ausgaben im Gesundheitssystem belastet.[53] Teilweise werden diese Kosten durch einen niedrigen Jugendquotienten und den damit verbundenen geringeren Aufwendungen für Kinderbetreuung und -ausbildung wieder aufgefangen.[54] Insgesamt bleibt aber eine Belastung von Wirtschaft und Finanzen durch die Alterungsprozesse. Die demographische

49 In der EU kommt die Rolle eines „Denkkollektivs" der EU-Kommission zu, die als „Hüterin der Verträge" zunehmend aktiv wird, die sozialpolitischen Felder im Lichte des europäischen Integrations-projekts, das ja binnenmarktzentriert und -getrieben, hinsichtlich der politischen und sozialen Ordnung aber noch finalitätsoffen ist, zumindest zu einer „geteilten Kompetenz" im Mehr-Ebenen-System der EU (zwischen Vertrag und Verfassung, Vgl. Schulz-Nieswandt 2006c.) voran zu treiben. Dazu dienen ihr die (rechtsdogmatisch umstrittenen) Mitteilungen sowie die Grün- und Weißbücher. Letztendlich geht es um die Generierung von Richtlinien, die das zuvor entsprechend ausgelegte Primärrecht durch ein Regime von Sekundärrecht wirksam werden lassen. Ein treibender Motor dieser Gestaltung war dabei auch die Rechtsprechung des EuGH.

50 Fleck 1980: 56 f.

51 Vgl. OECD 2006: 18.

52 Projektionen der OECD ergeben, dass der Altenquotient – ausgedrückt als das Verhältnis der mindestens 65-jährigen im Verhältnis zu den 20 bis 64-jährigen – von 22 % im Jahr 2000 auf 46 % im Jahr 2050 für die gesamten OECD-Länder steigen wird. Vgl. OECD 2005: 147.

53 Vgl. OECD 2006: 20. Allerdings weist die OECD in einer Fußnote darauf hin, dass die steigenden Gesundheitsausgaben Pro-Kopf in erster Linie durch den medizinisch-technischen Fortschritt und in geringerem Maße durch die Alterung steigen. Vgl. OECD 2006: 20, Fn. 4.

54 Vgl. OECD 2006: 21. Die Frage der Bevölkerungsschrumpfung wird in der Literatur kontrovers diskutiert. Verbesserte Rahmenbedingungen im Sinne familienfreundlicher Infrastrukturen sind durchaus zu begrüßen. Hingegen muss die politische Vorgabe einer bestimmten Fertilitätsrate ebenso kritisch gesehen werden wie die Implementierung von Fertilitätsanreizen in Rentensystemen. Vgl. Maier-Rigaud 2005.

Entwicklung und die hohe Arbeitslosigkeit sind wesentliche Gründe, weshalb die OECD in ihren Wirtschaftsberichten die nationalen Regierungen zu fiskalischer Nachhaltigkeit ermahnt.[55] Vor diesem Hintergrund lautet die Kernbotschaft der OECD, dass eine Ausweitung des Arbeitsangebots und insbesondere die Integration älterer Arbeitskräfte in den Arbeitsmarkt prioritäre Ziele sein sollten: „A key factor in meeting these economic challenges will be to remove barriers to labour force participation, especially with respect to older people. If older workers could be encouraged to remain in work longer, this could result in a triple dividend: it would boost labour force growth, and help offset the negative impact of population ageing on economic growth; it would improve public finances through reduced public expenditures associated with early retirement while increasing tax revenues, and it would also help employers by smoothing the pace at which they will have to replace retiring workers with new entrants."[56]

Die dreifache Dividende, die hier angesprochen wird, ist – insbesondere in Hinblick auf Wirtschaftswachstum und öffentliche Finanzen – durch den Abbau von Arbeitslosigkeit zu erreichen. In welcher Altersgruppe die Beschäftigungsquote erhöht werden sollte, ist dabei zunächst einmal sekundär. Hierfür müssen aber die makroökonomischen Randbedingungen stimmen. Im Jahr 2005 betrug die Zahl der offenen Stellen in Deutschland jedoch nur 405.000 gegenüber einer registrierten Arbeitslosigkeit von knapp 4,9 Millionen.[57] Solange die Zahl der offenen Stellen am Arbeitsmarkt nicht signifikant steigt, wird weder ein Rückgang der Arbeitslosigkeit noch eine erhöhte Erwerbsbeteiligung älterer Arbeitskräfte zu realisieren sein. Diese wichtige makroökonomische Randbedingung wird mit der rein mikroökonomischen Fixierung auf verbesserte Arbeitsanreize und Flexibilität vernachlässigt. Die OECD betrachtet ausschließlich die Arbeitsangebotsseite und lässt die Gesamtnachfrage im Allgemeinen und die Arbeitsnachfrage im Besonderen außer Acht.

Um zu belegen, dass diese Strategie kein Nullsummenspiel ist, die nur auf Kosten einer erhöhten Jugendarbeitslosigkeit möglich ist und somit ein politisches Entscheidungsdilemma aufwerfen würde, führt die OECD eine positive Korrelation zwischen der Veränderung der prozentualen Beschäftigungsraten jüngerer und älterer Arbeitskräfte an.[58] Damit soll die Vorstellung einer konstanten Arbeitsnachfrage („lump of labour fallacy") und dem hiermit verbundenen „trade-off" zwischen der Arbeitslosigkeit älterer Arbeitskräfte und der Jugendarbeitslosigkeit widerlegt

55 So beispielsweise die Empfehlungen für Italien, Frankreich und Polen. Vgl. OECD 2005b: 54 ff., 2005d: 44 ff. und 2006c: 63 ff.

56 OECD 2006: 24.

57 Die Zahlen beruhen auf einer Schätzung des Sachverständigenrats. Vgl. Sachverständigenrat zur Begutachtung der gesamtwirtschaftlichen Entwicklung 2005: 119, Tab. 14. Die Arbeitslosenquote liegt in Deutschland zwar über dem OECD-Durchschnitt, aber dennoch dürfte die im Verhältnis zur Arbeitslosenquote geringe Zahl an offenen Stellen ein OECD-weites Phänomen sein.

58 Vgl. OECD 2006: 140.

werden.[59] Dass diese Korrelation offensichtlich keine Kausalität aufweist, sondern die gleichgerichtete Entwicklung von Beschäftigungsraten einzelner Altersklassen maßgeblich durch den Verlauf des Konjunkturzyklus bestimmt ist, wird zwar angedeutet,[60] ist aber offenbar kein Grund, die Argumentation zu überdenken.

Um ältere Arbeitnehmer länger im Berufsleben zu halten, fordert die OECD insbesondere einen Abbau von Frühverrentungsanreizen im Rentensystem und andere positive Anreize zur Arbeitsmarktpartizipation. Beispielsweise identifiziert die OECD einen Einkommenseffekt, demzufolge großzügige Leistungen des Rentensystems die Anreize für eine Arbeitsaufnahme im Alter schmälern. In die gleiche Richtung wirken institutionelle Maßnahmen, bei denen Erwerbseinkünfte nach Renteneintritt zu Abzügen bei der Rente führen (Substitutionseffekt).[61] Grundsätzlich befürwortet die OECD versicherungsmathematische Abschläge bei Frühverrentung, da diese keine implizite Steuer auf Arbeit beinhalten. Allerdings betont sie die hohe Bedeutung des Mindestrenteneintrittsalters in Anbetracht stark divergierender individueller Zeitpräferenzraten.[62] Ebenso wird bemängelt, dass die versicherungsmathematisch neutrale Entscheidung über den individuellen Renteneintritt in der Praxis einige Mängel aufweist. Beispielsweise seien Arbeitnehmer mit einem geringen Einkommen benachteiligt, da sie sich eine frühe Verrentung oftmals nicht leisten könnten und obendrein eine niedrigere Rente bezögen, als ihnen entsprechend der geringeren Lebenserwartung ihrer sozioökonomischen Gruppe versicherungsmathematisch zusteht. Diese regressiven Wirkungen in der Einkommensverteilung werden von der OECD explizit bemängelt.[63] Hier manifestiert sich eine der wenigen genuin sozialpolitischen Positionen der OECD.

Parametrische Reformen wie die Anhebung des Renteneintrittsalters werden positiv bewertet. Als Vorteil wird die dadurch erzielbare Stärkung der finanziellen Nachhaltigkeit von Rentensystemen unter den Bedingungen des demographischen Wandels angeführt: Die Einnahmesituation verbessere sich durch längere Beitragszeiten und gleichzeitig würden die Leistungsausgaben durch die durchschnittlich

59 Diese OECD-Position ist umstritten. So kommt eine Studie des Internationalen Arbeitsamts (ILO) zu dem Ergebnis, dass eine Umkehr des Frühverrentungstrends und eine Erhöhung des Anteils älterer Arbeitnehmer am Arbeitsmarkt so lange Wunschdenken bleiben, wie die aggregierte Arbeitskräftenachfrage nicht steigt: „It presupposes also that employment is strongly expanding, because otherwise the maintenance of the older workforce in the labour market will displace new hires. That is to say, that offering longer job tenure for the older workforce might well lead to another inter-generational conflict: the substitution between older and younger workers." Auer/Fortuny 2000: 40.

60 Vgl. OECD 2006: 140, Fn. 1 (142).

61 Vgl. OECD 2006: 52 ff. Siehe auch die Empfehlungen bezüglich des spanischen Rentensystems: OECD 2005c: 149 f. Das Ziel, die Erwerbsbeteiligung älterer Arbeitskräfte zu erhöhen, findet sich bereits in einem Bericht von 1997 unter dem Stichwort „active ageing" (OECD 1997: 20).

62 Vgl. OECD 2006: 57.

63 Vgl. OECD 2005: 176 f.

verkürzte Rentenbezugsdauer sinken.[64]

Auch für Deutschland empfiehlt die OECD Reformen, um die Erwerbsbeteiligung älterer Arbeitskräfte zu erhöhen. Beispielsweise schlägt die OECD vor, die Frühverrentungsanreize des Altersteilzeitprogramms weiter zu verringern. Dies entspricht der generellen Forderung nach versicherungsmathematisch neutralen Ab- bzw. Zuschlägen bei Früh- oder Spätverrentung sowie einer schrittweisen Anhebung des gesetzlichen Renteneintrittsalters.[65] Ebenso solle der verlängerte Anspruch auf Arbeitslosengeld von älteren Arbeitnehmern überprüft werden sowie generell die „Möglichkeit einer strikteren, vom Alter unabhängigen Anwendung der Kriterien für die Arbeitsuche" erwogen werden.[66] Bereits durchgeführte Reformen zum Abbau von Negativ-Anreizen, wie z.B. die Verringerung des Anspruchszeitraums auf Arbeitslosengeld, die Anhebung des Mindestalters für einen vorzeitigen Ruhestand auf Grund von Arbeitslosigkeit und die Aufhebung sämtlicher Beschränkungen, um befristete Arbeitsverträge mit Arbeitskräften über 52 Jahren zu ermöglichen, werden von der OECD als positive Entwicklung gewertet.[67]

Die beschriebenen Empfehlungen sind Teil einer „aktivierenden Sozialpolitik", wie sie die OECD in den letzten Jahren zunehmend gefordert hat.[68] Hintergrund sind die wachsenden Einkommensdisparitäten in OECD-Ländern und die damit verbundene Einsicht, dass Wachstum nicht ausreicht, um alle sozialen Probleme zu lösen.[69] Die OECD zieht hieraus aber nicht den Schluss, bestehende Sozialsysteme auszubauen, denn Umverteilungen über Steuern und Beiträge hemmen Investitions- und Arbeitsanreize und könnten Widerstand bei wohlhabenden Wählern auslösen.[70] Statt Abhängigkeit von öffentlichen Transfers zu schaffen, soll eine aktivierende Sozialpolitik die Selbstständigkeit der Menschen fördern.[71,72] Als Orientierung gilt das in den USA von Präsident Clinton Mitte der 1990er Jahre eingeführte Modell des „welfare to work", das mittlerweile auch unter dem Namen „workfare" in vielen Industriestaaten etabliert ist.

64 Vgl. OECD 2005: 174 f.

65 Vgl. OECD 2004: 67 f. Ähnlich sind die Empfehlungen in diesem Bereich für Italien: Die 2004 verabschiedete Rentenreform wird von der OECD als Schritt in die richtige Richtung bewertet. Hauptelemente dieser Reform sind eine Anhebung des Mindestrenteneintrittsalters von 57 auf 60 Jahre ab 2008 (bei mindestens 35 Beitragsjahren) und ein übergangsweise eingeführter finanzieller Anreiz zur Verschiebung des Renteneintrittsalters von Arbeitnehmern im Privatsektor. Die OECD hätte eine graduelle Anhebung des Mindesteintrittsalters bereits vor 2008 bevorzugt. Vgl. OECD 2005b: 66 f.

66 OECD 2004: 99.

67 Vgl. OECD 2004: 98 f.

68 Insbesondere OECD 1999 und OECD 2005.

69 Vgl. Schulz-Nieswandt 2006: 101 ff.

70 Vgl. OECD 2005: 10.

71 Vgl. OECD 2005: 11.

72 Vgl. Klammer/Schulz-Nieswandt 2006.

Bezogen auf ältere Menschen umfasst die aktivierende sozialpolitische Agenda drei Prioritäten:[73] Erstens soll die Belastung der öffentlichen Haushalte durch Altersrenten begrenzt werden. Hierfür empfiehlt die OECD eine Kombination aus Leistungskürzungen und eine größere Diversifizierung des Renteneinkommens. Damit ist für höhere und mittlere Einkommensgruppen eine Stärkung privater und betrieblicher Altersvorsorge gemeint, verbunden mit Appellen an eine erhöhte individuelle Verantwortung und unterstützenden staatlichen Maßnahmen, damit informierte individuelle Spar- und Anlageentscheidungen getroffen werden können.[74] Das öffentliche Rentensystem soll sich stärker auf untere Einkommensgruppen konzentrieren.[75] Zweitens soll eine Verlängerung der Lebensarbeitszeit erreicht werden, indem Frühverrentungsmöglichkeiten und -anreize abgeschafft, das Standardrenteneintrittsalter angehoben sowie die Arbeitgeber zur Einstellung von älteren Arbeitskräften ermutigt werden. Drittens sollen Qualität und Zugang zu Langzeitpflege (auch informeller Pflege) verbessert werden.[76] Auch hier zeichnen sich Parallelen zur europäischen Sozialmodellentwicklung ab (Abschnitt 4).[77]

Die rentenpolitischen Empfehlungen der OECD lassen sich in wenigen Kernpunkten zusammenfassen: Absenkung des öffentlichen Rentenniveaus, Stärkung privater Altersvorsorge, graduelle Erhöhung des gesetzlichen Renteneintrittsalters und Stärkung der Arbeitsanreize – insbesondere durch eine versicherungsmathematisch faire und in Bezug auf die Renteneintrittsentscheidung neutrale Rentenformel. Die Reformvorschläge konzentrieren sich einerseits auf eine kurzfristige fiskalische Entlastung und andererseits auf die Entfernung von Elementen des Rentensystems, von denen negative Wirkungen auf Wachstum und Beschäftigung angenommen werden. Hinter dieser Politik steht eine neoklassische Arbeitsmarkttheorie, die klassische Sozialversicherungssysteme als Belastung für Wirtschaft und Wachstum auffasst. Im Vordergrund stehen mikroökonomische Anreizüberlegungen und das (oftmals nicht gerade anthropologisch und gesellschaftswissenschaftlich tief durchdachte) Ideal größerer individueller Wahlfreiheit und Eigenvorsorge.[78] Die Fundierung ihrer Politik im neoklassischen Paradigma ist der OECD mit anderen auf diesem Gebiet aktiven internationalen Organisationen wie der Weltbank gemein. Allerdings sind die Empfehlungen der OECD mit ihrem

73 Vgl. OECD 2005: 12 f.

74 Vgl. OECD 2005: 171 ff.

75 Beispielsweise empfiehlt die OECD für Großbritannien, statt der derzeitigen Bedürftigkeitsprüfung eine höhere steuerfinanzierte staatliche Grundrente einzuführen. Damit soll der privaten Altersvorsorge eine klare Rolle bei der Lebensstandardsicherung zugewiesen werden. Zumindest teilweise soll dieser Reformschritt über eine Erhöhung des gesetzlichen Renteneintrittsalters entsprechend der Entwicklung der Lebenserwartung finanziert werden. Vgl. OECD 2005e: 79 f.

76 Auf die von der OECD vorgeschlagenen Pflegemaßnahmen wird hier aus Platzgründen nicht näher eingegangen.

77 Vgl. Schulz-Nieswandt 2006: 65 ff.

78 Vgl. Schulz-Nieswandt 2006d.

Fokus auf graduelle Reformen statt schockartiger Umstellungen insgesamt etwas moderater einzustufen.[79] Sicherlich hängt dies mit dem vergleichsweise weichen Instrument multilateraler Überwachung der OECD zusammen. Aber auch der Umstand, dass die Empfehlungsempfänger hoch entwickelte OECD-Mitglieder sind, in denen die Sozialpolitik entsprechenden Pfadabhängigkeiten folgt, macht sie – im Vergleich zu Entwicklungsländern, die oftmals erst am Anfang des Ausbaus einer flächendeckenden Sozialpolitik stehen – a priori weniger empfänglich für strukturelle Reformen.[80]

Die aktivierende Sozialpolitikstrategie soll die klassische Transfer-Sozialpolitik reduzieren und positive Beschäftigungseffekte erzielen. Damit würden, so die Hoffnung der OECD, auch die hemmenden Wirkungen von Sozialschutzsystemen für das Wirtschaftswachstum reduziert.[81] Insgesamt hat sich die Position der OECD dahingehend gewandelt, den Wohlfahrtstaat nicht mehr primär als Last zu betrachten, sondern eine alternative Vision einer aktivierenden Sozialpolitik und deren positiven wirtschaftlichen Effekte zu entfalten. Dass ein aktivierender Wohlfahrtstaat Gefahr läuft, Gerechtigkeitsziele zu Gunsten von vermeintlichen Beschäftigungseffekten zu vernachlässigen, ist offenkundig: „Attention focuses increasingly on balancing equity goals with employment objectives by channeling public funds towards those who work but have low incomes, rather than focusing solely on those without work."[82]

Diese neue Richtung einer „beschäftigungsorientierten Sozialpolitik" wurde von den Arbeitsministern der OECD-Mitglieder bereits 1997 unterstützt.[83] Sie umfasst zwei sich ergänzende Strategien zur Stärkung der Arbeitsanreize sowie eine längerfristige präventive Strategie der Investition in Humankapital unter dem Stichwort der verbesserten „employability".[84] Erstens erhöhen Leistungskürzungen in den Sozialsystemen die relative Attraktivität von Arbeit. Im Einzelnen handelt es sich um Kürzungen im Leistungsniveau und der Bezugsdauer sowie Veränderung der Anspruchsgrundlage auf Leistungen bei Arbeitslosigkeit. Darüber hinaus erhöhen Maßnahmen, die das Arbeitseinkommen steigern, die absolute Attraktivität von Arbeit. Dies sind beispielsweise an eine Beschäftigung geknüpfte Leistungen (z.B. gezielte Lohnsubventionen) oder gesetzliche Mindestlöhne.[85]

79 Beispielsweise spricht sich die OECD ähnlich wie die Weltbank für mehr private, kapitalgedeckte Elemente im Rahmen einer Mehrsäulenstrategie aus. Im Unterschied zur Weltbank werden aber kleine Reformschritte präferiert. Vgl. OECD 1997: 104.

80 Dies hängt auch mit den oftmals komplexen institutionellen Arrangements im Kontext der demokratischen Strukturen der OECD-Länder zusammen (Föderalismus, Mehr-Kammer-Systeme, Wahlsystem und Legislaturperiodendauer, Parteienlandschaften, Rolle der Verbände, Gewerkschaftssystem, Rolle der Kirchen, Bedeutung der Massenmedien etc.).

81 Vgl. OECD 2005: 13.

82 OECD 1999: 91.

83 Vgl. OECD 1999: 100.

84 Diese längerfristige Strategie wird hier nicht näher betrachtet. Siehe aber OECD 1999: 83 ff.

85 Vgl. OECD 1999: 92 ff.

Die aktivierende Sozialpolitik zielt folglich auf über Armutsbekämpfung hinausgehende wirtschaftspolitische Effekte ab. In der Tat,[86] funktionierende soziale Sicherungssysteme geben einer Gesellschaft die benötigte Sicherheit und Verlässlichkeit, damit Menschen innovativ werden und unternehmerisches Risiko übernehmen. Sie mildern die negativen Implikationen von Veränderungen und fördern damit soziale und wirtschaftliche Entwicklung.[87] Insofern erzielt eine gute Sozialpolitik indirekt auch wirtschaftspolitische Effekte. Dies bedeutet aber nicht, dass Sozialpolitik in der Lage ist, direkte wirtschaftspolitische Erfolge zu erzielen. Sozialpolitik ist kein geeignetes Instrument zur Verbesserung der Beschäftigungssituation. Eine aktivierende Sozialpolitik, die „fördert und fordert",[88] also über Anreize eine Arbeitsaufnahme stimuliert, basiert immer auf der impliziten Annahme, es gäbe genügend offene Stellen am Arbeitsmarkt. Die Arbeitsmarktstatistik beweist eindrucksvoll, dass diese Annahme in der OECD nicht gegeben ist. Folglich müssten sich auch die Forschungs- und Ideenimpulse der OECD stärker auf die Frage der Beschäftigungspolitik statt auf mikroökonomische Anreizgestaltung konzentrieren. Solange dieser neue Fokus auf makroökonomische Größen wie Fiskal-, Geld- und Lohnpolitik nicht gelingt, steht zu befürchten, dass auch die OECD weiterhin vergeblich und möglicherweise verstärkt in der Sozialpolitik die Lösung gesamtwirtschaftlicher Probleme sucht. Dazu müsste sich die Makroökonomik wieder stärker als eine von der Mikroökonomik unabhängige, also selbstständige Disziplin entfalten, die gerade in dieser Selbständigkeit politikrelevant ist.

5. *Parallelen zur Entwicklung eines europäischen Sozialmodells*

Parallelen des Denkmodells der OECD zur Modernisierung der Sozialpolitik in Europa (auch in Deutschland, etwa in der Arbeitsmarktpolitik) sind bereits angedeutet worden.[89] Sie sind nunmehr kurz und dicht zu skizzieren.

Die Debatte dreht sich um die Problematik der Entwicklung eines europäischen Sozialmodells.[90] Es wurde bereits herausgestellt, dass auch in längerfristiger Sicht von einer Vielfalt der europäischen Sozialstaatsrealtypen auszugehen sein wird. Die Vielfalt hat sich durch die EU-Osterweiterung sogar noch vergrößert und Varianten kämen durch Südosteuropa noch hinzu.[91] Dennoch kristallisiert sich, funktionalistisch erzwungen durch die Imperative des Binnenmarktprojektes, ein Kernbereich eines gemeinsamen europäischen Sozialmodells heraus. Am Beispiel der sozialen

86 Vgl. Schulz-Nieswandt 2006a sowie 2006d.
87 Vgl. OECD 1999: 138. Siehe auch OECD 1997: 19.
88 Vgl. Klammer/Schulz-Nieswandt 2006.
89 Vgl. Klammer/Schulz-Nieswandt 2006 sowie Schulz-Nieswandt/Sesselmeier 2006.
90 Vgl. Schulz-Nieswandt u. a. 2006 sowie Schulz-Nieswandt 2006: 65 ff.
91 Vgl. Schulz-Nieswandt 2006 am Beispiel der Altenpflegeregime.

Dienstleistungen (im Sinne von DA(W)I)[92] ist dies längst evident.[93] Der daseinsvorsorgende Staat übernimmt in marktkonformer Art die Rolle des Gewährleistungsstaates[94], praktiziert Sozialpolitik aber über ein breites Spektrum von Markt- und Wettbewerbssurrogaten (Ausschreibungsregime, Betrauungsakte etc.). So erhofft sich die EU-Kommission *uno actu* eine Optimierung der Wohlfahrtsziele a) freier Zugang zu den Sozialschutzsystemen und den sozialen Diensten, b) hohe Qualität und c) wohlfahrtsoptimale Preise. Aber auch – insbesondere im Lichte der Lissabon-Strategie – in anderen Sozialpolitikfeldern wird die Modernisierungsstrategie evident: Es geht, humankapital-zentiert – um die Wachstumsoptimierung (mit Auswirkungen auf die Revision der regionalen Ausgleichsfunktion der Strukturfonds)[95] in Verbindung mit der Optimierung der Ausschöpfung des Erwerbspersonenpotenzials angesichts einer nicht nur alternden, sondern auch schrumpfenden Bevölkerung in Europa. Die so sich entwickelnde neue Interessenkoalition von (Migranten-)Kindern (Sicherung des Schulerfolges und gelingende Kompetenzentwicklung),[96] Frauen bzw. Eltern (infrastrukturelle Lösung der Vereinbarkeitsproblematik), älteren Arbeitsnehmern (Weiterbeschäftigung bei steigender Altersgrenze in der Alterssicherung) und Menschen mit Behinderungen (anti-diskriminatorischer und „normalisierender" Inklusionseffekt) spiegelt sich in vielfältigen Rechts- und Politikentwicklungen in der EU wider.

Die soziale Vergrundrechtlichungstendenz, wie sie mit der EU-Grundrechtecharta eine neue Stufe erreicht hat, wäre wohl, so unsere Vermutung, so nicht eingetreten, wenn sich diese im Lichte des EU-Anti-Diskriminierungsdenkens evidente Perspektive nicht zugleich als volkswirtschaftlich erforderlich darlegen würde. Eine insgesamt an „employability" orientierte Politik der Inklusion ist angesichts alternder und schrumpfender Bevölkerung eine „investive" Sozialpolitik. Diese kann partiell eine „win-win"-Situation zwischen Wirtschafts- und Sozialpolitik ermöglichen. Hier handelt es sich nicht um eine gesellschaftlich schwierige „politics against markets"-Strategie,[97] sondern um eine beschäftigungs- und inklusionsorientierte Sozialpolitik als funktionale Voraussetzung nachhaltigkeitsorientierter Wachstumspolitik. Soweit der deskriptive Befund. Die Positionen von OECD und EU-Kommission sind aber insofern problematisch, als sie ökonomische Effekte von Sozialpolitik überbetonen. Auch in Zeiten von Wachstumsschwäche und fiskalischen Engpässen ist Sozialpolitik eine originäre Aufgabe, die es zunächst einmal unabhängig von umstrittenen ökonomischen „spill-over"-Effekten zu gestalten gilt. In diesem Sinne darf Sozialpolitik weder auf eine gute Wirtschafts-

92 Vgl. Schulz-Nieswandt 2005.
93 Vgl. Schulz-Nieswandt/Maier-Rigaud, 2005 sowie Schulz-Nieswandt 2006a.
94 Vgl. Schulz-Nieswandt 2005a.
95 Vgl. Schulz-Nieswandt u. a. 2006: 50 ff.
96 Vgl. Schulz-Nieswandt 2004.
97 Schulz-Nieswandt 2006b: 95 ff.

politik reduziert werden,[98] noch mit der Lösung wirtschaftspolitischer Probleme überfordert werden.

In diesem Lichte zeichnen sich – mit Blick auf das skizzierte OECD-Paradigma und auf die neuere EU-Entwicklung – Entwicklungsparallelen bzw. semantische Schnittflächen in den Diskurslandschaften, in der Ideenproduktion und in den realen Reformtrends ab.

6. *Fazit*

In diesem Beitrag wurden die Empfehlungen der OECD, insbesondere in den miteinander verschränkten Bereichen Arbeitsmarkt- und Rentenpolitik im Hinblick auf ihre ideellen Grundlagen untersucht. Die neue sozialpolitische Aktivierungsstrategie der OECD vergrößert den Druck insbesondere auf ältere Menschen, ihre Arbeitskraft zu verkaufen. Diese Re-Kommodifizierungspolitik schließt damit an bisherige Entwürfe der OECD an. Ein sich vollziehender Paradigmawechsel im Denkstil der OECD konnte nicht ausgemacht werden. Vielmehr dokumentiert sich eine tiefe Verwurzelung ihrer Politik im neoklassischen Denken. Insgesamt ist vor allem die ökonomische Abteilung der OECD im akademisch-ökonomischen Mainstream zu verorten und positioniert sich ähnlich wie andere internationale ökonomische Organisationen. Damit präsentiert sich die OECD in der Regel nicht als innovativer Ideengeber, sondern als Prüfstelle für die mikroökonomische Anreizkompatibilität nationaler Politik. Dabei entbehrt es nicht einer gewissen Ironie, dass der Einfluss der OECD von „weichen“ Instrumenten wie moralischem Druck und wissenschaftlicher Autorität abhängt, ihre sozialpolitischen Empfehlungen hingegen ganz auf „harte“ monetäre Anreize setzen.

Für das europäische Sozialmodell könnte dieser sanfte Druck, harte Instrumente einzusetzen, eine Erosion klassischer sozialer Sicherungsformen bedeuten. Tatsächlich zeichnen sich bereits gewisse Entwicklungsparallelen mit Blick auf ein europäisches Sozialmodell ab. Anreizkompatibilität ist auch im europäischen Diskurs zu einem wichtigen, manchmal zentralen Parameter im Reformkurs der Wohlfahrtstaaten geworden, aber auch die Wiederentdeckung investiv-produktiver Aspekte der Sozialpolitik durch die EU. Hierbei droht die Gefahr einer Verdrängung genuin sozialpolitischer Ziele zu Gunsten vermuteter positiver ökonomischer Effekte.

98 Vgl. Schulz-Nieswandt 2006b sowie Schulz-Nieswandt 2006d.

Literaturverzeichnis

Armingeon, Klaus 2004: OECD and national welfare state development. In: Armingeon, Klaus/Beyeler, Michelle (eds.): The OECD and European Welfare States. Edward Elgar, Cheltenham und Northampton, 226-241.

Auer, Peter/Fortuny, Mariàngels 2000: Ageing of the Labour Force in OECD Countries: Economic and Social Consequences. Employment Paper 2. International Labour Office, Geneva.

Bayne, Nicholas 1998: International economic organizations. More policy making, less autonomy. In: Reinalda, Bob/Verbeek, Bertjan (eds.): Autonomous Policy Making by International Organizations. Routledge, London und New York, 195-210.

Beyeler, Michelle 2003: Globalization, Europeanization and Domestic Welfare State Reforms. New Institutionalist Concepts. In: Global Social Policy 3(2),153-172.

Beyeler, Michelle 2004: Introduction: a comparative study of the OECD and European Welfare States. In: Armingeon, Klaus/Beyeler, Michelle (eds.): The OECD and European Welfare States. Edward Elgar, Cheltenham und Northampton, 1-12.

Chavranski, Henri 1997: L'OCDE au cœur des grands débats économiques. La documentation française, Paris.

Deacon, Bob/Hulse, Michelle/Stubbs, Paul 1997: Global Social Policy. International Organizations and the future of welfare. Sage, London et al.

Dostal, Jörg Michael 2004: Campaigning on expertise: how the OECD framed EU welfare and labour market policies – and why success could trigger failure. In: Journal of European Public Policy 11 (3), 440-460.

Fleck, Ludwik 1980 (1935): Entstehung und Entwicklung einer wissenschaftlichen Tatsache. Suhrkamp, Frankfurt am Main.

Genschel, Philipp 2004: Globalization and the welfare state: a retrospective. In: Journal of European Public Policy 11 (4), 613-636.

Grant, David/Keenoy, Tom/Oswick, Cliff 2001: Organizational Discourse. In: International Studies of Management and Organization 31 (3), 5-24.

Hansen, Hans Krause/Salskov-Iversen, Dorte/Bislev, Sven 2002: Discursive globalization. Transnational discourse communities and New Public Management. In: Ougaard, Morten/Higgot, Richard (eds.): Towards a Global Polity. Routledge, London and New York, 109-124.

Hardach, Gerd 1994: Der Marshall-Plan. Auslandshilfe und Wiederaufbau in Westdeutschland 1948-1952. DTV, München.

Kaelble, Hartmut 2005: Der europäische Wohlfahrtsstaat: Geschichte und transnationale Seite. In: Linzbach, Christoph u. a. (Hrsg.): Die Zukunft der sozialen Dienste vor der Europäischen Herausforderung. Nomos, Baden-Baden, 65-77.

Klammer, Ute/Schulz-Nieswandt, Frank 2006: Logik des Sozialstaates und „Arbeit am Menschenbild". Die Auswirkungen von Hartz IV auf verschiedene sozialpolitische Felder. In: Sozialer Fortschritt 55 (7), 157-159.

Maier-Rigaud, Remi 2005: Zur demographischen Instrumentalisierung von Rentensystemen. In: Sozialer Fortschritt 54 (12), 296-303.

Marcussen, Martin 2004: The Organization for Economic cooperation and Development as ideational artist and arbitrator. Reality or dream? In: Reinalda, Bob/Verbeek, Bertjan (eds.): Decision Making Within International Organizations. Routledge, London and New York, 90-105.

Marcussen, Martin 2004a: Multilateral surveillance and the OECD: playing the idea game. In: Armingeon, Klaus/Beyeler, Michelle (eds.): The OECD and European Welfare States. Edward Elgar, Cheltenham und Northampton, 13-31.

McBride, Stephen/Williams, Russell A. 2001: Globalization, the Restructuring of Labour Markets and Policy Convergence. The OECD 'Jobs Strategy'. In: Global Social Policy 1 (3), 281-309.

OECD 1996: Trade, Employment and Labour Standards. A Study of Core Workers' Rights and International Trade. OECD, Paris.

OECD 1997: The World in 2020. Towards a New Global Age. OECD, Paris.

OECD 1999: A Caring World. The New Social Policy Agenda. OECD, Paris.

OECD 2000: International Trade and Core Labour Standards. OECD, Paris.

OECD 2004: OECD Wirtschaftsberichte – Deutschland. OECD, Paris.

OECD 2005: Extending Opportunities. How Active Social Policy Can Benefit Us All. OECD, Paris.

OECD 2005a: The OECD. URL: http://www.oecd.org/dataoecd/15/33/34011915.pdf (Zugriff: 25.08.06).

OECD 2005b: OECD Economic Surveys – Italy. OECD, Paris.

OECD 2005c: OECD Economic Surveys – Spain. OECD, Paris.

OECD 2005d: OECD Economic Surveys – France. OECD, Paris.

OECD 2005e: OECD Economic Surveys – United Kingdom. OECD, Paris.

OECD 2006: Live Longer, Work Longer. OECD, Paris.

OECD 2006a: Organisational chart (Stand: 1. Juni 2006). URL: http://www.oecd.org/dataoecd/37/13/2348887.pdf (Zugriff: 25.08.06).

OECD 2006b: Scale of members' contributions to the OECD's core budget – 2006. URL: http://www.oecd.org/document/37/0,2340,en_2649_201185_31420750_1_1_1_1,00.html (Zugriff: 25.08.06).

OECD 2006c: OECD Economic Surveys – Poland. OECD, Paris.

Sachverständigenrat zur Begutachtung der gesamtwirtschaftlichen Entwicklung 2005: Die Chance nutzen – Reformen mutig voranbringen. Jahresgutachten 2005/06. URL: http://www.sachverstaendigenrat-wirtschaft.de/download/gutachten/ga05_ ges. pdf (Zugriff: 25.08.06).

Schäfer, Armin 2006: A new form of governance? Comparing the open method of co-ordination to multilateral surveillance by the IMF and the OECD. In: Journal of European Public Policy 13 (1), 70-88.

Schulte, Bernd 2006: Die Europäische Union als sozialpolitischer Akteur. In: Kropp, *Sabine/Gomèz, Ricardo* (Hrsg.) Sozialraum Europa. Sozialpolitik in der erweiterten Europäischen Union. Waxmann, Münster u. a., 15-64.

Schulz-Nieswandt, Frank 2004: Geschlechterverhältnisse, die Rechte der Kinder und Familienpolitik in der Erwerbsarbeitsgesellschaft. LIT, Münster.

Schulz-Nieswandt, Frank 2005: Soziale Daseinsvorsorge im Lichte der neueren EU-Rechts- und EU-Politikentwicklungen. In: Zeitschrift für öffentliche und gemeinwirtschaftliche Unternehmen 28 (1), 19-34.

Schulz-Nieswandt, Frank 2005a: Daseinsvorsorge in der Europäischen Union. In: Linzbach, Christoph u. a. (Hrsg.): Die Zukunft der sozialen Dienste vor der Europäischen Herausforderung. Nomos, Baden-Baden, 397-423.

Schulz-Nieswandt, Frank 2006: Sorgearbeit, Geschlechterverhältnisse und Altenpflegeregime in Europa. LIT, Münster.

Schulz-Nieswandt, Frank 2006a: Lebensweltliche Genese von Sozialkapital durch soziale Dienste im Kontext des europäischen Wettbewerbsregimes. In: Jochimsen, Maren A./Knobloch, Ulrike (Hrsg.): Lebensweltökonomie in Zeiten wirtschaftlicher Globalisierung. Kleine, Bielefeld, 157-178.

Schulz-Niewandt, Frank 2006b: Sozialpolitik und Alter. Kohlhammer, Stuttgart.

Schulz-Nieswandt, Frank 2006c: Die Sozialpolitik in der Europäischen Union (II). Trends im Rahmen der föderalistischen Organisation. In: Carigiet, Erwin u. a. (Hrsg.): Wohlstand durch Gerechtigkeit. Deutschland und die Schweiz im sozialpolitischen Vergleich. Rotpunktverlag, Zürich, 329-342.

Schulz-Nieswandt, Frank 2006d: Der „vernetzte Egoist". Überlegungen zur anthropologischen Basis der Sozialpolitik im sozialen Wandel. In: Robertson-von Trotha, Caroline (Hrsg.): Vernetztes Leben. Soziale und digitale Strukturen. Universitätsverlag Karlsruhe, Karlsruhe, 125-139.

Schulz-Nieswandt, Frank/Maier-Rigaud, Remi 2005: Dienstleistungen von allgemeinem Interesse, die Offene Methode der Koordinierung und die EU-Verfassung. In: Sozialer Fortschritt 54 (5/6), 136-142.

Schulz-Nieswandt, Frank/Sesselmeier, Werner 2006: Arbeitsmarkt Deutschland: Effekte der EU-Mitgliedschaft. In: Wessels, Wolfgang/Diedrichs, Udo (Hrsg.): Die neue Europäische Union: im vitalen Interesse Deutschlands? Europäische Bewegung – Europäische Union, Berlin, 74-92.

Schulz-Nieswandt, Frank/Maier-Rigaud, Remi u. a. 2006: Zur Genese des europäischen Sozialbürgers im Lichte der neueren EU-Rechtsentwicklung. LIT, Münster.

Sullivan, Scott 1997: From War to Wealth. Fifty Years of Innovation. OECD, Paris.

Wallace, Helen 2005: An Institutional Anatomy and Five Policy Modes. In: Wallace, Helen/Wallace, William/Pollack, Mark A. (eds.): Policy-Making in the European Union. 5th Edition. Oxford UP, New York et al., 49-90.

Young, Oran R. 1992: The effectiveness of international institutions: hard cases and critical variables. In: Rosenau, James N./Czempiel, Ernst-Otto (eds.): Governance without government: order and change in world politics. Cambridge UP, New York et al., 160-194.

Joachim Bitterlich

Die multinationalen Unternehmen und ihre soziale Verantwortung

- Anmerkungen eines Praktikers zur Entwicklung und den Tendenzen -[1]

1. Grundlagen und Ausgangspunkte der Betrachtung

Beurteilt man nüchtern die heutige Lage europäischer multinationaler Unternehmen in Bezug auf die Wahrnehmung sozialer Verantwortung, so muss man von folgenden Grundparametern ausgehen:

1.1 "Vorsicht: Sie werden beobachtet!"

Der Problemkomplex *Corporate Social Responsibility* ist in den letzten Jahren weltweit, vielleicht stärker in Europa als in Nordamerika, zu einem sensiblen und wesentlichen Thema der wirtschafts- und gesellschaftspolitischen Diskussion geworden.

Es handelt sich um eine Entwicklung, die durch die enorm gewachsene internationale Transparenz ganz erheblich gefördert worden ist, vor allem durch die rasante Entwicklung der elektronischen Medien, aber auch nicht zuletzt durch die Herausbildung international agierender Nichtregierungsorganisationen neuen Typs, die sich gerade auch dieser Themen angenommen haben.

Zugleich ist die „soziale Verantwortung" zu einer Herausforderung und zu einem Kernbereich von strategischer Relevanz für die Führung und Kontrolle der Unternehmen selbst herangewachsen. Multinationale Unternehmen können es sich nicht mehr leisten, bei ihrer Tätigkeit, ob im eigenen Lande oder irgendwo in der Welt, in Bezug auf anerkannte grundlegende soziale Errungenschaften – wie zum Beispiel das Verbot der Kinderarbeit, die Freiheit gewerkschaftlicher Entfaltung oder die Gleichstellung von Frauen – indifferent zu bleiben. Ebensowenig können sie sich über kollektive Vereinbarungen im sozialen Bereich oder Normen zum Schutz der Umwelt einfach hinwegsetzen.

Sie würden damit das Risiko eingehen, öffentlich angegriffen, gebrandmarkt oder juristisch wie politisch unter Druck gesetzt und verfolgt zu werden. Wie einzelne bekannte Fälle in den letzten Jahren eindringlich gezeigt haben, wären damit oft kaum wieder gut zu machende Nachteile und Schäden für das Unternehmen und seine Zukunft verbunden. Es wäre heute kurzsichtig, ja naiv zu glauben, diesen neuen Anforderungen an unternehmerische Tätigkeit zu entgehen,

1 Der Verfasser gibt ausschließlich seine persönliche Meinung wieder.

ihnen entkommen zu können.

1.2 Soziale Verantwortung ist Managementkomponente

Die Kenntnis und aktive Wahrnehmung sozialer Verantwortung gehören heute in gleicher Weise zu den Grundlagen wie zur Strategie des Unternehmens, ebenso wie die Kenntnis der politischen, wirtschaftlichen, fiskalischen oder umweltpolitischen Rahmenbedingungen, die durch die Gesetzgebung oder die Praxis in den jeweiligen Ländern gesetzt werden, in denen das einzelne Unternehmen tätig ist. Die Struktur wie die Strategie eines jeden Unternehmens müssen diese Gesichtspunkte einbeziehen und ihnen Rechnung tragen. Es geht nicht mehr „nur" um das Verhältnis zum gewohnten innerstaatlichen Umfeld, dem Staat und den Gewerkschaften, sondern um ein hoch komplexes Beziehungsgeflecht zu den europäischen Institutionen, die mehr und mehr unser Handeln bestimmen, sowie zu ganz unterschiedlich ausgestalteten Drittländern und deren gesellschaftlichen Kräften, zu internationalen Organisationen wie auch besonders zu Nicht-Regierungsorganisationen.

Anders ausgedrückt bedeutet dies, dass Unternehmen nur noch dann nachhaltig Erfolg haben können, wenn sie sowohl diese Grundfragen als auch deren globalen Aspekte – insbesondere auch im Rahmen des Umweltschutzes oder der Entwicklungshilfe – in ihr Unternehmenskonzept voll integrieren. Die „soziale Bilanz" ist – ohne dass dazu eine rechtliche Verpflichtung bestünde – aus den regelmäßigen Berichten wie vor allem auch dem jährlichen Geschäftsbericht multinationaler Unternehmen nicht mehr hinweg zu denken. Sie ist darüber hinaus zudem Gegenstand besonderer Berichterstattung geworden wie z.B. zur Politik der nachhaltigen Entwicklung des Unternehmens.

Diese Tätigkeitsnachweise oder Bilanzen gehören heute wie selbstverständlich zur Visitenkarte eines jeden Unternehmens. Die hieraus gewonnenen Daten bilden in gleicher Weise wie Umsatzentwicklung oder Gewinn Kernzahlen des Unternehmens. Viele multinationale Unternehmen haben insoweit in den letzten Jahren nicht nur in Bezug auf den Umweltschutz, sondern vor allem auch im Sozialbereich eine ganze Kette von bewertenden Indikatoren entwickelt, um Fortschritte z.B. im Hinblick auf die Reduzierung von Arbeitsunfällen, die Zahl der Lehrlinge und ihre Ausbildung, die Beschäftigung von Frauen in gehobenen Positionen oder die angebotenen Fortbildungsmaßnahmen zu erfassen, diese darzustellen und sich qualitative wie quantitative Ziele für die Zukunft zu setzen.

Spitzenmanager wären heute grundlegend falsch beraten, die dargestellten Errungenschaften pauschal oder emotional in Frage zu stellen. Sie müssten nicht nur befürchten, als „politisch nicht korrekt" angesehen zu werden, sondern dass ihre Qualifikation als „Führungs- und Integrationsfigur" offen in Frage gestellt würde.

Angesichts mehr und mehr überbordender Melde- und Berichtspflichten, denen die Unternehmen heute im Grunde permanent ausgesetzt sind, sollte man jedoch einen Augenblick innehalten und ernsthaft darüber nachdenken, wie man diese, für Eigentümer, Aktionäre oder Arbeitnehmer, aber auch für die Gesellschaft wesentlichen Kontrollfunktionen sinnvoller „organisieren" und mit einem gewissen Grad von Allgemeinverbindlichkeit kodifizieren könnte.

Ziel sollte es sein, den Unternehmen klarere, vor allem auch sichere Parameter für ihr Handeln an die Hand zu geben und ihnen damit zu erlauben, sich stärker auf ihre längerfristige Orientierung und Strategie zu konzentrieren und nicht in der Fülle von Berichtspflichten in immer kürzeren zeitlichen Abständen zu „ertrinken" bzw. notgedrungen vornehmlich die kurzfristigen Effekte und Elemente im Auge zu haben.

1.3 „Milde Gaben reichen nicht"

Für diesen besonderen Verantwortungsbereich des Unternehmens verwenden wir einen modernen „Sammel-Ausdruck", der – ähnlich dem Begriff der „nachhaltigen Entwicklung" – dank seiner Unschärfe nahezu alles in diesem Felde abzudecken vermag: „Corporate Social Responsibility" (CSR). Die von der Weltbank hierfür benutzte Definition spricht diplomatisch gewunden vom „commitment of businesses to behave ethically and to contribute to sustainable economic development by working with all relevant stakeholders to improve their lives in ways that are good for business, the sustainable development agenda, and society at large".

Mangels klarer internationaler Regeln kommt daher fast natürlich oder zwangsläufig hinzu: Multinationale Unternehmen müssen davon Kenntnis nehmen, dass es nicht mehr ausreicht, die Gesetze des jeweiligen Gastlandes zu befolgen – es wird von ihm vielmehr erwartet, einen Tick mehr zu tun und über die jeweilige Gesetzgebung hinaus zu gehen, vor allem in sozialer und in ökologischer Hinsicht. Und gerade diese Erkenntnis gehört zu den grundlegenden Veränderungen der Unternehmenskultur in den letzten zehn Jahren!

Manche glauben insoweit, dem wachsenden Druck durch Gründung einer entsprechend orientierten Stiftung mit sozialen Schwerpunkten und/oder durch die Zusammenarbeit bzw. die Aufnahme einiger einschlägig bekannter Exponenten in den Verwaltungsrat oder Beirat zu entgehen – und merken oft zu spät, dass sie damit zu kurz gesprungen sind. Denn konkrete Inhalte und Taten aus dem Unternehmenskernbereich sind mehr und mehr entscheidend für das Erscheinungsbild und das öffentliche Image. Dies gilt auch insbesondere für zwei damit eng verbundene und häufig nicht klar davon unterschiedene Bereiche, namentlich das humanitäre Engagement und den Umweltschutz. Diese Bereiche zusammen mit der sozialen und ethischen Verantwortung unter dem Oberbegriff „nachhaltige Entwicklung" zusammenfassen zu wollen, würde meines Erachtens angesichts ihrer unterschiedlichen Charakteristika den sinnvollen Bogen überspannen.

2. *Die europäische Ebene*

2.1 *Inkompatible Wirtschaftsordnungen?*

Eng mit der Frage der sozialen Verantwortung verbunden, ja Grundlage für ihre Handhabung in der Praxis für europäische multinationale Unternehmen ist die Diskussion über die zugrunde zulegende Wirtschaftsordnung. In die europäische Diskussion des letzten Jahrzehnts übersetzt und vielleicht vereinfacht formuliert, bedeutet dies, welchem Ordnungsmodell sollten die Europäer nach innen wie außen folgen, dem Modell einer erneuerten sozialen Marktwirtschaft oder einem liberalen, dem Typ nach eher anglo-amerikanisch geprägten, stärker auf Eigenverantwortung setzenden, aber auch tiefere Gräben zwischen den gesellschaftlichen Schichten akzeptierenden Modell?

Es ist schon richtig, dass das Europäische Sozialmodell vielleicht so viele Visionen beinhaltet wie EU-Mitgliedstaaten, doch kann man, zumindest „auf dem Kontinent“ und zunehmend auch „auf der Insel“ mit der gleichen Berechtigung von einem breiter werdenden, im vergangenen Jahrzehnt wachsenden Grundsockel an gemeinsamen oder ähnlichen sozialen Vorstellungen sprechen.

Dies lässt sich zum Beispiel festmachen an Fragen der Gesundheit am Arbeitsplatz, an der Gleichbehandlung von Männern und Frauen oder an grundlegenden Rechten gewerkschaftlicher Betätigung. Es bleiben aber eine Reihe umstrittener Fragen wie die Ausgestaltung und Dauer der Arbeitszeit oder die Beteiligung der Arbeitnehmer bzw. deren Vertreter an der Kontrolle von Unternehmen. Und hierin liegt die Bedeutung dieser Grundfragen für europäische multinationale Unternehmen. Denn naturgemäß suchen sie für ihre Tätigkeit den günstigsten Standort in Europa oder in anderen Kontinenten. Dieser liegt in dem Land oder der Region mit den für sie günstigsten Regelungen bei Investitionen, Steuern, Sozialleistungen, Löhnen; weitere Parameter kommen hinzu, wie die Qualität der Ausbildung von Arbeitnehmern, die Infrastruktur im Hinblick auf Logistik und Kommunikation sowie nicht zuletzt die Arbeitsweise und Entscheidungspraxis der zuständigen Behörden. Die oben angedeutete Marge, die neben diesen „harten“ Fakten in der Gestaltungsfreiheit eines Unternehmens verbleibt, bezeichnet die in ethischer Hinsicht die „soziale Verantwortung“.

Eine Mischung aus einer Vielzahl von europäischen und nationalen Regelungen, Traditionen und praktischer Handhabung bilden die Grundlage für das Handeln von Unternehmen. Die Schwierigkeiten beginnen aber schon damit, die einzelnen europäischen „Angebote“ miteinander zu vergleichen und sie zu bewerten – und dann, vor allem, für ein Unternehmen insgesamt und seine Ausrichtung geltende Eckpunkte herauszuarbeiten und auszugestalten. Daher bin ich der Überzeugung, dass sich die Unternehmen vielmehr als bisher in die zaghaften Debatten über das europäische Wirtschaftsmodell aktiver einbringen sollten.

2.2 *Neunziger Jahre: Verpasste Integrationschance*

Die Verankerung des kontinentaleuropäischen Modells der sozialen Marktwirtschaft und vor allem einiger seiner wesentlichen sozialen Elemente war in vorsichtiger Form bereits 1991 im Rahmen der Verhandlungen um den Vertrag von Maastricht betrieben worden. Die Bemühungen der EU-Kommission unter Führung ihres Präsidenten Jacques Delors hatten dabei vor allem die Unterstützung seitens der damaligen Bundesregierung, wobei Bundeskanzler Kohl sich hier persönlich stark einbrachte. Dieses Unterfangen scheiterte jedoch am Einspruch der konservativen britischen Regierung. Gleichwohl hielten die damals elf anderen EU-Mitgliedstaaten an den bescheidenen inhaltlichen Vorgaben fest und luden das Vereinigte Königreich ein, ihnen zu folgen. Sechs Jahre später erfolgte in Amsterdam die Rücknahme des Einspruchs durch den neuen britischen Premierminister Tony Blair und die Aufnahme als entsprechendes Sozialkapitel in die EU-Verträge.

Mangels Einigung über weitergehende Vorstellungen und damit mangels EU-Kompetenzen wird seither in der EU versucht, soziale Aspekte vor allem mit Hilfe des Prinzips der „offenen Koordinierung" in die EU-Gesetzgebung einzubeziehen. Es sei erlaubt, Zweifel anzumelden, ob dieser „Notnagel" letztlich der richtige Weg sein kann. Das Prinzip der offenen Koordinierung lässt die Regelung von Tatbeständen auch insoweit zu, als hierfür keine ausdrückliche EU-Kompetenz gegeben ist. Es geht zwar von einem „freiwilligen" Handeln, einem vorgeblich oder tatsächlich von der Sache her angebrachten Regelungsbedarf aus, berührt und gefährdet aber doch zugleich die verbliebenen Kompetenzen der Mitgliedstaaten und kann auch im Sinne der Akzeptanz der EU-Integration kaum der Weisheit letzter Schluss sein kann. Leider hat auch der EU-Verfassungsentwurf hier keine weiteren Fortschritte oder gar die Klärung dieser grundlegenden Fragen erlaubt.

2.3 *Dirigismus oder Egoismus in der Wirtschaftspolitik?*

Notwendig wäre es, in der EU die Frage der Unionskompetenzen und ihrer Abgrenzung zu den nationalen Kompetenzen im wirtschaftlichen, steuerlichen und im sozialen Bereich inhaltlich zu diskutieren und zu Ergebnissen zu kommen. Auch die jüngste EU-Vertragsrevision in Gestalt eines Entwurfs für eine „Verfassung" hat uns insofern nicht vorangebracht.

Der Vertrag von Maastricht hatte den Weg zu einer „Wirtschafts- und Währungsunion" freigemacht – einer Währungsunion nach deutschem Modell mit schwach ausgeprägten Koordinierungskompetenzen auf der wirtschaftlichen Seite. Die deutsche Seite begegnete den französischen Rufen zugunsten einer „europäischen Wirtschaftsregierung" mit größter Skepsis, denn sie fürchtete die Einführung dirigistischer Politik und die Aushöhlung der Unabhängigkeit der künftigen Europäischen Zentralbank. Bonn zog die Notbremse. Seither krankt die EU – und gewissermaßen auch das deutsch-französische Verhältnis – aber eben an dieser unerledigten Problematik.

Eine nüchterne Debatte dieser Kernfragen ist bisher über erste Ansätze wie zum Beispiel dem vielgescholtenen Stabilitäts- und Wachstumspakt oder eben dem Prinzip der „offenen Koordinierung" nicht hinaus gekommen. Allzu schnell waren und sind mit den dahinter stehenden sensiblen Fragen immer wieder aus der nationalen Anschauung geprägte Unterstellungen, Maximalpositionen oder Ängste verbunden. Geht es doch dabei um Fragen, die für die Standort- oder Industriepolitik und damit für Arbeitsplätze von wesentlicher Bedeutung sind. Sollten in der EU hierfür wesentliche Steuern harmonisiert werden oder nicht? Sollten gewisse Margen für den Wettbewerb eingeführt werden? Oder ist es ausreichend, die grundlegenden Tatbestände miteinander in Übereinstimmung zu bringen? Ohne eine offene Diskussion und ein Einvernehmen über diese Fragen kann es aber nicht gelingen, die gefährlichen Debatten über angebliches „Fiskal- oder Sozialdumping" innerhalb der EU ein für allemal zu beenden!

Darüber hinaus sollten wir uns gewärtig sein, dass in diesem Zusammenhang gewachsene Traditionen und Komplexe trotz fortschreitender Integration fortbestehen, dass unverändert Unkenntnis und Missverständnisse in einem Ausmaße herrschen, die immer wieder Fortschritte zunichte machen, ja sogar zu gefährlichen Rückschritten führen können. Man denke nur an die Forderungen nach mehr „wirtschaftlichem Patriotismus." Wenn z.B. in Deutschland Unmut herrscht über eine mitunter rauhbeinige französische Industriepolitik, so ist längst vergessen, dass die gemäßigte Führungselite Frankreichs – Sozialisten wie Bürgerliche gleichermaßen – durch Maastricht das Scheitern ihres etatistischen Projekts der europäischen Integration an der deutsch-britischen Ablehnungsfront zu beklagen hatte. Frankreich hat dies überwunden und wirtschaftlich einen erstaunlichen und mehr als respektablen Wandel erreicht – „aber" für die französische Seite bleibt die Wahrnehmung entscheidend, dass man in jenem vereinten Europa wirtschaftlich eben doch auf sich allein gestellt ist, deshalb im Konfliktfall seine Interessen wahrnehmen und Chancen ergreifen muss, um die eigene Industrie- und Hochtechnologiebasis zu sichern – „la France, d'abord".[2]

Die EU sollte daher eine Diskussion der Kernfrage, ob ihr nicht ein natürliches wirtschafts- und sozialpolitisches Pendant zu der nach deutschem Vorbild geprägten Währungsunion fehlt, vielmehr als eine Chance begreifen und als natürlichen Teil der Debatte um die Zukunft des besten Weges ihrer Wirtschafts-, Steuer- und Sozialpolitik – und damit des akzeptablen Ausmaßes von Wettbewerb innerhalb der EU – fördern.

Dieser Fragenkomplex hat im Lichte der missglückten Referenden in Frankreich und den Niederlanden neuen Aufwind erhalten, in der die Sorgen und Ängste der Bevölkerung vor allem vor wachsender Arbeitslosigkeit eine nicht unerhebliche Rolle gespielt haben. Auch die Delokalisierung oder Verlagerung von Arbeitsplät-

2 „Frankreich zuerst!"

zen in Länder mit niedrigeren Löhnen, kostengünstigeren Sozialleistungen und besonders unternehmensfreundlichen Steuersystemen („Sozial- und Fiskaldumping“) oder, noch genereller, die Angst vor unkontrollierter Entwicklung der Globalisierung haben die Debatten über die bestmögliche Wirtschafts- und Sozialpolitik auf nationaler wie europäischer Ebene in vielen Ländern nachhaltig geprägt.

Es sind die Ängste der Menschen, die in vielen Bereichen, ob in Bezug auf die Gesundheit, den Umweltschutz oder aber gerade ihren Sozialstatus, zunehmend eine wesentliche Rolle einnehmen. An der Spitze der Skala steht verständlicherweise die Angst vor dem Verlust des Arbeitsplatzes, in der freien Marktwirtschaft auch zum Teil ein Verlust der gesellschaftlichen Identität. Ein Beispiel hierfür ist die Auseinandersetzung in Frankreich. Einerseits sind seine Unternehmen wesentliche Akteure nicht nur in der europäischen Binnenwirtschaft, sondern auch weltweit. Andererseits unterstützen nach neuesten Umfragen nur 36% der Franzosen die soziale Marktwirtschaft, eine Mehrheit sieht sie angesichts relativ hoher Arbeitslosigkeit mit Skepsis. Handelt es sich insoweit um eine grundlegende Diskrepanz oder um ein Missverständnis?

Leider haben diese Debatten die Diskussion auf EU-Ebene inhaltlich auch nicht entscheidend voran gebracht. Die polemische, zumeist an der Sache vorbeigehende Debatte über die EU-Dienstleistungsrichtlinie hat die Sensibilität der Problematik mehr als deutlich vor Augen geführt. Sie muss zugleich als eine überdeutliche Warnung an die Politik angesehen werden, in der Perzeption der Bevölkerung kritische wie auch für Populismus geeignete Themen anders als bisher anzugehen und bereits im Vorfeld von konkreten Normierungsvorschlägen die Diskussion mit der Bevölkerung bzw. betroffenen Gruppen zu suchen.

Im Zusammenhang mit der Suche nach Auswegen aus dem Dilemma nach dem Scheitern des Entwurfs der EU-Verfassung in den Referenden in Frankreich und den Niederlanden haben manche Politiker angedeutet, es könnte vielleicht ausreichen, in einer ergänzenden Erklärung wesentliche Elemente des europäischen Verständnisses von Sozialpolitik und sozialem Zusammenhalt zu erläutern – und schon wäre das Volk beruhigt und der Verfassungsentwurf im zweiten Anlauf genehmigt. Abgesehen davon, dass eine solche Erklärung angesichts fortbestehender und nicht ausgetragener Divergenzen notgedrungen diplomatisch und unverbindlich bleiben müsste, bildet sie nur eine Fassade von Konsens, vor der sich die diffus-europaskeptische Bevölkerungsmehrheit nicht überzeugen ließe.

2.4 Integration der Sozialpolitiken: Schon als Diskussionsansatz schwierig

Immerhin scheint aber eine Debatte in Gang zu kommen, im Sinne eines Vergleichs, in der Richtung eines europäischen Benchmarking, das auch den Stand und die Perspektiven der Politik der Nachbarn bzw. deren Lösungsansätze in das eigene Kalkül einbeziehen will. Trotzdem zeigen diese Diskussionen immer wieder, wie sensibel, wie „vermint“ das Terrain besonders gerade der sozialen Ausgestaltung der Wirtschaftsordnung ist. Man denke nur an die Diskussionsanstöße über die Zukunft der deutschen Mitbestimmung, an die Debatte über Mindestlöhne, die Lehrlingsausbildung, die Reform der Sozialversicherung etc. Trotzdem bleibt zu hoffen, dass gerade die zugespitzte Krise der europäischen sozialen Sicherungssysteme wie auch der Kampf gegen die von allen Seiten in vielen Ländern als unerträglich hoch empfundene Arbeitslosigkeit das Nachdenken über neue Wege und Lösungsansätze fördert.

Solange wir es aber nicht schaffen, ernsthaft eine Diskussion darüber zu führen, ob und inwieweit wir eine stärkere Konzertierung oder gar Harmonisierung wesentlicher Tatbestände insbesondere der Steuer-, Haushalts- oder Sozialpolitik auf europäischer Ebene brauchen oder nicht, wird die gefährliche Debatte über Fiskal- und Sozialdumping nicht einzudämmen sein.

Eine Ausnahme von der „Sprachlosigkeit" der Politik bilden die Anregungen des früheren französischen Premierministers Edouard Balladur, über die Einführung eines nach Bandbreiten orientierten Systems für den Sozial- und Fiskalbereich in der EU analog dem Modell der Währungsschlange Ende der 70er Jahre nachzudenken. Eine solche offene Diskussion wäre zugleich wichtiger Teil der notwendigen und überfälligen grundsätzlichen Debatte über die Zukunft des bislang unverändert unvollendeten EU-Binnenmarktes als Grundlage des Handelns europäischer Unternehmen. Dies gilt umso mehr, als in verschiedenen Mitgliedstaaten zu beobachtende Tendenzen zugunsten nationaler Präferenzen („Wirtschaftspatriotismus") die Eckpfeiler des einheitlichen Marktes und die bisherige gemeinsame Orientierung in Frage zu stellen scheinen.

Unterschiedliche Geschichte und Traditionen der sozialen Standards in den verschiedenen EU-Mitgliedstaaten machen jedoch schon Vergleiche und erst recht eine Harmonisierung sehr schwierig, erlauben aber im übrigen trotzdem den Unternehmen immer weniger, einfach auf Dauer auf die niedrigeren Standards des EU-Nachbarn oder EU-Partnerlandes auszuweichen. Auch insoweit steht trotz einer in manchen Bereichen noch offenen Diskussion der Tragweite sozialer Verantwortung im Streitfall wie in Grenzfragen schneller als man denkt der Ruf eines Unternehmens auf dem Spiel. Das Risiko juristischen Streits oder Verfolgung, der Boykott seitens Verbrauchern macht gefügig, bzw. lädt ein zu mehr an sozialer Verantwortung, ob freiwillig, unter Druck oder aus Überzeugung.

2.5 CSR-Politikansatz der EU-Kommission

Dem Stand und der Tendenz des wirtschaftspolitischen Diskurses entspricht der vorsichtige Ansatz des Grünbuchs der EU-Kommission aus dem Jahre 2001 mit dem Titel „Europäische Rahmenbedingungen für die soziale Verantwortung von Unternehmen" bzw. ihrer darauf aufbauenden Mitteilung aus dem Jahre 2002. Deren Ziel ist es, parallel und zusätzlich zur EU-Gesetzgebung auf der Basis von Freiwilligkeit, soziale und ökologische Kriterien zu berücksichtigen sowie zugleich Transparenz, Kohärenz und Best Practices in der Praxis der sozialen Verantwortung zu fördern.

Sie hat auf dieser Linie bis heute einen durchaus beachtlichen Prozess in Gang gesetzt, um diese Initiative auf eine breitere Basis zu stellen und immer mehr Unternehmen wie auch andere beteiligte Stakeholder einzubeziehen – und durch Dialog dazu beizutragen, die insofern fortbestehenden Auffassungsunterschiede zwischen Unternehmen und Gewerkschaften bzw. NGO's abzubauen und zu überwinden.

Vorläufiger Höhepunkt dieses Prozesses ist die von der Kommission unterstützte Schaffung eines „Europäischen Bündnisses für soziale Verantwortung der Unternehmen" im März 2006, das die Arbeit des im Verfolg des Grünbuchs geschaffenen EU-Stakeholder-Forums zu Fragen der Corporate Social Responsibility verstärken soll. Interessant ist, dass die Kommission durchaus breit gesteckte, sehr unterschiedliche, zum Teil aber auch recht konkrete Ziele mit ihren Initiativen verfolgt.

Der EU-Kommission geht es vor allem um

- die Einstellung von mehr Mitarbeitern aus benachteiligten Gruppen,
- Investitionen in Kompetenzentwicklung, lebenslanges Lernen und Beschäftigungsfähigkeit,
- bessere Innovationsleistungen,
- Verbesserungen im Bereich der Öffentlichen Gesundheit, beispielsweise bei der Vermarktung und Etikettierung von Lebensmitteln,
- schonendere Nutzung natürlicher Ressourcen und geringeres Verschmutzungsniveau durch Investitionen in Öko-Innovation und die freiwillige Einführung von Umweltmanagementsystemen,
- ein positiveres Image von Unternehmen und Unternehmern in der Gesellschaft,
- stärkere Achtung der Menschenrechte und grundlegender Arbeitsnormen insbesondere in Entwicklungsländern,
- Bekämpfung der Armut und Fortschritte auf dem Weg zu den Millenium-Entwicklungszielen.

Diese Liste zeigt nicht nur die problematische Unschärfe des Regelungsbereichs „CSR" oder „soziale Verantwortung". Sie unterstreicht auch nicht minder deutlich die Problematik des dualen Ansatzes der Kommission, ein mehr an sozialer Verantwortung durch gesetzliche Rahmenbedingungen und dort, wo dies mangels politischer Einigung oder gesetzgeberischer Kompetenzen nicht möglich ist, mit Hilfe von freiwilligen Leistungen oder Entgegenkommen seitens der Unternehmen zu erreichen.

Die Unternehmen ziehen naturgemäß klare gesetzliche Maßregeln für ihr Handeln unscharfen, mitunter moralisch geprägten Forderungen auf der Basis von Freiwilligkeit vor. Sie wollen und brauchen zu ihrer Entfaltung klare und verlässliche Rahmenbedingungen. Dies umso mehr, als sie häufig nicht klar beurteilen können, wo genau die sachlichen und finanziellen Grenzen eines freiwilligen

Engagements und eines von der Sache her angemessenen Handelns liegen (würden). Auch die vielfach noch vorhandene Scheu vor der freiwilligen Einrichtung eines Europäischen Betriebsrats entspricht dieser Tendenz. Viele Unternehmen haben dies verstanden und sehen in ihrer praktischen Arbeit die Vorteile einer solchen Einrichtung. Leider verstehen manche Unternehmen (noch) nicht, dass sie bei der freiwilligen Einrichtung einige wesentliche Merkmale durch Verhandlungen mitbestimmen können und dies bei der „Zwangs weisen" Einsetzung nicht der Fall ist.

3. *Auf internationaler Ebene*

3.1 *Verdichtung der Diskussion im Milleniums-Jahrzehnt*

Auch auf internationaler Ebene hat die Frage der sozialen Verantwortung von international tätigen Unternehmen in den vergangenen zehn Jahren spürbar an Bedeutung gewonnen. Und auch hier steht mangels politischer Einigung auf internationaler Ebene das freiwillige Engagement von Unternehmen im Vordergrund. Diese Entwicklung wurde vornehmlich gefördert durch die Trilaterale Erklärung zu multinationalen Unternehmen und zur Sozialpolitik der ILO im Jahre 1998, durch die Debatte um diesen Fragenkomplex in der WTO, durch die Leitlinien für multinationale Unternehmen der OECD aus dem Jahre 2000 und nicht zuletzt durch die von VN-Generalsekretär Kofi Annan 1999 beim Davoser Weltwirtschaftsforum vorgestellte Idee des „Global Compact." Alle beteiligten Unternehmen verpflichten sich darin, anfangs neun, heute nach Einschluss der Bekämpfung der Korruption zehn Gebote oder Prinzipien zu befolgen und mit Blick auf Umweltschutz, Korruption, Arbeitsbeziehungen und Menschenrechte verant-wortlich zu handeln.

Der „Global Compact" beruht wie die EU- oder OECD-Initiativen auf freiwilliger Verpflichtung seitens der Unternehmen und stellt keinen Ersatz für staatliche Maßnahmen dar. Seine Anziehungskraft auf multinational tätige Unternehmen hat nach anfangs zögerlicher Aufnahme in den letzten Jahren, vor allem in Europa spürbar zugenommen. Ihm sind sieben Jahre nach seiner Vorstellung über 2.700 Unternehmen, Nichtregierungs- und Arbeitnehmerorganisationen aus aller Welt beigetreten. Auch wenn der „Global Compact" in der breiten Öffentlichkeit nur wenig bekannt ist, gehört es heute für führende Unternehmen zum positiven Image und zur internationalen moralischen Reputation, dabei zu sein und dies auch öffentlich zu unterstreichen.

Trotz dieser durchaus beachtlichen Tendenz weisen Bewertungen innerhalb der VN warnend daraufhin, dass die Berichterstattung von international tätigen Unternehmen im sozialen wie im ökologischen Bereich eine Nische geblieben ist. Sie wird in erster Linie von multinationalen Unternehmen in Industrieländern ausgefüllt, während sich dem nur wenige kleinere und mittelständische Unternehmen bzw. multinationale Unternehmen in Schwellenländern anschließen.

3.2 *Verpflichtungen noch kaum verhandelbar*

Manche kritische Beobachter in unseren Ländern wie in der Dritten Welt oder in Schwellenländern wenden daher gegenüber diesen auf Freiwilligkeit abstellenden Initiativen immer wieder ein, dass es besser wäre, wenn sich die Weltgemeinschaft auf verpflichtende Mindestsockel sozialer Schutznormen einschließlich entsprechender Sanktionen verständigen würde. Nur dies war und ist in der EU und – erst recht – in den Vereinten Nationen nicht zu erreichen. Und es ist denen zuzustimmen, die davon ausgehen, dass auf freiwilliger Basis kurz- und mittelfristige Prozesse in Gang gesetzt werden können, die in der Sache letztlich mehr bewerkstelligen.

Darüber hinaus sollte im Sinne besserer Konsenserzielung auch bedacht werden, ob nicht regional geprägte Ansätze der Standardisierung eine breitere Basis für Schutznormen herbeiführen könnten, um gerade auch andere Unternehmenskategorien und vor allem Unternehmen aus Schwellenländern einzubeziehen. In diesem Sinne könnte man sich durchaus auch vorstellen, seitens der EU den Fragenkomplex der sozialen Verantwortung im Rahmen von bilateralen oder regionalen Abkommen oder Dialogstrukturen aufzunehmen, wie z.B. zwischen der EU und Asien im Rahmen des ASEM bzw. des ihn begleitenden Forums der Wirtschaft (AEBF).

Aber auch hier dürfte der Grundsatz gelten: „(Nur) steter Tropfen höhlt den Stein“! Ich habe dies zuletzt feststellen müssen, als ich das Thema „soziale Verantwortung“ bzw. „Corporate Social Responsibility“ in der letzten Tagung des AEBF im September in Helsinki für die künftige Tagesordnung dieses Forums angeregt habe; die vertretenen europäischen multinationalen Unternehmen haben dies durchweg begrüßt, während die asiatischen Teilnehmer mit Zurückhaltung reagierten.

Ähnliches wie für die VN gilt für die Diskussion sozialer Standards innerhalb der WTO. Sie ist zwar in der Tat zu Recht auch dort angestoßen worden. Zunächst bedarf es allerdings wohl eines echten „Erfolgserlebnisses“ in den klassischen Handelsbereichen der WTO, um den Weg für Fortschritte durch Festlegung oder freiwillige Vereinbarung von Mindeststandards auch insoweit frei zu machen. Genauso von Bedeutung war und ist es im Übrigen, dass die VN in diesem Zusammenhang mehr und mehr die Scheu vor einer direkten Ansprache international tätiger Unternehmen und praktischen Zusammenarbeit mit ihnen verloren haben.

Ein gutes Beispiel hierfür ist die aktive Einbeziehung von Unternehmen durch „Public-Private-Partnerships“ in das Programm „Dezentralisierte Kooperation“ des United Nations Institute for Training and Research (UNITAR) in Genf. Multinationalen Unternehmen wird damit auf der einen Seite eine besondere Plattform für den Dialog mit Regionen, Städten und Gemeinden über Themen beiderseitigen Interesses wie zum Beispiel im Bereich der Daseinsvorsorge gegeben, das Dach der Vereinten Nationen hält sie aber indirekt und durchaus effizient dazu an, wesentliche Gesichtspunkte moderner sozialer Verantwortung einzubeziehen.

3.3 NGO's als Bewertungsinstanz?

Mangels direkter Sanktionsmöglichkeit hat in den letzten Jahren die Bedeutung von Nichtregierungsorganisationen oder Agenturen zugenommen, die sich der „Benotung" der sozialen Verantwortung von Unternehmen verschrieben haben. Diese Entwicklung kann insoweit nur als rasant bezeichnet werden, spricht man doch bereits heute vom „sozialen Ranking" oder der „Hitparade der sozialen Berichterstattung" von Unternehmen. Nach anfänglicher Zurückhaltung und trotz mancher Bedenken stellen sich die multinationalen Unternehmen heute mehr und mehr diesem besonderen Wettbewerb.

Allerdings bleiben bei dieser Verfahrensweise, ungeachtet aller Sinnhaftigkeit einer Bewertung von Unternehmen sowie der vorteilhaften Auswirkungen auf die jeweiligen Arbeitnehmer, doch mehrere wichtige Grundlagen offen: Wer entwickelt und verantwortet die entsprechenden Kriterien? Worin bestehen die Kontrollmechanismen, welche für die erforderliche Qualität Sorge tragen und die Unternehmen auch vor Willkür schützen? Muss es nicht auch insoweit eine klare Trennung zwischen beratenden und prüfenden Organisationen wie in anderen Bereichen geben? Es sei daher auch die vielleicht auf den ersten Blick ketzerisch klingende Frage erlaubt: wer kontrolliert diese Nichtregierungsorganisationen? Oder vorsichtiger: Wodurch sind Objektivität und Professionalität bei einer NGO gesichert? Und inwieweit sind die Bewertungen oder Rankings anhand von Fakten nachprüfbar? Manche kritische Beobachter sprechen daher nach der vierten Gewalt, den Medien, von einer fünften gesellschaftlichen Kraft, den Nichtregierungsorganisationen. Beide, so die häufige Klage, seien nicht hinreichend legitimiert oder demokratisch kontrolliert. Und wenn es unbestritten ist, dass Medien eben auch Unternehmen sind, deren Geschäft funktional in der Gewinnung von Aufmerksamkeit für bestimmte Informationen besteht, dann können NGO's, mit hauptamtlichen Strukturen auch nicht darauf abstellen, sie seien in finanzieller wie materieller Hinsicht interesselos: Öffentliche Rezeption stellt ein wesentliches Kriterium zur langfristigen Tragfähigkeit dieser Strukturen dar.

4. Ein verändertes Konzept der „Verantwortung" und seine Wirkung auf multinationale Unternehmens

4.1 Gefragt: Partnerschaft Unternehmen – Staat

Auch wenn Fragen der sozialen Verantwortung in ihrer Ausprägung im nationalen wie vor allem im internationalen Geschäft unzweifelhaft zu den Kernaufgaben des Managements gehören, so ist doch zu bedenken, dass die Unternehmen diese komplexen und sensiblen Fragen nicht alleine lösen können.

Europäische multinationale Unternehmen stehen heute in einem komplexen Geflecht zum Staat und seinen Gebietskörperschaften, zu den europäischen und internationalen Institutionen, zu Gewerkschaften wie zu Nicht-Regierungsorganisationen.

Zum einen können und sollen Unternehmen nicht die Rolle und die Aufgaben des Staates übernehmen. Zum andern muss der Staat als Gemeinwesen erkennen, dass seine Möglichkeiten aus finanziellen, aber auch aus sachlichen Gründen begrenzt sind und er sich auf seine Kernaufgaben konzentrieren sollte. Unternehmen können ihrerseits nur dann stärker „einsteigen", wenn sichergestellt ist, dass ihr Beitrag zur Lösung sozialer und globaler Problemstellungen mit ihren ureigenen Aufgabenstellungen, insbesondere der Gewinnerzielung kompatibel ist und sie nicht überfordert werden.

Führt man sich die Tragweite der heutigen sozialen und umweltpolitischen Herausforderungen vor Augen, so sollte ein partnerschaftliches Herangehen zwischen Staat, Wirtschaft, Gewerkschaften und Nichtregierungsorganisationen im Vordergrund stehen. Ein Erfolg versprechender Ansatz kann aus meiner Sicht nur in einer echten „Public-Private-Partnership" (PPP) bestehen, die durchaus mit Erfolg in vielen Ländern praktiziert wird.

4.2 Platzierung von CSR in der Unternehmenshierarchie

Wenn man, – so formulierte es Jacques Lobet, vier Arten der Intelligenz als Kernqualitäten des modernen Managers unterscheidet – die Intelligenz des Schöpferischen, des Intuitiven, des Wahren und des Kombinierenden – so gewinnt gerade letzterer Faktor erheblich an Bedeutung, wenn das politische, wirtschaftliche und soziale Umfeld besonders berücksichtigt wird. Für die einzelnen operativen Unternehmensbereiche wie auch die traditionellen Querschnittsbereiche – Finanzen, Recht und Personal oder Vertrieb – ist es selbstverständlich geworden, Fragen der sozialen Verantwortung bzw. soziale Konsequenzen des unternehmerischen Handelns in Entscheidungen bzw. deren Vorbereitung einzubeziehen. Dies trifft in erster Linie für die nationale Ebene zu, muss aber in noch stärkerem Masse für die internationalen Aktionsfelder gelten.

Im internationalen Bereich habe ich vor allem im Rahmen meiner staatlichen Tätigkeit, aber nicht nur dort kennen lernen müssen, wie oberflächlich manche Unternehmensführungen noch an diese Rahmenbedingungen ihres Handelns herangehen. Bei fernen Ländern mag dies vielleicht nicht verwundern, umso mehr aber wenn es um Handeln in Europa oder gar im Verhältnis von Nachbarn, wie z.B. zwischen Frankreich und Deutschland, geht. Auch das Gewicht des bilateralen Handels bzw. der Geschäftsbeziehungen vermag nicht darüber hinweg zu täuschen, wie gering oft die Kenntnis über die europäischen Nachbarn und erst recht über fernere Länder immer noch ist, bis hin zu Klischees, Vorurteilen, Stereotypen und grundlegenden Missverständnissen . Und gerade deshalb gilt für die europäischen weltweit tätigen Unternehmen umso mehr, dass dieses Beziehungsgeflecht – vielleicht am besten kurz mit „Public Affairs" umschrieben – nicht nur auf nationaler, sondern vor allem auf europäischer und internationaler Ebene zum Kernbereich des heutigen Managements gehört. Ohne ein erfolgreiches Vorgehen in diesen Bereichen kann es keinen unternehmerischen Erfolg geben.

Ich bin davon überzeugt, dass hier eine wesentliche Querschnittsaufgabe, die ich mit „internationaler Strategie einschließlich ihrer öffentlichen Zusammenhänge" definieren würde, zu einer selbständigen Kompetenz innerhalb eines Vorstandes herangewachsen ist, die als solche auch in großen Konzernen oft noch nicht hinreichend als solche wahrgenommen wird. Multinationale Unternehmen wären in der Regel gut beraten, ein eigenes Vorstandsressort mit entsprechenden Kompetenzen zur effizienten Koordinierung dieser strategischen Aufgaben für ihre internationale Entwicklung zu schaffen. Dies gilt auch für die Kontrolle des Unternehmens durch die Aufsichtsgremien. Verwaltungs- und Aufsichtsräte sollten diesem Bereich besondere Aufmerksamkeit widmen. Es sollte daran gedacht werden, ggf. Mitglieder mit besonderen Kenntnissen oder einem besonderen Engagement in diesem Bereich in diese Gremien aufzunehmen.

Angebracht wäre es auch, in diesem Rahmen einen besonderen Ausschuss für Unternehmerische Soziale Verantwortung zu bilden – der aus meiner Sicht letztlich für das Wohl des Unternehmens genau so wichtig wie die klassischen Personal- oder Finanzausschüsse ist. Eine Alternative könnte in der Schaffung eines besonderen Beirates mit direktem Zugang zum Management und den Kontrollgremien bestehen.

5. Schlussbemerkungen und das Beispiel Véolia Environnement

Das latente Misstrauen gegenüber den international tätigen Unternehmen, das eng verbunden ist mit den natürlichen Ängsten der Menschen vor der Globalisierung, vor dem Wettbewerb auf europäischer wie weltweiter Ebene, besteht fort, es hat sich in den letzten Jahren wohl eher verstärkt. Es ist nur langsam und nur auf mittlere Sicht reduzierbar, vielleicht sogar überwindbar, und wenn, dann vor allem durch gezieltes Handeln.

Es gibt kein generell gültiges Rezept für jedes einzelne Unternehmen. Es sollte „seinen" Weg aus seiner Tradition und seinen Überzeugungen finden und gehen und auf diese Weise seine „Linie" entwickeln und überzeugende Beispiele für seine besondere soziale Verantwortung unter Beweis stellen. Zugleich können sie dadurch einerseits bestehende Kompetenzen weiterentwickeln, Entwicklungen antizipieren helfen, aber auch das Gefühl der Zusammengehörigkeit und Identität des weltweit operierenden Unternehmens oder gemeinsame ethische Wertvorstellungen nachhaltig fördern.

Ein Beispiel hierfür ist die Gründung besonderer Strukturen für humanitäre Aufgaben in multinationalen Unternehmen. So ist z.B. im Jahre 1998 bei Véolia Environnement auf freiwilliger Basis eine Art firmeneigenes „NGO" für humanitäre Soforthilfe, „Véolia Waterforce", entstanden. Diese gehörte zu den ersten Organisationen, die nach der Tsunami-Katastrophe in Asien oder nach dem Wirbelsturm Katrina im Raume New Orleans oder nach dem Erdbeben in Kaschmir vor Ort waren und konkrete Hilfsmaßnahmen eingeleitet haben.

Ein anderes Beispiel stellt die Aus- und Fortbildung von Mitarbeitern, gerade auch im Sinne lebenslanger Schulung, dar, die in den letzten Jahren verstärktes Augenmerk gewonnen hat. Nicht zuletzt angesichts der Schwächen der staatlichen Ausbildungssysteme und des ureigenen vitalen Interesses von Unternehmen, gerade auch längerfristig über gut ausgebildete Mitarbeiter zu verfügen, darf es nicht verwundern, dass multinationale Unternehmen eigene Ausbildungseinrichtungen in Zusammenarbeit mit staatlichen Stellen auf- und ausbauen, um Mitarbeiter auf allen Ebenen aus- und fortzubilden. Das Unternehmen wie Véolia Environnement blickt heute durchaus mit Stolz auf seinen eigenen Campus in der Nähe von Paris, an dem wie bei seinen Außenstellen in mehreren Kontinenten die Ausbildung vom Lehrling (in dualer Weise wie in Deutschland) bis hin zum Master oder eine Vielzahl gezielter Fortbildungsveranstaltungen erfolgen.

Als weiteres Beispiel aus der Praxis von Véolia Environnement in diesem Zusammenhang sei auch die Einstellung von jungen Mitarbeitern aus den durch soziale Unruhen gefährdeten Vorstädten um Paris erwähnt. Diese macht zwar eine besonders intensive Betreuung und Begleitung durch Vorgesetzte notwendig und stellt eine besondere Herausforderung für die Personalführung der jeweiligen Unternehmen dar, unterstreicht auf der anderen Seite aber gleichzeitig die eigene Sozial- und Personalkompetenz – wie auch der gesellschaftlichen Kompetenz – des Unternehmens und seiner Mitarbeiter.

Ferner ist Véolia bemüht, zur Förderung der Identifikation mit dem Unternehmen möglichst alle Mitarbeiter in den Bezug von Belegschaftsaktien oder andere Beteiligungsmodellen einzubeziehen. Angesichts der Unterschiedlichkeit der Steuergesetzgebung in der Welt setzt dies voraus, dass die Unternehmen aktiv auf die zuständigen Behörden der betreffenden Länder zugehen, um die Vorteile eines solchen Systems allen Mitarbeitern zukommen zu lassen. Erst wenn dies sichergestellt ist, kann man daran gehen, das System stufenweise auf alle Filialen oder Tochtergesellschaften auszudehnen.

Die Europäische Union, die europäischen Unternehmen sollten den Mut fassen und sich vornehmen, auf der Grundlage ihrer Erfahrungen eines oder auch mehrere Modelle bzw. Modellstrukturen zu erarbeiten, die sie auf internationaler Ebene im Sinne eines Exports des Erfolgsmodells „soziale Marktwirtschaft“ einführen und anwenden wollen. Vielleicht könnte in einem solchen gesellschaftlichen Beitrag und Engagement eine der großen internationalen Aufgaben und Herausforderungen europäischer Unternehmen der kommenden Jahre liegen.

Döring, Diether, „Der verlorene Charme des Sozialstaats“, in FAZ vom 5. August 2006, Seite 13

EU-Kommission – Grünbuch: Europäische Rahmenbedingungen für die soziale Verantwortung der Unternehmen, KOM (2001) 366 vom 18.07.2001 und entsprechende Mitteilung 2002, KOM (2002)347 vom 2. 07.2002

Friedrich-Ebert-Stiftung: Politische Positionen zum Europäischen Wirtschafts- und Sozialmodell – eine Landkarte der Interessen, 2006

Gesellschaft für Technische Zusammenarbeit (Hrsg.): Sozialstandards in der Weltwirtschaft, 2002

Kirchner, Jens, „ Europäischer Betriebsrat lässt Unternehmen Spielraum“, in FAZ vom 9. August 2006, Seite 19

Koch, Hannes, „Menschen jagen mit Mercedes“ (taz-dossier : „Globaler Profit und Menschenrechte: Deutsche Unternehmen), in taz vom 20. Mai 2006, Seite 3 ff

Knop, Karsten, „Gutes tun und darüber reden“, in FAZ vom 22. April 2006, Seite 20 (betr. Unternehmen und Global Compact)

Uterwedde, Henrik: Welches Wirtschafts- und Sozialmodell? In: Dokumente, 6/2005

Williamson, Hugh, „UN fears decline in non-financial reporting“, in FT vom 25. September 2006, Seite 2

Ausblick

Heiner Keupp

Von der Fürsorge zur Selbstsorge - Eine Empowerment-Perspektive für eine solidarische Sozialpolitik

Bei der Frage, was in der Substanz ein „europäisches Sozialmodell" ausmachen sollte, geht es um ein Grundverständnis von dem, was mit Sozialpolitik als Aufgabe verbunden wird. In der Diskussion, die vor allem durch den EU-Verfassungsentwurf ausgelöst wurde, scheint es um einen Schaukampf zwischen einem sozialdemokratischen und einem neoliberalen Profil zu gehen und letzteres hat offensichtlich erst einmal die Nase vorn. Letztlich geht es aber um einen Diskurs zu den Basisselbstverständlichkeiten entwickelter demokratischer Gesellschaften und der Rolle, die sozialpolitische Maßnahmen in einem Gesellschaftsmodell diesen Zuschnitts zu erfüllen haben.

Zunächst ist die Wahrung der Menschenwürde als zentrales Ziel von Sozialpolitik herauszustellen. Menschenrechte sollen die Würde des Menschen sichern und notwendigerweise auch soziale Rechte, wie die Sicherung der Grundbedürfnisse, die Gesundheitsversorgung, Bildung und ein Altern in Würde. Auch das Verbot von Diskriminierung aufgrund von Geschlecht, ethnischer Herkunft etc. stellt ein soziales Recht dar. Die Aufgabe von Sozialpolitik soll die Schaffung von Gerechtigkeit und gleicher Chancen für alle Menschen sein.

Bei der Realisierung solcher Basisaussagen können sehr unterschiedliche Wege eingeschlagen werden. In vielen westeuropäischen Ländern ist man in den vergangenen Jahren den Weg gegangen, ein hochprofessionalisiertes System sozialer Dienstleistungen aufzubauen, das von den Bürgerinnen und Bürgern auf der Basis gesicherter Anspruchsrechte genutzt werden konnte. Der Staat hat entweder direkt oder per Delegation an Anbieter sozialpolitischer Leistungen dieses „Versorgungssystem" garantiert. Die einzelnen Bürgerinnen und Bürger waren eher passive Nutzer expertenbasierter Leistungen. Genau an dieser Stelle entsteht die Frage, ob aus einer zivilgesellschaftlichen Perspektive nicht genau dieses Muster einer kritischen Überprüfung bedarf. Ein zivilgesellschaftlich inspirierter sozialpolitischer Entwurf konstruiert als Basis auch eines sozialpolitischen Grundrisses ein aktiv handelndes Subjekt, das Selbstsorge betreibt und sich genau deshalb auch an der Gestaltung der gesellschaftlichen Lebensverhältnisse beteiligt. Aber die Perspektive der Selbstsorge bedarf einer gesellschaftlichen Ermöglichung im Sinne von Empowermentprozessen.

Ein zivilgesellschaftliches Paradeprojekt

Ich möchte dazu einladen, mit mir eines meiner „Patenkinder“ zu besuchen. Es wohnt in Salzgitter und ist jetzt schon über 30 Jahre alt. Es heißt Mütterzentrum und meine Patenschaft ist eher jüngeren Datums, ich wurde als „Expo“-Pate ausgewählt, denn es hat aus Expomitteln und aus solchen des SOS-Kinderdorf-Trägervereins die Möglichkeit bekommen, ein wunderbares neues Gebäude zu erstellen. In diesem Haus gibt es einen Bereich für die ganz Kleinen, für die Kindergartenkinder und für Ältere bis hin zu Pflegebedürftigen, die im Obergeschoss des Hauses betreut werden. Im Erdgeschossbereich gibt es ein Café- und Restaurantbetrieb, in dem vor allem mittags für alle ein Mittagstisch angeboten wird. Auch viele ältere Bürgerinnen und Bürger aus Salzgitter kommen hierher zum Mittagessen oder werden hierher gebracht. „Essen auf Rädern“ mal ganz anders! In dem Haus gibt es kleine Läden, in denen Frauen einen Friseurbetrieb und andere Einkaufsmöglichkeiten anbieten. Der Friseurbereich ist so angelegt, dass die Räume der Pflegebedürftigen im Blickfeld sind. So kann eine alte Dame oder ein alter Herr ein Bad nehmen, ohne dass permanent jemand dafür eingeteilt werden muss. In diesem Haus laufen Qualifizierungsprogramme für junge Frauen, die von ihren Bildungsabschlüssen her schlechte Arbeitsmarktchancen haben. Wenn Sie jetzt wissen wollen, wie viele Hauptamtliche diesen Betrieb am Laufen halten, dann werden Sie überrascht sein, dass das ganz wenige sind. Die Frauen (und auch Männer), die in diesem Familienzentrum tätig sind, haben nur zum geringeren Teil eine entsprechend zertifizierte Ausbildung gemacht. Es wird sehr schnell erkennbar, dass in diesem Haus eine ganz und gar ungewöhnliche Mischung von Selbsthilfe, Bürgerengagement und professioneller Kompetenz gefunden wurde und gelebt wird. Hildegard Schooß, die Gründerin dieses Zentrums, hat mich anfangs mit der Aussage provoziert, dass sie und ihre MitstreiterInnen eine bessere integrierte kommunale Sozialarbeit „aus einem Guss“ anbieten könnten, als wir das mit unseren hoch differenzierten und spezialisierten professionellen Diensten könnten und außerdem seien wir auch noch viel teurer. Das konnte ich so nicht akzeptieren, es schien mir eine Aussage in Richtung Lohndumping gegenüber tariflich abgesicherter Erwerbsarbeit zu sein und ich kam mit einer Fachtagung zur Gemeindepsychologie nach Salzgitter. Wir haben einen ganz wichtigen Lernprozess dort machen können und seither denke ich sehr viel selbstkritischer über unser Wohlfahrtsystem nach. Das Mütterzentrum Salzgitter ist übrigens das „Best-prac-tice“-Beispiel, das das Programm der „Mehrgenerationenhäuser“ in Niedersachsen und jetzt auch auf der Bundesebene angeschoben hat.

Mit diesem Beispiel möchte ich meinen gedanklichen Vorstoß vorbereiten, der bewusst machen soll, dass der Grundriss unseres Wohlfahrtstaates nicht als gottgegeben zu betrachten ist, sondern immer wieder zu überprüfen und weiterzuentwickeln ist. Bei der aktuell notwendigen Weiterentwicklung ist vor allem eine zivilgesellschaftliche Perspektive einzubeziehen.

Soziale Arbeit ist kein abstraktes Projekt, das unter allen denkbaren gesellschaftlichen Bedingungen nach dem immer gleichen Muster ablaufen könnte. Genau das Gegenteil ist der Fall: Will soziale Arbeit ihrem Anspruch gerecht werden, muss sie mit ihren Zielen und Methoden ihrem „Gegenstand" gerecht werden. Soziale Arbeit will Menschen bei ihren Versuchen unterstützen, die Anforderungen produktiv zu bewältigen, die ihre spezifische Lebenslage setzt. Wer wollte bestreiten, dass die Umsetzung eines solchen Zieles in der Mitte des 19. Jahrhunderts etwas anderes bedeutete, als heute am Beginn des 21. Jahrhunderts. In der Frühphase der Industrialisierung waren Ausbeutung und Verelendung der Menschen und ein vollständiges Fehlen sozialer Sicherungssysteme bestimmend und soziale Arbeit war ein Versuch, die größte Not von Menschen aufzufangen. Hier haben alle Wohlfahrtsverbände ihren Ursprung. In einer Mischung von Selbst- und Fremdhilfe sind hier Auffangnetze entstanden, die dann im Gefolge der Etablierung von gesetzlich verankerten sozialen Sicherungssystemen und angeleitet durch das Subsidiaritätsprinzip ein stabiles Netz sozialer Hilfen für Menschen in den unterschiedlichsten Lebenslagen entwickelt haben. Über eineinhalb Jahrhunderte hinweg haben sich institutionelle Muster der Wohlfahrtsproduktion herausgebildet. Wie alle Institutionen entwickeln sie ihre eigene Bestands- oder Beharrungslogik, ihre eigenen Mythen und Selbstverständlichkeiten. Diese institutionellen Gestalten und Selbstverständlichkeiten stehen heute auf dem Prüfstand und das ist insofern nicht erstaunlich, weil das ganze Arsenal der Moderne heute auf dem Prüfstand steht: Die Erwerbsarbeitsgesellschaft, der Nationalstaat, unser Verhältnis zu Natur, das Geschlechterverhältnis und auch unsere Vorstellungen von gelungener Identität. Wir sind auf dem Weg in eine neue gesellschaftliche Epoche, in der sich dramatische Veränderungen abzeichnen und wir aber noch zu nah dran sind, als dass wir diesen Epochenbruch schon kühl-analytisch und präzise benennen könnten.

Hier möchte ich eine Einstiegsthese formulieren:

Die Bundesrepublik befindet sich in einer Phase des dramatischen gesellschaftlichen Wandels, der mit Schlagworten wie Globalisierung, Pluralisierung und Individualisierung angedeutet ist. Dieser Wandel erfasst nicht nur den ökonomischen und politischen Bereich, sondern bedeutet, in den Worten von Manuel Castells, einen „qualitativen Wandel in der menschlichen Erfahrung." Die Konsequenzen einer sich herausbildenden globalen Netzwerkgesellschaft „breiten sich über den gesamten Bereich der menschlichen Aktivität aus, und transformieren die Art, wie wir produzieren, konsumieren, managen, organisieren, leben und sterben" (Castells 1991, S. 138). Und man könnte ergänzen: „wie wir Wohlfahrtsleistungen erzeugen".

Die entstehende neue globale netzwerkartige ökonomische Weltordnung produziert eine sich permanent verschärfende gesellschaftliche Spaltung, die bis auf die psychosoziale Ebene durchschlägt. Der „neue Mensch", der heute nicht mehr in sozialistischen Kaderschmieden, sondern in den Trainingstätten des erstarkten

Neoliberalismus geformt wird, schafft sich ebenfalls ein neues Menschenbild. Konstruiert werden die „fitten“ Menschen, die sozialstaatliche Wohlfahrtsysteme als Ballast betrachten, den wir möglichst schnell über Bord werfen sollten. Mir scheint es erforderlich, dieser neuen „Dominanzkultur“ zu widerstehen und eine Alternative entgegenzusetzen.

Ich greife noch einmal meinen Ausgangspunkt auf. Wenn soziale Arbeit ein gesellschaftliches Projekt darstellt, Subjekte bei einer produktiven Lebensbewältigung zu unterstützen, dann bedeutet das heute etwas anderes als vor 150 Jahren oder auch nur vor 30 Jahren. Der amerikanische Gemeindepsychologe Julian Rappaport (1981) sagt gerade in bezug auf traditionsreiche Wohlfahrtsysteme, dass sie die Subjekte als „Kinder in Not“ konstruieren würden und sich schützend vor sie zu stellen versuchen. Sie seien aber zunehmend mehr „Bürger mit Rechten“ und gerade in bezug auf dieses Konstrukt entwickelt er ein Grundkonzept von sozialer Arbeit, das er „Empowerment“ genannt hat.

In diese Richtung sollen meine Ideen formuliert werden. Es gilt aber zunächst unsere geläufigen sozialpolitischen Basisannahmen zu überprüfen und dann werde ich auf der Grundlage von aktuellen Diskussionen zum bürgerschaftlichen Engagement eine Empowerment-Perspektive sozialer Arbeit skizzieren.

Die ambivalenten Segnungen einer Hochprofessionalisierung im Sozialbereich

Phasen gesellschaftlicher Veränderung spüren wir vor allem dadurch, dass die bislang als selbstverständlich angesehene Ordnung ihre Selbstverständlichkeit zu verlieren droht. Der Grundriss unseres Denkens und Handelns, der uns die Illusion einer unverrückbaren natürlichen Ordnung ermöglicht hat, wird in Frage gestellt werden. In einer solchen Phase der Irritation befinden wir uns. Diese Verunsicherung stellt die Grundprämissen der hinter uns liegenden gesellschaftlichen Epoche grundlegend in Frage. Die Voraussetzung für den Entwurf von fachlichen Profilen in neuen Strukturen setzt voraus, bislang leitende Grundprämissen konsequent auf den Prüfstand der kritischen Reflexion zu stellen.

Zu den Grundprämissen sozialer Arbeit gehörte die Vorstellung, dass gute psychosoziale Hilfe- und Dienstleistungen eine möglichst hoch entwickelte Professionalität der Leistungen verlangen. Gegenüber einem Psychowildwuchs, der sich in den 70er und 80er Jahren entwickelte und der einen fragwürdigen Markt eröffnet hat, war die Formulierung hoher professioneller Standards sinnvoll und notwendig. Aber die Vorstellung, dass eine immer bessere Qualität als Resultat einer fortschreitenden und möglichst durchgängigen Professionalisierung von Hilfeleistungen zu erwarten ist, ist in den letzten Jahren vielfach in Frage gestellt worden:

(1) Eine wachsende Selbsthilfebewegung hat ihren kritischen Ausgangspunkt in dem nicht eingelösten Versprechen der allumfassenden Wirksamkeit professioneller Lösungsangebote. Selbsthilfegruppen haben ihren Ausgangspunkt oft in Enttäu-

schungen, die NutzerInnen professioneller Dienstleistungen erleben und sie zeigen häufig, dass sie für sich selbst die besseren Lösungen in Selbstorganisation entwickeln können.

(2) Professionelle Lösungen fördern häufig eine passive KonsumentInnenhaltung durch fertig geschnürte Hilfepakete und erzeugen damit ein System des Wohlfahrtspatriarchats Die Folge ist eine „Enteignung" von Problemlösungskompetenzen auf der Seite der Abnehmer dieser Fertigpakete.

(3) Das professionelle System teilt mit allen komplexen institutionellen Geflechten ein hohes Maß an Eigenbezüglichkeit: Das Kompetenzgerangel der unterschiedlichen Anbieter, die Zuständigkeitskämpfe der Professionen und Träger verbrauchen sehr viel mehr Ressourcen, als die Orientierung an den alltäglichen Problemlagen der potenziellen oder aktuellen NutzerInnen.

(4) Unter den Vorzeichen knapper werdender öffentlicher Ressourcen ist das in der Prosperitätsphase häufig praktizierte Prinzip der Qualitätsverbesserung durch Ausweitung des Hilfesystems an seine Grenzen gestoßen. Die Beantwortung der Qualitätsfrage bleibt nicht mehr in der Souveränität der professionellen Anbieter selbst und ihrer wissenschaftlichen Unterstützersysteme, sondern wird an externe Kriterien gebunden, die meist betriebswirtschaftlich ausgelegt sind.

Mehr als hundert Jahre Sozialstaat haben sich in unseren Erwartungen an und in Haltungen zur Sozialpolitik als Muster festgesetzt. Die *bestehende Sozialpolitik* wird von spezifischen Leitbildern und Menschenbildannahmen geprägt, die wie konditionierte Reflexe funktionieren. Sie müssen kritisch evaluiert werden: Sind sie für Strukturüberlegungen zu einer künftigen Sozialpolitik tauglich?

1. "Kinder in Not": Ohne eigenes Verschulden in Not geratenen Menschen gegenüber, die unfähig sind, ihr eigenes Leben zu bewältigen, ist sozialstaatliche Hilfe erforderlich. Zugleich aber ist eine wohlfahrtspatriarchalische Haltung notwendig.

2. "Entstörung": Sozialpolitik hat die Funktion sozialer Kontrolle abweichenden Verhaltens zu erfüllen. Unangemessene Verhaltensweisen/Persönlichkeitsstrukturen sind zu korrigieren oder zu therapieren bzw. veränderungsresistentes Störpotential ist so zu verwalten, dass es gesellschaftlich möglichst wenig Schaden anrichtet.

3. "Das Kind ist schon in den Brunnen gefallen": Sozialpolitik wird wirksam, wenn sich Probleme manifestiert haben. Dieses "kurative Modell" konzentriert sich auf Kompensation/Reparatur von Krankheit, Behinderung, psychischen Störungen.

4. "Symptomträger ist immer das Individuum": Dienstleistungen staatlicher Sozialpolitik erfordern die Individualisierung der Probleme. Nur Notlagen, Symptome

oder Leidenszustände, die eine einzelne Person geltend machen kann oder ihr zugerechnet werden können, sind sozialstaatlich bearbeitbar.

5. "In den Blick gerät nur, was eine Person *nicht* kann“. Sozialstaatliche Leistungen gehen immer von Defiziten und nicht von Ressourcen aus.

Eine alternative Herangehensweise an ein Zukunftsprojekt Sozialpolitik müsste stattdessen von jenen basalen Prozessen ausgehen, die mit der genaueren Analyse alltäglicher Lebens- und Krisenbewältigung ins Zentrum rückten. Eine zentrale Aufgabe von Sozialpolitik ist die Herstellung bzw. die Ermöglichung gesellschaftlicher Solidarität. Wenn dies konsensfähig ist, dann zielt die nächste Frage auf die sozialpsychologischen Bedingungen von Solidarität im Alltag, nennen wir es "Alltagssolidarität". Hiermit begeben wir uns auf die Ebene des alltäglichen Umgehens mit Krisen, Risiken, Krankheiten und Behinderungen und dem individuellen oder mikrosozialen Umgang mit diesen Problemlagen: Welche Ressourcen können aktiviert werden, um mit ihnen möglichst effektiv umgehen zu können? In der Erforschung dieser Prozesse ist die zentrale Bedeutung sozialer Netzwerke ins Zentrum der Aufmerksamkeit gerückt. Die Bewältigung von Problemlagen wird entscheidend von den sozialen Unterstützungsressourcen bestimmt, die aus dem jeweiligen Netzwerk mobilisiert werden können. Jede sinnvolle Gesundheitsförderung oder präventive Sozialpolitik muss deshalb auch Netzwerkförderung sein. Die heute relevanten Netzwerke sind in abnehmendem Maße die "traditionellen Ligaturen", also Familie, Verwandtschaft oder Nachbarschaft. Sie verlieren in dem tief greifenden Prozess der gesellschaftlichen Individualisierung an Gewicht. Bedeutsamer werden dagegen die "posttraditionalen Ligaturen" oder "Gemeinschaften". Darunter sind Selbsthilfegruppen, selbstorganisierte Initiativen, Freiwilligenagenturen etc. Sie stellen auch die "vermittelnden Strukturen" zwischen Alltag oder Lebenswelt und professionell-institutionellen Strukturen staatlicher Sozialpolitik dar.

Leitlinien künftiger Sozialpolitik sollten Ergebnis einer kritischen Evaluation jener Lernprozesse sein, die in der wohlfahrtstaatlichen Entwicklung der vergangenen Jahrzehnte enthalten sind. Fiskalpolitische Überlegungen sind dabei notwendig, aber sie können eine inhaltliche Leitbildformulierung für eine zu entwickelnde "Wohlfahrtsgesellschaft" (Dettling 1995) nicht ersetzen. Das Leitbild einer "Wohlfahrtsgesellschaft" sollte einerseits von dem Grundbedürfnis der Menschen ausgehen, "Subjekt des eigenen Handelns zu sein" (so Helmut Klages in Körber-Stiftung 1993, S. 40), das in einer individualisierten Gesellschaft gewachsen ist; andererseits sollte das Prinzip kollektiver Sicherungssysteme zur Abpufferung gesellschaftlicher Existenzrisiken grundlegend bleiben. Aus der Verknüpfung dieser beiden Prinzipien folgt, dass auch die notwendigen sozialstaatlichen Leistungen neu gestaltet werden müssen. Sozialstaatliche Leistungen waren bislang individualisierte Kompensationsleistungen und sollten künftig vom Grundsatz der Ermöglichung und Förderung von Lebenssouveränität bestimmt sein.

Die jetzt auf dem Prüfstand stehende wohlfahrtstaatliche Ordnung lässt sich – sehr vereinfacht – als eine Geschichte rekonstruieren, die im 19. Jahrhundert aus unterschiedlichen weltanschaulichen Strömungen Antworten auf die sozialen Notlagen der sich entwickelnde kapitalistischen Gesellschaftsordnung zu geben versuchte. Diese Ordnung hat sich in Verbindung mit einer staatlichen Sozialpolitik zu einem System entwickelt, das sich als quasinatürliches Erwartungsmuster in den Köpfen der anbietenden und nutzenden Gruppen verankert. Aber es ist auch in den Jahrzehnten seiner Etablierung nicht sich selbst gleich geblieben. Es haben sich charakteristische Veränderungen ereignet:

Der Staat hat Rahmenbedingungen eingezogen und immer wieder verändert. Hier ist ein System sozialer Rechte entstanden, welche die Nutzerinnen und Nutzer gestärkt haben. Aus Hilfeempfängern wurden BürgerInnen mit Rechten.

Eine zunehmende Professionalisierung sozialer Dienste hat zu einem hochdifferenzierten Dienstleistungssystem geführt, das zunehmend an die Stelle eines wertgebundenen Laienhandeln getreten ist.

Wohlfahrtsverbände sind zunächst zu parastaatlichen Organisationen geworden, die sich allerdings zunehmend als Marktanbieter verstehen und mit dieser Marktorientierung auch einem Prozess der „Verbetriebswirtschaftlichung" unterworfen sind.

Die Milieus, aus denen sich soziales Engagement ergeben hat und von einer Generation an die nächste weitergegeben wurde, haben sich verändert und fallen teilweise als Rekrutierungsfelder für ehrenamtliches Handeln aus.

Die Marktorientierung und die teilweise Entfremdung vom eigenen Ursprungsmilieu haben bei den Wohlfahrtsverbänden zu einem widersprüchlichen Verhältnis zu zivilgesellschaftlichen Entwicklungen geführt (z.B. sind Selbsthilfeorganisationen, Nachbarschaftshilfen oder Mütterzentren gegenüber den hochprofessionalisierten Diensten weniger anerkannt worden).

Die Wohlfahrtsentwicklung ist deutlich abgebremst und teilweise verläuft sie im „Rückwärtsgang", der einerseits die Entwicklung der Ökonomisierung verstärkt hat, andererseits besinnt man sich wieder auf die eigenen Wurzeln und entdeckt erneut das Ehrenamt.

Das klassische Ehrenamt lässt sich nicht reanimieren, sondern erweist sich in der Gestalt des bürgerschaftlichen Engagements als ein zivilgesellschaftliches Potenzial, das die Wohlfahrtsverbände herausfordert und von ihnen nur durch eine tief greifende innere Reform gebunden werden kann.

Das zivilgesellschaftliche Potenzial lebt von der Idee des „Citoyen", der sich in die Gesellschaft einmischen will und von einem wertegeleiteten Handeln bestimmt ist. Er will sich vom „Bourgeois" unterscheiden, der sich heute vor allem im neoliberalen Gewande präsentiert und ein damit verbundenes Menschenbild vertritt.

Eine zivilgesellschaftliche Perspektive wohlfahrtstaatlichen Handelns braucht ein Menschenbild, das nicht von der ökonomischen Verwertbarkeit des Menschen ausgeht, sondern seiner bedingungslosen Würde und dem Respekt, den jedes menschliche Wesen daraus erwarten kann.

Für eine demokratische Wohlfahrtsgesellschaft

Im komplizierten Geflecht des real existierenden Wohlfahrtstaates lassen sich idealtypisch fünf Grundmuster identifizieren, die selten in reiner Form vorkommen, sondern sich vielfältig mischen und in dieser Mixtur auch zu dem Eindruck eines schwer zugängigen Dschungels beitragen:

Das klassische *Paradigma der Fürsorglichkeit*, das auf die nackte Not verelendeter Menschengruppen reagiert und ihnen minimale Überlebens-möglichkeiten sichert. Aus diesem Paradigma leiten sich karitative Organisationen bis heute ab. Es ist das Paradigma „Kinder in Not".

Das *Paradigma soziale Gerechtigkeit und Solidarität*, das die Folgen materieller und sozialer Ungleichheit zu kompensieren und dadurch den sozialen Zusammenhalt zu sichern versucht.

Das moderne *Paradigma der Dienstleistungsproduktion*, das professionalisierte Angebote auf hohem Niveau anbietet, und in dem die Menschen gegenüber den Sicherungssystemen Anspruchsrechte auf Serviceleistungen erworben haben.

Das *Kosten-Nutzen-Paradigma*, das wohlfahrtstaatliche Leistungen als Managementaufgaben betrachtet, die möglichst effektiv und kostengünstig erbracht werden sollen und das zu einer Verbetriebswirtschaftlichung wohlfahrtstaatlicher Leistungen führt.

Das *zivilgesellschaftliche Paradigma,* das die sozialstaatliche Förderung der aktiven Beteiligung von Bürgerinnen und Bürgern betont, und zwar im Sinne der Ermöglichung von „Verwirklichungschancen" (Empowermentprinzip).

Keines dieser Paradigmen wird man heute vollkommen verabschieden müssen, sie brauchen sich wechselseitig und problematisch wird es, wenn sie sich jeweils mit einem Alleinvertretungsanspruch positionieren.

Auch für den Bereich der Sozialpolitik wird immer häufiger die Perspektive einer aktiven Bürgergesellschaft gefordert. Warnfried Dettling (1995, S. 21f.) etwa entwirft das Leitbild einer "*demokratischen Wohlfahrtsgesellschaft*", die geprägt ist von der "Rekonstruktion des Sozialen durch eine aktive und kompetente Gesellschaft". Dazu bedarf es neuer Prioritätensetzungen:

Zum einen: "Der Staat sieht seine Aufgaben in Bund, Ländern und Gemeinden nicht mehr primär darin, soziale Dienste und Leistungen zur Verfügung zu stellen, sondern die gesellschaftlichen Kräfte und Ressourcen zu mobilisieren. *Aufgabe der Politik ist es nicht, die Gesellschaft zu bedienen, sondern sie zu aktivieren*".

Und zum anderen: "Dazu bedarf es eines neuen Ansatzes in der (kommunalen) Sozialpolitik, der sich an den *Ressourcen* (der Menschen, der Gesellschaft) orientiert und *nicht an ihren Defiziten*. Menschen, auch die in Randgruppen, haben nicht nur Mängel und Probleme, sondern immer auch Fähigkeiten. Ob diese brachliegen oder ob sie zu ihrem eigenen und zum sozialen Wohl mobilisiert werden, hängt immer auch von den Rahmenbedingungen ab, die politisch verändert werden können. *Nur wer Menschen etwas zutraut, kann ihnen helfen, kann soziale Probleme lösen und die soziale Qualität des Gemeinwesens verbessern*".

Sozialpolitik aus einer Empowerment-Perspektive

Sozialpolitik muss ihr programmatisches Zentrum von der Kompensation "beschädigten Lebens" zu einer Empowermentperspektive verändern. Empowermentprozesse sind in einzelnen sozialpolitischen Handlungsfeldern bereits intensiv erprobt worden (vor allem im Selbsthilfebereich), aber sie sollten zum grundlegenden Gestaltungsprinzip von Sozialpolitik werden. Diese Forderung finden wir beispielsweise bei dem Frankfurter Staatsrechter Günter Frankenberg (1994; 1997). Eine demokratische Wohlfahrtsgesellschaft muss seiner Auffassung nach "der Handlungsautonomie der Betroffenen und handlungsermächtigenden Strukturen (*empowerment*) stets Priorität einräumen, die auf die Selbstorganisation sozialer Dienste und Leistungen angelegt sind" (Frankenberg 1994, S. 221). Sozialpolitische Leistungen (seien es Transferzahlungen, Sachleistungen oder personale Dienstleistungen) sollten von der Prämisse angeleitet sein, dass sie "Eigentätigkeit" und "Lebenssouveränität" voraussetzen und fördern. "Für den Fall, dass die Handlungskompetenz der Betroffenen infolge ihrer spezifischen Lebenslage eingeschränkt ist, konkretisiert sich die Pflicht zu ziviler Solidarität in unterstützenden Strukturen oder advokatorischen Formen der Sozialpolitik, die sich daran orientieren, die Betroffenen soweit wie möglich wieder zur Selbsthilfe zu befähigen" (ebd.). "Sozialpolitik als *empowerment* reaktiviert verschüttete, verkümmerte und überlastete soziale Bindungen ebenso wie sie neue ermutigt und fördert. Sie knüpft damit ein – zugegeben dünnes – soziales Band, das den Adressaten vermittelt, welcher Gemeinschaft sie angehören: Einer Zivilgesellschaft, die ihren Mitgliedern die selbstorganisierte Bewältigung ihrer Probleme zumutet und ermöglicht, darin aber zugleich eine Gemeinschaftsaufgabe sieht" (ebd., S. 222).

Belastungs-Bewältigungs-Modelle im Sinne der Salutogenese, die die Aufmerksamkeit auf das aktiv-handelnde Individuum in seiner gesellschaftlichen Alltagswelt richten, eröffnen für eine Praxis und Politik der Gesundheitsförderung andere Perspektiven, als wenn Krankheit und Gesundheit als mechanisch ablaufende Prozesse wären, denen der einzelne ausgeliefert ist und die letztlich nur durch den kundigen Experten von außen beeinflusst werden können. Hier setzt das "Empowerment"-Konzept an.

Der Begriff "Empowerment" wird von einem gewissen Etwas, einem Flair umgeben. Das vermittelt vor allem die "Power"-Komponente im Begriff. Wir kennen sie in Verbindung mit "black power" oder "women power" oder neuerdings "power book". Diese emanzipative Bedeutung steckt natürlich in diesem Begriff. Aber auf ihre Reißerqualitäten will ich zunächst einmal überhaupt nicht setzen. Zumal der Begriff ja nicht nur von der "Power"-Komponente lebt, sondern auch von der Vorsilbe "Em-", die den Sinn von Geben, Abgeben, Weggeben transportiert.

Und das ist gerade der zentrale neue Aspekt: Nicht für sich Macht fordern oder erobern, sondern sie weitergeben, sie bei anderen wecken, ihnen dabei helfen, sie zu entdecken. Also "Empowerment" meint nicht einfach Veränderung der Machtverhältnisse, obwohl es auch darum geht, sondern um die Gewinnung oder Wiedergewinnung von Kontrolle über die eigenen Lebensbedingungen.

Die Empowerment-Perspektive bündelt wichtige Lernprozesse des letzten Jahrzehnts. Sie knüpft ein Netz von Ideen zu einer neuen Orientierung psychosozialen Handelns. Es sind vor allem die folgenden Lernprozesse:

(1) Von der Defizit- oder Krankheitsperspektive zur Ressourcen- oder Kompetenzperspektive. Das Wissen um die Stärken der Menschen und der Glaube an ihre Fähigkeiten, in eigener Regie eine lebenswerte Lebenswelt und einen gelingenden Alltag herzustellen, führt mit Notwendigkeit zu einer anderen beruflichen Perspektive als im Falle eines professionellen Szenarios der Hilfebedürftigkeit.

(2) Nur jene Art von professionellem Angebot kann letztlich wirksam werden, das in das System des Selbst- und Weltverständnisses der KlientInnen integrierbar ist und das persönlich glaubwürdig und überzeugend vermittelt wird. Solche Einsichten führen mit Notwendigkeit zur Überwindung einer einseitigen Betonung professioneller Lösungskompetenzen und von der Orientierung an der Allmacht der Experten zu einer partnerschaftlichen Kooperation von Betroffenen und Fachleuten. Von Dauer können nur Veränderungen sein, die den Grundsatz "Hilfe zur Selbsthilfe" realisieren.

(3) Jede professionelle Aktivität, der es nicht gelingt, zur Überwindung des Erfahrungskomplexes der "gelernten Hilflosigkeit" oder "Demoralisierung" beizutragen, wird wirkungslos bleiben. Die Wirksamkeit professioneller Hilfe wird davon abhängen, ob das Gefühl gefördert werden kann, mehr Kontrolle über die eigenen Lebensbedingungen zu erlangen.

(4) Soziale Unterstützung im eigenen sozialen Beziehungsgefüge ist von großer Bedeutung bei der Bewältigung von Krisen, Krankheiten und Behinderungen sowie bei der Formulierung und Realisierung selbstbestimmter Lebensentwürfe. Gerade die Kräfte, die durch die Vernetzung von gleich Betroffenen entstehen können, sind von besonderer Qualität.

(5) Psychosoziale Praxis lässt sich nicht in Kategorien von Widerspruchsfreiheit oder im Funktionskreis instrumentellen Denkens adäquat erfassen. Anstelle eines Diskurses, der von der Unterstellung eines hehren Allgemeinwohls ausgeht, ist es notwendig, Widersprüche, Interessenunterschiede und unterschiedliche Bedürfnisse zum Thema zu machen. Hierzu gehören auch Themen wie die Janusköpfigkeit von Hilfe und Kontrolle in allen Formen psychosozialen Handelns; die Analyse unerwünschter Nebenfolgen eines „Wohlfahrtspatriarchats“ und seiner institutionel-

len Eigenlogiken und schließlich auch die Anerkennung unterschiedlicher und teilweise widersprüchlicher Interessen von KlientInnen und Professionellen.

(6) Die wichtigste Erkenntnis, die auf solchen Pfaden divergenten Denkens zu gewinnen ist, ist die Einsicht in die Dialektik von Rechten und Bedürftigkeiten. Die klassische wohlfahrtstaatliche Philosophie war ausschließlich von einer Definition von Bedürftigkeiten und auf sie bezogener sozialstaatlicher Hilfe- oder Präventionsprogramme bestimmt. Die meisten Therapie- und Präventionsprogramme gehen – in aller Regel mit guten und nachvollziehbaren Gründen – von einer Annahme spezifischer Defizite und Bedürftigkeiten aus, die im wohlverstandenen Interesse der Betroffenen verhindert, kompensiert oder verändert werden sollen. Erst in den 70er Jahren wurde – nicht zuletzt in Folge heftiger Konflikte zwischen wohlwollenden HelferInnen und zunehmend eigene Ansprüche formulierender KlientInnen – die Ebene der Rechte als unabhängiger Begründungsinstanz für Handeln oder dessen Unterlassung "entdeckt". Es war sicher kein Zufall, dass diese Entdeckung in die Zeit der sich abzeichnenden Krise des Wohlfahrtstaates fiel. In Zeiten wachsender Sozialbudgets ist eher die Vorstellung mitgewachsen, dass bei uns Professionellen die Angelegenheiten der Betroffenen in guten Händen seien. Die Segnungen immer neuer Spezialprogramme und -einrichtungen ließen sich beweiskräftig so verstehen. Das von uns so errichtete Wohlfahrtspatriarchat hatte eine Qualität der tendenziellen Rund-um-Versorgung, bei dem der Gedanke der Einschränkung von KlientInnen-Rechten und der Kontrolle von Lebenssouveränität weniger Nahrung erhielt. Die Krise des Sozialstaats hat auch für viele Betroffene sichtbar gemacht, dass ihre Rechte keineswegs in Wohlfahrtsleistungen gesichert sind und mit deren Abbau auch gefährdet sind, so dass sie eigenständig vertreten und abgesichert werden müssen. Rappaport bringt die beiden Sichtweisen auf die Formel von "Kinder in Not" oder "Bürger mit Rechten". Es handelt sich nicht um Entweder-oder-Perspektiven; sie müssen in dem Spannungsverhältnis, in dem sie zueinander stehen, erhalten bleiben. Gerade an der Reaganschen Kahlschlagpolitik im Sozialbereich kann das aufgezeigt werden. Sie hat sich gerne mit Schlagworten wie Bürgerrechte oder "Freiheit vom Staat“ drapiert und gleichzeitig wohlfahrtstaatliche Leistungen abgebaut. Dazu bemerkt Rappaport treffend: "Rechte ohne Ressourcen zu besitzen, ist ein grausamer Scherz" (S. 268).

Bürgerschaftliches Engagement als Empowermentpotenzial

Die Debatte um eine Neujustierung unserer Sozialsysteme geht ans Eingemachte und insofern darf es uns auch nicht verwundern, dass sie von dramatischer Begleitmusik bestimmt wird. Es geht um so große Themen wie soziale Gerechtigkeit und Solidarität. In den Diskussionen werden diese Begriffe allerdings sehr statisch gehandelt, als würden sie einen Berg bezeichnen, der allmählich abgetragen oder ausgehöhlt wurde. Ich frage mich, warum bei einem Begriff wie Solidarität nicht auch mal die Frage mitschwingt, ob es sich dabei nicht auch um einen nachwachsenden oder erneuerbaren „Rohstoff" handeln könnte. Nur woher soll er kommen? Kann er durch moralische Appelle entstehen oder kann ihn Politik erzeugen? Ich möchte in meinem Beitrag weder über moralische Aufrüstung noch über politische Strategien sprechen, sondern möchte an die Wurzel von Solidarität gehen und diese im Sinne einer radikalen Subsidiaritätsperspektive von unten her denken. Ich stelle die Frage nach der Alltagssolidarität und der Bereitschaft von Menschen heute, sich zu engagieren. Und ich schließe daran die Frage an, was das vorhandene Potenzial an Alltagssolidarität daran hindert, sich produktiv entfalten zu können und wie es nachhaltig gefördert werden könnte.

Das freiwillige Engagement geht nicht zurück, sondern unterliegt einem charakteristischen Wandel: Weg von dem klassischen Ehrenamt, das seinen „Nachschub" aus traditionsreichen sozialen und weltanschaulichen Milieus bezogen hat, hin zu einem Engagement, das sich aus Motiven einer selbstbestimmten Lebensführung speist.

Die „Anlagesphären" für das vorhandene soziale Kapital verändern sich als Konsequenz dieses Motivwandels. Weil sich Menschen mit ihrem Engagement nicht mehr selbstverständlich in den vorhandenen Strukturen von Politik und Organisationen verorten wollen, bedarf es neuer Handlungsangebote. Da diese noch nicht existieren, gibt es ein „frei flottierendes Potenzial an Gemeinsinn", ein „brachliegendes Potential" oder – noch dramatischer in der Formulierung – eine „riesige 'schlafende Ressource'".[1]

Die Idee einer entwickelten Zivilgesellschaft braucht eine bürgernahe „Erdung" und Realisierung. Sie lebt aus der Identifikation mit demokratischen Spielregeln im Sinne eines partizipativ und solidarisch orientierten Gemeinwesens, in dem die öffentlichen Angelegenheiten zu Anliegen der Bürgerinnen und Bürger werden, die sich in diese Angelegenheiten einmischen, sie nach ihren Vorstellungen und Interessen zu gestalten versuchen, die aber auch akzeptieren, dass in einer pluralistischen Gesellschaft keine Instanz, keine Person und keine Gruppierung für sich beanspruchen kann, über die einzig richtige Lösung zu verfügen. Dieses zivilgesellschaftliche Engagement kann am ehesten im kommunalen Raum praktiziert werden und deshalb sind entsprechende Förderstrukturen in den Gemeinden zu entwickeln.

Wenn man sich die immer beschriebene und empirisch gut gesicherte Diskrepanz zwischen der Erosion von Engagementbereitschaft bei traditionellen Institutionen und dem wachsenden Engagement in anderen Feldern freiwilliger Tätigkeit vergegenwärtigt, dann steht die Frage nach der stimmigen Passung zwischen Engagementmotiven und -potenzialen einerseits und gesellschaftlichen „Gelegenheitsstrukturen" andererseits zur Diskussion. Klassische Milieus schufen kollektive

1 Diese einprägsamen Formulierungen stammen von Helmut Klages, die in unterschiedlichen Publikationen von ihm immer auftauchen (vgl. etwa Klages & Gensicke 1999).

Identifikationen und bündelten Motivlagen, auf die sich Kirchen, Parteien, Gewerkschaften oder Wohlfahrtsverbände einigermaßen verlassen konnten. Die Passung zwischen ihren Aktivitäten und den Motivlagen der Individuen schien gesichert zu sein. Eine eigenständige und unabhängige Mittlerrolle zwischen individuellen Motiven und institutionellen Gelegenheitsstrukturen war in aller Regel nicht erforderlich. In den verschiedenen Milieus wurde durch sozialisatorische Leistungen diese Passung gefertigt. Mit dem zunehmenden Abschmelzen oder der Erosion traditioneller Milieus geraten gerade diejenigen institutionellen Handlungsfelder in Not, die ohne große eigenen Initiativen aus diesen Milieus personellen Nachschub erhielten. Auf die bewährten Rekrutierungsmechanismen scheint man sich nicht mehr problemlos verlassen zu können. Diese Erfahrung wird oft mit einer allgemeinen Klage über die „Ego-Gesellschaft", den Verlust von gemeinwohlorientierten Werten oder den Zerfall von elementaren Formen der Vergemeinschaftung beantwortet. Statt einer Verfallsdiagnose ist aber eine Wandlungsdiagnose erforderlich. Verfalls- oder Zerfallsdiagnosen haben in Phasen gesellschaftlichen Umbruchs immer Hochkonjunktur und das ist nicht erstaunlich, denn das ist ja ein Wesensmerkmal jeder dynamischen Entwicklung, dass etwas aufbricht, bislang selbstverständliche Muster nicht mehr tragen und neu gestaltet werden müssen.

Der Freiwilligensurvey von 1999 hat gezeigt, dass zu dem bereits hohen Niveau von etwa einem Drittel der Bevölkerung (34%), die sich engagieren, ein weiteres knappes Drittel (26%) hinzukommt, das am Engagement interessiert ist. Der gerade durchgeführte zweite Freiwilligensurvey zeigt, dass sich die Zahlen nach fünf Jahren noch erhöht haben (36% engagiert und 32% am Engagement interessiert). In diesem Zusammenhang hatte Helmut Klages vom „brachliegenden Potenzial" und einer „riesigen 'schlafenden Ressource'" gesprochen. Und diese Ressource ist offensichtlich weiter gewachsen. Man könnte vom „Dornröschen"-Phänomen der Bürgergesellschaft sprechen. Wie könnten diese „schlafenden Ressourcen" aufgeweckt werden? Ich beobachte bei dem Bericht solcher Zahlen eine gewisse Ratlosigkeit, die sich in solchen Fragen artikuliert: Wo sind denn diese potenziell Engagierten und wie kann man sie denn erreichen und zu konkreten Projekten ermuntern? Als eine Antwort auf diese Frage sind die Freiwilligen-Agenturen entstanden, aber sie haben das Dornröschen noch nicht aus dem Tiefschlaf geholt. Vielleicht sind diese Zahlen zu oft gebetsmühlenartig wiederholt worden, ohne dass konkrete Handlungsmöglichkeiten erkennbar gewesen wären. Das schafft einen Vorrat resignativen Wissens.

Zukunftsfähige wohlfahrtstaatliche Prioritäten

Wenn meine Analysen einigermaßen stimmig sind, dann ergeben sich für mich daraus folgende Prioritäten wohlfahrtstaatlichen Handelns:

Sozialpolitisches Handeln braucht eine klare Menschenbildgrundlage und auf dieser Basis eine Sinnperspektive. Sozialpolitik muss die *Ängste und Ohnmachts-*

gefühle der Subjekte ernst nehmen und ein Ort sein, an dem das „Handwerk der Freiheit" erlernt werden kann und sie soll sich dabei von ihren beiden „Hauptkonkurrenten" klar absetzen. Einerseits ist es die „Religion" des Neoliberalismus. Andererseits besteht die Konkurrenz in den „regressiven" Angeboten des Fundamentalismus, die ja durchaus im eigenen Revier siedeln. Gerade die protestantische Identität, die sich über die „Freiheit des Christenmenschen" begreift, stellt die Grundlage für die Förderung individueller Souveränität und Selbstsorge dar. Die Moderne hat eine Haltung entstehen lassen, die es zu verteidigen gilt: "Jeder habe das Recht, seine eigene Lebensweise zu gestalten und sich dabei auf sein eigenes Gefühl für das wirklich Wichtige oder Wertvolle zu stützen" (Taylor 1995, S. 20). Hier wäre der Anschluss zu Amartya Sens Konzept von den „Verwirklichungschancen" (capability) zu sehen, das wiederum im Zentrum der Empowermentperspektive steht.

Individuelle Verwirklichungschancen und Empowerment brauchen als Basis ermöglichende gesellschaftliche Strukturen. In der Ottawa-Charta der Weltgesundheitsorganisation sind diese exemplarisch formuliert worden: Gesundheit, heißt es dort, wird gefördert dadurch, „dass man sich um sich selbst und für andere sorgt, dass man in die Lage versetzt ist, selber Entscheidungen zu fällen und eine Kontrolle über die eigenen Lebensumstände auszuüben sowie dadurch, dass die Gesellschaft, in der man lebt, Bedingungen herstellt, die allen ihren Bürgerinnen und Bürgern dies ermöglichen" (Ottawa Charta 1986). Diese Formulierung transportiert eine zivilgesellschaftliche Perspektive und eröffnet den Blick über die Fürsorglichkeit hinaus zur Frage, wie man den „aufrechten Gang" von Menschen fördern kann.

Die gesellschaftliche Entwicklung der letzten Jahre hat die Spaltung in unserer Gesellschaft vertieft und sozialpolitische Leitideen wie Verteilungsgerechtigkeit und Solidarität sind gefährdet. Die Zahl der Menschen, die sich nicht mehr in den gesellschaftlichen Kern integriert erlebt, wächst ständig. Hier bedarf es einer klaren anwaltlichen Positionierung, die verbindende und verbindliche Werte formuliert, die für alle Menschen zu gelten haben. Dazu gehört auch eine regelmäßige öffentliche Bilanzierung der Menschenrechtsverletzungen, die durch die Zerstörung von Würde und Respekt im Zuge scheinbar naturnotwendiger Wirtschaftsprozesse zugefügt werden. Das neueste Buch von Zygmunt Bauman (2005) mit dem Titel „Verworfenes Leben" zeigt auf, was aus Menschen wird, die die Erfahrung der „Exklusion" machen. Sie brauchen nicht die „Mildtätigkeit" eines Armenasyls, die das schlimmste auffängt, sondern sie brauchen die advokatorische Artikulation ihrer Situation im öffentlichen Raum und vor allem brauchen sie die Ermutigung zum aufrechten Gang durch das Netzwerk, das wir Kirche nennen. Dieses Empowerment wäre eine vordringliche Aufgabe von Kirche und Diakonie heute und in Zukunft.

Für die Stärkung zivilgesellschaftlicher Potenziale ist ein commitment gefordert. Um sich selbst in der Förderung und Weiterentwicklung zivilgesellschaftlicher Strukturen zu engagieren, soll sich Diakonie nicht nur als Marktteilnehmer bei dem Angebot hochpreisiger professionalisierter Dienstleistungsangebote profilieren, sondern auch bei dem Aufbau von Gelegenheitsstrukturen zur Förderung bürgerschaftlichen Engagements. Selbsthilfeinitiativen, Mütter- und Familienzentren, Nachbarschaftshilfen oder Freiwilligenagenturen stellen neuartige Hybridstrukturen von professionellen und freiwilligen Handlungsfeldern dar. In der Verknüpfung dieser beiden Strukturformen liegt die Zukunft der Wohlfahrtsproduktion. Das evangelische Handlungsfeld ist historisch aus einem solchen Strukturmix entstanden und muss ihn auf dem heutigen Niveau neu „erfinden", nennen wir es eine innovative Form von „Public-Private-Partnership".

Freiwilliges Engagement hat einen Strukturwandel vom Ehrenamt zum bürgerschaftlichen Engagement hinter sich, in dessen Gefolge engagierte Menschen die Erwartung haben, dass sie mitgestalten und ihre eigenen Vorstellungen dabei einbringen wollen. Ihre Motive zum Engagement verbinden auf die eigene Persönlichkeitsentfaltung bezogene Wünsche mit solchen, die sich auf die Gestaltung ihrer Lebenswelt beziehen. Sie wollen „Subjekt des eigenen Handelns" sein und lassen sich nicht von traditionellen Organisationsinteressen instrumentalisieren. Alle Institutionen, die diesem Erwartungsprofil nicht entsprechen, verzeichnen Engagementeinbrüche und überall dort, wo sich Menschen in ihrem freiwilligen Handeln ernst genommen und anerkannt fühlen, nimmt das Engagementpotenzial zu.

Zusammenfassende Thesen und Schlussfolgerungen

In dem aktuellen gesellschaftlichen Strukturwandel erfahren die Lebensmuster der Menschen einen tief greifenden Formenwandel und damit auch die Vorstellungen von Solidarität. Das Verschwinden von traditionellen Lebens- und Engagementformen ist aber nicht identisch mit der Erosion oder der Zerstörung von Alltagssolidarität. Im Gegenteil: Es entstehen neue und lebendige Formen wechselseitiger Unterstützung und sie entstehen aus einem gewandelten individuellen Selbstverständnis und Motivationsgeflecht der Menschen: Vernünftige Selbstsorge und der Wunsch nach einem erfüllten Leben gehören – neben traditionellen Motivlagen, die unverändert auch in alltagssolidarische Handlungen eingehen – zu den Quellen, aus denen Solidarität entsteht. Selbstentfaltungsbezogene Wertvorstellungen und Motive dürfen keinesfalls als „egoistisch" bzw. unmoralisch verworfen werden.

Unser Sozialsystem bietet soziale Sicherheit und Solidarität um den Preis einer passiven Empfängerhaltung. In Zeiten ökonomischer Prosperität konnte der Staat ein System des Wohlfahrtspatriarchats garantieren, das seinerseits Unmündigkeit und Dienstleistungsmentalitäten gefördert hat. In Zeiten schwacher öffentlicher Finanzen entsteht – bei unverändertem Grundriss der Sozialpolitik – bei vielen Bürgerinnen und Bürgern das Gefühl, vom einst fürsorglichen „Vater Staat" nicht mehr beschützt zu werden.

Es käme jetzt darauf an, das Verhältnis von Bürgerinnen und Bürgern zum Staat neu auszutarieren. BürgerInnen wollen und sollen „Subjekte des eigenen Handelns" sein, aber sie brauchen dazu Rahmenbedingungen, die sie in die Lage versetzen, ihre

Lebensprojekte in die eigene Hand zu nehmen. Ein „befähigender" oder „ermöglichender Staat" ist kein neoliberal sich verabschiedender Staat, sondern einer, der für *alle* Bürger die Bedingungen für Selbstverantwortung schafft. (Politik des Empowerment könnte man das nennen).

Wir brauchen ein radikales Subsidiaritätsprinzip, das den Sozialstaat nicht korporatistisch, sondern von den Subjekten her denkt. Leitprinzip müsste die alltägliche Herstellung von Projekten des „guten Lebens" und der wechselseitigen Hilfsbereitschaft sein. Das empirisch nachgewiesene hohe bürgerschaftliche Engagement und das ebenfalls erkundete Potenzial für Engagementbereitschaft zeigen, dass ein hohes „soziales Kapital" in Deutschland existiert, das in seiner Entfaltung nachhaltig gefördert werden muss. Viele staatliche Strukturen wirken augenblicklich noch als Blockierungen.

Im Unterschied zu neoliberalen Verheißungen schier grenzenloser neuer Chancen, beschreiben die seriösen Gegenwartsdeutungen einen ambivalenten Prozess, der längst nicht alle gesellschaftlichen Gruppen positiv einbezieht (Inklusion) und eher die Gefahr des gesellschaftlichen Ausschlusses erhöht (Exklusion). Das nennt man Tribalismus – Stammesdenken und -handeln. Menschen, die den neuen Anforderungen an Hyperflexibilität, Mobilität und allseitiger Fitness nicht genügen können, sind von Exklusionsprozessen besonders betroffen. Gesellschaftliche Solidarität muss allen Bürgerinnen und Bürgern das Gefühl der Zugehörigkeit vermitteln. Am ehesten sehe ich dies in Modellen der Grundsicherung gewährleistet.

Literaturverzeichnis

Bauman, Z. (2003). Flüchtige Moderne. Frankfurt: Suhrkamp (Orig.: Liquid modernity. Cambridge: Polity Press 2000).

Bauman, Z. (2005). Verworfenes Leben. Hamburg: Hamburger Edition (orig. Modernity and its Outcasts. Cambridge: Polity Press 2004).

Castells, M. (1991). Informatisierte Stadt und soziale Bewegungen. In: M.Wentz (Hrsg.): Die Zukunft des Städtischen. Frankfurt: Campus, S. 137 - 147.

Castells, M. (2001). Die Netzwerkgesellschaft. Opladen: Leske + Budrich (engl.: The rise of the network society. Vol. I von The information age: Economy, society and culture. Oxford: Blackwell 1996).

Dettling, W. (1995). Politik und Lebenswelt. Vom Wohlfahrtsstaat zur Wohlfahrtsgesellschaft. Gütersloh: Verlag Bertelsmann Stiftung.

Ehrenberg, A. (2004). Das erschöpfte Selbst. Depression und Gesellschaft in der Gegenwart. Frankfurt: Campus.

Frankenberg, G. (1994), Solidarität in einer "Gesellschaft der Individuen"? Stichworte zur Zivilisierung des Sozialstaats. In: G.Frankenberg (Hrsg.), Auf der Suche nach der gerechten Gesellschaft (S. 210 - 223). Frankfurt: Fischer.

Frankenberg, G. (1997). Die Verfassung der Republik. Autorität und Solidarität in der Zivilgesellschaft. Frankfurt: Suhrkamp.

Giddens, A. (1997). Jenseits von Links und Rechts. Die Zukunft radikaler Demokratie. Frankfurt: Suhrkamp.

Graf, F.W. (1992). Einleitung – Protestantische Freiheit. In: F.W.Graf & K.Tanner (Eds.): Protestantische Idenität heute. Gütersloh: Gütersloher Verlagshaus, S. 13 - 23.

Heinze, R. & Keupp, H. (1997). Gesellschaftliche Bedeutung von Tätigkeiten außerhalb der Erwerbsarbeit. Gutachten für die "Kommission für Zukunftsfragen" der Freistaaten Bayern und Sachsen. Bochum/München.

Keupp, H., Ahbe, T., Gmür, W. et al. (2006). Identitätskonstruktionen. Das Patchwork der Identitäten in der Spätmoderne. Hamburg: Rowohlt.

Klages, H. (2000). Engagement und Engagementpotential in Deutschland. Erkenntnisse der empirischen Forschung. In: U. Beck (Hrsg.): Die Zukunft von Arbeit und Demokratie. Frankfurt: Suhrkamp, S. 151 – 170.

Klages, H. & Gensicke, T. (1999). Wertewandel und bürgerschaftliches Engagement an der Schwelle zum 21. Jahrhundert. Speyrer Forschungsberichte Nr. 193. Speyer: Forschungsinstitut für öffentliche Verwaltung.

Rappaport, Julian: In praise of paradox: A social policy of empowerment over prevention. In: American Journal of Community Psychology, 9, 1981, S. 337 - 356.

Sen, A. (2000). Ökonomie für den Menschen. Wege zur Gerechtigkeit und Solidarität in der Marktwirtschaft. München: Hanser.

Autorinnen und Autoren

Peter Becker arbeitet seit 2004 als wissenschaftlicher Mitarbeiter in der Forschungsgruppe EU-Integration der Stiftung Wissenschaft und Politik in Berlin. Zuvor war er von 1998 bis 2004 Europareferent in der Thüringer Staatskanzlei und in den Jahren 2000 und 2001 Lehrbeauftragter am Institut für Politikwissenschaft der Friedrich-Schiller-Universität Jena. Von 1995 bis 1998 war er wissenschaftlicher Mitarbeiter am Institut für Europäische Politik (IEP), Bonn/Berlin. Er ist Autor des jährlichen Beitrags zur europäischen Beschäftigungs- und Sozialpolitik im Jahrbuch der Europäischen Integration. Zu seinen jüngsten Publikationen gehören u.a. „Fortschreibung des Status Quo – die EU und ihr neuer Finanzrahmen Agenda 2007", in: Integration, 29. Jg., Heft 2/06, April 2006, S. 106-121; „Europäische Daseinsvorsorge. Die Politik der EU zwischen Wettbewerb und Gemeinwohlverpflichtung", SWP-Studie 2005/S 12, Mai 2005; „Die Zukunft Europas. Der Konvent zur Zukunft der Europäischen Union", VS Verlag für Sozialwissenschaften, Wiesbaden 2005 (zusammen mit Olaf Leiße) sowie „Die vertikale Kompetenzordnung im Verfassungsvertrag", in: Saskia Matl / Mathias Jopp (Hrsg.), Der Vertrag über eine Verfassung für Europa. Analysen zur Konstitutionalisierung der EU, Nomos-Verlag, Baden-Baden 2005, S. 187-208.

Norbert Berthold, Prof. Dr., geboren am 11. September 1952 in Freiburg. Studium der Volkswirtschaftslehre an der Albert-Ludwigs-Universität Freiburg. Abschluss als Diplom-Volkswirt 1977. Promotion zum Dr. rer. pol. 1980 und Habilitation 1986 für das Fach Volkswirtschaftslehre ebenfalls an der Universität Freiburg. Norbert Berthold lehrte unter anderem an den Universitäten Basel, Konstanz, Hamburg und Düsseldorf und ist seit 1990 Ordinarius für Volkswirtschaftslehre, insbesondere Wirtschaftsordnung und Sozialpolitik, an der Julius-Maximilians-Universität Würzburg. Prof. Er ist Mitherausgeber von WiSt (Wirtschaftswissenschaftliches Studium: Zeitschrift für Ausbildung und Hochschulkontakt) sowie der Volkswirtschaftlichen Korrespondenz der Adolf-Weber-Stiftung. Er ist stellvertretender Vorsitzender der List-Gesellschaft, Mitglied des wissenschaftlichen Beirats beim Bundesministerium für Wirtschaft und Arbeit sowie weiterer wissenschaftlicher Vereinigungen.

Joachim Bitterlich, Jg. 1948, Reserveoffizier, Studium der Rechts-, Wirtschafts- und Politikwissenschaften Universität des Saarlandes (69-73); Juristischer Vorbereitungsdienst, zugleich wissenschaftlicher Mitarbeiter (73-76); Studium École Nationale d'Administration (ENA) Paris (74-75); Zweite juristische Staatsprüfung (76); Eintritt in den diplomatischen Dienst (76), Auslandsverwendungen Algier und Brüssel (EG-Vertretung), Ministerbüro des Auswärtigen Amtes (unter Bundesminister Hans-Dietrich Genscher, 85-87); Bundeskanzleramt (87-98), zunächst Leiter Europareferat, dann Leiter Abteilung Auswärtige Beziehungen, Entwicklungspolitik, äußere Sicherheit und außen- und sicherheitspolitischer Berater von

Bundeskanzler Dr. Helmut Kohl; Auswärtiger Dienst (98-02), zunächst Botschafter, Ständiger Vertreter im Nordatlantikrat in Brüssel, dann Botschafter im Königreich Spanien und Fürstentum Andorra. Seit 17.02.2003 Beauftragter für Internationale Angelegenheiten (Executive Vice President International Affairs) von Veolia Environnement S.A., Paris. Vizepräsident der Vereinigung „Notre Europe", gegründet von Jacques Delors, Paris, des Kuratoriums (board of trustees) von „Friends of Europe", Brüssel, des Beirates (Conseil d'orientation) des Deutsch-französischen Wirtschaftsclubs (CEFA), Paris. Veröffentlichung von Artikeln in der internationalen Presse und Fachzeitschriften; Autor von Fachbüchern (zuletzt „Europa – Mission impossible?", Droste-Verlag Düsseldorf 2005); Ko-Autor des Kommentars von Lenz-Borchardt zum Europarecht (2. Auflage 1999, 3. Auflage 2003, 4. Auflage 2006).

Daniel Göler, Dr., geb. 1976, studierte von 1996 bis 2001 Politikwissenschaft, Geschichte, Katholische Theologie und Sozialkunde an der Universität des Saarlandes und der University of Newcastle upon Tyne. Von 2002-2005 promovierte er an der Universität zu Köln. Seit 2001 ist er Wissenschaftlicher Mitarbeiter am Institut für Europäische Politik (IEP) in Berlin. Ferner lehrt er Politikwissenschaft an der Freien Universität Berlin und der Europa-Universität Viadrina (Frankfurt/Oder). Wichtigste Veröffentlichungen: Göler, Daniel: Deliberation – Ein Zukunftsmodell europäischer Entscheidungsfindung? Analyse der Beratungen des Verfassungskonvents 2002-2003, Baden-Baden 2006; Göler, Daniel: Europapolitik im Wandel. Deutsche Integrationsmotive und Integrationsziele nach der Wiedervereinigung, Münster 2004; Göler, Daniel: Die neue europäische Verfassungsdebatte. Entwicklungsstand und Optionen für den Konvent, Bonn 2002.

Johannes Heisig, Dr., geb. 1967 in Münster, studierte an der Ludwig-Maximilians-Universität München Politische Wissenschaften, Volkswirtschaftslehre und Öffentliches Recht. 2004 Promotion zum Dr.rer.pol. mit einer Arbeit zur Osterweiterung der NATO. 1995-2002 Mitarbeiter von Abgeordneten der SPD-Bundestagsfraktion. Seitdem freiberuflich tätig als Journalist und Autor sowie Berater für sozialpolitische Vereinigungen. Veröffentlichungen zu Spanien, insbesondere Probleme des Terrorismus und seiner Bekämpfung, ferner (u.a.) „Zwischen allen Stühlen – Deutschland und die Reform der VN" (WeltTrends, Herbst 2006); „Aspekte der Globalisierung in den Nachfolgestaaten der Sowjetunion" (KAS-Auslandsinformationen, März 2007).

Josef Janning, geb. 1956; Politikwissenschaftler, Mitglied der Geschäftsleitung der Bertelsmann Stiftung, Gütersloh, und Leiter der Bertelsmann Forschungsgruppe Politik beim Centrum für angewandte Politikforschung der Ludwig-Maximilians-Universität München. 1987-94 Lehrbeauftragter für Internationale Politik an der Universität Mainz; 1993 Gastprofessor an der Hebräischen Universität Jerusalem, seit 2000 Gastprofessor an der Renmin-Universität Peking. Vorsitz bzw. Mitglied in verschiedenen europa-, außen- und sicherheitspolitischen Expertengremien und Studiengruppen, politikberatende Studien und Expertisen für das Auswärtige Amt und den Bundesminister der Verteidigung sowie für die Europäische Kommission und verschiedene EU-Regierungen. Veröffentlichungen (Auswahl): Werner Weidenfeld, Josef Janning (eds.), Europe in Global Change, Gütersloh: Bertelsmann Foundation Publishers 1993; Josef Janning, Charles Kupchan & Dirk Rumberg (Hrsg.), Civic Engagement in the Atlantic Community, Gütersloh: Bertelsmann Foundation Publishers 1999; Josef Janning, Frieden in Europa. In: Werner Weidenfeld (Hrsg.), Europa-Handbuch, Aktualisierte Neuausgabe, Gütersloh: Verlag Bertelsmann Stiftung 2002, S. 827-853; Josef Janning, Europäische Union und deutsche Europapolitik. In: Siegmar Schmidt, Gunther Hellmann, Reinhard Wolf (Hrsg.), Handbuch zur deutschen Außenpolitik, Wiesbaden: VS Verlag für Sozialwissenschaften 2006, S. 747-762.

Heiner Keupp, geb. 1943 in Kulmbach (Oberfranken), ist in Thierstein bei Selb aufgewachsen. Er hat Psychologie und Soziologie studiert und sich zwischen den beiden Disziplinen als Sozialpsychologe angesiedelt. In seinem fachlichen Selbstverständnis ist er einerseits von seinen Frankfurter Lehrern Adorno, Horkheimer und Mitscherlich und andererseits von der Studentenbewegung geprägt. Seit 1978 ist er Hochschullehrer für Sozial- und Gemeindepsychologie an der Universität München. Daneben hat er sich an der Arbeit reformorientierter Verbände beteiligt, u.a. der »Deutschen Gesellschaft für Soziale Psychiatrie« (als langjähriger Sprecher des Gesundheitspolitischen Ausschusses) und in der »Deutschen Gesellschaft für Verhaltenstherapie« seit ihrer Gründung. Bis 1999 war er Mitglied des Gründungsvorstandes der »Gesellschaft für gemeindepsychologische Forschung und Praxis«. Neuere Publikationen (Auswahl): (Hrsg.), zusammen mit Klaus Weber: *Psychologie. Ein Grundkurs.* Rowohlt, Reinbek 2001; Zusammen mit Ahbe, Gmür, Höfer, Kraus, Mitzscherlich & Straus: *Identitätskonstruktionen. Das Patchwork der Identitäten in der Spätmoderne.* Rowohlt, Reinbek 1999; (Hrsg.) zusammen mit Renate Höfer: *Identitätsarbeit heute.* Suhrkamp, Frankfurt 1997; *Zugänge zum Subjekt. Perspektiven einer reflexiven Sozialpsychologie.* Suhrkamp, Frankfurt 1994.

Gertraud Koch hat Kulturanthropologie und Europäische Ethnologie respektive Empirische Kulturwissenschaft, Politikwissenschaft und Theater-, Film-, Fernsehwissenschaften in Frankfurt und Tübingen studiert. Seit 2003 ist sie Professorin für Kommunikationswissenschaft und Wissensanthropologie an der privaten und staatlich anerkannten Zeppelin University. Derzeitige Forschungsinteressen sind: Wissensanthropologie, Anthropologie und Kulturgeschichte der Bildung. Neuere Veröffentlichungen (u.a.): Internationalisierung von Wissen (2006, Herausgeberband); Region – Kultur – Innovation. Wege in die Wissensgesellschaft. Wiesbaden 2007 (Herausgeberband zusammen mit Bernd Jürgen Warnken). Kontakt: gkoch@zeppelin-university.de; www.zeppelin-university.de

Michael Neumann, Dr., geboren am 14. August 1973 in Köln. Studium der Volks- und der Betriebswirtschaftslehre an der Universität Köln. Abschlüsse als Diplomvolkswirt (1999) und Diplomkaufmann (2000). Promotion zum Dr. rer. pol. 2004. Titel der Dissertation: „Der Kampf der Europäischen Union gegen die strukturelle Arbeitslosigkeit". Michael Neumann ist seit 2000 am Lehrstuhl für Volkswirtschaftslehre, insbesondere Wirtschaftsordnung und Sozialpolitik, an der Julius-Maximilians-Universität Würzburg beschäftigt.

Angelika Nußberger, Prof. Dr., M.A., hat in München, Würzburg und Heidelberg Rechtswissenschaften und Slawistik studiert. Nach dem Abschluss der Promotion im Jahr 1993 war sie bis 2001 am Max-Planck-Institut für ausländisches und internationales Sozialrecht in München als Referentin tätig und habilitierte sich mit einer Arbeit zum Thema „Sozialstandards im Völkerrecht". Danach arbeitete sie als Rechtsberaterin am Europarat im Bereich „Social Cohesion". Seit 2002 ist sie ordentliche Professorin an der Universität zu Köln und Direktorin des Instituts für Ostrecht. Sie ist Mitglied des Sachverständigenkomitees der Internationalen Arbeitsorganisation und stellvertretendes Mitglied der Venedig-Kommission des Europarats. Sie hat zahlreiche Publikationen zum internationalen Sozialrecht sowie zur Verfassungs- und Rechtsentwicklung in Mittel- und Osteuropa verfasst.

Ilona Ostner, geb. 1947, Dr. phil. habil., Soziologin, Professorin für Vergleichende Sozialpolitik, Georg-August-Universität Göttingen. Buchveröffentlichungen u.a.: *Wohlfahrtsstaat und Geschlechterverhältnis im Umbruch. Was kommt nach dem Ernährermodell?* Opladen: Leske + Budrich (herausgegeben mit Sigrid Leitner und Margit Schratzenstaller), 2004; *Welten des Wohlfahrtskapitalismus. Der Sozialstaat in vergleichender Perspektive*, Frankfurt a.M./New York: Campus Verlag (herausgegeben mit Stephan Lessenich), 1998

Tobias Reichert ist Diplom-Volkswirt und arbeitet seit Mitte der 1990er Jahre zu Fragen des Welthandels, der Landwirtschaft, Umwelt und sozialer Entwicklung. Als Angestellter und freier Gutachter war er für eine Reihe von Forschungsinstituten und Nichtregierungsorganisationen tätig, darunter das Forum Umwelt und Entwicklung, World Wildlife Fund, Oxfam, Evangelischer Entwicklungsdienst sowie gtz, Zentrum für Entwicklungsforschung und Deutsches Institut für Entwicklungspolitik. Zur Zeit arbeitet er als Referent für Welthandel und Ernährung im Berliner Büro der Nord-Süd-Initiative Germanwatch. Veröffentlichungen (Auswahl): Reichert T. und Desai J. (1999): Die Welthandelsdebatte – Eine Herausforderung für den Fairen Handel; (Hrsg.:Trans Fair, e.V., Aachen); Reichert, T. (2002): Sozialstandards in der Weltwirtschaft – Basispapier für die Gesellschaft für technische Zusammenarbeit, Eschborn; Reichert, T. und Frein, M. (2003): Durch die Wüste zu neuen Ufern? – Von Doha nach Cancun: auf der Suche nach der Entwicklungsagenda in der WTO. Forum Umwelt und Entwicklung, Bonn; Reichert, T (2006): EU-Agrarsubventionen auf dem Prüfstand. Entwicklung von Kriterien für ihren Umbau; Arbeitsgemeinschaft bäuerliche Landwirtschaft und Germanwatch, Hamm und Bonn.

Remi Maier-Rigaud, geb. 1978, Diplom-Volkswirt, studierte in Köln, Freiburg und Berkeley Volkswirtschaftslehre, Politikwissenschaft und Soziologie. Er ist wissenschaftlicher Mitarbeiter am Seminar für Sozialpolitik an der Universität zu Köln. Seine Forschungsschwerpunkte liegen im Bereich der internationalen und europäischen Sozialpolitik sowie der Alterssicherungstheorie und -politik.

Bernd Schlüter, Dr., geboren 1969, ist Rechtsanwalt und Mitglied des Vorstands des Diakonischen Werkes der EKD. Er ist dort verantwortlich für die Arbeit der sozialpolitischen Zentren, d.h. für die politische Vertretung und Beratung sämtlicher Arbeitsfelder der Diakonie im deutschen Sozial- und Gesundheitswesen. Nach dem Studium in Mainz, Genf und Berlin legte er beide juristischen Staatsexamina in Berlin ab, promovierte bei Prof. Dr. Bernhard Schlink und arbeitete als persönlicher Referent des Bürgermeisters von Berlin-Mitte und seit 2000 als juristischer Vorstand des Diakonischen Werkes in Hessen und Nassau. Neben rechtshistorischen Themen finden sich in seinen Veröffentlichungen vor allem Abhandlungen zum Sozialrecht, zur Sozialpolitik, zum Verfassungsrecht und zu weiteren Fragen des Öffentlichen Rechts.

Stephanie Scholz, Dr., geb. 1966 in Mainz, absolvierte ihr Studium der Rechtswissenschaft in Mainz, Lausanne und Genf mit besonderer Vertiefung im Europa- und Völkerrecht. Die Zulieferung von Kriegsverbrechern an das Jugoslawientribunal als Teil der internationalen Rechtshilfe war Thema ihrer Promotion, abgeschlossen 1998 und betreut durch den früheren Bundestagsabgeordneten Professor Jürgen Meyer. Als Abgeordnetenmitarbeiterin war sie u.a. mit einem Entwurf für die EU-Grundrechtecharta befasst. Mit den institutionellen und sozialpolitischen Teilen des EU-Verfassungsentwurfs und Problemen einer sozialgerechten Daseinsvorsorge war sie im Europareferat der Berliner Senatskanzlei beschäftigt. Seit 2002 ist Stephanie Scholz Europareferentin im Diakonischen Werk der EKD in Berlin und bearbeitet Fragen der europäischen Sozialpolitik.

Klaus Schrader, Dr., Jahrgang 1962, ist seit 1988 Forscher am Institut für Weltwirtschaft in Kiel. Er koordiniert die Arbeiten zur internationalen Wirtschaftspolitik am Kieler Institut und zeichnet verantwortlich für Projekte zur EU-Integration der mittel- und osteuropäischen Reformländer sowie zu Fragen der internationalen Standortpolitik. Er ist Autor zahlreicher Bücher und Aufsätze zum Strukturwandel in europäischen Industrieländern und zu den ökonomischen Herausforderungen der Globalisierung.

Frank Schroeder ist "Senior Economist" im Büro der Friedrich-Ebert-Stiftung am Sitz der Vereinten Nationen in New York, für das er seit 2001 arbeitet. Er veröffentlicht regelmässig Artikel zu Entwicklungen bei den multilateralen

Institutionen – zuletzt "Innovative Sources of Finance after the Paris Conference" sowie "A Proposal for a New International Debt Framework (IDF) for the Prevention and Resolution of Debt Crisis in Middle-Income Countries".

Martin Schulte, geb. 1972, Diplom-Geograph, Wissenschaftler am Institut für Wirtschaft und Gesellschaft Bonn e.V. (IWG BONN). Studium der Wirtschafts- und Sozialgeographie, Volkswirtschaftslehre und Politikwissenschaft an der Humboldt-Universität zu Berlin. Diverse Studien zu Arbeitsmarkt- und Beschäftigungsentwicklung, internationalem Standortwettbewerb sowie sozioökonomischen und demographischen Zukunftstrends in Europa und Nordamerika. Weiteres unter www.iwg-bonn.de.

Frank Schulz-Nieswandt, geb. 1958, Professor für Sozialpolitik am Seminar für Sozialpolitik der Wirtschafts- und Sozialwissenschaftlichen Fakultät der Universität zu Köln. Forschungsschwerpunkte: Anthropologie der Sozialpolitik, Gesundheitswesen im Schnittbereich zur Gerontologie, Europäische Sozialpolitik. Orientierende Publikation: Schulz-Nieswandt: Sozialpolitik und Alter. Stuttgart: Kohlhammer 2006.

Rainer Schweickert, Dr., geb. 1961, Studium der Volkswirtschaftslehre an der Universität Mannheim, 1988 Diplom-Volkswirt, 1993 Promotion zum Dr. sc. pol. an der Universität Kiel, Seit 1988 wissenschaftlicher Mitarbeiter am Institut für Weltwirtschaft an der Universität Kiel, 1993 bis 2005 Leiter der Forschungsgruppe "Stabilität und Strukturanpassung". Seit 15.4.2006 abgeordnet zum Ministerium für Wissenschaft, Wirtschaft u. Verkehr des Landes Schleswig-Holstein. Forschungsschwerpunkte: Geld- und Wechselkurspolitik in Entwicklungs- und Schwellenländern, Determinanten und Wirkungen des realen Wechselkurses, Erweiterung der Europäischen Union. Neueste Veröffentlichungen (Auswahl): Macroeconomic and Distributional Effects of Devaluation in a Dollarized Economy: A CGE Analysis for Bolivia. In: S. Klasen, F. Nowak-Lehmann (eds): *Poverty, Inequality, and Policy in Latin America. MIT Press* (2006; Co-Autor); Distributional Effects of FDI: How the Interaction of FDI and Economic Policy Affects Poor Households in Bolivia. *Development Policy Review, under review* (2006; Co-Autor); European Top-Down Integration at the Crossroads: Lessons for Asia. *Panorama* 1 (2006): 61–76 (Co-Autor); From Transition Crisis to Macroeconomic Stability? Lessons from a Crisis Early Warning System for Eastern European and CIS Countries. *Comparative Economic Studies 48* (2006): 410–434 (Co-Autor).

Jürgen Stetten leitet seit 2005 das Büro der Friedrich-Ebert-Stiftung am Sitz der Vereinten Nationen in New York. Zuvor hat er den Arbeitsbereich Globalisierung der FES in Berlin geleitet und war für die FES in Südafrika, Vietnam und Südkorea tätig. Jürgen Stetten hat in Köln Volkswirtschaftslehre und Politikwissenschaften studiert und verfasst regelmäßig Artikel zu entwicklungspolitischen Fragen – zuletzt

„Multilaterale Institutionen – neue Allianzen bilden, globale Probleme lösen" sowie „China and Globalization".

Wolfgang Strengmann-Kuhn, Dr., Jg. 1964, habilierter Volkswirt, Privatdozent an der Goethe-Universität Frankfurt, freiberuflicher Gutachter und Politikberater. Studium an der Uni Bielefeld, wiss. Mitarbeiter an der Universität Bielefeld (1993-95), der Universität Frankfurt (1996-2000 und 2004-06) und der Universität Hohenheim (2001-2003). Fellow am Hanse-Institute for Advanced Studies Delmenhorst (2003). Im Sommersemester 2007 Lehrstuhlvertretung der Professur für Labor Economics an der Universität Frankfurt. Forschungsschwerpunkte: Empirische Arbeitsmarkt- und Sozialforschung, Reform der Sozialen Sicherung, Genderökonomie. Ausgewählte Veröffentlichungen: Das Solidarische Bürgergeld. Finanz- und sozialpolitische Analyse eines Reformkonzepts 2007 (mit Michael Opielka); Das Prinzip Bürgerversicherung 2005 (als Hrsg.); Armut der älteren Bevölkerung in den Ländern der Europäischen Union 2004 (mit Richard Hauser); Einkommensdiskriminierung und frauenspezifische Erwerbsbiographie 2004 (mit Barbara Seel); Armut trotz Erwerbstätigkeit, 2003.

Dietrich Thränhardt, Dr. rer. soc., Professor für Politikwissenschaft an der Universität Münster. Schwerpunkte: Vergleichende Politikforschung und Migrationsforschung, Hrsg. der „Studien zu Migration und Minderheiten" und des „Jahrbuchs Migration". Neuere Veröffentlichungen: Migration im Spannungsfeld von Globalisierung und Nationalstaat. Sonderheft Leviathan 22, Wiesbaden: Westdeutscher Verlag, 2003 (Hrsg., mit Uwe Hunger); Immigration in an Interdependent World, Special Issue 2004, Journal of Comparative Policy Analysis: Research and Practice, 6. Jg., Heft 2, 2004 (Ed.); SelbstHilfe. Wie Migranten Netzwerke knüpfen und soziales Kapital schaffen (Hrsg., mit Karin Weiss), Freiburg: Lambertus 2005; Zuwanderer integrieren. Eine vergleichende Evaluation lokaler Programm in Münster und Enschede (mit Ines Michalowski, Erik Snel, Jörgen Svensson), Münster: Stadt Münster 2006; National Paradigms in Migration Research. An International Comparison (Hrsg., mit Michael Bommes). Osnabrück: IMIS 2007.

Silke Übelmesser, Dr. oec. publ., geb. 1974, wissenschaftliche Assistentin am Center for Economic Studies (CES) der Ludwig-Maximilians-Universität München. Homepage: http://www.lrz-muenchen.de/~ces/silke.htm; E-Mail: uebelmesser@lmu.de. Forschungsschwerpunkte: Soziale Sicherungssysteme (speziell Renten- und Krankenversicherungssysteme); Demographischer Wandel und Alterung der Gesellschaft; Europäische Integration; Migration; Humankapitalbildung; Politische Ökonomie. Veröffentlichungen (Auswahl): On the Optimal Timing of Implicit Social Security Taxes Over the Life Cycle, FinanzArchiv 62, 2006, 68-107 (mit Robert Fenge und Martin Werding); Political Feasibility of Pension Reforms, Topics in Economic Analysis & Policy 4, 2004, Article 20; Harmonisation of Old-Age Security Within the European Union, CESifo Economic Studies 50, 2004, 717-743;

Pensions and the Path to Gerontocracy in Germany, (mit Hans-Werner Sinn), European Journal of Political Economy 19, 2002, 153-158; Old-Age Provision in Ageing Societies: Equity, Efficiency, and Sustainablility (mit Robert Fenge und Martin Werding), Studie für Economic and Social Research Institute (ESRI), 2002.

Manfred Wiebelt, Dr., geb. 1954, 1976-1981 wissenschaftlicher Mitarbeiter am Südasien-Institut der Universität Heidelberg, 1986-1989 wissenschaftlicher Mitarbeiter an der Forschungsstelle für internationale Agrarentwicklung in Heidelberg, 1996 Promotion zum Dr.rer.pol. an der Universität Heidelberg, seit 1989 wissenschaftlicher Mitarbeiter am Institut für Weltwirtschaft, 1997-2005 Leiter der Forschungsgruppe "Natürliche Ressourcen", seit 2003 im Editorial Board von Revista Latino Americana de Desarrollo Económico. Gegenwärtige Forschungsschwerpunkte: Armut und Einkommensverteilung in Entwicklungsländern, Ressourcengestützte Entwicklung. Neueste Veröffentlichungen (Auswahl): Distributional Effects of FDI: How the Interaction of FDI and Economic Policy Affects Poor Households in Bolivia. Kiel Working Paper No. 1281. Kiel Institute for the World Economy. Kiel, 2006 (Co-Autoren: P. Nunnenkamp und R. Schweickert); Analyzing Pro-Poor Growth in Bolivia: Addressing Data Gaps and Modelling Policy Choices. In: M. Grimm, A. McKay, and S. Klasen (eds), *Determinants of Pro-Poor Growth: Analytical Issues and Findings from 14 Country Case Studies.* Palgrave-McMillan (2006; Co-Autoren: S. Klasen, M. Grosse, J. Lay, J. Spatz, R. Thiele). Macroeconomic and Distributional Effects of Devaluation in a Dollarized Economy: A CGE Analysis for Bolivia. IAI Discussion Paper 120, University of Göttingen (MIT Press Conference Volume; Co-Autoren: R. Schweickert und R. Thiele).

Brigitte Young ist seit 1999 Professorin für Internationale/Vergleichende Politische Ökonomie am Institut für Politikwissenschaft der WWU Münster. In den USA hat sie an der University of California, Santa Barbara, und an der University of Wisconsin, Madison, studiert und wurde nach Erlangung des Ph.D. in Internationaler/Vergleichender Politökonomie Professorin an der Wesleyan University, Connecticut (1991-97). In den Jahren 1994-1995 war sie Research Fellow in „German and European Studies“ an der „School of Foreign Service“ der Georgetown Universität in Washington, D.C. Von 1997-1999 lehrte sie am Otto-Suhr-Institut der Freien Universität Berlin. Im Jahr 2000 wurde sie als Sachverständige in die Enquete-Kommission des Deutschen Bundestages zum Thema „Globalisierung der Weltwirtschaft – Herausforderungen und Antworten“ berufen, in der sie bis 2002 beratend tätig war. Brigitte Young ist Mitglied und Leiterin von Projekten des seit 2005 von der Europäischen Union geförderten Forschungsnetzwerkes „GARNET – Network of Excellence (NoE) – Global Governance, Regionalisation and Regulation: The Role of the EU“, an dem mehr als vierzig europäische Universitäten mitwirken.